Otfried Jarren,
Patrick Donges (Hg.)

Ordnung durch Medienpolitik?

Der Band ist Professor Ulrich Saxer
zum 75. Geburtstag gewidmet

Otfried Jarren,
Patrick Donges (Hg.)

Ordnung durch
Medienpolitik?

UVK Verlagsgesellschaft mbH

Bibliografische Information der Deutschen Nationalbibliothek
Die Deutsche Nationalbibliothek verzeichnet diese Publikation in der Deutschen
Nationalbibliografie; detaillierte bibliografische Daten sind im Internet
über <http://dnb.d-nb.de> abrufbar.

ISBN 978-3-89669-585-7

© UVK Verlagsgesellschaft mbH, Konstanz 2007

Einband: Susanne Weiß, Konstanz
Printed in Germany

UVK Verlagsgesellschaft mbH
Schützenstr. 24 · D-78462 Konstanz
Tel.: 07531-9053-0 · Fax: 07531-9053-98
www.uvk.de

Inhalt

**Teil IV: Ordnung durch neue medienpolitische Akteure?
Die Perspektive von Regulierungsbehörden**

**Teil V: Ordnung durch Medienpolitik als
Herausforderung für Theorie und Praxis**

Vorwort

Politik soll soziale Ordnungen ermöglichen, dies gilt auch für den Medienbereich. Unbestritten ist, dass Medien eine öffentliche Aufgabe wahrzunehmen haben. Als Problem erweist sich aber, wie, durch welche Akteure und mit welchen Mitteln diese Aufgabe (noch) erfüllt werden kann. Mit welchen Mitteln kann »Ordnung durch Medienpolitik« in der modernen Gesellschaft und unter den veränderten Bedingungen von Staatlichkeit erreicht werden? Wie lässt sich eine soziale Ordnung im sich rasant ausdifferenzierenden wie ökonomisierenden Mediensektor noch begründen und implementieren? Government oder Governance? Steuerung, Regulierung, Co-Regulierung oder Selbstregulierung?

Mit dem vorliegenden Band wird Bilanz gezogen und ein Ausblick gewagt. Die Leitfrage lautet, ob »Ordnung durch Medienpolitik« in wissenschaftlich-theoretischer wie aber auch politisch-praktischer Perspektive je ein verfolgter Ansatz war. Dabei wird auf die drei deutschsprachigen Länder Deutschland, Österreich und die Schweiz fokussiert. In den einzelnen Beiträgen wird dargestellt, welche medienpolitischen Ordnungsvorstellungen in diesen Ländern vorherrschten bzw. derzeit dominieren und wie ordnungspolitische Ziele umgesetzt und erreicht werden. Zudem wird diskutiert, ob es in Zukunft – unter den Bedingungen von Konvergenz im Mediensektor wie auch aufgrund der Europäisierungs- und Transnationalisierungsprozesse – noch Ordnung durch *national*staatliche Medienpolitik geben kann. Internationale Akteure mit ihren (medienpolitischen) Ordnungsvorstellungen werden porträtiert, und es wird geprüft, welchen Beitrag für welche Form von Ordnung sie zu leisten vermögen. Außerdem wird die Relevanz und Reichweite neuer Konzepte, die eine Rückbindung von Medien an die Gesellschaft zum Ziel haben, diskutiert. Beiträge aus der Perspektive von Medienregulierungsbehörden bezüglich ihrer momentanen und zukünftigen Aufgaben schließen den Band ab.

Der Band dokumentiert zum einen die Vorträge, die anlässlich des Kolloquiums »Ordnung durch Medienpolitik? Eine wissenschaftliche Zwischenbilanz« gehalten wurden. Das Kolloquium fand am 18. Februar 2006 aus Anlass des 75. Geburtstages von Prof. Dr. Ulrich Saxer, langjährigem Ordinarius für Publizistikwissenschaft und Leiter des Seminars für Publizistikwissenschaft, an der Universität Zürich statt. Zum anderen wurden für den Band weitere fachlich einschlägig ausgewiesene Kollegen um einen Beitrag gebeten. Das Kolloquium wie dieser Band sind Ulrich Saxer gewidmet: Er war es, der bereits in frühen Arbeiten die Problematik der Eigenständigkeit von Medienpolitik thematisierte. Immer wieder hat er sich aus einer wissenschaftlichen Perspektive mit Fragen der Gestaltung wie der Gestaltbarkeit von medienpolitischen Ordnungen wie aber auch mit Teilaspekten befasst. Erinnert sei an seine Mitarbeit in der eidgenössischen Expertenkommission für eine Medien-Gesamtkonzeption wie an die Begleitforschung zu den lokalen Rundfunkversuchen in der Schweiz.

Die Herausgeber danken in erster Linie den beteiligten Autoren für die gute und zuverlässige Zusammenarbeit. Die erreichte Geschlossenheit des Bandes ist keine Selbstverständlichkeit, sondern auf ihre Bereitschaft zurückzuführen, in ihren Texten klar und knapp zu formulieren, sowie Kürzungen und redaktionelle Bearbeitungen zu akzeptieren. Frau lic. rer. soc. Sabrina Baumgartner hat es mit sehr viel Umsicht übernommen, die Texte redaktionell, sprachlich wie auch stilistisch zu bearbeiten und die Druckvorlage zu erstellen, wofür wir ihr sehr herzlich danken. Rüdiger Steiner, Lektor des Universitätsverlages Konstanz, stand von Beginn an dem Projekt aufgeschlossen gegenüber und hat den gesamten Prozess durch kritische Anmerkungen mit gestaltet. Zu danken haben wir schließlich der Hochschulstiftung der Universität Zürich, die dieses Vorhaben durch einen namhaften Beitrag gefördert hat.

Zürich, im Dezember 2006

Otfried Jarren / Patrick Donges

Ulrich Saxer

Medienpolitik in Theorie und Praxis

Hinter dem Titel dieses Bandes »Ordnung durch Medienpolitik?« steht zu Recht ein Fragezeichen. Zumindest die Analysen nationaler Medienpolitik in den deutschsprachigen Demokratien sind ja von einem skeptischen Ton geprägt, und auch das ordnungsstiftende Vermögen neuer medienpolitischer Akteure steht keineswegs fest. Gerhard Vowe empfiehlt in seinem Beitrag in diesem Band denn auch, die deutsche, primär von Juristen gestaltete Ordnung öffentlicher Kommunikation vor Augen, »Demut statt Hybris«. Und was den Beitrag der Kommunikationswissenschaft an deren Rationalisierung betrifft, so heißt es bei ihm: »Sähe die Medienwelt besser aus, wenn sich die Medienpolitik stärker an den empirischen Befunden der Kommunikationswissenschaft orientieren würde? Ich bin da skeptisch«. Andere Autoren argumentieren zuversichtlicher, weil im Hinblick auf noch unausgeschöpfte medienpolitische Gestaltungspotentiale: die Telematik (M. Latzer), Governance (J. Trappel) oder die Zivilgesellschaft als Ressource (O. Jarren).

Auch die Überschrift dieses einführenden Beitrags, der die Möglichkeiten kommunikationswissenschaftlich fundierter Medienpolitik ausloten soll, lautete präziser »Medienpolitik *zwischen* Theorie und Praxis« Damit wäre indes schon eine These impliziert, die erst belegt werden müsste und die Optik von vornherein ungebührlich vereinseitigte. Ohnehin besetzt die von Wissenschaftlern stimulierte Medienpolitik, wie bei der Lektüre des vorliegenden Bandes deutlich wird, in der von einer Vielfalt von Akteuren gestalteten Medienordnung einen recht bescheidenen Platz, so dass Peter Glotz' geflügeltes Wort von den »großen Windmaschinen« (Glotz 1976: 123f.), die auch unter kommunikationswissenschaftlichem Zuspruch aufgebaut worden seien, nicht aus der Erinnerung weichen will. Die ständige Positionierung und notfalls Repositionierung des kommunikationswissenschaftlichen Tuns vis-à-vis der überaus komplexen und überwältigend unübersichtlichen medienpolitischen Praxis ist jedenfalls unerlässlich.

Gerade weil dieses Beobachtungsfeld so weit ist, kann eine Einführung in dieses nicht mehr als eine gewisse *Dimensionierung* desselben leisten. Zudem ist es auch nach wie vor unklar definiert und wird auch in der scientific community nicht einvernehmlich konturiert, so dass die folgende dimensionale Analyse nur eine vorläufige und bestreitbare sein kann. Diese geht von der funktionalistisch-systemtheoretischen Annahme aus, bei Medienpolitik, aber auch bei Wissenschaft handle es sich um problemlösende bzw. -schaffende Interaktionssysteme und zu klären sei, welchen eu- und gegebenenfalls dysfunktionalen Beitrag die letztere an die Problembewältigung leistet und umgekehrt. Dies wird im ersten Abschnitt weiter verdeutlicht. Medienpolitik operiert über Strategiesysteme grundsätzlich zielrealisierend und demgemäß auf gewisse Wertvorstellungen und Normen zu deren Verwirklichung bezogen. Diese, von den Autoren dieses Bandes immer wieder angesprochen, müssen als Referenzgröße unter dem zweiten Punkt analysiert werden. Dem gliedert sich die Diskussion der Verwirklichungsinstrumente von Medienpolitik, von Regulierungen, an, und schließlich wird, viertens, unter dem Titel »Funktionalität« die Leistung von Medienpolitik allgemein und von wissenschaftlicher im besondern im Lichte der nachfolgenden Artikel dieses Bandes und sonstiger Literatur evaluiert.

1. Medienpolitische Praxis und kommunikationswissenschaftliche Theorie

1.1 Medienpolitik und Medienpolitiken

Wie unterschiedlich *»Medienpolitik« als Begriff und Sache* nach Inhalt und Umfang definiert und interpretiert wird, zeigt sich einmal mehr auch an dieser Sammlung von Beiträgen. Es kann daher in dieser Einführung nur von »Medienpolitiken« die Rede sein. Einigermaßen konsentierbar dürfte immerhin die Formulierung sein, Medienpolitik sei ein Handlungssystem das sich auf die Medien als Politikfeld bezieht und kollektiv verbindliche Entscheidungen über öffentliche Kommunikation oder jedenfalls Regelungen gemäß bestimmten Wert- und Normvorstellungen generiert. Mediamatikpolitik, die auch die Telekommunikation mit einbegreift (vgl. Latzer in diesem Band), ist erst ein Projekt und muss sich zudem gegen den Einwand verteidigen, schon traditionelle Medienpolitik entbehre des gemeinsamen Regelungsobjekts, zerfalle namentlich in Presse- und Rundfunkpolitik. In anderen Ansätzen wird Medienpolitik hingegen als konvergentes oder immerhin konvergierendes Politikfeld behandelt (vgl. Donges 2002: 33f.). *Ganzheitlichen Kon-*

zeptionen von Medienpolitik, die in Richtung Kommunikationspolitik oder Medien-Gesamtkonzeption expandieren, stehen mithin *partikulare* gegenüber (Eidgenössisches Justiz- und Polizeidepartment 1982). Angesichts wachsender Medienkonvergenz und generell zunehmender Systeminterpenetration (vgl. Münch 1992) scheinen allerdings umfassende Konzeptionen von Medienpolitik, die außer dem Makro- und dem Meso- auch den Mikrolevel berücksichtigen, längerfristig allein sachgerecht.

Eine sachgerechte *kommunikationswissenschaftliche Medienpolitik* sollte, im Unterschied zu derjenigen von Praktikern, auf jeden Fall eine komparatistische sein. Die Bedingungskonstellationen, unter denen Medienpolitik realisiert wird, sind ja in etablierten Demokratien und Transformationsgesellschaften, in großen und Kleinstaaten je andere und zeitigen auch je andere medienpolitische Regulierungen. Universalistische Urteilsstandards allein sind, zumal im Lichte der Geschichte internationaler Medienpolitik, ebenso wenig adäquat wie nur parochiale. Des Weiteren muss wissenschaftliche Medienpolitik generell (also neben kommunikationswissenschaftlicher auch technologie-, wirtschafts-, politik- und rechtswissenschaftlich fundierte) wandlungsorientiert sein. Sie darf nicht auf bestimmte Zustände oder auch Typen von Rationalität so fixiert sein, dass sie z.B. dem Wandel von medienpolitischen Leitbildern (vgl. Künzler 2005: 102f.) kaum Rechnung trägt. Wie »böse« Ordnungshüter in veränderten Konstellationen zu »guten« mutieren können – oder zumindest so perzipiert werden – belegt ja z.B. Manuel Puppis in diesem Band anhand der Wandlungen des transnationalen Akteurs UNESCO. Schließlich muss kommunikationswissenschaftliche Medienpolitik, so sie zurecht den Status einer kommunikationswissenschaftlichen Teildisziplin (Saxer 1994) bzw. angewandten Kommunikationswissenschaft (Saxer 2006) beansprucht, den wissenschaftstheoretischen und methodologischen Standards empirischer Sozialwissenschaft genügen. Insbesondere gilt es auch hier, wo nicht selten vergleichsweise kurzschlüssig argumentiert wird, in der Modellbildung das systemtheoretische »Law of Requisite Variety« (Ashby 1968) zu beherzigen. Dieses besagt, komplexe Konstellationen, wie eben medienpolitische, könnten nur mit ihrerseits komplexen Ansätzen produktiv bewältigt werden. Es gibt keine einfache Medienpolitik, nur simple Medienpolitiker!

1.2   Wissenschaftliche Medienpolitik als Dienstleistung

Status und Rolle wissenschaftlicher Medienpolitik sind denn auch in ihrem externen Bezugsfeld ebenso diffus wie in der scientific community. So erwarten Akteure praktischer Medienpolitik, also Behörden, Verbands-

und Medienrepräsentanten und Protagonisten zivilgesellschaftlicher Anliegen von wissenschaftlicher Hilfestellung bei der Realisierung ihrer spezifischen Ziele und Programme regelmäßig zu viel oder zu wenig, aber jedenfalls diesen Dienliches, und sei es bloß Reputationsgewinn durch »Verwissenschaftlichung«. Heinz Bonfadelli und Werner A. Meier zeigen in diesem Band am Beispiel Schweiz die engen Grenzen und Antinomien derselben, einem schwierigen Spagat zwischen nachgefragter »verwissenschaftlicher Praxeologie« und autonomer selbstbezogener Theorienbildung mit geringen Implementationschancen.

Immerhin dürfte unter Kommunikationswissenschaftern kaum bestritten sein, dass wenn sie diese Mechanismen und Konsequenzen der Medienkonzentration (Bonfadelli/Meier/Trappel 2006) zu ergründen suchen, viele dies vor allem auch im Hinblick auf eine mögliche Gefährdung publizistischer Vielfalt, damit unter Umständen einer Beeinträchtigung der freien politischen Meinungsbildung und -artikulation und folglich einer demokratietheoretischen Norm tun. Sehr oft werden daher aus diesen Forschungsbefunden von ihnen und andern Akteuren medienpolitische Folgerungen gezogen: durchaus unterschiedliche. Die kontroverse Interpretation dieser Untersuchungsresultate, ihre unterschiedliche Umsetzung und deren relative, freilich wirtschaftlich gut erklärbare Erfolglosigkeit spiegeln ebenso die Schwierigkeiten medienpolitischer Datenerhebung, Theorienbildung und regulativer Umformulierung wieder wie die *prekäre Position der Wissenschaft im medienpolitischen Prozess.*

Als erstes ist – oder wäre – daher von wissenschaftlicher Seite aus die Position der jeweiligen Arbeit an einer wissenschaftlichen Medienpolitik bezüglich dieses Prozesses zu definieren und ihr Beitrag an diesen entsprechend zu strukturieren. Wenn schon praktische Medienpolitik sehr oft bloß reaktiv, im Hinblick auf realen oder angeblichen Regelungsbedarf initiiert wird, so sollte sich zumindest Wissenschaft um ihrer Leistungsfähigkeit und Reputation willen proaktiv in die Bemühungen um die Optimierung der Medienordnung einschalten. *Qualifizierte Transdisziplinarität* (Saxer 2004) ist demnach hier wie stets bei angewandter Wissenschaft zu sichern, wissenschaftlich untadelige und zugleich implementationsdienliche Zusammenarbeit. Dies heißt, dass zwischen involvierten Behörden, Medien oder andern Organisationen und interdisziplinär konstituierter wissenschaftlicher Medienpolitik als Kooperationspartner gemeinsame Problemdefinitionen und Regeln vereinbart werden sollten, die es dieser gestatten, ihren Standards gemäß ihren Beitrag in diese mediengesellschaftliche Daueraufgabe einzubringen. Dass die systemspezifische Logik, und so auch die wissenschaftliche, nur eine unter etlichen vertretbaren ist, können dabei alle Beteiligten immer wieder erfahren, und gerade auch die Wissenschaftler erhalten durch diese Kontakte unverzichtbare Anregungen für ihre Theoriebildung und -korrektur.

1.3   Theoretisierung von Medienpolitik

Wieweit lassen sich generelle, logisch konsistente, empirisch geprüfte, intersubjektiv nachvollziehbare Aussagen über Medienphänomene als potentielle Regelungsobjekte formulieren? Die Bilanz von Medienkonzentrationsforschung und -politik ist in dieser Hinsicht nicht eben ermutigend, und die Einheit eines Beobachtungs- und Regelungsfeldes Medienpolitik steht nach wie vor zur Diskussion. Die Frage der Einheit der Materie wiederum ist von besonderer Bedeutung, als Medienpolitik in Mediengesellschaften ja einen gesamtgesellschaftlich erheblichen Gestaltungszusammenhang zum Inhalt hat und normativ mit bestimmten Wertvorstellungen oder Leitbildern kompatibel sein sollte.

Entsprechend zentral ist dieser Aspekt unter juristischer Perspektive und damit einer der Wissenschaften, mit denen die Kommunikationswissenschaft nur im *interdisziplinären Verbund* mit einer gewissen Nachhaltigkeit Medienpolitik anstoßen kann. In diesem kommt der Rechtswissenschaft ohnehin kognitiv eine gewisse »Hegemonie« zu, denn: »Über Jahrhunderte hinweg hat sie eine Technologie entwickelt, mit der Werte in Regeln transformiert werden können« (vgl. Vowe in diesem Band). Neben ihr steigen aber auch das medienpolitische Gewicht der Wirtschaftswissenschaften und der Technologie im Gefolge der umfassenden Ökonomisierung und Digitalisierung der Mediensysteme. Von der Politikwissenschaft sind vor allem demokratietheoretische Erkenntnisse und die Erhellung der Machtdimension von Medienpolitik (vgl. Kleinsteuber 1996: 21) an die interdisziplinäre wissenschaftliche Medienpolitik zu erwarten, während die Kommunikationswissenschaft ihrer Kompetenz nach für die kommunikative Dimension zuständig ist. Versteht sie sich allerdings ausschließlich als Sozialwissenschaft und drängt damit kulturwissenschaftliche Ansätze ins Abseits, so fragt es sich, wie kompetent sie dann z.B. einen etwaigen Rundfunk-Kulturauftrag medienpolitisch zu optimieren vermag. Die vielfältigen Hindernisse, die produktiver interdisziplinärer Kooperation entgegenstehen, können jedenfalls am besten überwunden werden, wenn die Beteiligten Wissenschafter vorhandene Identitäten und Komplementaritäten ihrer disziplinären Perspektiven, Konzepte oder Ansätze im Sinne einer gemeinsamen Optimierungsagenda (Saxer 2003: 20ff.) nutzen und nicht gegeneinander ausspielen.

Diese Optimierung muss auf allen diesen Ebenen gesucht werden und erst recht bei der transdisziplinären Umsetzung des interdisziplinär Erkannten, zusammen mit den Repräsentanten praktischer Medienpolitik, in Regelungsprogramme. Gelingen kann so etwas nur bei einem *pragmatischen Verständnis von Wissenschaft* und nicht bei einem perfektionistischen. Das erstere kann sich wissenschaftswissenschaftlich immerhin auf das so genannte spieltheoretische Obligat (vgl. Leinfellner 1967: 16f.) berufen. Dieses postuliert, Wissenschaft sei als ingeniöses Spiel auch gegen sperrige Gegenstände, pragmatisch und nicht dogmatisch also, aber getreu seinen Standards zu spielen. Daraus folgert, dass wissenschaftliche Medienpolitik jene Theorien und Methoden bevorzugen darf, ja soll, denen das größte Lösungspotential für die anstehenden medienpolitischen Fundierungs- und Regelungsprobleme zugetraut werden kann, wenn sie z.B. von einem andern Bereich auf diesen übertragen werden. Interdisziplinarität und qualifizierte Transdisziplinarität implizieren Innovationsbereitschaft und Abkehr von wissenschaftlicher Orthodoxie, aber keinesfalls einen Freipass für wissenschaftliches »Anything goes!«

In diesem Sinne sind als *medienpolitisch besonders ertragreiche* Beispiele zu nehmen:

– Das auch der schweizerischen Medien-Gesamtkonzeption zugrunde gelegte, empirisch vielfältigst bestätigte Basiskonzept der *Komplementarität der Medienleistungen*. Nicht nur werden damit alte Irrtümer hinsichtlich intermedialer Substitutionskonkurrenz korrigiert, sondern in Gestalt des Nutzenansatzes (vgl. Bonfadelli/Wirth 2005: 574ff.) wird auch, der mediengesellschaftlichen Individualisierung adäquat, das individuelle Gratifikationspotential von Medienkommunikation sichtbar. Dieses zu optimieren bildet wohl für viele Medienpolitiker so etwas wie ein Traumziel auf der Mikroebene, und Programme zur Hebung der Medienkompetenz der Bevölkerung weisen vielfach in diese Richtung.

– Als unter funktionalistischer Gesamtperspektive komplementärer weiterer theoretischer Ansatz kann der *institutionenökonomische* mit der zentralen Annahme nicht nur der fundamentalen Knappheit materieller und zeitlicher, sondern auch rationaler und moralischer Ressourcen (vgl. Lobigs in diesem Band) genannt werden. Frank Lobigs verbindet dessen medienpolitische Würdigung mit einem Plädoyer für eine »Medienregulierung ohne Romantik« und integriert so, wie unerlässlich, auch die Implementationsproblematik in die medienpolitische Theorie.

– Viel zu wenig berücksichtigt wurden hingegen im bisherigen kommunikationswissenschaftlichen Medienpolitikdiskurs die *Strategieforschung und die Innovationstheorie*, obwohl Gerhard Maletzke schon 1976 auf die Unverzichtbarkeit der Strategieforschung für die Analyse solcher Systeme hinwies (vgl. Maletzke 1976). Dabei wird Medienpolitik von Strategiesystemen realisiert, von Handlungssystemen, die Ziele mit bestimmten Mitteln verfolgen (vgl. Saxer 1994: 37ff.), Schließlich stellen neue medienpolitische Regelungen, wie auch wissenschaftliche Medienpolitik sie entwirft, Innovationen dar, deren Implementationschancen innovationstheoretisch durchaus abgeschätzt und erhöht werden können (vgl. Saxer 1989: 149f.).

1.4   Implementation von Programmen

Notwendigerweise und mehrfach wurden im Vorherigen auch Implementationsfragen von Medienpolitik angesprochen und damit auch die Theoretisierung, die Regeln von Medienregulierungen. Diese Arbeit wird erst neuerdings von kommunikationswissenschaftlicher Seite intensiviert und nicht mehr vorwiegend den Rechtswissenschaftlern überlassen, und zwar namentlich am Institut für Publizistikwissenschaft und Medienforschung der Universität Zürich. Dort bemüht man sich, durch den *Paradigmawechsel von Government zu Governance* die Implementation von Medienpolitik valider zu fundieren (vgl. die Beiträge von Donges, Jarren und Trappel in diesem Band). Da es sich um eine wesentliche Umakzentuierung kommunikationswissenschaftlicher Medienpolitik handelt, wird sie in Abschnitt 3 eingehender analysiert. An dieser Stelle sei lediglich noch darauf hingewiesen, dass unter dem Governance-Konzept auch die fällige komparatistische Erweiterung kommunikationswissenschaftlicher Medienpolitik vollzogen wird, hingegen die systematische Analyse implementationsdienlicher und -abträglicher Faktoren noch aussteht.

2.   Normativität und Normenanalyse

2.1   Normendisparität

Normativität, der Bezug auf Werte, Ziele und Normen ist für praktische und wissenschaftliche Medienpolitik konstitutiv. Für die Kultur der neuzeitlichen Erfahrungswissenschaften ist dieser Umstand trotzdem akzessorisch, für politische Kultur hingegen zentral. Elementare Normendisparität kennzeichnet also diese beiden Typen von Medienpolitik, aber auch moderne demokratische Gesellschaften auf und zwischen der Makro-, Meso- und Mikroebene. Die kommunikationswissenschaftliche

Reflexion ist denn auch dauernd explizit oder implizit von diesem Sachverhalt geprägt, und dies umso mehr, wenn von ihr als Dienstleistung Regelungen bzw. Handlungsanweisungen erwartet werden. Je weniger kommunikationswissenschaftliche Medienpolitik sich Rechenschaft über ihre eigene Normativität ablegt, diese ausweist und diskutiert, desto mehr Verwirrung und Dissens stiftet sie.

Bei demokratischer Medienpolitik geht es prioritär um Sicherung einer entsprechenden *politischen Öffentlichkeit*, um freie Bildung und Artikulation des politischen Willens des Volkes als Souverän also, vor dem die Regierenden sich zu rechtfertigen haben. Diese Auffassung ist unter Praktikern und Theoretikern weitgehend konsentiert und ebenso, eine demokratische Medienordnung habe die Durchlässigkeit der politischen Öffentlichkeit, Vielfalt der Meinungskundgabe, solange rechtsstaatskonform, zu garantieren. Unter diesem demokratischen Grundkonsens kommen indes unterschiedliche Öffentlichkeitskonzeptionen zum Tragen, die je andern Wertvorstellungen und Leitbildern, insbesondere Rationalitätskonzeptionen verpflichtet sind. Diese zeitigen, idealtypisch vereinfacht, zwei grundsätzlich verschiedene Modelle politischer Öffentlichkeit: das kognitiv anspruchsvolle diskursive bzw. deliberative und das präferentiell, demoskopisch strukturierte. Das erstere stützt sich auf die Vorstellung, Medien produzierten auch meritorische, d.h. gesellschaftspolitisch unverzichtbare, aber durch den Markt nur ungenügend gesicherte Güter, weshalb medienpolitisch entsprechend förderliche Rahmenbedingungen geschaffen werden sollten; das letztere baut hingegen auf das qualitätsstiftende Vermögen von Wirtschaftskonkurrenz. Zusätzlich zur Transparenzleistung politischer Öffentlichkeit, mit der sich das liberale Modell begnügt, verlangt entsprechend das diskursive auch noch Chancengleichheit zur freien Meinungsäußerung und abwägende öffentliche Diskussion, Repräsentation und Validierung also (vgl. Bonfadelli/Schwarb 2006: 26).

Aus dieser Normdisparität im Verein mit zunehmender gesamtgesellschaftlicher Differenzierung, institutionellem Wandel und Individualisierung resultieren *funktionale Unverträglichkeiten* politischer Öffentlichkeit in Demokratien, für die medienpolitische Lösungen durch die Implementation entsprechender Strukturen erwartet werden. So ist zumal die politische Öffentlichkeit von Mediendemokratien strukturell auf Teilnehmermaximierung, auf Partizipation ohne Qualifikation angelegt. Komplexität und Nachvollziehbarkeit politischer Kommunikation stehen in ebenso widersprüchlichem Verhältnis zueinander wie Publizität und Effizienz des politischen Betriebs. Privates beansprucht in der präferentiell demoskopischen Öffentlichkeit allgemeine Aufmerksamkeit auf Kosten von allgemein Relevantem etc. Wissenschaftliche Medienpolitik soll, idealiter, über diese und weitere gegensätzlichen Positionen wissenschaftlich valide befinden und geprüfte, zugleich praktikable und überdies mehrheitsfähige Lösungen entwickeln – eine Optimierungsaufgabe, die an die Quadratur des Kreises gemahnt.

2.2 Normenwandel

Unerlässlich ist es daher, dass die hier postulierte ganzheitliche wissenschaftliche Medienpolitik, um über ausreichende Kriterien für solche Urteile zu verfügen, komparatistisch nicht nur in räumlicher, sondern auch in zeitlicher Hinsicht, eben *wandlungsorientiert* verfährt. Politische Programmatik impliziert ja stets auch eine Auseinandersetzung mit der Vergangenheit, muss in der Gegenwart durchgesetzt werden und strukturiert Zukunft. Die Defizite der Kommunikationsprognostik (vgl. z.B. Fromm 2000) beeinträchtigen denn auch die Leistungsfähigkeit kommunikationswissenschaftlicher Medienpolitik als Planungshilfe ebenso wie historische Kurzsichtigkeit ihre Lernfähigkeit. Verstehbar wird hier indes, wenigstens unter der hier analyseleitenden funktionalistisch-systemtheoretischen Perspektive, der Wandel medienpolitischer Normativität, verdichtet etwa in demjenigen von Leitideen der Rundfunkinstitutionalisierung, letztlich nur vor dem Hintergrund der jeweiligen Gesellschaftsverfassung und dem aus diesem resultierenden Bedarf nach mehr oder weniger medienpolitischer Regulierung. Diesen Bedarf sachgerecht zu bestimmen setzt wiederum so etwas wie eine Theorie der Probleme voraus, die durch Medien tatsächlich lösbar sind, nämlich kommunikative. Medienpolitik ist ja nicht zufälligerweise in erheblichem Maß durch andere Politiken überfremdet (vgl. Saxer 1981).

Gerade am Beispiel Normenwandel wird auch erkennbar, wie kurzschlüssig bzw. ungenügend fundiert selbst kommunikationswissenschaftliche Medienpolitik nicht selten argumentiert. So wurde auch von ihrer Seite die These von der »Deregulierung« im Zusammenhang mit der Dualisierung der Rundfunksysteme relativ undifferenziert mit übernommen und die Tatsache ihrer parallelen »Reregulierung« nur zögerlich gewürdigt. Mittlerweile hat aber intensive Arbeit an der Fundierung und Differenzierung der Regulierungstheorie (vgl. Donges 2002; Donges/Puppis 2003; Jarren et al. 2002; Puppis et al. 2004) ein perspektivenreicheres und besser abgestütztes Argumentarium und Instrumentarium hervorgebracht. Hingegen folgt die kommunikationswissenschaftliche Medienpolitik immer noch weitgehend der öffentlichen medienpolitischen Problemperzeption, die sich vornehmlich zyklisch und entsprechend repetitiv äußert (vgl. Kopper 1992: 69). *Zusätzlicher konzep-*

tueller bzw. theoretischer Input von Seiten der Wissenschaft täte hier Not, beispielsweise:

– Parallel zur vertieften Untersuchung von Normenwandel wären unter dem Konzept der *Normenpersistenz* systematisch auch die gegenläufigen Trends bzw. normstabilisierenden Faktoren zu erhellen. Ihnen ist ja bei den Bemühungen um die Implementation von medienpolitischen Programmen ebenso Rechnung zu tragen wie den Bedingungen normativer Dynamisierung. Es ist klar, dass dies nur auf einer evolutions- und innovationstheoretischen Basis kompetent geleistet werden kann.

– Wieweit hat der Wandel der Mediensysteme auch neue *Diskurszyklen* ausgelöst neben der herkömmlichen öffentlichen Problematisierung gesellschaftlicher Veränderungen als Folge von Medienwandel, den Institutionalisierungsproblemen neuer und alter Kommunikationstechniken oder der Staat/Markt Regulierungskontroversen (vgl. Saxer 1994: 24)? Und wie sehr ist kommunikationswissenschaftlicher Diskurs an diesen gebunden oder bringt eigene Zyklen öffentlich ein oder modifiziert solche, den Freiheit vs. Verantwortungsdiskurs z.B. durch Erweiterung um die Governance-Perspektive? Ihre Verwurzelung in der Rhetorik, wie Vowe in diesem Band feststellt, befähigt die Kommunikationswissenschaft doch dazu, auch jenseits von Expertenkommunikation ihrer Perspektive Gehör zu verschaffen.

– Wandlungsorientierte interdisziplinäre Medienpolitik kann, wie diese Beispiele zeigen, ohne bessere *wissenssoziologische Fundierung*, und zwar in Gestalt einer Theorie der medienpolitischen Probleme bzw. ihrer Perzeption (vgl. Schetsche 2000) nicht wirklich konsistent und kumulativ argumentieren. Einen Baustein hierzu bildete z.B. das Konzept der Medienerfahrung (vgl. Saxer 1996: 23ff.), die Analyse ihrer historisch, sozial und kulturell typischen Ausprägungen. Die Medienerfahrungen des Publikums sind es doch letztlich, die eine demokratische Medienordnung optimieren sollte.

2.3   Kommunikationswissenschaftliche Normativität

Stete wissenssoziologische und überhaupt wissenschaftswissenschaftliche *Reflexion der eigenen kommunikationswissenschaftlichen Normativität*, der expliziten und vor allem der impliziten, ist die unabdingbare Voraussetzung dafür, dass die Kommunikationswissenschaft medienpolitische Normativität weiter erhellen und optimieren helfen kann. Wolfgang Schulz' Rückblick auf die Beiträge über Medienrecht und Medienpolitik, die während der letzten 50 Jahre im Fachorgan »Publizistik« erschienen sind (vgl. Schulz 2006), vermittelt da ein instruktives und zugleich ernüchterndes Bild von viel und auch zunehmend differenzierter kommunikationswissenschaftlicher Auseinandersetzung mit der normativen Dimension des Gegenstandes, aber kaum mit der eigenen. Zwar werden unter verschiedener theoretischer Optik die medienpolitischen Konkretisierungen und wechselnden Konstellationen der zentralen Leitwerte Freiheit, Gleichheit und Sicherheit (vgl. Vowe in diesem Band) sachgerecht diskutiert. Das in der deutschsprachigen Kommunikationswissenschaft dominierende restriktive, nämlich deliberative Verständnis von politischer Rationalität als demokratietheoretisch allein vertretbares wird dabei freilich nicht in Frage gestellt. Wenn aber die neuere Kultursoziologie (vgl. Schulze 2000) Erlebnisrationalität als charakteristische Rationalitätsform in Mediengesellschaften ermittelt hat, dann entbehrt die kommunikationswissenschaftliche Medienpolitik in dieser Hinsicht des nötigen gesellschaftstheoretischen Fundaments. Medienunterhaltung ist vor dieser Rationalitätsvorstellung Un-Sinn, der im öffentlichen Rundfunk entsprechend restriktiv reguliert werden muss. Dass Mediendemokratien maßgeblich auch Erlebnisdemokratien sind, liegt außerhalb dieser Regulierungsoptik.

Ungeklärtes normatives Selbstverständnis von Kommunikationswissenschaftlern führt dazu, dass diese eher auf Alltagstheorien ihrer Bezugskreise zurückfallen und mit der politischen Linken den Staat für den Garanten gerechter Medienpartizipation und mit der Rechten die Wirtschaft für den Hort publizistischer Vielfalt halten. Solche *ideologischen Affinitäten* kommen vor allem bei größeren Umstrukturierungen der Medienordnung zum Tragen, zum Beispiel anlässlich der Dualisierung von Rundfunksystemen (vgl. Donges 2002: 66) oder beim Aufkommen neuer Medien. Derartiges kommunikationswissenschaftliches Parteigängertum wirkt sich auch auf die Einschätzung des Leistungsvermögens von Regelungsinstrumenten aus; namentlich diejenige des Rechts bzw. der Marktmechanismen variiert auch entsprechend Parteipräferenzen. Immerhin ist die wissenschaftliche Medienpolitik mittlerweile zu einer differenzierteren Einschätzung der Problematik von Verrechtlichung der Mediensysteme (vgl. Donges 2002: 66f., Imhof/Jarren/Blum 1999: 197ff.) gelangt, und insbesondere ist das Wissen um die »Regelungsgrenzen nationaler Medienordnungen« gewachsen (vgl. Dörr und Urs Saxer in diesem Band). Generell erfordert jedenfalls die unvoreingenommene und sachgerechte Analyse von medienpolitischen Zielsystemen als Voraussetzung wissenschaftlicher Rationalisierung von Medienpolitik, als Entscheidungsrationalisierung die ständige Überprüfung der eigenen wissenschaftlichen Rationalität.

3. Regulierung und Regulierungstheorie

3.1 Systeminterpenetration

Das Komplement zur funktionalen Differenzierung moderner Gesellschaften bildet, wie erwähnt, die zunehmende Interpenetration ihrer Funktionssysteme. Kommunikationswissenschaftliche Regelungstheorie, die diesem soziologischen Sachverhalt nicht Rechnung trägt, verfehlt die realen – begrenzten – Möglichkeiten intentionaler Steuerung von Mediensystemen. Im Gefolge von Systeminterpenetration und Medialisierung weiten sich ja die Konsequenzen medienpolitischer Interventionen in demokratischen Medienordnungen auf die Gesamtgesellschaft aus; diese werden aber zugleich immer unkalkulierbarer und unkontrollierbarer. Das *interdisziplinäre Optimierungspensum* ganzheitlicher wissenschaftlicher Medienpolitik im dritten Jahrtausend wächst dementsprechend auch ins Unübersehbare. Trotz begründeten Einwänden dagegen ist denn auch die fortschreitende Selbstbeschränkung der kommunikationswissenschaftlichen Theoriebildung auf Rundfunkregulierung unverkennbar. Konzeptuell wird »Steuerung« mittlerweile weniger als gezielte Beeinflussung denn als Dynamisierung eines Systems in einer gewissen Gesamtrichtung verstanden (vgl. Puppis/Jarren 2005: 243).

Rundfunkpolitik wiederum hat Patrick Donges (2002) auf den Spagat »zwischen Sollen, Wollen und Können« gebracht. Für die Regulierung von öffentlichem Rundfunk diagnostiziert Wolfgang Schulz sogar ein »Quadrilemma« (vgl. Schulz 2003), verschärft noch durch den intersystemischen Zusammenhang zwischen den vier Schnittstellen Organisation und Umwelt, Zivilgesellschaft und Staat, Politik und Recht, Ökonomie und Publizistik. Nicht genug damit: Gewissermaßen quer zu diesen Schnittstellen gilt es, wenigstens gemäß der schweizerischen Medienordnung, bei der Rundfunkregulierung den übergeordneten Zielzustand nationaler Medienvielfalt zu garantieren. Die schweizerische Bundesverfassung verlangt nämlich in Abs. 4, Art. 93 zu Radio und Fernsehen: »Auf die Stellung und die Aufgabe anderer Medien, vor allem der Presse, ist Rücksicht zu nehmen«.

International wird mit dem öffentlichen Rundfunk der *Idealtyp demokratisch kontrollierter Medieninstitutionalisierung* realisiert, und zwar in Gestalt »des Public Service-Modells, dessen Ziel es ist, eine vom Staat organisatorisch unabhängige, aber der Gesellschaft in vielerlei Hinsicht verpflichtete Rundfunkanstalt mit der Ausstrahlung informierender, bildender und unterhaltender Programme zu beauftragen« (Jarren et al. 2002: 361). Um diesen Erwartungen zu genügen, muss der öffentliche Rundfunk seinerseits in der Lage sein, die Identitäts-, Zielrealisierungs-

Adaptations- und Integrationsprobleme, die jedes soziale System lösen muss (vgl. Parsons 1972: 13), zu bewältigen. Vordringlich ist dabei für ihn die Etablierung und Bewährung einer entsprechenden institutionellen Identität durch Programmaktivitäten in Übereinstimmung mit den institutionellen Erwartungen an Gemeinwohlorientierung, Integrationsvermögen, qualifizierte Grundversorgung und ein entsprechend legitimierendes Image. Es handelt sich mithin um eine sehr anspruchsvolle, auch widersprüchliche und daher fragile politische Konstruktion, die nur bei hoher Flexibilität, Anpassungsfähigkeit und loser normativer Einbindung längerfristig funktions- und lebensfähig ist.

Angesichts solcher komplexer medienpolitischer Regulierungskonstellationen kann und sollte die Wissenschaft generell und die angewandte Kommunikationswissenschaft im Besondern ihre Dienste *auf verschiedenen Ebenen* in den medienpolitischen Prozess einbringen:

- Durch *Präzisierung der medienpolitischen Begrifflichkeit*: Daran arbeitet mit großer Konsequenz die Zürcher Gruppe (vgl. z.B. Jarren et al. 2002: 43ff.; Puppis et al. 2004) und leistet damit in einem stark ideologisierten Politikfeld, wo nicht selten auf Pseudokonsens dank terminologischer Unschärfe gesetzt wird, einen basalen Beitrag für nachhaltigere Verständigung in diesem.
- Durch die *Typisierung von Regulierungsmodellen*: Komparatistisch wird so die Perspektive medienpolitischer Akteure erweitert und kommen insbesondere zusätzliche Lösungsmöglichkeiten in ihr Gesichtsfeld (ebenda).
- Durch die *Korrektur von Regulierungsmodellen*: Alltagstheoretische Annahmen über Medienkommunikation, namentlich über Medienwirkungen, die manchen Regulierungsmodellen zugrunde liegen, können durch die Konfrontation mit gesicherten gegenteiligen Befunden empirischer Kommunikationsforschung berichtigt werden. Etwaiger gesetzgeberischer Regulierungseifer lässt sich gegebenenfalls durch den empirischen Nachweis dysfunktionaler Konsequenzen entsprechender Verrechtlichung dämpfen.
- Durch die *Entwicklung wissenschaftlich valider, praktikabler Regulierungsmodelle*: Solche können Programme von höherer normativer Konsistenz, wie etwa das Governance-Modell, oder spezifische staatliche Förderungssysteme von Medienkompetenz sein.

Insgesamt impliziert die Aufgabe, Systeminterpretation auf wissenschaftliche Ebene zu optimieren, Interdisziplinarität auf den unter 1.3. skizzierten Linien zu praktizieren. Und optimale Interpenetration von Theorie und Praxis, Transdisziplinarität also, heißt, für die wissenschaftlich erarbeiteten Lösungen möglichst breit abgestützten politischen Sukkurs zu mobilisieren. Beifall nur von einer Seite ist in diesem Fall immer Beifall von der falschen Seite.

3.2 Akteurkonstellationen

Regulierungstheorie wäre in einer – bislang freilich noch kaum ausgearbeiteten – Systematik von Medienpolitik sinnvollerweise in den Gesamtzusammenhang einer Theorie von Medien-Institutionalisierung zu stellen. Weil für die *institutionstheoretische Fundierung* von Medienpolitik schon beachtliche Vorarbeit geleistet ist (vgl. Donges 2002: 54ff.), liegt eine solche Positionierung auch nahe. Medienpolitik soll ja das Mediensystem optimal in die institutionelle Gesamtordnung einfügen, in Demokratien wegen des für sie konstitutiven Prinzips der Medienfreiheit ein besonders heikles, da mit spezifischen Legitimationsproblemen belastetes Unterfangen. Entsprechend unscharf ausdifferenziert und vage, dafür auch flexibel konturiert ist dieses Politikfeld und sind die Akteurrollen in diesem. So kommt es im Gefolge von Systeminterpenetration und Medialisierung, Individualisierung, Differenzierung und institutionellem Gesamtwandel zur erwähnten Öffnung mediendemokratischer Öffentlichkeit für weitere Teilnehmerkategorien und dabei auch zur Vermehrung medienpolitischer Akteure. Die Entwicklung entbehrt nicht einer gewissen Paradoxie: In immer weiteren medienpolitischen Rollen wird immer weniger institutionell Fassbares realisiert.

Diese Paradoxie ruft nach einer vertieften *rollentheoretischen Analyse* dieses Politikfeldes. Zumal in Mediendemokratien wird dieses von den Medien selber dominiert: resonanzstärkste Subjekte und Objekte von Medienpolitik zugleich. Diese muss sich, besonders wenn sie wie in der Schweiz auch noch referendumsdemokratisch akzeptabel sein sollte, mediengerecht artikulieren. Politiker, weil für den Erfolg ihrer Programme und Karrieren elementar von günstiger Medienpublizität abhängig, sind ebenso Gefangene wie Wärter ihres Regelungsobjekts. Dass auch demokratische Medienpolitik, dem Ziel von mehr Öffentlichkeit in der Res publica elementar verpflichtet, um verhandlungsdemokratischer Effizienz willen auch vielfach voröffentlich, als Arkanpolitik praktiziert wird (werden muss), ist mithin als weiteres medienpolitisches Paradoxon zu registrieren.

Die *strukturelle Asymmetrie des Systems medienpolitischer Rollen* hat in verschiedener Hinsicht weit reichende Konsequenzen für das Vermögen von Medienpolitik, kollektiv verbindliche Entscheidungen zu generieren oder eben nicht. Sie wird ja auch durch den stark außerpolitisch determinierten Wandel der Mediensysteme selber verschärft: Deren Globalisierung vermindert das Gewicht nationaler medienpolitischer Akteure;

die Dynamisierung ihrer Infrastruktur wird durch Unternehmen der Kommunikationstechnologie und teilprivatisierte Post- und Telekommunikationsdienste weitgehend autonom vorangetrieben; ihre Ökonomisierung führt dazu, dass wirtschaftliche Entscheidungskriterien politische zurückdrängen. Andererseits entwickeln sich aus der individualisierten politischen Kultur auch keine umfassenden, verbindlichen medienpolitischen Deutungsmuster von der Art der früheren politischen Ideologien, die gegen diese außerpolitischen Einflüsse ein Gegengewicht bildeten. Die Dienstleistungen wissenschaftlicher Medienpolitik in verschiedenster Konsulentenqualität werden zwar beansprucht, aber im öffentlichen, medienpolitischen Diskurs lediglich zur Stützung der eigenen Position herangezogen.

Die *Rollenprofile* medienpolitischer Akteure sind unter diesen Umständen flach, wenig konturiert und ihre *Strategien* wechselhaft, widersprüchlich opportunistisch, so dass sich kaum idealtypische Muster erkennen lassen. Immerhin zeichnen sich in Umrissen positionstypische und bis zu einem gewissen Grad rollenspezifische medienpolitische Strategien ab. So lavieren Repräsentanten des politisch-administrativen Systems im Gefolge der wachsenden Asymmetrie mehrheitlich und halten sich zumal im Vergleich zu früher mit strukturverändernden medienpolitischen Initiativen zurück. Weil sich die Interessen im Mediensystem mit seiner Expansion auch unterschiedlich und zum Teil gegensätzlich entwickeln, kann dieses als zudem immer noch institutionell nachgeordnetes System seine medienpolitischen Vorteile nur bedingt zur Durchsetzung medienfreundlicher Regulierungen nutzen. »Publikumsinteressen« hingegen, um die es doch angeblich geht, »werden in der Medienpolitik vernachlässigt«, denn: »Das *Publikum* erfüllt die Merkmale eines Akteurs nicht, d.h. es kann nicht strategisch wie ein Akteur in der medienpolitischen Arena agieren« (Puppis/Jarren 2005: 242). Rezipientenorganisationen, soweit sie überhaupt existieren, sind kaum repräsentativ, so wenig wie die vielen – selbsternannten - Publikumssprecher aus Parteien, Verbänden oder Kirchen, und die Publikumsforschung hat wohl als Entscheidungsfaktor an Gewicht gewonnen, bleibt aber Dienstleistung. Die Zivilgesellschaft schließlich, obwohl oft beschworen, ist als medienpolitischer Akteur auch nicht wirklich fassbar, sondern aus ihr heraus werden vornehmlich spezifische medienpolitische Anliegen artikuliert, aber immerhin mitunter von andern Akteuren aufgegriffen.

Die *Unstimmigkeiten der medienpolitischen Akteurkonstellation* werden vollends an der Publikumsrolle offenkundig. Sie nötigen die kommunikationswissenschaftliche Medienpolitik, sowohl ihr Akteurverständnis weiter zu differenzieren als auch ihr Rollenkonzept zu überdenken. Mit der Exploration und weiteren Ausarbeitung des Governance-Modells als in der deutschsprachigen wissenschaftlichen wenig bekanntem Regulierungsparadigma (vgl. Trappel und Jarren in diesem Band) stellt sich die Zürcher Gruppe dieser Herausforderung. Die geschilderten Ungereimtheiten soll das Governance-Modell als Kombination von Selbst- und Ko-Regulierung berichtigen. Allerdings weiß die Zürcher Gruppe um die Fragilität dieser letztlich paradoxen Konstruktion (vgl. den Beitrag von Jarren), über die der Staat Medien zu gesellschaftlich und doch auch politisch dienlichem Wirken verpflichten soll, ohne seine Machtmittel einzusetzen, sondern durch Etablierung einer vielfältig getragenen Verantwortungskultur. Deren Verwurzelung in der Zivilgesellschaft bleibt allerdings weitgehend Postulat wie diese selber schwach konturiert.

Es wäre denn auch überhaupt zu fragen, ob die eigentlichen Träger von Medienpolitik nicht Rolleninhaber, sondern gewissermaßen flottierende und rasch umkombinierbare Kombinationen von medienpolitischen Zielen und Mitteln sind, die von Akteuren opportunistisch zu strategischen Zwecken eingesetzt werden. Eine *Elaboration der Theorie medienpolitischer Systeme* (vgl. Saxer 1983: 36ff.) könnte jedenfalls zu einem vertieften Verständnis der Regulierungsproblematik verhelfen.

4. Funktionalität von Theorie und Praxis

4.1 Evaluation

Dass weder anderswo die Funktionalität medienpolitischer Theorie und Praxis systematisch evaluiert worden ist noch hier dergleichen geleistet werden kann, verrät einiges über den Zustand kritischer wissenschaftlicher und politischer Reflexion über das eigene Tun in diesem Politikfeld. Dabei zeugen gerade die in diesem Band vereinigten Beiträge von reger, vielfältiger und auch grundlagentheoretischer Arbeit an einer wissenschaftlichen Medienpolitik. Die bereits sehr große Zahl von Publikationen allein der deutschsprachigen wissenschaftlichen Medienpolitik summarisch zu evaluieren, bedürfte allerdings eines interdisziplinären Teams, ganz abzusehen davon, dass ein Großteil kommunikationswissenschaftlicher Beratung in diesem Feld nicht öffentlich erfolgt und auch nicht allgemein zugänglich dokumentiert wird. Immerhin zeugen entsprechende Länderberichte wie etwa diejenigen der Bundesregierung über die Lage der Medien in Deutschland oder der deutschen Landesmedienanstalten von der vieldimensionalen und dichten Interaktion zwischen Wissenschaft und politischem System. Auch mangels konsentierter Beurteilungskriterien können aber an dieser Stelle zur Funktionalität von medienpolitischer Theorie und Praxis nur einige subjektive Einschätzungen formuliert werden. Richtschnur derselben ist, dem hier angelegten Bezugsrahmen entsprechend, *beider intra- und intersystemisches Problemlösungs- und -schaffungspotential.*

Das damit dimensionierte Evaluationspensum ist freilich beängstigend umfänglich und verweist auch bereits auf konzeptuelle Schwierigkeiten eines solchen. Die Funktionalität von politischen Programmen für ein Politikfeld, aber auch für die nationale, transnationale (z.B. die EU) oder die internationale Gemeinschaft, etwa das Projekt einer neuen Welt-Informationsordnung, kann offenbar auf ganz unterschiedliche Art ermittelt werden. Dabei wäre dann zu bestimmen, welcher Anteil am Gelingen bzw. Scheitern von medienpolitischen Programmen der Wissenschaft zukommt. Umgekehrt wären außer der Höhe der wirtschaftlichen Zuwendungen die Auflagen zu analysieren, unter denen das System Politik medienpolitische wissenschaftliche Dienstleistungen in Auftrag gibt, da diese natürlich die Qualität der wissenschaftlichen Arbeit wesentlich mitdeterminieren. Die deutschen Pilotprojekte zur Kabelkommunikation (vgl. u.a. Kaiser et al. 1978) und die schweizerische Begleitforschung (vgl. Arbeitsgruppe RVO-Begleitforschung 1989) vermitteln umfassenden Einblick in die *intersystemische Interaktionsdynamik.*

Diese haben eine intensive Kontroverse in der kommunikationswissenschaftlichen scientific community über die innerwissenschaftliche, die *intrasystemische Funktionalität* transdisziplinärer Medienpolitik angestoßen (vgl. Ross/Wilke 1991), die seither weiter differenziert worden und namentlich durch die »Neu-alte Frage nach der Steuerung des Rundfunks« (Donges 2002: 17ff.) wieder entfacht worden ist. Der Eindruck, der medienpolitisch Diskurs verlaufe stark repetitiv, wie im speziellen auch etwa im Argumentarium über das Für und Wider der Quote im öffentlich-rechtlichen Rundfunk (Ridder et al. 2005: 439ff.) stellt sich allerdings auch wieder ein. Immerhin können im Hinblick auf das in Abschnitt 1 skizzierte Modell wissenschaftlicher Medienpolitik neben weiter bestehenden Defiziten durchaus auch Gewinne des Systems Wissenschaft im allgemeinen und von Kommunikationswissenschaft im besonderen aus seinem medienpolitischen Engagement registriert werden:

− Allgemein steigerte und steigert damit das System Wissenschaft seine Kompetenz als *angewandte Wissenschaft* und so auch die Qualität seiner Dienstleistungen, allerdings nach Maßgabe seiner Lernbereitschaft und -fähigkeit. Auch sind erhebliche Reputationsrisiken mit solchen Engagements verbunden.

- Gerade Medienpolitik nötigt die Wissenschaftler zur Praktizierung qualifizierter und auch nach außen einvernehmlicher *Interdisziplinariät*, damit die Stimme der Wissenschaft im medienpolitischen Diskurs auch eher Gehör findet. Effiziente Kooperation zwischen Kommunikations-, Politik-, Rechts-, Wirtschaftswissenschaftlern und Kommunikationstechnologen ist aber nach wie vor selten.
- Auch dem sachgegebenen Zwang zur *ganzheitlichen Theorienbildung* entspricht diejenige kommunikationswissenschaftlicher Medienpolitik nur ansatzweise, vornehmlich in der Regulierungsdimension (vgl. Jarren und Trappel in diesem Band) oder in der metatheoretischen Reflexion (Donges in diesem Band). Umso wichtiger sind diese Impulse angesichts starker Tendenzen in Richtung einer empiristischen Verengung des Fachhorizonts (vgl. Grimm 2004).
- Das Gleiche trifft für die Forderung nach *komparatistischer Ausrichtung* kommunikationswissenschaftlicher Medienpolitik zu. Der stark ethnozentrische deutschsprachige medienpolitische Diskurs wird mittlerweile durch die vermehrte Berücksichtigung angelsächsischer und europäischer Konstellationen (vgl. Latzer/Langenbucher 2006: 262ff.) zugunsten einer internationalen Perspektive geöffnet, die, weil in Übereinstimmung mit der Entwicklung des Gegenstandes, auch das Leistungsvermögen der Kommunikationswissenschaft erhöht.
- Analog z.B. zur Erforschung der Kriegskommunikation (vgl. Eilders/ Hagen 2005: 207f.) intensiviert sich diejenige zur Medienpolitik vor allem in Reaktion – jene auf Kriege, Medienpolitik auf den großen anstehenden oder vollzogenen Wandel der Medienordnung. *Kontinuierliche und kumulative Theorienbildung* kommt so freilich nur selten zustande, umso mehr als kaum konsentierte Qualitäts- bzw. Falsifikationskriterien medienpolitischer Theorien entwickelt worden sind.
- Die Analyse medienpolitischer *Normativität* hat die kommunikationswissenschaftliche Medienpolitik erheblich vertieft, versäumt dabei aber auch nach wie vor die wissenschaftstheoretisch befriedigende erfahrungswissenschaftliche Bewältigung der Werturteilsproblematik.
- Die Herausforderung, eine *kommunikationswissenschaftliche Fundierung* praktischer Medienpolitik zu erarbeiten, nötigt zu ihrem Vorteil die scientific community, ständig weitere anwendungsdienliche theoretische Ansätze und Methoden zu prüfen, zu adaptieren oder eigene zu entwickeln. Das medienpolitische Problemlösungsvermögen von Strategieforschung und Innovationstheorie schöpft sie indes noch zu wenig aus.

Die Qualität des intersystemischen Erkenntnistransfers von der wissenschaftlichen Medienpolitik in die praktische, um den es in diesem Beitrag geht, wird maßgeblich durch den geschilderten Zustand der ersteren bestimmt. Ihre intrasystemische Optimierung steigert ihre *intersystemische Funktionalität*. Diese kann auf der Grundlage des Vorherigen folgendermaßen in Thesen umrissen werden:

1. Das allgemeine Problemlösungspotential wissenschaftlicher, insbesondere kommunikationswissenschaftlicher Medienpolitik für die medienpolitische Praxis liegt in ihrem Vermögen, deren Funktionalität durch *wissenschaftliche* Rationalisierung zu optimieren, d.h. medienpolitische Ziele bzw. Zwecke und Mittel bedürfnisgerecht zu verbinden. Rationalisierungsmöglichkeiten sind in sämtlichen Phasen und auf allen Dimensionen des medienpolitischen Prozesses gegeben und von der Wissenschaft wahrzunehmen: bei der Problemdefinition, der normativen Abstimmung bzw. Zielbestimmung, der Umsetzung in Regulierungsmodelle und deren politischer Durchsetzung.

2. Den größten Beitrag an die Rationalisierung praktischer Medienpolitik kann Wissenschaft auf der Ebene der *Problemdefinitionen* leisten, wenn sie im Lichte wissenschaftlicher Empirie mit den Mitteln demokratischer Medienpolitik regulierbare und nicht regulierbare Medienstrukturen und Prozesse der Medienkommunikation unterscheiden hilft. Zudem vermag sie, da soziale Probleme als Abweichungen von Soll-Zuständen definiert werden, die Realisierbarkeit, Vereinbarkeit und Bedeutung solcher Soll-Zustände, z.B. Freiheit, Gleichheit und Sicherheit sachgerecht zu bestimmen und valide Verfahren zur Messung ihrer Realisierung und der Abweichung von ihnen zu entwickeln.

3. Auf der Ebene der *Theorienbildung* kann Wissenschaft irrige Alltagstheorien über Medien und Medienkommunikation, die unter medienpolitischen Akteuren zirkulieren, berichtigen und dank Begriffsklärungen nachvollziehbare, kohärente und valide medienpolitische Erklärungs- und Deutungsmuster in den medienpolitischen Prozess einbringen.

4. Auf *Regulierungsebene* befördert die neuere kommunikationswissenschaftliche Medienpolitik, dem Wandel demokratischer Gesellschaften Rechnung tragend, die Abkehr von Modellen hierarchischer und die Hinwendung zu solchen partizipativer Medienregulierung. Sie argumentiert freilich einseitig in der Tradition demokratisch kontrollierter Medieninstitutionalisierung und baut auf institutionell schwer fassbare Mechanismen zivilgesellschaftlicher Verantwortungskultur.

5. Am schwächsten entwickelt ist das kommunikationswissenschaftliche Instrumentarium für die *Implementation* von medienpolitischen Programmen. Dafür verfügt das politische System ohnehin über größere Kompetenz als das System Wissenschaft, mit dem Resultat, dass dieses unter Umständen für wohl in sich stimmige, aber politisch nicht realisierbare Innovationen eintritt. Nicht nur Normen-, sondern auch Kompetenzdisparitäten stellen die Eufunktionalität wissenschaftlicher Medienpolitik generell und kommunikationswissenschaftlicher im besondern immer wieder in Frage.

4.2 Perspektiven

Dass auch die Zukunft kommunikationswissenschaftlicher Medienpolitik, ihre Perspektiven von ihren Praktikern nur wenig bedacht und thematisiert werden, kann angesichts ihrer Zurückhaltung, das eigene Tun systematisch zu reflektieren, nicht erstaunen. Solches kann und soll auch zum Abschluss dieser Einführung in dieses weite Feld als in ein noch weiteres nicht geleistet werden. Mehr als »educated guesses«, wie reflektierte Zukunftsforscher sagen, können ohnehin über mögliche Zukünfte gar nicht formuliert werden. Trotzdem bildet natürlich gerade für eine angewandte Kommunikationswissenschaft, die auch für die Zukunft Ordnung stiften will, ein gewisses Vertrauen in das eigene prognostische Vermögen Voraussetzung ihres Tuns. Entsprechend fällt auch hier der Befund *ambivalent* aus. Auch wissenschaftliche Medienpolitik laviert zwischen reaktivem und proaktivem Handeln, so wie die praktische Medienpolitik in der Schweiz zwischen dem monumentalen Projekt einer nationalen Medien-Gesamtkonzeption und der althelvetischen Maxime: »Nach der Tat hält der Schweizer Rat.«

Weiterhin Gültigkeit haben dürfte immerhin auch für dieses Handlungsfeld die systemtheoretische Regel, dass Systeme nicht besser funktionieren als ihre schwächsten Elemente. Mehr und kontinuierliche Schwachstellenanalyse ist also auch hier angezeigt, und einige wurden im Vorherigen angesprochen. An dieser Stelle muss indes vor allem auch noch auf die elementaren Defizite hingewiesen werden, die, für die Planungswissenschaft wissenschaftliche Medienpolitik besonders gravierend, nach wie vor, wenn auch aus sachlichen Gründen, die Leistungsfähigkeit der *Kommunikationsprognostik* beeinträchtigen (vgl. Saxer 2002: 236ff.). Spektakuläre Fehleinschätzungen der Entwicklungschancen neuer potenter Kommunikationstechnologien sind fast die Regel und für wissenschaftliche Medienpolitik, deren Regelungsvorstellungen auch auf entsprechenden Annahmen beruhen, natürlich fatal. Mehr denn je verlangen gegenwärtige und künftige Bemühungen um die Optimierung demokratischer Medienordnungen den konsequenten Einsatz der Szenariotechnik, die komplexe Simulation komplexer möglicher Zukünfte.

Dies gilt vor allem für die medienpolitische Bewältigung des *Internets*, die nach allgemeiner kommunikationswissenschaftlicher Ansicht die entscheidende Herausforderung für das gegenwärtige und künftige medienpolitische Problemlösungsvermögen bildet. Zwischen blinder Praxis und reaktiver Überregelung in Demokratien und proaktiver Überregelung und klandestiner Praxis in Diktaturen oszilliert die Welt-Medienpolitik bei ihrem Bemühen, diese potenteste neuzeitliche Kommunikationstechnologie gesellschafts- und bedürfnisgerecht institutionell einzubinden. Wie selten zuvor und noch lange tut – oder täte – hier kommunikationswissenschaftliche Rationalisierung not.

Nicht nur Medienpolitik generell, sondern auch Medienpolitik als angewandte Kommunikationswissenschaft wird weiterhin prekär *zwischen Theorie und Praxis* positioniert sein. Die unter Wissenschaftlern beliebte Redeweise, gute Praxis beruhe seit eh und je auf guter, natürlich ihrer, Theorie, dürfte wohl künftig noch mehr als bisher relativiert werden. Aus der ständigen kontrollierten Interaktion der gegenseitig lernfähigen und -bereiten Systeme der praktischen und der kommunikationswissenschaftlichen Medienpolitik resultieren längerfristig am ehesten gesellschafts- und bedürfnisgerechte Medienordnungen.

Literatur

Arbeitsgruppe RVO-Begleitforschung (1989): Lokalradios in der Schweiz. Schlussbericht über die Ergebnisse der nationalen Begleitforschung zu den lokalen Rundfunkversuchen 1983-1988. Zürich.

Ashby, Ross W. (1968): Variety, Constraint, and the Law of Requisite Variety. In: Buckley, Walter (Hrsg.): Modern Systems Research for the Behavioral Scientist. Chicago, S. 129-136.

Bonfadelli, Heinz/Wirth, Werner (2005): Medienwirkungsforschung. In: Bonfadelli, Heinz/Jarren, Otfried/Siegert, Gabriele (Hrsg.): Einführung in die Publizistikwissenschaft. (2. Aufl.) Bern, Stuttgart, Wien, S. 561-602.

Bonfadelli, Heinz/Schwarb, Ursula (2006): Medienkonzentration und publizistische Vielfalt. In: Bonfadelli, Heinz/Meier, Werner A./Trappel, Josef (Hrsg.): Medienkonzentration Schweiz. Formen, Folgen, Regulierung. Bern, Stuttgart, Wien, S. 21-40.

Bonfadelli, Heinz/Meier, Werner A./Trappel, Josef (Hrsg.) (2006): Medienkonzentration Schweiz. Formen, Folgen, Regulierung. Bern, Stuttgart, Wien.

Donges, Patrick (2002): Rundfunkpolitik zwischen Sollen, Wollen und Können. Eine theoretische und komparative Analyse der politischen Steuerung des Rundfunks. Wiesbaden.

Donges, Patrick/Puppis, Manuel (Hrsg.) (2003): Die Zukunft des öffentlichen Rundfunks. Internationale Beiträge aus Wissenschaft und Praxis. Köln.

Eidgenössisches Justiz- und Polizeidepartement (Hrsg.) (1982): Medien-Gesamtkonzeption. Bericht der Expertenkommission für eine Medien-Gesamtkonzeption. Bern.

Eilders, Christiane/Hagen, Lutz M. (2005): Kriegsberichterstattung als Thema kommunikationswissenschaftlicher Forschung. Ein Überblick zum Forschungsstand und den Beiträgen in diesem Themenheft. In: Medien & Kommunikationswissenschaft, 53. Jg., H. 2-3, S. 314-332.

Fromm, Guido (2000): Vergangene Zukunft – die Neuen Medien der »ersten Generation« in Deutschland. In: Media Perspektiven, H. 6, S. 258-265.

Glotz, Peter (1976): Abschied von der Medienpolitik? Neue Formen der Telekommunikation und das Fernsehen. In: Brüssau, Walter/Stolte, Dieter/Wisser, Dieter (Hrsg.): Fernsehen. Ein Medium sucht sich selbst. Mainz, S. 123-134.

Grimm, Jürgen (2004): Krise der Kommunikationsgesellschaft – Folgerungen für die Kommunikationswissenschaft. In: Medien Journal, 28. Jg., H. 4., S. 4-17.

Imhof, Kurt/Jarren, Otfried/Blum, Roger (Hrsg.) (1999): Steuerungs- und Regelungsprobleme in der Informationsgesellschaft. Opladen, Wiesbaden.

Jarren, Otfried/Weber, Rolf H./Donges, Patrick/Dörr, Bianka/Künzler, Matthias/Puppis, Manuel (2002): Rundfunkregulierung. Leitbilder, Modelle und Erfahrungen im internationalen Vergleich. Eine Sozial- und rechtswissenschaftliche Analyse. Zürich.

Kaiser, Wolfgang/Lange, Bernd-Peter/Langenbucher, Wolfgang R./Lerche, Peter/Witte, Eberhard (1978): Kabelkommunikation und Informationsvielfalt. Eine Problemanalyse zur Gestaltung von Pilotprojekten unter dem Aspekt der Wirkung auf die Presse. München.

Kleinsteuber, Hans J. (1996): Kommunikationspolitik: Herangehensweisen und Theorien. In: Wittkämper, Gerhard W./Kohl, Anke (Hrsg.): Kommunikationspolitik. Einführung in die medienbezogene Politik. Darmstadt, S. 17-37.

Kopper, Gerd G. (1992): Medien- und Kommunikationspolitik der Bundesrepublik Deutschland. Ein chronologisches Handbuch 1944 bis 1988. München, London, New York, Paris.

Künzler, Matthias (2003): Leitbilder des öffentlichen Rundfunks. Plädoyer für einen neuen Forschungsansatz. In: Donges, Patrick/Puppis, Manuel (Hrsg.): Die Zukunft des öffentlichen Rundfunks. Internationale Beiträge aus Wissenschaft und Praxis. Köln, S. 94-110.

Leinfellner, Werner (1967): Einführung in die Erkenntnis- und Wissenschaftstheorie. Mannheim.

Maletzke, Gerhard (1976): Ziele und Wirkungen der Massenkommunikation. Hamburg.

Münch, Richard (1992): Die Struktur der Moderne. Grundmuster und differentielle Gestaltung des institutionellen Aufbaus der modernen Gesellschaft. Frankfurt/M.

Parsons, Talcott (1972): Das System moderner Gesellschaften. München.

Puppis, Manuel/Künzler, Matthias/Schade, Edzard/Donges, Patrick/Dörr, Bianka/Ledergerber, Andreas/Vogel, Martina (2004): Selbstregulierung und Selbstorganisation. Unveröffentlichter Schlussbericht Zürich.

Puppis, Manuel/Jarren, Otfried (2005): Medienpolitik. In: Bonfadelli, Heinz/Jarren, Otfried/Siegert, Gabriele (Hrsg.): Einführung in die Publizistikwissenschaft. (2. Aufl.) Bern, Stuttgart, Wien, S. 235-260.

Ridder, Christa-Maria/Langenbucher, Wolfgang R./Saxer, Ulrich/Steininger, Christian (Hrsg.) (2005): Bausteine einer Theorie des öffentlich-rechtlichen Rundfunks. Festschrift für Marie Luise Kiefer. Wiesbaden.

Ross, Dieter/Wilke, Jürgen (Hrsg.) (1991): Umbruch in der Medienlandschaft. Beziehungen zwischen Wissenschaft, Politik und Praxis. München.

Saxer, Ulrich (1981): Medienpolitik zwischen Selbständigkeit und Überfremdung. In: Media Perspektiven, H. 2, S. 77-90.

Saxer, Ulrich (1983): Systematische Kommunikationspolitik. Strukturen einer kommunikationswissenschaftlichen Teildisziplin. In: Rühl, Manfred/Stuiber, Heinz Werner (Hrsg.): Kommunikationspolitik in Forschung und Anwendung. Festschrift für Franz Ronneberger. Düsseldorf, S. 33-45.

Saxer, Ulrich (1989): Medieninnovation und Medienakzeptanz. In: Mahle, Walter A. (Hrsg.): Medienangebot und Mediennutzung. Berlin, S. 145-174.

Saxer, Ulrich (1994): Konstituenten wissenschaftlicher Kommunikationspolitik. In: Bentele, Günter/Hesse, Kurt R. (Hrsg.): Publizistik in der Gesellschaft. Festschrift für Manfred Rühl. Konstanz, S. 15-50.

Saxer, Ulrich (1996): Medientransformationen – Bilanz nach einem Jahrzehnt dualen Rundfunks in Deutschland. In: Hömberg, Walter/Pürer, Heinz (Hrsg.): Medien-Transformation. Zehn Jahre dualer Rundfunk in Deutschland. Konstanz, S. 19-44

Saxer, Ulrich (2002): Zur Zukunft des Lesens in der Mediengesellschaft. In: Bonfadelli, Heinz/Bucher, Priska (Hrsg.): Lesen in der Mediengesellschaft. Stand und Perspektiven der Forschung. Zürich, S. 235-243.

Saxer, Ulrich (2003): Interdisziplinäre Optimierung zwischen Medienökonomik und Kommunikationswissenschaft. In: Medien Journal, 27. Jg., H. 3, S, 7-30.

Saxer, Ulrich (2004): Qualifizierte Transdisziplinarität. In: Siegert, Gabriele/Lobigs, Frank (Hrsg.): Zwischen Marktversagen und Medienvielfalt. Medienmärkte im Fokus neuer medienökonomischer Anwendungen. Baden-Baden, S. 15-30.

Saxer, Ulrich (2006): Angewandte Kommunikationswissenschaft als Dienstleistung. In: Publizistik. Sonderheft 5: 50 Jahre Publizistik, S. 339-353.

Schetsche, Michael (2000): Wissenssoziologie sozialer Probleme. Grundlegung einer relativistischen Problemtheorie. Wiesbaden.

Schulz, Wolfgang (2003): Das Quadrilemma der Regulierung von öffentlichem Rundfunk – Public-Service-Organisationen zwischen Selbst- und Fremdsteuerung. In: Donges, Patrick/Puppis, Manuel (Hrsg.): Die Zukunft des öffentlichen Rundfunks. Internationale Beiträge aus Wissenschaft und Praxis. Köln, S. 311-327.

Schulz, Wolfgang (2006): Medienrecht und Medienpolitik. In: Publizistik. Sonderheft 5: 50 Jahre Publizistik, S. 221-235.

Schulze, Gerhard (2000): Die Erlebnisgesellschaft. Kultursoziologie der Gegenwart. (8. Aufl.) Frankfurt/M., New York.

Teil I:
Ordnung durch Medienpolitik?
Die nationalstaatliche Ebene

Heinz Bonfadelli / Werner A. Meier

Zum Verhältnis von Medienpolitik und Publizistikwissenschaft – am Beispiel Schweiz

Der folgende Beitrag befasst sich sowohl mit der Medienpolitik in der Schweiz als auch mit dem Beitrag der Publizistikwissenschaft zur Medienpolitik. Nachgezeichnet werden dabei in einem ersten Schritt wichtige *Stationen der schweizerischen Medienpolitik* zwischen 1970 und 1990. So wird unter anderem der langwierige Weg zum Medien-Verfassungsartikel 55bis (1984) und die daran anschließenden Diskussionen um das Radio- und Fernsehgesetz RTVG (1990) wie auch die Versuchsphase mit privaten Lokalradios (1983-1988) dargestellt. In dieser Umbruchsphase der schweizerischen Medienpolitik war auch die Publizistik- und Kommunikationswissenschaft aktiv, und zwar besonders geprägt durch die Beiträge von Ulrich Saxer sowohl als Mitglied der eidgenössischen Expertenkommission für eine Medien-Gesamtkonzeption als auch hinsichtlich seiner Beiträge zur Konstituierung einer wissenschaftlichen Kommunikations- bzw. Medienpolitik. Der zweite Teil des Artikels befasst sich daher mit seiner Konzeption einer wissenschaftlichen Medienpolitik, während in einem dritten bilanzierenden Teil Gedanken in Form von generalisierenden Thesen zum Verhältnis von Publizistikwissenschaft und Medienpolitik formuliert werden sollen.

1. Etappen der schweizerischen Medienpolitik (1970 bis 1990)

1.1 Der lange Weg zur Verfassungsgrundlage für Radio und Fernsehen

Vordergründig herrschten in der Medienlandschaft Schweiz lange Zeit fast anarchische Zustände. Während die *Presse* schon Mitte des 19. Jahrhunderts dem Zugriff des Staates entzogen wurde, war das gesamte *Radiowesen* von Anfang an nur durch eine Konzession geregelt. Artikel

36 der damaligen Bundesverfassung legte fest, dass das Post- und Telegrafenwesen Bundessache ist. Allerdings umfasste das Postregal lediglich den technischen Teil des Radiowesens, nicht aber die Programmdienste. Dennoch entwickelte sich die Schweizerische Rundspruchgesellschaft (SRG) auch ohne Verfassungsgrundlage prächtig. In den Dreißigerjahren des vergangenen Jahrhunderts nahmen die ersten deutsch-, französisch- und italienischsprachigen Landessender ihren Dienst auf: Sottens im März 1931, Beromünster im Mai 1931 und Monte Ceneri im Oktober 1933. Ab 1943 wurden regelmäßig auch rätoromanische Sendungen ausgestrahlt und in den Fünfzigerjahren führte die SRG die zweiten Radioprogramme ein.

Auch die *Einführung des Fernsehens* erfolgte ausschließlich auf der Basis einer bundesrätlichen Konzession, die durch einen Bundesbeschluss von 1952 ermöglicht wurde. Beim Fernsehen zeigten sich allerdings bereits während des Versuchsbetriebes, der bis 1957 dauerte, finanzielle und programmliche Probleme. Die Implementierung des Fernsehens war nicht nur für alle Beteiligten eine kostspielige Angelegenheit, sondern sie entpuppte sich zu diesem Zeitpunkt insgesamt als risikoreiches öffentliches Unterfangen. Während das Radio auf eine erfolgreiche 30-jährige Existenz zurückblicken konnte, war man damals von der Notwendigkeit einer staatlichen Subventionierung des Fernsehens keineswegs überzeugt. Der Versuch von Bundesrat und Parlament, Radio und Fernsehen in der Verfassung zu verankern, schlug fehl. In der Abstimmung vom 3. März 1957 wurde die Vorlage von Volk und Ständen abgelehnt. Das weit verbreitete Misstrauen der Deutschschweizer Bevölkerung – die Westschweiz votierte für die Annahme des Verfassungsartikels 36bis – gegenüber dem Fernsehen aber auch gegenüber dem Regulierungsversuch durch Bundesrat und Parlament war zu diesem Zeitpunkt stärker als der Versuch des Parlamentes, die Vorlage zu retten, indem eine getrennte Ausführungsgesetzgebung für beide Medien durchgesetzt wurde. Das Fernsehen wurde jedoch auch ohne Verfassungsgrundlage populär. Während 1957 lediglich 18'000 TV-Empfangskonzessionäre gezählt werden konnten, stieg die Zahl Ende 1972 auf 1,5 Millionen. Das Fernsehen hatte gegenüber den Radiokonzessionen fast aufgeholt.

Abbildung 1:   Meilensteine Schweizerischer Medienpolitik

1931	Geburtsjahr des Radios in der Schweiz: Landessender Sottens und Beromünster
23.11.1953	Geburtsjahr des Schweizer Fernsehens: Aufnahme des offiziellen Versuchsbetriebs
27.10.1964	SRG Konzession (in Kraft bis 31.12.1987)
3. 3.1957	Erster Versuch, Radio und Fernsehen in der Verfassung durch einen Rundspruchartikel zu verankern, scheitert an der Urne
26.9.1976	Zweite Ablehnung des Verfassungsartikels 36^{quater} durch das Volk
7.6.1982	Verordnung über lokale Rundfunkversuche (RVO); Versuchsphase: 1983-1988
2.12.1984	Annahme des Verfassungsartikels 55bis mit 1.002.000 Ja gegen 456.000 Nein
16.3.1992	Radio- und Fernsehverordnung RTVV in Kraft gesetzt
1.4.1992	Bundesgesetz über Radio und Fernsehen (RTVG) in Kraft
1993	Neue Konzession der SRG mit umfassendem Leistungsauftrag

Bei der *Einführung des Fernsehens* ließen die Bundesbehörden die Entwicklung pragmatisch und nachfrageorientiert laufen. Als treibende Kraft erwies sich die mit dem Radio erfolgreiche SRG, die vom Bundesrat die Bewilligung zu einem Fernsehversuchsbetrieb erhalten hatte. Dieser wollte nicht gegenüber den Institutionalisierungsversuchen im benachbarten Ausland ins Hintertreffen geraten und unterstützte den Expansionsdrang der SRG. Was die Technik betraf, sorgte auch die PTT für den notwendigen Schub. Es waren die Zeitungsverleger (SZV), die sich gegen eine rasante Fernsehentwicklung stemmten und indirekt den Wandel der Schweizer Medienlandschaft auch im elektronischen Sektor maßgeblich mitbestimmten. Die Verleger warnten vordergründig vor den Gefahren des Fernsehens und fürchteten hintergründig um Mindereinnahmen bei der Werbung. Als absehbar wurde, dass die SRG am 1. Januar 1958 eine auf zehn Jahre befristete Konzession vom Bundesrat erhalten wird, schlossen SRG und SZV ein Abkommen zur Sicherstellung des Fernsehbetriebes ohne Reklamesendungen. Der SZV beteiligte sich an den Kosten des neuen Mediums und bekam als Gegenleistung von der SRG werbefreie Radiosender. Unter der Führung von SRG und SZV, die in den bürgerlichen Parteien in den beiden Kammern des Parlaments stark vertreten waren, entwickelte sich die Schweizer Fernsehlandschaft. Die maßgeblichen Kräfte waren sich zu dieser Zeit einig, wie Radio und Fernsehen organisatorisch und institutionell in die Politik und die Gesellschaft eingebettet sein sollten. Der eher paternalistisch aufgezogene Service public im Rahmen einer Monopolstruktur entsprach den Vorstellungen der großen Mehrheit der politischen Elite bis anfangs der 1970er Jahre. Das schnelle Wachstum der SRG in Verbindung mit einem gesamtgesellschaftlichen Wandel im Zuge der 68er Bewegung führte zu einem Bruch dieses korporatistischen Konsenses. Die SRG als gesellschaftspolitisches Konstrukt der Vergangenheit geriet von allen Seiten zunehmend in die Kritik. Die fehlenden Grundsatzdiskussionen mussten nachgeholt, die pragmatische Politik aufgegeben und endlich eine Verfassungsgrundlage geschaffen werden.

1.2 Auf der Suche nach einer Medien-Gesamtkonzeption vom Weg abgekommen

Es dauerte aber über zehn Jahren nach der abgelehnten Abstimmung, bis die Regierung einen neuen Anlauf wagte. Am 22 Juli 1968 gab das Eidgenössische Verkehrs- und Energiewirtschaftsdepartement (EVED) einen Entwurf für einen neuen Artikel 36^{quater} an Kantone, Parteien und weitere interessierte Kreise in die Vernehmlassung. Kernstück der neuen Vorlage war der Satz: »Der Programmdienst ist nach dem Grundsatz der Radio- und Fernsehfreiheit einzurichten und durchzuführen.« Die Debatte über die Ausgestaltung dieser Radio- und Fernsehfreiheit war jedoch so kontrovers, dass die vom EVED eingesetzte juristische Expertenkommission zu keinem verbindlichen Ergebnis kam. So dauerte es mehr als fünf Jahre, bis der Bundesrat schließlich am 21. November 1973 den eidgenössischen Räten einen Vorschlag zu einem Verfassungsartikel über Radio und Fernsehen unterbreiten konnte. Nach langer Diskussion im Parlament verabschiedete die Bundesversammlung am 19. März 1976 einen Bundesbeschluss mit einer Fassung, über die das Volk am 26. September 1976 abstimmte. Die achtjährige Vorbereitungszeit zahlte sich nicht aus. Mit einem Total von 695.541 Nein-Stimmen zu 531.747 Ja-Stimmen erlitten Bundesrat und Parlament eine weitere Niederlage. Nicht die Notwendigkeit einer verfassungsmäßigen Grundlage und die umfassende Kompetenz des Bundes wurden von der Mehrheit bestritten, sondern die restriktive politische Kontrolle von Radio und Fernsehen überzeugte Volk und Stände nicht. Dabei hatte doch alles so gut begonnen: Bundesrat Bonvin kündigte im Oktober 1972 an, dass bei der Ausarbeitung des RTVG im Anschluss an die Verfassungsgrundlage eine Gesamtkonzeption zu Radio und Fernsehen vorliegen würde. In der Botschaft zum Verfassungsartikel vom November 1973 wurde der Bundesrat noch deutlicher und stellte eine umfassende, die Presse einschließende Medien-Gesamtkonzeption in Aussicht. Einen Monat später verlangte der heutige Unternehmer Edgar Oehler, damals CVP-Nationalrat und Chefredaktor der Ostschweiz, in einer von

78 Parlamentariern mitunterzeichneten Motion ebenfalls die Erarbeitung einer Medien-Gesamtkonzeption (vgl. Schneider 2006: 93). Die Motionäre erhofften sich eine politisch abgesicherte Strukturbereinigung, die Rücksicht auf die Interessen der Meinungspresse nahm. Die SRG argumentierte aus einer Position der Stärke heraus und plädierte ebenfalls für die Ausarbeitung einer Gesamtkonzeption. Die bürgerlichen Politiker und Exponenten von Presse und SRG erhielten auch Sukkurs von der Wissenschaft. Der ehemalige Redaktor der Neuen Zürcher Zeitung und neue Leiter des journalistischen Seminars der Universität Zürich, Christian Padrutt, kritisierte den bundesrätlichen Pragmatismus bezüglich seiner sektoriell-punktuellen Medienpolitik unter Ausschluss von Medienexperten aus Theorie und Praxis. Der Publizistikwissenschaftler forderte »eine kommunikative Gesamtkonzeption […] über die Beschaffenheit und Funktion des Massenkommunikationssystems der Schweiz« (Schneider 2006: 93). Mit Hilfe einer Expertenkommission sollten zukünftig kommunikationspolitische Fehlschlüsse von Behörden und Parlament verhindert werden. Mit der zweiten Ablehnung des Verfassungsartikels erhielt die staatliche Planungseuphorie der beiden Mitte-Rechtsparteien CVP und FDP allerdings einen herben Rückschlag. Weder der Bundesrat, noch die Mehrheit der bürgerlichen Parteien oder die Zeitungsverleger wollten nach der Niederlage den Umweg über eine Gesamtkonzeption einschlagen. Sie sprachen sich für den schnellsten Weg aus und das EVED ernannte 1977 umgehend eine Studienkommission zur Ausformulierung einer neuen Verfassungsvorlage. Die fast gleichzeitig eingesetzte Expertenkommission für eine Medien-Gesamtkonzeption unter der Leitung von Hans W. Kopp ließ man derweil in Ruhe arbeiten. Idee und Ausführung der Expertenkommission für eine Medien-Gesamtkonzeption (EK-MGK) hinkten der medienpolitischen Großwetterlage hinterher und viele Ergebnisse fanden nicht einmal mehr den Weg in den politischen Entscheidungsprozess. Die Volksabstimmung ging am 2. Dezember 1984 nach einer gut siebenjährigen Aufbauphase erfolgreich über die Bühne. Der Bundesrat hatte die antigouvernementale Stimmung überwinden und das Kommando in der Medienpolitik übernehmen können. Er sollte es in der Folge nie mehr abgeben.

In Erwartung einer definitiven Verfassungsgrundlage erteilte der damalige Vorsteher des EVED, Bundesrat Schlumpf, schon im Januar 1984 einer mehrheitlich verwaltungsintern zusammengesetzten Arbeitsgruppe den Auftrag, einen Vorentwurf für ein Ausführungsgesetz zum Artikel 55bis auszuarbeiten. Im Februar 1985 lieferte die eingesetzte Arbeitsgruppe dem EVED einen Vorentwurf ab. Im März 1985 beschloss der zuständige Bundesrat, diesen Vorentwurf der EK-MGK zur Stellungnahme zu unterbreiten. Sie hatte ihren Bericht im Jahre 1982 folgenlos abgeschlossen und durfte sich reaktivieren, um Ende Oktober 1985 dem EVED einen eigenständig erarbeiteten Vorentwurf präsentieren zu können. Acht Monate später, im Juli 1986, gab das EVED seinen Entwurf in die Vernehmlassung und forderte die eingeladenen Kantone, Parteien, Spitzenverbände der Wirtschaft, Medienorganisationen, Kirchen und sonstigen wirtschaftlichen, politischen und kulturellen Vereinigungen zu einer Beurteilung auf. Im darauf folgenden März publizierte das EVED einen Bericht über die Antworten aus dem Vernehmlassungsverfahren. Die Botschaft des Bundesrates zum Bundesgesetz über Radio und Fernsehen (RTVG) schließlich wurde am 28. September 1987 veröffentlicht. Anfang Februar 1988 begannen die Hearings im Rahmen der zur Vorberatung der bundesrätlichen Botschaft eingesetzten nationalrätlichen Kommission. Die Behandlung des Gesetzes im Nationalrat erfolgte anfangs Oktober 1989 und in der Gesamtabstimmung passierte das neue Bundesgesetz die große Kammer ohne Gegenstimme! Ende April 1990 hatte auch die zuständige Ständeratskommission ihre Vorberatungen abgeschlossen, so dass der Kommissionsvorschlag in der Herbstsession 1990 durchberaten und mit 15 zu 2 Stimmen verabschiedet werden konnte. Nach einem Differenzbereinigungsverfahren zwischen den beiden Kammern im Frühjahr 1991 – Differenzen bestanden vor allem bei der Zulassung von Werbeunterbrüchen und im Bereiche der Programmaufsicht – wurde das Bundesgesetz über Radio und Fernsehen im Parlament fast einstimmig verabschiedet. Das Referendum wurde bei einem so eindeutigen Stimmenverhältnis erwartungsgemäß nicht ergriffen, so dass das EVED noch im Herbst 1991 die Ausführungsbestimmungen in die Vernehmlassung schicken konnte. Am 16. März 1992 setzte der Bundesrat die Radio- und Fernsehverordnung (RTVV) in Kraft, so dass das Bundesgesetz über Radio und Fernsehen (RTVG) am 1. April 1992 Gültigkeit erlangte. Bundesrat, Verwaltung und Parlament hatten innerhalb von acht Jahren ganze Arbeit geleistet. 15 Jahre blieb dieses Gesetz in Kraft und dürfte irgendwann im Jahre 2007 von einem revidierten RTVG abgelöst werden.

1.3   Bundesrätlicher Erfolg in der Referendumsdemokratie

Während Bundesrat und Parlament 1957 und 1976 vorerst am Souverän scheiterten, ist die bundesrätliche und parlamentarische Medienpolitik seither zu einer Erfolgsstory geworden. Der Bundesrat präsentierte Vorlagen, die jeweils vom Parlament mit überwältigenden Mehrheiten verabschiedet worden sind. Es gelang ihm, eine wirtschaftsliberale Medienordnung zu implementieren, ohne den traditionell starken Service public zu gefährden. Während Parteien und Interessengruppen selten ihre medienpolitischen Ziele vollumfänglich erreichen, gehört der Bundesrat in der Regel zu den Siegern. Wie konnte es dazu kommen, dass in der schweizerischen Referendumsdemokratie der Bundesrat in der Medienpolitik eine so herausragende Stellung erringen konnte?

In den 1980er und 1990er Jahren basierte bundesrätliche Medienpolitik auf dem so genannten »Drei-Ebenen-Modell«. Dem Bundesrat schien das Ebenen-Modell besonders zur Konkretisierung des Verfassungsartikels geeignet, da es in hohem Maße dem föderalistischen Aufbau unseres Landes entsprach (vgl. Botschaft des Bundesrates 1987: 30). Vereinfacht unterschied das Ebenen-Modell drei Bereiche, nämlich die internationale, die nationale bzw. sprachregionale und schließlich die lokal-regionale Ebene.

Für Veranstalter auf der internationalen Ebene sah der Bundesrat keinerlei Beschränkungen vor. Er wollte der schweizerischen Wirtschaft und der schweizerischen Medienindustrie eine Chance geben, sich im europäischen Raum zu etablieren. Denkbar – ja sogar ideal – wäre für ihn beispielsweise die Konstellation gewesen, bei dem drei schweizerische Veranstalter, ohne sich publizistisch direkt zu konkurrenzieren, ein Vollprogramm, ein Wirtschaftsprogramm und ein Kulturprogramm über Satellit für ein europäisches Publikum geliefert hätten. Es blieb reines Wunschdenken.

Auf der nationalen bzw. sprachregionalen Ebene versuchte der Bundesrat der SRG eine Vorzugsstellung zu geben. Für den Bundesrat war die Privilegierung notwendig, damit die SRG in die Lage versetzt wurde,

> »in unserem vielfältigen sprachlich, kulturell und politisch reich gegliederten Land, ihren breiten Versorgungsauftrag, ihre bedeutsame integrierende Funktion und ihre gesellschaftlichen und kulturellen Aufgaben weiterhin unter möglichst optimalen Voraussetzungen zu erfüllen« (Botschaft des Bundesrates 1987: 30).

Der Bundesrat hatte immer die Auffassung vertreten, dass nur eine starke SRG im Wettbewerb mit den ausländischen Sendern bestehen kann. Entsprechend hatte der Bundesrat auf der nationalen bzw. sprachregionalen Ebene im Inland nur dann weitere Programmveranstalter zugelassen, wenn diese neuen Anbieter die SRG bei der Erfüllung ihres umfassenden Leistungsauftrages nicht beeinträchtigen konnten.

Auf der lokal-regionalen Ebene hat der Bundesrat neben der SRG neue kommerzielle Radio- und Fernsehveranstalter definitiv zugelassen, ohne dass die wirtschaftlichen Grundlagen der bestehenden Medien geschmälert worden wären.

Nach Auffassung des Bundesrates hatte das Ebenen-Modell mit der vertikalen Konkurrenz zwischen den verschiedenen Veranstaltern dem Umstand Rechnung getragen,

> »dass die Schweiz eine föderalistisch aufgebaute und marktwirtschaftlich orientierte Demokratie ist. Es ist geeignet, die sich daraus ergebenden Bedürfnisse zu befriedigen« (Botschaft des Bundesrates 1987: 31).

Das politisch definierte Ebenen-Modell widersprach zwar der Marktlogik. Die medienwirtschaftliche Entwicklungslogik hielt sich nicht an Regions-, Kantons- oder Landesgrenzen, genauso wenig wie sich die Programmveranstalter und das Publikum mit seinem Seh- und Hörverhalten an die politisch vorgegebenen Ebenen gehalten haben. Das Modell zeichnete sich aber durch eine hohe Flexibilität aus und ermöglichte dem Bundesrat, seine wirtschaftsliberale Medienpolitik durchzusetzen und gleichzeitig die SRG zu fördern. Mittels des geordneten Wettbewerbs – vor allem auf der vertikalen und weniger auf der horizontalen Ebene – gelang es der Konzessionsbehörde, die nationalen Wirtschafts- und Kulturinteressen zu bedienen. Das Ebenen-Modell legitimierte die vorherrschenden politischen und medienwirtschaftlichen Interessen fast perfekt und koordinierte deren Ausbau.

Das Ebenen-Modell stellte keine kommunikationspolitisch, vom Leistungsauftrag logisch abgeleitete Konstruktion zur Optimierung der elektronischen Medienlandschaft der Schweiz dar, wie es die Wissenschaft gerne gesehen hätte. Aller kommunikationswissenschaftlichen Dekonstruktion zum Trotz erwies sich das Ebenen-Modell dennoch als eine höchst erfolgreiche bundesrätliche Windmaschine, denn es diente als Leitlinie zur politisch-konsensualen Aufteilung der Medienmärkte. Das Ebenen-Modell ermöglichte die Kartellisierung von Macht bei Radio und Fernsehen im Inland und verstärkte die politische Kontrolle von Radio und Fernsehen. Die im Ebenen-Modell vorgesehene Etablierung des dualen Rundfunksystems – vorerst auf regionaler und lokaler Ebene – wirkte sich allerdings nicht als Liberalisierung, sondern als politische Fesselung aus, verstärkte sich doch die politische und finanzielle Abhängigkeit des öffentlichen und kommerziellen Rundfunks in wachsendem Masse.

1.4 Der Bundesrat führt die kommerziellen Radios im Alleingang ein

Während die internationale Ebene trotz eines Bundesbeschlusses zum Satellitenfernsehen faktisch bedeutungslos blieb, traf dies für die Einführung der Lokalradios nicht zu. Den Kirchen nahe stehende Gruppen aber auch der Vorstand der Kreisgruppe Zürich des Verbandes Schweizerischer Radio- und Televisionsfachgeschäfte hatten 1976 Konzessionsgesuche an das EVED gerichtet. 1977 beantragte das Alternative Lokal-radio Zürich ALR eine Konzession. 1978 begann schließlich Roger Schawinski vom Pizzo Groppera aus zu senden. 1980 stellte die PTT insgesamt 32 illegale Sender ein. Im nämlichen Jahr richtete die Schwei-zerische Fernseh- und Radiovereinigung (SFRV) ein Konzessionsgesuch an den Bundesrat zur schweizweiten Verbreitung eines Radiopro-gramms. Und schließlich wurden 1980 42 weitere, im Jahre 1981 schon 83 Konzessionsgesuche – mehrheitlich zur Gestaltung und Verbreitung lokaler Radioprogramme – an den Bundesrat gerichtet. Auf diese Mani-festationen für eine Liberalisierung hatte der zuständige Bundesrat zu reagieren. Er veranlasste im August 1978 die Bildung einer Experten-kommission für eine Medien-Gesamtkonzeption (EK-MGK), der er den Auftrag erteilte,

»den Ist-Zustand und die Entwicklungstendenzen im Bereich der Kommuni-kation und der Medien zu erfassen und zu analysieren, eine Konzeption vor-zuschlagen und Möglichkeiten der Realisierung dieser Konzeption im einzel-nen auszuarbeiten« (EK-MGK 1982: XXIX).

Die EK-MGK ging an die Arbeit und prognostizierte unter anderem einen höheren Stellenwert der elektronischen Lokalkommunikation:

»Die neuen verfügbaren Frequenzen im UKW-Bereich gestatten zusätzliche Lokalstationen, die vorwiegend über Geschehnisse im lokalen Raum berich-ten. Die Benützung immer besser ausgebauter Kabelnetze ermöglicht immer häufiger auch ein Lokalfernsehen« (EK-MGK 1982: 192).

Da bis zum Inkrafttreten eines Radio- und Fernsehgesetzes noch Jahre vergangen wären, schlug die Expertenkommission vor, neben den Vor-arbeiten für diese allgemeine Gesetzgebung unverzüglich eine Über-gangsordnung zu schaffen. Dieser Zeitraum sollte genutzt werden, um zuhanden des Gesetzgebers mit gezielten Experimenten Erfahrungen über denkbare Gestaltungsmodelle zu sammeln. (vgl. EK-MGK 1982: 609).

Vor dem Hintergrund widerstreitender medien- und wirtschaftspoli-tischer Interessen, lancierte der Bundesrat am 7. Juni 1982 die »Verord-nung über lokale Rundfunk-Versuche (RVO)«. Schon viel früher waren sowohl Radio wie auch Fernsehen auf nationaler Ebene vom BR im Versuchbetrieb eingeführt worden. Da schien eine solche Strategie auch hier zweckmäßig. Die RVO ermöglichte dem Bundesrat nicht nur, erstmals in der Geschichte Werbung am Radio einzuführen, sondern er hatte auch »Zuwendungen der öffentlichen Hand« und »Mitglieder- und Teilnehmerbeiträge« vorgesehen. Mit einer Fülle von Kann-Normen verschaffte sich der Bundesrat zudem einen weiten Ermessens-spielraum bei den jeweiligen Konzessionsauflagen der ausgewählten Veranstalter. Im Rahmen des »Drei-Ebenen-Modells« sollte mittels

RVO die lokale Kommunikation gefördert, bestehende Ungleichgewichte ausgeglichen, bzw. deren Vergrößerung im Sinne von mehr publizistischer Versorgungsgerechtigkeit vermieden sowie eine vielfältige Medienversorgung gesichert werden (vgl. Saxer 1989: 28f.).

Im Widerspruch zur bundesrätlichen RVO, die autochthone, einheimische, eigen produzierte, nicht gewinnorientierte, lokale, journalistische, publizistisch unabhängige, partizipative, gemeindeorientierte, bürgernahe, schweizerische Radios propagierte, bevorzugte der Bundesrat als Konzessionsbehörde mehrheitlich Projekte mit Werbefinanzierung. Von 36 lokalen Radioprojekten waren 29 ausschließlich oder in der Hauptsache werbefinanziert. Nur sieben Konzessionsgesuche sahen eine Finanzierung mehrheitlich mittels Mitgliederbeiträgen, Spenden, Zuwendungen öffentlicher und/oder privater Institutionen vor (vgl. EVED, Gesuche für Rundfunk-Versuche, Separatdruck aus dem Bundesblatt Nr. 46 vom 19. November 1982). In Bezug auf die voraussichtlichen Investitionskosten wählte der Bundesrat mehrheitlich Projekte mit mittleren und großen Investitionssummen bzw. Betriebskosten (zwischen 500'000 und 2 Millionen Franken) aus. Diese Favorisierung von Aktiengesellschaften (vgl. Haas/Corboud 1989: 19ff.), führte erwartungsgemäß zu Spannungen im Hinblick auf das im Artikel 7d verankerte Gewinnverbot. Entsprechend trafen z.B. Radio 24, Radio Basilisk und Radio Extra BE organisatorische Vorkehrungen in Gestalt von juristisch eigenständigen Werbegesellschaften. Auch bei der Auswahl der einzelnen Radioversuche handelte der Bundesrat opportunistisch. Er verteilte die Versuche, wo von den Kantonen gewünscht, über das ganze Land. Der Bundesrat achtete insbesondere in der französischen Schweiz darauf, dass jeder Kanton einen Versuch »erhielt«. Hingegen verzichtete der Bundesrat auf eine kompensatorische Auswahl von Projekten im Sinne einer besonderen Berücksichtigung von weniger privilegierten Kommunikationsräumen und Kommunikationszusammenhängen und erntete damit Kritik:

> »Das Problem der unterschiedlichen Verdichtung der Kommunikationsräume und damit unausgeglichener unternehmerischer Chancen bleibt ja weiterhin. Privilegierten Kommunikationsräumen mit einem hohen Wirtschafts- und Ereignisaufkommen und einem großen potentiellen Publikum stehen Räume mit wenig oder keiner Konzentration gegenüber, die auch bereits schwächere Kommunikationsstrukturen aufweisen. Gegen die Leitidee des Bundesrates kann durch eine zu wenig umsichtige Konzessionierungspolitik dieser Privilegierungs- und Unterprivilegierungszusammenhang gerade verstärkt werden« (Saxer 1989: 32).

1.5 Mit flexibler Versuchsanordnung zum Ziel

Der Bundesrat setzte von Beginn weg auf die Kommerzialisierung des Versuchs und folgte konsequent dieser Linie im Laufe der Versuchsphase. Er zwang einerseits Verleger, die auf den Printmärkten im Wettbewerb zueinander standen, sich zu gemeinsamen Radiounternehmungen zusammen zuschließen, so insbesondere im Thurgau und im Kanton Neuenburg. Zum anderen wurde schon im Juni 1984 die erlaubte Werbung von 15 Minuten auf 30 Minuten pro Tag erhöht. Die Werbeverbote im Bereich von Banken, Kleinkreditinstituten, Gebrauchtwagenhandel, Tierhandel und für Lehrstellen im Bereich des Stellenmarktes wurden aufgehoben. Die Werbeverbote für Immobilien und für den gesamten Stellenmarkt wurden später ebenfalls aufgehoben. Der Bundesrat war erfolgreich bei seinen Bemühungen, möglichst vielen Privatradios ausreichende Überlebensmöglichkeiten zu verschaffen.

Der Bundesrat setzte nicht allein die Ökonomisierung des Versuchs durch; er war auch bereit, sich über Bestimmungen der RVO hinwegzusetzen, um die Einführung der kommerziellen Radios sicher zu stellen. Zum einen ermöglichte der Bundesrat den Projekten in den Kantonen Neuenburg und Thurgau eine Versorgung weit über 20 km hinaus für das ganze Kantonsgebiet. Zum anderen genehmigte er Verlegerradios gerade an Orten, die im Widerspruch zu Artikel 7e (keine publizistische Vormachtstellung) standen. Am Ende des Versuchs zeigte sich deutlich, dass sich die Verlegerbeteiligung zu einer den Versuch mehrheitlich tragenden Säule ausgewachsen hatte (vgl. Haas/Corboud 1989: 25-31).

Zusammenfassend kann konstatiert werden, dass (1) die Idee der Werbefinanzierung von elektronischen Medien im Laufe der Versuchsphase vom Bundesrat immer stärker betont wurde, dass (2) mit der Verlegerbeteiligungen die Entwicklung zu Multimedia-Unternehmen staatlich gefördert wurde, dass (3) die öffentliche Meinungsbildung in der Region stärker vermachtet wurde, und dass (4) der Bundesrat der Idee von strikt lokalen Radios – auch im Sinne seines eigenen Drei-Ebenen-Modells – nicht zum Durchbruch verholfen hatte. Mittels der RVO war es dem Bundesrat gelungen, die privatwirtschaftlich kontrollierte Einführung des Regionalradios fast im Alleingang zu bewerkstelligen. Dennoch verfügte die Mehrheit der kommerziellen Radios nicht über ein als ausreichend eingestuftes Hörer- und Hörerinnenpotential im eigenen Konzessionsgebiet und konnte deshalb Gesuche um Gebührenanteile stellen, um die fehlenden Hörerschaften auf diese Weise zu kompensieren (RTVV Art 9). Gerade in der Schweiz klaffen die nach geografischpolitisch-kulturellen Dimensionen konstruierten Räume und die rein werbeökonomisch, nach kommerziellen Gesichtspunkten konstruierten Märkte stark auseinander. Doch der zuständige Bundesrat zeigte sich bereit, diese Kluft zu schließen, indem er den konzessionierten Stationen eine Bestandesgarantie anbot:

> »Den freien Lokalradiomarkt aber wird es nie geben, kann es nie geben! Erstens, weil es wegen der knappen Frequenzen ein Verteilproblem gibt, und zweitens, weil Lokalradios ein besonderes Gut produzieren. Lokalradios sind wichtige Kanäle der Meinungsbildung in ihren Versorgungsgebieten« (Bundesrat Adolf Ogi in Finanz und Wirtschaft vom 12.5.1993).

1.6 Bilanz und Folgerungen zur Etablierung neuer Medien durch den Bundesrat

Der Erfolg des Bundesrates in der Medienpolitik – gemessen an der Durchsetzung seiner Vorgaben in den 1980er und 1990er Jahren – basiert auf einer Vielzahl von Gründen. Auf der Basis der obigen Ausführungen können folgende Schlüsse gezogen werden:

Das funktionale Medienverständnis – damals auch dominant in der Publizistikwissenschaft – verhalf dem Bundesrat zu einem ausgeprägten Status quo-Denken, das sich politisch auszahlte. Auf der rhetorischen Ebene ermöglichte es die Formulierung von unverbindlichen Soll-Vorstellungen wie sie heute noch im Artikel 93 Abs. 2 BV zu finden sind:

> »Radio und Fernsehen tragen zur kulturellen Entfaltung, zur freien Meinungsbildung sowie zur Unterhaltung der Zuhörer und Zuschauer bei. Sie berücksichtigen die Eigenheiten des Landes und die Bedürfnisse der Kantone. Sie stellen die Ereignisse sachgerecht dar und bringen die Vielfalt der Ansichten angemessen zum Ausdruck« (Artikel 55bis, Absatz 2 BV).

Mit der Postulierung des idealtypischen Leistungsvermögens privater und öffentlicher Medienunternehmen im Rahmen eines funktionalen Medienverständnisses sind keine Anstrengungen zur Durchsetzung von bestimmten Leistungs- und Qualitätsstandards mehr notwendig, weil ja unter wirtschaftsliberalen Ordnungsvorstellungen in der Regel die Funktionalität automatisch gegeben ist. Beispielsweise zeigte sich im Rahmen der RVO, dass bei der Konzessionierung der Privatradios nicht etwa die Erfüllung des Leistungsauftrages im Vordergrund stand. Die Beurteilung des Leistungsvermögens konzentrierte sich vielmehr auf das Überleben am Markt. Die Realisierung eines ausreichenden Finanzaufkommens genügte zur Verlängerung der Sendeerlaubnis. Das Verbleiben auf dem Markt allein rechtfertigte die Konzessionserteilung, ohne dass spezielle publizistische Leistungsnachweise erbracht werden mussten. So legitimierte das funktionale Medienverständnis immer gerade die bestehenden Medien, also den gegenwärtigen Bestand an Titeln, Programmen und Unternehmen, ohne dass ausgewiesene und damit staatspolitisch und demokratietheoretisch benötigte publizistische Leistungen zu erbringen waren.

Der Bundesrat war sich im Klaren, dass auch die kommerziellen elektronischen Medien nicht alle Leistungserwartungen zu erfüllen vermögen. Daher versuchte er kompensatorisch vor allem dort zu intervenieren, wo er einen direkten Zugang hatte, nämlich beim öffentlichen Rundfunk. Auch die EK-MGK plädierte dafür, dass die offensichtlichen Defizite der Lokal- und Regionalpresse durch den öffentlich-rechtlichen Rundfunk zu konterkarieren sind:

»Eine verbreitete Auffassung geht davon aus, dass der publizistischen Vielfaltsgefährdung im Bereich der privatwirtschaftlichen Printmedien am effektivsten durch die Garantierung der publizistischen Vielfalt beim öffentlich-rechtlich organisierten Radio und Fernsehen über entsprechende Konzessionsauflagen entgegengewirkt werden könne. Ein solches – der aktuellen Situation entsprechendes – duales Mediensystem, sollte demnach für die Zukunft Geltung haben« (EK-MGK 1982: 300-301).

Bundesrat und EK-MGK wollten nicht weiterhin tatenlos die Defizite der kommerziellen Presse in Kauf nehmen. Sie stärkten und regulierten den öffentlichen Rundfunk daher rigoroser, um das Leistungsvermögen der Medien insgesamt zu stabilisieren. Bundesrat und EK-MGK konnten dadurch das andere duale System – das nebeneinander von öffentlichem und kommerziellem Rundfunk – politisch umso leichter einführen und die maßgebliche Beteiligung der Zeitungsverleger an Radio und Fernsehen sicherstellen. Bundesrat und EK-MGK kamen den Verleger entgegen, indem sie auf Presseförderungsmassnahmen verzichteten, den Schutz der Presse ohne Auflagen sicherstellten und ihnen den Zugang zum kommerziellen Rundfunk ermöglichten. Der Bundesrat akzeptierte, dass die stärksten Verlagshäuser multimedial abgestützte Vormachtstellungen in den einzelnen Regionen aufbauen konnten und er hoffte zugleich, dass damit auch die SRG bis zu einem gewissen Grad durch den »Zuchtmeister Wettbewerb« gesellschaftspolitisch kontrolliert würde. Der Bundesrat verstand unter dem Begriff des »geordneten Wettbewerbs« allerdings nicht nur den staatlichen Eingriff, sondern auch die wirtschaftliche Steuerung über Akzeptanz bei der werbetreibenden Wirtschaft und beim Publikum. Mit der Favorisierung der SRG auf der einen und der etablierten Medienindustrie auf der anderen Seite sorgte der Bundesrat auch dafür, dass der zivilgesellschaftliche Sektor, die Alternativ Sender nie über ein Nischendasein hinaus kamen.

Das Erfolgrezept des Bundesrates war einfach: Auf der einen Seite brachte er pragmatische, ausgewogene Botschaften ins Parlament, die auf der rhetorischen Ebene die wichtigsten medienpolitischen Interessen bedienten. Vernehmlassungsverfahren und Expertengruppen gaben ihm zwar unterschiedliche Signale, aber er ließ sich nie von Experten und Lobbyisten einseitig beeinflussen. Ohne auf wissenschaftliche Arbeit ganz zu verzichten, agierte der Bundesrat politisch und verlor damit nie die Themenführung. Er vermied es, die mit der Befriedigung der wichtigsten Veranstalter einhergehenden Widersprüche aufzudecken. Er verzichtete auf elaborierte Konzepte, auf eine ganzheitliche Betrachtungsweise und auf wissenschaftlich geprüfte Medienpolitik, sondern lenkte die artikulierten Interessen sorgfältig und langsam in geordnete Bahnen, die er durch stark kontrollierte Versuchsordnungen steuerte und austarierte.

Gerade die vordergründig als unproblematisch gepriesene Testsituation zur Sammlung von Erfahrungen und zur »kontrollierten« Entwicklung erwies sich in der Folge als viel eigendynamischer als ursprünglich angenommen und verschärfte die medienpolitischen Widersprüche auf allen Ebenen. Dies vor allem deshalb, weil in den Versuchsverordnungen vielfältige Zielsetzungen aufgenommen worden sind, ohne dass die faktisch unterschiedliche und irreversible Manifestation der ökonomischen Interessen ausreichend berücksichtigt wurde. Der Bundesrat nützte jeweils seinen großen Spielraum als Konzessionsbehörde aus, indem er alle ihm wichtigen Veranstalter die unternehmerische Existenz sicherte. Die Favorisierung von werbefinanzierten Vollprogrammen auf lokaler und regionaler Ebene unter starker Beteiligung bereits bestehender Medienunternehmen führte jedenfalls zur Etablierung eines kommerziellen Rundfunksektors, der auch im neuen RTVG eine Existenzsicherung erhalten hat. Insgesamt hatte der Bundesrat mit der Inkraftsetzung der RVO und unter Umgehung von Parlament und Volk die entscheidenden Weichen gestellt, nämlich die Einführung des kommerziellen Rundfunks als Kompromiss vollzogen. Der Bundesrat hatte es auf der einen Seite geschafft, den führenden Medienkonzernen den Einstieg in den Radio- und Fernsehbereich, den sie seit Anfang der 1980er Jahren aktiv angestrebt hatten, zu ermöglichen. Die Bedienung der Branche und der werbetreibenden Wirtschaft erfolgte auf der anderen Seite nicht auf Kosten der SRG, da der Bundesrat auch immer an einer zwar starken, aber kontrollierbaren SRG interessiert war. Dem Parlament blieb mit dem RTVG nicht viel anders übrig, als die bundesrätliche RVO-Politik mehr oder weniger zu sanktionieren und den Status quo festzuschreiben. Nennenswerte Neuerungen waren keine auszumachen (vgl. Schneider 2006: 126). Diese Feststellung trifft auch auf das revidierte RTVG zu, das für die SRG die Grundversorgung festschreibt und den kommerziellen Veranstaltern mehr unternehmerischen Spielraum und Subventionen beschert. Dieser perfekte Kompromiss fand jüngst in beiden Kammern überwältigende Mehrheiten, im Nationalrat mit einem Stimmenverhältnis von 161 zu 29 bei 2 Enthaltungen und im Ständerat mit einem solchen von 42 zu 0 (vgl. NZZ Nr. 71 vom 25.3.2006, S. 19). Einmal mehr verließ in der Referendumsdemokratie der Bundesrat die politische Arena als Sieger.

2. Zur Konstituierung einer wissenschaftlichen Medienpolitik

Nach Ulrich Saxer hat sich die Publizistik- und Kommunikationswissenschaft seit eh und je – implizit und explizit – und mit unterschiedlichem Erfolg mit dem Gegenstand »Kommunikationspolitik« abgemüht (vgl. Saxer 2004: 15), wobei die *Schwierigkeiten schon bei der Bestimmung ihres Gegenstandes* (vgl. Saxer 1987: 260) beginnen, zeigt doch eine Literaturanalyse, dass es ganz unterschiedliche Definitionen von Medien- bzw. Kommunikationspolitik gibt.

Ulrich Saxer (2004: 19ff.) selbst versteht *Kommunikationspolitik als Ordnungs- und Gestaltungszusammenhang* vornehmlich in Form von staatlichen Maßnahmen und in erster Linie auf Medienkommunikation bezogen. Im Rahmen seiner sowohl *funktionalistisch als auch systemtheoretisch geprägten Denkperspektive* geht er von der Prämisse aus, dass der Zweck der Medienpolitik in der Optimierung der öffentlichen Kommunikation zur dauernden Befriedigung wichtiger menschlicher Bedürfnisse bestehe, wobei diesem Prozess unterschiedliche Wertvorstellungen und Interessen zugrunde liegen. Dabei zeigt die vergleichende Analyse nach Trägern, Zielen, Mitteln und Strukturen von Medienpolitik (vgl. Saxer 1987: 261), dass je nach dominantem Typ von Medieninstitutionalisierung – autoritär, liberal, totalitär oder demokratisch kontrolliert – charakteristische dominante kommunikationspolitische Gesamtkonstellationen resultieren. Dem liberalen Idealtypus entspricht etwa die Devise »keine Medienpolitik ist die beste Medienpolitik«, während in autoritären Herrschaftssystemen nach Saxer die Machteliten Medienkommunikation primär in den Dienst der Sicherung ihrer Herrschaft stellen.

In der Schweiz erfolgt die Ausdifferenzierung der Kommunikationspolitik als Folge des steigenden Problemdrucks vorab im Zuge von medientechnologischen Innovationen einerseits und verstärkter Internationalisierung und Kommerzialisierung der Medienentwicklung andererseits. Nach Ulrich Saxer (1994: 21) sind dabei zum einen die *Zielvorstellungen* der involvierten gesellschaftlichen Gruppen widersprüchlich, während gleichzeitig die Legitimations- und Machtressourcen des Staates beschränkt sind. So diagnostiziert er beispielsweise kritisch, dass sich die politischen Parteien lange Zeit nach dem traditionellen Rechts-Links-Schema einfach entweder für mehr Wirtschaft oder aber für mehr Staat als Regulierungsinstanzen in der Medienpolitik eingesetzt hätten.

Die Bemühungen um eine Teldisziplin »Wissenschaftliche Kommunikationspolitik« sind nach Ulrich Saxer im Kontext der *Verwissenschaftlichung von Kommunikationsproblemen* zu sehen. Ihm geht es nicht bloss darum, dass die Publizistikwissenschaft sich mit der reflexiven Analyse von medienpolitischen Regulierungsprozessen begnügt oder auf empirischer Basis als unabhängige Instanz Beiträge etwa aufgrund von Begleitforschung zuhanden der praktischen Medienpolitik liefert, sondern *Medienpolitik als Praxis soll umfassend verwissenschaftlicht werden.* Im Rahmen einer wissenschaftlichen Kommunikationspolitik zur Optimierung von Kommunikationsordnungen müssten nicht nur »Regelung«, »Steuerung« oder »Kontrolle« als zentrale Konzepte aus der Strategieforschung, sondern auch »Planungskonzepte und -systeme« zur Anwendung kommen. Letztlich drückt sich in einer solchen Auffassung von »verwissenschaftlichter« Medienpolitik der »Glaube an die Planbarkeit gesellschaftlicher Systeme und die Rationalisierbarkeit von Politik« aus (vgl. Saxer 1993: 5).

Allerdings ist sich auch Ulrich Saxer der grundsätzlichen Problematik eines solch umfassenden und praxisorientierten Anspruchs von wissenschaftlicher Medienpolitik bewusst, stellt er doch in Frage, dass sich medienpolitische Ordnungs- und Gestaltungszusammenhang überhaupt »verwissenschaftlichen« bzw. im Sinne einer Optimierung »verpolitisieren« lassen (vgl. Saxer 1987: 260). Kommt hinzu, dass eine unerwünschte Verpolitisierung dann vorläge, wenn die *wissenschaftliche Zielbildung von außerwissenschaftlichen Interessen geprägt* wird. Fundamental konstatiert Saxer aus einer systemtheoretisch wie gesellschaftspolitisch kohärenten Position heraus immer wieder, dass *Medien überkomplexe Systeme und darum politisch nicht beliebig oder nur sogar wenig steuerbar seien,* außer auf Kosten ihrer Leistungsfähigkeit (vgl. Saxer 1993: 6). Mit der willkürlich anmutenden Charakterisierung von Medien als hoch-, hyper- oder überkomplexe Systeme formuliert Saxer zugleich eine Absage an die politische Steuerbarkeit im engeren und an die demokratische Kontrolle im weiten Sinne. Politische Eingriffe in komplexe Systeme seien selten zielgenau, und Steuerungsversuche würden immer wieder nicht intendierte, dysfunktionale Folgen nach sich ziehen. Bei fehlender politischer Steuerung trifft dies allerdings auch zu. Gerade die ungehinderte Entfaltung der Medienwirtschaft unter dem Prinzip der unternehmerischen Medienfreiheit hat weder etwas mit demokratischer Medienpolitik zu tun, noch werden dadurch unerwünschte Folgen verhindert. Und bezüglich der *Medienpolitik* selbst hält Saxer fest, dass diese parteipolitisch unwichtig und darum nachgelagerte Politik bzw. durch andere Interessen beispielsweise wirtschaftlicher Art überfremdet sei (Saxer 1981: 80). Hinzu kommen *widersprüchliche medienpolitische Zielerwartungen und Wertvorstellungen* wie z.b. größtmögliche Freiheit vs. Gemeinwohlorientierung. Zudem stünden dem Staat nur beschränkte Ressourcen – Legitimationsdefizit – zur Verfügung und der *medienpolitische Spielraum sei eingeschränkt*, nicht zuletzt auch darum, weil Steuerung über Recht ungenügend durchsetzungsfähig und wenig flexibel sei. Darüber hinaus bestünde aus politischen Gründen stets Unklarheit über die optimale Regelungsdichte. Schließlich agiere *Medienpolitik generell reaktiv* und sei nicht so systematisch, wie es die wissenschaftliche Einsicht nahe legen würde (Saxer 1987: 263). Anzumerken gilt, dass die von Saxer aufgeführten Grenzen von staatlicher Steuerung und Regulierung keine Spezifität von Medien sind, sondern auf praktisch alle ausdifferenzierten Politikbereiche systematisch appliziert werden können.

Als Fazit kann bei Ulrich Saxer ein widersprüchliches Schwanken festgestellt werden: Zwischen wirtschaftsliberaler fundierter Zurückhaltung bei medienpolitischen Steuerungsversuchen einerseits und dem ebenso funktionalistisch wie systemtheoretisch induzierter Wunsch andererseits, eine systematisch umfassende und wissenschaftsbasierte Theorie der Steuerung von Kommunikationspraxis zu entwickeln. Dieser Anspruch wissenschaftlicher Medienpolitik in Richtung verwissenschaftlichter Praxeologie wird am stärksten sichtbar in seinen Veröffentlichungen zur Medien-Gesamtkonzeption (vgl. Saxer 1982), auf deren Formulierung er als wissenschaftlicher Experte entscheidend Einfluss genommen hatte. Gleichzeitig verdeutlichte das Scheitern dieser Medien-Gesamtkonzeption in der Praxis aber auch die von ihm andernorts (vgl. Saxer 1993) konstatierten Grenzen von konzeptioneller Medienpolitik und umfassender rechtlicher Steuerung. Angesichts der von ihm apostrophierten Diskrepanz zwischen großen medienpolitischen Gesamtentwürfen, welche sich in der Praxis vielfach nur als programmatische »Windmaschinen« entpuppt hätten (vgl. Saxer 1999: 361), formuliert er darum bescheidener: Es gelte, das reale Leistungsvermögen praktischer und systematisch-wissenschaftlicher Medienpolitik abzuschätzen. Praktische wie kommunikationswissenschaftliche Medienpolitik sollten und könnten aus ihrer eigenen Geschichte lernen.

Abbildung 2:   Synopse: Medienpolitik nach Ulrich Saxer

Gegenstand	Ordnungs- und Gestaltungszusammenhang, vornehmlich in Form von staatlichen Massnahmen, und in erster Linie bezogen auf Medienkommunikation, die gewünschte optimale Leistungen für Publika und Gesellschaft erbringen soll.
Fragestellungen	Analyse der Träger, Mittel, Ziele und Strukturen der Medienpolitik
Anspruch	Optimierung der Kommunikationsordnung durch Verwissenschaftlichung von Kommunikationspraxis als Systemwissenschaft
Basiskonzepte	Strategieforschung (Regelung, Steuerung, Kontrolle) und Systemtheorie
Mittel	Rationale Abklärungs-, Planungs-, Einführungssysteme, Problemfindungs-, Verwertungs-, Evaluationsstrategien
Grenzen von Mediensteuerung durch staatliche Regulierung	– Medien sind überkomplexe Systeme, die nur beschränkt prognostizierbar und wenig steuerbar sind; sie ziehen nicht intendierte dysfunktionale Folgen nach sich – Medienpolitik ist parteipolitisch unwichtig, ist nachgelagerte Politik bzw. durch andere Interessen (Wirtschaft) überfremdet – Medienpolitik ist reaktiv und wenig systematisch – Staatliche Eingriffe in komplexe Mediensysteme sind selten zielgenau – Widersprüchliche politische Zielerwartungen und Wertvorstellungen – Beschränkter Spielraum und Ressourcen – Steuerung über Recht ungenügend und wenig flexibel – Optimale Regelungsdichte ist unklar – Wissenschaftliche Zielbildung ist von außerwissenschaftlichen Interessen geprägt

3.   Medienpolitik und Publizistikwissenschaft: ein schwieriges Verhältnis?

Was lässt sich nun abschließend in Thesenform zum Verhältnis von Medienpolitik und Publizistikwissenschaft aufgrund der oben skizzierten schweizerischen Erfahrungen im Rückblick festhalten?

– Die staatliche Medienpolitik hat schon seit den 1970er Jahren in der Schweiz auf Dienstleistungen der Publizistikwissenschaft zurückgegriffen. Stichworte sind: Presseförderung, Medien-Gesamtkonzeption, Versuchsphase mit Lokalrundfunk u.a. Komplementär dazu gilt, dass die Publizistikwissenschaft kontinuierlich Beiträge für die bundesrätliche und parlamentarische Medienpolitik erarbeitet und diese auch der politischen Öffentlichkeit zur Verfügung gestellt hat.

– Medienpolitische Erkenntnisse der Publizistikwissenschaft werden von der Bundesverwaltung, den Parteien und den Verbänden sowie von den Exponenten der Medienwirtschaft jedoch meist nur soweit rezipiert oder gar als Referenz akzeptiert, als diese mit den eigenen, partikulären medienpolitischen Interessen kompatibel sind. Die Chancen für die Publizistikwissenschaft, medienpolitisches Gehör zu erhalten, steigen dabei, je »realistischer« bzw. »mehrheitsfähiger« die vertretenen medienpolitischen Prämissen und Positionen sind.

– Nicht die mangelnde Nachfrage nach wissenschaftlichem Sachverstand in der Medienpolitik oder gar ein entsprechendes Defizit an wissenschaftlicher Beschäftigung mit medienpolitischen Fragen sind das Hauptproblem der Kommunikationswissenschaft. Vielmehr wächst mit zunehmender Dienstleistungsbereitschaft die *Gefahr einer gewissen Fremdbestimmung* der Publizistikwissenschaft durch die Ansprüche und Vorgaben der Medienpolitik, verstanden einerseits als Fremdbestimmtheit von Forschungsproblemen und Fragestellungen, gepaart mit zum Teil unrealistischen Lösungserwartungen andererseits.

– Aus der Perspektive der Publizistikwissenschaft müsste sich eine fundierte Medienpolitik auch auf kommunikationswissenschaftliches Wissen über Voraussetzungen und Rahmenbedingungen sowohl des Mediensystems als auch der Medienpolitik abstützen. Das nachgefragt oder ungefragt öffentlich zur Verfügung gestellte Wissen muss der größtmöglichen Kontrolle durch analytische Schärfe, Systematik und Intersubjektivität genügen. Diesen Ansprüchen stellen sich allerdings vielfältige Schwierigkeiten entgegen, weil beispielsweise die Erfassung und Beschreibung von Ist-Zuständen von Mediensystemen oder die Bestimmung des »Ausmaßes an publizistischer Vielfalt« oder der »Folgen von Medienkonzentration« nicht nur publizistikwissenschaftlich anspruchsvoll sind, sondern auch wissenschaftsintern kontrovers diskutiert und interpretiert werden. Kommt hinzu, dass die methodisch und theoretisch unterschiedlichen wissenschaftlichen Beobachtungen und Analysen unter ganz bestimmten universitären und disziplinären Zwängen erfolgen, die wiederum von gesellschaftspolitischen Konflikten und Großwetterlagen beeinflusst werden.

– Die Erfahrungen vor allem im Hinblick auf die Medien-Gesamtkonzeption und deren Konsequenzen zeigen, dass der *Verwissenschaftlichung von Medienpolitik enge Grenzen* gesetzt sind. Es gibt die umfassend optimierende, widerspruchsfreie, operationalisierbare und ständig revidierbare, alle Interessen gleichermaßen befriedigende, konsensfähige kommunikationswissenschaftliche Medienpolitik nicht. Und schon gar nicht ist sie eine Erfolgsgarantie. In diesem Sinne muss vor kommunikationswissenschaftlicher Medienpolitik und damit auch vor »Windmaschinen« gewarnt werden. Erfolgreiche Medienpolitik aus der Sicht des Bundesrates beruhte in den letzten 30 Jahren weniger auf Planungswissenschaft und Strategieforschung sowie kommunikationswissenschaftlicher Fundierung und Systematik, sondern stärker auf einer umsichtigen Bewirtschaftung der beteiligten Stakeholder-Interessen. Unter dem Primat der Politik muss sich die Wissenschaft für mehr und nicht weniger Demokratie in der Medienpolitik einsetzen und aus einer solchen Perspektive ihre Dienstleistungen vor allem im öffentlichen, zivilgesellschaftlichen Interesse anbieten. Dienen und zudienen implizieren dabei auch eine kritische Distanz den politisch und wirtschaftlich organisierten und institutionalisierten Interessen gegenüber. Unter dem Primat der Demokratie muss sich die praktische Medienpolitik denn auch viel weniger gegenüber der Kommunikationswissenschaft rechtfertigen als umgekehrt.

— Publizistikwissenschaft sollte sich daher bescheiden und medienpolitisch relevantes und verlässliches *Grundlagenwissen* aufgrund von empirischer Forschung bereitstellen, ergänzt durch *Zusammenhangswissen* beispielsweise über die Ursachen, die treibenden Kräfte und gesamtgesellschaftlichen Folgen von Medienkonzentration. Dazu gehört auch *Problemlösungswissen* aufgrund von Erfahrungen, die in der Schweiz oder anderen Ländern gemacht worden sind. Neben diesen Informations- und Aufklärungsfunktionen zuhanden der Medienpolitik und der Medienpolitiker sollte Publizistikwissenschaft aber auch als *diskursive Arena* fungieren, in der sowohl vorherrschende Konzepte und deren Implementierung kritisch analysiert, als auch neue medienpolitische Ideen formuliert, reflektiert und weiterentwickelt werden können.

Literatur

Arbeitsgruppe für RVO-Begleitforschung (1984): Die Begleitforschung zu den lokalen Rundfunk-Versuchen in der Schweiz. Zürich.

Bonfadelli, Heinz/Gantenbein, Heinz/Gollmer, Martin/Hättenschwiler, Walter/ Meier, Werner A./Schanne, Michael (1983): Zur Medien-Gesamtkonzeption aus der Sicht der Medienwissenschaft. In: Bosshart, Louis (Hrsg.): Die Medien-Gesamtkonzeption. Kritische Perspektiven. Freiburg, S. 7-27.

Bonfadelli, Heinz/Hättenschwiler, Walter (1989): Das Lokalradio-Publikum: Ergebnisse der Publikumsbefragungen zu den lokalen Rundfunkversuchen in der Schweiz 1983-1988. Teilstudie 3 zum Schlussbericht der Arbeitsgruppe für RVO-Begleitforschung am Seminar für Publizistikwissenschaft der Universität Zürich. Zürich.

Bonfadelli, Heinz/Meier, Werner A./Schanne, Michael (1998): Öffentlicher Rundfunk und Kultur. Die SRG zwischen gesellschaftlichem Auftrag und wirtschaftlichem Kalkül. Diskussionspunkt 36. Zürich.

Bonfadelli, Heinz/Schanne, Michael (1992): Switzerland: Attractive and Successful, but Not Very Local. In: Jankowski, Nick/Prehn, Ole/Stappers, James (Hrsg.): The People's Voice. Local Radio and Television in Europe. London, Paris, Rome, S. 137-155.

Bonfadelli, Heinz/Schwarb, Ursula/Widmer, Jean/Boller, Boris (2003): Publizistische Vielfalt im Lokalbereich. Schlussbericht für das BAKOM. Teil I+II. Zürich.

Bonfadelli, Heinz/Meier, Werner A./Trappel, Josef (Hrsg.) (2006): Medienkonzentration Schweiz. Formen, Folgen, Regulierung. Bern.

Eidgenössisches Justiz- und Polizeidepartement (Hrsg.) (1982): Medien-Gesamtkonzeption. Bericht der Expertenkommission für eine Medien-Gesamtkonzeption. Bern.

Haas, Josefa/Corboud, Adrienne (1989): Die Lokalradio-Organisationen. Struktur und Entwicklung der an den lokalen Rundfunkversuchen in der Schweiz 1983-1988 beteiligten Lokalradio-Organisationen. Teilstudie 1 zum Schlussbericht der Arbeitsgruppe RVO-Begleitforschung am Seminar für Publizistikwissenschaft der Universität Zürich. Zürich.

Jarren, Otfried/Donges, Patrick (2003): Vom Sinn diskursiver Institutionen in der Medienregulierung. In: media LEX, H. 1, S. 5-6.

Jarren, Otfried et al. (2002): Rundfunkregulierung. Leitbilder, Modelle und Erfahrungen im internationalen Vergleich. Zürich.

McQuail, Denis (1992): Media Performance. Mass Communication and the Public Interest. London.

Meier, Werner A. (1997): »Media-Monitoring«. Vielfalt und Qualität bei Radio und Fernsehen. Schlussbericht zuhanden des BAKOM. Zürich.

Meier, Werner A./Bonfadelli, Heinz/Schanne, Michael (1993): Medienlandschaft im Umbruch. Vom öffentlichen Kulturgut Rundfunk zur elektronischen Kioskware. Basel.

Meier, Werner A./Trappel, Josef (2002): Media Governance. In: Medienwissenschaft Schweiz, H. 1, S. 66-73.

Saxer, Ulrich (1981): Medienpolitik zwischen Selbständigkeit und Überfremdung. In: Media Perspektiven, H. 2, S. 77-90.

Saxer, Ulrich (1982): Eine Medienpolitik für die Schweiz. Zum Bericht der eidgenössischen Expertenkommission für eine Medien-Gesamtkonzeption. In: Media Perspektiven, H. 4, S. 285-292.

Saxer, Ulrich (1987): Medienpolitik: Der Fall Schweiz. In: Fleck, Florian H./ Saxer, Ulrich/Steinmann, Matthias F. (Hrsg.): Massenmedien und Kommunikationswissenschaft in der Schweiz. Jubiläumsschrift der SGKM. Zürich, S. 259-280.

Saxer, Ulrich (1989): Lokalradios in der Schweiz. Schlussbericht über die Ergebnisse der nationalen Begleitforschung zu den lokalen Rundfunkversuchen 1983-1988. Arbeitsgruppe RVO-Begleitforschung am Seminar für Publizistikwissenschaft der Universität Zürich. Zürich.

Saxer, Ulrich (1994): Konstituenten wissenschaftlicher Kommunikationspolitik. In: Bentele, Günter/Hesse, Kurt R. (Hrsg.): Publizistik in der Gesellschaft. Festschrift für Manfred Rühl. Konstanz, S. 15-50.

Saxer, Ulrich (1997): Zum Problemlösungsvermögen von Publizistikwissenschaft. In: Bonfadelli, Heinz/Rathgeb, Jürg (Hrsg.): Publizistikwissenschaftliche Basistheorien und ihre Praxistauglichkeit. Zürich, S. 19-22.

Saxer, Ulrich (1999): Warnung vor grossen medienpolitischen Windmaschinen. Plädoyer für eine wissenschaftliche Medienpolitik. In: Imhof, Kurt/Jarren, Otfried/Blum, Roger (Hrsg.): Steuerungs- und Regelungsprobleme in der Informationsgesellschaft. Opladen, S. 361-376.

Schanne, Michael/Bonfadelli, Heinz/Meier, Werner A. (1991): RVO-Begleitforschung zwischen Anspruch und Wirklichkeit. In: Ross, Dieter/Wilke, Jürgen (Hrsg.): Umbruch in der Medienlandschaft. Beziehungen zwischen Wissenschaft, Politik und Praxis. München, S. 117-133.

Schanne, Michael/Meier, Werner (1988): Mehr Angebote – weniger Vielfalt. Leistungen privaten und öffentlichen Rundfunks im Vergleich. In: Hänni, Fredi/Loretan, Matthias/Meier, Urs (Hrsg.): Schöne Fernseh-Aussichten. Die folgenreiche Demontage einer öffentlichen Institution. Basel, S. 64-77.

Schneider, Thomas (2006): Vom SRG-«Monopol« zum marktorientierten Rundfunk. In: Mäusli, Theo/Steigmeier, Andreas (Hrsg.): Radio und Fernsehen in der Schweiz. Geschichte der SRG 1958-1983. Baden, S. 83-128.

Themenheft (2002): »Radio- und Fernsehgesetz«. In: Medienwissenschaft Schweiz, H. 1.

Wolfgang R. Langenbucher

Konzepte der Medienpolitik in Österreich

>»Diese Medienlandschaft ist ja so verhaut, dass sie nicht mehr
>geordnet werden kann, sondern von Grund auf saniert werden muss«
>Gerd Bacher, 1989, damals Herausgeber der »Presse«
>(Interview mit »Der österreichische Journalist«, 5/1989, S. 27)

»Medienpolitik – und wie man sie macht«. So war eine Abhandlung von
Otto B. Roegele betitelt, in der er kaum zehn Jahre nachdem dieser
Politikbereich sozusagen erst erfunden worden war, versuchte, eine Bi-
lanz zu ziehen. Den historisch wohl begründeten Leitgedanken seiner
Analyse formulierte er so:

>»Wo immer Gesellschaften ihr Zusammenleben einer bestimmten Ordnung
>unterwerfen, erweist sich auch die Kommunikation über öffentliche Angele-
>genheiten als regulierungsbedürftig, wird also Kommunikationspolitik betrie-
>ben. Die Art dieser Kommunikationspolitik steht in einer gesetzmäßigen Be-
>ziehung zur Struktur des jeweiligen Herrschaftssystems, sie entwickelt und
>verändert sich mit dieser« (Roegele 1972: 13).

Dieses Roegele-Theorem müsste sich gerade dann als fruchtbar und
erkenntnisbringend erweisen, wenn sich in einem Land – im Kontext
prinzipiell demokratischer Gegebenheiten – besondere Strukturen des
Herrschaftssystems entwickelt haben. Für Österreich ist dies im Vergleich mit anderen Kleinstaaten und insbesondere im Vergleich mit
Deutschland, mit dem es ja die Gemeinsamkeit der durch die Besatzungsmächte wiederbegründeten Demokratie aufweist, nach herrschender Lehre ganz deutlich gegeben. Die in der einschlägigen Literatur
immer wieder auffindbaren Stichworte dafür sind: Konkordanzdemo-
kratie, Sozialpartnerschaft, Neutralität, Kulturnation, Opfermythos und
Autoritarismus (vgl. zuletzt Rathkolb 2005). Dies sind Eigenarten und
Besonderheiten genug, auch wenn sie sich im Laufe der Jahrzehnte und
zumal nach dem Beitritt zur EU abgeschliffen haben, um Österreich wie
ein medienpolitisches Labor zu betrachten, in dem andere medienpolitische Experimente abliefen, als in der referendumsdemokratischen

Schweiz und dem geteilten Deutschland. Dabei sollte allein schon die Tatsache, dass es um einen Zeithorizont von 60 Jahren (1945-2005) geht, Gewähr dafür bieten, interessante Entwicklungen zu identifizieren.

1.   Kontinuitäten: Das Beispiel der ORF-Gebühren

Tatsächlich zeigt der Strukturwandel von Medien und Öffentlichkeit im historischen Rückblick viele markante Stationen. Aber andererseits gibt es auch unübersehbare Kontinuitäten, die noch im Jahre 2006 aus fast jeder medienpolitischen Zeitungsmeldung herauszulesen sind.

Ein Beispiel: Immer wieder melden die Zeitungen 2006, mit welchen finanziellen Problemen sich der ORF konfrontiert sieht. Dann wurde man informiert, dass das Land Wien die *ORF-Gebühren* erhöhen werde. Wie das? Für Deutschland hat man schon vor Jahrzehnten gelernt, dass die einheitliche Rundfunkgebühr ein wertvolles kommunikationspolitisches Gut sei. In der Tat erhöht Wien auch nicht die Gebühren, die dem ORF zufließen, sondern eine so genannte Landesabgabe, die gemeinsam mit den Rundfunkgebühren, dem Programmentgelt und Beiträgen für die Kunstförderung von der ORF-Gebührentochter GIS eingehoben wird. Und die Höhe dieser Abgabe ist Sache des jeweiligen Bundeslandes, wo diese Erlöse dann budgetär verwendet werden. Die groteske Folge dieses aus der Nachkriegszeit datierenden – und in den verschiedenen Bundesländern unterschiedlich bis hin zum Nulltarif geregelten – Sachverhaltes ist, dass dem ORF keineswegs jener Betrag wirklich zur Verfügung steht, der in den Augen seiner Gebührenzahler für ihn entrichtet wird. Bund und Länder ersparen sich so den Griff in ihre aus dem Steueraufkommen bestehenden Budgets, wenngleich diese Abgaben nichts anderes als versteckte Steuern sind. Eine paradoxe Situation, die bei jeder zur Debatte stehenden Gebührenerhöhung für den ORF diesen in eine Zwangsehe mit dem Staat steckt. Solche etatistischen Traditionsbestände lassen sich durchgehend beobachten. Im Prinzip ist der Österreichische Rundfunk bei der Festlegung seiner Gebühren autonomer als die deutschen Rundfunkanstalten, die ja dazu die Beschlüsse sämtlicher Landtage brauchen, aber in der Realität weiß das Herrschaftssystem – oft auf leisen Sohlen – seine Interessen immer wieder durchzusetzen. Wie in anderen Ländern auch, ist dafür der öffentliche Rundfunk ein besonders ergiebiges Betätigungsfeld. Seine regelmäßige »Umfärbung« gehört nach jedem Regierungswechsel zum selbstverständlichen rundfunkpolitischen Machtpoker.

2. Leitbilder und Entwicklungen der Rundfunkpolitik

Anders als in Deutschland stand in Österreich am Beginn des Aufbaus einer neuen Medienordnung weder ein neues Verfassungsverständnis noch eine konsequente Politik der Besatzungsmächte. Auch fehlte später ein so wichtiger Akteur wie in Deutschland das Bundesverfassungsgericht in Karlsruhe, dessen innovative und moderne Rechtssprechung einen systematischen kollektiven Lernprozess in Gang brachte. So blieb der Rundfunk staatlich massiv dominiert und wurde geradezu seiner Verelendung überlassen; auch beherrschte der vormoderne Typ der Partei-Tageszeitung noch bis in die 1960er Jahre den Zeitungsmarkt.

Trotzdem konnte sich auch ohne neues »Grundgesetz« aus dem Text der vorhandenen Verfassungsdokumente und durch den Einbezug des Artikels 10 der europäischen Menschenrechtskonvention, sowie einige, Österreich betreffende Straßburger Entscheidungen, spätestens in den 1980er Jahren ein modernes, demokratieadäquates Medienfreiheitsverständnis entwickeln. Fast in der Semantik einer Magna Charta hat dies der Verfassungsrechtler Walter Berka 1982 so zusammengefasst:

> »Die Sinnmitte und allgemeinste Garantie der freiheitlichen, grundrechtsgeprägten Kommunikationsordnung, die aus diesen Grundrechten hervorgeht, ist das themen- und ausübungsoffene Recht der Meinungs- und Informationsfreiheit mit seinen Sonderformen medienmäßiger Vermittlung. Aus ihrer Verschränkung [den Verfassungsentscheidungen für die Demokratie und für die Meinungsfreiheit; HH, WRL] ergibt sich das verfassungsrechtlich vorausgesetzte Ideal einer offenen Gesellschaft, die sich durch öffentliche Prozesse der Bewusstseins-, Willens- und Entscheidungsbildung unter der idealen Beteiligung Aller zum demokratischen Staat konstituiert, wobei diesen Prozessen durch das Grundrecht der Kommunikation die freiheitlichen Rahmenbedingungen gesichert werden.
>
> Durch die freie Information werden die Bürger zum wirksamen Gebrauch politischer Freiheiten befähigt, durch die freie Meinungsäußerung können sich die pluralistischen Gruppen im öffentlichen Wettbewerb artikulieren und entsteht jene Permanenz öffentlicher Kritik und Kontrolle, die ein wirksames Korrektiv staatlicher Herrschaft sein kann. Plurität und Toleranz auch gegenüber dem Andersdenkenden, Liberalität auch gegenüber scharfer oder ungerechter Kritik, Gelassenheit auch gegenüber öffentlichen Irrtümern im Interesse der möglichen Wahrheitsfindung durch Diskussion, sind Merkmale dieses Forums der Aktivbürgerschaft, worin auch eine deutliche Absage an Auseinandersetzungen durch Gewalt und Drohung oder im Arkanum verschleiern – der Machtpolitik eingeschlossen liegt« (Berka 1982 zit. nach Haas/Langenbucher 2002: XII).

Dass ein solches rechtshistorisch und rechtstheoretisch abgeleitetes Verständnis von politischer Öffentlichkeit und »vierter Gewalt« auch schon in den 1960er Jahren – zumindest in einem großen Teil der Bevölkerung – zivilgesellschaftlich verankert war, dafür steht ein rundfunkpolitischer Paukenschlag: das *Rundfunkvolksbegehren* aus dem Jahre 1964. Hintergrund war die erwähnte systematische Verarmung zunächst des Hörfunks und dann auch des neu entstandenen Fernsehens, die rigide politische Steuerung durch ÖVP und SPÖ, die sich die Programme und Posten großkoalitionär teilten, sowie die daraus resultierende kümmerliche Programmqualität. Bis heute stehen dieses Volksbegehren und sein Erfolg international für das erste Beispiel einer gelungenen Basismobilisierung in rundfunkpolitischen Entscheidungen. Es waren immerhin über 800.000 Personen, die – nicht zuletzt dank der Unterstützung durch die Tageszeitungen – zu einer Unterschrift motiviert werden konnten.

Die Zustände, die durch ein neues, dem Modell des öffentlichrechtlichen Rundfunks verpflichtetes Gesetz überwunden werden sollten, schildert Hans Magenschab 1963 in einer Monographie über »Demokratie und Rundfunk« so:

»Rundfunk und Fernsehen waren [...] zu Beginn der 1960er Jahre endgültig in den Sog der Parteipolitik geraten. Die zunehmenden Konflikte in der großen Koalition beherrschten die Szene der Innenpolitik. Die personelle Verklammerung mit den politischen Parteien im Österreichischen Rundfunk bewirkte, dass die Parteien laufend auf die von ihnen entsandten Rundfunkdirektoren Pressionen ausübten; die Direktoren sahen sich primär als Sachverwalter der Parteien, die sich im Rundfunk sozusagen institutionell repräsentierten.

Der Parteieneinfluss, insbesondere auf das Informationsprogramm, war deutlich hör- und sehbar. Die leitenden Angestellten in den Programmbereichen wurden nach politischen Gesichtspunkten ausgewählt. Die innenpolitischen Meldungen und Informationen wurden jeweils mit Parteibeauftragten abgesprochen, wenngleich dies nicht lückenlos erfolgte. [...] Zwischen der Österreichischen Volkspartei und der SPÖ wurden laufende Absprachen über die Junktimierung von Sendungen, über den Teilnehmerkreis bei Diskussionen und über Erklärungen von Spitzenpolitikern getroffen. Diese Absprachen wurden den Direktoren jeweils mitgeteilt, die für die Ausführung der Parteiabsprachen sorgten« (Magenschab 1963: 145-149).

Für andere Parteien war in diesem System kein Sendeplatz frei. Die Konsequenz dieser Entwicklung war:

»Schließlich begnügte sich der Rundfunk sogar damit, überhaupt keine Interviews mehr aufzunehmen, und überließ den Politikern von ÖVP und SPÖ die Mikrophone für individuell gestaltete Statements, die auch durch Zwischen- und Querfragen nicht unterbrochen wurden« (Magenschab 1963: 145-149).

Das neue Rundfunkgesetz trat mit dem Jahre 1967 in Kraft; im März dieses Jahres wurde Gerd Bacher auf vier Jahre zum Generalintendanten ernannt. Er hatte dieses Amt – mit mehreren Unterbrechungen – viermal inne. Keine andere Person hat in den folgenden Jahrzehnten mit vergleichbarer Intensität zum Wandel fest verwurzelter Traditionen und damit zur Verwestlichung des Medienverständnisses in Österreich beigetragen. Er war – auch in anderen Positionen, die er zeitweise bekleidete, wie etwa die eines Beraters des deutschen Bundeskanzlers Helmut Kohl – argumentationsstark und wortmächtig. Davon zeugen seine öffentlichen Wortmeldungen bis heute (vgl. Bacher 2000). Im ORF-Almanach zog er erstmals 1971 nach vier Jahren Rundfunkreform Bilanz. Seine Formulierungen geben einen plastischen Eindruck vom Denken und Handeln der medienpolitischen Akteure und verweisen gleichzeitig auf die kommenden Probleme, die auch durch das neue Gesetz nicht aus der Welt geschafft werden konnten.

»Das Volksbegehren wollte und das Gesetz brachte die Unabhängigkeit des Rundfunks von Staat und Parteien. Wir kennen in Europa keine unabhängigere Anstalt, aber auch keine, die sich ihrer Haut so wehren müsste wie der ORF. Es scheint das Schicksal des Österreichischen Rundfunks seit dem Jahre 1945 zu sein, die normale Entwicklung seiner ausländischen Schwesteranstalten nicht mitmachen zu dürfen. Bis 1967 von den Parteien ausgehungert und dirigiert, nach 1967 ob der gesetzlich erfolgten Befreiung und notdürftigen Gesundung bekämpft und verleumdet. Der ORF verhält sich nicht anders als andere freie Rundfunkanstalten, undenkbar aber wären etwa in der Bundesrepublik, in der Schweiz oder in England das Niveau und die Hysterie, die in Österreich die politische Auseinandersetzung mit dem Rundfunk bestimmen. Die Unabhängigkeit des ORF beruht leider nur auf gesetzlichem Zwang, keinesfalls aber auf dem demokratischen Konsens aller gesellschaftlichen Institutionen« (Bacher 1971: 9/10).

Als Besonderheit österreichischer politischer Kultur muss dabei bedacht werden, dass es nicht die konservative ÖVP, sondern die »linke« SPÖ war, die – eingeschnürt in das Korsett eines autoritären Staatsverständnisses – das Volksbegehren und die Rundfunkreform zu boykottieren versuchte. Schon die ersten Jahre eines neuen Rundfunkjournalismus aber zeigten, dass gerade die Politiker dieser Partei davon profitierten, so insbesondere Bruno Kreisky, der sich als genialer (Fernseh-)Kommunikator erwies. Geradezu verbittert stellt deshalb Gerd Bacher fest:

»Die Chance einer ruhigen Entwicklung wurde dem ORF in den ersten vier Jahren seiner Erneuerung nicht gegeben. Ausgerechnet von Exponenten jener Gruppe nicht, die sich angesichts der innenpolitischen Entwicklung als Profiteur der Rundfunkreform herausstellt [= eben der SPÖ. WRL]. Dieses feindselige Klima schlug sich nicht zuletzt in den Organen der Gesellschaft nieder; hier wurde im Jahr 1970 leider oft mehr Innen- als Rundfunkpolitik betrieben. Wir haben daher unser unternehmenspolitisches Hauptziel in den ersten vier Jahren nicht erreicht; als politisch wichtigstes Dienstleistungsunternehmen der Republik zu einer Selbstverständlichkeit zu werden, die man zwar schonungsloser Kritik unterzieht, aber nicht prinzipiell in Frage stellt« (Bacher 1971: 10).

Als Kreisky an die Macht kam, sorgte er für ein neues Rundfunkgesetz, was sich als Beleg des von allen Kräften praktizierten politischen Einflusses auf das Programm sehen lässt. Dem folgten bis zur Gegenwart immer wieder neue Gesetzesänderungen. Heute ist der ORF eine Stiftung. Diese kontinuierliche Folge parlamentarischer Entscheidungen zur Rundfunkordnung ist gewiss bemerkenswert, wenn man dies z.B. mit der Situation zumindest in einigen deutschen Bundesländern verfolgt. Dort sind die ursprünglichen Gesetze aus der Nachkriegszeit noch weitgehend erhalten.

3. Satelliten- und Privatfernsehen

Vergleicht man die medienpolitischen Entscheidungen, die in Österreich gefallen sind, mit denen umliegender Staaten, so fallen vor allem zwei Sachverhalte auf: Österreich hat nie ein eigenständiges *Satellitenprogramm* erwogen oder gar realisiert und es hat bis in die jüngste Vergangenheit kein eigenständiges – mit den ORF-Programmen konkurrenzfähiges – *Privatfernsehen* ordnungspolitisch ermöglicht. Dass Kleinstaaten beides durchaus mit Folgen für ganz Europa realisieren können, beweist das Beispiel Luxemburg. Für das Fernsehverhalten der Österreicherinnen und Österreicher hatte allerdings diese Nichtpolitik gravierende – gewollte oder ungewollte – Folgen. In der deutschsprachigen Nachbarschaft begann Ende der 1980er Jahre der zunächst langsame, dann aber ausgeprägte Aufstieg des Privatfernsehens und die Entwicklung eines dualen Rundfunksystems. Den österreichischen Haushalten war der Zugang dazu – wie auch zu den öffentlich-rechtlichen Programmen der Nachbarn – von Anfang an offen und sie machten davon zunehmend Gebrauch. So behielt der ORF zwar lange, viel länger als andere Rundfunkanstalten sein Sendemonopol, verlor aber diese Position von Jahr zu Jahr mit anhaltendem Tempo. Anders gesagt: die Haushalte versorgten sich mit Kabel und Satellitenempfangsmöglichkeiten, so dass diese so genannten KaSat-Empfangsmöglichkeiten seit Ende der 1980er Jahre bis zur Gegenwart einen Wert erreichten, der nur noch eine kleine Minderheit von Empfängern allein auf die terrestrischen Möglichkeiten des ORF reduziert. Die Folgen in der Reichweite und in den Marktanteilen hätten für den ORF nicht dramatischer sein können: Die Nutzung der öffentlich-rechtlichen, ausländischen Angebote hielt sich immer in Grenzen, die Nutzung der privaten Angebote von RTL und Sat1 etc. wurde dagegen zur selbstverständlichen österreichischen Fernsehrealität.

Abbildung 1: Entwicklung der KaSat-Haushalte in Österreich seit 1994

	1994	1998	2002	2005
Haushalte mit TV-Empfang über Kabel und/oder Satellit, in %	61,1	74,5	83,6	86,5

Quelle: RADIOTEST, ORF Medienforschung

Abbildung 2: TV-Nutzungszeit 1991-2005 Erwachsener (ab 12 Jahren)

Nutzungszeit pro Tag in Minuten	1994	1998	2002	2005
ORF gesamt	84	89	87	80
TV-Gesamt	135	146	162	166

Quelle: TELETEST, ORF Medienforschung

Dass ein eigenständiges österreichisches Privatfernsehen erst mit 20 Jahren Verspätung (im Vergleich z.B. zu Deutschland) entstand, hat sicherlich dem Land und seiner Medienkultur einiges erspart. Aber auch diese Nichtpolitik hatte deutliche Folgen: Zum einen verwandelte es den ORF, weil er versuchen musste, gegen die ausländischen Privatprogramme seine Marktanteile und Reichweiten zu verteidigen (Selbstkommerzialisierung war für die kritischen Beobachter ein typischer Begriff), und andererseits wurde dadurch die Entwicklung einer Fernsehprogrammindustrie verhindert, die andernorts gelegentlich ja auch Programminnovationen und jedenfalls Arbeitsplätze schuf. Eine Pointe am Rande mag sein, dass diese Entwicklung viele kreative Köpfe aus Österreich veranlasste, sich in der deutschen Kommunikationswirtschaft zu verdingen – und nur gelegentlich wieder, manchmal auch nur für Gastspiele, zurückzukehren. So sorgte der aus dem deutschen Privatfernsehen kommende Österreicher Gerhard Zeiler in den vier Jahren seiner Generalintendanz des ORF für eine sozusagen innere Privatisierung dieses öffentlichen Senders, die ihn seitdem in eine Dauerkrise schlittern ließ (vgl. der FreiRaum 2006). Mit der überraschenden Abwahl der bisherigen Generaldirektorin und der Neuwahl eines relativ jungen, aus dem Management kommenden Generaldirektors Mitte 2006 ist nun die Hoffnung auf eine Reform des ORF verbunden, die eine Rückkehr zu alten Tugenden bringen soll. Ob dafür die finanziellen und politischen Spielräume groß genug sind, wird von vielen Beobachtern bezweifelt.

4.   Pressepolitik

Ein Gebiet auf dem die österreichische Medienpolitik permanent gestaltend tätig war, ist die *Presseförderung*, die sowohl den Tageszeitungen wie auch den Zeitschriften galt. Was dort praktiziert wurde, ist im Einzelnen höchst problematisch, ermangelt einer wissenschaftlich begründeten Erfolgskontrolle, dürfte des Weiteren nur mit einem aus vergangenen autoritären Vorstellungen gespeisten Demokratieverständnis vereinbar sein – bleibt aber trotz aller Einwände und Kritik ein Sachverhalt initiativer Politik. Wieweit dadurch die Pressekonzentration gestoppt werden konnte, muss offen bleiben. Dass dabei phasenweise ein Beitrag geliefert wurde zur Erhaltung wirtschaftlich nicht tragfähiger Zeitungstypen (Parteizeitungen), ist dagegen offensichtlich. Wieweit die derzeitigen Förderungsbeiträge zur Qualitätssteigerung oder nur zur Defizitabdeckung in einzelnen Verlagen dienen, bleibt ebenfalls offen. Für viele Analytiker macht sich diese Presseförderung seit langem auch dadurch politisch verdächtig, dass sie von einem in anderen Ländern normalen Antikonzentrationsinstrument, dem Kartellrecht, systematisch kein Gebrauch macht – dies auch gegen allen Expertenrat. So kann sich staatliche Presseförderung in Österreich wie in anderen Ländern letztlich nicht dem Verdacht entziehen, ein Instrument des staatlichen Einflusses auf den Journalismus zu sein. Mehr als Anekdoten gibt es über diese Zusammenhänge freilich nicht. Bleibt die manchmal gestellte Frage, warum sich Chefredakteure, Herausgeber und Verleger überhaupt in diesen medienpolitischen Verdacht bringen lassen wollen. So steht die Neuordnung der Presseförderung wohl auf der Tagesordnung, solange als Konsequenz von political correctness nicht ihre gänzliche Abschaffung beschlossen wird. Da sich alle Beteiligten an diese eher schlampigen Zustände gewöhnt haben, werden sie wohl auch für die Zukunft ein charakteristisches Element der Medienpolitik in Österreich bleiben.

5.   Etablierung neuer Regulierungsinstitutionen

In den letzten Jahren wurden dieser Reformchronik, wenn man sie denn so bezeichnen will, weitere Kapitel eingeschrieben. Diese Entscheidungen des politisch-administrativen Systems vollzogen sich überwiegend in kommunikativen Nischen, so dass selbst manche Bezeichnungen neuer Institutionen Jahre nach ihrer Etablierung kaum bekannt und ungebräuchlich sind. Neben dem schon erwähnten neuen ORF-Gesetz vom 5.7.2001 bezogen sich die meisten Regelungen auf den Sektor der Mediamatik, waren also Mediamatikpolitik. So entstanden z. B. eine Reihe neuer Behörden:

- Kommunikationsbehörde Austria (KommAustria)
- Bundeskommunikationssenat (BKS)
- Rundfunk und Telekom Regulierungs-GmbH (RTR GmbH)
- Telekom-Control-Kommission (TKK)
- Digitale Plattform Austria

Neben diesen staatlichen Regulierungsinstitutionen im engen und weiten Sinne weist eine entsprechende Studie von Michael Latzer u.a. insgesamt 25 Regulierungsinstitutionen auf, die nach folgenden Begriffen klassifiziert werden:

- Ko-Regulierungsinstitutionen
- Selbstregulierungsinstitutionen im weiten Sinn
- Selbstregulierungsinstitutionen im engen Sinn (vgl. Latzer 2002).

Vor allem über die neu geschaffenen staatlichen Einrichtungen liegen bisher nur wenige Erfahrungen vor, so dass es auch schwierig ist, sie medien- und kommunikationspolitisch zu bewerten. Dass ein oppositioneller Mediensprecher darunter das Wiederentstehen einer »Metternichbehörde« sieht, muss nicht unbedingt verwundern, dass aber der erfahrene Medienjournalist Harald Fidler diesen Begriff für die Kapitelüberschrift eines einschlägigen Buches nimmt, weist darauf hin, dass er als kritischer Beobachter Zweifel an der Unabhängigkeit dieser Medienbehörden hat. Nicht so ganz durchschaubar ist bislang vor allem, welche zusätzlichen Einflussmöglichkeiten, über das Rundfunkgesetz hinaus, die Regierung damit auf den ORF hat. Die bisherigen Auseinandersetzungen bezogen sich vor allem auf die Auslegung der dem ORF vorgeschriebenen Beschränkungen der Werbung. Darin setzt sich ein Konflikt fort, den in den vergangenen Jahrzehnten der Verlegerverband und der ORF immer wieder ausgetragen haben, der aber von der Politik meist zu Gunsten des ORF entschieden wurde, so dass dieser in vielen seiner Programme (Hörfunk wie Fernsehen) erstaunlich ausgedehnte Werbezeiten ausweisen konnte. Nimmt man noch die exzessive Programmpromotion hinzu, so schrumpfen manche Sendezeiten, die in den Programmzeitschriften als halbe Stunde ausgewiesen sind, auf 25 oder gar 20 Minuten. Dies gilt selbst für die prominenten Nachrichtensendungen des Fernsehens.

Wie auch immer: Österreich ist in den letzten Jahren entschieden den medienpolitischen Schritt von einer früheren Epoche in die Epoche der Regulierung und der Ko-Regulierung gegangen.

6.   Forschungsförderung

Zur medienpolitischen Reformbilanz gehört auch, dass es über viele
Jahre eine gezielte *Forschungsförderung* gab. Ein bemerkenswertes Do-
kument dieser staatlich geförderten medienpolitischen Forschung war
der vier Mal vom Institut für Publizistik- und Kommunikationswissenschaft der Universität Salzburg herausgegebene Medienbericht »Massenmedien in Österreich«. Diese Berichte enthielten regelmäßig auch
mehr oder weniger umfangreiche Kapitel über die Medien- und Kommunikationspolitik. In einer Studie über die medienpolitischen Auseinandersetzungen zwischen ÖVP und SPÖ in den Jahren 1945-1975
machte Zaininger die interessante Beobachtung, dass es im Laufe der
Jahre darüber immer weniger zu berichten gibt:

> »Ein Beleg hierfür ist die abnehmende Seitenanzahl der Thematik Medienpo-
> litik in den seit 1979 erschienenen Medienberichten [...] Im ersten Bericht
> der Massenmedien in Österreich umfassten die medienpolitischen Vorstellun-
> gen der Parteien noch fünf Seiten. Im Medienbericht II – Berichtszeitraum
> 1976-1982 – betrug der Umfang unter dem Titel ›Medienpolitische Grund-
> satzvorstellungen‹ nur mehr drei Seiten und im Medienbericht III – Berichts-
> zeitraum 1983-1986 – wird unter ›Medienpolitik in Österreich‹ vermerkt:
> ›Die wichtigsten Akteure der Medienpolitik im Berichtszeitraum sind nicht so
> sehr die politischen Parteien, sondern in zunehmenden Maß die Wirtschafts-
> und Sozialpartner, Die Post, der ORF und die großen Zeitungsverlage gewe-
> sen‹« (Zaininger 2000: 108).

Ein geradezu als ironisch zu bezeichnender Beleg für dieses Desinteresse
der Politik an Medienpolitik ist auch das Ende der entsprechenden Forschungsförderung, so dass seit 1993 die Kontinuität der Medienberichte
abbrach und trotz mehrfacher Versuche des Salzburger Instituts, eine
weitere Zusage für die Finanzierung durch das Ministerium zu erhalten,
bislang gescheitert sind. Einen gewissen Ersatz boten seit 1996 die ebenfalls aus Salzburg kommenden »Berichte zur Lage des Journalismus«, die
seitdem regelmäßig jährlich erscheinen und auch immer einen Abschnitt
zur Medien- und Kommunikationspolitik enthalten. In dieses Bild zunehmenden Desinteresses an angewandter oder Grundlagenforschung
fällt auch das Schicksal der Studie, die am Wiener Institut in Auftrag
gegeben wurde und dem bis heute aktuellen Forschungs- und Politik-
thema »Integrations- und Desintegrationsleistungen durch Medien«
galt, aber über die Prüfung der Machbarkeit nicht hinauskam (vgl.
Hummel 1995). Wenn man das damit vergleicht, dass in den 1970er
Jahren beim Bundesministerium für Wissenschaft und Forschung immerhin ein »Projektteam Medienforschung« angesiedelt war und dass
diesem in den 1980er Jahren ein breit angelegtes Forschungsprogramm
»Ökonomie und Zukunft der Printmedien« ermöglicht wurde (vgl.

Bruck 1993), dann ist für das vergangene Jahrzehnt ein Ausrinnen solcher, die Medienpolitik wissenschaftlich fundierenden Aktivitäten festzustellen.

7.   Konklusion

Wie die sorgfältige, journalistisch-chronikale Arbeit des Medienredakteurs Harald Fidler bei der Zeitung »Der Standard« – auch zusammengefasst in zwei Büchern – zeigt, wird Medienpolitik gerade auch unter der konservativen Regierung sehr wohl praktiziert, aber diese vollzieht sich bei vollkommenem Desinteresse der entscheidenden Akteure an ihrer öffentlichen Debatte, ihrer gesamtgesellschaftlichen Kontextualisierung oder ihrer systematischen Folgenabschätzung. So blieb etwa der hoch konzentrierte und verflochtene Pressemarkt (Zeitungen wie Zeitschiften) von allen ordnungspolitischen Eingriffen verschont; im ORF hat naturgemäß auch die Stiftungskonstruktion nicht verhindert, dass er ein Spielball der Politik blieb; lediglich die Telekommunikation veränderte sich nach dem Beitritt Österreichs zur EU – zwangsläufig – weg von den überkommen Monopolstrukturen. Aber auch dieser Ausbau des technischen Kommunikationssystems wurde nicht als große politische Veränderung inszeniert. Die oben zitierten Eigenarten des politischen Systems in diesem Lande sind zwar einem kontinuierlichen Erosionsprozess ausgesetzt, aber es bestehen doch noch nachwirkende Traditionen. In der Medienpolitik fördern sie das Handeln in kommunikativen Nischen und das Festhalten am Status quo.

Kritik daran – von Wissenschaftlern, Schriftstellern, Intellektuellen und Journalisten – gibt es genug. Typisch dafür ist die Formel, mit der der Chefredakteur der Wochenzeitung »Falter« seit Jahren seinen Leitartikel enden lässt: »Im übrigen bin ich der Meinung, der Mediamil-Komplex muss zerschlagen werden.« Er meint damit die Konzentration und Verflechtung von Tageszeitungs- und Magazinmarkt. Diejenigen, die das ändern könnten, sind mit diesen monopolartigen Zuständen aber ganz offensichtlich zufrieden; ebenso, wie sie – quer durch alle Parteien – zwei Jahrzehnte länger als im übrigen Europa das Monopol einer Rundfunkanstalt bewahrten. Warum soll man auch einen Ast absägen, auf dem man ganz offensichtlich komfortabel sitzt? Medienvielfalt mag gut sein für die Demokratie, für die politische Klasse ist das Gegenteil überschaubarer, handlicher. Und so wird das österreichische Mediensystem wohl auch in Zukunft »konzentriert und verflochten« (Steinmaurer 2002) bleiben.

Literatur

Bacher, Gerd (1971): Vier Jahre Rundfunkreform. Ausblick und Bilanz. In: ORF (Hrgs.): ORF-Almanach. Wien.

Bacher, Gerd (2000): Der Generalintendant. In: Schmolke, Michael et al. (Hrsg.): Gerd Bachers Reden, Vorträge, Stellungnahmen aus dem Jahren 1967-1994; eine Auswahl. Wien.

Fabris, Heinz/Renger, Rudi/Rest, Franz (Hrsg.): Berichte zur Lage des Journalismus in Österreich. Abteilung für Journalistik und Angewandte Kommunikationswissenschaft. Institut für Kommunikationswissenschaft, Universität Salzburg. Salzburg 1996-2002/03.

Berka, Walter (1982): Die Kommunikationsfreiheit in Österreich. Informationsfreiheit, Freiheit der Meinungsäußerung und Zensurverbot im Überblick. In: EuGRZ, H. 19, S. 413-420.

Bruck, Peter A. (1993): Print unter Druck. Zeitungsverlage auf Innovationskurs. München.

Bruck, Peter A. (Hrsg.) (1993): Medienmanager Staat. Von den Versuchen des Staates, Medienvielfalt zu ermöglichen. München.

Der FreiRaum (Hrsg.) (2006): Der Auftrag. Öffentlich-rechtlicher Rundfunk. Positionen – Perspektiven – Plädoyers. Wien.

Fidler, Harald (2004): Im Vorhof der Schlacht. Österreichs alte Medienmonopole und neue Zeitungskriege. Wien.

Fidler, Harald/Merkle, Andreas (1999): Sendepause. Medien und Medienpolitik in Österreich. Oberwart.

Haas, Hannes/Langenbucher, Wolfgang R. (Hrsg.) (2002): Medien- und Kommunikationspolitik. Ein Textbuch zur Einführung. Wien.

Hummel, Roman (1995): Integrations- und Desintegrationsleistungen durch Medien. Studie d. Instituts für Publizistik- und Kommunikationswissenschaft der Universität Wien im Auftrag d. Bundesministeriums für Wissenschaft und Forschung. Wien.

Latzer, Michael/Just, Natascha/Saurwein, Florian/Slominski, Peter (2002): Selbst- und Ko-Regulierung im Mediamatiksektor. Alternative Regulierungsformen zwischen Staat und Markt. Wiesbaden.

Magenschab, Hans (1973): Demokratie und Rundfunk. Wien.

Radiotest (2006): Entwicklung der KaSat-Haushalte in Österreich seit 1994. In: ORF Medienforschung http://mediaresearch.orf.at/index2.htm?fernsehen/fernsehen_heimel.htm. (27.9.2006).

Rathkolb, Oliver (2005): Die paradoxe Republik. Österreich 1945-2005. Wien.

Roegele, Otto B. (1972): Medienpolitik – und wie man sie macht. Osnabrück.

Steinmaurer, Thomas (2002): Konzentriert und verflochten. Österreichs Mediensystem im Überblick. Innsbruck.

Teletest (2006): TV-Nutzungszeit 1991-2005 Erwachsene (ab 12 Jahren). In: ORF Medienforschung http://mediaresearch.orf.at/index2.htm?fernsehen/fernsehen_nutzungsverhalten.htm. (27.9.2006).

Zaininger, Günter (2000): Die medienpolitischen Auseinandersetzungen zwischen ÖVP und SPÖ in den Jahren 1945 – 1975. Diplomarbeit an der Universität Wien.

Gerhard Vowe

Ordnung durch Medienpolitik und der Beitrag der Wissenschaft – das Beispiel Deutschland

1. Einstieg: Auf den Schultern von Riesen[1]

Einmal im Jahr, immer am 15. April,[2] tritt William Henry Gates III mit seiner Gattin Melinda an seinen Safe in seinem digitalisierten Haus in Seattle und nimmt sein Allerheiligstes heraus, eine Mappe, etwas größer als A4; darin sind 18 gefaltete braune Doppelblätter, beidseitig eng beschrieben, mit vielen Federzeichnungen am Rand. Dann zieht er sich weiße Baumwollhandschuhe an, öffnet die Mappe und nimmt ein Blatt heraus, z.B. das Blatt 1A, Folio 1R.[3] Er kann den Text nicht lesen, weil er kein Italienisch kann und weil alles in winziger Spiegelschrift geschrieben ist. Aber er betrachtet gern die Zeichnungen, und wenn ihm danach ist, dann nimmt er dieses Blatt und hält es gegen das Licht, was er nicht soll, denn die Schrift ist äußerst lichtempfindlich, aber er macht es manchmal trotzdem, denn dann kann er sich darüber freuen, dass er der einzige auf der Welt ist, der die Welt durch das Löchlein sehen kann, das Leonardo da Vincis Zirkel in ein Blatt gestochen hat.[4] Er sieht dann alles durch das Nichts, durch Leonardos Löchlein. Bill Gates ist nämlich der Besitzer des »Codex Leicester«[5] der einzigen Handschrift

---

1 Ich danke Otfried Jarren und Wolfgang Schulz für Hinweise zu der Liste der medienpolitischen Entscheidungen sowie Kristina Jakubek für Hilfe bei der Recherche.
2 Am 15. 4. 1454 wurde Leonardo da Vinci geboren.
3 Einzusehen unter
   http://www.museum.or.jp/announce/20050915/image/leicester.gif.
4 Siepmann (o.J.) einzusehen unter
   http://www.odranoel.de/deu/seiten/siepmann.htm (20.02.2006).
5 Die Handschrift müsste nun eigentlich »Codex Gates« heißen, weil sie nach ihrem Besitzer genannt wird. Der Besitzer vor Gates war der Earl of Leicester.

von Leonardo in Privatbesitz. Darin hat der 60jährige Leonardo vor genau 500 Jahren seine Gedanken zum Wasser aufgeschrieben: Was ist Wasser? Wo kommt Wasser her? Wo geht das Wasser hin? Was bewirkt Wasser? Was kann man mit Wasser bewirken? Aus allen Überlegungen spricht tiefe Ehrfurcht vor der Kraft des bewegten Wassers - und der Wille, diese Kraft zu nutzen.

Ausgesprochen anregend für unser Thema ist das Blatt 13B, Folio 24R.[6] Leonardo denkt dort darüber nach, wie man die Strömung eines Flusses bändigen kann. Der Abschnitt ist überschrieben: »Von den Formen der Hindernisse, um die [...] Aushöhlungen des Grundes wieder gutzumachen...« Was passiert, wenn man in einen Fluss ein quaderförmiges Hindernis stellt? Oder eines in Ei-Form? Oder zwei davon? Nebeneinander oder hintereinander? Wo wird Erde aufgespült, wo wird sie abgetragen? Schaden die Hindernisse vielleicht mehr, als sie nutzen? So hält er z.B. fest: »Wenn das Hindernis ziemlich steil im Fluss steht..., dann wird das Wasser vorne ziemlich viel aushöhlen und hinten wenig Erdreich ablagern.«

Das formuliert er als eine Gesetzmäßigkeit; nicht: »kann, muss aber nicht« oder »vielleicht auch umgekehrt«; auch nicht: man müsse den Kontext berücksichtigen, und der Beobachter verändere sowieso alles wieder. Nein: wenn – dann. Und das hat er sich nicht an seinem Stehpult ausgedacht, das hat er beobachtet, mehr noch, das hat er experimentell erprobt und dann aufgeschrieben, aufgezeichnet, manchmal sogar realisiert.

Was wir auf dieser Seite sehen, ist eine Regulierung. Der Fluss wird reguliert, damit die Strömung nicht alles unterspült und aushöhlt. Leonardo erprobt Varianten von Regulierung.

So wie der Arno und der Rhein und die Limmat Tag und Nacht strömen, so strömt auch die öffentliche Kommunikation immerzu, und auch sie unterspült und höhlt aus. Ohne Wasser kein Leben; ohne Kommunikation kein soziales Leben. Und so wie wir Wasser zu bändigen versuchen, versuchen wir auch Kommunikation zu bändigen. Wir überlassen die Kommunikation nicht sich selbst und nicht dem Markt, sondern wir legen Hindernisse und Sperren und Wehre an, wir begrenzen und schützen und leiten um – wir regulieren.

Aber sind wir so weit wie Leonardo, dass wir präzise sagen, schreiben und zeichnen können: Wenn die Finanzierung der öffentlich-rechtlichen Anbieter aus fiskalischen Quellen um den Faktor X erhöht wird, dann wird sich das Verhältnis der Zuschauermarktanteile von

---

6   Einzusehen unter http://leo.skyar.com/images/cleicest.gif (24.02.2006).

privaten und öffentlich-rechtlichen Anbietern um den Faktor Y verschieben?

Damit sind wir bei den Fragen, die diesen Beitrag leiten:

– Ist die mediale Kommunikation nachhaltig durch Medienpolitik geordnet worden?
– Welche Ordnungsvorstellungen stehen hinter dieser Politik?
– Welchen Einfluss haben die Wissenschaften auf diese Ordnungsvorstellungen?

Meine Aufgabe ist es, diese Fragen im Hinblick auf Deutschland zu beantworten.

2. Das Profil der deutschen Medienpolitik: 25 Grundsatzentscheidungen

Zur ersten Frage: Ist die mediale Kommunikation in Deutschland nachhaltig durch Medienpolitik geordnet worden? Ich werde das Profil der deutschen Medienpolitik durch die zentralen Entscheidungen deutlich machen, mit denen die öffentliche Kommunikation in der Bundesrepublik Deutschland strukturiert wurde. Ich setze damit 1945 ein und beschränke mich auf die 25 wichtigsten Grundsatzentscheidungen, darunter je fünf Entscheidungen für die drei publizistisch besonders relevanten Medien(bündel) Presse, Rundfunk und Online-Medien.[7] Die Liste ist selektiv, aber nicht willkürlich und regt hoffentlich zum fruchtbaren Streiten an.

I Presse

1945: Vergabe von Presselizenzen an Privatpersonen durch die Alliierten

1956: Einrichtung des Presserats als Selbstkontrolle durch Verbände

1966: Festlegung der öffentlichen Aufgabe für die Presse durch das Bundesverfassungsgericht[8] (»Spiegel-Urteil«)

1976: Novellierung der Fusionskontrolle für Presseunternehmen.

1980: Endgültiger Verzicht auf ein Presserechtsrahmengesetz[9]

---

7 Die Quellen für die Zusammenstellung der Entscheidungen sind Kopper 1992; Schütz 1999; Bausch 1980.
8 Im Folgenden »BVerfG«.
9 Das ist eine Entscheidung, die deshalb wichtig ist, weil sie *nicht* gefällt wurde, eine »nondecision« (vgl. Bachrach/Baratz 1962: 949). Damit verzichtete der Staat auf weitere Eingriffe in die verlagsinternen Entscheidungsprozesse.

II Rundfunk

1948: Gründung der öffentlich-rechtlichen Rundfunkanstalten durch die Alliierten und deutsche Landesregierungen

1984: Zulassung privater Rundfunkanbieter (»Duales System«)

1989: EU-Fernsehrichtlinie

1991: Übernahme der Rundfunkordnung im vereinigten Deutschland

1996: Novellierung der Konzentrationsregelung im Rundfunkstaatsvertrag[10]

III Online-Medien

1980: Start der Feldversuche für Bildschirmtext und Videotext

1983: Bundesverfassungsgericht: Recht auf informationelle Selbstbestimmung als Grundlage für den Datenschutz

1995: Liberalisierung des Telekommunikationsbereichs durch das Telekommunikationsgesetz (TKG)

1997: Gesetzliche Regulierung für die Onlinemedien (einschließlich Suchmaschinen)

2003: Co-Regulierung im Jugendschutzmedien-Staatsvertrag

Hinzu kommen die fünf wichtigsten Entscheidungen im Hinblick auf die publizistische Infrastruktur; das sind die Leistungen, auf die Medien in ihrer Arbeit angewiesen sind, die Versorgung mit Ressourcen für Medien.

IV Publizistische Infrastruktur

1945: Genossenschaftliche Organisation der Nachrichtenagentur

1972: Medienbericht der Bundesregierung: Beginn der systematischen Forschungsförderung

1976: Beginn der universitären Journalistenausbildung

1976: Begrenzung der staatlichen Öffentlichkeitsarbeit in Wahlkampfzeiten durch das BVerfG[11]

1994: Weltweiter Schutz der Rechte an geistigem Eigentum durch TRIPS[12]

Schließlich noch die wichtigsten Entscheidungen im Hinblick auf den institutionellen Rahmen, also die Festlegung von Spielregeln für die Medienpolitik.

---

10 Dies stellt eine Entscheidung dar, in der auch die standortpolitische Dimension in der Rundfunkpolitik zum Ausdruck kommt.

11 BverfG 44, 125.

12 Agreement on Trade-Related Aspects of Intellectual Property Rights (siehe: http://www.wto.org/english/tratop_e/trips_e/trips_e.htm).

> **V Institutioneller Rahmen für die Medienpolitik**
> 1948: Garantie der Kommunikationsfreiheiten im Grundgesetz[13]
> 1948: Föderales Kompetenzgefüge im Grundgesetz[14]
> 1961: BVerfG: Sicherung der Kompetenz der Länder im Rundfunk und
>   Verpflichtung zum kooperativen Föderalismus
> 1997: Vertrag von Amsterdam: Sicherung der Subsidiarität
> 2000: Europäische Grundrechtscharta mit einer Garantie der Medienfreiheit

Dies ergibt insgesamt 25 Entscheidungen, die sich in »Schotts Sammelsurium« gut machen würden.[15] Die Liste macht deutlich, in welchem Maße die Struktur medialer Kommunikation von politischen Entscheidungen beeinflusst war, ist und sein wird. Selbstverständlich spielen auch Markt, Technik, Kultur und nicht zuletzt die territorialen Bedingungen eine gewichtige Rolle für die Ausformung der Medienlandschaft. Aber unbestritten ist: ohne politische Eingriffe sähe die Medienlandschaft anders aus.[16] Medienpolitik gab und gibt der deutschen Medienlandschaft ein von anderen Epochen und von anderen Ländern deutlich unterscheidbares Profil, z.B. was die Zentralität der Medienstruktur angeht oder was den Stellenwert öffentlichen Eigentums angeht.

Diese Entscheidungen wurden zunächst in einer Arena getroffen, die von den Alliierten dominiert war – die Entscheidung für eine private Presse, für einen föderal gegliederten und korporatistisch kontrollierten, staatsfernen öffentlich-rechtlichen Rundfunk. Sehr bald bildete sich

---

13 Art. 5 Grundgesetz (Im Folgenden: GG) (Meinungs-, Informations- und Medienfreiheit).

14 Art. 20 GG (Bundesstaat), Art. 30 GG (Ländervorrang), Art. 70 GG (Gesetzgebungskompetenz) und Art. 93 GG (BVerfG).

15 Vgl. Schott 2004. Man könnte verschiedene Experten bitten (nicht nur Wissenschaftler, auch Medienjournalisten, Medienrechtler, Medienberater und Medienpolitiker selbst), an einer solchen Liste mitzuwirken; dann werden manche eine Entscheidung durch eine andere austauschen oder zumindest für gleich wichtig erachten.

16 Ein interessanter Lerneffekt des Blickes in die Geschichte der Medienpolitik ist im Übrigen, dass man sich über die enormen Zeitspannen klar wird, die diese Entscheidungen gebraucht haben. Nur ein Beispiel: Die Pressefusionskontrolle wurde am 28.6.1976 novelliert. Vorschläge für eine politische Reaktion auf die Pressekonzentration hat die Günther-Kommission geäußert – acht Jahre zuvor. Dazwischen liegen Anhörungen usw. Die Günther-Kommission war im Mai 1967 eingesetzt worden – auch als Reaktion der Bundesregierung auf die Anti-Springer-Kampagne der Studentenbewegung. Neun Jahre hat es gedauert, bis auf eine intensive gesellschaftliche Auseinandersetzung eine gesetzliche Regelung folgte. Noch längere Zeitspannen haben wir beim Presserechtsrahmengesetz, bei dem sich Auseinandersetzungen über Jahrzehnte hinzogen (vgl. Kopper 1992).

daraus eine Arena, die von den Parteien und Verbänden dominiert war. Mittlerweile haben sich die Gewichte zugunsten von supranationalen Instanzen und international agierenden Unternehmen verschoben.

3. Orientierungsmuster: Ordnungsvorstellungen hinter der deutschen Medienpolitik

Zur zweiten Frage: Welche Ordnungsvorstellungen stehen hinter dieser Politik?

Die Medienpolitik ist getragen von normativ getränkten Denkmustern, was Medien leisten sollen, wie sie organisiert sein sollen, welche Entwicklung sie nehmen sollen. Diese Unterstellungen sind komplex – um sie angemessen sprachlich auf den Punkt zu bringen, muss man zur Form des Paradoxons greifen. Ein Beispiel mit intensiver Strahlkraft ist die »staatlich gesicherte Staatsferne«: Erst durch staatliche Hoheitsakte wird der öffentliche Rundfunk als staatsferne Variante begründet – nicht nur durch die Gründungsgesetze, auch durch die Gebührenfinanzierung und das Regelwerk, den Rundfunkstaatsvertrag. Staatsferne braucht Staatshandeln. Diese Doppelrolle des Staates – von Beschützer und Gefährder – ist im ganzen Grundgesetz angelegt, schon in Artikel 1: »Die Würde des Menschen ist unantastbar. Sie zu achten und zu schützen, ist Verpflichtung jeder staatlichen Gewalt.« In Deutschland wird der Staat als Problem und Lösung zugleich gesehen.[17]

Weitere paradoxe Unterstellungen sind z.B. die »geordnete Vielfalt«, der »kooperative Föderalismus« oder die »Mündigkeit durch Vormundschaft«.[18]

Woher kommt das Paradoxe der medienpolitischen Ordnungsvorstellungen? Es wurzelt in der Widersprüchlichkeit der grundlegenden politisch-kulturellen Orientierungsmuster: das sind konventionalisierte kognitive Schemata, die Medienpolitik tief prägen, selbst aber politischen Entscheidungen entzogen sind. In deren Mittelpunkt stehen Antworten auf die Fragen nach dem Woher, dem Wozu und dem Warum von Medienpolitik.

Zum Woher der Medienpolitik: Im Mittelpunkt der *historischen Erfahrungen* steht der Nationalsozialismus, das kollektive Trauma der deutschen Geschichte, die »Vergangenheit, die nicht vergehen will«

---

17 So jüngst Thomas Darnstädt (2005) in einer Darstellung der Entstehung der Bundesrepublik.
18 Die Einbindung der Bürger in den Willensbildungsprozess über Medien kann nicht den Bürgern allein überlassen bleiben.

(Ernst Nolte). Medienpolitik soll vor allem verhindern, dass es zu einer totalitären Verfügung über Medien kommen kann: »Nie wieder Weimar« und »Nie wieder Auschwitz«.

Zum Wozu der Medienpolitik: Orientierung für Regulierungs- und Ordnungsentscheidungen stiftet vor allem der Wertehorizont. *Zentrale Leitwerte* sind:

– Ist die Sicherheit des Gemeinwesens der dominante Leitwert, dann soll vor allem verhindert werden, dass durch öffentliche Kommunikation Herrschaftsstrukturen oder Grundwerte gefährdet werden.

– Ist die individuelle Freiheit der dominante Leitwert, dann soll vor allem gewährleistet werden, dass eine möglichst große Vielfalt kommunikativer Möglichkeiten zur Auswahl steht.

– Ist die Gleichheit der Gesellschaftsmitglieder der dominante Leitwert, dann soll vor allem eine möglichst gleiche Teilhabe aller Gesellschaftsmitglieder an der öffentlichen Kommunikation erreicht werden.

Das Profil der Medienpolitik ist bestimmt durch spezifische Mischungen dieser Leitwerte (vgl. Vowe 1999).

Zum Warum der Medienpolitik: Eine weitere tragende Säule des Orientierungsmusters bildet das dominante *Medienbild*, insbesondere die damit verbundenen Kausalschemata (vgl. Langenbucher 1999). Voraussetzung für alle medienpolitischen Entscheidungen ist die Unterstellung starker, direkter, genereller Wirkungen von Medien. Dies wird an den Unterschieden deutlich, die *zwischen* den Medien gemacht werden. Dem Fernsehen wird unvergleichlich stärkere Wirkung zugeschrieben als anderen Medien; folglich wird an der Idee der »Rundfunkordnung« festgehalten, also an der Gewährleistung der Rundfunkfreiheit durch den Staat. Dies steht in deutlichem Kontrast zu Presse und Film. Im Mittelpunkt steht dabei (noch) die publizistische Wirkung auf die öffentliche Meinung. Ergänzt wird das Bild der starken Medien durch die Vorstellung vom schwachen Publikum, das es zu schützen, zu erziehen und zu lenken gilt. Grundsätzlich vorstellbar wäre ja auch ein anderes Medienbild, in dem z. B. das Medienangebot nicht als Ursache, sondern als Folge von Rezipientenentscheidungen gesehen wird. Gegenüber kommunikationswissenschaftlichen Befunden erweist sich das Kausalmuster der starken Medien und der schwachen Massen als weitgehend resistent.[19] Auf dieser Robustheit beruht die politisch relevante Stabilisierungsleistung der Orientierungsmuster.

---

19 Zur kommunikationswissenschaftlichen Wirkungsforschung vgl. Schenk 2002, Jäckel 2005.

4. Der Stellenwert von Wissenschaften für Ordnung und Orientierung

Zur dritten Frage: Welchen Einfluss haben die Wissenschaften auf diese Ordnungsvorstellungen?

Der Schwerpunkt der Medienpolitik liegt auf der Regulierung im engeren Sinne, auf der Gestaltung der öffentlichen Kommunikation durch regulative Mittel, also durch Rechtsetzung. Recht ist in Deutschland das bevorzugte Mittel zur Koordination. Damit in Zusammenhang steht, welche Wissenschaft besonderen Einfluss auf die Ordnungsvorstellungen hat: die Jurisprudenz.

Ihre Hegemonie ist zum einen *kognitiv* begründet. Die Rechtswissenschaft hat nie zwischen »sein« und »sollen« getrennt – ihr Denken ist auf Anwendung ausgerichtet. Über Jahrhunderte hinweg hat sie eine Technologie entwickelt, mit der Werte in Regeln transformiert werden können. Gegeben sind einige Grundwerte, wie z.B. persönliche Freiheit, und die Rechtswissenschaft ist in der Lage, einen Pfad anzugeben, auf dem geprüft werden kann, ob politische Entscheidungen mit diesen Grundwerten kompatibel sind.

Zum anderen ist die Hegemonie *sozial* begründet. Denn es ist der Rechtswissenschaft in der Bundesrepublik Deutschland gelungen, ihren Spitzenvertretern eine unanfechtbare Machtposition zu garantieren. Das Bundesverfassungsgericht ist durch das Grundgesetz zu einem Verfassungsorgan geworden – gleichberechtigt mit Bundespräsident und Bundestag. Es hat die Möglichkeit, die anderen zu einem politischen Handeln zu zwingen, das seinen Auffassungen von Verfassungskonformität entspricht. Dieser Areopag hat außerdem die Möglichkeit, durch seine Urteile den ganzen rechtlichen Instanzenzug auf seine Ordnungsvorstellungen hin zu orientieren. Dies gibt der Bundesrepublik ein szientokratisches Moment. Diese Machtposition ist insbesondere für die Medienpolitik von großer Bedeutung. Die Bundesverfassungsrichter haben für diesen Bereich sehr genaue Ordnungsvorstellungen, die sie erfolgreich durchgesetzt haben. Sie sind mehr als Politikberater, da sie auch selbst entscheiden.

Auch wenn Kommunikationswissenschaftler medienpolitisch wirksam sein wollen, greifen sie auf die Technologie der Juristen zurück – sie setzen vornehmlich auf Ge- und Verbote als Steuerungsinstrument und schlagen z.B. rechtliche Lösungen für das Konzentrationsproblem vor. So lange die rechtlichen Mittel im Zentrum der Medienpolitik stehen, so lange haben die Juristen gegenüber anderen Wissenschaftlern einen uneinholbaren Vorsprung. Je mehr aber distributive Instrumente zur

Strukturierung öffentlicher Kommunikation in den Vordergrund rücken, desto mehr gewinnt eine andere Wissenschaftlergruppe an politischem Boden, weil die über eine entsprechende Technologie verfügt, um Ziele in Handeln umzusetzen. Die Volkswirte und – bezogen auf Organisationen – die Betriebswirte verfügen über die Technologie, durch materielle An- und Abreize Handeln zu beeinflussen; sie behaupten sogar, sie könnten damit Verhalten steuern. Auch hierauf greifen Medienpolitiker zurück, und auch Kommunikationswissenschaftler in der Politikberatung empfehlen diese Technologie und den Rückgriff auf die technologischen Kenntnisse der Ökonomiker. Es wäre zu prüfen, wie sich das Verhältnis zwischen den beiden Disziplinen – Jurisprudenz und Ökonomik – im Hinblick auf ihren medienpolitischen Einfluss verschoben hat.

Im Arsenal der Medienpolitik finden sich selbstverständlich noch die Technologien im engeren Sinne; sie basieren auf den Fähigkeiten von Ingenieuren, technische Kommunikation zu ermöglichen oder zu verhindern – vom Störsender bis zur Kryptografie. Und auch die Politikwissenschaft hat eine Technologie entwickelt, die auf Macht beruht.

Kann die Kommunikationswissenschaft denn nur auf die Technologien anderer Disziplinen zurückgreifen, wenn sie medienpolitisch Einfluss nehmen will? Es gibt noch eine weitere Waffenkammer im Arsenal der Medienpolitik. Zu der hat die Kommunikationswissenschaft den Schlüssel. Es sind die kommunikativen Instrumente. Überredung und Überzeugung bilden die ureigenen Strategien der Kommunikationswissenschaft. Nicht zuletzt ist es der Verwurzelung in der Rhetorik zu verdanken, dass die Kommunikationswissenschaft eine Technologie entwickelt hat, mit der politische Ziele erreicht werden können, z.B. die Gewichtung von Versprechungen und Drohungen, der angemessene Einsatz von Intrige und Täuschung, die adressatengemäße Formulierung von Verhaltensmaßregeln, die professionelle Entfesselung öffentlicher Empörung usw.[20]

Kommunikative Instrumente sind nicht per se wirksamer bei der Erfüllung von medienpolitischen Zielen als regulative oder distributive Instrumente. Sie können auch in viel höherem Maße Kollateralschäden hervorrufen. Aber aus unserer Sicht ist ihr Vorteil, dass die Kommunikationswissenschaft einen eigenen Zugriff auf sie hätte.

Medienpolitik ohne regulative Instrumente und ohne distributive Instrumente ist schwer vorstellbar. Dennoch könnte die Rolle der kom-

---

20 Auf das Paradox von Ziel und Mittel (Erreichung von Zielen im Hinblick auf die öffentliche Kommunikation bei gleichzeitigem Verzicht auf Mittel der öffentlichen Kommunikation) hat Jarren (1998) früh hingewiesen.

munikativen Instrumente durchaus größer sein und damit die Rolle der Kommunikationswissenschaft im Vergleich zu anderen Wissenschaften bei medienpolitischen Fragen. Die Rolle kommunikativer Instrumente in der Politik ist gewachsen (Stichworte: PR, PA). Aber gilt dies auch für die Medienpolitik? Ist der Versuch von Springer, die ProSieben-Sat1-Media-AG zu übernehmen, stärker von strategischer öffentlicher Kommunikation begleitet worden als z.B. der Fusionsversuch zwischen Burda und Springer 1980?

Es gibt noch einen weiteren gewichtigen Vorteil, den die Kommunikationswissenschaft gegenüber den anderen genannten Wissenschaften ins Feld führen kann: Sie trennt zwischen Sein und Sollen, und deshalb kann sie den Medienpolitikern sagen, wie die Dinge sind. Ihre empirische Orientierung gibt ihr einen Wettbewerbsvorteil. Ich kann darauf hier nicht eingehen.

5. Ausstieg: Demut statt Hybris

Zusammengefasst: Die öffentliche Kommunikation ist durch Ordnung geprägt. Dahinter stehen dezidierte Ordnungsvorstellungen, getränkt vor allem durch das Trauma des Nationalsozialismus. Formulierung und Umsetzung der Ordnungsvorstellungen werden durch Juristen dominiert. Würden sich die Ordnungsvorstellungen verändern, wenn die Kommunikationswissenschaft stärker präsent wäre? Würde sich eine kommunikative Rationalität stärker als Leitmotiv durchsetzen? Und sähe die Medienwelt besser aus, wenn sich die Medienpolitik stärker an den empirischen Befunden der Kommunikationswissenschaft orientieren würde? Ich bin da skeptisch, und auch dabei kann ich mich auf die Schultern von Leonardo stellen. Denn es gibt noch einen anderen Leonardo – neben, unter, über dem Leonardo der Flussregulierung, der Vivisektion und der Windmaschinen. Dieser andere Leonardo hat das Rätselhafte und Unergründliche künstlerisch zu fassen versucht, und zwar vor allem in seinen Frauenbildnissen wie der »Dame mit dem Hermelin«.[21] Dieser Leonardo lehrt uns Demut.

---

21 Einzusehen unter http://www.onlinekunst.de/april/2dame_mit_hermelin.jpg (20.02.2006)

Literatur

Barach, Peter/Baratz, Morton S. (1962): Macht und Armut. Eine theoretisch-empirische Untersuchung. In: American Political Science Review 56, S. 947-952.

Bausch, Hans (1980a): Rundfunkpolitik nach 1945. Band 1: 1945-1962. München.

Bausch, Hans (1980b): Rundfunkpolitik nach 1945. Band 2: 1963-1980. München.

Darnstädt, Thomas (2005): Die verteilte Macht. In: Der Spiegel, Nr. 50, S. 56-73.

Hoffmann-Riem, Wolfgang (1988): Schleichwege zur Nicht-Entscheidung. Fallanalyse zum Scheitern der Enquete-Kommission »Neue Informations- und Kommunikationstechniken«. In: Politische Vierteljahresschrift 29, H. 1, S. 58-84.

Jäckel, Michael (2005): Medienwirkungen. (3. Aufl.) Wiesbaden.

Jarren, Otfried/Zielmann, Sarah (2004): Ausblick: Institutionalisierungsmöglichkeiten für Medienkritik. In: Weiß, Ralph (Hrsg.): Zur Kritik der Medienkritik. Wie Zeitungen das Fernsehen durchleuchten. Berlin, S. 549-568.

Jarren, Otfried (1998): Medienpolitische Kommunikation. In: Jarren, Otfried/Sarcinelli, Ulrich/Saxer, Ulrich (Hrsg): Politische Kommunikation in der demokratischen Gesellschaft. Opladen, S. 616-629.

Kopper, Gerd G. (1992): Medien- und Kommunikationspolitik der Bundesrepublik Deutschland. Ein chronologisches Handbuch 1944 bis 1988. München.

Landfried, Christine (1984): Bundesverfassungsgericht und Gesetzgeber. Wirkungen der Verfassungsrechtsprechung auf parlamentarische Willensbildung und soziale Realität. Baden-Baden.

Langenbucher, Wolfgang R. (1999): Rundfunk und Gesellschaft. In: Schwarzkopf, Dietrich (Hrsg.): Rundfunkpolitik in Deutschland. München, S. 149-315.

Schenk, Michael (2002): Medienwirkungsforschung. Tübingen.

Schott, Ben (2004): Schotts Sammelsurium. Berlin.

Schütz, Walter J. (1999): Medienpolitik. Dokumentation der Kommunikationspolitik in der Bundesrepublik Deutschland von 1945 bis 1990. Konstanz.

Siepmann, Eckhard (o.J.): Leonardos Löchlein. Zu einer bisher übersehenen Stelle im Codex Leicester. Einzusehen unter http://www.odranoel.de/deu/seiten/siepmann.htm (22.02.2006)

Vowe, Gerhard (1999): Medienpolitik zwischen Freiheit, Gleichheit und Sicherheit. In: Publizistik 44, H. 4, S. 395-415.

Vowe, Gerhard (2003): Medienpolitik – Regulierung der medialen öffentlichen Kommunikation. In: Bentele, Günter/Brosius, Hans-Bernd/Jarren, Otfried (Hrsg.). Handbuch öffentliche Kommunikation. Opladen, S. 210-227.

Matthias Künzler / Edzard Schade

Schafft Politik eine Medienordnung? Eine komparative Analyse deutscher, österreichischer und schweizerischer Medienpolitik seit 1945

Der Ländervergleich zwischen Deutschland, Österreich und der Schweiz basiert auf der Auswertung publizistikwissenschaftlicher Literatur. Die komparative Analyse orientiert sich an folgenden Kernfragen: Wann wurden wo welche Entwicklungen des Mediensystems von der Medienpolitik aufgegriffen? Welche medienpolitischen Zielsetzungen wurden dabei gemäß welchen »Leitbildern« entwickelt und mit Hilfe welcher Regulierungsinstrumente umgesetzt? Anhand dieser Fragen wird eine Periodisierung der Medienpolitik in den drei deutschsprachigen Ländern vorgenommen.

Mit dem Begriff *Leitbild* werden hier medienpolitische Ordnungsvorstellungen erfasst, die auf eine – mehr oder weniger stark ausgeprägte – zeitspezifische Wahrnehmung bestimmter (struktureller) Medienentwicklungen verweisen. Sie basieren auf einem spezifischen Medienbild und definieren, welche Aufgaben und Leistungen Medien für die Gesellschaft erbringen sollen. Leitbilder bestehen somit aus Normen und Zielen und damit zusammenhängend aus präferierten Regeln oder Regelungsmodellen, die der Norm- und Zielerreichung dienen (vgl. Künzler 2003). Medienpolitische Leitbilder können Leitideen zugeordnet werden. Leitideen sind auf einer höheren, abstrakteren Ebene angeordnet als Leitbilder und umfassen langfristig relativ stabile, allgemeine Wertvorstellungen bzw. Grundorientierungen. Die Wahrnehmung des »öffentlichen Interesses« ist nach Cuilenburg/McQuail (2003: 182f.) die wichtigste Leitidee der Regulierung in demokratischen Staaten. Was jedoch als öffentliches Interesse angesehen wird, variiert stark und kann sich auf politische, soziale oder ökonomische Wohlfahrtsziele und -normen beziehen. Zu den zentralen Leitideen der *politischen Wohlfahrt* zählen Demokratie, Meinungsfreiheit, Informiertheit und Partizipation. Die mit *sozio-kultureller Wohlfahrt* verbundenen Leitideen lauten Integration, Gleichheit, Pluralität sowie geistig-kulturelle Entfaltung und Autonomie. Die auf *ökonomische Wohlfahrt* bezogenen Leitideen sind wirtschaftlicher Nutzen, Effizienz, Beschäftigung, Profit sowie Innovation (vgl. Cuilenburg/McQuail 2003: 185f., ergänzt durch Witte 1982: 123-126).

1. Regulierung des Pressesektors

1.1 Presseregulierung in der Bundesrepublik Deutschland

Re-education und Schaffung von Meinungsvielfalt (1945-1949)

Nach dem Ende des Zweiten Weltkriegs standen die Alliierten in Deutschland ähnlich wie in Österreich vor der Aufgabe, die Medienlandschaft neu zu gestalten. Die Westmächte orientierten sich dabei am Leitbild der »*Re-education*«. Demnach sollte die westdeutsche Bevölkerung für die politischen Leitideen der Demokratie, also für Meinungs-, Presse-, Religionsfreiheit, die Akzeptanz der Rechtsstaatlichkeit etc. gewonnen und so von einem kriegerischen zu einem friedliebenden Volk, welches in eine europäische Ordnung integriert ist, »umerzogen« werden (vgl. Koszyk 1986: 17, 124, 127). Die drei westlichen Alliierten orientierten sich bei der Lizenzvergabe am Pressewesen und den Staatsvorstellungen ihrer Heimatländer (vgl. Pürer/Raabe 1994: 101). Dementsprechend bildeten sich in den drei Zonen unterschiedliche pressepolitische Leitbilder und schließlich spezifische Pressestrukturen aus.

Professionalisierung einer Presse im Wettbewerb (1949-1964)

Ab 1949 verzichteten die Alliierten auf die Weiterführung der Marktzugangspolitik mittels Lizenzzwang. Nun konnten auch die so genannten »Altverleger« – Verleger, die vor 1945 im Pressebereich tätig waren – wieder in den Markt eintreten. Der in der Folge verstärkte publizistische und ökonomische Wettbewerb mündete in einer ersten Konzentrationswelle: In einigen Regionen verschwanden entweder ehemalige Lizenzzeitungen oder Titel der Altverleger, in anderen Regionen wurden jedoch auch verschiedene Kooperationsmodelle mit langfristigem Erfolg umgesetzt (vgl. Ludwig 2002: 155-158). Daneben nahm die Beliebtheit von anderen Presseprodukten wie Illustrierten und Boulevardzeitungen stetig zu. Auch als Reaktion auf diese Entwicklung äußerte 1951 ein Bundesminister erstmals Pläne für ein Pressegesetz, welches u.a. Selbstkontrollmechanismen zwingend vorschreiben wollte. Journalisten- und Verlegerverbände deuteten dieses Gesetzesvorhaben als Eingriff in die Pressefreiheit und entwickelten eigene Pläne zur *Selbstregulierung der*

Presse, wobei insbesondere der britische Presserat als Vorbild diente. Diese Debatten führten schließlich 1956 zur Gründung des Deutschen Presserats durch Journalisten- und Verlegerverbände.

Regulierung der Pressekonzentration (1964-1989)

Als in den 1960er und 1970er Jahren eine zweite Konzentrationswelle einsetzte, welche vor allem zu Lasten lokaler und regionaler Titel ging und zur Herausbildung großer Tageszeitungs- und Zeitschriftenkonzerne führte (vgl. u.a. Pürer/Raabe 1994: 123-129), löste dies medienpolitische Diskussionen über die Gefahren der Medienkonzentration aus. Die Politik reagierte 1964 und 1967 auf Bundesebene mit der Einsetzung zweier Expertenkommissionen (die so genannten »Michel«- und »Günther«-Kommissionen). In Folge dieser Arbeiten und politischen Debatten übernahm die Politik auf Bundesebene mehrheitlich ein Leitbild, das die *Aufrechterhaltung von Vielfalt und Zugangschancen* im Pressemarkt und die *Verhinderung des Missbrauchs von Meinungsmacht* als Hauptziele verfolgte. Zur Umsetzung dieses Leitbildes wurden unterschiedliche Regulierungsmaßnahmen erlassen, welche der Marktzugangs-, Infrastruktur- und Informationspolitik zugeordnet werden können (vgl. Pürer/Raabe 1994: 138f.).

Neustrukturierung der ostdeutschen Presselandschaft: Vertrauen in die »Selbstheilungskräfte des Marktes« (1990-1994)

Mit der Wiedervereinigung Deutschlands stellte sich die Frage, wie die ostdeutsche Presselandschaft mit ihren regionalen Monopolen von SED-Parteizeitungen zukünftig gestaltet werden sollte. Der politische Entscheid sah diesbezüglich vor, (vermeintlich) auf medienpolitische Maßnahmen zu verzichten. Dies geschah in Anlehnung an jenes ordnungspolitische Leitbild, das die *Privatisierung* der existierenden SED-Zeitungen mit möglichst hohen Verkaufserlösen, Investitionszusagen und Arbeitsplatzgarantien anstrebte (vgl. Schneider 1992: 434), um danach die *»Selbstheilungskräfte des Marktes«* (Schneider 1992: 428) wirken zu lassen. Dieser Verzicht auf eine aktive Marktzugangspolitik hatte wohl bekannte Konsequenzen: Die Medienkonzentration erhöhte sich stark. Indem die mit der Privatisierung beauftragte staatliche Treuhandanstalt die Zeitungen hauptsächlich an westdeutsche Pressekonzerne verkaufte, da nur diese über die dazu notwendigen finanziellen Mittel besaßen, wurden Neugründungen verhindert sowie kleinere und mittelständische Unternehmen aus dem Markt gedrängt (vgl. Schneider/Möhring/Stürzebecher 1997: 379-383).

Journalistische Leistungskraft durch Konzentrationsförderung (ab 1996)

Ab 1996 plante die damals rot-grüne Koalitionsregierung, die pressespezifischen Regelungen im Kartellrecht zu lockern, was einer Deregulierung im Bereich der Marktzugangspolitik entsprochen hätte (vgl. Puppis 2006: 230f.). Die Regierung orientierte sich dabei am Leitbild, das angesichts der Pressestrukturkrise eine *Stärkung der wirtschaftlichen Basis* der Presse – insbesondere der Tagezeitungen – durch Wachstum vorsah, um so die journalistische Leistungskraft und den publizistischen Wettbewerb zu sichern. Die damals oppositionellen Fraktionen von CDU/CSU und FDP teilten diese Auffassung jedoch nicht und blockierten das Gesetzesvorhaben. Bislang ist trotz Regierungswechsel und neuen Gesetzesentwürfen keine Entscheidung gefallen.

1.2   Presseregulierung in Österreich

Parteizeitungen für die Förderung des österreichischen Bewusstseins und die Re-Demokratisierung (1945-1955)

Das Kriegsende 1945 und die Besatzung durch die Alliierten brachte Österreich eine Rückkehr zur Demokratie, aber keine Wiederherstellung des Pressewesens der Ersten Republik, als parteiunabhängige Blätter dominierten. Gemäß dem von den Besatzungsmächten verfolgten politischen Leitbild der *Re-education* sollte das Gedankengut des Nationalsozialismus öffentlich bekämpft und die *endgültige Trennung von Deutschland* im »österreichischen Bewusstsein« verankert werden (vgl. Moser 2002: 29). Das Pressewesen regulierten die Alliierten bis zu ihrem Abzug 1955 im Sinne einer selektiven Marktzugangspolitik durch ein Lizenzwesen und beanspruchten für ihre Medieninhaltspolitik ein Kontroll- und Zensurrecht, indem die Vorzensur zwar noch 1945 abgeschafft, die Nachzensur jedoch belassen wurde (vgl. Moser 2002: 28f.). Die westlichen Alliierten begrüßten im Hinblick auf die Re-Demokratisierung die Gründung von Parteizeitungen (vgl. Pürer 1990: 1f.).

Ungebremste Pressekonzentration und Professionalisierung (1955-1972)

Mit dem Ende der Besatzungszeit begann ein – besonders zwischen 1967 und 1972 heftiger – Konzentrations- und Strukturwandlungsprozess, wovon vor allem die Parteipresse betroffen war (vgl. Pürer 1990: 3; Steinmaurer 2003: 352). Bis Anfang der 1970er Jahre sank deren Anteil an der Druckauflage der Tageszeitungen deutlich unter 20%.

Auffällig ist, dass der tief greifende Umbruch der Pressestruktur erst in den 1970er Jahren Niederschlag in der Presseregulierung fand. Der Zeitungsverlegerverband und die Journalistengewerkschaft konzentrierten sich bis Anfang der 1970er Jahre auf die Institutionalisierung von

Selbstregulierungs- und Qualitätssicherungsinstrumenten im Sinne von Vorleistungen für ein modernisiertes Pressegesetz: 1961 nahm der »Österreichische Presserat« seine Arbeit auf, 1971 folgte die Verabschiedung vom »Ehrencodex für die österreichische Presse« (vgl. Medienbericht 2/1983: 544). Das gemeinsame Bestreben der Verleger und Gewerkschaften, der Presse bzw. dem Journalismus eine Sonderstellung als Profession in der Gesellschaft zu sichern, drückte sich in der »Gemeinsamen Stellungnahme zum derzeitigen Stand der österreichischen Pressegesetzgebung« vom 19. Mai 1969 aus (vgl. ebenda: 545).

Relative Stabilisierung der Presselandschaft durch Presseförderung (1972-1987)
Der sich Ende der 1960er Jahre beschleunigende Konzentrationsschub löste (erst) ab 1972 eine intensive pressepolitische Debatte unter den Schlagworten »Zeitungssterben« und »Presseförderung« aus. Auslöser war die auf 1973 vorgesehene Einführung der Mehrwertsteuer, durch die der bislang steuerlich hoch privilegierten Presse beträchtliche Zusatzkosten drohten. Besonders die etablierten Verleger wollten ihren Marktzugang durch eine großzügige staatliche Finanzierungspolitik absichern.

Die seit 1971 (bis 1983) allein regierende SPÖ griff die Anliegen der Verleger auf und führte 1975 eine direkte Bundespresseförderung ein. Damit wurden mehrere, zum Teil unterschiedliche Leitbilder verfolgt: Das Hauptziel war der *Erhalt der Meinungsvielfalt bei der Presse.* Der Tages- und Wochenpresse, bei der die Parteipresse einen wichtigen Stellenwert einnahm, sollte über die akuten wirtschaftlichen Schwierigkeiten hinweggeholfen und so Monopolisierungs- und Konzentrationstendenzen entgegengewirkt werden. Dieses Leitbild war eng verknüpft mit jenem der *Parteienförderung.* So wurde unter der SPÖ-Regierung bereits 1972 ein »Bundesgesetz über die Förderung staatsbürgerlicher Bildungsarbeit im Bereich der politischen Parteien sowie der Publizistik« (Zeitschriftenförderung) verabschiedet, ein Gesetz also, das zugleich die Parteien- und die Presseförderung bezweckte (vgl. Dünser 1979: 199, 201, 209). Ende der 1970er Jahre gelang es vorübergehend, durch Einsatz bedeutender Staatsmittel, eine relative Stabilität der Presselandschaft zu erreichen (vgl. Pürer 1988: 673).

Internationalisierung und die Grenzen der Presseregulierung (seit 1987)
Die bis in die 1980er Jahre ausgebaute direkte Presseförderungspolitik wurde durch verschiedene Umbrüche ab 1987 in den Hintergrund gedrängt. So setzte 1987 wieder ein rasches Zeitungssterben ein, das bis

1991 zum beinahe völligen Niedergang der Parteipresse führte. Damit war zu Beginn der 1990er Jahre die nach dem Zweiten Weltkrieg unter dem Einfluss der Alliierten geformte Marktstruktur endgültig aufgelöst. Dies wird mehrheitlich als *kaum aufhaltbare Anpassung* der österreichischen Tageszeitungsbranche *an die internationalen Marktstrukturen* gedeutet (vgl. Bruck 1992: 65). Diese Einschätzung lag wohl dem Presseförderungsgesetz von 2004 zu Grunde, denn es ist im Wesentlichen eine wenig inspirierte Fortschreibung des Bisherigen und bietet den Verlegern bei der staatlichen Unterstützung weitgehend Besitzstandwahrung (vgl. Trappel 2005: 94f.).

Die weit hitzigeren Debatten löste 1988 der massive Einstieg deutscher Verlage in österreichische Presseunternehmen aus. Viele Kommentatoren witterten einen »heimlichen Wiederanschluss« (Pürer 1988: 674). Der Gesetzgeber ergriff gegen diese vielfach als dramatisch beschriebenen Veränderungen in der Presseeigentümerstruktur Maßnahmen im Bereich der Marktzugangspolitik. Die Kartellgesetzgebung erhielt ergänzende, medienspezifische Sonderbestimmungen zum Schutz der Medienvielfalt (vgl. Wessely 1997: 26).

1.3   Presseregulierung in der Schweiz

Gesinnungspresse als gefeierter »Bannwald der Demokratie« (1945-1955)
Die schweizerische Presse genoss nach dem Ende des Zweiten Weltkriegs eine hohe Reputation, da zahlreiche – politisch ganz unterschiedlich ausgerichtete – Pressetitel während der nationalsozialistischen Herrschaft als eine Art »Bannwald der Demokratie« für eine *pluralistische und demokratische Gesellschaft* eingestanden waren (vgl. Frei 1987: 7). Besonders im ersten Jahrzehnt nach dem Zweiten Weltkrieg behielt die Presse weitgehend ihre seit der Gründung des Bundesstaates 1848 historisch gewachsene Struktur mit einer ausgeprägten außenpluralen Vielfalt. In den Nachkriegsjahren sorgte lediglich die politische Aufarbeitung der ab 1934 bis 1945 per Notrecht eingeführten medienpolitischen Restriktionen (Zensur) für pressepolitische Debatten. Angesichts der wieder gewonnenen Freiheit und der relativen Stabilität der Pressebranche wurde jedoch darauf verzichtet, die Pressefreiheit auch in Krisenzeiten rechtlich besser vor staatlichen Übergriffen zu schützen (vgl. Schade 2005: 24, 27ff.).

Stilles Titelsterben trotz Beschränkung der Fernsehwerbung (1956-1966)
Von der Pressekonzentration, die bis Mitte der 1960er Jahre mehr oder weniger still vor sich ging, war die stark föderalistisch strukturierte Gesinnungspresse, die vielfach nur ein bis vier Mal wöchentlich erschien,

besonders betroffen (vgl. Padrutt 1975). Für große Nervosität bei den Zeitungsverlegern sorgte jedoch die Einführung des Fernsehens, denn angesichts der erwarteten hohen Kosten stand die Zulassung kommerzieller Rundfunkwerbung zur Debatte. Durch ein starkes Lobbying erreichte die Presse, dass der Fernsehversuchsbetrieb (1953-1957) und das 1958 definitiv eingeführte Fernsehen bis 1964 ohne Werbeeinnahmen finanziert wurden (vgl. Ehnimb-Bertini 2000: 179-186). Der Bundesrat folgte dem bereits in den 1920er Jahren entwickelten Leitbild, wonach *die Presse einen gewissen Wettbewerbsschutz vor dem Rundfunk beanspruchen durfte* (vgl. Schade 2000: 184-188; 282f.). So konnte die Presse durchsetzen, dass die 1965 eingeführte Fernsehwerbung stark reguliert war (vgl. Schade 2006b: 301). Da sich aber beide Medien bis Mitte der 1960er Jahre auf dem Publikumsmarkt nur sehr begrenzt und auf dem Werbemarkt gar nicht konkurrenzierten, kann keine direkte Kausalität zwischen der Pressekonzentration und der Fernsehpopularisierung nachgewiesen werden.

Meinungsvielfalt dank Presseförderung oder Strukturwandel als Chance? (1967-1975)
Erst in der zweiten Hälfte der 1960er Jahre wurde die Pressekonzentration zu einem medienpolitischen Diskussionsthema. Die *Pressekonzentration*, von der die Gesinnungspresse besonders betroffen war, galt verbreitet als *Gefahr für den demokratischen Meinungsbildungsprozess*, da in der Folge Machtpositionen entstehen und die Artikulationsmöglichkeiten gesellschaftlicher Gruppen sinken könnten (vgl. Schade 2006a: 255f.). Der zögerliche Bundesrat setzte angesichts anhaltender öffentlicher Besorgnis um das Zeitungssterben schließlich 1973 eine Expertenkommission ein, welche einen Verfassungsartikel zur Presseförderung und Vorschläge für Presseförderungsmaßnahmen formulieren sollte. Der Kommissions-Vorschlag von 1975 enthielt eine breite Palette von Regulierungsmaßnahmen, welche von indirekter bis direkter Presseförderung reichten. Nachdem sich 1975 im vorparlamentarischen Vernehmlassungsverfahren breiter Widerstand gegen die geplante Presseförderung abgezeichnet hatte, verliefen die Gesetzesarbeiten im Sand.

Neubeurteilung des »Zeitungssterbens« in der »Medien-Gesamtkonzeption« (1976-1982)
Nicht nur die staatliche Pressepolitik stockte. Der Bundesrat musste 1976 einen herben medienpolitischen Rückschlag hinnehmen, als er in der Volksabstimmung über einen Verfassungsartikel für Radio und Fernsehen nach 1957 bereits zum zweiten Mal scheiterte. In der Folge

wollte er weitere Niederlagen in medienpolitischen Fragen verhindern, indem er die vorparlamentarische Lösungssuche breiter abstützte und medienpolitische Weichenstellungen auf die gesamte Medienlandschaft abstimmen wollte. Deshalb beauftrage der Bundesrat 1978 eine nationale »Expertenkommission für eine Medien-Gesamtkonzeption«. Sie hatte auf Basis umfassender Analysen u.a. auch allfällige Maßnahmen gegen das »Zeitungssterben« auszuarbeiten.

Gemäß dem 1982 publizierten Schlussbericht wollte die Kommissionsmehrheit staatliche Eingriffe bei der Presse auf ein Minimum beschränkt halten, wobei sie zur Bekämpfung unliebsamer publizistischer Vormachtstellungen einzig kartellrechtliche Maßnahmen empfahl. Die *publizistische Vielfalt* sollte zukünftig *primär durch den regulierten Rundfunkbereich garantiert* werden (vgl. EJPD 1982: 298-303). Die Kommissionsminderheit, die zur Rettung der Zeitungsvielfalt eine umfassende Presseregulierung forderte, verwies – letztlich erfolglos – auf den Pressekonzentrationsprozess, der seit Mitte der 1970er Jahre auch die Tageszeitungen heftig erfasst hatte (vgl. EJPD 1982: 7ff.; BfS 2001).

Private Lokalradios und starke Großverlage an Stelle einer aktiven Pressepolitik (seit 1982)

Die in der Medien-Gesamtkonzeption entwickelte Antwort auf das Zeitungssterben entwickelte sich langfristig zu einem mehrheitsfähigen pressepolitischen Leitbild. Der Gesetzgeber verzichtet bis heute auf die Einführung einer direkten Presseförderung, obschon viele Parlamentsmitglieder die Pressekonzentration bis in jüngere Zeit als eine Gefahr für die demokratische Meinungsbildung deuteten. Als einzige pressepolitische Maßnahme resultierte 1995 die Absenkung der Aufgreifschwellen bei Zusammenschlüssen von Presseunternehmen im Rahmen der Kartellgesetzrevision (vgl. Puppis 2006: 240).

Obschon die *Pressekonzentration* bis heute weiter voran schreitet, wird sie in jüngster Zeit gerade auf Seiten des Bundesrats *kaum mehr* als *bedrohlich* eingeschätzt und *multimediale Konzentration* sogar *als Chance* für die Unabhängigkeit der Medien und die publizistische Qualitätssicherung gewertet. Die mediale Vielfalt wird gesamthaft für ausreichend erachtet, weswegen die spezifischen medienrechtlichen Kartellmaßnahmen 2001 wieder abgeschafft wurden (vgl. Künzler/Ledergerber 2006: 283, 288).

2. Regulierung des Rundfunksektors

2.1 Rundfunkregulierung in der Bundesrepublik Deutschland

Demokratisierung durch den öffentlich-rechtlichen Rundfunk (1946-1949)
Wie schon bei der Presse waren sich die alliierten Westmächte darin
einig, den Rundfunk in Deutschland in den Dienst der Demokratisierung im Rahmen der »Re-education« zu stellen und keinesfalls einen
Staatsrundfunk zuzulassen (vgl. Hickethier 1998: 64). Die amerikanische und die britische Besatzungsmacht konnten sich so auf die grundlegenden Leitbilder zur Ausgestaltung der Rundfunklandschaft einigen:
Der Rundfunk sollte seine Programme *autonom* gestalten können. An
erster Stelle stand für die Alliierten die *Unabhängigkeit vom Staat*, die sie
gegen die Pläne verschiedener deutscher Länderregierungen durchsetzten
(vgl. Dussel 1999: 188-190). Zugleich sollte er unabhängig von anderen
gesellschaftlichen Gruppen oder Organisationen, insbesondere von der
Wirtschaft, sein und möglichst auch Minderheiten Chancengleichheit
bei der öffentlichen Artikulation bieten. Deshalb sprachen sich vor allem
die Briten gegen einen kommerziellen Rundfunk aus (vgl. Marchal
2004: 118f., 281). Der Rundfunk sollte *dezentral und föderal* organisiert
sein (eine Vorstellung, welche hauptsächlich von Seiten der Amerikaner
eingebracht wurde), weswegen die rechtliche Zuständigkeit den einzelnen Ländern, nicht aber dem Bund zugewiesen wurde.

Kein Privatfernsehen nach angelsächsischem Vorbild (1949-1961)
Nach der Rückgabe des Rundfunks an die Länder und mit dem Aufkommen des neuen Mediums Fernsehen, forderte die Werbe- und Mar-
kenartikelwirtschaft wiederholt die Einführung von Rundfunkwerbung
und die Zulassung von privat-kommerziellem Fernsehen. Eine solche
Liberalisierung des Marktzugangs war sowohl im Interesse der Verleger,
welche ein eigenes Privatfernsehen betreiben wollten (vgl. Steinmetz
1991: 193f.), als auch der damaligen Bundesregierung, der die föderale
Organisation des Rundfunks wegen fehlender Einflussmöglichkeiten
nicht genehm war (vgl. Dussel 1999: 193).
   Nach erfolglosen Verhandlungen mit den Bundesländern, welche auf
ihrer Kulturhoheit beharrten, und einem gescheiterten Gesetzesentwurf
versuchte die Bundesregierung mittels einer entsprechenden Marktzu-
gangs- und Ordnungspolitik vollendete Tatsachen zu schaffen: Sie
gründete 1960 eine privatrechtliche Fernsehorganisation mit Mehr-
heitsbeteiligung des Bundes. Diese »Freie Fernsehen GmbH« sollte
kommerziell finanziert, programmlich nach angelsächsischen Vorbildern
aufgebaut sein und in gewissen Programmbereichen mit verschiedenen

Bundesministerien zusammenarbeiten (vgl. Steinmetz 1991: 195-205). Die Umsetzung dieser Pläne scheiterte 1961 allerdings an einer Klage mehrerer Bundesländer beim Bundesverfassungsgericht, welches in seinem Ersten Rundfunkurteil die föderale Zuständigkeit der Länder bekräftigte (vgl. Dussel 1999: 227-230).

Beschleunigter Ausbau des öffentlich-rechtlichen Rundfunks (1961-1983)
Obwohl dieser erste Versuch, in der Bundesrepublik Deutschland Privatfernsehen einzuführen, gescheitert war, zeitigte er u.a. Folgen in der Marktzugangspolitik. Die Bundesländer ermöglichten auf Grundlage eines Rundfunkstaatsvertrags die Konzessionierung einer bundesweiten zweiten öffentlich-rechtlichen Fernsehgesellschaft (das ZDF), welche 1963 auf Sendung ging. Im Gegenzug erlaubten die Landesregierungen den ARD-Anstalten die Einführung der so genannten Dritten Programme mit regionaler Ausrichtung und programmlichem Schwerpunkt in Kultur und Bildung (vgl. Dussel 1999: 233) sowie die Ausstrahlung von Werbung zu bestimmten Zeiten (vgl. Hickethier 1998: 135).

Die Privatisierungsdebatte führte auch zu einer schrittweisen Präzisierung des Leitbilds für den öffentlichen Rundfunk durch mehrere Rundfunkurteile des Bundesverfassungsgerichts. Es schloss u.a. die Möglichkeit aus, dass der Staat eine Gesellschaft für Rundfunksendungen beherrscht. Allerdings wurde nicht festgeschrieben, dass die öffentlich-rechtliche Organisationsform im Rundfunk die einzig mögliche sei. Das Bundesverfassungsgericht hielt die Einführung von Privatrundfunk seit seinem Dritten Urteil von 1967 für zulässig, solange wirksam gesichert sei, dass der öffentlich-rechtliche Rundfunk seine Leistung für die gesamte Bevölkerung wahrnehmen könne (vgl. Dussel 1999: 230).

Brechung des öffentlich-rechtlichen »Meinungsmonopols«: Modellvielfalt mit kommerziellem, gemeinwohlorientierten und öffentlich-rechtlichem Rundfunk (ab 1984)
Mit der Übernahme der Bundesregierung durch eine bürgerliche Mehrheit wurde ab 1982 die Verkabelung forciert (vgl. Hickethier 1998: 317f., 321f.). Im Rahmen einer vorsichtigen Marktzugangspolitik war vorerst nur eine »versuchsweise« Zulassung privater Rundfunkanbieter vorgesehen. Der politische Druck und insbesondere die Ankündigung des luxemburgischen Senders RTL, mit einem deutschsprachigen Fernsehen, an dem sich die deutschen Verleger beteiligen konnten, nach Deutschland einzustrahlen, veranlassten die einzelnen Bundesländer, neue Mediengesetze und Aufsichtsbehörden für privaten Rundfunk – die so genannten Landesanstalten – zu gründen (vgl. Eiffert/Hoffmann-

Riem 1999: 59). Über Staatsverträge ermöglichten sie ab 1984 die Ausstrahlung von bundesweiten Rundfunkprogrammen unter Beteiligung der Verleger, was bis heute besonders im Fernsehbereich genutzt wird, während die Privatradios eher auf lokaler und regionaler Ebene tätig sind, wo sich auch der *Typus des nichtkommerziellen »Offenen Kanals«*, findet.

Die medienpolitischen Diskussionen um die Zulassung von Privatrundfunk führten zu einer weiteren Präzisierung des Leitbildes für den öffentlich-rechtlichen Rundfunk durch das Bundesverfassungsgericht (vgl. Altendorfer 2001: 128; Stuiber 1998: 424f.; Schwarz 1999: 1f.). Mit der Zulassung von *privatem Rundfunk* wurde dem öffentlichrechtlichen Rundfunk ein *Grundversorgungsauftrag* zugewiesen. Er ist damit dem Leitbild verpflichtet, unabhängig von wirtschaftlichen und staatlichen Interessen die Vielfalt der bestehenden Meinungen in möglichst großer Breite und Vollständigkeit zum Ausdruck zu bringen, *»Mittel und Faktor« der öffentlichen Meinungsbildung* zu sein und der *gesellschaftlichen Integration* zu dienen. Damit der öffentliche Rundfunk den Grundversorgungsauftrag in einer sich verändernden Rundfunklandschaft weiterhin wahrnehmen kann, erlaubte das Gericht die Öffnung hin zu neuen technischen und inhaltlichen Formen (so genannte Bestandes- und Entwicklungsgarantie, vgl. Eifert/Hoffmann-Riem 1999: 63f; Stuiber 1998: 431-456).

2.2   Rundfunkregulierung in Österreich

Vergebliches Bemühen der Alliierten gegen das Rundfunkmonopol (1945-1954)

In Österreich wurde der Rundfunk von den Alliierten ähnlich wie die Presse als Instrument der *»Re-education«* eingesetzt und im Hinblick auf medieninhaltspolitische Zielsetzungen zum Regulierungsobjekt. Während der Besatzungszeit war die bestehende Radioinfrastruktur den vier Besatzungszonen zugeteilt und je zu einer eigenen Sendergruppe zusammengefasst; mit der Sendung »Alliierte Stunde« bestand bis 1949 immerhin eine gemeinsame Radiosendung (vgl. Moser 2002: 29).

Die Rückgabe des Rundfunks an Österreich führte zu Regulierungsproblemen. Die Bundesländer wollten – ähnlich wie in Deutschland – im Sinne einer föderalistischen Rundfunkordnung die Zuständigkeit für den Rundfunk selber übernehmen. Tatsächlich stellten die französischen Besatzer 1952 die Weichen in Richtung Aufbau einer föderalistischen Rundfunkstruktur, indem sie ihre »Sendergruppe West« an die Landesregierungen von Vorarlberg und Tirol übertrugen. Die britische »Sendergruppe Alpenland« und der amerikanische Sender »Rot-Weiß-Rot«

gingen hingegen 1954 an die Bundesregierung über (mit Ausnahme des Wiener Studios, dessen Rückgabe erst 1955 nach der Unterzeichnung des Staatsvertrages erfolgte, vgl. Feldinger 1990: 91-101). Die Bundesregierung strebte eine *Rückkehr zu einer zentralistischen Lösung* an, wie sie bereits in der Ersten Republik Bestand hatte. Der angerufene Verfassungsgerichtshof entschied 1954 bezüglich der Zuständigkeit zugunsten der Bundesregierung, was zwar nicht formal, aber faktisch einen Systementscheid bedeutete (vgl. Pürer 1996: 451).

Zentralistischer »Proporzrundfunk« zur Stärkung der nationalen Integration (1955-1963)
Nach dem Verfassungsgerichtsurteil setzte die Regierungskoalition zwischen der SPÖ und der ÖVP die Zentralisierung des Rundfunks mit der *Rückkehr zum Rundfunkmonopol* um. Der bevor stehende Aufbau des Fernsehens bot den Zentralisierungsbefürwortern angesichts der dafür nötigen hohen Ressourcen ein weiteres Argument. Die ÖVP befürwortete das Monopol, sie widersetzte sich jedoch erfolgreich dem sozialistischen Plan einer definitiven Verstaatlichung (vgl. Dörfler/Pensold 1998: 5f.). Die 1955 gestarteten Fernsehversuchsprogramme und der seit 1957 regelmäßige Fernsehbetrieb erfolgten zentral organisiert. Ab Anfang 1958 zeichnete sich die neu gegründete privatrechtliche »Österreichische Rundfunk GmbH« auf der Grundlage der staatlichen Konzession für alle Rundfunkprogramme verantwortlich. Damit wurde die nationale Integration als rundfunkpolitisches Ziel priorisiert.
Dem Pluralismusgebot kamen die ÖVP und die SPÖ in erster Linie in Form eines akribischen Parteiproporzes bei der Vergabe von Führungspositionen nach, was zu einer personellen Aufblähung der Chefetagen und einer ausgeprägten Staatsnähe des *»Proporzrundfunks«* führte (vgl. Feldinger 1990: 166f.; Pürer 1996: 452f.).

Kampf um parteipolitische Unabhängigkeit (1964-1974)
Die Parteien, die im Österreich der Nachkriegszeit eine zentrale integrative Rolle spielten, stießen mit ihrer am Parteiproporz orientierten Rundfunkpolitik zunehmend auf Ablehnung. Die Österreichische Rundfunk GmbH (seit 1967 kurz »ORF«) musste seit ihrer Gründung als parteipolitischer Kampfplatz dienen, wobei die Vertrauensleute von SPÖ und ÖVP häufig wichtige Entscheide und damit bisweilen die Entwicklung von Radio und Fernsehen blockierten (vgl. Ergert o.J.: 67-112). Es waren vor allem die überparteilichen Zeitungen, die gegen den »Proporzrundfunk« Stimmung machten. Sie kritisierten insbesondere die mangelnde Unabhängigkeit und Professionalität von Radio und

Fernsehen und initiierten 1964 mit ihrem Gesetzesentwurf zur Rundfunkreorganisation erfolgreich das erste Volksbegehren der Zweiten Republik. Zu den zentralen Reformanliegen zählten Maßnahmen in den Bereichen Marktzugangs-, Organisations- und Informationspolitik: so die Konsolidierung der notorisch zerrütteten Finanzen, eine *erhöhte Distanz des Rundfunks zur Politik*, Mitspracherechte des Publikums, mehr Transparenz bei Personalentscheiden, eine gewisse *Föderalisierung der Programmproduktion*, aber auch – ganz im Eigeninteresse – eine Beschränkung der Rundfunkwerbung (vgl. Fabris 1969: 273; Ergert o.J.: 174f.).

Tatsächlich nahm das Rundfunkgesetz vom 8. Juli 1966, das auf Anfang 1967 in Kraft trat, zentrale Anliegen vom »Volksbegehren zum Rundfunkgesetz« auf. Der ORF, d.h. der Aufsichtsrat, konnte nun die Gebühren und Werbetarife selber festlegen, was die Finanzplanung vereinfachte. Der Generalintendant verfügte neu über hohe Entscheidungsbefugnisse. Zugleich aber erhielten die einzelnen Radio- und Fernsehprogramme eine verstärkte Eigenständigkeit, was insgesamt die politische Abhängigkeit reduzierte und den publizistischen Binnenpluralismus begünstigte (vgl. Pürer 1996: 452).

Pluraler, föderaler Rundfunk als öffentliche Aufgabe (1974-1992)
Die SPÖ nutzte ihre Alleinregierung in den 1970er Jahren auch beim Rundfunk zu einer aktiven staatlichen Medienregulierung, wobei Maßnahmen im Bereich der Medienorganisationspolitik im Vordergrund standen. Per Gesetz wurde der Rundfunk 1974 als öffentliche Aufgabe festgelegt und aus der GmbH eine Anstalt öffentlichen Rechts geschaffen. Weiterhin war die Aufgabe zur Veranstaltung von Rundfunksendungen alleine dem ORF übertragen (vgl. Haas 1993: 544). Die Reform von 1974, die zwar eine Reihe neuer Aufsichtsgremien und die Schwächung der Position des Generalintendanten brachte, bedeutete im Wesentlichen ein Fortschreiben der bisherigen Rundfunkpolitik. Diese orientierte sich weiterhin an der *Leitidee der gesellschaftlichen Demokratisierung* und zielte auf eine breite gesellschaftliche Aufsicht der Monopolorganisation ab. Das gilt auch für die dritte Rundfunkreform von 1984. Kontinuität belegt ebenso das 1985 verabschiedete Abkommen zwischen ORF und dem Verband Österreichischer Zeitungsverleger. Demnach sollte das Nebeneinander von öffentlich-rechtlichem Rundfunk und privatrechtlicher Presse durch eine differenzierte Marktzugangspolitik bzw. eine ausgewogene Werberegulierung beim Rundfunk weiterhin gepflegt werden (vgl. Pürer 1988: 681f.).

Die 1980er Jahre zeichneten sich zudem programmpolitisch insbesondere durch die *Föderalisierung* der ORF-Radioprogrammproduktion (ab 1981) und der *Regionalisierung* des ORF-Fernsehangebotes (Sendestart des Lokalfernsehens der Bundesländerstudios 1988) aus (vgl. Pürer 1988: 680f.). Durch diese gezielte Pluralisierung des Angebots gelang es, die Länder stärker rundfunkpolitisch einzubinden. Insgesamt waren die 1970er und 1980er Jahre geprägt von einem mehr oder weniger erfolgreichen Austarieren der auf den Rundfunk bezogenen Interessen.

Meinungsvielfalt durch Deregulierung des Rundfunkmarktes (seit 1993)
Die Rundfunkpolitik veränderte sich erst zu Beginn der 1990er Jahre grundlegend, nachdem sich mehrere gescheiterte Antragsteller für die Verbreitung von Rundfunkprogrammen an den Europäischen Gerichtshof wendeten. Ihre Beschwerden erhielten wegen den damaligen EU-Beitrittsbemühungen Österreichs eine besondere Brisanz.

In seinem Urteil vom 24. November 1993 (»Lentia-Urteil«) forderte der Europäische Gerichtshof für Menschenrechte den österreichischen Gesetzgeber dazu auf, konkrete Schritte in Richtung *Liberalisierung der Marktzugangspolitik* einzuleiten (vgl. Steinmaurer 1998: 3f.). Die unmissverständliche Haltung des Gerichtshofes veranlasste die österreichische Bundesregierung, noch vor der offiziellen Urteilsverkündung Deregulierungsschritte einzuleiten. Gesetzlich wurde das Ende des inländischen ORF-Rundfunkmonopols mit dem auf Anfang 1994 in Kraft getretenen Regionalradiogesetz (RRG) eingeleitet. Das Regionalradiogesetz war insofern eine Fortschreibung der bisherigen Medienpolitik, als weiterhin mittels einer *restriktiven Marktzugangs- und Infrastrukturpolitik* nur ein moderater Interessenausgleich zwischen den Beteiligten angestrebt wurde (vgl. Haas 1993: 552f.).

Erst die Novelle des Privatradiogesetzes von 2001 brachte eine Stärkung des kommerziellen Sektors. So wurde die bisherige Unterscheidung zwischen Lokal- und Regionalradios aufgehoben und durch die Festlegung von Senderäumen bzw. Versorgungsgebieten abgelöst. Die Beteiligungsbeschränkungen wurden stark gelockert, was eine Medienkonzentration und insbesondere den verstärkten Einstieg der Verleger in den Rundfunkbereich begünstigte (vgl. Dillenz 2001: 65).

Die Liberalisierung und Dualisierung des Fernsehmarktes erfolgte erst 2001 mit der Verabschiedung des »Privatfernsehgesetzes« und des neuen »ORF-Gesetzes«. Der nun in eine Stiftung umgewandelte ORF erhielt damit einen präziseren öffentlich-rechtlichen Auftrag und sah sich mit neuen Werbeeinschränkungen konfrontiert (vgl. Steinmaurer

2003: 363). Das Privatfernsehen sollte sich in Form nationaler und regional/lokaler Anbieter entwickeln können.

Mit dem Abschluss der Dualisierung des Rundfunkmarktes erfolgte 2001 zugleich eine Neuordnung der Regulierungsbehörden, die zumindest teilweise den Willen zur Ablösung der bisherigen sektorspezifischen Medienpolitik durch eine integrierte Kommunikationspolitik erkennen lässt (vgl. Steinmaurer 2003: 362). Zu erwähnen sind insbesondere die Gründungen der »KommAustria« als sektorübergreifende Medienbehörde und der »Rundfunk und Telekom Regulierungs-GmbH«.

2.3   Rundfunkregulierung in der Schweiz

Neuausrichtung auf die Nachkriegsordnung: Re-Demokratisierung und Aktualisierung (1942-1949)

In der Schweiz sistierte der Bundesrat während des Zweiten Weltkriegs als oberste Rundfunkaufsichtsbehörde die Sendekonzession der (auch heute noch) privatrechtlich als Verein organisierten Schweizerischen Rundspruchgesellschaft (SRG) und unterstellte das Radio noch direkter als bisher der Behördenaufsicht. Die Neuausrichtung der Rundfunkpolitik begann in der Schweiz mit der Kriegswende im Winter 1942/43. Die Rundfunkverantwortlichen waren sich bewusst, dass sich die Rahmenbedingungen und die Konkurrenzsituation für den schweizerischen Rundfunk mit dem Kriegsende und der erwarteten Re-Demokratisierung Europas grundlegend verändern würden. Der Rundfunk sollte gemäß den Bundesbehörden fortan auch in Friedenszeiten als *Abwehrschild gegen linke wie rechte totalitäre Ideologien* der »Geistigen Landesverteidigung« dienen (vgl. Egger 2000: 117f.). Ein 1945 von den Bundesbehörden ausgearbeiteter Entwurf für ein Radiogesetz sah vor, die SRG in eine öffentlich-rechtliche Körperschaft umzuwandeln. Wegen des heftigen Widerstandes der SRG wurde dieser Plan aber rasch fallen gelassen (vgl. Egger 2000: 131).

Umkämpfte Ausweitung des Rundfunkmonopols auf das Fernsehen (1950-1957)

Die Bundesbehörden und die SRG begegneten der seit dem Kriegsende immer wieder formulierten Infragestellung des SRG-Radiomonopols geschickt mit sachten Demokratisierungsschritten bei der Programmaufsicht und mit dem Aufbau lokaler Programmstellen (vgl. Ehnimb-Bertini 2000: 159ff.). Die Rundfunkmonopolfrage erhielt in den 1950er Jahren mit dem Fernsehen eine grundlegend neue Dimension. Während die Bundesbehörden und die SRG die Integration des Fernsehens in die bestehende Rundfunkstruktur favorisierten, stieß diese beabsichtigte

Ausweitung der Zuständigkeit der SRG aus ganz unterschiedlichen
Gründen in der Öffentlichkeit auf breite Ablehnung (vgl. Ehnimb-
Bertini 2000: 184f.). Der Bundesrat hielt jedoch an seiner *restriktiven
Marktzugangspolitik* fest und beauftragte schließlich die SRG 1953 mit
einem Fernsehversuchsbetrieb. Die definitive Einführung des Fernsehens sollte erst nach der Annahme des geplanten Verfassungsartikels
zu Radio und Fernsehen erfolgen. Der bisherigen staatlichen Rundfunkpolitik fehlte nämlich eine klare verfassungsrechtliche Grundlage.
Das eher überraschende Scheitern des Bundesrates in der Verfassungsab-
stimmung von 1957 legte eine verbreitete Unzufriedenheit mit der
Rundfunkpolitik zu Tage.

Ausbleibende Verständigung in der Rundfunkpolitik (1958-1982)
Mit dem Scheitern des bundesrätlichen Verfassungsartikels über Radio
und Fernsehen in der Volksabstimmung von 1957 blieb das Verhältnis
der SRG zur Politik bzw. zum Staat klärungsbedürftig. Dies wurde
deutlich, als die SRG und insbesondere das Fernsehen Ende der 1960er
Jahre mit seiner gesellschaftspolitischen Berichterstattung in die Kontroversen rund um die Studentenunruhen und den sich verschärfenden
Kalten Krieg hineingezogen wurden. Verschiedene politische Gruppie-
rungen und wirtschaftliche Akteure beschäftigten sich in der Folge intensiv mit der Rundfunkpolitik und formulierten Mitte der 1970er
Jahre mehrere, teilweise gegensätzliche medienpolitische Vorstöße. In
dieser aufgeheizten Situation scheiterte der Bundesrat 1976 – diesmal
für viele zeitgenössische Beobachter nicht unerwartet – zum zweiten Mal
mit einer Verfassungsvorlage zu Radio und Fernsehen. Denn weder in
der Rundfunk- noch in der Pressepolitik zeichnete sich damals eine
Verständigung auf ein konsensfähiges Leitbild ab.

Rundfunkversuchsordnung mit partizipativem Privatradio (1982-1991)
In der bereits erwähnten Medien-Gesamtkonzeption, die einer breit
abgestützten nationalen Medienpolitik zum Durchbruch verhelfen sollte, nahm die Rundfunkpolitik eine Schlüsselrolle ein. Das radiopoliti-
sche Kernelement des 1982 publizierten Berichtes bildete das vorgeschlagene »Drei-Ebenen-Modell« für den Rundfunkbereich: Auf lokaler
und internationaler Ebene sollte Privatrundfunk zugelassen werden,
wobei dieser auf der lokalen Ebene publizistische Vielfalt und die Partizipation neuer Bevölkerungskreise ermöglichen sollte. Die sprachregionale und nationale Ebene sollte dem öffentlichen Rundfunk vorbehalten
sein (vgl. EJPD 1982: 304).

Der medienpolitische Druck, neben der SRG Privatrundfunk zuzulassen, hatte sich – u.a. durch die Aktivitäten von »Radiopiraten« – während der Erarbeitung der Medien-Gesamtkonzeption laufend verstärkt. Die Bundesregierung reagierte noch 1982 – in Ermangelung einer verfassungs- und gesetzesrechtlichen Ordnung – mit einer »Verordnung über lokale Rundfunk-Versuche (RVO)«. Dabei verfolgte sie die Absicht, ab 1983 Privatsender befristet zu bewilligen und durch Regulierungsmaßnahmen in den Bereichen der Medienorganisations-, Marktzugangs-, Medieninhalts- und Infrastrukturpolitik in das Drei-Ebenen-Modell zu integrieren. Der Bundesrat unterstrich den Testcharakter der RVO und machte wissenschaftliche Begleituntersuchungen im Sinne einer offensiven Informationspolitik zu einem festen Bestandteil der Versuchsphase (vgl. Schade 2006a: 271f.).

Die RVO war geprägt vom Leitbild eines privaten Rundfunks, der über die *direkte Bürgerpartizipation* ein demokratisches Journalismusverständnis fördern und zugleich unabhängig von wirtschaftlichen Interessen sein sollte (vgl. Meier 1993: 206; Schanne 1993: 7). Dementsprechend sollten bevorzugt private lokale Rundfunksender mit einer Trägerschaft aus Repräsentanten der Öffentlichkeit zugelassen werden. Der Senderadius war auf 20 Kilometer beschränkt. Die zeitlichen und inhaltlichen Werbemöglichkeiten waren vorerst stark eingeschränkt und es bestand ein Gewinnstrebungsverbot.

Bereits im November 1983 nahmen die ersten privaten Lokalradios und die Dritte Radioprogrammkette der SRG den Betrieb auf. In der Bevölkerung stieß dieser Schritt auf breite Zustimmung. Nach rund sechs Jahrzehnten staatlicher Rundfunkpolitik erfolgte 1984 im dritten Anlauf die Annahme eines Verfassungsartikels zu Radio und Fernsehen. Damit war auch ein zentrales Ziel der Medien-Gesamtkonzeption erreicht.

Als weniger günstig erwiesen sich die Resultate der wissenschaftlichen Evaluation. Sie zeigten, dass bei den meisten Radiosendern die mit der RVO verfolgten publizistischen Leitideen nur halbherzig umgesetzt wurden. Eine Förderung des lokalen kulturellen Lebens und der Lokalberichterstattung konnte kaum festgestellt werden (vgl. Saxer 1989; Schade 2005: 38ff.; Schwarb/Bonfadelli 2006: 159ff.).

Schleichende Dualisierung trotz umfassendem Regulierungsanspruch (1992-1997)
Die Ausgestaltung einer definitiven gesetzlichen Rundfunkordnung zog sich hin. Das Radio- und Fernsehgesetz (RTVG) trat erst 1992 in Kraft. Wesentliche Elemente des Drei-Ebenen-Modells erfuhren nun eine

rechtliche Verankerung. Das mit diesem eher zögerlichen Liberalisierungsschritt verknüpfte Leitbild sah einen »*kontrollierten Wettbewerb*« zwischen dem öffentlichen und dem privaten Rundfunk vor, der zur Hauptsache ein publizistischer und somit kein rein wirtschaftlicher sein sollte. Um dies zu erreichen, wurde mit dem Rundfunkgesetz ein neues Instrument der Marktzugangspolitik eingeführt: Zahlreiche private Regionalradios erhielten ab 1993 einen Teil der Empfangsgebührengelder. Mit diesem »Gebührensplitting« sollte auch in wirtschaftlich schwächeren Regionen, besonders in Berggebieten, eine publizistische Vielfalt ermöglicht werden.

Abschied vom umfassenden Regulierungsanspruch: Gesetzliche Verankerung des Dualen Rundfunkmodells (ab 1998)
Der entscheidende Schritt weg vom Drei-Ebenen-Modell und dem Leitbild des kontrollierten Wettbewerbs erfolgte Ende der 1990er Jahre mit der Konzessionierung sprachregionaler Fernsehprogramme. Der Bundesrat versuchte nun nicht mehr, mit einer restriktiven Konzessionsvergabepolitik die Dynamik im privaten kommerziellen Bereich zu bremsen (vgl. Dumermuth 2006: 10f.).

Mit dem revidierten Rundfunkgesetz, welches spätestens 2007 in Kraft tritt, vollzieht der Gesetzgeber die Abkehr vom Drei-Ebenen-Modell und der Vorstellung, dass alle Rundfunkanbieter einen Beitrag an einen allgemeinen Leistungsauftrag des Rundfunks zu leisten haben. In Zukunft wird *lediglich dem öffentlichen Rundfunk* über Medieninhaltspolitik *ein expliziter publizistischer Programmauftrag* zugewiesen, der weiterhin in der Bereitstellung eines umfassenden publizistischen Gesamtangebots in allen Sprachregionen besteht. Privaten Rundfunkanbietern soll der Marktzugang weiter erleichtert werden. Deshalb brauchen sie keine Sendekonzession mehr und die Werberegulierung wird stark gelockert.

3. Konklusion

Abschließend lässt sich die Medienpolitik der drei deutschsprachigen Länder anhand der Entwicklungsphasen und der damit verbundenen spezifischen Leitbilder und Regulierungsinstrumente vergleichen. Dabei interessiert insbesondere, welche Leitideen und darauf bezogene Leitbilder in welchen Ländern zu welchem Zeitpunkt die Medienpolitik prägten. So werden Gemeinsamkeiten erkennbar: Ähnliche medienpolitische Leitbilder können zur selben Zeit, aber auch zeitverschoben in mehreren Ländern auftreten.

Presseregulierung
In Deutschland und Österreich zeigen sich auf Grund ihrer ähnlichen historischen Ausgangslage nach dem Zweiten Weltkrieg deutliche Parallelen: Die alliierten Siegermächte wählten als zentrales Leitbild für die Neuinstitutionalisierung des Mediensystems jenes der Re-education, das sich den *Leitideen der Demokratie* und damit auch *der Kommunikationsfreiheit* zuordnen lässt. Dieses Leitbild wurde anfänglich durch eine entsprechende Marktzugangs- und Organisationspolitik umgesetzt, indem über die selektive Lizenzierung von Presseerzeugnissen eine den politischen Parteien nahe stehende Pressestruktur mit einer außenpluralen Vielfalt aktiv aufgebaut wurde. In der Folge entstand eine Pressestruktur, deren wichtigste Säule die den politischen Parteien nahestehende Gesinnungspresse war. Eine ähnliche Pressestruktur hatte in der Schweiz seit dem 19. Jahrhundert Bestand und genoss wegen ihrer teilweisen Kritik am Nationalsozialismus nach dem Zweiten Weltkrieg großes Ansehen.

Leitbilder der Professionalisierung der Branche und der Selbstbesinnung auf Qualitätsstandards und Ethikcodizes entwickelte die Medienbranche in den drei deutschsprachigen Ländern zeitversetzt. Verleger und Journalisten wollten damit drohende staatliche Eingriffe in ihre Autonomie abwehren, indem sie Selbstregulierungs- und Selbstorganisationsmaßnahmen institutionalisierten. Die Branche orientierte sich dabei hauptsächlich an *Leitideen der sozio-kulturellen Wohlfahrt*, insbesondere jener der *Autonomie der Institutionen*. Diese Entwicklung begann in Deutschland in den 1950er Jahren, es folgte Österreich, während in der Schweiz erst in den 1970er Jahren ähnliche Entwicklungen erfolgten.

In allen drei Ländern wurde die Verhinderung des Missbrauchs von Meinungsmacht angesichts der drohenden Medienkonzentration zum dominierenden Leitbild ab den 1960er Jahren. Auch hier spielte Deutschland eine Vorreiterrolle. Etwas später folgten ähnliche Debatten in Österreich und der Schweiz. Obwohl in den drei Ländern das medienpolitische Leitbild ähnlich war, wurden unterschiedliche regulierende Eingriffe gewählt. In Deutschland setzte die Regulierung bei unterschiedlichen Bereichen, nämlich der Finanzierung und des Eigentums an, zusätzlich wurde ein entsprechendes Berichtswesen durchgesetzt. In Österreich hingegen wurde auf direkte Presseförderung gesetzt, die Regulierung knüpfte also hauptsächlich bei der Finanzierung an. In der Schweiz hingegen wurde das Leitbild trotz langwierigen medienpolitischen Debatten und der Erarbeitung einer »Medien-Gesamtkonzeption« letztlich kaum durch regulierende Maßnahmen umgesetzt. Schließlich setzte sich die Idee durch, dass die Vielfaltsicherung primär durch die Institutionalisierung privater Rundfunkanbieter erfolgen sollte.

Die *Leitideen* in dieser Phase bezogen sich hauptsächlich auf politische und sozio-kulturelle Wohlfahrt, nämlich jene der *Meinungsfreiheit und Pluralität.* In Österreich zeigt sich hingegen auch der Bezug zu Leitideen der *ökonomischen Wohlfahrt,* indem mit entsprechenden Regulierungsmaßnahmen umfangreiche Infrastrukturförderung betrieben wurde. Zu einer stärkeren Hinwendung zu *Leitideen der ökonomischen Wohlfahrt* kam es ab den 1990er Jahren besonders in der Schweiz und in Deutschland. Unter der Annahme, dass größere Unternehmen bessere publizistische Leistungen erbringen könnten, wurde die Lockerung medienspezifischer Konzentrationsregulierungen vorgenommen bzw. geplant. Bei der Re-Institutionalisierung der ostdeutschen Presselandschaft sollte primär der Marktmechanismus spielen.

Rundfunkregulierung

Die Re-education war in der Nachkriegszeit auch bei der Institutionalisierung des Rundfunks in Deutschland und Österreich das prägende Leitbild. Einzelne Elemente der Re-Demokratisierung waren ebenfalls bei der Reorganisation des Schweizer Rundfunks in den 1940er und 1950er Jahren handlungsleitend. In allen drei Ländern setzte die Regulierung bei den Bereichen Organisation und Finanzierung an und schuf den Medienorganisationstypus des gebührenfinanzierten öffentlichen Rundfunks, welcher die Rundfunkpolitik über Jahrzehnte prägte. Unterschiede finden sich allerdings in der organisatorischen Ausgestaltung des öffentlichen Rundfunks: Dieser ist in Deutschland und der Schweiz aus unterschiedlichen Gründen in hohem Maße föderal organisiert, während sich in Österreich eine zentralistische Lösung durchsetzte. Die Leitbilder des Rundfunks standen in engem Bezug zu *Leitideen politischer und sozialer Wohlfahrt.* Neben *Meinungsvielfalt durch Binnenpluralismus* sollte der Rundfunk im Rahmen eines allgemeinen Leistungsauftrags auch einen *Beitrag zur sozialen und kulturellen Wohlfahrt* leisten.

Das Leitbild des öffentlichen Rundfunks erhielt in Deutschland bereits in den 1950er und 1960er Jahren Konkurrenz, in der Schweiz spätestens in den 1970er Jahren, wobei vor allem mit *Leitideen der politischen und ökonomischen Wohlfahrt* argumentiert wurde. In Deutschland wurde zuerst der kommerzielle Privatrundfunk propagiert, später kam das Leitbild des partizipativen Bürgerfunks hinzu. In der Schweiz lief die Entwicklung zeitversetzt und umgekehrt: In den 1970er Jahren dominierte das Leitbild des partizipativen Lokalradios die Deregulierungsdebatte, jedoch erfolgte mit der tatsächlichen Etablierung privater Anbieter in den 1980er Jahren eine immer stärkere Hinwendung zu *Leitideen ökonomischer Wohlfahrt.* In Österreich hingegen dominierten in den 1960er und 1970er Jahren Leitideen der *Demokratisierung und Pluralisierung* im Sinne einer *Regionalisierung,* welche regulatorisch über eine Reform des öffentlichen Rundfunks umgesetzt wurden. Die Zulassung privater Anbieter erfolgte nicht ganz freiwillig erst in jüngster Zeit. Die stärkste Hinwendung zu *ökonomischen Leitideen* zeigt sich gegenwärtig in der Schweiz, wo im neuen Radio- und Fernsehgesetz die Privatsender explizit von publizistischen Pflichten befreit werden.

Während also im privaten Sektor eine Hinwendung zu Leitideen der ökonomischen Wohlfahrt stattfand, führten die medienpolitischen Debatten um die Zulassung von Privatrundfunk beim öffentlichen Rundfunk zu einer Präzisierung seines Leitbilds und einer klareren Orientierung an politischen und sozio-kulturellen Leitideen: insbesondere solchen der *Informiertheit, Partizipation, Integration und geistig-kultureller Entfaltung.* In diesem Sinne scheint es, als ob der öffentliche Rundfunk von der Medienpolitik zunehmend als wichtiger Gegenpol zum immer stärker ökonomisierten Privatrundfunk wahrgenommen wird.

Verschiebung von Leitbildern, Leitideen und Regulierungsinstrumenten
Das Beispiel der drei deutschsprachigen Länder macht deutlich, dass der Medienpolitik eine ganze Palette von in der Praxis erprobten Regulierungsinstrumenten zur Verfügung steht. Einen wichtigen Stellenwert nimmt dabei die Marktzugangspolitik ein. Sie wurde oft verbunden mit einer Medienorganisationspolitik, sei es zur Schaffung und Ausgestaltung von Medienunternehmen im Pressebereich in der Nachkriegszeit oder im Rundfunkbereich über den gesamten Zeitraum. Medieninhaltspolitik wird vornehmlich im Rundfunkbereich für öffentliche und in beschränktem Maße für private Anbieter betrieben, wobei in jüngster Zeit positive inhaltliche Vorgaben für letztere an Bedeutung verlieren. Infrastrukturpolitik spielt im Rundfunkbereich eine besondere Rolle und kommt im Pressebereich hauptsächlich in Zusammenhang mit Presseförderungsmaßnahmen zum Tragen. Vernachlässigt werden hingegen Regulierungsinstrumente der Informationspolitik. Solche finden sich am ehesten noch in Deutschland.

Die komparative Analyse zeigt ebenso, dass sich der Bezug der Leitbilder zu Leitideen verschieben kann. Am deutlichsten wird dies bei den Leitbildern zur Schaffung oder Aufrechterhaltung von Meinungsvielfalt. Diese Leitbilder waren in den 1970er Jahren hauptsächlich auf Leitideen der politischen und sozio-kulturellen Wohlfahrt bezogen, in jüngster Zeit sind auch ökonomische Leitideen zunehmend prägend geworden.

Ebenfalls wird deutlich, dass versucht wird, ähnliche Leitbilder mittels unterschiedlichster Regulierungsmaßnahmen umzusetzen. Exemplarisch zeigt sich dies bei der Konzentrationsregulierung.

Einen Erklärungsansatz für den Wandel der Verknüpfung von Leitbildern und -ideen liefert die Erkenntnis, dass Medienpolitik immer auch auf bestimmten Annahmen über die Wirkung der Regulierung und die Funktion der Medien in der Gesellschaft basiert. Dass sich solche Annahmen bisweilen radikal verändern können, zeigt sich am Beispiel der »konzentrierten« Mediengroßunternehmen.

Worauf aber beruhen solche medienpolitisch folgenreiche Umdeutungen? Welche Rolle spielen dabei theoretische und empirische wissenschaftliche Analysen? Die Publizistikwissenschaft hat sich in diesem Zusammenhang folgender Frage zu stellen: Trägt sie mit ihrer Forschung tatsächlich dazu bei, die Grundlagen für medienpolitische Entscheide bereitzustellen? Das Fach kann beispielsweise »Mythen« über die Wirkung von Medien und Medienpolitik in der Gesellschaft dekonstruieren. Ein wichtiger Ansatzpunkt dazu liefert die Erkenntnis, dass jeder – vermeintliche – Verzicht auf medienpolitische Regulierungsmaßnahmen letztlich immer medienpolitische Folgen zeitigt.

Literatur

Altendorfer, Otto (2001): Das Mediensystem der Bundesrepublik Deutschland. Band 1. Opladen.

BFS – Bundesamt für Statistik (2001): Entwicklung der Pressevielfalt 1980-1999. Neuchâtel.

Bruck, Peter A. (1992): Zur Medienpolitik. Presseökonomische Positionen. In: Medien Journal, H. 2, S. 65-74.

Cuilenburg, Jan J. van/McQuail, Denis (2003): Media Policy Paradigm Shifts. Towards a New Communications Policy Paradigm. In: European Journal of Communication 18, H. 2. S. 181-207.

Dillenz, Walter (2001): Elektronische Medien: Entwicklungsschub in Österreich. In: MediaLex, H. 2, S. 64-65.

Dörfler, Edith/Pensold, Wolfgang (1998): Ein Fenster zum Westen. Zur Implementierung des Fernsehens in Österreich. In: Medien & Zeit, H. 3, S. 4-29.

Dumermuth, Martin (2006): »Die SRG ist nicht unser Pflegekind«. In: Klartext, H. 1, S. 8-13.

Dünser, Felix (1979): Demokratie und Medienvielfalt. Medienpolitik in Österreich am Beispiel staatlicher Presseförderung. (= Schriftenreihe für Angewandte Kommunikationsforschung, Bd. 2/3.) Wien.

Dussel, Konrad (1999): Deutsche Rundfunkgeschichte. Eine Einführung. (Reihe Uni-Papers, Band 9.) Konstanz.

Egger, Theres (2000): Das Schweizer Radio auf dem Weg in die Nachkriegszeit, 1942-1949. In: Drack, Markus T. (Hrsg.): Radio und Fernsehen in der Schweiz. Geschichte der Schweizerischen Rundspruchgesellschaft SRG bis 1958. Baden, S. 115-150.

Ehnimb-Bertini, Sonia (2000): Jahre des Wachstums. Die SRG vor neuen Herausforderungen (1950-1958). In: Drack, Markus T. (Hrsg.): Radio und Fernsehen in der Schweiz. Geschichte der Schweizerischen Rundspruchgesellschaft SRG bis 1958. Baden, S. 153-194.

Eifert, Martin/Hoffmann-Riem, Wolfgang (1999): Die Entstehung und Ausgestaltung des dualen Rundfunksystems. In: Schwarzkopf, Dietrich (Hrsg.): Rundfunkpolitik in Deutschland: Wettbewerb und Öffentlichkeit. Band 1. München, S. 50-116.

EJPD – Eidgenössisches Justiz- und Polizeidepartement (Hrsg.) (1980): Beiträge zur Situation der Presse in der Schweiz. Bericht der Expertenkommission für eine Medien-Gesamtkonzeption. Bern.

EJPD – Eidgenössisches Justiz- und Polizeidepartement (Hrsg.) (1982): Medien-Gesamtkonzeption. Bericht der Expertenkommission für eine Medien-Gesamtkonzeption. Bern.

Ergert, Viktor (o.J.): Die Geschichte des Österreichischen Rundfunks (1955-1967). Band III. Wien.

Feldinger, Norbert P. (1990): Nachkriegsrundfunk in Österreich. Zwischen Föderalismus und Zentralismus von 1945 bis 1957. München.

Frei, Ulrich (1987): Ein toter Baum aus dem Bannwald der Demokratie – das Volksrecht 1898 bis 1973. Zürich.

Haas, Hannes (1993): Das Ende des Rundfunkmonopols in Österreich. Der ORF erhält Konkurrenz durch privates Regionalradio. In: Rundfunk und Fernsehen, H. 4, S. 544-554.

Hickethier, Knut/Hoff, Peter (1998): Geschichte des deutschen Fernsehens. Stuttgart/Weimar.

Institut für Publizistik und Kommunikationswissenschaft der Universität Salzburg (Hrsg.) (1983): Massenmedien in Österreich. Medienbericht II. Wien. (Zitiert als Medienbericht 2/1983).

Koszyk, Kurt (1986): Pressepolitik für Deutsche 1945-1949. Geschichte der deutschen Presse Teil IV. (Abhandlungen und Materialien zur Publizistik Band 10.) Berlin.

Künzler, Matthias (2003): Leitbilder des öffentlichen Rundfunks: Plädoyer für einen neuen Forschungsansatz. In: Donges, Patrick/Puppis, Manuel (Hrsg.): Die Zukunft des öffentlichen Rundfunks. Internationale Beiträge aus Wissenschaft und Praxis. Köln, S. 94-110.

Künzler, Matthias/Ledergerber, Andreas (2006): Vielfalt erwünscht, Regulierung abgelehnt. Eine empirische Analyse schweizerischer Parlamentsdebatten. In: Bonfadelli, Heinz/Meier, Werner A./Trappel, Josef (Hrsg.): Medienkonzentration Schweiz. Formen, Folgen, Regulierung. Bern, Stuttgart, Wien, S. 279-297.

Ludwig, Johannes (2002): Lizenzverleger zwischen Monopol und Wettbewerb. In: Publizistik 47, H. 2. S. 135-169.

Marchal, Peter (2004): Kultur- und Programmgeschichte des öffentlich-rechtlichen Hörfunks in der Bundesrepublik Deutschland. Ein Handbuch. Band I: Grundlegung und Vorgeschichte. München.

Meier, Werner A. (1993): Neue Medien in der Schweiz: ihre Zielsetzungen und Leistungen. In: Meier, Werner A./Bonfadelli, Heinz/Schanne, Michael (Hrsg.): Medienlandschaft Schweiz im Umbruch: Vom öffentlichen Kulturgut Rundfunk zur elektronischen Kioskware. (Nationales Forschungsprogramm 21: Kulturelle Vielfalt und nationale Identität.) Basel, S. 203-270.

Moser, Karin (2002): Propaganda und Gegenpropaganda. Das »kalte« Wechselspiel während der alliierten Besatzung in Österreich. In: Medien & Zeit, H. 1, S. 27-42.

Padrutt, Christian (1975): Zur Lage der Schweizer Presse. (Diskussionspunkt 4.) Zürich.

Puppis, Manuel (2006): Medienkonzentrationsregulierung in Europa. In: Bonfadelli, Heinz/Werner, Meier A./Trappel, Josef (Hrsg.): Medienkonzentration Schweiz. Formen, Folgen, Regulierung. Bern, Stuttgart, Wien, S. 221-251.

Pürer, Heinz (1988): Österreichs Mediensystem im Wandel. Ein aktueller Lagebericht. In: Media Perspektiven, H. 11, S. 673-682.

Pürer, Heinz/Signitzer, Benno (1990): Presse in Österreich. (= Schriftenreihe Medien & Praxis, Bd. 2.) Pölten.

Pürer, Heinz/Raabe, Johannes (1994): Medien in Deutschland. Band 1: Presse. München.

Saxer, Ulrich (1989): Lokalradios in der Schweiz. Schlussbericht über die Ergebnisse der nationalen Begleitforschung zu den lokalen Rundfunkversuchen 1983-1988. (Arbeitsgruppe RVO-Begleitforschung am Seminar für Publizistikwissenschaft der Universität Zürich) Zürich.

Schade, Edzard (2000): Herrenlose Radiowellen. Die schweizerische Radiopolitik im internationalen Vergleich bis 1939. Baden.

Schade, Edzard (2005): Kommunikations- und Mediengeschichte. In: Bonfadelli, Heinz/Jarren, Otfried/Siegert, Gabriele (Hrsg.): Einführung in die Publizistikwissenschaft. Bern, Stuttgart, Wien. (2. Aufl). S. 39-72.

Schade, Edzard (2006a): Schweizerische Medienkonzentrationsdebatte in den 1960er bis 1980er Jahren. Ein Rückblick auf zentrale Positionen der Politik und Wissenschaft. In: Bonfadelli, Heinz/Meier, Werner A./Trappel, Josef (Hg.): Medienkonzentration Schweiz. Formen, Folgen, Regulierung. Bern, S. 253-278.

Schade, Edzard (2006b): Die SRG auf dem Weg zur forschungsbasierten Programmgestaltung. In: Mäusli, Theo/Steigmeier, Andreas (Hrsg.): Radio und Fernsehen in der Schweiz. Baden, S. 293-364.

Schanne, Michael (1993): Bewegte Szene. In: Zoom K&M 2, S. 5-8.

Schneider, Beate (1992): Die ostdeutsche Tagespresse – eine (traurige) Bilanz. In: Media Perspektiven 7, S. 428-441.

Schneider, Beate/Möhring, Wiebke/Stürzebecher, Dieter (1997): Lokalzeitungen in Ostdeutschland: Strukturen, publizistische Leistung und Leserschaft. Ergebnisse eines Forschungsberichts für das Bundesministerium des Innern. In: Media Perspektiven 7, S. 378-390.

Schwarb, Ursula/Bonfadelli, Heinz (2006): Publizistische Vielfalt in den Regionen. Vergleichende Befunde aus Inhaltsanalysen. In: Bonfadelli, Heinz/Meier, Werner A./Trappel, Josef (Hrsg.): Medienkonzentration Schweiz. Formen, Folgen, Regulierung. Bern, S.159-173.

Schwarz, Mathias (1999): Überblick über die seit 1987 vom Bundesverfassungsgericht erlassenen kommunikationspolitisch bedeutsamen Entscheidungen. In: Publizistik 44, H. 1. S. 1-34.

Steinmaurer, Thomas (1998): Bewegung in den Ätherwellen. Zum Stand der Rundfunkliberalisierung in Österreich. In: Medien Journal, H. 2, S. 3-18.

Steinmaurer, Thomas (2003): Die Medienstruktur Österreichs. In: Bentele, Günther/Brosius, Hans-Bernd/Jarren, Otfried (Hrsg.): Öffentliche Kommunikation. Handbuch Kommunikations- und Medienwissenschaft. Wiesbaden, S. 349-365.

Steinmetz, Rüdiger (1991): Auf dem Weg zum dualen System.»Freies Fernsehen-GmbH«: Der erste Versuch privatwirtschaftlich organisierten Rundfunks in Deutschland. In: Mitteilungen Studienkreis Rundfunk und Geschichte (StRuG) 17, H. 4. S. 193-207.

Stuiber, Heinz-Werner (1998): Medien in Deutschland. Band 2: Rundfunk, 1. Teil. Konstanz.

Trappel, Josef (2005): Medienförderung: Ein Komplementärinstrument der schweizerischen Förderungspolitik? Konzepte zur Vielfaltssicherung und Erfahrungen aus Österreich. In: Künzler, Matthias (Hrsg.): Das schweizerische Mediensystem im Wandel. Bern, S. 77-97.

Wessely, Karin (1997): Medienkonzentrationskontrolle in Österreich. Rechtliche Bestimmungen gegen Medienkonzentration. In: Medien Journal, H. 2, S. 26-37.

Witte, Eberhard (1982): Ziele deutscher Medienpolitik. München,Wien.

Teil II:
Ordnung durch Medienpolitik?
Die internationale Ebene

Dieter Dörr

Die Medienordnung der Europäischen Gemeinschaft

1.   Einleitung

Ulrich Saxer hat sich mit besonderem Engagement der Ordnung der Medien angenommen. Dabei hat er stets die europäischen und internationalen Entwicklungen gebührend berücksichtigt. Die Medien, insbesondere die elektronischen Massenmedien, sind schon seit geraumer Zeit in den Blick des Gemeinschaftsrechts geraten. Dabei spielt auch und vor allem deren wirtschaftliche Bedeutung eine zentrale Rolle. Da aber die Europäische Gemeinschaft längst nicht mehr nur eine Wirtschafts-, sondern auch eine Rechts- und Wertegemeinschaft geworden ist, wird daneben die publizistisch-demokratische Funktion der Medien für Europa immer wichtiger. Es ist damit zu rechnen, dass sich dieser Prozess in Zukunft weiter beschleunigen wird. Der Grund erschließt sich gerade für den Rundfunk schon auf den ersten Blick, denn Rundfunkwellen machen naturgemäß an den Staatsgrenzen nicht Halt, oder – wie es das Bundesverfassungsgericht (BVerfGE 12, 205, 251) formuliert hat – Funkwellen halten sich nicht an Ländergrenzen. Eine neue Dimension erhielt dieser Tatbestand bereits mit dem gerade in Europa weiterhin ungebrochenen Siegeszug der Satellitentechnik. Über moderne Medium-Power-Satelliten ist es heute technisch möglich, mit einer Rundfunksendung allein in Europa etwa 400 Millionen Menschen zu erreichen. So versorgt etwa das luxemburgische Astra-Satellitsystem gegenwärtig rund 13 Millionen Haushalte und damit fast 36% der deutschen Fernsehzuschauer. Allerdings muss man in diesem Zusammenhang auch vor Überschätzungen warnen. 400 Millionen erreichbare europäische Fernsehzuschauer leben in über 40 Staaten mit 17 verschiedenen Sprachen, jeweils unterschiedlichen historischen Traditionen, verschiedenen politischen Strukturen sowie kulturell unterschiedlichen

Denk- und Verhaltensweisen. Grenzüberschreitende Fernsehprogramme sind deshalb in erster Linie auf längere Sicht Sprachraumprogramme, während die Akzeptanz ausländischer Programme fremder Sprache zunächst vergleichsweise gering ist und dies auch auf mittlere Sicht bleiben wird. Gleichwohl ist eine Entwicklung zu Programmen feststellbar, die mittels der Mehrkanaltechnik bei gleichem Bild mehrere Sprachfassungen für die verschiedenen Sprachräume anbieten. Zudem haben sich in den letzten Jahren auch Sendeformen wie etwa diverse Musiksparten-programme durchgesetzt, für die die Sprachgrenzen keine entscheidenden Barrieren mehr darstellen.

Hinzu kommen weitere Entwicklungen, nämlich die Digitalisierung und die Konvergenz der Medien. So muss die Frage, wie die Kommunikationswege in Zukunft offen gehalten werden können, aufgrund veränderter technischer und ökonomischer Rahmenbedingungen neu gestellt und beantwortet werden. Aus Sicht der Zugangsregulierung ist ein Paradigmenwechsel eingetreten, für den zwei Entwicklungen maßgeblich waren: erstens die Digitalisierung der Kommunikationsinfrastrukturen und zweitens deren Privatisierung. Die Verbindung dieser beiden Faktoren wird durch die Begleiterscheinung der sich rasch entwickelnden Digitaltechnik begünstigt: die Konvergenz der Medien. Denn erst die Möglichkeit, digitalisierte Kommunikationsinhalte auf verschiedenen Übertragungswegen zu verbreiten und somit die Empfänger auf beliebigen Endgeräten mit einem umfassenden Informations- und Unterhaltungsangebot zu versorgen, macht private Investitionen in digitale Kommunikationsnetze auch ökonomisch attraktiv.

Zudem versucht der europäische Gesetzgeber auch Regelungen über die neuen Angebote zu treffen, die als Neue Dienste oder Neue Medien bezeichnet werden. Die Regelungsbedürftigkeit der Materie »Neue Medien« wird zwar vielfältig noch bestritten, überwiegend aber mit dem auch in diesem Bereich tätigen Gesetzgeber die Notwendigkeit gesehen, rechtlich verbindliche Regelungen zu schaffen und damit Rechts- und Planungssicherheit herzustellen. Weit stärker kann man daran zweifeln, ob der Gesetzgeber überhaupt fähig ist, die Neuen Medien insgesamt in ein Regelungswerk einzubeziehen. Wenn schon das klassische Fernsehen und der klassische Hörfunk wegen der durch die Satellitentechnik zunehmenden Grenzüberschreitung transnationale Herangehensweisen erfordern, ist es gerade das Internet mit seinen vielfältigen Möglichkeiten, das als Prototyp Grenzen ignorierender Technik die nationale Regulierung zumindest in Frage stellt. Nicht zuletzt deshalb ist auf europäischer Ebene in jüngster Zeit eine erhebliche Zunahme politischer und rechtlicher Initiativen im Zusammenhang mit den Neuen Medien zu beobachten. Dies gilt insbesondere für den Sektor der audiovisuellen Politik (vgl. Schmittmann/de Vries 1998: 584ff.; Schmittmann/de Vries/von Loesch 2000: 37ff.).

Die Fortschritte bei der Übertragungstechnik und die Entwicklung international ausgelegter Programme haben die elektronischen Medien insgesamt zu einer europäischen Herausforderung werden lassen, die die Europäische Union mit vielfältigen Aktivitäten angenommen hat. Dagegen sind die Initiativen Europas bezüglich der Presse noch spärlich. Bei den Presseerzeugnissen spielt die Grenzüberschreitung immer noch eine eher untergeordnete Rolle.

Insgesamt kann es nicht verwundern, dass die europarechtlichen Aspekte der Medienordnung und Medienpolitik in der letzten Zeit fortwährend an Bedeutung gewonnen haben (vgl. Dörr 1997; Dörr 1999; Dörr 1999a: 97ff.; Dörr 2001: 233ff.; Dörr/Charissé 1999: 18ff.; Dörr/Cloß 1996: 105ff.; Eberle 1993: 422ff.; Engel 1996; Engel 1993; Hartstein/Ring/Kreile/Dörr/Stettner 2006, Bd. I, B 4; Herrmann/Lausen 2004: 199ff.; Hesse 2003: 311ff.; Holznagel 1996; Holznagel 1996a: 16ff.; Kugelmann 1991; Martin-Pérez de Nanclares 1995; Oppermann 1994; Roßnagel/Scheuer 2005: 271ff.; Schwartz 1993: 409ff.; Thaenert 2005: 279ff.). Vor allem die Europäische Kommission hat die Entwicklung aufgegriffen und frühzeitig versucht, dem entstehenden europäischen Medienmarkt durch eine europäische Medienordnung gerecht zu werden.

1.1 Die Kompetenzen der Gemeinschaft und die Grundfreiheiten

Entscheidende Bedeutung für die europäische Medienordnung haben die Bestimmungen über die Grundfreiheiten. Die Mitgliedstaaten der Europäischen Gemeinschaft haben sich im EG-Vertrag vor allem zur Errichtung eines Binnenmarktes verpflichtet. Mit der Idee eines großen Gemeinsamen Marktes haben sie die historische Entscheidung getroffen, auf Handelsschranken untereinander zu verzichten, um einander nicht nur wirtschaftlich näher zu kommen, sondern auch, um gewachsene gesellschaftliche Vorbehalte und Fremdheiten abzubauen und so einer gemeinsamen friedlichen Zukunft entgegen gehen zu können.

Der Binnenmarkt meint also einen Raum, in dem Waren, Dienstleistungen, Personen und Kapital möglichst frei und ohne Hindernisse die nationalen Grenzen überschreiten können. Zur Errichtung dieses Binnenmarkts haben die Mitgliedstaaten der Europäischen Gemeinschaft wichtige Kompetenzen übertragen. Sie kann daher zum Beispiel mittels europäischer Richtlinien gemeinsame Vorschriften für alle Staaten vorsehen, damit die Teilnehmer im Gemeinsamen Markt die Grundfreiheiten des Binnenmarkts in Anspruch nehmen und auch tatsächlich ohne Hindernisse grenzüberschreitend tätig werden können.

Medien lassen sich nun, ganz gleich ob elektronisch oder klassisch in Form einer Zeitung oder eines Buches, als Dienstleistung oder als Ware verstehen, unterfallen also prinzipiell jedenfalls dann den Grundfreiheiten, wenn ein grenzüberschreitender Bezug gegeben ist. Dabei spielen die Vorschriften über die Dienstleistungsfreiheit (Art. 49 ff. EG) eine zentrale Rolle. Insbesondere dem Art. 55 i.V.m. 47 Abs. 2 EG kann u. U. weit reichende Regelungskompetenzen der Gemeinschaft entnommen werden. Auf der anderen Seite werden diese Kompetenzen etwa durch die Regelung des Art. 151 Abs. 5 EG-Vertrag, der eine Harmonisierung der Kultur ausdrücklich ausschließt, und das Subsidiaritätsprinzip des Art. 5 EG-Vertrag begrenzt. Daher wird die Kompetenzfrage zunehmend differenziert beantwortet (eingehend dazu Ress 1991: 29ff. und 47ff.). Die Bestimmungen des EG-Vertrages müssen einerseits entsprechend der primären wirtschaftspolitischen Zielsetzung ausgelegt werden. Es gilt das Prinzip der nichtkulturellen Interpretation. Andererseits besteht kein alles überwölbender Exklusionsgrund für den Bereich der Kultur, der die Anwendbarkeit von Gemeinschaftsrecht generell ausschließt. Dem ist im Ergebnis voll zuzustimmen. Es kann auch angesichts der Rechtsprechung des EuGH nicht mehr geleugnet werden, dass etwa der Rundfunk alle Merkmale einer Dienstleistung aufweist. Damit ist allerdings nicht gesagt, dass die EU jede Frage regeln darf, die den Rundfunk betrifft. Wie die Kompetenzen zwischen der Gemeinschaft und den Mitgliedstaaten im Bereich des Rundfunks exakt abzugrenzen sind, ist noch nicht vollständig geklärt. Das Problem ist deshalb so schwierig, weil gemeinschaftliche Querschnittskompetenzen bzw. funktionale Zuständigkeiten, denn um solche handelt es sich bei den Kompetenzen aus Art. 55 EG und den in Bezug genommenen Art. 47 Abs. 2 EG, gegenüber mitgliedschaftlichen Sachzuständigkeiten abzugrenzen sind.

Für die Grenzen der Gemeinschaftskompetenzen im Rundfunkbereich kommt insbesondere dem »Protokoll über den öffentlichrechtlichen Rundfunk in den Mitgliedstaaten« zum EG-Vertrag Bedeutung zu, auf das sich die Staats- und Regierungschefs der Mitgliedstaaten der Europäischen Union während ihres Gipfeltreffens in Amsterdam am 17. Juni 1997 verständigt haben. Es bestätigt, dass die Mitgliedstaaten weiterhin die primäre Zuständigkeit besitzen, den Funktionsbereich des öffentlich-rechtlichen Rundfunks zu bestimmen. Außerdem macht es deutlich, dass die Rundfunkgebühren keine verbotenen Beihilfen im Sinne des Art. 87 Abs. 1 EG darstellen. Mit dem Inkrafttreten des Vertrags von Amsterdam zum 1. Mai 1999 hat dieses Protokoll volle Rechtskraft erlangt. Es hat folgenden deutschen Wortlaut:

»Die Hohen Vertragsparteien – in der Erwägung, dass der öffentlichrechtliche Rundfunk in den Mitgliedstaaten unmittelbar mit den demokratischen, sozialen und kulturellen Bedürfnissen jeder Gesellschaft sowie mit dem Erfordernis verknüpft ist, den Pluralismus in den Medien zu wahren – haben folgende auslegende Bestimmung vereinbart, die dem Vertrag zur Gründung der Europäischen Gemeinschaft beigefügt wird: Die Bestimmungen dieses Vertrages zur Gründung der Europäischen Gemeinschaft berühren nicht die Befugnis der Mitgliedstaaten, den öffentlich-rechtlichen Rundfunk zu finanzieren, sofern die Finanzierung der Rundfunkanstalten dem öffentlichrechtlichen Auftrag, wie er von den Mitgliedstaaten den Anstalten übertragen, festgelegt und ausgestaltet wird, dient und die Handels- und Wettbewerbsbedingungen in der Gemeinschaft nicht in einem Ausmaß beeinträchtigt, das dem gemeinsamen Interesse zuwiderläuft, wobei den Erfordernissen der Erfüllung der öffentlich-rechtlichen Aufgaben Rechnung zu tragen ist. «

Dieses Protokoll ist keine bloße Absichtserklärung, sondern ein integrierter rechtsverbindlicher Bestandteil des Vertrages. Dabei verdeutlicht sein Einleitungssatz, dass es sich um eine auslegende Bestimmung handelt. Dies bedeutet, dass das Protokoll das Primärrecht nicht selbst modifiziert. Es hat vielmehr klarstellenden Charakter. Das Protokoll zeigt aber, wie die entsprechenden Bestimmungen des Vertrages nach dem übereinstimmenden Willen der Mitgliedstaaten, die immerhin die »Herren der Verträge« sind, verstanden werden sollen. Daher hat das neue Protokoll für die Auslegung des EG-Vertrages eine nicht zu unterschätzende Bedeutung, denn aus ihm ergibt sich, wie die Mitgliedstaaten das Primärrecht sehen. Das Protokoll erkennt ausdrücklich die Kompetenz der Mitgliedstaaten an, dem öffentlich-rechtlichen Rundfunk einen bestimmten Aufgabenkreis oder Funktionsbereich zu übertragen, diesen festzulegen und auszugestalten. Dies verdeutlicht und bestätigt also das bereits aus Art. 151 EG abzuleitende Ergebnis, dass es Sache der Mitgliedstaaten ist, den Aufgabenbereich der öffentlich-rechtlichen Rundfunkanstalten zu bestimmen. Auch haben der Rat und die im Rat vereinigten Vertreter der Regierungen der Mitgliedstaaten mit ihrer Entschließung vom 25. Januar 1999 über den öffentlich-rechtlichen Rundfunk (ABl. EG Nr. C vom 5.2.1999, S. 1) dessen zentrale Bedeutung für die Kultur und die Demokratie hervorgehoben. Zudem kann das Protokoll als Argument dafür herangezogen werden, dass Rundfunkgebühren gerade keine Beihilfen und erst recht keine verbotenen Beihilfen darstellen und dass es den Mitgliedstaaten gestattet ist, den öffentlichrechtlichen Rundfunk auch durch Rundfunkgebühren zu finanzieren, wenn diese eine angemessene Gegenleistung für die von den Mitgliedstaaten festzulegenden Funktionen darstellen, die der öffentlich-rechtliche Rundfunk zu erfüllen hat.

2. Die Bedeutung der Gemeinschaftsgrundrechte

Im Zusammenhang mit den Medien haben die Gemeinschaftsgrundrechte nicht zuletzt deshalb gewichtige Auswirkungen, weil die medialen Angebote eine spezifische demokratische und publizistische Funktion erfüllen. Insoweit kommt den Medien von jeher eine besondere Bedeutung im Hinblick auf die Voraussetzungen von funktionierender Demokratie und dem Funktionieren der Demokratie selbst zu. Medien transportieren zum einen politische Inhalte, zum anderen Inhalte, die den kulturellen Boden für gemeinsame Grundwerte bilden. Kultur im hier verstandenen Sinne meint aber nicht lediglich Hochkultur wie die Übertragung einer Operndarbietung oder einer Diskussionsrunde von Literaturkritikern. Auch die Verbreitung von Bildern sportlicher Ereignisse zum Beispiel stiftet Gemeinsinn und darf daher nicht allein unter dem wirtschaftlichen Blickwinkel betrachtet werden. Die Meinungsfreiheit und Meinungsvielfalt sind nicht nur als europäische Werte, sondern auch als Gemeinschaftsgrundrechte anerkannt und insbesondere in der Rechtsprechung des Europäischen Gerichtshofs fest etabliert. Dies folgt zum einen aus dem Wesen der Gemeinschaft als Rechtsgemeinschaft und ihrer Verpflichtung zur Einhaltung der Grundrechte und demokratischer Grundsätze, wie sie im Unionsvertrag ausdrücklich festgeschrieben ist. Zum anderen sind die Mitgliedstaaten auch in der Gemeinschaft an ihre Pflichten aus der Europäischen Menschenrechtskonvention (EMRK) gebunden, über deren Einhaltung der Europäische Gerichtshof für Menschenrechte (EGMR) in Straßburg wacht. Die Europäische Menschenrechtskonvention garantiert einerseits das individuelle Recht auf freie Meinungsäußerung in Art. 10 EMRK, welches auch die elektronischen Medien erfasst. Andererseits anerkennt die Konvention in Art 10 Abs. 2 EMRK, worauf der EGMR in seinen Entscheidungen wiederholt hingewiesen hat, das Interesse der staatlichen Gemeinwesen an der Aufrechterhaltung einer vielfältigen, pluralistisch organisierten Medienordnung.

Damit stellen sich nicht nur das Interesse an einer Beibehaltung kultureller Eigenständigkeit, sondern auch das in den Gemeinschaftsgrundrechten verankerte Interesse an der Aufrechterhaltung einer vielfältigen Medienlandschaft dem Geltungsanspruch der ökonomisch orientierten Grundfreiheiten entgegen.

3. Die sekundärrechtlichen Regelungen

Gestützt auf ihre Kompetenzen hat die Gemeinschaft die europäische Medienordnung durch Sekundärrecht in einem erheblichen Umfang ausgestaltet (vgl. dazu etwa Roßnagel/Scheuer 2005), um die audiovisuellen Dienstleistungen zu harmonisieren, aber dabei auch der Freiheit der Medien und ihrer Pluralität Rechnung zu tragen.

3.1 Die Fernsehrichtlinie

Von grundlegender Bedeutung für das Fernsehen ist die Richtlinie des Rates zur Koordinierung bestimmter Rechts- und Verwaltungsvorschriften der Mitgliedstaaten über die Ausübung der Fernsehtätigkeit (ABl. EG Nr. L 298 vom 17.10.1989, S. 23ff., i.d.F. der Berichtigung gemäß ABl. EG Nr. L 331 vom 16.11.1989, S. 51), die als EG- Fernsehrichtlinie bezeichnet wird. Nach langen Verhandlungen gelang es 1997, die ursprüngliche Richtlinie aus dem Jahr 1989 durch eine Änderungsrichtlinie (RL 97/36/EG, ABl. EG Nr. L 202 vom 30.7.1997, S. 60ff.) zu modifizieren. Das Verfahren war vor allem deshalb recht langwierig, weil die Richtlinie in dem durch den Maastrichter Vertrag verankerten Mitentscheidungsverfahren, das durchaus kompliziert ist, verabschiedet werden musste. Dieses Verfahren gewährt dem Parlament echte Mitentscheidungsbefugnisse, welche von diesem auch wahrgenommen wurden. Die geltende Richtlinie gilt nur für Fernsehsendungen; Hörfunkprogramme werden nicht erfasst. Allerdings regelt sie sowohl grenzüberschreitende als auch rein inländische Sendungen.

Die bedeutsamste Grundregel bildet das Sendestaatsprinzip. Sie besagt, dass sich die Zulässigkeit des Programms stets nach dem Recht des Sitzstaates des Veranstalters richtet. Dieser Grundsatz wird durch das Prinzip der freien Weiterverbreitung ergänzt. Die Weiterverbreitung von Sendungen kann folgerichtig von den anderen Mitgliedstaaten nur bei besonders schwerwiegenden Verstößen beschränkt werden. Dabei ist der Empfangsstaat gemäß Art. 2 a zudem an ein bestimmtes Verfahren gebunden.

Von erheblicher praktischer Bedeutung sind auch die in Kapitel IV (Art. 10 bis 20) enthaltenen Werberegelungen. So statuieren etwa Art. 13, 14 und 15 Werbeverbote und Werbebeschränkungen im Hinblick auf Tabakerzeugnisse, Arzneimittel und Alkohol. Die Dauer von Spotwerbung wird gemäß Art. 18 auf 15% der täglichen Sendezeit begrenzt. Allerdings kann die tägliche Gesamtwerbezeit unter Einbeziehung von Teleshoppingspots auf 20% erhöht werden. Pro Stunde dürfen nicht mehr als 20% der Sendezeit, also 12 Minuten, für Werbung genutzt werden. Sponsoring von Sendungen wird in Art. 17 grundsätzlich zugelassen. Allerdings darf der Sponsor keinen Einfluss auf den Inhalt und den Programmplatz der Sendung nehmen und die Verantwortung einschließlich der redaktionellen Unabhängigkeit des Fernsehveranstalters muss unangetastet bleiben. Die Sendung muss durch den Namen und/oder das Firmenemblem des Sponsors am Anfang und/oder am Ende des Programms eindeutig gekennzeichnet werden.

Ein wichtiger Bestandteil der Änderungsrichtlinie sind in diesem Zusammenhang die Neuregelungen im Bereich des Teleshoppings. So wird das bisherige Zeitlimit für Teleshopping von einer Stunde erhöht. Im Rahmen von Fernsehprogrammen ist es nunmehr zulässig, Teleshopping-Fenster mit einer Gesamtdauer von 3 Stunden pro Tag auszustrahlen. Darüber hinaus werden reine Teleshopping-Kanäle ausdrücklich zugelassen. Auch das Sponsoring wird liberalisiert. So dürfen in Zukunft auch Arzneimittelfirmen Sendungen sponsern; sie sind allerdings nicht berechtigt, für bestimmte Arzneimittel oder medizinische Behandlungen zu werben.

Der Jugendschutz ist in Kapitel V geregelt. Hier ist vorgesehen, dass Programme, die die Entwicklung Minderjähriger schwer schädigen können, verboten sind. Bei Programmen, die für Minderjährige lediglich schädlich sein können, muss – sofern sie nicht verschlüsselt sind – eine akustische Warnung vorangestellt werden, oder sie müssen während ihrer gesamten Dauer anhand eines visuellen Symbols eindeutig erkennbar sein. Innerhalb eines Jahres hat die Kommission eine Studie der Vor- und Nachteile anderer Maßnahmen vorzulegen. Insgesamt bleibt die Ausgestaltung des Minderjährigenschutzes im Einzelnen aber Aufgabe des nationalen Gesetzgebers.

Kapitel VI enthält in Art. 23 eine Verpflichtung der Mitgliedstaaten, ein Gegendarstellungsrecht oder ein diesem Recht vergleichbares Institut zu effektivem Persönlichkeitsschutz einzuführen.

Schon bei ihrer Entstehung heftig umstritten waren die Quotenregelungen für europäische Werke in Kapitel III der Richtlinie. Nach Art. 6 sind europäische Werke alle Werke, an deren Herstellung überwiegend Autoren und Arbeitnehmer beteiligt waren, die in den Mitgliedstaaten der EG oder in einem Land, das Vertragspartei der Europaratskonvention ist, ansässig sind. Den Umfang der Verpflichtung der Mitgliedstaaten, die Ausstrahlung europäischer Werke und unabhängiger Produktionen zu gewährleisten, regeln Art. 4 und 5. Danach tragen die Mitgliedstaaten im Rahmen des praktisch Durchführbaren und mit angemessenen Mitteln dafür Sorge, dass die Fernsehveranstalter den Hauptteil ihrer Sendezeit europäischen Werken vorbehalten. Nach Art. 5 sollen die Mitgliedstaaten unter den gleichen Voraussetzungen wie bei den europäischen Werken dafür Sorge tragen, dass 10% der Sendezeiten oder 10% der Haushaltsmittel der einzelnen Fernsehveranstalter für die Programmgestaltung der Sendung europäischer Werke solchen Herstellern vorbehalten sind, die von den Veranstaltern unabhängig sind. Dieser angestrebte Anteil der unabhängigen Produktionen soll schrittweise erreicht werden. Zur Überwachung der von den Mitgliedstaaten getroffenen Maßnahmen zur Umsetzung der in Art. 4, 5 EG-Fernsehrichtlinie enthaltenen Quotenverpflichtungen sehen Art. 4 Abs. 2 bis 4 umfangreiche Berichtspflichten vor.

Schließlich ist im Zusammenhang mit der EG-Fernsehrichtlinie die Problematik der »Inländerdiskriminierung« besonders wichtig. Dazu hat der Europäische Gerichtshof (EuGH) mit Urteil vom 9.2.1995 (Slg. 1995, I-179) klargestellt, dass die Mitgliedstaaten für Fernsehveranstalter, die ihrer Rechtshoheit unterstehen, strengere und ausführlichere Werbebestimmungen vorsehen können, als sie in der EG-Fernsehrichtlinie enthalten sind. Diesen Grundsatz hat der EuGH mit seinem Urteil vom 12.12.1996 (Slg. 1996, I-6471) in einem Vorabentscheidungsverfahren zu italienischen Werbung- und Sponsoringbestimmungen nochmals bestätigt, indem er feststellte, dass gemäß Art. 3 EG-Fernsehrichtlinie die Mitgliedstaaten zu Lasten der ihrer Jurisdiktionshoheit unterliegenden nationalen Veranstalter strengere Bestimmungen vorsehen dürfen. Dieses Recht, für nationale Veranstalter strengere Bestimmungen vorzusehen, hängt nach zutreffender Auffassung des EuGH auch nicht davon ab, ob die einschränkenden Voraussetzungen des Art. 19 alter Fassung vorliegen. Mit seinem Urteil vom 28.10.1999 (Slg. 1999, I-7599), das in einem Vorabentscheidungsverfahren erging, hat der EuGH nochmals die Möglichkeit der Mitgliedstaaten hervorgehoben, strengere und ausführlichere Bestimmungen für ihre Fernsehveranstalter vorzusehen.

3.2 Der Vorschlag zur Änderung der Fernsehrichtlinie

Die Kommission hat nach langen Vorarbeiten und Konsultationen am 15.12.2005 einen Vorschlag einer Richtlinie des Europäischen Parlaments und des Rates zur Änderung der EG-Fernsehrichtlinie vorgelegt (SEK(2005) 1625 und SEK(2005) 1626), der nunmehr im Parlament beraten wird und auch an den Europäischen Wirtschafts- und Sozialausschuss und den Ausschuss der Regionen zur Stellungnahme weitergeleitet wurde.

Dabei herrscht Übereinstimmung, dass der geltende Rechtsrahmen reformbedürftig ist. Insbesondere die Digitalisierung und die Konvergenz der Medien machen es notwendig, ihn an die zukünftigen Herausforderungen anzupassen. In Zukunft wird es möglich sein, digitalisierte Kommunikationsinhalte auf verschiedenen Übertragungswegen zu verbreiten und somit die Empfänger auf beliebigen Endgeräten mit einem umfassenden Informations- und Unterhaltungsangebot zu versorgen. Dieser Entwicklung muss das Recht schon deshalb Rechnung tragen, um Wettbewerbsverzerrungen zwischen klassischen Fernsehdiensten und sonstigen Mediendiensten zu vermeiden. Daher enthält der Vorschlag der Kommission einige bedeutende Änderungen des bisher durch die Fernsehrichtlinie gezogenen Rahmens.

Ein Schwerpunkt des von der Kommission vorgelegten Vorschlags besteht darin, dass der Geltungsbereich der Richtlinie ein Stück erweitert werden soll. So soll die neue Richtlinie alle »audiovisuellen Mediendienste« erfassen. Dies kommt auch im neuen Namen »Richtlinie über audiovisuelle Mediendienste« zum Ausdruck. Dabei differenziert der Vorschlag zwischen linearen audiovisuellen Mediendiensten (Fernsehsendungen) und »nicht linearen Diensten«. Fernsehsendungen, also lineare audiovisuelle Mediendienste, sind solche, bei denen der Anbieter den Zeitpunkt, zu dem ein bestimmtes Programm übertragen wird, und den Programmplan festlegt. Dagegen legt bei einem nicht linearen Dienst der Nutzer aufgrund eines vom Anbieter ausgewählten Inhaltsangebots den Zeitpunkt selber fest, zu dem ein bestimmtes Programm übertragen wird. Entscheidend für die Anwendung der neuen Richtlinie ist aber, dass der Dienst »audiovisuell« ist. Es muss sich also um Angebote handeln, bei denen bewegte Bilder mit oder ohne Ton den Hauptzweck darstellen. Diese Art Dienstleistungen müssen nach Art. 1 lit. a der Information, Unterhaltung oder Bildung der allgemeinen Öffentlichkeit dienen und über elektronische Kommunikationsnetze verbreitet werden. Damit sind aber Audioübertragungen und Radiosendungen sowie elektronische Presse weiterhin aus dem Anwendungsbereich der Richtlinie ausgeklammert. Dies gilt auch für zahlreiche Online-Angebote, bei denen das bewegte Bild häufig gerade nicht im Vordergrund steht, sondern gleichgewichtiger Bestandteil neben Text und Ton ist, wie z.B. bei den Portalen der Internet Service Provider oder den Startseiten von Mailanbietern. Der Vorschlag ist daher ein Schritt in die richtige Richtung, greift aber zu kurz. Gerade wegen der technischen Konvergenz, die zunehmend auch eine inhaltliche Konvergenz zur Folge hat, ist es nicht sehr überzeugend, lediglich audiovisuelle Mediendienste zu erfassen. Es erscheint wesentlich sachgerechter, alle Mediendienste den Mindeststandards der Art. 3 d-h zu unterwerfen. Dafür spricht zunächst, dass die Grenzen zwischen Mediendiensten, bei denen das

Angebot bewegter Bilder mit oder ohne Ton den Hauptzweck darstellt, und Mediendiensten, die sich als Nebenzweck auch bewegter Bilder mit oder ohne Ton bedienen (etwa die elektronische Presse oder der über Internet verbreitete Hörfunk) immer fließender wird. Auch ist nicht zu rechtfertigen, warum Mediendienste, die hauptsächlich auf Ton oder Text setzen, den Mindeststandards im Bereich des Jugendschutzes und der Menschenwürde nicht unterliegen sollen.

Die Richtlinie bekennt sich zu abgestuften Regelungen. Die nicht linearen Dienste unterliegen nur bestimmten Grundvorschriften (Art. 3 c-h) der Richtlinie. Dagegen werden Fernsehsendungen, also lineare audiovisuelle Mediendienste, auch allen übrigen Vorschriften unterworfen. Dies wird zutreffend damit gerechtfertigt, dass der Nutzer bei den nicht linearen Diensten sehr viel mehr Auswahl- und Steuerungsmöglichkeiten hat.

Hinsichtlich des territorialen Anwendungsbereichs hält auch die neue Richtlinie am Sendestaatsprinzip fest. Allerdings erkennt Art. 2 Abs. 7-10 in Übereinstimmung mit der Rechtsprechung des EuGH bestimmte Ausnahmen an; wenn ein Veranstalter, der in einem anderen Mitgliedstaat niedergelassen ist, seine Aktivitäten ausschließlich auf einen Empfangsstaat ausrichtet und den Sitz im Sendestaat nur deshalb gewählt hat, um die Rechtsvorschriften des Empfangsstaats zu umgehen.

Die Richtlinie begrüßt das Mittel der Co-Regulierung. Voraussetzung für eine fördernde Regelung in den Mitgliedstaaten ist dabei, dass die Co-Regulierung von den hauptsächlich Beteiligten allgemein anerkannt wird und eine wirksame Durchsetzung gewährleistet ist. Von inhaltlichen Vorgaben für die Selbstkontrollmechanismen in den Mitgliedstaaten sieht der Vorschlag zu Recht schon aus kompetenziellen Gründen ab.

Mit Art. 3 b verankert die Richtlinie das Recht auf grenzüberschreitende nachrichtenmäßige Kurzberichterstattung.

Mit dem neu eingefügten Art. 3 d-e werden für alle audiovisuellen Mediendienste inhaltliche Standards eingeführt. Nach den Regelungen dürfen Mediendienste nicht in einer Art und Weise verbreitet werden, die die körperliche, geistige und sittliche Entwicklung von Minderjährigen ernsthaft beeinträchtigen kann. Zudem dürfen sie nicht zu Hass aufgrund von Geschlecht, Rasse oder ethnischer Herkunft, Religion oder Glauben, Behinderung, Alter oder sexueller Ausrichtung aufstacheln.

Neben den für das Fernsehen unveränderten Quotenregelungen der Art. 4-6 sieht der Vorschlag der Kommission eine Förderung europäischer Werke in allen audiovisuellen Mediendiensten vor. Allerdings sind anders als für das Fernsehen in dem diesbezüglichen Art. 3 f keine konkreten Quoten festgeschrieben. Dies ist bei nicht linearen Diensten schon aus technischen Gründen kaum möglich.

Die qualitativen Werberegelungen sind durch die Vorschriften der Art. 3 g-h »vor die Klammer« gezogen. Dabei werden diese Angebote als »audiovisuelle kommerzielle Kommunikation« bezeichnet. Als Grundsatz wird die klare Erkennbarkeit kommerzieller Kommunikation festgeschrieben. Schleichwerbung und der Einsatz subliminaler Techniken bleiben verboten.

Neben dem Sponsoring werden Produktplatzierungen unter bestimmten Voraussetzungen für zulässig erklärt. Sie dürfen allerdings nur außerhalb von Kindersendungen, Dokumentarfilmen, Nachrichtensendungen und Sendungen zum aktuellen Zeitgeschehen stattfinden. Voraussetzung für Produktplatzierungen ist, dass zu Programmbeginn auf deren Existenz hingewiesen und der Inhalt des Mediendienstes nicht in einer Weise beeinflusst wird, dass die redaktionelle Verantwortung und Unabhängigkeit beeinträchtigt werden. Zudem dürfen Produktplatzierungen – wie das Sponsoring – nicht unmittelbar zu Kauf, Miete oder Pacht von Waren oder Dienstleistungen auffordern. Genauere Vorgaben für die Kennzeichnung der Produktplatzierungen enthält der vorgeschlagene Art. 3 h allerdings nicht. Die weit reichenden Lockerungen bei den durch den Richtlinienentwurf erstmals zugelassenen Produktplatzierungen werden zu Recht kritisiert (vgl. Gounalakis 2006: 97ff.). Zwar schließt der Vorschlag der Richtlinie für bestimmte Sendungen Produktplatzierungen aus. Dies gilt aber nur für Nachrichtensendungen, Sendungen zum aktuellen Zeitgeschehen, Kinder- und Dokumentarfilme. Damit sind etwa in Ratgebersendungen Produktplatzierungen erlaubt. Dies bringt erkennbar erhebliche Gefahren für die redaktionelle Unabhängigkeit mit sich, auch wenn dies Art. 3 h Abs. 1 lit. a des Vorschlags ausschließen will. Die bisherige Praxis hat belegt, dass diejenigen, die Produkte in einer Sendung platzieren, auch Einfluss auf die Gestaltung dieser Sendung nehmen. Auf der anderen Seite ist nicht von der Hand zu weisen, dass die klassische Werbung an ihre Grenzen stößt und Produktplatzierungen in bestimmten Formaten, etwa Spielfilmen, schon seit geraumer Zeit in großem Umfang vorhanden sind. Deshalb erscheint allenfalls eine maßvolle Zulassung von Produktplatzierungen diskutabel, die sich an der in Österreich geltenden Regelung orientiert. Dann müsste man an einem generellen Verbot von Produktplatzierungen festhalten und diese ausnahmsweise für Kino- und Fernsehfilme zulassen.

Bemerkenswert ist, dass die quantitativen Regelungen der Fernsehwerbung nur eine moderate Liberalisierung erfahren. So hält Art. 10 Abs. 2 am Grundsatz fest, dass einzeln gesendete Spots die Ausnahme bleiben müssen. Eine Ausnahme von dieser Grundregel wird lediglich für Sportprogramme anerkannt. Nach Art. 11 Abs. 2 dürfen Fernsehfilme, Kinospielfilme, Kinderprogramme und Nachrichtensendungen für jeden Zeitraum von 35 Minuten nur einmal für Werbung und/oder Teleshopping unterbrochen werden. In Art. 18 wird zwar die bisherige Regelung zur täglichen Höchstdauer von Werbung aufgehoben, aber die stündliche Beschränkung der Werbezeit auf 20%, also 12 Minuten, aufrechterhalten. Es erscheint sachgerecht, auf diese quantitativen Werberegelungen vollständig, zumindest aber weitgehend zu verzichten. Damit würde ein echter Beitrag zu einer Deregulierung geleistet, nämlich auf überflüssige und überholte Vorschriften verzichtet.

Schließlich wird mit Art. 23 b die Aufnahme einer gänzlich neuen Vorschrift vorgeschlagen. Danach müssen die Mitgliedstaaten die Unabhängigkeit der nationalen Regulierungsbehörden gewährleisten und dafür sorgen, dass diese ihre Befugnisse unparteiisch und transparent ausüben. Zudem müssen die nationalen Regulierungsbehörden der Kommission und sich gegenseitig alle Informationen übermitteln, die für die Anwendung der gesamten Richtlinie notwendig sind. Diese Vorgaben sind problematisch. Nicht zuletzt im Hinblick auf das Subsidiaritätsprinzip muss es Sache der Mitgliedstaaten und der Regionen bleiben, wie sie ihre Medienaufsicht ausgestalten. Dies gilt vor allem auch deshalb, weil viele Mitgliedstaaten und Regionen den öffentlich-rechtlichen Rundfunk binnenplural organisieren und lediglich einer begrenzten staatlichen Rechtsaufsicht unterziehen. Dies geben nicht zuletzt die Verfassungen mancher Mitgliedstaaten vor. Es ist jedenfalls nicht ausgeschlossen, dass eine solche Organisation durch den vorgeschlagenen Art. 23 b gefährdet wird, den man eventuell so verstehen kann, dass er eine externe unabhängige Medienaufsicht zwingend, also auch für den öffentlich-rechtlichen Rundfunk, vorsieht.

3.3 Die Neuen Dienste in der Informationsgesellschaft

Auch im Bereich der Neuen Dienste ist die Gemeinschaft regelnd tätig geworden. So hat sie Richtlinien für den Fernabsatz von Gütern und Dienstleistungen (ABl. EG Nr. L 144 vom 4.6.1997, S. 19) und Finanzdienstleistungen (ABl. EG Nr. L 271 vom 9.10.2002, S. 16) erlassen, die im Interesse des Verbraucherschutzes Widerrufsrechte des Verbrauchers zum Gegenstand haben. Die Richtlinie über den elektronischen Geschäftsverkehr (ABl. EG Nr. L 178 vom 17.7.2000, S. 1) will die Dienste im elektronischen Geschäftsverkehr fördern. Dazu legt sie eine umfassende Zulassungsfreiheit für die Anbieter solcher Dienste fest. Zudem harmonisiert sie die Vorgaben für die kommerzielle Kommunikation, die Informationspflichten der Anbieter, die Zulässigkeit elektronischer Verträge und die Verantwortlichkeit bei elektronischen Informationsangeboten. Soweit die Richtlinie keine Harmonisierung herbeiführt, erklärt sie diejenigen Regelungen für anwendbar, die in dem Mitgliedstaat gelten, in dem der Dienstanbieter seinen Sitz hat. Ergänzt wird diese Regelung durch die Richtlinie für elektronische Signaturen (ABl. EG Nr. L 13 vom 19.1.2000, S. 12, in Deutschland umgesetzt durch das Signaturgesetz, BGBl. 2001 I, 876, geändert durch Art. 1 des Gesetzes vom 4.1.2005, BGBl. 2005 I, 2), die das nationale Recht für Zertifizierungsdienste vereinheitlicht sowie die Ersetzung der eigenhändigen Unterschrift durch eine elektronische Signatur und deren Verwendung als Beweismittel regelt.

3.4   Das Telekommunikationsrecht

Der Telekommunikationsbereich wurde in den neunziger Jahren durch eine ganze Reihe von Richtlinien umfassend liberalisiert. Am Anfang stand die Richtlinie über die erste Phase der gegenseitigen Anerkennung der Allgemeinzulassungen von Telekommunikations-Endgeräten (ABl. EG 1986 L Nr. 217, S. 21).

Wegweisend kam dann 1990 die Diensterichtlinie (ABl. EG 1990, L Nr. 192, S. 10) hinzu. Kern dieser Richtlinie war die Verpflichtung der Mitgliedstaaten, das Monopol der Fernmeldeorganisationen auch für die Telekommunikationsdienste aufzuheben. Die Diensterichtlinie wurde durch die Richtlinie über den offenen Netzzugang (ABl. EG 1990, L Nr. 192, S. 1) ergänzt. 1996 erging die Richtlinie zur Liberalisierung des Sprachtelefondienstes und der Infrastruktur, eine weitere Richtlinie für die Liberalisierung der Kabelfernsehnetze, für bereits liberalisierte Telekommunikationsdienste und eine Richtlinie zur Liberalisierung von Satellitenkommunikation (vgl. Schmittmann/de Vries 1996: 40). Von besonderer Bedeutung war für den Medienbereich die Richtlinie zur Aufhebung von Einschränkungen bei der Nutzung von Kabelfernsehdiensten für die Erbringung bereits liberalisierter Telekommunikationsdienste (ABl. EG Nr. L 254 vom 26.10.1996, S. 49), die am 1. Januar 1996 in Kraft getreten ist. Sie ermöglichte allen Netzbetreibern, Multimediadienste wie z.B. TV-Shopping, Online-Dienste usw. anzubieten. Die Richtlinien zur Liberalisierung der Telekommunikation wurden in Deutschland umfassend durch das Telekommunikationsgesetz (TKG) und die dazu ergangenen Verordnungen umgesetzt.

Am 23.6.1999 ist die Richtlinie 1999/64/EG von der Kommission angenommen worden, die eine rechtliche Trennung der Kabelnetze von den Telekommunikationsunternehmen herbeigeführt hat.

3.5 Der neue gemeinsame Rechtsrahmen für elektronische Kommunikationsnetze und -dienste

Auf der Grundlage der Ergebnisse eines Konsultationsprozesses und der Vorschläge der Kommission wurde am 14. Februar 2002 ein Paket von Regelungen für einen neuen Rechtsrahmen für elektronische Kommunikationsnetze und -dienste erlassen. Es stellt das Telekommunikationsrecht auf eine neue Grundlage und ersetzt eine Vielzahl verschiedener Richtlinien durch eine Rahmenrichtlinie (ABl. EG Nr. L 108 vom 14.2.2002, S. 33), die durch vier weitere Richtlinien, nämlich die Zugangsrichtlinie (ABl. EG Nr. L 108 vom 14.2.2002, S. 7), die Universaldienstrichtlinie (ABl. EG Nr. L 108 vom 14.2.2002, S. 51), die Genehmigungsrichtlinie (ABl. EG Nr. L 108 vom 14.2.2002, S. 21) und die Datenschutzrichtlinie (ABl. EG Nr. L 201 vom 16.9.2002, S. 37) ergänzt wird. Nachdem sich bereits bei der Diskussion über das Grünbuch zur Konvergenz auf europäischer Ebene die Erkenntnis abgezeichnet hatte, dass die Regulierung der technischen Infrastruktur von der Inhalteregulierung strikt zu trennen sei, erfasst der neue Rechtsrahmen daher auch nur die Seite der technischen Infrastruktur. Mit den neuen Regelungen sollen die bisher getrennten rechtlichen Rahmenbedingungen an die sich aus der technischen Konvergenz ergebenden Veränderungen des Marktes angepasst werden. Daher erfasst das Richtlinienpaket alle Übertragungsstrukturen, nicht jedoch die auf ihnen transportierten Inhalte. Auf der anderen Seite trägt es der Verbindung zwischen Transportwegen und Inhalten in der Erkenntnis Rechnung, dass Inhalte auf Transportwege angewiesen sind.

Im Grundsatz setzen die neuen Vorschriften auf den Wettbewerb. Nur wenn der Wettbewerb nicht ausreicht, dürfen oder müssen die nationalen Regulierungsbehörden eingreifen. Ein Einschreiten ist nach Art. 14 der Rahmenrichtlinie möglich, wenn eine beträchtliche Marktmacht gegeben ist.

Schließlich ist Art. 31 der Universaldienstrichtlinie für das Fernsehen von erheblicher Bedeutung. Die Vorschrift lässt es zu, dass die Mitgliedstaaten Netzbetreibern begrenzte Must-Carry Verpflichtungen auferlegen. Sie müssen dabei allerdings die Verhältnismäßigkeit berücksichtigen. Eine Entgeltpflicht besteht, entgegen dem Vorschlag der Kommission, nicht. Vielmehr obliegt den Mitgliedstaaten die Entscheidung darüber, ob die Netzbetreiber ein Entgelt für die Must-Carry Verpflichtung erhalten oder nicht. Damit soll auch den Besonderheiten des Rundfunks Rechnung getragen werden. Gemäß Art. 38 Abs. 1 UDRL waren die Rechts- und Verwaltungsvorschriften der Mitgliedstaaten bis zum 24. Juli 2003 den Zielsetzungen der Richtlinie anzupassen. Damit ist die Umsetzungsfrist seit dem 24. Juli 2003 abgelaufen. Obwohl die Richtlinie nur noch begrenzte Kabelbelegungspflichten zulässt, haben einzelne Länder, etwa Hessen, das umfassende Belegungsregime für analoge Kabelnetze beibehalten und missachten damit die Vorgaben des Art. 31 UDLR (vgl. Dörr/Volkmann 2005). Im Übrigen wurde der neue Rechtsrahmen durch das Telekommunikationsgesetz in der Fassung vom 25. April 2004 in deutsches Recht umgesetzt.

3.6   Das Urheberrecht

Nachdem die urheberrechtlichen Regelungen in der EG-Fernsehrichtlinie ausgeklammert wurden, hat die Europäische Union inzwischen eigene Richtlinien zu den urheberrechtlichen Fragen (vgl. etwa ABl. EG Nr. L 290 vom 24.11.1993, S. 9; ABl. EG L Nr. 248 vom 6.10.1993, S. 15; Abl. EG Nr. L 167 vom 22.6.2001, S. 10; Abl. EG Nr. L 195 vom 2.6.2004, S.16) verabschiedet, auf die hier nicht im Einzelnen eingegangen wird.

4.   Das Verbot staatlicher Beihilfen nach Art. 87 EG-Vertrag und die deutschen Rundfunkgebühren

Große Bedeutung für den Medienbereich haben auch die Wettbewerbsvorschriften der Art. 81 ff. EG. Insoweit werden Rundfunkveranstalter vom Gemeinschaftsrecht ohne weiteres und vor allem ohne Rücksicht auf die öffentlich-rechtlichen Bindungen, denen sie unter Umständen unterliegen, als Unternehmen betrachtet. Sowohl die privaten als auch die öffentlich-rechtlichen Rundfunkveranstalter unterliegen damit dem Kartellverbot und dem Missbrauchsverbot, wie sie in Artikel 81 und 82 EG normiert sind.

Zugleich hat der Umstand, dass Rundfunkveranstalter Unternehmen sind, weitere Folgen. Er führt dazu, dass jede staatlich veranlasste finanzielle Zuwendung an die Rundfunkveranstalter am Beihilfenverbot zu messen ist, welches die gemeinschaftsrechtlichen Wettbewerbsregeln in Artikel 87 und 88 EG-Vertrag ergänzt. Damit gerät die Gebührenfinanzierung öffentlich-rechtlicher Rundfunkanstalten in das Blickfeld des Gemeinschaftsrechts.

Umstritten ist zunächst, ob die deutsche Rundfunkgebühr die Voraussetzungen einer Beihilfe aufweist. Diese Frage, die auch in der deutschen juristischen Literatur intensiv diskutiert wird (gegen die Einordnung der Rundfunkgebühren als Beihilfen: vgl. Dörr 2001: 233ff.; Dörr/Cloß, 1996: 105; Eberle 1995: 767; Holzer 1996: 274ff.; Oppermann 1997; für die Einordnung der Rundfunkgebühren als Beihilfen: Degenhart 2005: 495ff.; Engel 1996; Fröhlinger 1993: 59ff.; Selmer/Gersdorf 1994; vermittelnd: Ruttig 2001), beschäftigte die Kommission gegenwärtig aufgrund mehrerer Beschwerden des Verbandes Privater Rundfunk und Telekommunikation (VPRT). Im März 2005 hat sie das Verfahren nach Art. 17 Verordnung (EG) Nr. 659/1999 eingeleitet. Hiernach kann sie, wenn sie der vorläufigen Auffassung ist, dass eine bestehende Beihilferegelung nicht oder nicht mehr mit dem Gemeinsamen Markt vereinbar ist, den betreffenden Mitgliedstaat hiervon in Kenntnis setzen und ihm Gelegenheit zur Stellungnahme innerhalb einer verlängerbaren Frist von einem Monat geben. Die Kommission geht davon aus, dass die deutschen Rundfunkgebühren tatbestandlich Beihilfen darstellen, die lediglich über Art. 86 Abs. 2 des EG-Vertrages gerechtfertigt werden können (so auch Degenhart 2005: 497). Dies hat sie eingehend in ihrem Schreiben vom 3. März 2005 (abgedruckt in epd medien 2005/18: 29) an die Bundesregierung begründet. Es könne allerdings durch zusätzliche Maßnahmen sichergestellt werden, dass die Bedenken ausgeräumt würden. Trotz einer umfassenden Stellungnahme der Bundesregierung von 80 Seiten (epd medien 2005/38: 2ff.) hält sie an dieser Sichtweise fest und hat nunmehr einen weiteren, an Detailliertheit kaum zu übertreffenden Fragenkatalog von insgesamt 17 (!) Seiten (Funkkorrespondenz 2006/08: 39ff.) übersandt, mit der sie im Ergebnis für sich reklamiert, den Auftrag des öffentlich-rechtlichen Rundfunks in Deutschland in allen Einzelheiten zu prüfen oder gar mitzubestimmen.

Bemerkenswert ist dabei, dass sich die Kommission in ihrem Schreiben vom 3. März 2005 allenfalls sehr oberflächlich mit der neuen Rechtsprechung des EuGH zum Beihilfebegriff auseinandersetzt. Dieser hat mit drei wichtigen Entscheidungen (Rs. C-53/00, Slg. 2001, I-9067 – Ferring/ACOSS; Rs. C-280/00, Urt. vom 24.7.2003 – Altmark Trans sowie Rs. C-379/98, DVBl 2001, 633 – Preußen Elektra) die Diskussion um den Begriff der staatlichen Beihilfe zu klären versucht. Eine staatliche Rundfunkfinanzierung, die mit den tatsächlich entstandenen Belastungen aufgrund des öffentlich-rechtlichen Auftrags der Rundfunkveranstalter korrespondiert, erfüllt nach den Maßstäben der beiden erstgenannten Entscheidungen nicht den Tatbestand einer Beihilfe im Sinne der europäischen Wettbewerbsregeln. Damit die Rundfunkfinanzierung dergestalt als beihilfenneutral bewertet werden kann, bedarf es einer hinreichenden Präzisierung des öffentlich-rechtlichen Auftrags. Andernfalls könnte nicht seriös behauptet werden, die Finanzierung verbleibe im Rahmen des Erforderlichen. Die Mitgliedstaaten sind also, wie es auch im Protokoll über den öffentlich-rechtlichen Rundfunk in der Gemeinschaft (vgl. Kap 2) angelegt ist, aufgefordert, den öffentlich-rechtlichen Auftrag mit hinreichender Klarheit festzulegen und den Rundfunkveranstaltern mit Verbindlichkeit zu übertragen.

Angesichts des in Deutschland betont staatsfernen Verfahrens zur Ermittlung und Festsetzung der Rundfunkgebühr handelt es sich, wenn man die Maßstäbe der dritten Entscheidung heranzieht, bei den deutschen Rundfunkgebühren auch nicht um Zuwendungen, die staatlich sind oder aus staatlichen Mitteln stammen. Auch deshalb ist der Tatbestand des Art 87 Abs. 1 EG-Vertrag nicht erfüllt. Fraglich ist allerdings, ob dies auch dann noch gilt, wenn sich die Länder über das staatsferne Gebührenfestsetzungsverfahren, wie zuletzt geschehen (vgl. dazu Dörr 2005), hinwegsetzen.

5. Ausblick

Es zeigt sich, dass die europäische Medienordnung immer größere Bedeutung erlangt. Dabei scheint die Tendenz zu weiteren europäischen Regelungen auf diesem Gebiet ungebrochen. Offen ist weiterhin, ob und inwiefern dabei auf nationale Besonderheiten Rücksicht genommen wird. Einige sehr detaillierte Einzelregelungen lassen bisweilen befürchten, dass sich die Europäische Union mit bloßen – unbestreitbar notwendigen – Rahmenregelungen, die den Mitgliedstaaten und ihren Untergliederungen genügend Spielraum lassen, nicht begnügen wird. Damit droht der den Ländern verbleibende Regelungsspielraum auf dem Gebiet des Rundfunkrechts immer kleiner zu werden. Dies ist eine Entwicklung, die den Föderalismus mit den bestehenden Länderkompetenzen im Rundfunkbereich in beachtlicher Weise berührt.

Nicht übersehen werden dürfen dabei auch die verfassungsrechtlichen Vorgaben des Art. 23 Abs. 1 GG, der die Kompetenzübertragung auf die Europäische Union, gerade in Bereichen, die innerstaatlich den Ländern zur Regelung überlassen sind, nur in begrenztem Maße zulässt. Der Hinweis auf die verfassungsrechtlichen Probleme und Fragestellungen bedeutet aber nicht, dass ein unauflöslicher Gegensatz zwischen der Europäischen Integration auf dem Gebiet des Medienrechts einerseits und dem deutschen Föderalismus bzw. dem Demokratieprinzip und den Grundrechten andererseits besteht. Vielmehr stellt der bundesdeutsche Föderalismus ganz im Gegenteil eine Chance für Europa dar, wenn man ein »Europa der Regionen« auch im Medienbereich anstrebt und verwirklichen will. Die Aussichten dafür stehen gar nicht so schlecht. Auch in anderen europäischen Staaten sind föderalistische Tendenzen im Medienbereich unverkennbar. Damit steigen die Chancen, dass die Vorstellung von Massenmedien als auch der Informationsfreiheit dienende und dem kulturellen Auftrag verpflichtete Einrichtungen, zu dem sich auch das Protokoll über den öffentlich-rechtlichen Rundfunk ausdrücklich bekennt, Bundesgenossen gewinnt. Gerade der Rundfunk als ein Stück Kultur braucht schließlich Vielfalt und lebt vom Wettbewerb. Eine solche Vielfalt kann sich nur in den Ländern und Regionen entfalten und verträgt keine zentralistischen Regelungen. Demnach muss sich die Union damit bescheiden, die unerlässlich notwendigen Rahmenregelungen zu schaffen und sollte unbedingt von sonstigen Regelungen – auch im Sinne des Subsidiaritätsprinzips – absehen.

Literatur

Degenhart, Christoph (2005): Finanzierung des öffentlich-rechtlichen Rundfunks aus nationaler und internationaler Sicht: Der Rundfunkauftrag als Grundlage und Grenze. In: AfP 2005, S. 493-499.

Dörr, Dieter (1997): Die Rolle des öffentlich-rechtlichen Rundfunks in Europa. Baden-Baden.

Dörr, Dieter (1999): Die Spartenkanäle von ARD/ZDF und das Europarecht, München.

Dörr, Dieter (1999a): Möglichkeiten und Grenzen europäischer Medienpolitik: Konvergenz und Kompetenz. In: K&R 1999, S. 97-103.

Dörr, Dieter (2001): Öffentlich-rechtlicher Rundfunk unter dem Druck des Gemeinschaftsrechts. In: K&R 2001, S. 233-238.

Dörr, Dieter (2005): Die Gebührenfrage und die Debatte um die Strukturreform: In: Bröhmer, Jürgen (Hrsg.), Internationale Gemeinschaft und Menschenrechte. Festschrift für Georg Ress. Köln, Berlin, München, S. 1152-1162.

Dörr, Dieter/Charissé, Peter (1999): Die Rangfolge im Kabel und die Dienstleistungsfreiheit: In: AfP 1999, S. 18-24.

Dörr, Dieter/Cloß, Wolfgang (1996): Die Vereinbarkeit der Gebührenfinanzierung des Österreichischen Rundfunks mit dem EG-Beihilferecht. In: ZUM 1996, S. 105-118.

Dörr, Dieter/Volkmann, Caroline (2005): Die Kabelbelegungsregelungen im Hessischen Privatrundfunkgesetz unter Berücksichtigung der europarechtlichen Vorgaben. München.

Eberle, Carl-Eugen (1993): Das europäische Recht und die Medien am Beispiel des Rundfunks. In: AfP 1993, S. 422-429.

Eberle, Carl-Eugen (1995): Aktivitäten der Europäischen Union auf dem Gebiet der Medien und ihre Auswirkungen auf den öffentlich-rechtlichen Rundfunk. In: ZUM 1995, S. 763-769.

Engel, Christoph (1996): Europarechtliche Grenzen für öffentlich-rechtliche Spartenprogramme. Berlin.

Engel, Christoph (1993): Privater Rundfunk vor der Europäischen Menschenrechtskonvention. Baden-Baden.

Fröhlinger, Margot (1993): EG-Wettbewerbsrecht und Fernsehen. In: RuF 1993, S. 59-65.

Gounalakis, Georgios/Wege, Christoph (2006): Product Placement und Schleichwerbungsverbot – Widersprüche im neuen Fernsehrichtlinien-Entwurf. In: K&R 2006, S. 97-101.

Hartstein, Reinhard/Ring, Wolf-Dieter/Kreile, Johannes/Dörr, Dieter/Stettner, Rupert (2006): Kommentar zum Rundfunkstaatsvertrag, Stand 28. Ergänzungslieferung. München.

Herrmann, Günter/Lausen, Matthias (2004): Rundfunkrecht, (2.Aufl.) München.

Hesse, Albrecht (2003): Rundfunkrecht, (3. Aufl.) München.

Holzer, Norbert (1996): Deutsche Rundfunkgebühr als unzulässige Beihilfe im Sinne des europäischen Rechts. In: ZUM 1996, S. 274-285.

Holznagel, Bernd (1996): Rundfunkrecht in Europa. Tübingen.

Holznagel, Bernd (1996a): Probleme der Rundfunkregulierung im Multimediazeitalter. In: ZUM 1996, S. 16-26.

Kugelmann, Dieter (1991): Der Rundfunk und die Dienstleistungsfreiheit des EWG-Vertrages. Berlin.

Martin-Pérez de Nanclares, José (1995): Die EG-Fernsehrichtlinie. Frankfurt a. M.

Oppermann, Thomas (1997): Deutsche Rundfunkgebühren und europäisches Beihilferecht. Berlin.

Petersen, Nikolaus (1994): Rundfunkfreiheit und EG-Vertrag. Baden-Baden.

Ress, Georg (1991): Kultur und europäischer Binnenmarkt. Stuttgart.

Roßnagel, Alexander/Scheuer, Alexander (2005): Das europäische Medienrecht. In: MMR 2005, S. 271-278.

Ruttig, Markus (2001): Der Einfluss des EG-Beihilferechts auf die Gebührenfinanzierung der öffentlich-rechtlichen Rundfunkanstalten. Frankfurt.

Selmer, Peter/Gersdorf, Hubertus (1994): Die Finanzierung des Rundfunks in der Bundesrepublik Deutschland auf dem Prüfstand des EG-Beihilferegimes. Berlin.

Schmittmann, Michael/de Vries, Inge (1996): Blick nach Brüssel. Die europäische audiovisuelle Politik. Ein Überblick zur Jahreswende 1995/96. In: AfP 1996, S. 36-40.

Schmittmann, Michael/de Vries, Inge (1998): Blick nach Brüssel. Die europäische audiovisuelle Politik. Ein Überblick zur Jahreswende 1998/99. In: AfP 1998, S. 584-606.

Schmittmann, Michael/de Vries, Inge/von Loesch, Mariella (2000): Blick nach Brüssel. Die europäische audiovisuelle Politik. Ein Überblick zur Jahresbeginn 2000. In: AfP 2000, S. 37-56.

Schwartz, Ivo E. (1993): Subsidiarität und EG-Kompetenzen. Der neue Titel »Kultur« – Medienvielfalt und Binnenmarkt. In: AfP 1993, S. 409-421.

Thaenert, Wolfgang (2005): Der Einfluss der EU-Medienpolitik auf die nationale Rundfunkordnung. In: MMR 2005, S. 279-284.

Manuel Puppis

Von guten und bösen Ordnungshütern – der Einfluss von UNESCO und WTO auf die nationale Medienregulierung

Medienpolitik soll Ordnung schaffen: Mit Medienpolitik – so die Annahme – versucht die Gesellschaft »ihre« Medien zu gestalten. Doch gehen die Ansichten darüber, welche Ordnung gut und gerecht ist, weit auseinander. Am Prozess der Herstellung allgemein verbindlicher Entscheidungen über Medienorganisationen und die massenmediale öffentliche Kommunikation – anders ausgedrückt: über Publizistik – sind denn auch verschiedenste politische, ökonomische und gesellschaftliche Akteure mit je eigenen Interessen und Ordnungsvorstellungen beteiligt. Nicht zuletzt vertreten auch die Medienorganisationen selbst eigene Interessen in der Medienpolitik.

Werden Medien ausschließlich unter ökonomischen Prämissen betrachtet, so resultiert daraus eine ganz andere Ordnung, als wenn ihr Doppelcharakter als Wirtschafts- und Kulturgut betont wird. Diese Kontroverse findet indes längst nicht mehr nur auf nationalstaatlicher Ebene statt.

Der erste Abschnitt befasst sich deshalb mit der Frage, wer auf globaler Ebene für Ordnung sorgt. Danach stehen mit WTO (Abschnitt 2) und UNESCO (Abschnitt 3) zwei internationale Organisationen im Zentrum, welche für den Medienbereich große Relevanz besitzen und unterschiedliche Ordnungen durchzusetzen versuchen. Zum Schluss wird im vierten Abschnitt ein Blick auf potentielle Folgen für die Medienregulierung in Europa und auf die Frage, welche Ordnung sich durchsetzen wird, geworfen. [1]

---

1   Für die Durchsicht des Textes und wertvolle Hinweise danke ich herzlich Urs Saxer.

1. Ohne Ordnungshüter keine Ordnung

Verschiedenste Akteure – darunter transnationale Medienkonzerne (TNCs), die weltweit ihre Produkte anbieten, und grenzüberschreitend zusammenarbeitende Nongovernmental Organizations (NGOs) – versuchen, Medienpolitik zu beeinflussen und eine bestimmte Ordnung herbeizuführen.

Doch unabhängig von der Art und Zahl dieser Akteure, deren Konflikten und Kooperationen, muss am Ende des politischen Prozesses jemand eine Entscheidungen über eine bestimmte Ordnung fällen. Für die Setzung und Durchsetzung von Ordnung braucht es also *Ordnungshüter* – oder wissenschaftlicher ausgedrückt: Regulierungsakteure. Medienregulierung bezeichnet damit die Setzung von Regeln für Medienorganisationen und die massenmediale Kommunikation, die Durchsetzung der Einhaltung dieser Regeln und die Sanktionierung von Regelverstössen.

Traditionell nahm der Nationalstaat die Rolle des Ordnungshüters ein. Jedoch ist er schon lange nicht mehr alleine für die Regulierung zuständig, was auch als Übergang von Government zu *Governance* bezeichnet wird. Governance meint »das Gesamt aller nebeneinander bestehenden Formen der kollektiven Regelung gesellschaftlicher Sachverhalte [...]« (Mayntz 2004: 66). So findet einerseits eine horizontale Ausweitung von Government statt: Private Akteure werden vermehrt an der Medienregulierung beteiligt und damit selbst zu Ordnungshütern. Solche Formen der *Selbst- und Co-Regulierung*, in denen private Akteure für ihre Branche selbst oder in Zusammenarbeit mit dem Staat Regeln setzen, durchsetzen und deren Verletzung sanktionieren, spielen gerade im Mediensektor eine wichtige Rolle (vgl. Puppis/Künzler 2006).

Andererseits ist auch eine vertikale Ausweitung von Government zu beobachten: Reguliert wird nicht nur auf nationalstaatlicher, sondern auch auf europäischer und globaler Ebene. Neben dem nationalstaatlichen Regieren (Governance by Government) war schon früh ein internationales Regieren, also eine Zusammenarbeit von Staaten (Governance with Government), verbreitet. Daneben gewinnt in der Global Governance heute auch transnationales Regieren, d.h. die grenzüberschreitende Regulierung durch private Akteure (Governance without Government), an Bedeutung (vgl. Zürn 2005: 127f.).

In der *Global Media Governance* spielt Governance with Government schon lange eine wichtige Rolle. Durch multilaterale völkerrechtliche Verträge geschaffene International Governmental Organizations (IGOs) existieren im Medienbereich seit dem 19. Jahrhundert. Die Entstehung solcher internationaler Regulierung im Kommunikationsbereich kann in drei Phasen unterteilt werden (vgl. Ó Siochrú/Girard 2002: 119-127).

In der ersten Phase ging der Impuls für die Schaffung internationaler Ordnungshüter von der wirtschaftlichen Entwicklung aus. Damit *Telegrafie und Telefonie* grenzüberschreitend genutzt werden konnten, bedurfte es der Zusammenschaltung nationaler Netze. Die 1865 als erste IGO gegründete International Telegraph Union (ITU) kümmerte sich um Fragen der technischen Standardisierung und der Festlegung von Tarifen. Die International Radiotelegraph Union (IRU), die später mit der ITU zur heutigen International Telecommunication Union fusionierte, nahm sich einer anderen Problematik an, die der internationalen Zusammenarbeit bedurfte: der Allokation von Frequenzen. Ein zweiter Regulierungsbereich neben der Telekommunikation war der fehlende weltweite *Schutz geistigen Eigentums*, welcher ein Hindernis für die ökonomische und technologische Entwicklung darstellte. Die Berner Konvention zum Schutz von Werken der Literatur und Kunst, welche Urheberrechtsfragen behandelt und heute von der World Intellectual Property Organization (WIPO) administriert wird, trat 1886 in Kraft.

Die zweite Phase ist geprägt durch die Gründung der Vereinten Nationen nach dem Zweiten Weltkrieg. Den Menschenrechten, zu denen auch das *Recht auf Meinungsfreiheit und freie Meinungsäußerung* gehört, wurde nun größere Beachtung geschenkt. Für den Medienbereich von Bedeutung ist indes vor allem die United Nations Educational, Scientific and Cultural Organisation (UNESCO), eine Unterorganisation der UNO. Hier fanden zuerst zwischen Ost und West, dann zwischen Industrie- und Entwicklungsländern erbitterte Auseinandersetzungen über das Prinzip des »free flow of information« statt. Diese Debatten um eine Neue Weltinformations- und Kommunikationsordnung endeten mit dem Austritt der USA und Großbritanniens aus der UNESCO, der die Organisation nicht nur finanziell schwächte, sondern auch ihre Legitimität und Repräsentativität unterminierte (vgl. Breunig 1996: 68, 83; Sinclair 2004: 72).

Die dritte Phase der Global Media Governance zeichnet sich durch eine starke Gewichtung des *internationalen Freihandels* und ökonomischer Kriterien aus. An Bedeutung gewonnen hat eine IGO außerhalb der UN-Familie, die World Trade Organization (WTO). Obwohl erst 1995 gegründet, reicht die Vorgeschichte der Organisation zurück bis an den Beginn der Nachkriegszeit. Damals scheiterte die Gründung einer internationalen Handelsorganisation als Unterorganisation der UNO. Übrig blieb lediglich das General Agreement on Tariffs and Trade (GATT), welches die Reduktion von Zöllen im Warenhandel zum

Gegenstand hat. Die heutige WTO befasst sich auch mit Dienstleistungen und geistigen Eigentumsrechten, womit die Medien nun unmittelbar betroffen sind. Da mit Medienregulierung nicht nur ökonomische, sondern auch soziale, kulturelle und politische Ziele verfolgt werden, wird der Ordnungshüter WTO mit seiner Fokussierung auf eine Handelsliberalisierung als Bedrohung für die Ordnung der Medien in Europa empfunden. Um das Schlimmste zu verhindern, erlebt die UNESCO deshalb ein Comeback: Sie soll als »guter« Ordnungshüter die Fahne der kulturellen Vielfalt hochhalten und den »bösen« Ordnungshüter WTO in die Schranken weisen.

2. WTO – der »böse« Ordnungshüter?

Die WTO kümmert sich um Regeln für den internationalen Handel. Die 148 Mitgliedstaaten der Organisation vereinen 97% des Welthandels auf sich. Die WTO verfügt – für IGOs unüblich – über große Macht: Bricht ein Mitgliedstaat seine eingegangenen Verpflichtungen, können die anderen Staaten beim WTO-Schiedsgericht (Dispute Settlement Body) eine Klage einreichen. Kommt keine Einigung zustande, kann das Gremium dem klagenden Staat den Erlass von Handelssanktionen erlauben.

Ziel der WTO ist die Beseitigung von Handelsbarrieren, wobei sich die Organisation mit dem Warenhandel, dem Dienstleistungshandel sowie handelsbezogenen Aspekten des Schutzes geistigen Eigentums befasst. Hierfür existieren drei Abkommen: das GATT, das GATS und das TRIPS.

Das *General Agreement on Tariffs and Trade (GATT)* befasst sich mit dem internationalen Warenhandel. Das Abkommen basiert auf Nichtdiskriminierung und offenem Marktzugang (Art. I-III und XI GATT):

- Das *Meistbegünstigungsprinzip* verbietet die Diskriminierung zwischen Dritten. Vorteile, die ein Mitgliedstaat einem Handelspartner einräumt, müssen allen WTO-Mitgliedern gewährt werden. Das *Prinzip der Inländerbehandlung* verbietet die Diskriminierung ausländischer Produkte gegenüber inländischen Produkten. Durch die Anwendung beider Prinzipien soll ein fairer Wettbewerb für alle Produkte gewährleistet werden.
- Damit es überhaupt zu einem Wettbewerb kommt, müssen die ausländischen Güter aber erst Marktzugang erhalten. Die Mitgliedstaaten haben sich deshalb zu *Zollreduktionen* in verschiedenen Warensektoren und zum Verzicht auf *mengenmäßige Beschränkungen* verpflichtet.

Für den Medienbereich ist das GATT in zweierlei Hinsicht relevant. Zum einen gelten die Grundprinzipien für den *grenzüberschreitenden Handel mit Büchern, Zeitungen und Zeitschriften*. Da Printmedienmärkte aber in der Regel Sprachraummärkte sind (und häufig sogar nationale oder regionale Märkte), ist es unwahrscheinlich, dass es außerhalb eines homogenen Sprachraumes zu Konflikten innerhalb der WTO kommt (vgl. Graber 2003: 40f.). Zum anderen enthält das Abkommen eine Ausnahme von der Inländerbehandlung für die *Vorführung von Kinofilmen* im Inland, welche die bevorzugte Behandlung inländischer Filme ermöglicht. Heute sind solche Spielzeitquoten weitgehend ohne praktische Bedeutung (vgl. Graber 2003: 175f.).

Das *General Agreement on Trade in Services (GATS)* dagegen findet auf sämtliche staatliche Massnahmen, welche Dienstleistungen betreffen, Anwendung. Das Abkommen gilt deshalb auch für audiovisuelle Dienstleistungen (Film und Rundfunk) sowie Telekommunikationsdienstleistungen, womit es für den Medienbereich deutlich folgenreicher ist als das GATT. Da der Marktzutritt bei Dienstleistungen nicht mit der Erhebung von Zöllen reguliert werden kann, wird im GATS direkt auf den Dienstleistungsanbieter zugegriffen. Das Abkommen besteht erstens aus allgemeinen (horizontalen) Verpflichtungen, welche unmittelbar für alle Dienstleistungssektoren gelten (Art. II und III GATS):

– Wie im Warenhandel müssen gemäß dem *Meistbegünstigungsprinzip* alle Vorteile, die ein Mitgliedstaat Dienstleistungen und Dienstleistungsanbieter aus einem Land einräumt, automatisch an Dienstleistungen und Dienstleistungsanbieter aus allen WTO-Mitgliedstaaten weitergegeben werden. Den Mitgliedstaaten wurde allerdings gestattet, für eine beschränkte Zeit gewisse Dienstleistungssektoren von der Meistbegünstigung auszunehmen (so genannte MFN-Exemptions).

– Aufgrund der *Transparenzverpflichtung* müssen alle Regulierungsmassnahmen, die Dienstleistungen betreffen, veröffentlicht werden.

Zweitens besteht das GATS aus spezifischen (vertikalen) Verpflichtungen, die nur dann Anwendung finden, wenn ein Mitgliedstaat den betroffenen Dienstleistungssektor liberalisiert hat (Art. XVI und XVII GATS):

– Der *Grundsatz des Marktzugangs* soll sicherstellen, dass Staaten keine Massnahmen ergreifen, um den Zugang ausländischer Dienstleistungen und Dienstleistungsanbieter zu ihrem Markt zu verhindern.

– Das *Prinzip der Inländerbehandlung* besagt, dass Dienstleistungen und Dienstleistungsanbieter aus Drittstaaten nicht ungünstiger behandelt werden dürfen als inländische Dienstleistungen und Dienstleistungsanbieter.

Bezüglich der *Telekommunikationsdienstleistungen* hat das GATS eine
große Wirkung entfaltet. Zwar hatten sich, als das Abkommen 1995 in
Kraft, trat nur wenige Länder zu einer Liberalisierung von Basisdiensten
wie Sprachtelefonie verpflichtet, weshalb weiter verhandelt wurde. Mit
dem 1998 als viertes Protokoll zum GATS in Kraft getretenen *Agreement on Basic Telecommunication* wurde der Anwendungsbereich des
GATS dann aber auf den gesamten Telekommunikationssektor erweitert. Die Unterzeichnerstaaten verpflichten sich in diesem Agreement
indes nicht nur zur Liberalisierung der Basistelekommunikation, sondern auch zur Einhaltung bestimmter Regulierungsprinzipien, die in
einem *Reference Paper* enthalten sind. Unterdessen sind über 90 Staaten,
darunter sämtliche Industrieländer, Konzessionen im Telekommunikationssektor eingegangen – damit deckt das vierte Protokoll über 90%
des Welthandels mit Telekommunikationsdienstleistungen ab (vgl. Luff
2004: 45-48; Geradin/Kerf 2004: 130, 144f.; Tietje 2004: 28f.). Da der
Telekommunikationssektor nicht nur ein eigener Wirtschaftssektor ist,
sondern auch Grundlage für die grenzüberschreitende Lieferung weiterer
Dienstleistungen, ist ferner ein *Annex on Telecommunications* fester Bestandteil des GATS. Darin werden Zugang zu und Nutzung von Tele-
kommunikationsnetzen und -diensten für ausländische Dienstleistungsanbieter geregelt. Auf die Verbreitung von Radio- und Fernsehprogrammen findet diese Anlage aber keine Anwendung (vgl. Geradin/Luff
2004: 15; Luff 2004: 43f.; Schorlemer 2000: 324ff.).

Trotz der Tatsache, dass auch Film- und Fernsehmärkte unter das
GATS fallen, sind die Auswirkungen für *audiovisuelle Dienstleistungen*
derzeit gering. Grund hierfür ist, dass weder die EU und ihre Mitgliedstaaten noch die Schweiz spezifische Verpflichtungen eingegangen sind
und beide umfangreiche Ausnahmen von der Meistbegünstigung in
Anspruch genommen haben. Folglich gilt für den audiovisuellen Sektor
in Europa momentan lediglich die Transparenzverpflichtung. Allerdings
sind die MFN-Exemptions auf zehn Jahre beschränkt, womit sie auszu-
laufen drohen (vgl. Pauwels/Loisen 2004: 491; Pauwels/Loisen 2003:
298f.; Graber 2003: 192f.). Zudem beruht das GATS auf dem Prinzip
der fortschreitenden Liberalisierung – auch die Verpflichtungen im
audiovisuellen Sektor werden im Rahmen der derzeit laufenden Doha-
Verhandlungsrunde wieder diskutiert. In erster Linie die USA mit ihrer
starken audiovisuellen Industrie drängen auf Zugeständnisse der europäischen Staaten. Gewisse Regulierungsmassnahmen im Medienbereich
sind jedoch mit einer weiteren Liberalisierung nicht zu vereinbaren.
Soziale, kulturelle und politische Ziele der Medienregulierung werden
vom »bösen« Ordnungshüter WTO nicht berücksichtigt.

Mit dem *Agreement on Trade-Related Aspects of Intellectual Property Rights (TRIPS)* wird schließlich der Schutz geistigen Eigentums in das Welthandelsrecht einbezogen. Ausgangspunkt sind die Inländerbehandlungs- und Meistbegünstigungsprinzipien (Art. 3 und 4 TRIPS). Mit dem Abkommen werden alle WTO-Mitgliedstaaten auf die Berner Konvention verpflichtet – unabhängig davon, ob diese Vertragsstaaten der Konvention sind oder nicht. Als Gründe für die Verabschiedung des TRIPS gelten die eher langsame Funktionsweise der WIPO und deren fehlenden Sanktionsmöglichkeiten. Während die WIPO- Konventionen von den einzelnen Vertragsparteien durchgesetzt werden müssen, kann die Verletzung geistiger Eigentumsrechte nun auch vom Dispute Settlement Body der WTO geahndet werden. Das Potential drastischer Handelssanktionen verbessert die Möglichkeiten von Großkonzernen, ihre Copyrights auch in Entwicklungsländern durchzusetzen (vgl. Pauwels/Loisen 2003: 303; Graber 2003: 209f.; Tietje 2004: 31).

Der Ordnungshüter WTO besitzt heute also noch wenige Kompetenzen im Bereich der Regulierung massenmedialer öffentlicher Kommunikation. Lediglich Telekommunikationsdienstleistungen und handelsrelevante Aspekte geistigen Eigentums sind von den Abkommen vollständig erfasst. Für Printmedienmärkte gilt zwar das Warenhandelsabkommen GATT, doch ist die praktische Relevanz eher gering. Und der audiovisuelle Sektor ist zumindest vorläufig, mit Ausnahme der Transparenzverpflichtung, vom GATS nicht betroffen. Die Verpflichtung zur fortschreitenden Liberalisierung im Dienstleistungshandel wird jedoch zumindest von den europäischen Staaten und Kanada (sowie ökonomischen und gesellschaftlichen Akteuren in diesen Ländern) als ernsthafte Bedrohung wahrgenommen. Dies dürfte mit ein Grund für die Bemühungen sein, die UNESCO wieder zu reaktivieren und der WTO als Gegengewicht einen »guten« Ordnungshüter gegenüberzustellen.

3.   UNESCO – der »gute« Ordnungshüter?

Nach den Debatten um die Neue Weltinformations- und Kommunikationsordnung und dem Austritt der USA und Großbritanniens 1984 respektive 1985, war die UNESCO deutlich geschwächt. In der Folge hat sich die Organisation im Medienbereich auf weniger umstrittene Aktivitäten beschränkt und vermied ideologische Auseinandersetzungen. Einerseits wurde das *International Programme for the Development of Communication* (IPDC) eingerichtet, welches Entwicklungsländer beim Aufbau der Kommunikationsinfrastruktur und der Journalistenausbildung unterstützen soll. Das finanzielle Engagement der wohlhabenden Nationen hielt sich allerdings in engen Grenzen. Andererseits ist das *Information for All Programme* (IFAP) von Bedeutung. Dieses hat den Zugang zu Informationen und damit den »digital divide« zwischen armen und reichen Ländern zum Thema (vgl. Breunig 1996: 81, 84; Kleinsteuber/Thomaß 2004: 91).

In jüngster Zeit haben sich die UNESCO und ihre 191 Mitgliedstaaten – sowohl die USA als auch Großbritannien sind in der Zwischenzeit wieder beigetreten – jedoch auch der *Förderung der kulturellen Vielfalt* angenommen. 2001 wurde von der Generalkonferenz der UNESCO die *Universal Declaration on Cultural Diversity* (Resolution 31C/25) verabschiedet, welche die kulturelle Vielfalt als gemeinsames Erbe der Menschheit betont. In der Folge wurde beschlossen, auf Basis dieser unverbindlichen Erklärung eine verbindliche Konvention auszuarbeiten.

Die *Convention on the Protection and Promotion of the Diversity of Cultural Expression* (Resolution 33C/41) wurde im Oktober 2005 von der Generalkonferenz angenommen. Damit wird die Konvention drei Monate nachdem sie von 30 Staaten ratifiziert wurde, in Kraft treten. Für den Medienbereich ist die Konvention von großer Bedeutung:

– Die Unterzeichnerstaaten anerkennen, dass kulturelle Aspekte für die Entwicklung genauso wichtig sind wie ökonomische (Art. 2 Abs. 5).
– Den Unterzeichnerstaaten wird das Recht zuerkannt, Massnahmen zum Schutz und zur Förderung der kulturellen Vielfalt zu ergreifen (Art. 2 Abs. 2; Art. 5 Abs. 1). Hierzu gehören sowohl Massnahmen zur Förderung der einheimischen Kulturindustrie als auch der Medienvielfalt – inklusive der Institutionalisierung einer öffentlichen Rundfunkorganisation (Art. 6 Abs. 2).
– Der Konvention wird der gleiche Stellenwert eingeräumt wie anderen internationalen Verträgen. Folglich haben die Unterzeichnerstaaten den Inhalt der Konvention auch dann zu berücksichtigen, wenn sie andere Verträge anwenden, interpretieren oder eingehen (Art. 20 Abs. 1).

Durch diese Konvention wird das Recht der Nationalstaaten betont, Massnahmen zum Schutz und zur Förderung der kulturellen Vielfalt zu treffen. Während die USA dem Abkommen ablehnend gegenüber stehen und dieses als Protektionismus zum Nachteil der amerikanischen Film- und Fernsehindustrie begreifen, erhoffen sich europäische Regierungen, öffentliche Rundfunksender und von der derzeitigen Medienregulierung profitierende private Unternehmen ein wirksames Instrument, um eine weitergehende Liberalisierung des audiovisuellen Dienstleistungssektors verhindern zu können. Erstmals seit dem Kalten Krieg spielt die UNESCO damit wieder eine bedeutende Rolle in der internationalen Medienregulierung. Diesmal stehen sich aber weder Ost und West noch Nord und Süd gegenüber, sondern die Konfliktlinie verläuft zwischen den USA auf der einen sowie Europa und Kanada auf der anderen Seite.

4. »Showdown« der Ordnungshüter

Mit WTO und UNESCO besitzen gleich zwei internationale Ordnungshüter unmittelbare Relevanz für den Medienbereich im Allgemeinen und den audiovisuellen Sektor im Besonderen. Beide sind IGOs, deren Mitglieder die Nationalstaaten sind. Und doch verfolgen die beiden Organisationen völlig gegensätzliche Ziele. Die weitere Entwicklung und potentielle Auswirkungen auf die europäische und die nationalstaatliche Medienregulierung lassen sich nur schwer vorhersagen.

Trotz der Tatsache, dass das GATS heute für den Sektor der audiovisuellen Dienstleistungen noch kaum von Relevanz ist, darf die Rolle der WTO nicht unterschätzt werden. Bereits heute hat die Organisation für den Telekommunikationssektor große Bedeutung und in den kommenden Jahren dürfte sich der Einfluss auf die audiovisuellen Medien vergrößern:

> »[…] the WTO now plays a major role in the global governance of telecommunications equipment, infrastructure, and services, and is the power ›in-waiting‹ in the area of cultural products such as books, films, television and other media. Combined with its decisive influence in IPRs [Intellectual Property Rights], the WTO can reasonably claim to be the single most powerful player in media and communications governance globally« (Ó Siochrú/Girard 2002: 56).

Bereits 2001 wurde in Doha, Qatar, eine weitere Verhandlungsrunde initiiert. Auch wenn die Runde aufgrund großer Differenzen suspendiert wurde: Es ist zumindest zu vermuten, dass auch der audiovisuelle Sektor von weiteren Liberalisierungen betroffen sein wird. Vor allem die USA drängen auf diese Liberalisierung, während die EU, ihre Mitgliedstaaten, die Schweiz und Kanada den Status Quo beibehalten möchten. Vier Aspekte, die Gegenstand der Verhandlungen sind, könnten die Regulierung des audiovisuellen Sektors einschränken (vgl. Pauwels/Loisen 2004: 492f.; Pauwels/Loisen 2003: 300-304; Graber 2004b: 57-60; Graber 2004a: 207-210; Graber 2003: 142-145):

– Vor allem die USA verlangen von der EU und deren Mitgliedstaaten eine *stärkere Liberalisierung* des audiovisuellen Sektors. Die Ausnahmen vom Meistbegünstigungsprinzip sollen nicht mehr länger gelten. Zudem erwarten die USA, dass bei den spezifischen Verpflichtungen

– also Inländerbehandlung und Marktzugang – Konzessionen eingegangen werden. Die EU hat sich bisher zu keinerlei Zugeständnissen bereit erklärt.

- *Staatliche Subventionen* in den Dienstleistungssektoren sind ein zweiter Streitpunkt zwischen den USA und der EU. Derzeit sind solche Subventionen generell zulässig, sofern sie nicht gegen die allgemeinen und die allenfalls eingegangenen spezifischen Verpflichtungen in einem Sektor verstoßen. Die USA drängen auf die Verabschiedung eines Abkommens, das wie im Warenhandel die Zulässigkeit von Subventionen beschränkt.

- Die Abgrenzung zwischen GATT und GATS wird von den USA in Frage gestellt. Die Vereinigten Staaten schlagen vor, dass Produkte, die über das Internet geliefert und herunter geladen werden können (z.b. Filme, Fernsehsendungen oder Musik), als *virtuelle Güter* klassifiziert werden sollen, da sie ein greifbares Äquivalent haben (z.B. DVD oder CD). Damit würden diese Dienstleistungen nicht mehr unter das GATS, sondern unter das GATT fallen, was eine starke Liberalisierung zur Folge hätte.

- Nicht nur die Abgrenzung zwischen Waren und Dienstleistungen, sondern auch das bisherige Klassifizierungssystem innerhalb des GATS wird kritisiert. Mit dem Argument der *technischen Konvergenz* zwischen Telekommunikations- und Rundfunksektor haben die USA vorgeschlagen, eine Neuklassifizierung vorzunehmen. Gewisse Bereiche, die bisher zu den audiovisuellen Dienstleistungen gezählt werden, sollen neu dem Telekommunikationssektor zugeordnet werden, der weitaus stärker liberalisiert ist.

Vorerst gescheitert sind Bestrebungen, Investitionstätigkeiten im Rahmen der WTO zu regulieren. Auch von einer globalen Wettbewerbsregulierung wurde aufgrund unüberbrückbarer Differenzen vorerst Abstand genommen. Beide Themen wurden von der Doha-Agenda gestrichen.

Doch mit welchen Konsequenzen wäre zu rechnen, wenn das Dienstleistungsabkommen GATS auch für audiovisuelle Dienstleistungen vollumfänglich zur Anwendung käme? Vier Aspekte sind zu bedenken (vgl. Pauwels/Loisen 2004: 498; Graber 2003: 241-283; Bernier 2004a: 226-233; Krajewski 2005: 11-16):

Sofern erstens die *Ausnahmen vom Meistbegünstigungsprinzip* nicht verlängert werden sollten, hätte dies unmittelbare Folgen für die Medienregulierung auf europäischer Ebene. Koproduktionsabkommen wie das Europäische Übereinkommen über die Gemeinschaftsproduktion von Kinofilmen (EÜGK) des Europarates, europäische Filmförderprogramme (MEDIA und Eurimages) sowie Quoten für europäische Inhalte im Rundfunk dürften der Meistbegünstigung widersprechen, da Dienstleistungen aus europäischen und außereuropäischen Drittstaaten ungleich behandelt werden.[2]

Zweitens bliebe das Eingehen von *Verpflichtungen zur Inländerbehandlung* nicht folgenlos für die nationale Medienregulierung. Dienstleistungsanbieter aus Drittstaaten müssten fortan gleich behandelt werden wie inländische Anbieter. Filmförderprogramme stünden damit auch Produzenten aus anderen Ländern offen. Must-Carry-Regeln (Verbreitungspflichten) für die Distribution inländischer Radio- und Fernsehsender (z.B. in Kabelnetzen) wären genauso unzulässig wie Quoten für europäische und nationale Inhalte (z.B. einheimische Musik oder Fernsehproduktionen).

Drittens würde auch das Eingehen von *Marktzugangsverpflichtungen* Quoten für europäische und nationale Inhalte im Rundfunk verunmöglichen.

Würden viertens *Vorschriften für staatliche Subventionen* in den Dienstleistungssektoren verabschiedet, könnte dies nicht nur Filmförderprogramme, sondern auch die öffentliche Finanzierung des Public Service bedrohen.

Würde, hätte, könnte – ob und welche Folgen die Doha-Runde für den audiovisuellen Sektor haben wird, sofern diese überhaupt erfolgreich abgeschlossen wird, ist offen. Eine ungeklärte Frage ist auch, wie die neue UNESCO-Konvention zur kulturellen Vielfalt nach deren Inkrafttreten mit dem GATS zu vereinbaren ist und inwiefern das Abkommen eine weitere Liberalisierung des audiovisuellen Sektors zu verhindern vermag. Hauptproblem ist, die Massnahmen zur Förderung kultureller Vielfalt WTO-konform auszugestalten. Mehrere Kollisionen zwischen den beiden Vertragswerken sind denkbar. Erstens sind Konflikte zwischen dem Prinzip der Meistbegünstigung und den in der Konvention ausdrücklich vorgesehenen Koproduktions- und Vertriebsabkommen sowie der geforderten bevorzugten Behandlung von Entwicklungsländern möglich. Da die europäischen Staaten für den audiovisuellen Sektor zumindest derzeit noch Ausnahmen von der Meistbegünstigung geltend machen können, ist dies aber derzeit kein Thema.

---

2   Zwar sind für Zollunionen (und damit auch für die EG) Ausnahmen vom Meistbegünstigungsprinzip vorgesehen (Art. V GATS). Doch die Quotenvorgaben für europäische Inhalte in der EG-Fernsehrichtlinie können nicht nur mit Inhalten aus EU-Staaten erfüllt werden und am MEDIA-Programm sind nicht nur EU-Staaten beteiligt. Damit werden Dienstleistungen aus gewissen Nicht-EU-Staaten besser behandelt als aus anderen WTO-Mitgliedstaaten.

Probleme zwischen GATS und der Konvention können zweitens dann entstehen, wenn ein Staat im audiovisuellen Sektor spezifische Verpflichtungen, etwa zur Inländerbehandlung, eingegangen ist. Auch dies ist in Europa noch nicht der Fall. Drittens würde die Konvention mit einem Abkommen über staatliche Subventionen für Dienstleistungen kollidieren, sofern ein solches in der Doha-Runde zustande kommen sollte. Eine Lösung für konkrete Konfliktfälle – sollte es tatsächlich dereinst soweit kommen – existiert allerdings nicht (vgl. Krajewski 2005: 32f.; Schorlemer 2005: 50). Mit der UNESCO-Konvention ist eine weitere Liberalisierung des audiovisuellen Sektors nicht vom Tisch:

»Die Chancen für eine vorrangige Anwendung der UNESCO-Bestimmungen gegenüber geltendem WTO-Recht bzw. die Ausgestaltung der UNESCO-Konvention als eine Art ›Anti-Globalisierungsabkommen‹ sind gering« (Schorlemer 2005: 54f.).

Aber auch wenn die Bedeutung der Konvention in erster Linie symbolischer Natur sein sollte, darf sie trotzdem nicht unterschätzt werden. Die Konvention stellt ein rechtlich bindendes Instrument dar, welches nationale Regulierung zum Schutz und zur Förderung der kulturellen Vielfalt legitimiert. Die Besonderheit kultureller Produkte wird anerkannt und daran erinnert, dass es neben dem Kommerz auch noch die Kultur gibt (vgl. Bernier 2004b: 65; Schorlemer 2005: 55; Pauwels/Loisen 2004: 497; Zitzmann 2005: 46).

Mit WTO und UNESCO stehen sich zwei Ordnungshüter in der Global Media Governance gegenüber, die völlig unterschiedliche Ziele verfolgen. Der eine wird als Bedrohung wahrgenommen, in den anderen werden beinahe Heilserwartungen projiziert. Wird es zu einem »Showdown« zwischen »Gut« und »Böse« kommen? Wird eine weitere Liberalisierung des audiovisuellen Sektors eingeleitet, welche für die Medienregulierung in Europa bedeutende Konsequenzen hätte? Oder wird es Dank der UNESCO weiterhin möglich sein, mit Medienregulierung neben ökonomischen Zielen auch kulturelle Ziele zu verfolgen?

Öffentlicher Rundfunk, Quoten und Filmförderung stehen auf dem Spiel – sie alle werden mitunter mit sozialen, kulturellen und politischen Zielen begründet. Indes darf nicht vergessen werden, dass ein Großteil der Medienregulierung auch im Interesse europäischer Medienunternehmen liegt und dem wirtschaftlichen Ziel dient, eine mit US-Unternehmen wettbewerbsfähige europäische Medienindustrie aufzubauen. Der US-amerikanische Vorwurf des Protektionismus ist folglich nicht völlig von der Hand zu weisen. Nichtsdestotrotz spielt massenmediale Kommunikation für die Gesellschaft eine wichtige Rolle, weshalb gesellschaftlich-politische Ziele nicht vergessen werden sollten. Aus dieser Perspektive wäre eine vierte Phase der internationalen Medienregulierung zu begrüßen, welche nicht lediglich einem ökonomischen Denken verpflichtet ist.

Ob jedoch die dritte Phase noch länger andauert oder eine solche vierte Phase eingeläutet wird, ist derzeit offen. Klar ist lediglich: Ordnung muss sein. Und für Ordnung sorgen Ordnungshüter – mögen sie »gut« oder »böse« sein. Offen dagegen ist, welche Ordnung der Medien sich letztlich durchsetzt. Dies hängt nicht zuletzt davon ab, welchem Ordnungshüter die Nationalstaaten auf internationaler Ebene Vorrang einräumen und welche Aufgabe sie diesem zuschreiben.

Literatur

Agreement on Trade-Related Aspects of Intellectual Property Rights (TRIPS). Auf: http://www.wto.org/english/docs_e/legal_e/27-trips.pdf.

Bernier, Ivan (2004a): Content Regulation in the Audio-visual Sector and the WTO. In: Geradin, Damien/Luff, David (Hrsg.): The WTO and Global Convergence in Telecommunications and Audio-Visual Services. Cambridge, S. 215-242.

Bernier, Ivan (2004b): A UNESCO International Convention on Cultural Diversity. In: Graber, Christoph Beat/Girsberger, Michael/Nenova, Mira (Hrsg.): Free Trade versus Cultural Diversity: WTO Negotiations in the Field of Audiovisual Services. Zürich, Basel, Genf (Luzerner Beiträge zur Rechtswissenschaft, Bd. 4), S. 65-76.

Breunig, Christian (1996): Internationale Kommunikationspolitik im Wandel. Alte und neue Initiativen der UNESCO. In: Meckel, Miriam/Kriener, Markus (Hrsg.): Internationale Kommunikation. Eine Einführung. Opladen, S. 67-84.

Convention on the Protection and Promotion of the Diversity of Cultural Expressions (Resolution 33C/41), adopted by the UNESCO General Conference at its 33rd Session. Paris, 3 to 21 October 2005. Auf: http://unesdoc.unesco.org/images/0014/001428/142825e.pdf.

Fourth Protocol to the General Agreement on Trade in Services. 30 April 1996. Auf: http://www.wto.org/english/docs_e/legal_e/4prote_sl20_e.pdf.

General Agreement on Tariffs and Trade (GATT). Auf: http://www.wto.org/english/docs_e/legal_e/gatt47_e.pdf.

General Agreement on Trade in Services (GATS). Auf: http://www.wto.org/english/docs_e/legal_e/26-gats.pdf.

Geradin, Damien/Kerf, Michel (2004): Levelling the Playing Field: Is the WTO Adequately Equipped to Prevent Anti-competitive Practices in Telecommunications? In: Geradin, Damien/Luff, David (Hrsg.): The WTO and Global Convergence in Telecommunications and Audio-Visual Services. Cambridge, S. 130-162.

Geradin, Damien/Luff, David (Hrsg.) (2004): The WTO and Global Convergence in Telecommunications and Audio-Visual Services. Cambridge.

Graber, Christoph Beat (2003): Handel und Kultur im Audiovisionsrecht der WTO. Völkerrechtliche, ökonomische und kulturpolitische Grundlagen einer globalen Medienordnung. Bern.

Graber, Christoph Beat (2004a): Audio-visual Policy: the Stumbling Block of Trade Liberalisation? In: Geradin, Damien/Luff, David (Hrsg.): The WTO and Global Convergence in Telecommunications and Audio-Visual Services. Cambridge, S. 165-214.

Graber, Christoph Beat (2004b): Audiovisual Media and the Law of the WTO. In: Graber, Christoph Beat/Girsberger, Michael/Nenova, Mira (Hrsg.): Free Trade versus Cultural Diversity: WTO Negotiations in the Field of Audiovisual Services. Zürich, Basel, Genf (Luzerner Beiträge zur Rechtswissenschaft, Bd. 4), S. 15-64.

Kleinsteuber, Hans J./Thomaß, Barbara (2004): Kommunikationspolitik international – ein Vergleich nationaler Entwicklungen. In: Hans-Bredow-Institut (Hrsg.): Internationales Handbuch Medien 2004/2005. Baden-Baden, S. 78-99.

Krajewski, Markus (2005): Auswirkungen des GATS auf Instrumente der Kulturpolitik und Kulturförderung in Deutschland. Rechtsgutachten erstellt im Auftrag der Deutschen UNESCO-Kommission. Auf: http://www.unesco.de/c_arbeitsgebiete/kkv_gutachten.pdf.

Luff, David (2004): Current International Trade Rules Relevant to Telecommunications Services. In: Geradin, Damien/Luff, David (Hrsg.): The WTO and Global Convergence in Telecommunications and Audio-Visual Services. Cambridge, S. 34-50.

Mayntz, Renate (2004): Governance im modernen Staat. In: Benz, Arthur (Hrsg.): Governance – Regieren in komplexen Regelsystemen. Eine Einführung. Wiesbaden, (Governance, Bd. 1), S. 65-76.

Ó Siochrú, Seán/Girard, Bruce (2002): Global Media Governance. A Beginner's Guide. Lanham, Boulder, New York, Oxford.

Pauwels, Caroline/Loisen, Jan (2003): The WTO and the Audiovisual Sector. Economic Free Trade vs Cultural Horse Trading? In: European Journal of Communication 18, H. 3, S. 291-313.

Pauwels, Caroline/Loisen, Jan (2004): Von GATT zu GATS und darüber hinaus. Die Bedeutung der WTO für die audiovisuelle Politik. In: Media Perspektiven 10, S. 489-499.

Puppis, Manuel/Künzler, Matthias (2006): Governance als horizontale Ausweitung von Government: Selbst- und Co-Regulierung im Mediensektor. In: Donges, Patrick (Hrsg.): Von der Medienpolitik zur Media Governance? Köln (i.E.).

Schorlemer, Sabine von (2000): Globale Telekommunikation und Entwicklungsländer. Die Liberalisierung von Telekommunikationsdiensten in GATT/WTO. Baden-Baden.

Schorlemer, Sabine von (2005): Die Harmonisierung von GATS und dem UNESCO-Übereinkommen zur kulturellen Vielfalt als völkerrechtliche Herausforderung. In: UNESCO heute 52, H. 1, S. 49-55.

Sinclair, John (2004): Globalization, Supranational Institutions and Media. In: Downing, John D.H./McQuail, Denis/Schlesinger, Philip/Wartella, Ellen (Hrsg.): The SAGE Handbook of Media Studies. Thousand Oaks, London, New Delhi, S. 65-82.

Tietje, Christian (2004): Grundzüge und rechtliche Probleme der internationalen Informationsordnung. In: Hans-Bredow-Institut (Hrsg.): Internationales Handbuch Medien 2004/2005. Baden-Baden, S. 15-39.

UNESCO Universal Declaration on Cultural Diversity (Resolution 31C/25), adopted by the UNESCO General Conference at its 31st Session. Paris, 15 October to 3 November 2001. Auf: http://unesdoc.unesco.org/images/0012/001246/124687e.pdf.

WTO Reference Paper on Telecommunications Services. 24 April 1996. Auf: http://www.wto.org/english/tratop_e/serv_e/telecom_e/tel23_e.htm.

Zitzmann, Marc (2005): Ausnahme wird zur Regel für (fast) alle. Unesco-Konvention zum Schutz der kulturellen Vielfalt. In: Neue Zürcher Zeitung, Nr. 247 vom 22./23. Oktober 2005, S. 46.

Zürn, Michael (2005): Global Governance. In: Schuppert, Gunnar Folke (Hrsg.): Governance-Forschung. Vergewisserung über Stand und Entwicklungslinien. Baden-Baden (Schriften zur Governance-Forschung, Bd. 1), S. 121-146.

Michael Latzer

Unordnung durch Konvergenz –
Ordnung durch Mediamatikpolitik

Ende des 20. Jahrhunderts wird ein Kernstück des über viele Jahrzehnte hinweg gelehrten und praktizierten Ordnungsmodells im Kommunikationssektor brüchig: Die technikorientierte Unterteilung in Medien und Telekommunikation, in Individual- und Massenkommunikation, die sich in unterschiedlichen Regulierungsmodellen und in getrennten politischen Zuständigkeiten für Medienpolitik einerseits und Telekommunikationspolitik andererseits manifestiert. Das Internet ist das Symbol der als Konvergenz bezeichneten Disruption in Politik und Analyse, aber gleichzeitig nur die Spitze des Eisberges, auf den das schwer manövrierbare Regulierungssystem aufgelaufen ist. Seither wird an der Schadensbegrenzung und an einem neuen Kurs der Kommunikationspolitik gearbeitet. Das reformierte Ordnungsmodell soll dem durch Konvergenz veränderten Kommunikationssystem, der Mediamatik, gerecht werden.

Der Beitrag zeichnet vorerst die Genese und Grundzüge der traditionellen Ordnungsmodelle der Medien- und Telekommunikationspolitik nach und thematisiert das Verhältnis von Kommunikationswissenschaft und Politik (Abschnitt 1). Anschließend wird die durch Konvergenz verursachte Unordnung in Wirtschaft, Politik und Wissenschaft herausgearbeitet (Abschnitt 2). Die Analyse von Reformvorschlägen und Reformschritten in Reaktion auf den Konvergenztrend verdeutlicht die Grundzüge einer Neuordnung. Sie wird mittels einer integrierten Mediamatikpolitik angestrebt, die den Sektor nicht mehr vertikal nach technologischen Kriterien oder Industriegruppenzugehörigkeit unterteilt (Abschnitt 3). Im Resümee wird auf den möglichen Bedeutungsgewinn kommunikationswissenschaftlicher Forschung für eine integrierte Mediamatikpolitik hingewiesen (Abschnitt 4).

1. Ordnung durch Abgrenzung:
Telekommunikations- und Medienpolitik

Die national abgeschotteten Kommunikationssektoren des 20. Jahrhunderts sind in ihren Grundzügen durch weitgehend gleichförmige Ordnungsmodelle geprägt, die fundamental zwischen Telekommunikations- und Medienpolitik unterscheiden. Telegrafie und Telefonie, die sich ab der zweiten Hälfte des 19. Jahrhunderts kommerziell etablieren, werden der Telekommunikation zugeordnet, der sich einige Jahrzehnte später kommerziell durchsetzende Rundfunk wird gemeinsam mit der Presse als Mediensektor gefasst. In den Subsektoren Telekommunikation und Medien werden unterschiedliche Technik und getrennte Netze benutzt. Es sind unterschiedliche Unternehmen tätig, die politischen Zuständigkeiten sind getrennt, es werden separate Regulierungsorganisationen und gesetzliche Grundlagen geschaffen und auch die zugrunde liegenden *Regulierungsmodelle* unterscheiden sich voneinander (vgl. Latzer 1997). Für die durch Individualkommunikation geprägte Telekommunikation setzt sich das *Common-Carrier-Modell* durch, welches auf den Versorgungsauftrag im öffentlichen Interesse fokussiert. Im Medienbereich etablieren sich ein *Rundfunkmodell* (Public-Trustee-Modell) und ein stärker marktorientiertes *Printmodell*. Kabelfernsehen, das später die Konvergenz der Bereiche vorantreiben wird, nimmt mit einem Mischmodell aus Rundfunk- und Common Carrier-Regulierung eine Sonderposition ein. Die Zuteilung zu den jeweiligen Ordnungsmodellen erfolgt *technologie-* bzw. *industriespezifisch*, aufgrund der jeweils benutzten Kommunikationsnetze. Die wesentlichen Unterschiede in den Modellen liegen bei der Inhalts- und Marktzutrittsregulierung (vgl. Windahl/McQuail 1993). Dies ist mit unterschiedlichen Regulierungszielen erklärbar, aber auch gleiche Ziele, beispielsweise Vielfalt, werden unterschiedlich angestrebt; im monopolistischen Rundfunksektor mittels Binnenpluralismus und im Printbereich mit Außenpluralismus. Während die traditionelle Rundfunkregulierung stark unter dem Einfluss der sozialen und kulturellen Auswirkungen der transportierten Inhalte sowie der Frequenzknappheit agiert, dominieren im Telekommunikationssektor ökonomische Aspekte im Hinblick auf Infrastrukturleistungen und sicherheitspolitische Überlegungen. Mit der international vorangetriebenen Marktöffnung der Telekommunikation im letzten Drittel des 20. Jahrhunderts rücken ökonomische Kalküle betreffend des Übergangs vom Monopol zum Wettbewerb und damit verbundene Institutionalisierungen von unabhängigen nationalen Regulierungsbehörden in das Zentrum politischer Strategien.

In der *Kommunikationswissenschaft* spiegelt sich die Trennung in Telekommunikation und Medien wider, wobei im deutschsprachigen Raum die exklusive Fokussierung auf Medien, auf öffentliche Massenkommunikation, vorherrscht. Telekommunikation wird aus den kommunikationswissenschaftlichen Analysen weitgehend ausgeblendet, so auch bei der politischen Perspektive.

»Kommunikationspolitik kann sich vernünftigerweise allein auf öffentliche Kommunikation beziehen, und das bedeutet schwergewichtig auf Medienkommunikation« (Ronneberger 1992, 195).

Eine andere Sichtweise, die einen besseren Blick auf das Konvergenzphänomen erlaubt, versteht *Kommunikationspolitik* als Summe aus Telekommunikations- und Medienpolitik (vgl. Vowe 2006). Die Einzigartigkeit der Kommunikationspolitik und gleichzeitig die besondere Komplexität der damit verfolgten Ordnungspolitik liegen in der Kombination aus ökonomischen und sozialen, beziehungsweise kulturellen Zielsetzungen, die damit verfolgt werden. Regulierungsentscheidungen haben sowohl ökonomische als auch soziale Implikationen, die einander überlappen können (vgl. Napoli 2001). Dieser ökonomisch-soziale Doppelcharakter ist im Medienbereich stärker ausgeprägt, spielt aber auch in der Regulierung des Telekommunikationssektors des 20. Jahrhunderts eine bedeutende Rolle, etwa bei Universaldienstauflagen im Telefoniebereich oder bei Beschränkungen des ausländischen Besitzes an Telekommunikationsfirmen aufgrund nationaler Sicherheitskalküle.

Äußerst stabile Marktstrukturen, gekennzeichnet durch Monopole bei Dienst- und Netzangeboten sowie durch Oligopole und nationalen Protektionismus auf der Geräteseite führen zu einem geringen Ausmaß an *wissenschaftlicher Politikanalyse* des Sektors. Dies ändert sich mit einsetzender Liberalisierung – das wissenschaftliche Interesse an der Kommunikationspolitik verstärkt sich. Rechts-, Wirtschafts-, Kommunikations- und Politikwissenschaft befassen sich seit Ende des 20. Jahrhunderts intensiv mit Medien- und Telekommunikationspolitik, jedoch in verschiedenen disziplinären Zusammensetzungen, in getrennten akademischen Communities und meist auf unterschiedlichen Konferenzen und in verschiedenen Publikationsorganen. Auch hier sind Veränderungen in Folge des Konvergenztrends beobachtbar.

Die Frage nach der *Relevanz der Kommunikationswissenschaft* für die Formulierung der *Kommunikationspolitik* wird über Jahrzehnte hinweg mit einheitlichem Tenor beantwortet. Im Konzert der Disziplinen wird ihr nur ein geringer Einfluss zugesprochen (vgl. Noam 1993, Napoli/Gillis 2005). So fassen beispielsweise Reeves und Baughman (2003) die Ergebnisse ihrer historischen Untersuchung über den Zusammenhang zwischen Kommunikationsforschung und Politik in den USA folgendermaßen zusammen:

> »...the crucial political decisions have largely ignored mass communication scholarship. Further, government has been more likely to influence research than research to shape policy« (Reeves/Baughma 2003 : 529).

Im Zuge der wechselseitigen Beeinflussung zwischen Politik und Forschung dominiert demnach der oft weniger beachtete Einfluss der Politik auf die Forschung. Dies nicht zuletzt da Top-down-Forschungsförderungsprogramme und deren rigide Richtlinien zunehmend das Forschungsdesign und die behandelten Themen der immer mehr von Drittmittel abhängigen Forschungslandschaft bestimmen. Für den mangelnden Einfluss der kommunikationswissenschaftlichen Forschung auf die Politik wird die geringe Vertretung von Kommunikationswissenschaftlern in Regulierungsorganisationen mitverantwortlich gemacht, in denen Juristen, Techniker und Ökonomen das Sagen haben. Des Weiteren wird angeführt, dass es bei kommunikationswissenschaftlichen Ergebnissen zu stärkerem außerdisziplinären Widerspruch komme als bei anderen Disziplinen. Nicht zuletzt sei auch das Engagement von Kommunikationsforschern in öffentlichen kommunikationspolitischen Debatten zu gering. Schließlich bestehen auch Zweifel daran, die durch Liberalisierung und Konvergenz verstärkt notwendige Interdisziplinarität zu gewährleisten. Noam (1993) moniert eine disziplinäre Engstirnigkeit, und Ronneberger (1992) stellt fest, dass der Kommunikationswissenschaft die begriffliche Annäherung und gemeinsame Erklärungsmuster mit anderen Disziplinen fehlen.

2. Unordnung durch Konvergenz

2.1 Konvergenz

In den Sozialwissenschaften wird der *Konvergenzbegriff* für die Charakterisierung *unterschiedlicher Phänomene* herangezogen. In der Politikwissenschaft wird er für die Annäherung von politischen Regimen, insbesondere des westlich-kapitalistischen und östlich-realsozialistischen Systems verwendet. In der Technikforschung wird unter dem Schlagwort NBIC-Konvergenz (auch »konvergierende Technologien«) die Annäherung und Verschmelzung von Nano-, Bio- und Informationstechnologien mit Cognitive Sciences diskutiert. In der Kommunikationswissenschaft wird der Konvergenzbegriff zum einen für die Annäherung zwischen öffentlich-rechtlichen und kommerziellen Rundfunkangeboten in dualen Ordnungsmodellen verwendet und zum anderen für das in diesem Beitrag analysierte Verschwimmen der traditionellen Grenzziehungen zwischen Telekommunikation und Massenmedien. Darüber hinaus ist zu beachten, dass innerhalb der telekommunikationspolitischen Debatte auch die Integration von kabelgebundener und mobiler (Telefon-) Kommunikation als Konvergenz bezeichnet wird. Widersprüchliche Festlegungen gibt es zudem beim Begriff Telekommunikation. Falls Telekommunikation als Kommunikation mittels nachrichtentechnischer Übertragungsverfahren definiert wird (vgl. Scherer 1985), dann umfasst Telekommunikationspolitik auch die Rundfunkpolitik. Dem entgegen steht die hier verwendete Festlegung der Telekommunikations- und Medienpolitik als Bestandteile der Kommunikationspolitik, wobei sich die Analyse auf Regulierungspolitik konzentriert.

Die Konvergenz im Kommunikationssektor wird bereits seit den 1980er Jahren als *unabwendbar* und *wünschenswert* diskutiert, früher und intensiver in Telekommunikations- als in Medienkreisen und vorwiegend im Zusammenhang mit angestrebten integrierten Breitbandnetzen und -diensten (vgl. Garnham/Mulgan 1991). Medienvertreter interpretieren den Konvergenztrend eher zurückhaltend, setzen ihn mit Deregulierung und Kommerzialisierung gleich, vermitteln mitunter den Eindruck, dass Konvergenz die *feindliche Übernahme* durch die Telekommunikation darstelle. Die Telekommunikationsbranche steckt bereits vor drei Jahrzehnten große Erwartungen in ISDN-Breitbandnetze und Glasfasertechnologie – die sich bis heute nicht erfüllt haben. Nationalstaaten und die Europäische Gemeinschaft entwickeln Strategien zur Förderung konvergenter Breitbandnetze. Mit Telekommunikation und Rundfunk treffen zwei unterschiedliche Welten, zwei Unternehmenskulturen aufeinander. Dementsprechend wirft die OECD (1992) die bezeichnende Frage auf, ob es sich um Konvergenz oder vielmehr um eine Kollision zwischen Telekommunikation und Rundfunk handle. Die Europäische Union setzt im Jahr 1997 das Konvergenzthema mit dem *Grünbuch zur Konvergenz der Branchen Telekommunikation, Medien und Informationstechnologie und ihren ordnungspolitischen Auswirkungen* (Kom97, 623) auf die offizielle politische Agenda. Damit greift die EU, nachdem sie innerhalb eines Jahrzehnts die harmonisierte Liberalisierung der europäischen Telekommunikationssektoren durchgesetzt hatte, ein weiteres brisantes Reformthema auf, das die Liberalisierungsdebatte an Komplexität übertrifft. Auch die Kommunikationswissenschaft beschäftigt sich seit den 1990er Jahren mit den Charakteristika und möglichen Konsequenzen des Konvergenztrends (vgl. Steinfield et al. 1996; Latzer 1997; 1998; Latzer et al. 1999; Bohlin et al. 2000).

Aus analytischer Perspektive vollzieht sich die Konvergenz auf mehreren Ebenen, wobei deren Wechselwirkungen von besonderer Bedeutung sind (vgl. Latzer 1997; Meier 1999; Murdock 2000). Der *Technischen Konvergenz* kommt dabei eine bedeutende Rolle zu, doch die immer wieder anzutreffende Reduktion darauf, noch dazu verknüpft mit äußerst simplen Erwartungen eines alles integrierenden Einheitmediums, ist verfehlt und irreführend. Technische Konvergenz steht für einen universellen digitalen Kode, für gemeinsame (IP-)Protokolle, die auf verschiedenen technologischen (Hybrid)Plattformen (Festnetzkommunikation, Mobilkommunikation, WLAN, Rundfunk, WiMAX...) verwendet werden. Die Konvergenz schafft ein *digitales Baukastensystem*, das eine große Flexibilität für innovativ zusammenstellbare Dienste bietet. Dies kann zu diensteintegrierenden Geräten führen, wie etwa dem Mobiltelefon, das auch Fernsehen ermöglicht. Konvergenz bringt aber auch und vor allem erhöhte Flexibilität im Angebot, damit steigende Produkt-Vielfalt, da die vormals starre Verknüpfung von Technik und Inhalten (Diensten) aufgelöst wird. Technische Konvergenz fördert auch *unternehmerische* Konvergenz, d. h. Firmen sind nun in beiden Bereichen tätig, beziehungsweise auch in einem dritten Bereich, dem Internet (Stichwort Triple Play). Dort entstehen zudem, ausgehend vom Kerngeschäft Suchmaschinen und elektronischer Handel, Konvergenzunternehmen einer neuen Art. Als *gesellschaftlich-funktionale* Konvergenz wird erfasst, dass Telekommunikation nun auch zunehmend für den privaten Unterhaltungsbereich und Rundfunk verstärkt für die Geschäftskommunikation verwendet werden. Damit zusammenhängend kommt es zu Verschiebungen, Substitutionen und Kombinationen in der Anwendung von Diensten. Dies wird auch als *rezeptive* Konvergenz bezeichnet, da es sich um die Veränderung des Nutzungsverhaltens, um eine Konvergenz der Gebrauchsweisen handelt (vgl. Höflich 1999; Hasebrink 2003; Wagner et al. 2004). Schließlich kann eine *räumliche* Konvergenz festgestellt werden, welche die globalisierende Wirkung vermehrt grenzüberschreitender Dienste und einheitlicher Technik fasst sowie eine *regulatorische* Konvergenz, die die Abstimmung beziehungsweise Integration der Regulierungssysteme für Medien und Telekommunikation thematisiert.

Das *Ergebnis der Konvergenz* von Telekommunikation und Rundfunk ist mehr als die Summe der Einzelteile, wie schon der schwer einordbare Bereich der Online-Kommunikation verdeutlicht. Die konzeptive und begriffliche Fassung des Konvergenztrends variiert mit der Forschungsperspektive. So wird das Ergebnis der Konvergenz als *Multimedia*, *Crossmedia* oder *Medienverbund* bezeichnet, womit der medienübergreifende Charakter im Angebot und bei der Nutzung betont wird. Aus der für die Kommunikationspolitik relevanten *Medienstruktur-*

Perspektive verändert Konvergenz das techno-soziale und gesellschaftliche Kommunikationssystem in Richtung *Mediamatik* (vgl. Latzer 1997). Der Computersektor fungiert als Bindeglied zwischen den vormals getrennten Subsektoren Telekommunikation und Medien. Chronologisch betrachtet vollzieht sich die Konvergenz in zwei Schritten. Nach dem mit der Digitalisierung der Telefonie erfolgten Einzug der Computertechnologie (InforMATIK) in die TELEkommunikation (= TELEMATIK), folgt seit Ende des 20. Jahrhunderts die Konvergenz der ebenfalls digitalisierten (Massen-)Medien mit der Telematik (= MEDIAMATIK). Der Prozess erfolgt ko-evolutionär, das wechselseitige Zusammenspiel von technischen Innovationen, unternehmerischer Strategien, politisch-rechtlicher Reformen sowie Veränderungen des Rezeptionsverhaltens beziehungsweise der Akzeptanz, bestimmen dessen Richtung und Geschwindigkeit. Das Platzen der Internetblase zur Jahrtausendwende hat den Prozess kurzfristig verlangsamt aber keineswegs gestoppt. Die empirische Evidenz für Konvergenz nimmt im 21. Jahrhundert, vor allem im Zusammenhang mit der Weiterentwicklung von Internet, digitalem Fernsehen, Mobilkommunikation und Next Generation Networks, auf allen Ebenen zu.

2.2 Unordnung

Konvergenz ist sowohl mit der *Globalisierung* als auch mit der *Liberalisierung* kausal verbunden. Digitalisierung im Allgemeinen und Internet im Besonderen verändern die Kostenstrukturen im Kommunikationssektor, ermöglichen und verlangen nach neuen Erlösmodellen und verändern damit die *Wettbewerbsbedingungen* in konvergenten Mediamatik-Märkten grundlegend. Historisch gesehen ist der erste Konvergenzschritt in Richtung Telematik mit der Liberalisierung des Telekommunikationssektors verknüpft, der grenzüberschreitende Charakter von internetbasierenden Diensten treibt zusätzlich die Globalisierung und dementsprechende Regulierungsprobleme voran.

Die Ordnungsmodelle der Kommunikationspolitik und ihre wissenschaftliche Erfassung geraten Ende des 20. Jahrhunderts unter erhöhten Reformdruck, wobei das zentrale Problem darin besteht, dass die Industrie bereits in die Mediamatik-Ära eingetreten ist, während Politik und wissenschaftliche Analyse nach wie vor mit in Medien und Telekommunikation getrennten Institutionen und Regulierungssystemen agieren. Die *digitale Destabilisierung* der Ordnungssysteme geht von zunehmend obsoleten Grenzziehungen aus, die seit Jahrzehnten als zentrale Unterscheidungskriterien zwischen Medien und Telekommunikation und damit auch für die Zuteilung zu unterschiedlichen Regulierungsmodellen dienen: technologisch orientierte, vertikale Sektorabgrenzungen, die Unterscheidung in Massen- und Individualkommunikation, in öffentliche und private Kommunikation sowie die strikte Trennung von Sender (Anbieter) und Empfänger (Nachfrager).

Dies sind nicht bloß akademische Probleme der Kommunikationswissenschaft, sondern sie haben realwirtschaftliche und realpolitische Auswirkungen. Die *Rechtsunsicherheit* steigt an, die *Planungssicherheit* der Unternehmen sinkt und das *Investitionsrisiko* erhöht sich. In Summe kann dadurch die Entfaltung des für die Informationsgesellschaft als zentral erachteten Sektors (Stichwort Lissabon-Strategie der EU) empfindlich gehemmt werden. Zur Rechtsunsicherheit trägt die steigende politische Willkür bei der Kategorisierung neuer Dienste bei. So wird *Internet-Telefonie* nicht als Telefonie eingestuft und *Web-TV* nicht als Fernsehen, um damit verbundene regulatorische Auflagen (Universaldienst, Zugangsgebühren, Interconnection, Inhaltsregulierungen etc.) zu vermeiden, die deren Verbreitung hemmen könnten (vgl. Dong 2006). Bei *Breitbandangeboten* wird einerseits zu deren Förderung darauf geachtet, dass nicht das Common-Carrier-Modell und damit dessen regulatorische Auflagen zur Anwendung kommen. Andererseits wird diskutiert, ob Common-Carrier-Modelle aufgrund der darin fehlenden Inhaltsregulierung für Breitbandnetze ausreichen. Bei Triple-Play Anbietern stellt sich die Frage, ob deren relevanter Markt nun der für Breitband ist. Rechtsunsicherheit ergibt sich auch bei Fragen der Verantwortlichkeit für Inhalte, ob etwa Internet-Provider wie Telefonie-Anbieter Common Carrier und damit nicht wie Herausgeber von Massenmedien für den Inhalt verantwortlich sind. Schließlich führt auch die umstrittene Frage, ob Inhalte von Webseiten öffentlich oder privat sind, zu Rechtsunsicherheiten, etwa ob regulatorische Auflagen des NS-Wiederbetätigungsgesetzes anwendbar sind. Die Rechtsunsicherheiten steigen auch aufgrund der räumlichen Konvergenz an, die gleichsam als Globalisierung diskutiert wird. Die Kombination von vorwiegend nationalen Regulierungen und transnationalen Diensten führt nicht nur zur umstrittenen Frage, ob die Regulierung des Herkunfts- oder des Empfängerlandes anzuwenden ist, sondern auch zu vermehrten Umgehungsmöglichkeiten nationalen Rechts, zur verstärkten Notwendigkeit trans- und supranationaler Regulierungen sowie zur vermehrten Selbst- und Ko-Regulierung. Insgesamt verursachen Rechtsunsicherheiten aus ökonomischer Sicht erhebliche Transaktionskostenerhöhungen, etwa bei Rechtsstreitigkeiten, aber auch in Form von Suchkosten für Dienstanbieter und für Konsumenten. Unordnung entsteht auch, da demokratiepolitisch moti-

154

vierte Regelungen für den Rundfunk, etwa bei der Wahlberichterstattung, durch internetbasierende Dienste legal umgangen werden können.

Neben den oben skizzierten Problemen aufgrund obsoleter Grenzziehungen entstehen durch den Konvergenztrend auch *neue Regulierungsaufgaben*, beziehungsweise gewinnen diese an Bedeutung. Etwa der Schutz geistigen Eigentums, die Besteuerung von Internethandel, die Regulierung von Kryptographie und von Domainnamen-Systemen.

Insgesamt kommt es zu einer *politischen Steuerungskrise* im Kommunikationssektor. Die Steuerbarkeit des Sektors mittels Kommunikationspolitik, vor allem wenn es um die Erreichung mittel- und langfristiger Ziele geht, wird zunehmend bezweifelt. Dies u. a. auch, da die Komplexität des zu steuernden Sektors durch Liberalisierung und Konvergenz ansteigt, da die Anzahl der zu berücksichtigenden Akteure und deren Verknüpfungen massiv zunehmen (vgl. Verhoest 2005).

Die öffentlichen *Regulierungsziele* im Medien- und Telekommunikationsbereich bleiben gleich, sie umfassen nach wie vor einen Mix aus ökonomischen und sozialen Aspekten. Die *Zielerreichung* mittels der traditionellen Ordnungsmodelle verringert sich jedoch im konvergenten Mediamatiksektor. Dazu tragen nicht nur obsolete regulatorische Grenzziehungen bei, sondern auch die erhöhte Innovationsgeschwindigkeit bei Technik und Diensten, der Wandel der Industriestruktur und des Benutzerverhaltens sowie die steigende Zahl relevanter Akteure.

Als Auswirkung der Konvergenz wird die verstärkte *Ökonomisierung* des Medienbereiches erwartet, beziehungsweise die Zurückdrängung sozial motivierter Regulierungen befürchtet. Als Indiz dafür gilt die Stärkung der Rolle des *allgemeinen Wettbewerbsrechts* im konvergenten Kommunikationssektor auf Kosten sektorspezifischer Regulierungen (vgl. Just 2005). Sie findet im Telekommunikationssektor statt, etwa im neuen Rechtsrahmen der EU für elektronische Kommunikation, und wird im Zuge der Konvergenzdebatte auch als Variante einer vereinheitlichenden, integrativen Strategie für den Mediensektor diskutiert.

Zu berücksichtigen ist aber auch, dass durch die Konvergenz jene *Besonderheiten* der Kommunikationspolitik gestärkt werden, die durch die Mischung aus sozialen/kulturellen und ökonomischen Regulierungen entstehen (vgl. Napoli 2001). Diese sind nun auch im Telekommunikationsbereich in einzelnen Entscheidungen verstärkt zu beachten. Beispielsweise sind bei Veränderungen der *Besitzstrukturen* von Telekommunikationsunternehmen, die nun TV-Dienste im Portfolio haben, auch die sozialen/kulturellen Auswirkungen zu berücksichtigen. Auch bei der *Frequenzpolitik* vermischen sich zunehmend die ökonomischen Ziele des effizienten Frequenzspektrum-Managements mit sozialen Zielsetzungen, wie Vielfalt und nationale Identitätsstiftung. Plattformen, die die ganze Palette an konvergenten Diensten erlauben und Endgeräte, die die ganze Palette an Diensten ermöglichen, führen des Weiteren dazu, dass der ökonomische Wert der Frequenzen ansteigt. Die Verteilung der »digitalen Dividende«, des durch die Digitalisierung des Fernsehens frei werdenden Spektrums, das nicht an die spezifische Verwendung für weitere TV-Kanäle gebunden ist, gewinnt unter diesem Aspekt an Bedeutung. Die traditionell unterschiedliche *Lizenzpolitik* für Telekommunikation und Rundfunk greift nicht mehr, die Kriterien und damit verbundenen Auflagen erfüllen oft nicht mehr ihren ursprünglichen Zweck. Insgesamt kann die fragmentierte Rundfunk- und Telekommunikationsregulierung des traditionellen Ordnungsmodells, mit unterschiedlichen Auflagen je nach verwendeter Übertragungstechnik, beziehungsweise mit unterschiedlichen Vergabemechanismen und Preisstrukturen je nach Industriegruppe, für ein konvergentes Umfeld weder ein effizientes Ressourcenmanagement noch die Erreichung sozialer und kultureller Ziele gewährleisten (vgl. OECD 2003). Auch ein weiterer Eckpfeiler der Kommunikationspolitik, die *Universaldienstpolitik,* ist unter Konvergenzbedingungen integrativ zu gestalten, wobei ökonomische und soziale Aspekte abzuwägen sind (vgl. Simpson 2004). Bei den Universaldienstzielen, auch jenen des öffentlich-rechtlichen Auftrags, ist im konvergenten Mediamatiksektor neu zu hinterfragen, mit welchen Diensten und auf welchen Plattformen sie am besten erreichbar sind (vgl. Latzer 2000).

Der Konvergenztrend stellt mit den eingangs genannten Abgrenzungsproblemen nicht nur die Fundamente der medien- und telekommunikationspolitischen Praxis, sondern auch die der *Kommunikationswissenschaft* in Frage. Konvergenz findet langsam, aber beständig eine adäquate Berücksichtigung in den verschiedenen Teilgebieten, den Bindestrich-Fächern der kommunikationswissenschaftlichen Disziplin. Dies passiert nicht nur in der Medienpolitik, -ökonomie und dem Medienmanagement, sondern auch in der Medientheorie, der Medienpädagogik, der Journalismus- und Rezeptionsforschung. Darüber hinaus befinden sich neue Teilgebiete in verschiedenen Stadien der Etablierung, wie Online-Kommunikation und Medieninformatik (vgl. Bentele/Brosius/Jarren 2003). Angesichts des Konvergenztrends wird die traditionelle Abgrenzung des Untersuchungsgegenstandes der Kommunikationswissenschaft kritisiert und dessen Ausdehnung auf Telekommunikation empfohlen. Vorgeschlagen werden damit zusammenhängend auch Revisionen der Medien- und Rundfunkbegriffe, der Trennung von

Sender und Empfänger sowie der Form der Unterteilung in öffentliche und private Kommunikation (vgl. Latzer et al. 1999; Neverla 2001).

Für die Kommunikationswissenschaft sind derart motivierte Debatten und Herausforderungen nicht ungewöhnlich. Nach Saxer (2006) habe die Kommunikationswissenschaft ihrem *expansiven und dynamischen Gegenstand* zu folgen, handle sich dabei Grenz- und Kompetenzprobleme ein und müsse zudem inter- und transdisziplinären Optimierungsregeln genügen. Die Herausforderung einer Nachadjustierung des Untersuchungsgegenstandes als Reaktion auf »Neue Medien« ist für die Disziplin ein bekanntes Phänomen. So ist die als Zeitungskunde vor rund einem Jahrhundert etablierte Disziplin bereits in Reaktion auf Radio und Rundfunk zur Publizistik- bzw. Kommunikationswissenschaft mutiert. Die von Saxer betonte Gefahr der Kompetenzüberdehnung ist im Fall der Hinzunahme von Telekommunikation und Internet größer als sie bei der Hinzunahme von Rundfunk gewesen war. Sie ist jedoch mit der im Gegenzug steigenden Gefahr des Realitäts- und Bedeutungsverlustes kommunikationswissenschaftlicher Forschung für das Verständnis aktueller Entwicklungen der Informationsgesellschaft sowie für die Politikformulierung des konvergenten Kommunikationssektors abzuwägen. Denn selbst Strategien für massenmediale Kernbereiche wie Presse und Rundfunk, von der Wettbewerbspolitik und Marktmachtkontrolle über die Frequenzpolitik bis hin zur Presseförderung und dem Jugendmedienschutz, bleiben ohne die gleichzeitige Berücksichtigung der Telekommunikations- und Internetentwicklungen, ohne den integrativen Blick auf das konvergente Kommunikationssystem der Mediamatik, realitätsfern.

3. Neuordnung

Reformvorschläge in Reaktion auf den Konvergenztrend und die dadurch mitverursachte Steuerungskrise kommen aus Wissenschaft und Politik. Sie zielen mittels eines evolutionären Prozesses auf ein verändertes Ordnungsmodell ab, auf eine integrierte Mediamatikpolitik (vgl. Latzer 1997; 1998), beziehungsweise auf eine gemeinsame Regulierung von elektronischer Kommunikation (vgl. OECD 2003). Zudem arbeiten sie die nationalen Besonderheiten von regulatorischen Reformen heraus (vgl. Hoffmann-Riehm/Schulz/Held 2000; Roßnagel 2005).

Das Kernstück des neuen Ordnungsmodells wird oft vage als *Konvergenz der Regulierung* bezeichnet. Wie bei technischer Konvergenz so wäre es auch hier irreführend, sich darunter eine detaillierte Einheitslösung für sämtliche Netze, Dienste und Inhalte des konvergenten Mediamatikbereiches vorzustellen. Eine differenzierte Betrachtung von Reformvorschlägen und Umsetzungsschritten lässt die Richtung und *Grundzüge* einer als notwendig erachteten Neuordnung erkennen. Wie schon beim traditionellen Ordnungsmodell, so ist auch für eine zukünftig integrierte Mediamatikpolitik international ein in groben Zügen einheitliches *Politikmuster* zu erwarten.

Es wird zeitliche und inhaltliche *Abweichungen* geben, im Detail werden und sollen sich die institutionellen Reformen in den einzelnen Staaten unterscheiden, und sie sind auch länderspezifisch zu beurteilen. Denn die Ausgangsbedingungen, der politisch-rechtliche Rahmen, die Interessenskonstellationen und Kräfteverhältnisse, der Grad an bereits bestehender Integration von Telekommunikations- und Medienpolitik und auch die Geschwindigkeit der Konvergenz variieren beträchtlich zwischen den Staaten. So macht es einen wesentlichen Unterschied, ob die politischen Kompetenzen für Telekommunikation und Rundfunk wie in Deutschland auf Bund (Telekommunikation) und Länder (Medien) verteilt sind, auf verschiedene Ministerien wie in Österreich, oder wie in Japan in einem Ministerium zusammengefasst sind. Pfadabhängigkeiten der Entwicklungen bedürfen der besonderen Berücksichtigung, gleichwie Interessenpositionen und damit zusammenhängende Machtverteilungen, die wie in Deutschland dazu führen können, dass regulatorische Kategorisierungen von Onlinediensten nicht sachpolitisch sondern als politischer Kompromiss zwischen Bund und Ländern festgelegt werden (vgl. Roßnagel 2005). Das institutionelle Beharrungsvermögen, die Trägheit des Systems ist generell groß, insbesondere da jede organisatorische Veränderung auch mit Machtgewinnen und -verlusten verbunden ist.

Trotz der zu erwartenden Vielfalt an nationalen Detaillösungen lassen sich aus einer *institutionalistischen Perspektive* einige *Entwicklungslinien* ableiten, beziehungsweise können diese aus rezenten Entwicklungen abgelesen werden. Dafür werden nachfolgend Analysen aus Wissenschaft und Politik sowie Reformschritte herangezogen, die bereits von einzelnen Nationalstaaten oder transnationalen Akteuren durchgesetzt wurden.

3.1 Integrierte politische Strategien: Alles im Blick

Der Reformbedarf und auch die Reformschritte setzen sowohl bei den politischen *Strategien* als auch bei den konkreten *Regulierungen* an. Im traditionellen Ordnungsmodell der Kommunikationspolitik sind Strategieentwicklung (Regulierungsrahmen) und Implementierung der Regulierung meist gemeinsam in den jeweils zuständigen Ministerien angesiedelt. Im Zuge der Liberalisierung kommt es zur Trennung und Auslagerung der Telekommunikationsregulierung aus der öffentlichen Verwaltung in unabhängige Regulierungsorganisationen. Während noch vor einem Jahrzehnt beinahe alle europäischen Telekommunikationsregulatoren Teil der öffentlichen Verwaltung waren, so ist dies heute in keinem EU-Mitgliedsland mehr der Fall. In den OECD-Ländern ist einzig in Japan und Korea die strategische und regulatorische Kompetenz in einem Ministerium konzentriert (vgl. OECD 2005). Die politische Strategieentwicklung bleibt im Zuständigkeitsbereich der öffentlichen Verwaltung, beziehungsweise der Parlamente.

Bei einer integrierten Mediamatikpolitik lautet die Zielsetzung, den gesamten Kommunikationssektor bei der Strategieentwicklung im Blick zu haben, wobei nicht nur der elektronische (Rundfunk, Telekommunikation, Online), sondern auch der nicht-elektronische Medienbereich einzubeziehen ist. Aus institutionellem Blickwinkel erleichtern gebündelte politische Zuständigkeiten die Erstellung integrierter Strategien. Je nach nationaler Ausgangslage kann es dafür notwendig sein, die politischen Kompetenzen für Telekommunikation und Medien mittels institutioneller Reformen zusammenzuführen, und zwar auf der Ebene der Ministerien oder auch im Parlament, wo Telekommunikations- und Medienangelegenheiten oft in unterschiedlichen Ausschüssen behandelt werden.

Ein *Beispiel* für die Integration auf politisch-strategischer Ebene liefert die EU-Kommission. Die vormals auf die Generaldirektionen XIII (Telekommunikation) und X (Medien) aufgeteilten Kompetenzen sind seit 2004 in der Generaldirektion Informationsgesellschaft und Medien zusammengefasst. Die Konvergenz ist auch ein Schwerpunktthema der umfassenden Strategie *i2010: Europäische Informationsgesellschaft 2010*. Sie zielt darauf ab, auch eine Konvergenz von Politik und Technik herzustellen. Sämtliche politische Instrumente der Gemeinschaft sollen modernisiert und eingesetzt werden, um die digitale Wirtschaft zu fördern.

3.2 Integrierte Aufsichtsstrukturen: Alles unter einem Dach

Nicht nur die Strategieentwicklung bzw. die Schaffung des Regulierungsrahmens, sondern auch die davon getrennte Implementation der Regulierung soll von einer Integration profitieren. Bei der im neuen Ordnungsmodell angestrebten Integration der *Regulierung* ist zwischen dem Integrationsgrad der *Regulierungsorganisationen/Aufsichtsstrukturen* und jener der *Regulierungsmodelle, bzw. -inhalte* zu unterscheiden. Bis zur Konvergenz sind Regulierungsorganisationen zumeist vertikal in jene für Telekommunikation und Rundfunk aufgeteilt, oft gibt es noch weitere Unterteilungen, etwa bei der Rundfunkregulierung in organisatorisch getrennte Aufsichtsorgane für Netze, Frequenzen und Inhalte. In Folge der Konvergenz sind im letzten Jahrzehnt Reformen in Richtung organisatorisch integrierter Konvergenzregulatoren zu beobachten (vgl. OECD 2005; Wu 2004). So ersetzt beispielsweise das *Office of Communications (OFCOM)* in Großbritannien seit dem Jahr 2003 fünf Aufsichtsorgane. In Australien entstand 2005 die *Australian Communications and Media Authority (ACMA)* aus der Zusammenlegung der Rundfunk- mit der Kommunikationsregulierungsbehörde. Insgesamt gibt es in rund einem Drittel der OECD-Länder bereits Konvergenzregulatoren mit horizontal integrierten Zuständigkeiten für Rundfunk und Telekommunikation und auch in Nicht-OECD Ländern vollzieht sich dieser Entwicklungstrend. Eine weniger weit reichende Integrationsvariante wurde in Österreich gewählt, wo im Jahr 2001 zwar die Geschäftsstellen der Regulierungsbehörden in der *Rundfunk & Telekom Regulierungs-GmbH* (mit zwei Fachbereichen und Geschäftsführern) zusammengeführt wurden, die Regulatoren für Rundfunk und Telekommunikation aber getrennt blieben.

Im Detail unterscheiden sich die horizontalen Konvergenzregulatoren etwa bei den Zuständigkeiten für das Frequenzspektrum, für den Printsektor oder für die Wettbewerbspolitik. In der politischen Praxis ist das Verhältnis des sektorspezifischen Regulators zur allgemeinen *Wettbewerbsbehörde* unterschiedlich geregelt. So ist der britische Konvergenzregulator OFCOM gemeinsam mit der allgemeinen Wettbewerbsbehörde für die Anwendung des Wettbewerbsrechts zuständig, während in Australien die allgemeine Wettbewerbsbehörde mit sektorspezifischen Rechten für den Telekommunikationssektor ausgestattet wurde. In etlichen Ländern gibt es eigene Abkommen bezüglich der Kompetenzverteilung (vgl. OECD 2003).

Mit dem Grad der Integration variieren auch die erwarteten Vorteile. Selbst mit einer auf die Dachkonstruktion beschränkten Integration lassen sich Effektivitäts- und Effizienzgewinne, nicht zuletzt durch Synergieeffekte und Transaktionskostenersparnisse erzielen. Der Gefahr einer zu hohen Machtkonzentration eines Konvergenzregulators kann mittels institutioneller Vorkehrungen wie etwa Transparenzauflagen institutionell entgegnet werden.

3.3 Übertragungs- und Inhaltsregulierung: Nicht alles über einen Kamm scheren

Alles im Blick und unter einem Dach zu haben, heißt nicht, dass alles über einen Kamm geschert wird. Die Konvergenz verlangt jedoch nach einer *neuen Taxonomie*, die sich von der bisherigen Unterteilung entsprechend der verwendeten Technik oder nach Industriegruppen wegbewegt. Denn Technik/Netze und Inhalte/Dienste sind aufgrund der Konvergenz bekanntlich entkoppelt. Die neuen Klassifikationskriterien sind funktional, aktivitätsbezogen und technikneutral. Demgemäß zeichnet sich eine Unterteilung in *Übertragungsregulierung* und *Inhaltsregulierung* ab. Damit soll gleichsam eine Trennung in *ökonomische* und *soziale/kulturelle* Regulierung vollzogen werden, wobei eine strikte Abgrenzung unmöglich ist, da Entscheidungen im Übertragungsbereich nicht nur ökonomische sondern auch soziale und kulturelle Auswirkungen haben, sich beispielsweise Veränderungen der Gatekeeper auch auf die Inhalte auswirken.

Die Regulierung der *Übertragung* auf unterschiedlichen technischen Plattformen erfolgt im neuen Ordnungsmodell einheitlich, während bei den *Inhalten*, abhängig von den erwarteten Auswirkungen keine einheitliche Regulierung zur Anwendung kommt. Für die Organisationsstruktur von Konvergenzregulatoren könnte dies bedeuten, dass auch eine organisatorische Unterteilung in Übertragungs- und Inhaltsregulierung erfolgt, wobei das gemeinsame organisatorische Dach eine bessere Berücksichtigung der Wechselwirkungen gewährleistet. Frequenzvergabe und Universaldienstpolitik wären im neuen Ordnungsmodell eher der Übertragungs- als der Inhaltsregulierung zuzuordnen.

In Großbritannien wurde nach jahrelangen Konsultationen – auch dazu, ob ein oder zwei Regulatoren vorteilhaft wären – mit OFCOM ein Konvergenzregulator geschaffen, der sowohl für die Regulierung der Übertragung als auch der Inhalte verantwortlich ist. Unter dem Dach der bereits seit den 1930er Jahren gemeinsam für Telekommunikation und Rundfunk verantwortlichen US-amerikanischen *Federal Communications Commission (FCC)* gibt es – entsprechend dem traditionellen Schema – nach Industriegruppen in Telekommunikation, Rundfunk und Kabelfernsehen unterteilte Organisationseinheiten. Auch das wird unter Konvergenzbedingungen als ineffizient kritisiert und es werden Reformen in Richtung einer funktional orientierten Organisationsstruktur vorgeschlagen (vgl. Garcia-Murillo/ MacInnes 2001).

3.4 Integrierter Rechtsrahmen und Gesetze

Der integriert-strategische Blick und die organisatorisch integrierten Konvergenzregulatoren führen auch vermehrt zu integrierten Rechtsrahmen beziehungsweise zu integrierten Gesetzen, in denen Telekommunikation, Rundfunk und Online-Kommunikation geregelt werden. In den USA wird mit dem *Telecommunications Act* 1996 ein Integrationsschritt getan. Frühere Pläne eines eigenen Regulierungskapitels für konvergente Dienste wurden damit aufgegeben.

Auch die *EU* reagiert auf den Konvergenztrend. Der seit 2003 gültige *Rechtsrahmen für elektronische Kommunikation*, der techikneutral formuliert und bereits 2006 einem Überprüfungs-Prozess unterzogen wird, bringt eine Integration und Vereinheitlichung der Infrastruktur-Regulierungen für elektronische Kommunikation, die auf verschiedenen technischen Plattformen stattfindet. Der in einem ersten regulatorischen Konvergenzschritt 2002 geschaffene Rechtsrahmen für die *Infrastrukturregulierung* setzt sich aus sechs Richtlinien des Europäischen Parlaments und Rates sowie einer Entscheidung zusammen. Damit wird die Übertragung von Rundfunk-, Telekommunikations- und Onlinediensten integriert geregelt. In einem zweiten Schritt wird die *Inhaltsregulierung* dem Konvergenztrend angepasst. Dies soll mittels der Revision der Fernsehrichtlinie erfolgen. Die Ende 2005 als Entwurf zur Diskussion gestellte *audiovisuelle Mediendienste-Richtlinie* sprengt, wie schon der veränderte Name verdeutlicht, die Fixierung auf Fernsehen und soll konvergenzgerechte europäische Standards für die Inhaltsregulierung setzen.

In den Nationalstaaten überwiegen, auch dort wo bereits integrierte Konvergenzregulatoren eingerichtet wurden, getrennte Gesetze. Zu den Ausnahmen zählt Großbritannien, wo mit dem *Communications Act 2003* ein gemeinsames Gesetz geschaffen wurde. Deutschland ist ein Beispiel dafür, dass ein integrierter Rechtsrahmen zwar sachpolitisch als angebracht erkannt werden kann, aber machtpolitisch als nicht umsetzbar eingestuft wird. Die Reformen in Reaktion auf die Konvergenz setzen folglich, wenn auch ohne Gesamtkonzept, bei einer konvergenzadäquaten Reform von Teilgebieten an, wie zum Beispiel bei der Vereinheitlichung des Jugendmedien- und Datenschutzes für verschiedene Kommunikationsplattformen (vgl. Roßnagel 2005).

3.5 Alternative Regulierungsformen: Vom Government zur Governance

Die Regulierung, das Setzen von Normen, deren Implementierung und Sanktionierung, wird nicht nur mittels nationaler Gesetze und zentraler staatlicher Regulierung vollzogen. Der Konvergenztrend treibt die vertikale und horizontale *Erweiterung* des klassischen Government in Richtung Governance voran. *Vertikal* erweitert kommt es vermehrt zu einer *Mehrebenenregulierung* im Mediamatiksektor, *horizontal* erweitert zur stärkeren Einbindung von *privaten Akteuren* in den Regulierungsprozess. Bei der Anwendung von *Selbst- und Ko-Regulierung* (alternativer Regulierungsformen) werden zumindest Teile des Regulierungsprozesses privaten Akteuren überantwortet, die Rolle des Staates verändert sich im Vergleich zum traditionellen Ordnungsmodell. Die Vorteile der Selbst- und Ko-Regulierung gegenüber klassischer staatlicher Regulierung können bei den durch Konvergenz geschaffenen Bedingungen wie grenzüberschreitender Charakter der Dienste, rascher technologischer Wandel, zunehmende Anzahl der Akteure, gut genutzt werden. Die Anwendung alternativer teils innovativer Regulierungsformen nimmt in allen Segmenten zu, insbesondere bei internetbasierenden Diensten, wobei die Palette von der Standardisierung über den Konsumentenschutz und der Domainnamen-Verwaltung bis hin zum Jugendmedienschutz reicht (vgl. Latzer et al. 2002; Schulz/Held 2004).

4. Resümee

Politik und Forschung hinken den konvergenzbedingten Veränderungen im Kommunikationssektor hinterher. Das traditionelle Politikmodell mit seiner fundamentalen Trennung in Telekommunikation und Massenmedien, die ihr zu Grunde liegenden Unterscheidungsmerkmale und die darauf aufbauenden Aufsichtsstrukturen und Regulierungsrahmen sind zunehmend defizitär, hemmen die Entwicklung des Sektors und mindern die Erreichung von Regulierungszielen. Kombiniert mit einer *Komplexitätssteigerung* durch zusätzliche Akteure und Regulierungsebenen sinkt bei gleich bleibenden *Zielen* nicht nur deren Erreichung, sondern auch die *Steuerungsfähigkeit* im konvergenten Mediamatiksektor. Sowohl die Politik als auch die Wissenschaft reagieren auf den zwar langsamer als erwarteten, jedoch ungebrochenen Konvergenztrend. Trotz aller notwendigen Unterschiede in den einzelnen nationalen Strategien, die nicht zuletzt der Pfadabhängigkeit und den spezifischen Interessenskonstellationen geschuldet sind, zeichnet sich ein grobes Muster der *Neuordnung* für eine integrierte Mediamatikpolitik ab. Dazu trägt auch die durch Konvergenz gleichsam vorangetriebene Globalisierung bei.

Bei der *Strategieentwicklung* gilt es nun den gesamten Kommunikationssektor gleichzeitig im Blick zu haben, bei der *Aufsichtsstruktur* geht der Trend in Richtung eines gemeinsamen Daches, wenn auch bei der Regulierung unter diesem Dach nicht alles über einen Kamm geschert werden soll. Anders als bisher wird nicht mehr auf Grund der verwendeten Netztechnik, sondern nach funktionalen, anwendungsabhängigen und technikneutralen Kriterien unterteilt, in eine *einheitliche Übertragungsregulierung* sowie eine *wirkungsabhängig differenzierte Inhaltsregulierung*. Ebenso werden die entsprechend veränderten gesetzlichen Grundlagen tendenziell integriert. Es gelangen auch vermehrt *alternative Regulierungsformen,* insbesondere nicht mehr im Detail gesetzlich fixierte Regulierungen unter verstärkter Einbindung *privater Akteure,* zur Anwendung. Der rasche techno-ökonomische Wandel führt überdies zu *dynamischen* Ordnungsrahmen, in deren Konzeption bereits periodisch zu erfolgende Reviews eingeplant werden.

Mit der Konvergenz nimmt nicht nur die *Ökonomisierung* des konvergenten Sektors zu, sondern auch die oft übersehene *Verschränkung* sozialer und ökonomischer Implikationen gewinnt im Mediamatiksektor an Bedeutung. In Kombination mit einer verstärkt anwendungs- und *wirkungsabhängigen Regulierung* im neuen Ordnungsmodell könnte die über lange Zeit von der Politik eher verschmähte kommunikationswissenschaftliche Forschung deutlich an Relevanz und Einfluss in der Politikgestaltung gewinnen. Denn die Politik benötigt als Input für eine integrierte Mediamatikpolitik neben detaillierten *institutionalistischen* Untersuchungen (Aufsichtsstrukturen, Regulierungsformen und -instrumente) u.a. Einschätzungen über (veränderte) *Nutzung* und *Wirkungen* des gesamten Anwendungsspektrums. Kommunikationswissenschaftliche Kernkompetenz könnte nicht nur für die wirkungsabhängige *Inhaltsregulierung* an Bedeutung gewinnen, sondern auch für andere Politikfelder wie etwa *Marktmachtkontrolle* und die Regulierung von *Besitzstrukturen*, in denen im neuen Ordnungsmodell Ergebnisse der Rezeptions- und Wirkungsforschung ebenfalls höhere Relevanz erlangen (vgl. Napoli/Gillis 2005). Für die Wahl der technikneutralen Regulierung ist beispielsweise von Interesse, inwieweit sich Nutzungsmuster verändern, ob und wie sich etwa die soziale Wirkung von terrestrischem Fernsehen im konvergenten Diensteumfeld verringert. Um eine prominente Rolle im Konzert der Disziplinen zu spielen, ist ein verstärktes Einbringen der Kommunikationswissenschaft in die Fragestellungen gefordert, aber auch die Einsicht, dass eine zeitgemäße Struktur- und

Organisationsforschung, aber auch die Nutzungs- und Wirkungsfor-schung, also Kernbereiche der Kommunikationswissenschaft, nach der systematischen Ausdehnung des klassischen Untersuchungsgegenstandes verlangen. Eine Kommunikationswissenschaft, die auch hier ihrem An-spruch als *Integrationswissenschaft* gerecht wird, kann zur interdis-ziplinären Analyse der Kommunikationspolitik wesentlich beitragen. Mit der Stärkung entsprechender (empirischer) Forschung, die sich bislang auf Teilfragen, etwa die Zusammenhänge von Fernseh- und Internetrezeption konzentriert, würde nicht zuletzt auch dem Plädoyer Ulrich Saxers (1999) für eine wissenschaftliche Medienpolitik entspro-chen werden.

Literatur

Baldwin, Thomas. F./McVoy, Stevens D./Steinfield, Charles (1996): Convergence, Integrating Media, Information and Communication. London.

Bentele, Günter/Brosius, Hans-Bernd/Jarren, Otfried (Hrsg.) (2003): Öffentliche Kommunikation. Handbuch Kommunikations- und Medienwissenschaft. Wies-baden.

Bohlin, Eric/Brodin, Karolina/Lundgren, Anders/Thorngren, Bertil (Hrsg.) (2000): Convergence in Communications and Beyond. Amsterdam.

Dong, Hee Shin (2006): VoIP: A Debate over Information Service or Telephone Application in US: A New Perspective in Convergence Era. Working Paper, School of Information Sciences and Technology, Pennsylvania State University, Reading.

Garcia-Murillo, Martha A./MacInnes, Ian (2001): FCC Organizational Structure and Regulatory Convergence. In: Telecommunications Policy 25, H. 6, S. 431-452.

Garnham, Nicholas/Mulgan, Geoff (1991): Broadband and the Barriers to Conver-gence in the European Community. In: Telecommunications Policy 15, H. 3, S. 182-194.

Hasebrink, Uwe (2003): Konvergenz aus Nutzerperspektive. Zur Integration neuer Medien in die Nutzungsmuster von Jugendlichen. In: Bug, Judith/Karmasin, Matthias (Hrsg.): Telekommunikation und Jugendkultur. Eine Einführung. Opladen, S. 29-46.

Hoffmann-Riem, Wolfgang/Schulz, Wolfgang/Held, Thorsten (2000): Konvergenz und Regulierung. Optionen für rechtliche Regelungen und Aufsichtsstrukturen im Bereich Information, Kommunikation und Medien. Baden-Baden.

Höflich, Joachim R. (1999): Der Mythos vom umfassenden Medium. Anmerkun-gen zur Konvergenz aus einer Nutzerperspektive. In: Latzer, Michael et al. (Hrsg.): Die Zukunft der Kommunikation. Phänomene und Trends in der In-formationsgesellschaft. Innsbruck, Wien, S. 43-60.

Just, Natascha (2005): Competition Policy in Convergent Communication Sectors: Quo vadis? Konferenzbeitrag, 16th ITS - Regional Conference, Porto.

Latzer, Michael (1997): Mediamatik – Die Konvergenz von Telekommunikation, Computer und Rundfunk. Opladen.

Latzer, Michael (1998): Von der Medien- zur Mediamatik-Politik: Kommunikationspolitische Folgerungen aus dem Konvergenztrend. In: Österreichische Zeitschrift für Politikwissenschaft 27, H. 2, S. 143-156.

Latzer, Michael (2000): Toward an Integrated Universal Services Policy for the »Mediamatics«-Sector. In: Bohlin, Eric/Brodin, Karolina/Lundgren, Anders/Thorngren, Bertil (Hrsg.): Convergence in Communications and Beyond. Amsterdam, S. 301-312.

Latzer, Michael/Just, Natascha/Saurwein, Florian/Slominski, Peter (2002): Selbst- und Ko-Regulierung im Mediamatiksektor. Wiesbaden.

Latzer, Michael/Maier-Rabler, Ursula/Siegert, Gabriele/Steinmaurer, Thomas (Hrsg.) (1999): Die Zukunft der Kommunikation. Phänomene und Trends in der Informationsgesellschaft. Innsbruck, Wien.

Meier, Werner A. (1999): Was macht die Publizistik- und Kommunikationswissenschaft mit der Konvergenz? In: Latzer, Michael et al. (Hrsg.): Die Zukunft der Kommunikation. Phänomene und Trends in der Informationsgesellschaft. Innsbruck, Wien, S. 29-42.

Murdock, Graham (2000): Digital Futures: European Television in the Age of Convergence. In: Wieten, Jan/Murdock, Graham/Dahlgren, Peter (Hrsg.): Television Across Europe. A Comparative Introduction. London, S. 35-57.

Napoli, Philip M. (2001): Foundations of Communications Policy. Principles and Process in the Regulation of Electronic Media. Cresskill.

Napoli, Philip M./Gillis, Nancy (2005): Reassessing the Potential Contribution of Communications Research to Communications Policy: The Case of Media Ownership. ICA Conference Paper. Boston.

Neverla, Irene (2001): Das Netz – eine Herausforderung für die Kommunikationswissenschaft. In: Maier-Rabler, Ursula/Latzer, Michael (Hrsg.): Kommunikationskulturen zwischen Kontinuität und Wandel. Universelle Netzwerke für die Zivilgesellschaft. Konstanz, S. 29-48.

Noam, Eli (1993): Reconnecting Communications Studies with Communications Policy. In: Journal of Communication 43, H. 3, S. 199-206.

OECD (1992): Telecommunications and Broadcasting. Convergence or Collision? Paris.

OECD (2003): The Implications of Convergence for Regulation of Electronic Communications. Report to the Working Party on Telecommunication and Information Services Policies. Paris.

OECD (2005): Telecommunication Regulatory Institutional Structures and Responsibilities. Report to the Working Party on Telecommunication and Information Services Policies. Paris.

Reeves, Byron/Baughman, James L. (2003): »Fraught with Such Great Possibilities«: The Historical Relationship of Communication Research to Mass Media Regulation. In: Braman, Sandra (Hrsg.): Communication Researchers and Policymaking. Cambridge, S. 529-571.

Ronneberger, Franz (1992): Kommunikationspolitik. In: Burkart, Roland/Hömberg, Walter (Hrsg.): Kommunikationstheorien. Ein Textbuch zur Einführung. Wien, S. 191-203.

Roßnagel, Alexander (Hrsg.) (2005): Neuordnung des Medienrechts. Neuer rechtlicher Rahmen für eine konvergente Technik? Baden-Baden.

Saxer, Ulrich (1999): Warnung vor großen medienpolitischen Windmaschinen. Plädoyer für eine wissenschaftliche Medienpolitik. In: Imhof, Kurt/Jarren, Otfried/Blum, Roger (Hrsg.): Steuerungs- und Regelungsprobleme in der Informationsgesellschaft. Opladen, S. 361-376.

Saxer, Ulrich (2006): Theorien oder nur Windmaschinen? Was hat das Fach in der medienpolitischen Forschung geleistet? Thesenpapier, IPMZ-Kolloquium: Ordnung durch Medienpolitik? Zürich.

Scherer, Joachim (1985): Telekommunikationsrecht und Telekommunikationspolitik. Baden-Baden.

Schulz, Wolfgang/Held, Thorsten (2004): Regulated Self-Regulation as a Form of Modern Government. Luton.

Simpson, Seamus (2004): Universal Service Issues in Converging Communications Environments: the Case of the UK. In: Telecommunications Policy 28, H. 3/4, S. 233-248.

Verhoest Pascal (Hrsg.) (2005): Contradiction, Confusion and Hubris. A Critical Review of European Information Society Policy. ENCIP.

Vowe, Gerhard (2006): Kommunikationspolitik. In: Bentele, Günter/Brosius, Hans-Bernd/Jarren, Otfried (Hrsg.): Lexikon Kommunikations- und Medienwissenschaft. Wiesbaden, S. 130-131.

Wagner, Ulrike/Theunert, Helga/Gebel, Christa/Lauber, Achim (2004): Zwischen Vereinnahmung und Eigensinn – Konvergenz im Medienalltag Heranwachsender. München.

Windahl, Sven/McQuail, Denis (1993): Communication Models, (2. Aufl.) London.

Wu, Irene (2004): Canada, South Korea, Netherlands and Sweden: Regulatory Implications of the Convergence of Telecommunications, Broadcasting and Internet Services. In: Telecommunications Policy 28, H. 1, S. 79-96.

Rolf H. Weber

Europäisierung der Schweizer Rundfunkregulierung

Die Schweiz als Land im Herzen von Europa kommt nicht umhin, in Rechtsbereichen, die grenzüberschreitend wirkende Lebensvorgänge regeln, die europäischen Rechtsentwicklungen in Betracht zu ziehen. Diese Einschätzung gilt in besonderem Maße für das Rundfunkrecht.

1. Allgemeiner Nachvollzug von europäischem Recht

Schon seit knapp 20 Jahren wird in der schweizerischen Gesetzgebung versucht, den europäischen Rechtsentwicklungen angemessen Beachtung zu schenken. Das Schlagwort heißt Europakompatibilität. Im Jahre 1988 hat der Bundesrat diesen Test der Europakompatibilität zum festen Instrumentarium der Bundesgesetzgebung erklärt. Materiell geht es dabei um eine »Nachkontrolle« neuer Schweizer Gesetze auf die Vereinbarkeit mit dem Europarecht. In jeder bundesrätlichen Botschaft zu einem Gesetz findet sich ein kurzer Abschnitt, der mehr oder weniger genau darlegt, ob die nationale Regulierung mit dem Europarecht übereinstimmt bzw. in welchen Bereichen (bewusst) eine Abweichung in Kauf genommen wird. Zwischenzeitlich haben bereits mehr als 600 Europakompatibilitätstests stattgefunden.

Immerhin lässt sich nicht übersehen, dass der Europakompatibilitätstest schwergewichtig einen bloßen Nachvollzug nachbarschaftlicher Entwicklungen darstellt und die Schweiz in der Regel neues EU-Recht nicht als direkten Anstoß zum Erlass autonomer (einheimischer) Vorschriften genommen hat. Besonders deutlich zeigte sich dies im Anschluss an die Ablehnung des EWR-Vertrages im Dezember 1992: Das ursprünglich vorgesehene Gesetzgebungsprogramm »Eurolex« ist als Programm »Swisslex« wieder aufgenommen worden, um im Jahre 1993 das schweizerische Recht nachvollziehend europakompatibel auszugestalten. Nur vereinzelt hat der Bundesrat spezifische Rechtsentwicklungen aus der »Küche« der EU relativ autonom implementiert (z.B. Kartellgesetz 1995, revidiert 2003).

Am weitesten geht die Angleichung, wenn auf die europäische Rechtsordnung »nur« verwiesen wird: Erstmals in der Schweizer Gesetzgebung hat das Anlagefondsgesetz 1993 den Bundesrat ermächtigt, neue Anlagefondsformen im EU-Recht ohne Gesetzesänderung in der Schweiz einzuführen (Art. 32 Abs. 2 AFG), d.h. das an sich zuständige Parlament hat dem Bundesrat ein freies Nachvollzugsermessen eingeräumt. Noch deutlicher zeigt sich diese Tendenz in den revidierten, anfangs 2006 in Kraft getretenen Bestimmungen des Lebensmittelrechts; im Anschluss an einzelne gesetzliche Definitionen wird allgemein erklärt, falls weitere Definitionen von Bedeutung sein würden, die im schweizerischen Recht nicht vorhanden sind, seien die Definitionen gemäß fünf EU-Lebensmittel-Verordnungen deckungsgleich anwendbar (Art. 2 Abs. 2 der Lebensmittelverordnung). Der Schweizer Gesetzgeber verzichtet somit auf die eigene Legiferierungsbefugnis und verweist lediglich noch auf das europäische Recht.

2. Medienrelevante Grundrechte

Die Schweiz hat die Europäische Menschenrechtskonvention von 1950 (EMRK) ratifiziert und sich der Rechtsprechung des Europäischen Gerichtshofes für Menschenrechte (EGMR) unterworfen. Dieser multilaterale Staatsvertrag geht den bestehenden Normen der schweizerischen Rundfunkgesetzgebung als höherrangiges Recht vor, ein Nachvollzug von Bestimmungen bzw. eine Nachführung schweizerischer Gesetze erweist sich somit nicht als notwendig: Die europäische (grundrechtliche) Normenordnung determiniert vielmehr direkt die Rechtsanwendung in der Schweiz.

Die Bestimmungen des für die Medien zentralen Art. 10 EMRK, der die Meinungsäußerungsfreiheit und die Informationsfreiheit gewährleistet, sind in der Schweiz somit unmittelbar anwendbares Recht. Mit Bezug auf die Strukturierung der Rundfunkordnung hat die Schweiz dem EGMR bisher (im Gegensatz etwa zu Österreich: Fall Informationsverein Lentia zum Monopol des ORF, 1993) wenig Anlass gegeben, sich mit dem Rundfunkrecht der Schweiz konkret auseinanderzusetzen. Thema war lediglich die Frage, ob die Berufung auf die Meinungsäußerungsfreiheit im Falle der Installierung eines Radiosenders auf einer Bergspitze nahe der Schweizer Grenze zwecks Versorgung der Schweiz einen unzulässigen Umgehungsversuch der nationalen Gesetzgebung darstelle (Fall Radio Groppera, 1990).

Hingegen sind verschiedene, die Schweiz betreffende Rechtsfragen, welche die Meinungsäußerungsfreiheit, aber auch die Kabelweiterverbreitung betrafen, Gegenstand von Verfahren vor dem EGMR gewesen. Konkret ist es dabei oft zu einer »Verurteilung« der Schweiz gekommen (z.B. Fall Autronic, 1990). Hintergrund dieser Entscheide ist die Tatsache, dass die Schweiz sich mit einer umfassenden Anerkennung der Meinungsäußerungsfreiheit bzw. der sachgerechten Auslegung der Begriffe des legitimen Staatsinteresses und der Verhältnismäßigkeit eines Eingriffs nicht selten schwer tut (vgl. im Einzelnen dazu Barrelet 1998: 391 ff.); entscheidrelevant waren jeweils aber nicht rundfunkrechtliche Fragen im engeren Sinne.

3. Europakompatibilität des Schweizer Rundfunkrechts

3.1 Absichtserklärungen

Schon bei der Ausarbeitung des Radio- und Fernsehgesetzes (RTVG) 1991 hat der Bundesrat erklärt, es liege im Interesse der Schweiz, Europakompatibilität im Rundfunkrecht zu erreichen. Der Begriff der Europakompatibilität ist aber insoweit nicht präzis, als die Schweiz das Europarats-Übereinkommen über das grenzüberschreitende Fernsehen (EÜGF, 1989) ratifiziert und damit als für die Schweiz verbindlich anerkannt hat (in Kraft seit 1. Mai 1993; SR 0.784.405), während es lediglich mit Blick auf die EU-Richtlinie »Fernsehen ohne Grenzen« (1989) um einen (möglichen) Nachvollzug gehen kann.

Dasselbe Anliegen hat der Bundesrat auch im Rahmen des am 24. März 2006 vom Parlament nach einer siebenjährigen Revisionsgeschichte verabschiedeten neuen RTVG kundgetan. Die Beachtung des Europarats-Übereinkommens über das grenzüberschreitende Fernsehen (in der Fassung von 1998) und der EU-Richtlinie »Fernsehen ohne Grenzen« (in der Fassung von 1997) sei »ein zentrales Anliegen des vorliegenden Revisionsprojektes« (BBl 2002, 1765). Der Bundesrat diagnostiziert weiter, das RTVG 1991 genüge insbesondere den Anforderungen der EU-Richtlinie nicht in allen Punkten, weshalb die neue Gesetzesvorlage entsprechende Anpassungen enthalte und die bisherigen Differenzen beseitige.

Aus diesem Grunde hat der Bundesrat dezidiert erklärt, es sei sinnvoll, nicht nur die Vorgaben des (verbindlichen) Europarats-Übereinkommens einzuhalten, sondern die inländische Rechtsordnung so auszugestalten, dass sie ebenso mit der EU-Fernsehrichtlinie kompatibel sei (BBl 2002, 1596). Ein nicht unwesentlicher Grund ist dabei die Überlegung gewesen, dass die Schaffung einer solchen Kompatibilität eine Voraussetzung für die Teilnahme an den Filmförderungsprogrammen der EU (MEDIA) darstellt. Inwieweit die bundesrätliche Absichtserklärung in die Tat umgesetzt worden ist, bleibt im Einzelnen zu prüfen. Diese Aufgabe ist nicht zuletzt deshalb von Bedeutung, weil im Rundfunkrecht kulturelle und gesellschaftspolitische Elemente eine Rolle spielen, die eine (stärkere) nationale Anknüpfung gegebenenfalls als gerechtfertigt erscheinen lassen.

3.2 Abgrenzung der Rundfunkdienste von den Fernmeldediensten

Traditionell wird die Telekommunikation als Individual- und Zweiwegkommunikation bezeichnet; hingegen stellt der Rundfunk eine Massen- und Einwegkommunikation dar. Mit Bezug auf multimediale Angebote führt diese Differenzierung zur Frage, ob eher ein Fernmelde- oder eher ein Rundfunkdienst vorliege. Die Problematik hat sich mit der steigenden Konvergenz der Dienste und Netze verschärft, weil »klassische« Rundfunkangebote eine immer stärkere Individualisierung erfahren, während Fernmeldedienste sich zum Teil entindividualisieren. Seit der Vorlage des Grünbuchs zu den Konvergenzen bei den Kommunikationsdiensten im Dezember 1997 beschäftigt sich die Kommission der Europäischen Union mit den entsprechenden Phänomenen und Regelungsbedürfnissen.

In der Schweiz tendiert das Bundesamt für Kommunikation (BAKOM) – ohne wesentliche Rücksicht auf die europarechtlichen Entwicklungen – dazu, multimediale Angebote (z.B. Radioprogramme, die über Internet abrufbar sind) als Rundfunkdienste zu qualifizieren, weil solche Angebote typischerweise kontinuierlich zeitlich ablaufen würden. Abgesehen von den praktischen Schwierigkeiten, im Ausland auf das Internet geladene multimediale Angebote in der Schweiz zu kontrollieren, überzeugt aber auch die rechtliche Fundierung nicht ganz. Die typische Gesamtwirkung eines Rundfunkprogramms fehlt beim »Einzelvertrieb«, d.h. in einer Situation, die einen ständigen Wechsel des Programmbezugs erlaubt und die einzelne Interessenten in die Lage versetzt, nur spezifische Angebote herauszugreifen und auf das eigene Endgerät zu holen (vgl. Weber 1999: 52 ff.).

Als ausgesprochen problematisch erweist sich in diesem Zusammenhang der Begriff der »besonderen Rundfunkdienste«, der vom Gesetzgeber im RTVG 1991 (Art. 1 Abs. 2) geschaffen worden ist, um künftige Mediendienste einzufangen. Dadurch hat der Gesetzgeber eine Türe geöffnet, die es den rechtsanwendenden Behörden erlaubt, im Zweifel dem RTVG eine Anwendungspriorität zu geben, denn bei der Beurteilung des anwendbaren Regulierungssystems spielen nicht mehr objektive (z.B. technische) Kriterien eine wesentliche Rolle, sondern ein subjektiver Entscheid bezogen auf die gesellschaftspolitische Relevanz der übertragenen Informationen. Die dadurch bewirkte rundfunkfreundliche Betrachtungsweise hat zudem neben der Schaffung und Verbreitung auch das Bereithalten meinungsbildender allgemein zugänglicher Informationen mit umfasst, was letztlich zu einer Relativierung des freien Zugangs ins Internet führte (vgl. Weber 1999: 67 ff.).

Das neue, im Frühjahr 2006 verabschiedete RTVG gibt nun den Grundsatz der rundfunkrechtlichen Anwendungspriorität (und der besonderen Rundfunkdienste) auf, ohne indessen konkret auf das europäische Recht Bezug zu nehmen. Unter das RTVG fallen die Veranstaltung, die Aufbereitung, die Übertragung und der Empfang von Radio- und Fernsehprogrammen (Art. 1 Abs. 1); im Übrigen gelten die Bestimmungen des Fernmeldegesetzes. Entscheidend ist mithin die Auslegung des Begriffs »Programm«, der erfüllt ist, wenn eine festgelegte Abfolge der Ausstrahlung sowie der massenattraktive Gesamteindruck auf das Publikum vorliegen (Art. 2 Bst. a RTVG).

Nicht aufgenommen hat der schweizerische Gesetzgeber im Rahmen der Revision des RTVG und des FMG dementsprechend die in Europa (z.B. in Deutschland) verbreitet praktizierte Vorgehensweise, für multimediale Angebote, die im Grenzbereich der Rundfunk- und Fernmeldedienste liegen, spezifische Normen zu erlassen. Die Schweiz kennt mithin kein Teledienste- oder Mediendienstegesetz. Zwar haben zu Beginn der gesetzgeberischen Arbeiten einzelne Überlegungen auch die Schaffung entsprechender spezifischer Gesetzesgrundlagen betroffen, doch ist als Ausdruck der schweizerischen Nüchternheit darauf verzichtet worden, ein komplexes bzw. kompliziertes Regulierungsregime einzuführen. Die Frage der Europakompatibilität der schweizerischen Regulierungen ist indessen nie eigentlich zur Debatte gestanden.

3.3 Werbeordnung

Die schweizerische Werbeordnung im Rundfunk ist strenger als die Ordnung in den meisten umliegenden Ländern, was dazu führt, dass in der Schweiz z.B. Alkoholwerbung in ausländischen Programmen empfangen werden kann, die nach den nationalen Vorgaben an sich (zumindest teilweise) nicht zulässig wäre (vgl. Dumermuth 1996: 287 ff.). Dem Sendestaatsprinzip (Regelungskompetenz des Landes am Domizilort des Rundfunkveranstalters) und dem Grundsatz des freien Empfangs von Rundfunkprogrammen (Art. 4 EÜGF) entsprechend vermag die Schweiz in einer solchen Situation nicht zu intervenieren, weil die Werbung ein Teil des gesamtheitlich zulässigen empfangbaren ausländischen Rundfunkprogramms darstellt.

Besonderen Gesprächstoff hat indessen die Ausstrahlung von sog. Werbefenstern geliefert, die in Art. 16 EÜGF, der sich mit Werbung befasst, die unter missbräuchlicher Beanspruchung der Sendefreiheit ausgestrahlt wird, nicht ausdrücklich geregelt ist. Das Wesen der Werbefenster besteht darin, dass ein ausländisches Rundfunkprogramm durch ein auf die Schweiz ausgerichtetes Werbefenster angereichert wird. Das Bundesamt für Kommunikation (BAKOM) hat sich in der Vergangenheit zum Teil mit solchen Ausstrahlungen eher schwer getan. Die Problematik liegt in der – theoretischen – Möglichkeit, einen Umgehungsversuch einzuleiten, wenn die Ausstrahlung nur bezweckt, an den schweizerischen Rundfunkvorschriften »vorbeizukommen«.

Im Rahmen der Ausarbeitung des Europarats-Übereinkommens hat die Schweiz in Bezug auf die Werbefenster zwar eine restriktive Haltung eingenommen, ist mit den geäußerten Bedenken bei den übrigen Delegierten aber nicht durchgedrungen (Dok. T-TT[93] 15); vielmehr hat von Beginn an die Ausstrahlung von Werbefenstern als zulässig gegolten. Im Rahmen der Revision des Europarats-Übereinkommens in den Jahren 1997/98 ist die Schweiz wiederum vorstellig geworden und hat das Argument unterbreitet, Werbefenster würden eine besondere Form der »délocalisation« darstellen und müssten deshalb einem besonderen Zustimmungsverfahren unterworfen werden. Die Delegierten haben diesen Vorschlag mit großer Mehrheit abgewiesen (Dok. T-TT[97] 24 rev. 6). Die Revision des Europarats-Übereinkommens aus dem Jahre 1998 ist damit ohne Änderung der Bestimmungen zu den Werbefenstern zustande gekommen und die Ausstrahlung von Werbefenstern bleibt, auch wenn sie das BAKOM für medienpolitisch unerwünscht hält, zulässig (vgl. auch Riehl 1997: 12; Riehl 1998: 72 f. sowie Furrer 1998: 243).

Dieses Beispiel zeigt, dass die Schweiz sich an europäische Vorgaben zu halten hat, selbst wenn innerstaatlich erhebliche Skepsis herrscht und die europäische Rechtslage dem Rechtszustand, der für schweizerische Rundfunkveranstalter gilt, widerspricht. Praktisch führt diese Situation zu einer Inländerdiskriminierung, weil die einheimischen Rundfunkveranstalter sich des Instruments der Werbefenster für die Schweiz nicht bedienen können. Im Rahmen der Totalrevision des RTVG hat der Bundesrat zwar in Aussicht gestellt, sich bei den Werberegulierungen dem Ausland (insbesondere den Vorschriften in Deutschland, Frankreich und Italien) anzunähern; das Parlament ist hingegen restriktiver gewesen und hat die bisherigen Werbevorschriften weitgehend ins neue RTVG »transportiert« (Art. 10 Abs. 1). An der geschilderten Problematik der Inländerdiskriminierung wird sich also auch künftig nichts ändern.

3.4 Kulturquoten

Der Gesetzgeber in der Schweiz hat, weil das Europarats-Übereinkommen zum grenzüberschreitenden Fernsehen keine entsprechenden Regelungen enthält und die EU-Richtlinie nicht nachvollzogen werden musste, während Jahren auf die ausdrückliche Normierung von Kulturquoten verzichtet. Lediglich indirekt ergeben sich einige Richtlinien: So legt Art. 3 des noch geltenden RTVG im Rahmen der generellen Auftragsbestimmung für Radio und Fernsehen fest, dass Rundfunkveranstalter die Vielfalt des Landes und seiner Bevölkerung berücksichtigen und der Öffentlichkeit näher bringen müssen, das schweizerische Kulturschaffen fördern und die Zuhörer und Zuschauer zur Teilnahme am kulturellen Leben anregen sollen, die schweizerische audiovisuelle Produktion, insbesondere den Film, besonders zu berücksichtigen und europäische Eigenleistungen breit in Betracht zu ziehen haben. Auch Anbieter von lokalen und regionalen Rundfunkprogrammen werden zur Förderung des kulturellen Lebens in ihrem Versorgungsgebiet angehalten.

Bereits in seinen Absichtserklärungen (vgl. vorne Kap. 3.1) hat der Bundesrat in Aussicht gestellt, mit Bezug auf die Kulturquoten den europarechtlichen Vorgaben im neuen RTVG folgen zu wollen. Eine entsprechende Bestimmung war in der Botschaft in Art. 7 E-RTVG vorgesehen gewesen. Der Bundesrat argumentierte, die Schweiz sei zwar über das Europarats-Übereinkommen bereits eng mit der europäischen Rundfunklandschaft verbunden, doch seien die Quotenregelungen der EU-Fernsehrichtlinie wesentlich strenger und im Lichte eines Miteinbezugs in die MEDIA-Programme der EU erscheine es als sachgerecht, den anforderungsreicheren Vorschriften der EU zu folgen. Art. 7 E-RTVG hat deshalb vorgesehen, dass ein Rundfunkveranstalter einen Mindestanteil europäischer Werke und unabhängiger Produktionen auszustrahlen habe. Die Beratungen im Parlament sind indessen durch das von der EU und der Schweiz im Rahmen der Bilateralen Abkommen abgeschlossene MEDIA-Abkommen überholt worden (vgl. auch Weber/Rossnagel/Osterwalder/Scheuer/Wüst 2006: 428).

Die Schweiz ist im Rahmen des MEDIA-Abkommens gehalten, die Gleichwertigkeit der Rundfunkgesetzgebung mit dem europäischen

Recht zu gewährleisten. Handlungsbedarf hat insbesondere mit Bezug auf die Ausstrahlung von europäischen Werken und der Berücksichtigung unabhängiger Produzenten bestanden. In einer Blitzaktion hat der Bundesrat dem Parlament deshalb eine Gesetzesänderung durch Einfügung eines neuen Art. 6a in das bisherige RTVG vorgelegt. Diese Bestimmung mit dem Randtitel »Mindestanteile europäischer Werke und unabhängiger Produktionen« ist im Dezember 2005 praktisch ohne Diskussionen durch das Parlament angenommen worden (vgl. Weber/Rossnagel/Osterwalder/Scheuer/Wüst 2006: 426 f.). Gerade noch rechtzeitig haben dann Bundesrat und Parlament festgestellt, dass selbstredend die neue Bestimmung auch in die große RTVG-Totalrevision einzuführen sei (nun Art. 7 des neuen RTVG).

Durch den Nachvollzug des EU-Rundfunkrechts verpflichtet sich die Schweiz, im Rahmen des praktisch Durchführbaren und mit angemessenen Mitteln dafür Sorge zu tragen, dass die schweizerischen Rundfunkveranstalter den Hauptteil ihrer Sendezeit der Ausstrahlung von europäischen Werken im Sinne von Art. 6 der Fernsehrichtlinie vorbehalten. Nachrichten, Sportsendungen, Spielshows sowie Werbe- und Videotextdienstleistungen zählen nicht zu diesem Hauptteil der Sendezeit. Schweizerische Rundfunkveranstalter haben zudem 10% ihrer Sendezeit oder alternativ mindestens 10% ihrer Haushaltmittel für die Programmgestaltung europäischer Werke von Herstellern, die von den Veranstaltern unabhängig sind, vorzubehalten.

Die Konkretisierung der Umsetzung der Kulturquotenregelung ist in Art. 20a der Radio- und Fernsehverordnung (RTVV) erfolgt. Europäische Produktionen sollten mindestens 50% der Sendezeit abdecken, während 10% der Sendezeit sind Programme unabhängiger Produktionsfirmen auszustrahlen. Als Aufsichtsbehörde beurteilt das BAKOM, welche Sendungen die Quotenvorgaben erfüllen; von der Sprache her ist die schweizerische Regelung praktisch identisch mit dem europäischen Richtlinientext. Auslegungsbedürftig ist insbesondere der Begriff »im Rahmen des praktisch Durchführbaren und mit angemessenen Mitteln« (dazu auch Weber/Osterwalder 2006: 135 ff.); diese Anknüpfung ermöglicht immerhin flexible Lösungen, insbesondere unter geografischen Gesichtspunkten, die nicht ohne weiteres auch schon eine inhaltliche Konkretisierung vorgeben sollten (vgl. Weber/Rossnagel/Osterwalder/Scheuer/Wüst 2006: 429 ff.).

3.5 Medienkonzentration

Die Medienkonzentration ist nicht nur ein Phänomen, das den wirtschaftlichen Wettbewerb betrifft, sondern ebenso den publizistischen Wettbewerb. Aus diesem Grunde wird in Europa und in der Schweiz diskutiert, inwieweit sektorspezifische Normen erlassen werden müssten, um eine Vermachtung der medialen Meinungsverbreitung verhindern zu können.

Auf europäischer Ebene hat die Kommission die Diskussion mit dem Grünbuch zu Pluralismus und Medienkonzentration im Binnenmarkt vom Dezember 1992 eröffnet (zum Ganzen vgl. Weber/Dörr 2001: 128 ff.). Angesichts des sehr kontroversen Konsultationsprozesses zu diesem Grünbuch hat es fast vier Jahre gedauert, bis die Kommission im Herbst 1996 einen ersten internen Entwurf für eine Medienkonzentrations-Richtlinie mit dem Titel »Schutz des Pluralismus in der Beherrschung der Medien« vorgelegt hat (vgl. Weber/Dörr 2001: 132 ff.). Unter Beachtung der Ziele des Binnenmarktes und des freien Dienstleistungsverkehrs sah der Entwurf jeweils zulässige Höchstkonzentrationen im Bereich des Fernsehens und des Radios sowie der medienübergreifenden Konzentration vor. Dieser Entwurf für eine Medienkonzentrations-Richtlinie hat jedoch nur sehr beschränkte Folgewirkungen gezeitigt: Erst im Frühling 2000 ist der Ausschuss für Wirtschaft und Soziales mit konkreten Forderungen an die Kommission getreten, die zu einer Verbesserung der inhaltlichen Ausgestaltung der Richtlinie hätten führen sollen (ABl 2000 C 140/19). Gestützt auf die allgemeine Norm des nicht direkt anwendbaren Art. 11 der EU-Grundrechtscharta hat das EU-Parlament die Kommission im November 2002 aufgefordert, dem Anliegen des Pluralismus in den Medien ausreichende Beachtung zu schenken (ABl 2004 C 25 E/205). In einer Mitteilung von Dezember 2003 ist die Kommission indessen der Auffassung gewesen, diese Aufgabe obliege vornehmlich den Mitgliedstaaten (KOM [2003] 784). Der Änderungsvorschlag für die Fernsehrichtlinie vom Dezember 2005 nimmt nicht ausdrücklich Bezug auf das Thema Meinungspluralismus und Medienkonzentration, doch sind drei Aspekte erwähnt, die den Pluralismus stärken: Die Garantie der Unabhängigkeit der nationalen Regulierungsbehörden, die Erweiterung des Rechts der Sender auf Kurzberichterstattung sowie die Förderung von Inhalten unabhängiger europäischer Produktionsfirmen.

Auch in der Schweiz hat die Diskussion zur Medienkonzentration eine längere Geschichte. Bei der Schaffung des total revidierten Kartellgesetzes 1995 ist das Parlament (im Gegensatz zum Bundesrat) der Auffassung gewesen, die Medienbranche bedürfe einer gesonderten Fusionskontrollregelung, jedenfalls was die Aufgreifkriterien betreffe. Aus diesem Grunde hat Art. 9 Abs. 2 KG vorgesehen, dass die Schwellenwerte in den Umsatzzahlen, die eine Pflicht zur Meldung eines Zusammenschlusses auslösen, um den Faktor 20 herabgesetzt sind. Die damit erreichten, recht tiefen, Schwellenwerte haben dazu geführt, dass die Wettbewerbskommission mehrfach Zusammenschlüsse im Pressebereich hat beurteilen müssen. Im Rahmen der KG-Revision 2003 ist diese Sondernorm indessen wieder gestrichen worden.

Hingegen führt das neue, voraussichtlich am 1. April 2007 in Kraft tretende RTVG nun unter der Überschrift »Maßnahmen gegen die Medienkonzentration« Anordnungen ein, wenn die Meinungs- und Angebotsvielfalt als gefährdet erscheint. Eine solche Gefährdung wird angenommen, wenn ein Programmveranstalter im relevanten Markt eine beherrschende Stellung inne hat oder wenn ein Programmveranstalter oder ein anderes im Radio- und Fernsehmarkt tätiges Unternehmen eine beherrschende Stellung in einem oder mehreren medienrelevanten Märkten inne hat (Art. 74). Das zuständige Departement (UVEK), nicht eine unabhängige Kommission, hat zur Feststellung der Marktmacht ein Gutachten der Wettbewerbskommission einzuholen. Sind die Gefährdungsvoraussetzungen erfüllt, kann der Programmveranstalter verpflichtet werden, Maßnahmen zur Sicherung der Vielfalt zu ergreifen (z.B. Einräumung von Sendezeit für Dritte, Zusammenarbeit mit anderen Marktteilnehmern, Schaffung einer unabhängigen Programmkommission oder Erlass eines Redaktionsstatuts zur Absicherung der redaktionellen Freiheit) sowie die unternehmerischen und organisatorischen Strukturen des Unternehmens anzupassen. Die in der Botschaft des Bundesrates noch vorgesehene Pflicht, gegebenenfalls einzelne Unternehmensbereiche oder Beteiligungen aus dem Unternehmen heraus zu lösen, hat das Parlament zutreffend gestrichen, weil eine solche Maßnahme sehr weit ginge und nach allgemeinem Kartellrecht gar nicht möglich wäre (vgl. Weber/Dörr 2001: 262 ff.). Ob der Medienmarkt kulturell und gesellschaftspolitisch so sensitiv ist, dass erzwungene Strukturveränderungen im Einzelfall zu rechtfertigen sind, wird somit erst die Praxis in einigen Jahren zeigen.

4. Fazit

Die schweizerische Gesetzgebung unterliegt allgemein im Rahmen ihres Entstehungsprozesses der Vornahme eines Europakompatibilitätstests. In vielen Rechtsbereichen, insbesondere im Wirtschaftsrecht, führt das Bestreben, europakompatibel zu sein, zu oft sehr ähnlichen rechtlichen Regelungen in der Schweiz und in Europa.

Der Rundfunkbereich liegt indessen nicht vollständig auf dieser Europakompatibilitätslinie, wie die Ausführungen zu vier spezifischen Themensegmenten gezeigt haben. Soweit nicht internationale Staatsverträge, wie insbesondere die Europäische Menschenrechtskonvention und das Europäische Übereinkommen über das grenzüberschreitende Fernsehen, zur Anwendung gelangen, und zwar im Sinne von unmittelbar und direkt anwendbaren Normen, scheint – ungeachtet anders lautender Absichtserklärungen – der »Anpassungsdruck« weniger groß zu sein als in anderen Rechtsbereichen. Besonders deutlich zeigt sich dies etwa in der Werbeordnung: Die Schweiz hält z.B. an Vorschriften zum Verbot der Alkoholwerbung im Rundfunk fest, obwohl ausländische Programme, die problemlos in der Schweiz empfangbar sind, Alkoholwerbung enthalten, und dies – ohne spezifische Problematisierung der dadurch bewirkten Inländerdiskriminierung – auch in der neuesten Revision des RTVG. Eine weitgehende Übernahme des EU-Rechts ist im Rundfunkbereich lediglich erfolgt, wenn Eigeninteressen der Schweiz zumindest eine gewisse Rolle gespielt haben, etwa bei der Anerkennung von Kulturquoten für europäische Rundfunkprogramme, die mit der Teilnahme an den MEDIA-Programmen gekoppelt gewesen ist.

Teilweise hat sich die Schweiz zwar nicht allzu weit von den europäischen Vorgaben entfernt, sich aber doch entschlossen, auf Spezialnormierungen zu verzichten (z.B. gesetzliche Erfassung neuer medialer Dienste). Teilweise sind in der Schweiz Normierungen zu Stande gekommen, die es offensichtlich in Europa schwerer haben, weil sich die verschiedenen nationalen Interessen nicht ohne weiteres auf einen Nenner bringen lassen (z.B. Medienkonzentration).

Eine überblicksmäßige Betrachtung der Medienmärkte ergibt somit ein recht vielfleckiges Bild von ähnlichen, aber auch abweichenden medienrechtlichen Regulierungen, das kaum durch eine kohärente Linie gezeichnet ist und das auch eine Prognose für die künftigen Rechtsentwicklungen nur schwer möglich macht.

Literatur

Barrelet, Denis (1998): Droit de la communication. Berne

Botschaft des Bundesrates zur Totalrevision des Bundesgesetzes über Radio und Fernsehen vom 18. Dezember 2002, BBl 2002, S. 1569 ff

Dumermuth, Martin (1996): Rundfunkrecht. In: Weber, Rolf H. (Hrsg.): Informations- und Kommunikationsrecht, Schweiz. Bundesverwaltungsrecht, Bd V, Basel, Frankfurt.

Furrer, Marc (1998): Die europäische Medienordnung im Wandel. In: medialex, S. 241-246.

Riehl, Frédéric (1997): Convention européenne sur la télévision transfrontière, quo vadis? In : medialex, H. 1, S. 11-13.

Weber, Rolf H. (1999): Neustrukturierung der Rundfunkordnung. Zürich.

Weber, Rolf H./Dörr, Bianka S. (2001): Digitale Verbreitung von Rundfunkprogrammen und Meinungsvielfalt. Zürich.

Weber, Rolf H./Osterwalder, Simon (2006) (Hrsg.): Zugang zu Premium Content. Zürich.

Weber, Rolf H./Rossnagel, Alexander/Osterwalder, Simon/Scheuer, Alexander/ Wüst, Sonia (2006): Kulturquoten im Rundfunk. Zürich.

Teil III:
Neue Ordnung durch neue Medienpolitik?
Die Perspektive der Wissenschaft

Jürgen Heinrich

Stärken und Schwächen der Marktsteuerung des Mediensystems

1. Einführung

Im folgenden Beitrag wird die Problematik der Marktsteuerung des Mediensystems aus der Sicht der herrschenden Wirtschaftswissenschaft dargestellt. Ausgangspunkt ist das Paradigma von Markt, Marktversagen und Staatsversagen, das der Wirtschaftspolitik in vielen Fällen zu Grunde liegt. In Abschnitt 1 werden die positiven Leistungen des Marktes rekapituliert, in Abschnitt 2 wird das Versagen des Marktes allgemein und auf das Mediensystem bezogen dargestellt, und in Abschnitt 3 werden die Grenzen dieses Ansatzes, ein normatives Fundament zur Medienregulierung abgeben zu können, aufgezeigt. Damit zollt die Ökonomie der fundierten und in der Breite ihres transdisziplinären Ansatzes ungemein fruchtbaren und beispielhaften Analyse der Medienpolitik durch Ulrich Saxer ihre Referenz.

2. Die prinzipielle Optimalität der Marktproduktion

Der Markt ist ein Informations-, Motivations- und Koordinationssystem, das besser als jedes andere bekannte System die Kosten der Produktion und die Präferenzen der Konsumenten berücksichtigt und verarbeitet und zwar dergestalt, dass das, was den Präferenzen der kaufkräftigen Konsumenten entspricht, so billig wie möglich erstellt wird. Damit wird im Markt eine grundsätzliche Identität von individuellem Eigennutz und Allgemeinwohl erreicht, denn das Allgemeinwohl *ist* die Summe der individuellen Nutzen. Und in diesem Steuerungsprozess werden keine Ressourcen verschwendet. Nach Hayeks überzeugender Argumentation kann diese Optimalität zwar nicht bewiesen werden, weil dazu vorher bekannt sein müsste, was das Optimum ist und dieses wäre eine Anmaßung von Wissen. In der auf Hayek zurückgehenden Interpretation des Wettbewerbs als offenes Entdeckungsverfahren wird die Stringenz der theoretischen Argumentation im Rahmen des Modells der vollständigen Konkurrenz durch die faktische Relevanz der Gedankenführung ersetzt, die Optimalität des Marktes ist plausibel und wird durch die Geschichte bestätigt (vgl. Hayek 1968: 4). Der Markt erfüllt in dieser Interpretation positive Funktionen im Sinne »erfahrungsgestützter Erwartungen über Verlaufsmuster, die funktionierenden Märkten eigen sind« (Fritsch/ Wein/Ewers 1993: 7).

Diese Optimalität erscheint auch deswegen plausibel, weil sich im Marktprozess viel mehr Menschen Gedanken machen über Produktion und Tausch als bei staatlicher Steuerung, und weil sie sich wegen der Zurechnung von Handlungsfolgen auch viel gründlicher Gedanken machen als bei staatlicher Steuerung.

In modernerer Fassung der Neuen Institutionenökonomik ist der Markt eine Institution, die für Wettbewerb und eine mehr oder weniger effiziente Durchführung von Tauschprozessen sorgt. In Anlehnung an Max Weber (1990: 382) definieren Richter/Furubotn:

»Ein Markt wird […] verstanden als Netzwerk […] relationaler Verträge zwischen Einzelpersonen, die potentielle Käufer und Verkäufer sind und in vertikalen oder horizontalen Geschäftsbeziehungen stehen können« (Richter/Furubotn 1999: 297).

Wichtig ist, dass Märkte als Organisation immer erst geschaffen werden müssen und dass sie unterschiedlich gut funktionieren. Sie bieten unterschiedliche Formen von Wettbewerb und unterschiedliche Informations-, Überwachungs- und Durchsetzungsstrukturen. So funktioniert der schwarze Markt für Rauschgift deutlich schlechter als z. B. der Frankfurter Geldmarkt, die Transaktionskosten sind ganz unterschiedlich hoch. Im Folgenden wird von solchen Unterschieden abgesehen.

Im Zusammenspiel von Angebot und Nachfrage bilden sich Preise, die in der Regel Produktionskosten, Knappheiten und Nachfragerpräferenzen reflektieren. Preise entwickeln sich spontan und Wesensmerkmal einer spontanen Marktordnung ist, dass sie das Wissen aller Teilnehmer nutzt. Die Ziele, denen die Ordnung dient, sind die besonderen Ziele aller ihrer Teilnehmer in all ihrer Vielfältigkeit und Gegensätzlichkeit, eine zentral gesteuerte Hierarchie der Ziele existiert nicht (vgl. Hayek 1968: 9). Der Markt bietet in dieser Sicht ein System optimaler Wissensteilung, in gewisser Weise das Pendant zum System der Arbeitsteilung.

Dass der Markt bzw. der ökonomische Wettbewerb optimal funktioniert, lässt sich in der ökonomischen Theorie sogar beweisen, nämlich dann, wenn Annahmen des Modells der vollständigen Konkurrenz gelten. Hieraus hat sich eine recht ausgedehnte und eher ablehnende Diskussion um die Eignung des Modells der vollständigen Konkurrenz und der darauf aufbauenden paretianischen Wohlfahrtsökonomik als Referenzsystem für eine angemessene Wirtschaftspolitik entwickelt (vgl. Fritsch/Wein/Ewers 1993: 3ff.). Vollständige Konkurrenz ist völlig realitätsfremd: Ihre statische Natur, die Annahme vollkommener Transparenz und der Irrelevanz von Transaktionskosten verstellt die Sicht gerade auf die Umstände, die die wesentlichen Vorzüge des Marktes begründen: den Umgang mit Unsicherheiten und die Dynamik von Neuerungen. Daher wird dieses Modell hier nicht herangezogen.

In der von Hayek geprägten Sicht ist der Markt das optimale Verfahren, um die Allokation der Ressourcen – die Verteilung der Produktivkräfte der Gesellschaft auf Umfang und Struktur der gesellschaftlich gewünschten Produktion – zu steuern (vgl. Baßeler/Heinrich/Utecht 2006: 42ff.).

Funktionierende Märkte erfüllen dann folgende Aufgaben:

- Der Markt sichert die produktive Effizienz, d. h. er sorgt für eine kostenminimale Produktion (Faktorallokationsfunktion/Produktionsoptimum).
- Der Markt sichert die allokative Effizienz, d. h., er sorgt für eine Erstellung und Verteilung der Güter und Dienstleistungen entsprechend den Präferenzen der Konsumenten (Güterallokationsfunktion/Tauschoptimum).
- Der Markt verteilt die Einkommen gemäß der Marktleistung (Verteilungsfunktion).
- Der Markt regt zu Produkt- und Prozessinnovation an (Innovationsfunktion).
- Der Markt bietet Angebotsflexibilität, d. h., er sorgt dafür, dass die Produktion sich an veränderte Bedingungen anpasst (Anpassungsfunktion).
- Der Markt kontrolliert wirtschaftliche Macht (Kontrollfunktion).

Der Markt koordiniert die wirtschaftlichen Tauschprozesse anders als eine Unternehmung, die in gewisser Weise als Gegensatz zum Markt zu sehen ist. Eine Unternehmung ist ein Netzwerk relationaler Verträge zwischen Einzelpersonen zum Zweck effizienter Organisation der Produktion (vgl. Richter/Furubotn 1999: 295). Im Markt besteht zum Teil das gleiche Ziel, aber die Tauschpartner sind weniger gebunden als im Unternehmen, und es gibt damit die Möglichkeit des schnellen Wechsels von Tauschpartnern. Das Unternehmen gehört aber insofern zur Marktwirtschaft, als der Markt über die Existenz von Unternehmen entscheidet.

Der Markt bietet gegenüber der unternehmensinternen Produktion folgende Vorzüge:

- Er realisiert besser als die in ihrer Größe beschränkte Unternehmung die Größenvorteile der Produktion (Economies of Scale and Scope).
- Der Markt bietet dem, der den Markt nutzt, die Vorteile der Risikostreuung, weil Geschäftsbeziehungen problemloser beendet werden können.
- Der Markt bietet starke Anreize zu autonomen Leistungen, weil diese schneller sanktioniert werden als in der Unternehmung. Er bietet damit eine starke autonome, nicht ex ante koordinierte Anpassungsfähigkeit.
- Und der Markt erspart Bürokratiekosten (vgl. Williamson 1990: 19ff.).

Dass der Markt ein sehr effizienter Koordinationsmechanismus ist, wird in der Ökonomie nicht mehr bestritten: Der Markt erbringt in der komplexen arbeitsteiligen Verbundproduktion moderner Gesellschaften Koordinierungsleistungen, die ein von Menschen gesteuerter zentralisierter Planungsmechanismus nicht leisten könnte. Dies hat vor allem Hayek immer wieder deutlich gemacht (vgl. Hayek 1968). Die letztlich auf Marx zurückgehende Kritik, die Planlosigkeit des Marktes sei ein anarchischer Prozess, aus dem sich sozusagen hinter dem Rücken der Individuen eine gesellschaftliche Macht entwickle, die die Präferenzen der Individuen unterdrücke, wird in der Ökonomie schon lange nicht mehr akzeptiert (vgl. Vogt 1986: 168).

Es muss aber in aller Deutlichkeit darauf hingewiesen werden, dass die Effizienz des Marktes nicht mit Gerechtigkeit zu verwechseln ist. Effizienz und Gerechtigkeit stehen vielmehr in einem bislang nicht aufgelösten Konkurrenzverhältnis, weil der Markt Anreize benötigt und bietet, die mit einer Gleichbehandlung der Menschen nicht vereinbar sind. Für die Analyse des Mediensystems ist die Nichtbeachtung des Problems der Gerechtigkeit indes vertretbar, weil Gerechtigkeit ein die gesamte Gesellschaft umfassendes Problem der Einkommens- und Vermögensverteilung ist, das aber in einer speziellen Branchenanalyse nicht abgehandelt werden muss. Zudem sind Medienangebote in der Regel sehr billig und zum Teil auch gratis erhältlich: Daher ist die ungleiche Verteilung der Einkommen und Vermögen auch kein spezifisches Problem des Medienmarktes.

Viel wichtiger ist hier die Feststellung, dass in der klassischen ökonomischen Analyse des Marktes die zentralen Erfolgsmaßstäbe der Publizistik – Vielfalt und Qualität – nicht verwendet werden. Insbesondere die immer wieder vorgebrachte Vorstellung, der Markt als Synonym für

Wettbewerb biete die Voraussetzungen für ein Angebot von großer Vielfalt, wird von der klassischen ökonomischen Theorie nicht gestützt. Auch für die Vorstellung von der Optimalität eines Meinungswettbewerbs auf dem Marktplatz der Ideen bietet die ökonomische Theorie kein Fundament (vgl. Abschnitt 2).

Die Markttheorie wird durch den Augenschein nicht falsifiziert. Der Bereich des Mediensystems, der einer Marktsteuerung unterliegt, also bei Printmedien, im privaten Rundfunk und im Internet, zeichnet sich durch ein ungemein vielfältiges Angebot von Titeln und Programmen, eine große Dynamik im Wandel der Angebote durch Innovationen insbesondere im Rundfunk (vgl. zur Innovation im Fernsehproduktionsmarkt Zabel 2005) und im Internet, eine schnelle Reaktion der Produktion auf den Wandel von Rezipientenpräferenzen aus. Es wird in der Regel kostengünstig produziert. Der Markt erfüllt also die Innovationsfunktion, die Faktorallokationsfunktion, die Güterallokationsfunktion und die Anpassungsfunktion.

Die behauptete Optimalität des Marktes gilt allerdings nur, wenn Eigentumsrechte an den zu kaufenden Gütern hinlänglich definiert und durchgesetzt werden können, wenn die Konsumenten die Qualität der zu kaufenden Güter hinlänglich beurteilen können und wenn die Strukturbedingungen für funktionierenden Wettbewerb erfüllt sind.

Wenn nicht, dann existieren die Tatbestände des Marktversagens. Und in diesen Fällen wird, auch nach herkömmlichem ökonomischem Denken, eine kollektiv organisierte Steuerung der Produktions- und Tauschprozesse zu realisieren sein, wie z.B. bei der Produktion von innerer und äußerer Sicherheit, bei der Grundlagenforschung oder bei der Qualitätskontrolle im Gesundheitswesen.

Dies ist das Paradigma von Markt und Marktversagen, das, ergänzt um das Konzept des Staatsversagens, als theoretisches Fundament einer konsistenten Politikberatung dienen kann und dient. Es ist einem gewissen Wandel unterworfen, in dem Marktversagen mittlerweile immer vorsichtiger geortet wird, Staatsversagen dagegen als fast unvermeidlich vermutet wird. Es ist aber nach wie vor die Basis für zentrale Bereiche der Wirtschaftspolitik.

3. Marktversagen im Mediensystem

Dem Mediensystem wird auch in der Mainstream-Ökonomie eine gewisse Sonderrolle zugesprochen. So urteilt der wissenschaftliche Beirat beim Bundeswirtschaftsministerium:

>»Medien sind kein Wirtschaftsgut wie jedes andere. Die Logik des Markts
wird der politischen und gesellschaftlichen Bedeutung der Medien nicht gerecht. Von dieser in weiten Teilen der Öffentlichkeit und in den politischen
Parteien geteilten Überzeugung ist die geltende Medienordnung für den
Rundfunk geprägt. Ganz falsch ist die Vorstellung [...] nicht« (Offene Medienordnung 1999: 1).

Sehr viel weiter ist die Skepsis der Rechtswissenschaft gegenüber dem
Markt verbreitet, verwiesen sei z.B. auf die Rechtsprechung des Bundesverfassungsgerichts zur Rundfunkordnung, aber auch auf die US-
amerikanische Rechtsprechung, z.B. auf die Carroll-Doctrine (Carroll
Broadcasting vs. FCC 1958; vgl. Alexander/Owers/Carveth 1993: 77ff.),
die einen ruinösen Wettbewerb zu Lasten der publizistischen Leistung
der Medien ablehnt.

Die wirtschaftswissenschaftliche Theorie ist geeignet, die Skepsis gegenüber dem Markt im Fall der Medienproduktion zu stützen. Dazu
werden zum einen das Konzept vom Marktversagen und zum anderen
die auf Hotelling (vgl. Hotelling 1929) aufbauenden Modelle der Annäherung im Wettbewerb verwendet. Ergänzend kann auch Schumpeters
Sicht der Abfolge von Innovation und Imitation herangezogen werden.

Das Konzept des Marktversagens ist Standardökonomik. Seine Übertragung auf den Mediensektor liegt nahe und hat eine gewisse Tradition
(vgl. Coase 1974 und Owen 1975 für die USA oder Röpke 1970, Heinrich 1994, 1999 oder Kiefer 2001 für Deutschland); insgesamt befasst
sich die Ökonomik aber nur am Rande mit dem Mediensystem.

Das Konzept des Marktversagens ist in all seinen Ausprägungen von
erheblicher Bedeutung für das Mediensystem. Diese Ausprägungen, also
die Ausnahmetatbestände, bei denen der Markt nicht hinreichend gut
funktioniert, sind:

– die Existenz öffentlicher Güter und die Existenz externer Effekte (in
  beiden Fällen können, bzw. sollen Eigentumsrechte nicht definiert
  und durchgesetzt werden), machen es schwierig, das Markt-
  ausschlussprinzip anzuwenden,
– kontinuierlich sinkende Durchschnittskosten der Produktion begründen Strukturprobleme des Wettbewerbs, und
– Informationsmängel und/oder eine gewisse Nichtrationalität der
  Konsumenten begründen meritorische Eingriffe in Konsumenten-
  präferenzen (meritorische Güter).

Die Güter, die im Mediensystem produziert werden, haben in großem
Umfang den Charakter öffentlicher Güter. Dies gilt zum einen für die
Information per se, die Information als Input in den Medienkonsum-
prozess: Diese ist gekennzeichnet durch Nichttrivialität im Konsum und
durch die Schwierigkeit, Eigentumsrechte an ihnen durchzusetzen. Und

dies gilt zum anderen für weite Bereiche des Outputs des Mediensystems: Meinungsvielfalt, Kontrolle politischen oder sozialen Handelns durch die Medienöffentlichkeit sowie die Förderung der Kultur und der Erhalt des kulturellen Erbes sind reine öffentliche Güter. Die Existenz öffentlicher bzw. meritorischer Güter, der Unterschied ist hier nicht relevant, begründet die kollektiv organisierte Finanzierung und Bereitstellung solcher Güter. Dies ist die, auch in der Ökonomie, allgemein akzeptierte Begründung für die Gebührenfinanzierung zumindest eines Kernbereichs des öffentlich-rechtlichen Rundfunks (vgl. Memorandum 1999: 31f.; Monopolkommission 2000: 367; Hamm 1998: 90ff.).

Kontinuierlich sinkende Durchschnittskosten der Produktion sind kennzeichnend für Massenmedien, weil der entscheidende Input in den Produktionsprozess, der Rohstoff Information, sich im Rezeptionsprozess nicht verbraucht: Es resultiert eine erhebliche Fixkostendegression im Konsum. Der entscheidende Unterschied zur Fixkostendegression in anderen Sektoren, etwa dem Verkehrssektor, liegt darin, dass der Fixkostendegression in der Medienproduktion keine technischen Kapazitätsgrenzen gesetzt sind: Die Durchschnittskosten der Informationsproduktion sinken mit steigender Zahl der Rezipienten ad infinitum. Die Grenze der Fixkostendegression wird allein durch die Nachfrage gezogen und damit durch die Größe der Märkte bestimmt. Am billigsten produziert in diesen Fällen der Alleinanbieter, der Monopolist, und es resultiert ein natürliches Monopol. Insgesamt gilt unter den Bedingungen des Wettbewerbs die Fixkostendegression als der entscheidende Grund für mangelnde Vielfalt (vgl. für die Rundfunkproduktion Spence/Owen 1977); Massenmedien sind geradezu prädestiniert, Massenmedien zu sein, weil ihre Kostenvorteile erst im Massenkonsum realisiert werden. Hinzu kommen Aggregationsvorteile (Economies of Aggregation) durch das Bündeln der Angebote von Information (vgl. Bakos/Brynjolfsson 1999). Das Ergebnis der Analyse ist: Gerade bei der Medienproduktion, bei der auf ein vielfältiges Angebot so viel Wert gelegt wird, sind die Bedingungen für die Produktion von Vielfalt außerordentlich ungünstig.

Schließlich lässt sich ein Marktversagen in Bezug auf die Produktqualität bei mangelnder Qualitätstransparenz der Rezipienten für die Medienproduktion ableiten (vgl. Akerlof 1970), weil die Qualität von Medienproduktionen nur schwer beurteilt werden kann. Generell gilt Arrow's Informationsparadoxon – vor dem Konsum von Information kann man ihre Qualität nicht beurteilen und nach dem Konsum bräuchte man sie nicht mehr zu bezahlen. Hunziker spricht sehr plastisch von Medienprodukten als einem »Trojanischen Pferd«, weil ihre Inhalte

beim Erwerb nicht erkennbar sind (vgl. Hunziker 1981: 13). Und auch
nach dem Kauf und nach dem Konsum kann die Qualität von Medienprodukten nur sehr schwer beurteilt werden. Dies liegt an folgenden
Besonderheiten der Medienproduktion: Das Produkt ist komplex, das
Produkt wird permanent in neuer Qualität erstellt, der Konsum von
Medienproduktionen ist sehr zeitaufwändig, und »Warentests« für Medienproduktionen gibt es nicht. Die prinzipielle Folge der mangelnden
Qualitätstransparenz ist die so genannte adverse Auslese. Wenn Konsumenten die Qualität von Produkten vor dem Kauf und vor dem Konsum nicht beurteilen können, sind sie bei rationalem Verhalten auch
nicht bereit, eine bessere und üblicherweise teurere Qualität zu bezahlen,
weil immer das Risiko bestehen würde, ein Produkt von minderer Qualität zu erwerben, ohne es zu merken. Entsprechend besteht für Produzenten kein Anreiz, eine bessere Qualität mit höheren Kosten zu produ-
zieren, weil die Konsumenten dies nicht erkennen können und nicht
mit höheren Nachfragepreisen honorieren würden. Das bewirkt, dass
nur die schlechtere, also die billigere Qualität auf den Markt kommt, die
Produkte mit höherer Qualität verlassen den Markt. Es kommt zu einem so genannten Marktversagen in Bezug auf die Produktqualität, weil
die Konsumenten eigentlich bereit wären, die bessere Qualität nachzu-
fragen und zu bezahlen, wenn sie nur sicher sein könnten, die bessere
Qualität auch zu erhalten (vgl. insgesamt Heinrich 2001: 98ff.). Dieses
Marktversagen erklärt vielleicht die ungewöhnliche Fülle von Journalis-
tenpreisen und die permanente Diskussion um publizistische Qualität,
um Qualitätskontrollen und um die Berufsethik im Journalismus. Auch
die selbst durchsetzenden Kontrakte in Form von Medienmarken-
Reputation bei Qualitätszeitungen lassen sich vor diesem Hintergrund
gut erklären, weil der Täuschungsprofit, den ein Medienunternehmen
durch Produktion billiger und schlechter Qualität erzielt, kleiner sein
kann als der Wert der Marken-Reputation (vgl. Heinrich/Lobigs 2003).
Schließlich ist ein schwerwiegendes Problem der Marktsteuerung gerade für das Mediensystem, dass der Markt (als Synonym für Wettbewerb) keineswegs Garant für ein vielfältiges Angebot von großer Qualität ist. Dies gilt allerdings nicht als Marktversagen, weil die Ökonomie
dies vom Markt auch nicht erwartet, aber dies Unvermögen begründet
weitere Zweifel an der Optimalität der Marktsteuerung des Mediensystems. Zur Erklärung wird in der Regel auf das Positionierungsmodell
von Hotelling (1929) zurückgegriffen. Damit lässt sich zeigen, dass im
Wettbewerb zweier Anbieter eine fast völlige Angleichung der Wettbe-
werbsparameter erfolgt (bei Hotelling handelt es sich um zwei Bäcker,
die in einem Straßendorf ihren Laden letztlich beide in der Mitte des

Dorfes betreiben, um die Kundschaft jeweils von ihrem Rand des Dorfes bis zur Mitte abzugreifen). Daraus sind eine Reihe von Modellen zur Fernseh-Programmwahl entwickelt worden (Television Economics, vgl. zum Überblick Heinrich 2002: 146 ff.). Die entwickelten Modelle machen Aussagen zur Zahl der Programme, zur Art der Programme (Minderheitsprogramme oder Massenprogramme) und Aussagen darüber, inwieweit das Ziel der gesamtwirtschaftlichen Wohlfahrtsmaximierung verfehlt wird etwa dadurch, dass Programme nicht gesendet werden, obwohl eine ausreichende Preiszahlungsbereitschaft besteht.

Die Ergebnisse dieser Television Economics haben die medienpolitische Diskussion maßgeblich beeinflusst. Zentrale Ergebnisse sind die folgenden:

- Zum Vergleich der Marktstrukturen – Wettbewerb oder Monopol – lautet der Befund: Unter dem Regime von Wettbewerb besteht eine Tendenz zur Verdoppelung der Programme, unter dem Regime des Monopols eher eine Tendenz zu einem vielfältigen Angebot. Diese Tendenzen werden durch Werbefinanzierung verstärkt und durch Pay-TV abgeschwächt.
- Im Vergleich der Finanzierungsformen – Pay-TV oder Werbefinanzierung – lautet der Befund: Bei Werbefinanzierung werden Minderheitenpräferenzen weniger berücksichtigt als bei Pay-TV. Unter anderem aus diesem Grund hatte sich die Monopolkommission gegen die Werbefinanzierung des Fernsehens ausgesprochen (vgl. Monopolkommission Sondergutachten 11 1982).
- Generell wird das gesamtökonomische Wohlfahrtsmaximum verfehlt, weil einerseits zu viele Programme des gleichen Typs (Massenprogramme) angeboten werden, man spricht sehr häufig von einem »More of the Same«, und andererseits zu wenig Minderheitsprogramme ausgestrahlt werden.

Für die Ökonomik ist die Verfehlung des gesamtökonomischen Wohlfahrtsmaximums der entscheidende Strukturfehler, für die Medien- und Kommunikationswissenschaft ist dagegen die mangelnde Vielfalt der entscheidende Strukturfehler. Das Argument, Wettbewerb führe nicht zu Vielfalt, sondern zu einem »More of the Same«, ist geradezu Versatzstück medienpolitischer Diskussion geworden. Plausible Beispiele für diese Argumentation lassen sich in der Vervielfältigung jeweils ähnlicher Formate wie Talk-Shows, Gerichtssendungen oder Ratespiele finden. Aber auch im Bereich von Information und Meinung lassen sich Vervielfältigungen des Gleichen beobachten; die Agenda-Setting-Forschung belegt im Rahmen der Thematisierungsfunktion der Massenmedien

Themenkarrieren und Themenkonjunkturen (vgl. Stichwort »Agenda-Setting« in Jarren/Sarcinelli/Saxer 1998: 635 f.).

Die These von der Angleichung im Wettbewerb muss nicht allein den »Television Economics« entlehnt werden, auch in der ökonomischen Theorie der Demokratie z.B. führt die Parteienkonkurrenz um den Medianwähler unter bestimmten Voraussetzungen zu einer Angleichung der Parteienprogramme (vgl. Downs 1968). Die Annäherung ist also eine übliche Wettbewerbsstrategie. Und auch die von Schumpeter beschriebene Abfolge von Innovation des Pionierunternehmers und nachfolgender Imitation der Innovation als klassische Wettbewerbsstrategie kapitalistischer Unternehmen kann die Tendenz zur Angleichung von Wettbewerbsparametern im Wettbewerb gut erklären.

Mit Sicherheit besteht in der Ökonomie eine weit reichende Skepsis bezüglich der Funktionsfähigkeit des Wettbewerbs, Vielfalt zu generieren. Diese Skepsis wird in der Ökonomik durch die ausgeprägte Fixkostendegression der Medienproduktion, durch die Konkurrenz um den »Median-Rezipienten« und durch die Vorteilhaftigkeit der Wettbewerbsstrategie der Imitation im, durch Unsicherheit gekennzeichneten, Medienmarkt begründet. Für die Ökonomik spielt diese Insuffizienz allerdings keine Rolle, weil Vielfalt in der Ökonomik kein Wert an sich ist, aber für die Medien- und Kommunikationswissenschaft ist dies ein schwer wiegender Mangel.

Dieser Komplex des Marktversagens im Bereich der Medienproduktion ist hier relativ ausführlich dargestellt worden, um deutlich zu machen, dass die Medienproduktion durch alle Elemente des Marktversagens in erheblicher Weise gekennzeichnet ist.

Es ist aber immer zu fragen, ob der Markt, trotz seiner Mängel, letztlich nicht doch besser funktioniert als eine kollektiv organisierte Regulierung, die leicht zur »Windmaschine« (vgl. Saxer 1999) wird. Auch und gerade staatliches Handeln ist oft fehlgeleitet; die Ökonomie spricht von Staatsversagen. Weil der *Wettbewerb* das optimale Wissen entdeckt (vgl. Hayek 1968), maßt sich staatliches Handeln Wissen an, das der Staat nicht haben kann. Der Staat hat, genauer differenziert

– ein Informationsproblem, nämlich das Problem, die richtigen Informationen zu gewinnen;
– ein Interessenproblem, das Problem nämlich, gar nicht die richtigen, die dem Allgemeinwohl dienenden Interessen erkennen und verarbeiten zu wollen, sondern die Interessen der Vertreter des Staates. Und die interessieren sich bekanntlich nur für die Größe ihres Büros und die Zahl und Schönheit ihrer Mitarbeiter, und

– ein Effizienzproblem, nämlich die Ineffizienz bürokratischen Handelns.

Staatliche Regulierung ist also fehlgeleitet und zudem sehr teuer: ARD und ZDF kosten mittlerweile rund 7 Milliarden Euro (Media Perspektiven Basisdaten 2005), und hinzu kommen die indirekten Kosten der Verdrängung privater Initiativen, also die Opportunitätskosten staatlichen Handelns.

Wenn Marktversagenselemente theoretisch auch geortet werden können, so ist doch immer zu fragen, ob der Markt diese Probleme nicht doch selbst lösen kann. Und in der Tat löst der Markt auch viele Marktversagenselemente besser als der Staat dies leisten könnte:

– Das Problem, Eigentumsrechte an Informationen durchzusetzen, versucht der Markt durch Umgehungsstrategien zu lösen. Aktualität wird als Wertkriterium von Informationen stärker betont – Raubkopien kosten ja immer Zeit – oder die Wertschöpfung wird von der Informationsproduktion auf das Informationsmarketing verlagert – so verkauft die Süddeutsche Zeitung zusammen mit ihren Büchern eher die Marke SZ als Informationen.

– Die Notwendigkeit von Reputationseffekten langlebiger Institutionen sichert die Qualität von Qualitätszeitungen vermutlich besser als dies eine kollektiv organisierte Qualitätskontrolle könnte.

– Die Glaubwürdigkeit und das Niveau von Medien werden durch die Werbung treibende Wirtschaft wohl verlässlicher gesichert als durch den Presserat oder Ethikdiskussionen.

– Weblogger entfalten eine bunte Kommunikation mit einem neuen publizistischen Selbstverständnis. Sie lassen dabei von sich aus journalistische Handlungsweisen und Motivationen erkennen und entwickeln ein System ungeschriebener Regeln, das das Fehlen von redaktioneller Kontrolle und damit das Problem mangelnder Qualitätstransparenz der Rezipienten überwinden kann (vgl. Armborst 2006).

Das Problem der Fixkostendegression lässt sich allerdings nicht beseitigen, auch nicht durch den Markt. Es ist aber ein Problem, das einerseits nur produktbezogen zu sehen ist, begründet allenfalls also Monopolisierungstendenzen von Programmen und Titeln, aber nicht von Medienunternehmen. Andererseits wird es durch sehr differenzierte, räumlich und sachlich differenzierte Nachfragerpräferenzen relativiert. Der Markt erzwingt Medienmonopole also nicht, diese sind vielmehr auch, zumindest in Deutschland, die Folge der föderalen Lizenzierungspolitik der Landesmedienanstalten (vgl. Kruse 1996).

4. Zur Reichweite des Marktes

Abschließend ist zu fragen, ob der gesamte Bereich der massenmedialen Produktion von Informationen, von Ideen, Meinungen und Nachrichten mit diesem Denkmuster von Markt, Marktversagen und Staatsversagen analysiert und bewertet werden kann. Letztlich kann dieses Denkmuster theoretisch begründet nur für die Analyse der Allokation solcher Güter angewendet werden, deren Akzeptanz und Existenz der Bewertung durch individuelles Konsumentenkalkül in der Abwägung zwischen Gebrauchswert und Kosten überlassen werden kann, die also der Bewertung durch eine individuelle Kosten-Nutzen-Analyse unterliegen und unterliegen können. Das trifft im Mediensystem für den so genannten privaten Nutzwertbereich zu (vgl. Heinrich 2002: 601ff.), nämlich für den Bereich der Medienproduktion, der einen hinreichend privaten Gebrauchswert und Tauschwert hat, so dass der Rezipient sowohl ein hinreichendes privates Interesse als auch die Möglichkeit der Kontrolle durch Kauf bzw. Nichtkauf der entsprechenden Medienangebote hat. Dabei handelt es sich vor allem um Medienangebote mit überwiegendem privaten Informations- und Animationsnutzen, also um Angebote in den Bereichen von privater Nutzwertinformation, Bildung und Unterhaltung. Für diese kann das Paradigma von Markt, Marktversagen und Staatsversagen uneingeschränkt gelten.

Das zentrale Problem ist aber nicht der Nutzwertbereich der Markt-Steuerung des Mediensystems. Ziel der Medienregulierung ist vor allem eine gut funktionierende Kontrolle politischen und gesellschaftlichen Handelns durch Öffentlichkeit und daneben der Erhalt und die Entwicklung der Kultur der Gesellschaft. Hier wird nur auf das Problem der Kontrolle durch Öffentlichkeit rekurriert, dies ist das zentrale Problem der Medienmärkte und der Medienregulierung. Erhalt und Entwicklung der Kultur ist dagegen durch die Subventionierung einer entsprechenden Produktion in Theater, Oper und Museum usw. leicht zu fördern, wenn die Gesellschaft dies will und die Mittel bereitstellt. Hier reicht nämlich die Produktion für den Erhalt der Kultur; auch leere Museen und Theater leisten ihren Beitrag zu Erhalt und Entwicklung der Kultur.

Im Bereich der Kontrolle durch Öffentlichkeit ist aber zu fragen, ob hier das Paradigma von Markt und Marktversagen theoretisch fundiert zu Grunde gelegt werden kann. Kann man, wenigstens prinzipiell, eine Markt-Öffentlichkeit, also eine Öffentlichkeit, geschaffen durch den Markt, so bunt und billig wie »Bild« oder »Blick«, also so bunt und billig wie möglich akzeptieren? Kann man die Wahrheit so billig wie möglich gemäß den Rezipientenpräferenzen akzeptieren? Oder die massenmediale Rekonstruktion der Realität gemäß den Rezipientenpräferenzen, personalisiert, moralisiert, skandaliert (vgl. Kepplinger 2001), aufbereitet mit allen Mitteln einer »zielgruppenspezifischen Gefühlsdramaturgie«, wie Saxer es so einprägsam formuliert hat (vgl. Saxer 1992)? Dies dürfte eher verneint werden, aber eine Alternative gibt es wohl nicht. Eine wirksame Kontrolle durch Öffentlichkeit setzt Öffentlichkeit voraus, zumindest die Wahrscheinlichkeit von Öffentlichkeit und dies setzt die Rezeption dieser Informationsangebote voraus und diese Rezeption kann man nicht erzwingen, allenfalls im Kinderzimmer, in der Schule oder im Gefängnis. Pöttkers Hoffnung auf Folgentransparenz und Folgenreflexivität wird in der Ökonomie nicht geteilt (vgl. Pöttker 1999). Zur Rezeption muss also überredet werden, mit allen Mitteln des Marketings, mit allen Mitteln von Werbung und Produktpolitik, mit allen Mitteln einer zielgruppenspezifischen Gefühlsdramaturgie. Und auch das kann der Markt besser als der Staat. Nur überschreitet er leicht die Grenzen des notwendigen Marketings und neigt dazu, Inhalte durch Verpackung zu ersetzen.

Hier fehlen aber theoretische Fundierungen. Man kann nicht, unter Bezug auf das Wettbewerbsmodell der Ökonomie, theoretisch fundiert behaupten, dass der Markt die Kontrolle durch Öffentlichkeit optimal steuert. Es bleiben die Spekulationen über die segensreichen Wirkungen eines publizistischen Wettbewerbs, dem aber gerade Ökonomen misstrauen, die eher geneigt sind, von Palaverwettbewerb zu sprechen (vgl. Heinrich 1992). Hier gibt es ein gewisses Versagen der Wissenschaft, die bislang ja nicht geklärt hat, wie das Traumschiff publizistischer Wettbewerb ausgestaltet sein könnte. Und mögliche Remeduren liegen nicht auf der Hand. Übliche Korrekturmechanismen wie staatliche Produktion (z.B. bei der Grundlagenforschung) oder staatliche Überwachung (z.B. bei Arzneimitteln und medizinischen Leistungen) sind für den Mediensektor wegen der gebotenen Staatsferne undenkbar. Es wären eher Regulierungsformen zu finden, die dem Wettbewerb nahe stehen (vgl. den Beitrag von Jarren in diesem Band).

Insgesamt besteht eine überraschende Unklarheit darüber, was für eine Art von Öffentlichkeit normativ gewollt ist. Vielleicht eine Öffentlichkeit, die Büchers Modell eines zentralen Korrespondenzbüros entspricht (vgl. Bücher 1917: 168ff.), sozusagen eine staatlich gesteuerte Ausstellung aller vorhandenen Meinungen und Informationen, so auch die Vorstellung des deutschen Bundesverfassungsgerichts, oder doch lieber das Meinungsmarktmodell, den Marktplatz der Meinungen, den jeder ohne Zurechnung von Handlungsfolgen betreten oder wieder verlassen kann und aus dem sich jeder das ihm passende Angebot heraussucht und verarbeitet?

Diese Unklarheit enthüllt sich z.B. in der Debatte um Medienkonzentration. Entweder werden Segmentierung und Zerfall der Öffentlichkeit beklagt, wie auf dem Mediensymposium in Luzern 1999 (vgl. Jarren/Imhof/Blum 2000), dann hängt man der Idee einer zentralisierten Öffentlichkeit an, oder es werden eine zunehmende Konzentration und wachsende Marktzutrittsschranken beklagt, dann offenbart man sich als Anhänger des Meinungsmarktmodells. Ungeklärt ist auch, ob eine statische oder eine dynamische Vielfalt nützlicher ist, oder eine pluralistische, also für alle eine andere Vielfalt bzw. eine solitäre, also eine für alle gleiche Vielfalt? Oder ist eine Vielzahl kleiner regionaler Monopole dem globalen Wettbewerb von globalen Medienkonzernen wie Walt Disney, Time Warner und Bertelsmann vorziehen? Solange kein klares Leitbild existiert, herrscht ein theorieloser Voluntarismus, ein Blättern im Gotha der Regulierungsmodelle, bei dem offenbar die Sympathie die Auswahl prägt.

Unklar ist auch, wieweit Öffentlichkeit Gegenstand des Marketings sein darf, also Marketingjournalismus sein darf? Im Bereich der Güterwelt ist gegen Marketing einschließlich Werbung aus Sicht der Ökonomie nichts einzuwenden, sie schaffen Transparenz und erhöhen den subjektiven Nutzen der zu kaufenden Güter. Aber für Wahrheit und Öffentlichkeit gibt es sicher eine Grenze der Verfälschung: Die Dramaturgie müsste den Fakten entsprechen, oder die Fakten müssten den Notwendigkeiten der wahrnehmungspsychologisch begründeten Dramaturgie entsprechen, aber das tun sie nicht. Die Ökonomie hilft hier nicht weiter. Aber auch die Kommunikationswissenschaft nicht: Eine klare Grenze für das Marketing von Journalismus ist hier nicht zu finden.

Um es zu wiederholen: Die Ökonomie besitzt eine Theorie, die als Fundament einer Medienpolitikberatung dienen könnte, aber eben nur zum Teil: Ob diese Theorie theoretisch fundiert auch auf das Problem der Kontrolle durch Öffentlichkeit angewendet werden kann, ist sehr fraglich. Die Öffentlichkeit des Marktes ist die Fragmentierung des Wissens in einem System von Wissensteilung, und das ist vermutlich nicht die Öffentlichkeit, die soziales Handeln kontrollieren könnte. Die Vorstellungen der Ökonomie entspringen dem Wettbewerb auf dem Gütermarkt und Ökonomen würden ohne Zögern für eine dynamische und pluralistische Vielfalt plädieren, und für einen globalen Wettbewerb, wenn es sein muss auch von globalen Medienkonzernen, aber gilt dies auch für die Kontrolle durch Öffentlichkeit? Wir sollten schon wissen wollen, was Öffentlichkeit ist, so Imhofs resignierend vorgetragenes Postulat (vgl. Imhof 2006).

Für die Analyse des zentralen Konzepts von Öffentlichkeit fehlt ein allgemein akzeptiertes theoretisch fundiertes Konzept, zu dem die Ökonomie ihren Analyseansatz beisteuern könnte, es fehlt der von Saxer immer wieder angemahnte transdisziplinäre Theoretisierungsentwurf, es fehlt sozusagen, um im Bild zu bleiben, die Windsbraut, die sich auf dem Wind der Windmaschinen zu neuen Höhen aufschwingt.

Literatur

Akerlof, George A. (1970): The Market for Lemons: Quality Uncertainty and The Market Mechanism. In: Quarterly Journal of Economics 84, S. 488-500.

Alexander, Alison/Owers, James/Carveth, Rod (1993): Media Economics, Hillsdale NJ.

Altmeppen, Klaus-Dieter (2000): Funktionale Autonomie und organisationale Abhängigkeit. In: Löffelholz, Martin (Hrsg.): Theorien des Journalismus. Wiesbaden, S. 225-239.

Altmeppen, Klaus-Dieter (2001): Ökonomisierung aus organisationssoziologischer Perspektive. In: Medien & Kommunikationswissenschaft, H. 2, S. 195-205.

Armborst, Matthias (2006): Bottom-Up statt Top-Down. Diplomarbeit am Institut für Journalistik der Universität Dortmund. Dortmund.

Bakos, Yannis/Brynjolfsson, Erik (1999): Bundling Information Goods: Pricing, Profits and Efficiency. In: Management Science, Dezember 1999.

Baßeler, Ulrich/Heinrich, Jürgen/Utecht, Burkard (2006): Grundlagen und Probleme der Volkswirtschaft. Stuttgart (zuerst 1972).

Blöbaum, Bernd (2000): Organisationen, Programme und Rollen. In: Löffelholz, Martin (Hrsg.): Theorien des Journalismus. Wiesbaden, S. 169-183.

Branahl, Udo (1992): Publizistische Vielfalt als Rechtsgebot. In: Rager, Günther/Weber, Bernd (Hrsg.): Publizistische Vielfalt zwischen Markt und Politik. Düsseldorf, S. 85-109.

Brettschneider, Frank (1998): Agenda-Setting. In: Jarren, Otfried/Sarcinelli, Ulrich/Saxer, Ulrich (Hrsg.): Politische Kommunikation in der demokratischen Gesellschaft. Ein Handbuch mit Lexikonteil. Opladen, S. 635-636.

Bücher, Karl (1917): Gesammelte Aufsätze zur Zeitungskunde. Tübingen.

Coase, Ronald (1974): The Markets for Goods and the Markets for Ideas. In: American Economic Review 64, S. 384-391.

Downs, Anthony (1968): Ökonomische Theorie der Demokratie. Tübingen.

Fritsch, Michael/Wein, Thomas/Ewers, Hans-Jürgen (1993): Marktversagen und Wirtschaftspolitik. München.

Hamm, Ingrid (Hrsg.) (1998): Fernsehen auf dem Prüfstand: Aufgaben des dualen Rundfunksystems: internationale Studien im Rahmen der Kommunikationsordnung 2000. (2. überarb. Aufl.) Gütersloh.

Jarren, Otfried/Sarcinelli, Ulrich/Saxer, Ulrich (Hrsg.) (1998): Handbuch Politische Kommunikation. Wiesbaden.

Hayek, Friedrich August von (1968): Der Wettbewerb als Entdeckungsverfahren. Kiel.

Heinrich, Jürgen (1992): Ökonomische und publizistische Konzentration im deutschen Fernsehsektor. In: Media Perspektiven, H. 6, S.338-356.

Heinrich, Jürgen (1996): Qualitätswettbewerb und/oder Kostenwettbewerb im Mediensektor. In : Rundfunk und Fernsehen 1996, S. 165-184

Heinrich, Jürgen (2001): Medienökonomie Band 1. Wiesbaden (zuerst 1994).

Heinrich, Jürgen (2002): Medienökonomie Band 2. Wiesbaden (zuerst 1999).

Heinrich, Jürgen/Lobigs, Frank (2003): Wirtschaftswissenschaftliche Perspektiven IV, Neue Institutionenökonomik. In: Altmeppen, Klaus Dieter/Karmasin, Matthias (Hrsg.): Medien und Ökonomie, Band 1/1. Wiesbaden, S.245-268.

Hoppmann, Erich (1988): Meinungswettbewerb als Entdeckungsverfahren. In: Mestmäcker, Ernst-Joachim (Hrsg.): Offene Rundfunkordnung. Gütersloh, S. 163-198.

Hotelling, Harold (1929): Stability in Competition. In: The Economic Journal, 39, S. 41-57.

Hunziker, Peter (1981): Das Publikum als Marktpartner im publizistischen Wettbewerb. Konstanzer Universitätsreden 104. Konstanz.

Imhof, Kurt (2006): Klein geschnitten. Wir wollen nicht wissen, was Öffentlichkeit ist. In: Aviso 40, H. 1, S. 6-7.

Jarren, Otfried (1999): Medienregulierung in der Informationsgesellschaft. In: Publizistik, H. 2, S. 149-164.

Jarren, Otfried/Imhof, Kurt/Blum, Roger (Hrsg.) (2000): Zerfall der Öffentlichkeit. Wiesbaden.

Kantzenbach, Erhard (1988): Zum Verhältnis von publizistischem und ökonomischem Wettbewerb aus ökonomischer Sicht. In: Hoffmann-Riem, Wolfgang (Hrsg.): Rundfunk im Wettbewerbsrecht. Baden-Baden, S. 78-83.

Kepplinger, Hans Mathias (2001): Die Kunst der Skandalierung und die Illusion der Wahrheit. München.

Kiefer, Marie-Luise (1997): Ein Votum für eine publizistikwissenschaftlich orientierte Medienökonomie. In: Publizistik, H. 1, S. 54-61.

Kiefer, Marie-Luise (2005): Medienökonomik. München (zuerst 2001).

Kruse, Jörn (1996): Publizistische Vielfalt und Medienkonzentration zwischen Marktkräften und politischen Entscheidungen. In: Altmeppen, Klaus-Dieter (Hrsg.): Ökonomie der Medien und des Mediensystems. Opladen, S. 25-52.

Meier, Werner A./Jarren, Otfried (2001): Ökonomisierung und Kommerzialisierung von Medien und Mediensystem. In: Medien & Kommunikationswissenschaft 49, H. 2, S. 145-158.

Mestmäcker, Ernst-Joachim (Hrsg.) (1988): Offene Rundfunkordnung. Gütersloh.

Monopolkommission (1982): Wettbewerbsprobleme bei der Einführung von privatem Hörfunk und Fernsehen. Sondergutachten 11. Baden-Baden.

Monopolkommission (1992): Wettbewerbspolitik oder Industriepolitik? 9. Hauptgutachten der Monopolkommission 1990/1991. Baden-Baden.

Monopolkommission (2000): Wettbewerbspolitik in Netzstrukturen. 13. Hauptgutachten 1998/1999. Baden-Baden.

Owen, Bruce M. (1975): Economics and Freedom of Expression. Media Structure and the First Amendment. Cambridge/Mass.

Pöttker, Horst (1999): Öffentlichkeit als Folgentransparenz. In: Imhof, Kurt et al. (Hrsg.): Steuerungs- und Regelungsprobleme in der Informationsgesellschaft. Wiesbaden, S. 232-246.

Richter, Rudolf/Furubotn, Eirik (1999): Neue Institutionenökonomik. Tübingen (zuerst 1996).

Röpke, Jochen (1970): Wettbewerb, Pressefreiheit und öffentliche Meinung. In: Schmollers Jahrbuch 90, S. 172-192.

Sanchez-Tabernero, Alfonso (1993): Media Concentration in Europe. Commercial Enterprises and the Public Interest. Düsseldorf.

Saxer, Ulrich (Hrsg.) (1989): Unternehmenskultur und Marketing von Rundfunk-Unternehmen. Stuttgart.

Saxer, Ulrich/Märki-Koepp, Martina (1992): Medien-Gefühlskultur, Zielgruppen-spezifische Gefühlsdramaturgie als journalistische Produktionsroutine. München.

Saxer, Ulrich (1992): Staatliche Förderung und publizistische Vielfalt. In: Rager, Günther/Weber, Bernd (Hrsg.): Publizistische Vielfalt zwischen Markt und Politik. Düsseldorf, S. 110-135.

Saxer, Ulrich (1993): Medienwandel – Journalismuswandel. In: Publizistik 38, S. 292-303.

Saxer, Ulrich (1994): Medien- und Gesellschaftswandel als publizistikwissenschaftlicher Forschungsstand. In: Otfried Jarren (Hrsg.): Medienwandel – Gesellschaftswandel. Berlin, S. 331-354.

Saxer, Ulrich (1999): Warnung vor großen medienpolitischen Windmaschinen. Plädoyer für eine wissenschaftliche Medienpolitik. In: Imhof, Kurt/Jarren, Otfried/Blum, Roger (Hrsg.): Steuerungs- und Regelungsprobleme in der Informationsgesellschaft. Opladen, S. 361-376.

Spence, Adrian M./Owen, Bruce M. (1977): Television Programming, Monopolistic Competition and Welfare. In: Quarterly Journal of Economics 91, S. 103-126.

Vogt, Winfried (1986): Theorie der kapitalistischen und einer laboristischen Ökonomie. Frankfurt.

Weber, Max (1990): Wirtschaft und Gesellschaft. Tübingen (zuerst 1918)

Weischenberg, Siegfried (1992): Journalistik Band 1. Opladen.

Weischenberg, Siegfried (1995): Journalistik Band 2. Opladen.

Williamson, Oliver E. (1990): Die ökonomischen Institutionen des Kapitalismus. Tübingen.

Wissenschaftlicher Beirat beim Bundesministerium für Wirtschaft und Technologie (1999): Gutachten über eine »Offene Medienordnung«. Bonn.

Zabel, Christian (2004): Zeitwettbewerb deutscher Free-TV-Anbieter. In: Medien & Kommunikationswissenschaft 52, H. 3, S. 412-431.

Frank Lobigs

»Medienregulierung ohne Romantik« – Der institutionenökonomische Ansatz

1.   Einführung

»Medienregulierung ohne Romantik« – so könnte man angelehnt an ein geflügeltes Wort des Nobelpreisträgers James M. Buchanan den institutionenökonomischen Ansatz zur Medienregulierung pointiert charakterisieren. Denn der Ansatz forciert eine radikale Knappheitsperspektive, die nicht nur der fundamentalen Knappheit *materieller* und *zeitlicher*, sondern auch *rationaler* und *moralischer* Ressourcen Rechnung trägt. Anders als klassische (medien-)ökonomische Analysen der Medienregulierung weist der Ansatz hierbei allerdings eine normativ-heuristische Orientierung auf, die mit gängigen publizistikwissenschaftlichen und medienrechtlichen Vorstellungen durchaus harmoniert. Er stellt die ökonomische Knappheitsperspektive somit in den Dienst einer publizistikwissenschaftlich orientierten Regulierungsanalyse.

In Fragen der Medienregulierung haben (Medien-)Ökonomen immer schon gerne ein Wort eingelegt. Freilich klang dies für Publizistikwissenschafter oftmals verdächtig nach dem Wort des Advocatus diaboli. Marie Luise Kiefer (2003: 33) folgend dürfte ein Hauptgrund für diese Dissonanzen darin liegen, dass die *meritorischen* Regulierungsziele der Publizistikwissenschaft von Medienökonomen »wohl mehrheitlich skeptisch gesehen oder – mehr oder weniger überzeugend begründet – auch explizit zurückgewiesen« werden. Bis heute herrscht in medienökonomischen Regulierungsanalysen somit eine alleinige Orientierung am klassischen ökonomischen Ziel der reinen Konsumentensouveränität vor.

Ulrich Saxer (2003: 21) kann nur beigepflichtet werden, wenn er darin einen klaren Dissens zur normativen Orientierung der Publizistikwissenschaft erkennt, die »gesellschaftliche Erwünschtheit als Merkmal von Teilen der Medienproduktion« eben nicht allein unter der wirtschaftswissenschaftlichen »Knappheitsperspektive« anvisiere, sondern »ihres Potenzials wegen, politische Meinungsbildung zu optimieren.« Er rekurriert hiermit auf die *öffentliche Aufgabe der Medien*, die nach publizistikwissenschaftlichem wie medienrechtlichem Common Sense als normativ vorrangig zu behandeln ist, auch und insbesondere gegenüber den reinen Konsumeffizienz-Zielen der klassischen Marktökonomie. Saxer (2003: 17, 25) lässt klar durchblicken, dass er die ökonomische Regulierungsperspektive dennoch als ein willkommenes »Wirklichkeitskorrektiv« traditionell eher »idealistischer« kommunikationswissenschaftlicher Regulierungsansätze begreift.

Wie Kiefer (2005) grundlegend gezeigt hat, lässt sich die (medien-) ökonomische »Knappheitsperspektive« jedoch in einem konsistenten regulierungstheoretischen Rahmen mit der normativen Zielorientierung der Publizistikwissenschaft versöhnen. Kiefer (2005: 406) plädiert für die Entwicklung einer ökonomischen Medientheorie (Medienökonomik), »die als Teildisziplin der PKW [Publizistik- und Kommunikationswissenschaft, FL] in Anlehnung an das wissenschaftliche Selbstverständnis der konstitutionellen und Institutionenökonomik und in analoger Übernahme ihres Analyseinstrumentariums zu entwickeln wäre.«

In diesem Beitrag sollen Grundzüge dieses institutionenökonomischen Ansatzes zur Medienregulierung vorgestellt werden. Abschnitt 2 behandelt zunächst zentrale Aspekte des Ansatzes im Überblick. Weil das von Marie Luise Kiefer (2005) vorgeschlagene Forschungsprogramm der »Medienökonomik« auch institutionenökonomisch zu lesen ist, wird es in Abschnitt 3 kurz umrissen. Abschnitt 4 beschäftigt sich mit der normativ-theoretischen Herleitung gesellschaftlicher Medienziele unter Anwendung des Konsensparadigmas der normativen Institutionen- bzw. der Konstitutionenökonomik. Grundlinien der allgemeinen institutionenökonomischen Erfassung möglicher Regulierungsprobleme im Medienbereich zeigt Abschnitt 5 auf. Abschnitt 6 verweist zuletzt auf Beispiele institutionenökonomischer Teilanalysen marktlicher und nichtmarktlicher Medienregulierungen. Der Beitrag schließt mit einem kurzen Fazit in Abschnitt 7.

2. Grundlegende Aspekte des institutionenökonomischen Ansatzes zur Medienregulierung

Die Kernidee bzw. Grundthese des institutionenökonomischen Ansatzes zur Medienregulierung ist einfach und klar: Den theoretischen Grundzügen der allgemeinen Institutionenökonomik folgend, wird der Hauptsinn und -zweck regulatorischer Medieninstitutionen und -organisationen darin gesehen, *Governance-Probleme* im Medienbereich zu entschärfen, welche als Haupthindernisse einer Realisierung gesellschaftlicher Medienziele verstanden werden (siehe näher Abschnitt 5).

Von größter Bedeutung sind hierbei *institutionelle »Invisibel-Hand-Mechanismen«*. Ganz im Sinne der notorischen Metapher der »Unsichtbaren Hand« von Adam Smith kann von solchen Mechanismen gesprochen werden, wenn Medieninstitutionen und -organisationen eine Transformation von »egoistic motives into publicly beneficial actions« (Brennan/Lomasky 1993: 12) bewirken. Das berühmte Beispiel Smith' ist ein *funktionierender* Marktwettbewerb, welcher dafür sorgt, dass die Anbieter bereits aus rein egoistischem Antrieb die von den Gesellschaftsmitgliedern gewünschten Güter so effizient wie nur möglich bereitstellen.

Aufbauend auf Argumenten der von Heinrich (2001: 93ff.; vgl. auch Heinrich in diesem Band) erstmals systematisch auf Medienmärkte angewandten Marktversagenstheorie lässt sich freilich zeigen, dass sich konsensfähige gesellschaftliche Medienziele in einem rein marktlichen Mediensystem entweder gar nicht oder nur eingeschränkt erreichen lassen, gerade weil geeignete Invisible-Hand-Mechanismen fehlen. Es ist dann zu prüfen, ob und inwieweit den Markt ergänzende oder teils auch substituierende *nichtmarktliche* Medieninstitutionen und -organisationen entsprechende Invisible-Hand-Mechanismen besser etablieren können.

Die herausragende Bedeutung institutioneller Invisible-Hand-Mechanismen ergibt sich insbesondere als Konsequenz aus dem skeptisch-realistischen Verhaltensmodell der Institutionenökonomik (vgl. etwa Furubotn/Richter 1991: 4f.), welches davon ausgeht, dass die Rationalität der Individuen schon aus neurologischen, aber auch aus motivationalen Gründen als stark begrenzt anzusehen ist *(eingeschränkte Rationalität)*, und dass bei Vorliegen entsprechender Anreizsituationen *(moral hazard)* mitunter auch mit einer mehr oder minder opportunistischen Interessensverfolgung zu rechnen ist *(Opportunismus)*. Dass neben der auf den Nobelpreisträger Herbert A. Simon zurückgehenden Verhaltensannahme der eingeschränkten Rationalität insbesondere auch die »unflattering attitude« (Williamson 1998: 31) des Opportunismus für ein realistisches Verständnis der Wirkungen regulierender Institutionen von fundamentaler Bedeutung ist, hat insbesondere Oliver E. Williamson, einer der Hauptbegründer der Neuen Institutionenökonomik, vielfach hervorgearbeitet (vgl. etwa grundlegend Williamson 1985). Williamson unterstellt hierbei nicht, dass alle Individuen in gleichem Maße und kontinuierlich opportunistisch handeln würden; freilich hält er es eben auch für »truly utopian to presume unfailing stewardship. (Even the saints are known to be fallible; and most of us are better described as mortals.)« (Williamson 1998: 31).

Versteht man die Opportunismus-Annahme in diesem Sinne, so ist sie in der Betrachtung von Medienregulierungen keineswegs ein Novum; vielmehr sehen auch publizistikwissenschaftliche und medienrechtliche Standardansätze eine zentrale Aufgabe der Medienregulierung darin, das Entstehen opportunistisch ausbeutbarer medialer Machtpositionen zu verhindern (vgl. etwa Donges 2002: 131; Hoffmann-Riem 2002: 180). Auch die explizite Anwendung eines ökonomischen Verhaltensmodells in der Medienregulierungstheorie ist nicht neu. So hat Gerhard Vowe (vgl. etwa 2003) argumentiert, dass sich der Public-Choice-Ansatz zur Beschreibung und Erklärung von Medienpolitik und -regulierung sehr gut nutzen lässt. Da sich die Public Choice als Anwendung der modernen Ökonomik auf politikwissenschaftliche Fragestellungen definiert (vgl. etwa Mueller 2003: 1), kann der hier vorgestellte institutionenökonomische Ansatz diesem Public-Choice-Ansatz zur Medienregulierung beigeordnet werden; genau genommen ist er im Überschneidungsfeld von Public Choice und Medienökonomik anzusiedeln.

Weshalb verspricht diese ökonomische Perspektive aber überhaupt einen theoretischen Mehrwert für die Analyse von Medienregulierungen? Sieht man das Grundproblem der Medienregulierungstheorie in den Spannungen zwischen der *Wünschbarkeit* anspruchsvoller Medienziele und der tatsächlichen *Erreichbarkeit* dieser Ziele unter gegebenen strukturellen Bedingungen (vgl. allgemein auch Jarren/Meier 2002: 107), dann dürfte die Stärke des institutionenökonomischen Ansatzes in der Tat vor allem darin liegen, eine schonungslos realistische Analyse dieser – kaum zu überschätzenden – Spannungen zu ermöglichen.

Denn »strukturell gegeben« ist insbesondere die Begrenztheit der Ressourcen (vgl. Heinrich 2001: 20), und diese bildet das Grundproblem der institutionenökonomischen »Knappheitsperspektive« (Saxer 2003: 21), die Kiefer auf die Regulierungsziele der Publizistikwissenschaft ausgerichtet hat. Die Knappheitswahrnehmung der Neoklassik noch verschärfend, betont der institutionenökonomische Ansatz hierbei, dass bei der Untersuchung des tatsächlich Erreichbaren nicht nur eine Knappheit *materieller* und *zeitlicher* Ressourcen zu beachten ist, sondern darüber hinaus auch eine fundamentale Knappheit an *moralischen* und *geistigen* Ressourcen (vgl. auch Heinrich/Lobigs 2003: 246ff.): Institutionelle Empfehlungen, die implizit darauf bauen, dass Medienregulierer, Medienunternehmer und Medienschaffende selbst unter gegenläufigen

Anreizen typischerweise uneigennützig und keinesfalls opportunistisch handeln, hält sie entsprechend ebenso für weltfremd und verantwortungslos wie solche, die bei Rezipienten und Bürgern systematisch eine »übermenschliche« geistige Aufnahmekapazität und gesellschaftliche Partizipationsbereitschaft voraussetzen und/oder ein Wissen, das sie augenfällig gar nicht besitzen können. Der institutionenökonomische Ansatz zur Medienregulierung legt darum größten Wert darauf, die konstitutive Spannung zwischen normativ anspruchsvollen Medienzielen und der Knappheit materieller, moralischer und rationaler Ressourcen weder »wegzudenken« noch »wegzupredigen«.

Gleichzeitig aber betrachtet dieser Ansatz Medieninstitutionen und -organisationen als theoretisch verstehbare und politisch gestaltbare Mittel der Medienregulierung, mit Hilfe derer die vorhandenen knappen Ressourcen rational zum Zweck einer möglichst weitgehenden Erfüllung der gewünschten Medienfunktionen nutzbar gemacht werden können (vgl. Kiefer 2005: 398, 405f.). Der institutionenökonomische Ansatz zur Medienregulierung geht somit davon aus, dass die öffentliche Kommunikation in einer Gesellschaft und damit auch die Verwirklichung ihrer Medienziele maßgeblich von der institutionellen Ausgestaltung des Mediensystems sowie der Medienorganisationen abhängen, und dass das methodische Instrumentarium der Institutionenökonomik zur Analyse dieser institutionellen Bedingtheit publizistischer Medienleistungen geeignet ist.

3. Forschungsprogramm eines institutionenökonomischen Ansatzes zur Medienregulierung

Wie oben bereits vermerkt, beschreibt die von Kiefer (2005) umrissene Forschungsagenda der Medienökonomik im Kern das Forschungsprogramm eines institutionenökonomischen Ansatzes zur Medienregulierung. Im Fokus dieses Forschungsprogramms stehen regulative Institutionen, welche die medial vermittelte öffentliche Kommunikation prägen und hier deshalb als Medieninstitutionen bezeichnet werden. Gemäß der allgemeinen Institutionendefinition der Neuen Institutionenökonomik bestehen diese Medieninstitutionen aus Systemen regulativer Normen einschließlich der Mechanismen ihrer faktischen Durchsetzung. In Analogie zu drei Grundanforderungen, die McQuail (1986: 633) an medienregulatorisch relevante Kommunikationstheorien stellt, sieht Kiefers Entwurf eine dreistufige Forschungsentwicklung vor:
– In der ersten Stufe sind die gesellschaftlichen Leitziele der Medienregulierung zu bestimmen, wobei das konstitutionenökonomische Kon-

senskriterium den normativen Prüfstein der Zielbestimmung bildet (vgl. Kiefer 2005: 401; Heinrich 2002: 59 sowie Abschnitt 4).

- In der zweiten Stufe ist zu analysieren, ob und inwieweit die gesellschaftlichen Medienziele unter den Bedingungen des Medien*marktes* – als der vorherrschenden Form der Medienregulierung in kapitalistischen Gesellschaften – realisierbar sind (vgl. Kiefer 2005: 402ff.). Hierzu ist zu untersuchen, wie sich wirtschaftlicher Medienwettbewerb unter den institutionellen Bedingungen des Marktes auf publizistische Phänomene und deren gesellschaftlichen Folgen auswirkt; nach herrschender Ansicht ist dies die zentrale Aufgabe einer publizistikwissenschaftlich orientierten Medienökonomie (vgl. etwa Siegert 2003: 228).

- In der dritten Stufe sind schließlich *komparative* Analysen alternativer Medienregulierungen vorzunehmen (vgl. Kiefer 2005: 404ff.). Hierzu sind die publizistischen und gesellschaftlichen Auswirkungen bestehender oder politisch implementierbarer Medieninstitutionen zu analysieren und vergleichend zu bewerten. Die gesellschaftlichen Medienziele bilden hierbei nicht nur die maßgeblichen normativen Vergleichskriterien, sondern vor allem auch leitende Heuristiken für die Auswahl bzw. die theoretisch-hypothetische Konstruktion der zu betrachtenden regulativen Medieninstitutionen (vgl. auch Kiefer [2]2005: 400f.).

Eine nach diesem Forschungsprogramm zu entwickelnde Theorie der Medienregulierung sieht ihr Ziel offenkundig in der Begründung institutioneller Medienregulierungen auf der normativen Basis des konstitutionenökonomischen Konsenskriteriums. Eine solche Begründung wird hier als *Medienmeritorik* bezeichnet, wenn mittels der betreffenden Medienregulierungen andere publizistische Ziele erreicht werden sollen als eine möglichst effiziente Durchsetzung der individuellen Marktpräferenzen der Rezipienten (Konsumentensouveränität). Hiermit wird auch Kiefers (2003) Vorschlag einer konstitutionenökonomischen Neukonzeption einer Meritorik der Medien gefolgt.

4. Herleitung gesellschaftlicher Medienziele

Auf der ersten Stufe des dargestellten Forschungsprogramms sind somit zunächst die (meritorischen) gesellschaftlichen Zielsetzungen der Medienregulierung unter Anwendung des konstitutionenökonomischen Konsenskriteriums zu bestimmen. Die Konstitutionenökonomik kann als normative Institutionenökonomik aufgefasst werden (vgl. Pies 1993). Sie geht – zumindest in ihrem größten und einflussreichsten Strang –

auf die Arbeiten von James M. Buchanan zurück und sieht ihr Ziel insbesondere in der normativ fundierten Bestimmung gesellschaftlicher Präferenzen für konstitutionelle und institutionelle Regulierungen (vgl. etwa Brennan/Hamlin 2002: 406f.). Wie Buchanan/Vanberg (1989: 49ff.) herausgestellt haben, setzen sich diese gesellschaftlichen Präferenzen stets aus einer Theoriekomponente (»theory« oder »cognitive component«) und einer Bewertungskomponente (»interest« oder »evaluative component«) zusammen.

Die unter Anwendung institutionenökonomischer Methodik herzuleitende Theoriekomponente soll hierbei Auskunft über die (zu erwartenden) sozialen Auswirkungen der betrachteten Regulierungen geben. Die Bewertungskomponente hingegen gibt das normativ wünschenswerte gesellschaftliche Ziel an, an dem diese Auswirkungen komparativ zum Status quo bzw. zu den Auswirkungen alternativ möglicher Regulierungen zu messen sind. Diese Bewertungskomponente ist unter Anwendung des Konsenskriteriums zu ermitteln.

Dieses Kriterium verlangt, dass nur solche gesellschaftliche Ziele anzusetzen sind, die auf Basis der individuellen Nutzenerwartungen aller Gesellschaftsmitglieder allgemein zustimmungsfähig sind. Als gegeben gilt dies dann, wenn plausibel anzunehmen ist, dass alle betroffenen Gesellschaftsmitglieder einem betrachteten Ziel bei *unparteiischer* Betrachtung zustimmen könnten. Der hypothetische Zustimmungstest soll somit unter der Annahme erfolgen, dass die Betroffenen nicht auf Grundlage eigennütziger Ziele, sondern auf der Basis einer moralisch universalisierten Haltung entscheiden. Das essenzielle Kriterium der Zielbestimmung ist damit aber letztlich die Anforderung der Unparteilichkeit (vgl. auch Lobigs 2006). Analog zum Konsensfähigkeitsprinzip der Diskursethik soll sich die Zielbestimmung damit am verallgemeinerten Interesse der Gesellschaftsmitglieder oder, wenn man es in den klassischen demokratietheoretischen Begriffen formuliert, am »allgemeinen« bzw. »öffentlichen Interesse« orientieren.

James M. Buchanan und John Rawls haben diesen Sachverhalt anhand der bekannten heuristischen Metaphern vom Abschluss eines Gesellschaftsvertrags hinter dem »veil of uncertainty« bzw. dem »veil of ignorance« veranschaulicht; lange zuvor hatte bereits John C. Harsanyi die Grundidee in einem entscheidungstheoretischen »equiprobability model of moral value judgements« ökonomisch umgesetzt: Demnach sollen sich normative gesellschaftliche Entscheidungen zwar am individuellen Nutzen orientieren, allerdings eben unter der normativ entscheidenden Annahme, dass der Entscheider mit gleichverteilter Wahrscheinlichkeit jede beliebige Person der Gesellschaft sein könnte

(»equiprobability postulate«). Harsanyi fundiert auf dieser Basis die in der Konstitutionenökonomik vorherrschende klassisch utilitaristische Interpretation des Konsenskriteriums (vgl. etwa Harsanyi 1982).

Wendet man das Konsenskriterium nun an, so lassen sich hiermit zwei Ziele als die zentralen Medienziele moderner freiheitlich-demokratischer Gesellschaften bestimmen: a) das *prioritäre* meritorische Ziel der *demokratischen Funktionalität der Medien* und b) das *nachgeordnete* Ziel der *Rezipientensouveränität*.

ad a) Es ist bemerkenswert, dass beide grundlegenden normativen Modelle der Demokratietheorie, namentlich das repräsentations- und das diskurstheoretische Modell (vgl. Sarcinelli 1998: 256ff.), die Legitimität von Demokratie konstitutiv auch daran festmachen, dass die politischen Entscheidungen in der Demokratie dem allgemeinen Interesse entsprechen sollen. Auch die herrschende juristische Meinung geht davon aus, dass das zentrale Verfassungsziel einer materiell gehaltvollen Demokratie einen realisierten Nexus zwischen Volkssouveränität und der politischen Durchsetzung des Allgemeininteresses verlangt (vgl. etwa Böckenförde 1987: 39ff., 43ff.).

Vor diesem Hintergrund kann argumentiert werden, dass das genannte Ziel einer materiell gehaltvollen Demokratie aus konstitutionenökonomischer Sicht nicht nur als ein generell konsensfähiges, sondern sogar als normativ prioritäres *Metaziel* freiheitlich-demokratischer Gesellschaften auszuweisen ist. Es ist mit Blick auf das Konsenskriterium *logisch prioritär*, da seine Realisierung letztlich die zentrale *Voraussetzung* dafür ist, dass konsensfähige gesellschaftliche Ziele überhaupt verfolgt und realisiert werden können.

Wenn aber dieses *Metaziel* einer materiell gehaltvollen Demokratie normativ vorrangig ist, so muss dies evidenterweise auch für das Ziel einer demokratischen Funktionalität der Medien gelten. Denn ohne eine Realisierung dieses Medienziels ist auch das Ziel materieller Demokratie nicht realisierbar. Wie die allgemeine publizistikwissenschaftliche Medienregulierungstheorie betrachtet damit auch der institutionenökonomische Ansatz das meritorische Ziel der demokratischen Funktionalität der Medien als prioritäres Regulierungsziel. Die Medien erfüllen dieses Ziel, wenn sie eine rationale Meinungsbildung in einer demokratischen Öffentlichkeit ermöglichen.

ad b) Die Gestaltung der Medieninstitutionen freiheitlich-demokratischer Gesellschaften sollte sich somit prioritär am Ziel der demokratischen Funktionalität der Medien ausrichten. Entsprechend sollte sich der gesellschaftliche Nutzen der Medien nicht in dem von ihnen gestifteten individuellen Rezipientennutzen erschöpfen. Dies heißt nun freilich nicht, dass dieser normativ belanglos sei. Im Gegenteil: Bei einer direkten Anwendung des utilitaristisch gedeuteten Konsenskriteriums bildet die gleich gewichtete Berücksichtigung des individuellen Nutzens eines jeden Gesellschaftsmitglieds die normative Richtschnur der Medienregulierung, womit das Ziel der Rezipientensouveränität als zweites zentrales, wenn auch nach geordnetes Medienziel freiheitlich-demokratischer Gesellschaften zu bestimmen ist. Etwas vereinfacht formuliert verlangt dieses Ziel eine möglichst kosteneffiziente Befriedigung der individuellen Rezeptionspräferenzen.

Mit dem standardökonomischen Allokationsziel der Konsumentensouveränität stimmt das Ziel der Rezipientensouveränität hierbei dann überein, wenn der individuelle Nutzen an den individuellen Marktpräferenzen gemessen wird, welche die individuelle Zahlungsbereitschaft bestimmen. Freilich wird diese klassische ökonomische Maßgröße von Vertretern einer individualistischen Medienmeritorik in Frage gestellt: Diese argumentieren, dass im Mediensektor eine Orientierung an den individuellen reflektiven Präferenzen normativ eigentlich angemessener sei – sprich also eine Orientierung an jenen Präferenzen, die die Rezipienten in Situationen reiner Reflektion und nicht im Markthandeln zum Ausdruck bringen.

5. Probleme der Medienregulierung als Governance-Probleme

Aus der Perspektive des institutionenökonomischen Ansatzes zur Medienregulierung bilden Governance-Probleme im Medienbereich die Haupthindernisse einer Verwirklichung konsensualer gesellschaftlicher Medienziele. Im Einklang mit der allgemeinen institutionenökonomischen Grundthese wird der Hauptzweck der Medienregulierung entsprechend darin gesehen, derartige Governance-Probleme mittels der Implementierung oder auch der Bewahrung geeigneter regulatorischer Medieninstitutionen und -organisationen zu entschärfen. Es werden damit sowohl die Probleme der Medienregulierung als auch die Wirkungen regulatorischer Medieninstitutionen theoretisch recht eindimensional, zugleich aber auch sehr fokussiert erklärt.

Eine vereinfachende Fokussierung ist hierbei bereits in der allgemeinen institutionenökonomischen Beschreibung von Governance-Problemen angelegt: Governance-Probleme treten demnach insbesondere in stark arbeitsteiligen Transaktionsbeziehungen auf, in denen »Agenten« (Leistungsbeauftragte) komplexe Leistungen für ihre »Prinzipale« (Leistungsempfänger) erbringen sollen, welche diese Leistungen gar nicht oder allenfalls nur unter ganz erheblichen Mehraufwand selbst erbringen könnten.

Das solchen Beziehungen als inhärent zugeschriebene Governance-Problem resultiert daraus, dass den Agenten – entsprechend der Verhaltensannahme des Opportunismus – nicht »blind« vertraut werden kann und die Prinzipale – entsprechend der Verhaltensannahme der eingeschränkten Rationalität – zumeist nur sehr begrenzte und kostenträchtige Möglichkeiten besitzen, die Agenten zu kontrollieren.

Die Folge ist, dass die Aushandlung, Überwachung und Durchsetzung gewünschter Leistungstransaktionen beträchtliche Kosten bereiten können. Die Höhe dieser als *Transaktionskosten* bezeichneter Kosten hängt dabei zum einen von den Merkmalen der betrachteten Transaktionen selbst, zum anderen aber auch vom jeweilig vorgefundenen institutionellen Transaktionsumfeld ab. Die Transaktionskosten bilden so ein probates Maß für die unterschiedlichen Ausprägungsgrade spezifischer Governance-Probleme unter alternativen regulatorischen Bedingungen, wobei man von prohibitiv hohen Transaktionskosten spricht, wenn eigentlich erwünschte arbeitsteilige Leistungen einzig aufgrund zu hoher potenzieller Transaktionskosten nicht zu Stande kommen. In allgemeiner Darstellung besagt die Grundthese der Institutionenökonomik, dass spontan evolvierende Institutionen sich aus dem Hauptzweck erklären lassen, Transaktionskosten gewünschter Leistungsbeziehungen zu reduzieren und dass staatlich zu implementierende regulatorische Institutionen grundsätzlich denselben Zweck erfüllen sollten. Mittels einer solchen Reduzierung von Transaktionskosten sollen bestehende Governance-Probleme, die wünschenswerte Transaktionsbeziehungen be- oder gar verhindern, entschärft werden.

Warum aber sollten nun diese allgemeinen institutionenökonomischen Konzepte auch für eine relevante theoretische Erfassung zentraler Probleme der Medienregulierung geeignet sein? Der Grund liegt darin, dass sich das Muster der Prinzipal-Agenten-Problematik auch hier in nahezu allen relevanten Betrachtungsfeldern als eine offensichtlich dominierende Struktur wiederfindet: So stellt sich etwa bei einer Marktregulierung der Medien die zentrale Frage, inwiefern die Rezipienten – als Prinzipale – unter den institutionellen Bedingungen des Marktes dazu in der Lage sein können, die Leistungen der Medienunternehmen – als Agenten – trotz erheblicher Informationsasymmetrien zu kontrollieren. Bezogen auf den öffentlichen Rundfunk wiederum liegt das zentrale Problem darin, die Prinzipal-Agenten-Delegationsbeziehung zwischen staatlich zu implementierenden Aufsichtsgremien und den öffentlichen Medienorganisationen so zu institutionalisieren, dass diese einerseits unabhängig von politischen Partei- und sonstigen Partialinteressen arbeiten können, sie aber trotzdem wirksam öffentlich kontrolliert werden (Unabhängigkeits-Kontroll-Dilemma).

Dass diese zentralen Prinzipal-Agenten-Beziehungen beträchtliche Governance-Probleme aufwerfen können, liegt auf der Hand. Denn einzig durch moralische Appelle oder nicht sanktionierende Motivationsübungen dürften die diesen Beziehungen immanenten Opportunismus-Potenziale nicht zu entschärfen sein. Denn wer würde einzig darauf hoffen wollen, dass marktmächtige Medienunternehmen ihre Spielräume nicht opportunistisch ausnutzen? Wer wollte unterstellen, dass politische Medienregulierer keine opportunistischen Ziele verfolgen können? Wer will blindlings darauf vertrauen, dass ausgerechnet Journalisten und andere Medienakteure von Natur aus unbestechlich seien?

Der Wunsch etwa, die Governance-Probleme im Medienbereich ließen sich vor allem durch moralische Motivierung der einzelnen Akteure lösen (so etwa Märkt 2005), muss aus der Perspektive des institutionenökonomischen Regulierungsansatzes als eine zwar fromme, aber sehr gefährliche Unterschätzung der Ernsthaftigkeit der vorliegenden Probleme verstanden werden (vgl. auch die Replik auf Märkt in Heinrich/Lobigs 2005): Während die herrschenden Regulierungstheorien in anderen Sektoren die Vorstellung einer hauptsächlich auf »moral suasion« fußenden Regulierung in Konfrontation mit der Realität schnell fahren ließen, scheint es in der Betrachtung der Medienregulierung weiterhin möglich zu sein, das Regulierungsfeld eher als einen »Streichel-Zoo« zu verstehen. Dies erscheint aus der Perspektive des hier beschriebenen Ansatzes als sträflich, da die im Mediensektor auftretenden Governance-Probleme durchaus nicht als weniger ernst aufzufassen sind als in anderen Sektoren.

6.   Anwendung des Ansatzes

Da es im Rahmen eines solchen einführenden Artikels aus Platzgründen nicht möglich ist, institutionenökonomische Beispielanalysen eigens vorzunehmen, wird in diesem Abschnitt lediglich auf zwei Beispiele verwiesen: Die bereits oben genannten Governance-Problematiken zwischen Rezipienten und privatwirtschaftlichen Medienunternehmen einerseits und politischen Aufsichtsgremien und öffentlichen Medienorganisationen andererseits.

Hinsichtlich der Beziehung zwischen Rezipienten und Medienunternehmen hat Jürgen Heinrich bereits Mitte der 1990er Jahre ein »Marktversagen in Bezug auf die Qualität der Medienproduktion« hergeleitet (vgl. Heinrich 1996: 167ff.; 2001: 100f.). Dieses »Versagen« der Marktregulierung der Medien resultiert dabei aus einer mustertypischen Governance-Problematik: Weil die Rezipienten (als Prinzipale) die Qualität von Medienprodukten nur sehr eingeschränkt beurteilen können (Erfahrungs- bzw. Vertrauensgutsproblematik), können auch allseits gewünschte Qualitätstransaktionen an prohibitiv hohen Transaktionskosten scheitern: Insbesondere bei journalistischen Medienangeboten ergeben sich dann ungenügende Qualitätsanreize für die Unternehmen (als Agenten). Wie hier anknüpfende Institutionenanalysen gezeigt haben, lässt sich dieses Governance-Problem allerdings selbst bei journalistischen Produkten unter bestimmten günstigen Marktbedingungen abmildern oder gar überwinden: In diesen Fällen können die Marktteilnehmer *Medienmarkenreputationen* als transaktionskostenreduzierende institutionelle Arrangements nutzen, welche die notwendigen institutionellen Invisible-Hand-Mechanismen ermöglichen (vgl. Heinrich/Lobigs 2003: 249ff.; Lobigs 2004). Wie eine Analyse politischer Öffentlichkeit unter den Bedingungen einer reinen Marktinstitutionalisierung der Medien zeigt (vgl. Lobigs 2005: 240ff.), sind diese günstigen Bedingungen freilich insbesondere im Hinblick auf jene Informationen, die die Bürger zur allgemeinen politischen Meinungsbildung brauchen, *nicht* gegeben. Die Medienregulierung muss deshalb *nichtmarktliche* Wege der Institutionalisierung eines Angebots solcher Informationen finden.

Dies führt aber unweigerlich zu der zweiten der oben angesprochenen Delegations-Problematiken: dem *Unabhängigkeits-Kontroll-Dilemma* zwischen politischen Aufsichtsgremien und öffentlichen Medienorganisationen. Dieses Dilemma ähnelt in seiner Struktur den Governance-Dilemmata, die auch bei der Delegation anderer staatlich zu gewährleistenden Kollektivaufgaben oftmals auftreten, wie etwa bei der Delegation einer unabhängigen Rechtssprechung an die zuständigen Gerichte oder bei der Delegation der Geldpolitik an Zentralbanken. Wie die Qualität der Aufgabenerfüllung von der (verfassungs-)rechtlichen Institutionalisierung der jeweiligen Delegationsbeziehungen abhängt, lässt sich institutionenökonomisch mit Hilfe der insbesondere von George Tsebelis (2002) fundierten Veto-Player-Theorie mit großer Erklärungskraft analysieren (vgl. im Überblick etwa Tsebelis 2002).

Die bereits recht umfangreiche Literatur zur veto-spielertheoretischen Analyse der geldpolitischen Delegation konnte so etwa theoretisch überzeugend und empirisch geprüft zeigen, dass die Qualität der Geldpolitik eben stark von der Veto-Spieler-Konstellation im delegierenden Gremium abhängt (vgl. im Überblick etwa Keefer/Stasavage

2002: 751ff.; Tsebelis 2002: 244ff.). Pointiert gesagt ist die Geldpolitik dann »schlecht«, wenn die Regierung der einzige effektive Vetospieler in diesem Gremium ist und dieses damit einem starken moralischen Risiko unterliegt, die Geldpolitik zu Gunsten der Regierung und zu Lasten der Allgemeinheit zu manipulieren; die Geldpolitik ist dann »gut«, wenn sowohl das Regierungs- als auch das Oppositionslager systematische Veto-Spieler-Positionen im delegierenden Gremium einnehmen.

Bei der Anwendung der Veto-Spieler-Theorie auf das Delegationsproblem hinsichtlich der Bereitstellung eines öffentlichen demokratischen Medienangebots ergibt sich eine teilweise analoge Argumentation für eine ebensolche »Checks-and-Balances«-Institutionalisierung der Aufgabendelegation: Auch hier ist eine bestmögliche Erfüllung des öffentlichen Auftrags dann zu erwarten, wenn die zentralen Delegationsentscheidungen und insbesondere die Besetzung der Top-Positionen der betreffenden Medienorganisationen von einem Gremium vorgenommen werden, in dem sich systematische Veto-Spieler-Verhandlungen zwischen Regierungs- und Oppositionslager ergeben. Und auch hier kann dabei von einem institutionellen Invisible-Hand-Mechanismus gesprochen werden, da sich die verhandelnden Veto-Spieler-Lager aus rein eigeninteressierten strategischen Gründen gerade auf solche Delegationsentscheidungen einigen, die gesellschaftlich als wünschenswert zu betrachten sind (vgl. Lobigs 2006).

7.   Fazit

Der institutionenökonomische Ansatz zur Medienregulierung ist der Ansatz einer »Medienregulierung ohne Romantik«, weil er auf die offenkundigen Governance-Probleme in der Medienregulierung nicht mit wohlfeilen moralischen Appellen an die Akteure reagiert, sondern stattdessen eine Methode bereitstellt, mit der sich der Zusammenhang zwischen dem regulativen institutionellen Umfeld und dem Ausmaß der betreffenden Governance-Probleme fundiert untersuchen lässt. Analytisch geht der Ansatz hierbei von der realistischen Annahme einer fundamentalen Knappheit nicht nur materieller und zeitlicher, sondern auch geistiger und moralischer Ressourcen aus. Heuristisch richtet er die institutionenökonomischen Regulierungsanalysen auf normative gesellschaftliche Medienziele aus, die mithilfe des Konsenskriteriums der Konstitutionenökonomik zu bestimmen sind. Weil diese Medienziele mit den normativ anspruchsvollen Zielvorstellungen der Publizistikwissenschaft kompatibel sind, kann man zusammenfassend feststellen, dass sich der institutionenökonomische Ansatz zur Medienregulierung dadurch charakterisieren lässt, dass er die realistische ökonomische Knappheitsperspektive in den Dienst einer publizistikwissenschaftlich orientierten Regulierungsanalyse stellt.

Literatur

Böckenförde, Ernst-Wolfgang (1987): Demokratische Willensbildung und Repräsentation. In: Isensee, Josef/Kirchhof, Paul (Hrsg.): Handbuch des Staatsrechts der Bundesrepublik Deutschland. Heidelberg, S. 29-48.

Brennan, Geoffrey/Hamlin, Alan (2002): Constitutional Economics. In: Newman, Peter (Hrsg.): The New Palgrave Dictionary of Economics and the Law. Volume 1. Houndmills u. a. O, S. 401-410.

Brennan, Geoffrey/Lomasky, Loren (1993): Democracy and Decision. The Pure Theory of Electoral Preference. Cambridge.

Buchanan, James M./Vanberg, Viktor J. (1989): Interests and Theories in Constitutional Choice. In: Journal of Theoretical Politics, 1, S. 49-62.

Donges, Patrick (2002): Rundfunkpolitik zwischen Sollen, Wollen und Können. Eine theoretische und komparative Analyse der politischen Steuerung des Rundfunks. Wiesbaden.

Furubotn, Eirik G./Richter, Rudolf (1991): The New Institutional Economics: An Assessment. In: Furubotn, Eirik G./Richter, Rudolf (Hrsg.): The New Institutional Economics. Tübingen, S. 1-32.

Harsanyi, John C. (1982): Morality and the Theory of Rational Behaviour. In: Sen, Amartya/Williams, Bernard: Utilitarianism and Beyond. Cambridge, S. 39-62.

Heinrich, Jürgen (2001): Medienökonomie. Band 1: Mediensystem, Zeitung, Zeitschrift, Anzeigenblatt. Wiesbaden (2. Aufl., zuerst 1994).

Heinrich, Jürgen (2002): Ökonomie der Medien – Grundlage einer Medientheorie. In: Eurich, Claus (Hrsg.): Gesellschaftstheorie und Mediensystem. Interdisziplinäre Zugänge zur Beziehung von Medien, Journalismus und Gesellschaft. Münster, Hamburg, London, S. 58-72.

Heinrich, Jürgen/Lobigs, Frank (2003): Wirtschaftswissenschaftliche Perspektive IV: Neue Institutionenökonomik. In: Altmeppen, Klaus-Dieter/Karmasin, Matthias (Hrsg.): Medien und Ökonomie. Band 1/1: Grundlagen der Medienökonomie: Kommunikations- und Medienwissenschaft, Wirtschaftswissenschaft. Wiesbaden, S. 245-268.

Heinrich, Jürgen/Lobigs, Frank (2005): Reputation als Motivation! Der institutionenökonomische Reputationsansatz und welche Alternativen? – Replik zum Aufsatz von Stephan Märkt. In: Medien & Kommunikationswissenschaft, H. 4, S. 560-566.

Hoffmann-Riem, Wolfgang (2002): Medienregulierung als objektiv-rechtlicher Grundrechtsauftrag. In: Medien & Kommunikationswissenschaft, 2, S. 175-194.

Hosp, Gerald (2005): Medienökonomik. Medienkonzentration, Zensur und soziale Kosten des Journalismus. Konstanz.

Jarren, Otfried/Meier, Werner A. (2002): Mediensysteme und Medienorganisationen als Rahmenbedingungen für den Journalismus. In: Jarren, Otfried/Weßler, Hartmut (Hrsg.): Journalismus – Medien – Öffentlichkeit. Eine Einführung. Wiesbaden, S. 99-164.

Keefer, Philip/Stasavage, David (2002): Checks and Balances, Private Information, and the Credibility of Monetary Commitments. In: International Organization, 56, S. 751-774.

Kiefer, Marie Luise (2005): Medienökonomik. Einführung in eine ökonomische Theorie der Medien. (2. Aufl., zuerst 2001) München, Wien.

Kiefer, Marie Luise (2003): Medienfunktionen als meritorische Güter. In: Medien Journal, 27, S. 31-46.

Lobigs, Frank (2004): Funktionsfähiger journalistischer Wettbewerb. Institutionenökonomische Herleitung einer fundamentalen publizistischen Institution. In: Siegert, Gabriele/Lobigs, Frank (Hrsg.): Zwischen Marktversagen und Medienvielfalt. Medienmärkte im Fokus neuer medienökonomischer Anwendungen. Baden-Baden, S. 53-68.

Lobigs, Frank (2005): Medienmarkt und Medienmeritorik. Beiträge zur ökonomischen Theorie der Medien. Dissertation, Universität Zürich.

Lobigs, Frank (2006): Gespaltene versus demokratische Öffentlichkeit. Politische Ökonomie der Medien als politische Medienökonomik. In: Knoche, Manfred/Steininger, Christian (Hrsg.): Politische Ökonomie der Medien. Münster. (i. D.)

Märkt, Stephan (2005): Das Ordnungsproblem im Markt für Qualitätszeitungen und seine Überwindung. In: Medien & Kommunikationswissenschaft, 4, S. 542-559.

McQuail, Denis (1986): Kommerz und Kommunikationstheorie. In: Media Perspektiven, 10, S. 633-643.

Mueller, Dennis C. (2003): Public Choice III. Cambridge.

Pies, Ingo (1993): Normative Institutionenökonomik. Tübingen.

Richter, Rudolf/Furubotn, Eirik G. (³2003): Neue Institutionenökonomik. Tübingen (Erstauflage 1999, englisch 1997).

Sarcinelli, Ulrich (1998): Demokratietheoretische Bezugsgrößen. Legitimität. In: Jarren, Otfried/Sarcinelli, Ulrich/Saxer, Ulrich (Hrsg.): Politische Kommunikation in der demokratischen Gesellschaft. Opladen, S. 253-267.

Saxer, Ulrich (2003): Interdisziplinäre Optimierung zwischen Medienökonomik und Kommunikationswissenschaft. In: Medien Journal, 27, S. 7-29.

Seufert, Wolfgang (2002): Medienökonomie als wirtschaftstheoretische Fundierung kommunikationspolitischer Regulierungskonzepte. In: Siegert, Gabriele (Hrsg.): Medienökonomie in der Kommunikationswissenschaft. Münster et al., S. 57-78.

Siegert, Gabriele (2003): Medienökonomie. In: Bentele, Günter/Brosius, Hans-Bernd/Jarren, Otfried (Hrsg.): Öffentliche Kommunikation. Handbuch Kommunikations- und Medienwissenschaft. Wiesbaden, S. 228-244.

Tsebelis, George (2002): Veto Players. How Political Institutions Work. Princeton.

Vowe, Gerhard (2003): Medienpolitik – Regulierung der medialen öffentlichen Kommunikation. In: Bentele, Günter/Brosius, Hans-Bernd/Jarren, Otfried (Hrsg.): Öffentliche Kommunikation. Handbuch Kommunikations- und Medienwissenschaft. Wiesbaden, S. 210-227.

Williamson, Oliver E. (1985): The Economic Institutions of Capitalism. Firms, Markets, Relational Contracting. New York.

Williamson, Oliver E. (1998): Transaction Cost Economics: How It Works; Where It is Headed. In: De Economist, 146, S. 23-58.

Wolfgang Schulz

Neue Ordnung durch neues Medienrecht?
Modelle der Co-Regulierung im Medienbereich

1. Einführung

1.1 Ordnung durch Steuerung in rechtswissenschaftlicher Perspektive

Der vorliegende Band fragt nach der »Ordnung durch Medienpolitik« in wissenschaftlich-theoretischer und auch politisch-praktischer Hinsicht. Die besondere Perspektive dieses Beitrags ist seine rechtswissenschaftliche Orientierung im Hinblick auf die Disziplin und seine gegenständliche Fokussierung auf ein bestimmtes Regulierungskonzept, nämlich Co-Regulierung.

Die Fragestellung des Bandes ist schwer zu beantworten, sofern nicht ein Verständnis von »Ordnung« vorliegt. Im allgemeinsten Verständnis ist »Ordnung« eine Beziehung von Teilen eines Ganzen, die eine gewisse Regelhaftigkeit aufweist. In der Rechtswissenschaft hat sich die Vorstellung, dass Politik mittels Verwaltung unter Einsatz von Recht als Steuerungsmedium diese basale Ordnungsfunktion erfüllt, erhalten:

> »Die Tätigkeit der Verwaltung kann gekennzeichnet werden als die Schaffung, Haltung und gestaltende Fortentwicklung der sozialen Ordnung eines Gemeinwesens und seiner Mitglieder sowie die Bereitstellung der dazu und für alle anderen Glieder der Organisation des Gemeinwesens erforderlichen, finanziellen, persönlichen und sächlichen Mittel« (Wolff/Bachof/Stober 1999: § 3 Rz. 3).

Modernen Vorstellungen von Gesellschaft und Steuerung innerhalb der Gesellschaft sind derartige Relationierungen von Gesellschaftsteilen mittels Recht eher fremd. Ungeachtet unterschiedlicher theoretischer Ansätze wird Gesellschaft als komplexes Systems verstanden, dem keine übergeordnete Ordnungslogik vorgegeben ist und das keiner solchen Ordnungslogik unterworfen werden könnte. Diese Vorstellungen haben zu einer starken Strömung geführt, eine »Neue Verwaltungsrechtswissenschaft« zu etablieren (vgl. Voßkuhle 2006: § 1 Rn. 9ff.). Das Verwaltungsrecht sieht sich zunehmend mit der Erkenntnis konfrontiert, dass das, was beeinflusst werden soll, selbst ein Steuerungsprozess ist, dass also die Objekte der Steuerung selbst mit steuern; Internationalisierung übt zusätzlich Veränderungsdruck aus (vgl. Di Fabio 1996: 237; Mayntz 2005: 11ff.).

Im Zuge dieser Diskussion vollzieht auch die rechtswissenschaftliche Beobachtung den theoretischen »Turn« mit, der sich in den letzten Jahren weg von Government hin zu Governance vollzogen hat (vgl. allgemein hierzu Trute/Denkhaus/Kühlers 2004: 451ff.). Der Vorteil der Governance-Perspektive wird darin gesehen, dass nicht auf einen steuernden Akteur (den Staat) fokussiert wird, sondern Regelungsstrukturen in den Mittelpunkt rücken. Damit können praktisch beobachtbare Phänomene besser erfasst werden, die die Entstehung von Regelungen in Netzwerken unterschiedlicher Akteure beinhalten, wobei auch die Grenze zwischen Staat und Nicht-Staat bei der Regelerzeugung verschwimmt.

Dieser Perspektivenwechsel ist für Juristen nicht unproblematisch, denn die Differenz Staat und Nicht-Staat erscheint, auch wenn Juristen die genannten Phänomene nicht ignorieren, für die rechtswissenschaftliche Betrachtung essenziell. So knüpfen etwa Grundrechtsbindungen daran an, dass Handlungen dem Staat zurechenbar sind, die Legitimation von Regelungen als Ausdruck demokratischer Herrschaft setzt ebenso bei der Staatlichkeit von Handlungen an (zu diesem Problem im Zusammenhang mit der Medienregulierung vgl. Schulz/Held 2007).

1.2 Ordnung durch Steuerung im Medienbereich

Der Bereich des Medienrechts und damit der Medienpolitik hat sich als einer erwiesen, der – neben anderen, wie etwa dem Umweltrecht – eine Vorreiterstellung für das Verständnis der Steuerung in modernen Gesellschaften eingenommen hat, indem aber auch auf der praktischen Ebene neue Regulierungskonzepte ausprobiert wurden, um Steuerungsrestriktionen zu begegnen.

Gründe dafür, dass die Vorstellung einer mittels Recht politisch vorgenommenen Relationierung gerade im Medienbereich keine sachgerechte Beschreibung darstellt, sind normativer und faktischer Natur. Sie sind häufig diskutiert worden und sollen hier nur kurz referiert werden (vgl. etwa Vesting 1999). Auf der normativen Seite gehört dazu, dass in vielen Rechtsordnungen, so etwa in Deutschland durch Artikel 5 Abs. 1 S. 2 GG, die Medien einem besonderen Schutz unterliegen. Direkte staatliche Intervention bedarf einer besonderen Rechtfertigung (allgemein dazu vgl. Bethge 1999: Art. 5 Rn. 98). Auf europäischer Ebene erfolgt ein besonderer Schutz über Art. 10 Abs. 1 der Europäischen Menschenrechtskonvention (EMRK). Nach deutschem Verfassungsverständnis folgt aus den Medienfreiheiten auch der Grundsatz der Staatsfreiheit der Medien (vgl. Hesse 2003: 64f.), der nicht nur eigene staatliche Medienangebote untersagt, wenn sie in Konkurrenz zu privaten Angeboten treten, sondern auch Einfluss auf die Medienregulierung hat.

In faktischer Hinsicht ist das Politikfeld Medien durch zahlreiche Besonderheiten geprägt (vgl. Jarren 1998: 616ff.). Für die Regulierung ist besonders bedeutsam, dass die Akteure in diesem Bereich in der Lage sind, wirksam Gegenmacht gegen Regulierung zu organisieren, dass der Bereich eher schwach institutionalisiert ist und sowohl die Publizistik als auch die Ökonomie – in systemtheoretischer Lesart – als autonome Systeme angesehen werden müssen (vgl. aus unterschiedlicher theoretischer Perspektive Marcinkowski 1993 und Weischenberg 2004). Was die Medieninhalte selbst angeht, so sind sie – jedenfalls auf der Phänomenebene – schnellem Wandel unterlegen. Im Hinblick auf die Internationalisierung ist die Gegenstandsbeschreibung eher uneindeutig. Zwar ist die wirtschaftliche Struktur in vielen Bereichen von übernational bis global agierenden Unternehmen geprägt (vgl. Sjurts 2002: 75ff.), was die Inhalte angeht, sind allerdings Sprachgrenzen immer noch Marktgrenzen (Sprachversionen sind natürlich möglich).

Vor diesem Hintergrund ist das Wirken der Medienpolitik durch Medienrecht bereits frühzeitig als indirekte Einflussnahme konzipiert worden und als solche wissenschaftlich reflektiert (vgl. Hoffmann-Riem 1991: 405ff.); das Aufkommen alternativer Steuerungskonzepte wie Co-Regulierung ist daher nicht überraschend.

2. Bestandsaufnahme: Co-Regulierung im Medienbereich

2.1 Verständnis von Co-Regulierung

Im Folgenden wird dargestellt, wie auf nationaler und europäischer Ebene Medienpolitik durch Medienrecht »Ordnung« erzeugt (oder auch nicht) und welche Rolle Co-Regulierung dabei zu spielen beginnt. Die Darstellung baut auf einer Studie zu Co-Regulierung im Medienbereich auf (vgl. HBI/EMR 2006). In dieser Studie wird eine Definition von Co-Regulierung entwickelt, die auch diesem Beitrag zugrunde liegt. Danach hat Co-Regulierung eine staatliche und eine nicht-staatliche Komponente, die jeweils durch bestimmte Merkmale charakterisiert sind.

Bei der nicht-staatlichen Komponente der Regulierungssysteme werden folgende Merkmale vorausgesetzt (vgl. HBI/EMR 2006: 39):
- Die Entwicklung spezifischer Organisationen, Regeln oder Prozesse
- um Entscheidungen von Personen oder, im Falle von Organisationen, die Entscheidungen dieser Organisationen oder in diesen Organisationen zu beeinflussen
- soweit dies – zumindest teilweise – von oder in den Organisationen oder Teilen der Gesellschaft erfolgt, die bzw. deren Mitglieder Adressaten der (nicht-staatlichen) Regulierung sind.

Im Hinblick auf die Verbindung zwischen nicht-staatlicher und staatlicher Regulierung wird auf die folgenden Kriterien abgestellt (vgl. HBI/EMR 2006: 39):
- Das System dient der Erreichung im öffentlichen Interesse liegender Ziele in sozialen Prozessen.
- Es besteht eine rechtliche Verbindung zwischen dem nicht-staatlichen Regulierungssystem und der staatlichen Regulierung (allerdings muss der Einsatz nicht-staatlicher Regulierung nicht notwendigerweise in einem Gesetz erwähnt sein).
- Der Staat belässt dem nicht-staatlichen Regulierungssystem eigene Beurteilungsspielräume.
- Der Staat setzt Regulierungsressourcen ein, um das Ergebnis des Regulierungsprozesses zu beeinflussen (um die Erreichung der verfolgten Ziele zu gewährleisten).

Das Aufkommen von Co-Regulierung bestätigt den Befund der Governance-Forschung, dass Regelungsstrukturen in hybriden Netzwerken von staatlichen und nicht-staatlichen Instanzen produziert werden.

Die Steuerungstheorie lehrt, dass der Entwicklungspfad der Regulierung Bedeutung besitzt. Dies zeigt gerade die »Einführung« von Co-Regulierungssystemen, da national unterschiedliche Ordnungsvorstellungen für unterschiedliche Medien und verschiedene Regulierungsziele vorherrschen.

2.2 Die nationalstaatliche Perspektive

Wie bereits angesprochen, spielen verfassungsrechtliche Grundlagen in vielen Staaten eine spezifische Rolle bei der Ordnungsbildung durch Medienpolitik. Das Beispiel Deutschland zeigt, dass dies auch auf unterschiedliche Begriffe von »Ordnung« durchschlägt. So hat das Bundesverfassungsgericht für den Bereich Rundfunk dem Gesetzgeber (bzw. den Gesetzgebern, denn in Deutschland ist diese Aufgabe im föderalen System Sache der Länder) die verfassungsrechtliche Aufgabe zugewiesen, eine »positive Rundfunk*ordnung*« zu schaffen (BVerfGE 57, 295 (320);

83, 238 (296); 95, 220 (236)). Dies bedeutet, dass die Gesetzgeber privaten Rundfunk nur zulassen dürfen, wenn ein Zulassungssystem installiert wurde, dass bestimmte verfassungsrechtlich vorgegebene Ziele zu schützen erlaubt. Zudem ist eine effektive Rundfunkaufsicht erforderlich.

Im Bereich der Presse bezeichnet der Begriff »Presse*ordnungs*recht« demgegenüber keineswegs eine gestalterische Aufgabe der Gesetzgeber im Hinblick auf die Verhältnisse der Presse, was publizistische Zielwerte wie etwa »Vielfalt« oder »kommunikative Chancengerechtigkeit« angeht. Vielmehr ist mit Presseordnungsrecht der formale Rahmen gemeint, der etwa bestimmte Haftungsregelungen und Impressumsvorgaben umfasst, innerhalb dessen die Presse nach privatautonomen Interessen agieren kann. Diese Unterschiede sind verfassungsrechtlich nicht vorgegeben (vgl. Schulz/Held/Kops 2002 m.w.N.: 31ff.), wohl aber Folge unterschiedlicher faktischer Regulierungsbedürftigkeit und daraus entstandenen Regulierungspfaden.

Diese Regulierungspfade führen gerade angesichts der Konvergenzentwicklung und des Engagements von Verlagen auf dem Online-Markt zu erheblichen Reibungen, auch was die Einführung neuer Konzepte wie Co-Regulierung angeht. Aus der Perspektive der Presse erscheint Co-Regulierung als eine Auflösung der Grenze zwischen formalem staatlichen Ordnungsrahmen und privat-autonomer Handlung innerhalb dieses Rahmens. Für den Rundfunkbereich kann Co-Regulierung bedeuten, dass ein Teil ehemals allein staatlicher Regulierungsaufgaben auch den Rundfunkveranstaltern selbst obliegt und somit zumindest ein Mitwirken bei der Regelbildung möglich wird. Auch wenn die verfassungsrechtlichen Ausgangsbedingungen in den verschiedenen Staaten unterschiedlich sind, finden sich ähnliche Konstellationen auch in anderen Staaten, wie etwa Frankreich.[1]

Wegen dieser unterschiedlichen Regulierungspfade ist auch meist von Rundfunkpolitik oder der Politik der elektronischen Medien die Rede, wenn der Begriff »Medienpolitik« genannt wird.

Rechtlich ist zwischen unterschiedlichen Regulierungszielen zu unterscheiden, nämlich kommunikationspolitischen Zielen wie der positiven Vielfaltsicherung bzw. der Sicherung kommunikativer Chancengerechtigkeit und der Verhinderung vorherrschender Meinungsmacht (negati-

---

1 In Frankreich hat, ähnlich wie in Deutschland, der Conseil Constitutionel (CCF; Oberstes Verfassungsgericht) die Medienordnung entscheidend geprägt. Insbesondere im Bereich des Medienkonzentrationsrechts hat das Verfassungsgericht in seinen Urteilen umfassende Vorgaben gemacht. Vgl. hierzu insb. CCF, Décision no. 86-217 v. 18.9.1986, J. O. v. 19.9.1986, S. 11294, 11297.

ve Vielfaltsicherung), daneben der Schutz vor negativen externen Effekten der Medienkommunikation, vor allem im Hinblick auf Kinder und Jugendliche und den Rezipienten als Verbraucher (Werberegelungen; wobei diese auch auf andere Gründe gestützt werden, etwa die Integrität audiovisueller Werke oder ähnliches). Hinzu kommt der Schutz vor medienspezifischen Gefahren im Bereich der persönlichen Daten und des allgemeinen Persönlichkeitsrechts. Auch Ziele wie die effektive und effiziente Allokation von Ressourcen können eine Rolle spielen, wenn im medienpolitischen Fokus auch knappe Frequenzen stehen.

Inwieweit Medienpolitik die Regelungsstrukturen in diesem Bereich bislang tatsächlich beeinflusst hat, ist schwer und für die unterschiedlichen Regelungsziele unterschiedlich zu beantworten, jedenfalls wenn es um die Bundesrepublik Deutschland geht.

Im Bereich der positiven Vielfaltsicherungen ist das am stärksten ordnungsbildende Moment sicherlich die Kreation der so genannten dualen Rundfunkordnung, und bei dieser wiederum weniger die Anforderungen an den privaten Rundfunk, als die Etablierung von öffentlichrechtlichen Rundfunkanstalten, ihre Ausstattung mit einem Programmauftrag und die Sicherstellung einer funktionsgerechten Finanzierung (allgemein zum dualen Rundfunksystem vgl. Hesse 2003: 117ff.).

Beim öffentlich-rechtlichen Rundfunk stellt sich der medienpolitische Sonderfall dar, dass Politik hier Gestaltungsmöglichkeiten auch im Hinblick auf die Organisation selbst hat. Dies ist bei privaten Organisationen, die Medienleistungen erbringen, nur mit hohem verfassungsrechtlichen Begründungsaufwand möglich und wird auch nur selten eingesetzt, so etwa bei der Vorschrift, dass Rundfunkveranstalter einen Jugendschutzbeauftragten zu bestimmen haben (§ 7 JMStV). Auch die partielle Selbststeuerung des öffentlich-rechtlichen Rundfunks auf gesetzlicher Grundlage kann allerdings als Co-Regulierung erscheinen.

Im Übrigen sehen die Landesmediengesetze in Deutschland, die den Rahmen für private Rundfunkveranstaltung bilden – überdacht von den Regelungen des Rundfunkstaatsvertrages aller Länder – zwar Pluralitätsvorschriften für den Rundfunk vor, allerdings in von Land zu Land unterschiedlicher Art und Weise und faktisch mit begrenzten Gestaltungsmöglichkeiten und wohl auch Gestaltungswillen. Die Zulassung als vorweg genommene Aufsicht (vgl. Hoffmann-Riem 1999) sieht nur wenige Möglichkeiten zum Durchgriff auf Programmstruktur oder redaktionelle Strukturen vor. Eine Ausnahme mögen die Regionalfenster sein, die von den zwei großen bundesweiten Fernsehveranstaltern vorzusehen sind (§ 25 RStV) und um deren Trägerschaft und Inhalt sich ein jahrelanges Tauziehen mit mehreren Änderungen des Rundfunkstaats-vertrages entwickelte (vgl. Rossen-Stadtfeld 2006).

Davon abgesehen findet positive Vielfaltsicherung noch da statt, wo knappe Ressourcen zu verteilen sind, so noch – eher verschärft – in analogem Kabel, aber auch bei neuen Kapazitäten etwa bei mobilem Fernsehen (vgl. die Beiträge in DocuWatch Digitales Fernsehen 1/2006 und 2/2006). Da in diesem Bereich Veranstalter bzw. Anbieter grund-sätzlich miteinander konkurrieren, stellt es kein geeignetes Feld für Co-Regulierung dar, so dass weder in Deutschland, noch in anderen europä-ischen Staaten hier Co-Regulierung zu beobachten ist.

Letzteres kann auch vom Ziel der Verhinderung vorherrschender Meinungsmacht gesagt werden. Blickt man auf die Regulierung in der Bundesrepublik in den letzten Jahren zurück, so sind Modellwechsel zu verzeichnen, die aber sowohl auf der Regelungsebene für bundesweite Fernsehveranstalter (§§ 26 ff. RStV) als auch bei den Regelungen für landesweite und lokale Hörfunk- und Fernsehangebote in den einzelnen Landesmediengesetzen zu beobachten waren: die Grenzen wurden so gewählt, dass der Entwicklungsspielraum der Unternehmen möglichst wenig behindert wird. Die auch am Widerstand der Kommission zur Ermittlung der Konzentration im Medienbereich (KEK) gescheiterte Fusion des Axel-Springer-Verlages mit der ProSiebenSat.1-Gruppe war die erste Ausnahme und wurde – insofern konsequent – als »Versagen« der Regelungen kritisiert (Überblick über die Kritik bei Schulz/Held 2006).

Resümierend lässt sich zu diesem Punkt sagen, dass der Wille zur ordnungspolitischen Gestaltung in diesem Bereich selten weiter reichte als zur Grenze der Interessen der großen Medienunternehmen. Ver-gleichbares wird aus anderen Staaten berichtet.[2]

Als ein medienpolitisches Gestaltungsfeld erweist sich dagegen der Bereich des Jugendschutzes. Dass Kinder und Jugendliche vor für sie entwicklungsbeeinträchtigenden Angeboten geschützt werden müssen, kann als konsentiertes Politikziel gewertet werden. Zudem ist es in Deutschland verfassungsrechtlich eine Pflichtaufgabe des Gesetzgebers (vgl. grundlegend BVerfGE 57, 295 (323); 73, 118 (160)). Jugendme-dienschutz wird immer wieder anhand krasser Einzelfälle zum Thema

---

2   Ein besonders krasses Beispiel hierfür ist die jüngere Entwicklung in Italien. Hier wurde insbesondere dem Legge Gasparri aus dem Jahr 2003 nachgesagt, dass es weniger der Sicherung der Meinungsvielfalt als vielmehr der Sicherung des Duopols der Sender RAI und Mediaset diente. Vgl. hierzu z. B. die Analyse des Legge Gasparri durch die European Commission for Democracy through Law (Venice Commission), CDL(2005)10, S. 11.

der Medienberichterstattung und somit auch zum Thema der Medienpolitik.

Zudem ist dies auch ein Bereich, bei dem besonders deutlich wird, dass traditionelle Regulierungsinstrumente an ihre Grenzen geraten. Dies ist zumindest ein zentraler Grund für die Einführung neuer Regelungskonzepte in diesem Bereich, auch solche der Co-Regulierung. Eine Untersuchung aller Mediensysteme der EU-Mitgliedstaaten (und dreier außereuropäischer Staaten) zeigt, dass gerade der Jugendschutz ein Bereich ist, in dem Co-Regulierung zunehmend eingesetzt wird (vgl. HBI/EMR 2006: 130; die folgende Schilderung ist dieser Studie entnommen). Zwei Systeme, die besonders elaboriert sind, sollen im Folgenden kurz vorgestellt werden.

2.3 Niederländisches Institut für die Klassifizierung audiovisueller Medien

Im August 1999 wurde die nichtstaatliche Regulierungseinrichtung des Nederlands Instituut voor de Classificatie van Audiovisual Media (NICAM) von allen beteiligten Plattformorganisationen aus dem Medienbereich gegründet, nachdem die Regierung angekündigt hatte, dass sie die Kosten zur Gründung einer Klassifizierungseinrichtung tragen würde, an der sich alle maßgeblichen Medieneinrichtungen beteiligen würden. Das Hauptziel des Klassifizierungssystems ist es, Jugendliche vor schädlichen Fernseh-, Film-, DVD- und Videospielinhalten zu schützen. Dieses Ziel soll durch Klassifizierung aller audiovisuellen Medieninhalte und durch geeignete, an die Verbraucher und insbesondere die Eltern gerichtete Information erreicht werden. Das Commissariaat voor de Media (CvdM), eine unabhängige Regulierungsbehörde, welche als staatliche Einrichtung angesehen werden kann, spielt in dem System auch eine Rolle – namentlich bei ernsthaften schädlichen Programmen (rechtswidrige Inhalte, Hardcore-Pornographie, Gewaltdarstellungen) und für solche Sender, die nicht am NICAM System beteiligt sind.

Das Klassifizierungssystem namens »Kijkwijzer« (mit der doppelten Bedeutung von »sinnvoller (fern-)sehen« oder »Fernsehwegweiser«) wurde von unabhängigen Experten entwickelt und am 22. Februar 2001 von NICAM gestartet. Es führt ein einheitliches Klassifizierungssystem für Film, Fernsehen, Video und DVD ein. Das System basiert auf einer Altersklassifizierung und Inhaltsbeschreibungen, z.B. Angaben darüber, worin die »Schädlichkeit« der Inhalte besteht (Gewalt, Sex, Angst, Diskriminierung, Drogen- und Alkoholmissbrauch und ordinäre Sprache). Die mit NICAM verbundenen Einrichtungen kennzeichnen ihre Produktionen eigenverantwortlich basierend auf dem Kijkwijzer-

Kodierungsformular. Die Personen, die innerhalb der Unternehmen die Klassifizierung durchführen, werden von NICAM geschult. Gemäß den NICAM-Vorschriften dürfen Fernsehprogramme, die als geeignet für Kinder über 12 Jahren oder älter eingestuft werden, nicht vor 20 Uhr ausgestrahlt werden. Ein weiterer neuralgischer Punkt ist die Vorschrift, dass Sendungen, die als für 16-jährige geeignet klassifiziert werden, nicht vor 22 Uhr ausgestrahlt werden sollen.

Mitglieder von NICAM müssen alle Klassifizierungsregeln einhalten, genau so wie die Regeln über den Einsatz von Symbolen zur Inhaltsbeschreibung und über die Sendezeit.

Was Fernsehen angeht, setzt das Mediawet (Niederländisches Mediengesetz) den Rechtsrahmen zur Einführung von NICAM und stellt zusätzlich Regeln hinsichtlich schädlicher Inhalte im Fernsehen auf. Das Mediengesetz legt fest, dass Sendungen, die die körperliche, geistige oder sittliche Entwicklung von Personen jünger als 16 Jahren beeinträchtigen können, nur ausgestrahlt werden dürfen, wenn die jeweiligen Anbieter Mitglied einer – aufgrund von im Mediengesetz festgelegten Kriterien – staatlich akkreditierten Einrichtung sind, an deren Regelung gebunden und der Aufsicht dieser Einrichtung unterworfen sind. Sender, die sich nicht für eine Mitgliedschaft bei NICAM entscheiden, unterliegen direkt der Aufsicht durch das CvdM.

Gemäß des Mediengesetzes kann eine Einrichtung nur akkreditiert werden, wenn:
- gewährleistet ist, dass eine unabhängige Aufsicht zur Einhaltung der Vorschriften durch die Einrichtung stattfindet;
- Vorkehrungen getroffen wurden, die eine angemessene Beteiligung der Stakeholder ermöglichen, namentlich Vertreter von Verbraucherschutzverbänden, von Einrichtungen, die Sendezeit zugeteilt bekommen haben, Experten auf dem Gebiet der audiovisuellen Medien und Produzenten audiovisueller Medien;
- die finanzielle Situation der Einrichtung es sicherstellt, dass diese Aktivitäten hinreichend umgesetzt werden.

NICAM wurde nach den Vorschriften des Mediengesetzes durch eine Regierungsentscheidung vom 22. Februar 2001 akkreditiert. NICAM wird sowohl von der Wirtschaft als auch vom Staat finanziert.

Die Einhaltung der von NICAM aufgestellten Regeln wird auch von NICAM selbst überwacht. Es kann die folgenden Sanktionen verhängen: Abmahnungen; Strafzahlungen; Ausschluss aus NICAM (nur für den Fall sehr schwerer oder wiederholter Verstöße).

Das CvdM muss das uneingeschränkte Verbot für solche Fernsehinhalte überwachen, die Jugendlichen ernsten Schaden zufügen können.

Darüber hinaus hat das CvdM zu überprüfen, ob NICAM-Nicht-mitglieder potentiell jugendgefährdende Inhalte ausstrahlen.

2.4 Einrichtungen der Freiwilligen Selbstkontrolle (Deutschland)

Mit Inkrafttreten des Jugendmedienschutzstaatsvertrags (JMStV) 2003 wurden die Einbeziehung von »Einrichtungen der Freiwilligen Selbst-kontrolle« und der Umfang ihrer Entscheidungskompetenzen erweitert. Um die Einhaltung der Ziele des Staatsvertrages zu gewährleisten, be-dürfen die nichtstaatlichen Einrichtungen einer Anerkennung (durch die KJM, s.u.). Im Fernsehbereich wurde die »Freiwillige Selbstkontrolle Fernsehen« (FSF) anerkannt. Auf staatlicher Seite sind die Landesme-dienanstalten und die Kommission für Jugendmedienschutz (KJM) für die Überwachung der Rundfunkveranstalter zuständig. Die KJM trifft alle Entscheidungen, die den Jugendschutz betreffen, und gewährleistet so eine einheitliche Anwendung des JMStV bundesweit. Die jeweiligen Landesmedienanstalten bleiben aber für die Durchsetzung dieser Ent-scheidungen zuständig.

Aufgabe der »Einrichtung der Freiwilligen Selbstkontrolle« ist es, Rundfunkinhalte zu klassifizieren und die Durchsetzung der hierfür geltenden Vorschriften sicherzustellen. Außerdem können sie Änderun-gen bei der Altersklassifizierung von Filmen vornehmen, die von der nichtstaatlichen Stelle für die Filmbewertung nach dem Jugendschutzge-setz vorgenommen wurden (insbesondere solche Filme, deren Bewer-tung durch die FSK länger als 15 Jahre zurückliegt).

Der JMStV sieht Möglichkeiten vor, die nichtstaatliche Regulierung zu beeinflussen. Die wichtigste stellt die Notwendigkeit der Anerken-nung von »Einrichtungen der Freiwilligen Selbstkontrolle« dar. Voraus-setzungen für die Anerkennung sind, dass

– die Unabhängigkeit und Sachkunde ihrer benannten Prüfer gewähr-leistet ist und dabei auch Vertreter aus gesellschaftlichen Gruppen be-rücksichtigt sind, die sich in besonderer Weise mit Fragen des Ju-gendschutzes befassen,
– eine sachgerechte Ausstattung durch eine Vielzahl von Anbietern sichergestellt ist,
– Vorgaben für die Entscheidungen der Prüfer bestehen, die in der Spruchpraxis einen wirksamen Kinder- und Jugendschutz zu gewähr-leisten geeignet sind,
– eine Verfahrensordnung besteht, die den Umfang der Überprüfung, bei Veranstaltern auch die Vorlagepflicht, sowie mögliche Sanktionen regelt und eine Möglichkeit der Überprüfung der Entscheidungen

auch auf Antrag von landesrechtlich bestimmten Trägern der Jugendhilfe vorsieht,

— gewährleistet ist, dass die betroffenen Anbieter vor einer Entscheidung gehört werden, die Entscheidung schriftlich begründet und den Beteiligten mitgeteilt wird und

— eine Beschwerdestelle eingerichtet ist.

Die Anerkennung ist auf vier Jahre befristet und kann verlängert werden. Anerkannte »Einrichtungen der Freiwilligen Selbstkontrolle« werden von der KJM überwacht. Die Anerkennung kann widerrufen werden, wenn die Voraussetzungen für die Anerkennung nachträglich entfallen sind oder sich die Spruchpraxis der Einrichtung nicht im Einklang mit dem geltenden Jugendschutzrecht befindet. Der JMStV sieht keine anderweitigen Sanktionen gegen »Einrichtungen der freiwilligen Selbstkontrolle« vor.

Sofern »Einrichtungen der Freiwilligen Selbstkontrolle« existieren, sind die Kompetenzen der staatlichen Stellen eingeschränkt.

Die Landesmedienanstalten und die KJM dürfen selbst keine Sanktionen gegenüber Rundfunkveranstaltern erlassen, sofern die folgenden Voraussetzungen erfüllt sind: Der fragliche Inhalt wurde einer anerkannten »Einrichtung der Freiwilligen Selbstkontrolle« vor der Veröffentlichung vorgelegt, der Anbieter ist der Entscheidung dieser Einrichtung gefolgt und die »Einrichtung der Freiwilligen Selbstkontrolle« hat die rechtlichen Grenzen ihres Beurteilungsspielraums nicht überschritten.

Wenn der JMStV durch die Verbreitung von Inhalten verletzt wurde, die vor ihrer Ausstrahlung einer »Einrichtung der Freiwilligen Selbstkontrolle« nicht vorgelegt werden konnten (z.B. Live-Übertragungen), haben sich diese nach der Ausstrahlung mit dem Vorfall zu befassen. Auch hier gilt, dass weder die Landesmedienanstalten noch die KJM Sanktionen erlassen können, sofern der Anbieter der Entscheidung der nichtstaatlichen Einrichtung folgt und diese ihren Beurteilungsspielraum nicht überschritten hat. Zu beachten ist aber, dass dieser Vorbehalt nichtstaatlicher Regulierung nur dann greift, wenn der Rundfunkveranstalter sich einer »Einrichtung der Freiwilligen Selbstkontrolle« angeschlossen hat (diese Anforderung besteht nicht, wenn der fragliche Inhalt vor seiner Ausstrahlung zur Bewertung vorgelegt wurde).

Dass sich »Einrichtungen der Freiwilligen Selbstkontrolle« mit einem Vorfall befassen, beinhaltet auch, dass Sanktionen verhängt werden können. »Einrichtungen der Freiwilligen Selbstkontrolle« werden nur dann anerkannt, wenn eine Verfahrensordnung besteht, die auch mögliche Sanktionen regelt.

Neben der Aufsicht durch die Landesmedienanstalten führen auch Beschwerden zum Auffinden rechtswidriger Inhalte. »Einrichtungen der Freiwilligen Selbstkontrolle« werden daher auch nur dann anerkannt, wenn eine Beschwerdestelle eingerichtet wurde.

Sofern die »Einrichtung der Freiwilligen Selbstkontrolle« ihren Beurteilungsspielraum überschritten hat, können die Landesmedienanstalten an ihrer Stelle Sanktionen gegen den Rundfunkveranstalter verhängen.

2.5   Erfahrungen mit Co-Regulierung

Beide Systeme können nach der Evaluation als vergleichsweise effektive Sicherungen des Jugendmedienschutzes gelten (vgl. HBI/EMR 2006: 194f.). An den Beispielen zeigt sich, dass Medienpolitik hier in einer neuen Weise Ordnung schafft, nämlich weniger durch direkte Einflussnahme auf Inhalte der Medienproduktion, sondern durch die Kreation neuer Organisationen und Funktionszuschreibungen für bestehende, vor allem aber durch das Management des Verhältnisses unterschiedlicher Organisationen zueinander.

Der Weg, der sowohl in Deutschland als auch in den Niederlanden gewählt wurde, ist einer, der Co-Regulierung als »Angebot an die Industrie« begreift, einen Teil der Regulierungsverantwortung selbst zu übernehmen. Tut sie das nicht, greift staatliche Regulierung ein. Es wird davon ausgegangen, dass die Kosten einer staatlichen Regulierung für die Unternehmen höher ausfallen und deshalb ein Anreiz zur Teilnahme besteht. Dies kann aber für unterschiedliche Medienbereiche durchaus unterschiedlich sein, wie wiederum das deutsche Beispiel zeigt. Der Rundfunk- und der Online-Bereich sind so unterschiedlich, dass die Etablierung der entsprechenden Co-Regulierungsstrukturen unterschiedlich verlief und die Strukturen auch unterschiedlich ausfallen. So wurde die FSF schon am Tage des Inkrafttretens des Jugendmedienschutzstaatsvertrages als Einrichtung der Selbstkontrolle unter diesem Staatsvertrag anerkannt, während die entsprechende Anerkennung der Freiwilligen Selbstkontrolle Multimedia-Diensteanbieter (FSM) deutlich mehr Zeit in Anspruch nahm und erst 2005 abgeschlossen war. Hier dauerte es länger, bis die Branche selbst das Co-Regulierungssystem akzeptierte, aber auch Konflikte mit der staatlich eingesetzten Aufsicht KJM (Kommission Jugendmedienschutz) bei der Anerkennung, die einen Verwaltungsakt darstellt, spielten eine Rolle.

Wiederum anders sieht es im Bereich des Verbraucherschutzes in Bezug auf Werbung aus. Hier spielen traditionell Selbst-Regulierungs-Mechanismen eine wichtige Rolle, und zwar vor allem solche der werbetreibenden Wirtschaft. Der Rundfunk wiederum ist in diesem Bereich traditionell staatlich reguliert. Dies hat auf die Etablierung von Co-Regulierungsstrukturen starken Einfluss (vgl. HBI/EMR 2006).

2.6 Europäische Regelungsebene

Das Hauptinstrument europäischer Medienpolitik ist die so genannte Fernsehrichtlinie (Richtlinie 89/552/EWG, geändert durch Richtlinie 97/36 EG) zu deren Revision die Europäische Kommission Ende 2005 einen Änderungsvorschlag unterbreitet hat; die Richtlinie soll zukünftig Richtlinie über audiovisuelle Mediendienste heißen.

Ein Diskussionspunkt bei der Weiterentwicklung der Fernsehrichtlinie war, welche Instrumente die Mitgliedstaaten nutzen dürfen, um die Richtlinie wirksam umzusetzen. Gemäß Art. 249 Abs. 3 EGV sind die Mitgliedstaaten verpflichtet, Richtlinien wirksam in nationales Recht umzusetzen; bei der Form dieser Umsetzung sind sie allerdings grundsätzlich frei (vgl. exemplarisch Ruffert 2002: Art. 249 Rn. 51). Unter der bisherigen Richtlinie war unklar, inwieweit Mitgliedstaaten Vorschriften, etwa zum Jugendschutz, direkt in nationales Recht, durchsetzbar durch nationale Aufsichtsinstanzen oder Gerichte, umsetzen müssten, oder ob Modelle der Co-Regulierung dazu ausreichten. Die oben bereits genannte Studie wurde von der Kommission in Auftrag gegeben, um über den Stand der Co-Regulierung im Anwendungsbereich der Richtlinie Informationen zu erhalten.

Der Änderungsvorschlag der Kommission sieht vor, dass Mitgliedstaaten Co-Regulierung als Instrument einsetzen können, dieses Instrument wird den Mitgliedstaaten sogar empfohlen Art.3 (3):

»Die Mitgliedstaaten fördern Regelungen zur Co-Regulierung in den von dieser Richtlinie koordinierten Bereichen. Solche Regelungen müssen derart gestaltet sein, dass sie von den hauptsächlichen Beteiligten allgemein anerkannt werden und dass eine wirksame Durchsetzung gewährleistet ist.«[3]

Um diese Vorschrift gab es im Gesetzgebungsprozess ein erhebliches »Tauziehen«, da Industrievertretern daran gelegen war, Selbst-Regulierung der Co-Regulierung gleich zu stellen. In einer Vorfassung war noch in Art. 3 (3) von Selbst- und Co-Regulierung die Rede. Es bleibt abzuwarten, wie der Text der Richtlinie endgültig gestaltet sein wird. Allerdings ist zu konstatieren, dass eine Zulassung von Selbst-Regulierung, also Regulierung ohne staatliche Verantwortung irgendwelcher Art, dazu führen würde, dass die Mitgliedstaaten das Regelungsziel faktisch nicht umsetzen müssen (vgl. Schulz 2006: 16).

---

3   Der aktuelle Entwurf der Richtlinie kann von http://ec.europa.eu/comm/ avpolicy/docs/reg/modernisation/proposal_2005/avms-unoff-de.pdf   abgerufen werden.

Tritt die Richtlinie wie geplant in Kraft, ist zu erwarten, dass noch mehr Mitgliedstaaten als bisher vor allem im Bereich des Jugendschutzes zu Systemen der Co-Regulierung greifen werden.

3. Diskussion und Ausblick

Der kurze Durchgang durch die Materie zeigt, dass Ordnung durch Medienpolitik auch aus der Perspektive des Juristen betrachtet nicht im Sinne der Kreation des Mediensystems durch Regulierung verstanden werden kann. Medienregulierung war und ist jedenfalls im Bereich des Rechts privaten Rundfunks als indirekte Beeinflussung rundfunkpublizistischer Produktion konzipiert. Deutlich wird auch, dass aufgrund unterschiedlicher rechtlicher Voraussetzungen, aber vor allem auch unterschiedliche Regulierungspfade, unterschiedliche Medientypen von Medienpolitik und Medienrecht unterschiedlich behandelt werden.

Das neue Phänomen der Co-Regulierung zeigt eine veränderte Art der Ordnungsbildung durch Medienpolitik. Durch die indirektere Einflussnahme werden weniger Medienprodukte direkt »outcome-orientiert« Gegenstand der Regulierung, sondern verstärkt Organisationsgefüge und Prozesse. Hier haben sich – das zeigt das Beispiel des Deutschen Jugendmedienschutzrechtes – komplexe, manche sagen: überkomplexe, Systeme gebildet, denen großes Potenzial für die Erreichung der Regelungsziele, vor allem im Jugendschutz, attestiert wird. Der Bereich der Medienpolitik liefert damit – wie schon früher mit anderen Konzepten – in gewisser Weise Anschauungsbeispiele für andere Politikfelder, indem hier co-regulative Formen von hoher Komplexität ausprobiert werden. Damit werden Fragen der Gesetzgebungstechnik adressiert, die bislang kaum bearbeitet wurden; insgesamt ist die Gesetzgebungslehre zumindest im deutschsprachigen Raum aber in dieser Hinsicht nicht sehr ausgeprägt (vgl. Schulz 1999). Insofern steht für derartige Konstruktionen kein Regulatory Choice-Baukasten zur Verfügung und die Konstruktionen sind daher stark auf die Konkretisierung in der Praxis angewiesen.

Der Medienbereich erweist sich so als Beispielsfeld für eine Neudefinition von Ordnung durch Politik. Denn als ein zentraler Grund für das Versagen traditioneller Steuerungskonzepte nicht nur im Medienbereich und für den Advent von Co-Regulierung werden Wissensprobleme des steuernden Staates genannt (vgl. HBI/EMR 2006: 14f.). Dieser Zusammenhang disqualifiziert Hierarchie als zentrales Steuerungsmedium in der Wissensgesellschaft. Vorzugswürdig sind Formen, die Diversität und Heterogenität fördern, also auf die Steigerung von gesellschaftlicher

Komplexität ausgerichtet sind und nicht auf ihre Unterdrückung (vgl. Willke 2005: 42). Die Leistungsfähigkeit eines Goverance-Regimes hängt dann von der Lernfähigkeit im Hinblick auf die betroffenen Teilsysteme und vom intelligenten Arrangement von Organisationen und Prozessen ab. Dabei spielt zunehmend auch das vergleichende Lernen zwischen Regulierern (»Best Practice«) eine Rolle, wie wiederum die Versuche belegen, das niederländische oder das deutsche Jugendschutzsystem im europäischen Vergleich als besonders leistungsfähig und als »Exportschlager« herauszustellen.

In diesem Verständnis ist Medienpolitik als Ordnungspolitik keineswegs am Ende, sondern es ist sogar in bestimmten Bereichen eine Renaissance zu beobachten. So ist etwa in komplexen Akteurskonstellationen mit neuen Akteuren wie beim so genannten »Handy-TV« eine moderierende, Prozesse gestaltende Rolle der Regulierung Voraussetzung zur Öffnung neuer Kommunikationsplattformen und damit auch neuer Märkte. Für den Bereich der Definition bestimmter technischer Schnittstellen könnte Ähnliches gelten.

Dabei stellen sich allerdings sehr grundlegende Fragen im Hinblick auf rechtsstaatliche Garantien und demokratische Legitimation, die keineswegs nur im Medienbereich bei Co-Regulierungssystemen auftreten und bislang der rechtswissenschaftlichen Untersuchung harren.

Literatur

Di Fabio, Udo (1997): Verwaltung und Verwaltungsrecht zwischen gesellschaftlicher Selbstregulierung und staatlicher Steuerung. In: Schmidt-Preuss, Matthias/ Di Fabio, Udo (Hrsg.): Verwaltung und Verwaltungsrecht zwischen gesellschaftlicher Selbstregulierung und staatlicher Steuerung Veröffentlichungen der Vereinigung der Deutschen Staatsrechtslehrer 56, Berlin u.a., S. 235- 277.

Hans-Bredow-Institut/EMR (2006): Co-Regulation Measures in the Media Sector. Hamburg.

Hans-Bredow-Institut (2006): DocuWatch Digitales Fernsehen. In: http://www.hans-bredow-institut.de/publikationen/dw/index.html (16.10.2006).

Hesse, Albrecht (2003): Rundfunkrecht. München.

Hoffmann-Riem, Wolfgang (1991): Schutz der Kommunikationsordnung durch Rundfunkaufsicht: Ziele, Instrumente, Erfahrungen. In: Staatswissenschaft und Staatspraxis, S. 405-443.

Jarren, Otfried (1998): Medienpolitische Kommunikation. In: Jarren, Otfried/ Sarcinelli, Ulrich/Saxer, Ulrich (Hrsg.): Politische Kommunikation in der demokratischen Gesellschaft. Ein Handbuch mit Lexikonteil. Opladen, S. 616-629.

Mayntz, Renate (2005): Governance Theory als fortentwickelte Steuerungstheorie? In: Schuppert, Gunnar (Hrsg.): Governance-Forschung. Vergewisserung über Stand und Entwicklungslinien. Baden-Baden, S. 11-20.

Marcinkowski, Frank (1993): Publizistik als autopoietisches System. Politik und Massenmedien. Eine systemtheoretische Analyse. Opladen.

Rossen-Stadtfeld, Helge (2006): Kommentierung zu § 25 RStV. In: Hahn, Werner/ Vesting, Thomas (Hrsg.): Beck'scher Kommentar zum Rundfunkrecht. (2. Aufl.) München (im Druck).

Sachs, Michael (Hrsg.) (1999): Grundgesetz Kommentar. München.

Schulz, Wolfgang (2006): Zum Vorschlag für eine Richtlinie über audiovisuelle Mediendienste. Arbeitspapiere des Hans-Bredow-Instituts. Hamburg.

Schulz, Wolfgang/Held, Thorsten/Kops, Manfred (2002): Perspektiven der Gewährleistung freier öffentlicher Kommunikation. Ein interdisziplinärer Versuch unter Berücksichtigung der gesellschaftlichen Bedeutsamkeit und Marktfähigkeit neuer Kommunikationsdienste. Baden-Baden.

Schulz, Wolfgang/Held, Thorsten (2006): Die Zukunft der Kontrolle von Meinungsmacht. Berlin (im Druck).

Schulz, Wolfgang/Held, Thorsten (2007): Verfassungsrechtliche Grundsätze und Media Governance. Demokratische Legitimation und Wahrung des Rechtstaatsprinzips bei der Regulierung von Medienanbietern unter besonderer Berücksichtigung co-regulativer Systeme. In: Donges, Patrick (Hrsg.): Von der Medienpolitik zur Media Governance? Köln (im Druck).

Schulz, Wolfgang (1999): Rechtssetzung in der »Informationsgesellschaft«: Renaissance für die Gesetzgebungslehre? In: Imhof, Kurt/Jarren, Otfried/Blum, Roger (Hrsg.): Steuerungs- und Regelungsprobleme in der Informationsgesellschaft. Opladen/Wiesbaden, S. 342-360.

Sjurts, Insa (2002): Integration der Wertschöpfungsketten im globalen Medienmarkt. In: Hans-Bredow-Institut (Hrsg.): Internationales Handbuch Medien 2002/2003, Baden-Baden, S. 75-87.

Trute, Hans-Heinrich/Denkhaus, Wolfgang/Kühlers, Doris (2004): Governance in der Verwaltungsrechtswissenschaft. In: Die Verwaltung 37, S. 451-473.

Vesting, Thomas (1999): Zum Wandel normativer Leitdifferenzen in der »Informationsgesellschaft«. In: Imhof, Kurt/Jarren, Otfried/Blum, Roger (Hrsg.), Steuerungs- und Regelungsprobleme in der Informationsgesellschaft. Opladen, S. 267-281.

Voßkuhle, Andreas (2006): Neue Verwaltungsrechtswissenschaft. In: Hoffmann-Riem, Wolfgang/Schmidt-Aßmann, Eberhard/Voßkuhle, Andreas (Hrsg.): Grundlagen des Verwaltungsrechts, Band. I. München, S. 1-61.

Weischenberg, Siegfried (2004): Journalistik. Theorie und Praxis aktueller Medienkommunikation. Band 1: Mediensysteme, Medienethik, Medieninstitutionen. (3. Aufl.) Wiesbaden.

Willke, Helmut (2005): Welche Expertise braucht die Politik? In: Bogner, Alexander/Torgersen, Helge (Hrsg.): Wozu Experten? Ambivalenzen der Beziehung von Wissenschaft und Politik. Wiesbaden, S. 45-66.

Wolff, Hans-Julius/Bachof, Otto/Stober, Rolf (1999): Verwaltungsrecht, Band 1. München.

Urs Saxer

Regelungsgrenzen nationaler Medienordnungen – Die Schweiz als Beispiel

1. Medienordnung durch das Recht?

Für Politik und Rechtswissenschaft ist die Medienordnung zu einem wesentlichen Teil auch eine staatlich garantierte und rechtlich verfasste: Die konstitutionellen Garantien der Meinungs-, Presse- und Medienfreiheit bilden die normative Basis, welche in einem Rechtsstaat mediale Öffentlichkeitskommunikation erst ermöglicht. Der Gesetzgeber kann und soll ferner einen verbindlichen, demokratisch legitimierten Ordnungsrahmen für die Medien setzen.

Verfassungslehre, Medienpolitik und Rechtsprechung nehmen diesen Ordnungsrahmen und die Ziele einer Medienordnung, ja die Leistungen des Mediensystems schlechthin, sehr stark aus der Perspektive der politischen Kommunikation wahr. Als verfassungsrechtliches Leitbild dient das Konzept bürgerlicher Öffentlichkeit (vgl. Hoffmann-Riem 1998: 160 f.) bzw. der Beitrag der Medien zur (direkten) Demokratie (»Demokratiegerechte Öffentlichkeit«; vgl. Staatspolitische Kommission 2003), zum Föderalismus und zur nationalen Identität. Eine derartige demokratisch-funktionale Deutung der Kommunikationsgrundrechte (vgl. Jörg Paul Müller 1998: 265 ff.) ist auch Grundlage der medienrelevanten Verfassungsrechtsprechung des schweizerischen Bundesgerichts, welches bereits vor bald 100 Jahren die gesellschaftliche Funktion der Presse im Sinne einer Informations-, Meinungsbildungs- und Überwachungsfunktion umschrieben hat (BGE 37 I 381 E. 2 S. 388). Neuere Urteile bezeichnen – ganz ähnlich wie entsprechende Urteile des deutschen Verfassungsgerichts oder des Europäischen Gerichtshofs für Menschenrechte – die Meinungs- und Pressefreiheit als tragende Grundlagen der Demokratie (BGE 98 Ia 73 E. 3b) S. 80). Sie weisen auf die zentrale Bedeutung der Medien, namentlich des Rundfunks, bei der Herstellung einer demokratischen Öffentlichkeit und für die direkt-demokratische Willensbildung hin (BGE 104 Ia 377 E. 2a) 379; BGE 98 I 73 E. 3c) S. 81 f.; Jörg Paul Müller 1999: 265 ff.).

Diese demokratisch-funktionale Sichtweise, welche auch die nationale Mediengesetzgebung namentlich im Rundfunkbereich prägt (vgl. Dumermuth 2006), kann sich zwar auf weitgehend unbestrittene Bezüge zwischen dem nationalen politischen System und dem Mediensystem stützen. Indes vernachlässigt sie die weit über das Politische hinausgehenden Leistungen des Mediensystems: Kommunikation als gesellschaftliches Totalphänomen (vgl. Ulrich Saxer 1998: 26 ff.), Medien als gesellschaftliche und politische Wirklichkeitsgeneratoren (vgl. Sarcinelli 2005: 146), als Konstituenten der sozialen Wirklichkeit und als Basis der sich vornehmlich durch Kommunikation charakterisierenden Gesellschaft (Kommunikationsgesellschaft), die primär medienvermittelte Perzeption sozialer Wirklichkeit durch Individuum und Gesellschaft bzw. die Verschmelzung von medialer mit sozialer Wirklichkeit, die Medien als Orientierungshilfen, als Sinnstifter, als Vermittler von Weltbildern, Werten und Einstellungen oder ganz einfach als gewinnbringend abzusetzende Unterhaltungsware zum Rezipientenzeitvertrieb – angesichts dieses Funktionenpluralismus wird man die Regel- bzw. Steuerbarkeit des Mediensystems durch den Staat nicht überschätzen. Es kommt hinzu, dass sozialwissenschaftlich seit längerem ein zunehmender Verlust heteronomer Regelungsmöglichkeiten des Mediensektors sowie der Gestaltungskraft der Rechtsordnung schlechthin konstatiert wird. Regelungsgrenzen sind im Medienbereich daher ein Thema. Sie haben Auswirkungen auf die Ziele, Ebenen und Mittel bei der Gestaltung der Medienordnung.

2. Medienregelung als Rahmenordnung ohne Globalsteuerungsanspruch

2.1 Faktische und rechtliche Regelungsgrenzen

Regelungsgrenzen können faktischer oder normativer Natur sein. Zur Umschreibung der faktischen Regelungsdeterminanten genügen als Stichworte die Globalisierung, die Ökonomisierung, der wirtschaftliche Wettbewerb, die Individualisierung und die technologische Weiterentwicklung, welche den sozialwissenschaftlichen Diskurs seit längerem bestimmen (vgl. Schneider 1998: 425 f.) und das Mediensystem strukturell laufend umgestalten. Angesichts der damit verbundenen Freilegung dynamischer Eigengesetzlichkeiten des Mediensystems wird eine zunehmende Irrelevanz und Einflusslosigkeit einer Steuerung durch politische und rechtliche Regelungen konstatiert (vgl. Schneider 1998: 427). Das sich vom politischen System entfremdende Mediensystem entwickelt sich zum nach eigenständigen Funktionsprinzipien organisierten und entsprechend autonomen, selbst gesteuerten gesellschaftlichen Teilsystem. Die Internationalisierung, wozu auch die ubiquitäre Natur des Internets und von Multimedia beigetragen haben, unterminieren zusätzlich nationale Regelungsansprüche. Das Recht erweist sich angesichts dessen zunehmend als geschwächtes Steuerungsinstrument.

Hinzu treten allgemein zurückgenommene Vorstellungen von der Steuerbarkeit gesellschaftlicher Verhältnisse durch den Staat (vgl. Willke 1983). Die Verabschiedung des heroischen Sozial- und Vorsorgestaat und die entsprechende Umbau der Staatsaufgaben äussern sich unter anderem in der Zurücknahme staatlicher Aktivitäten, in der Deregulierung, in einer Primärsteuerung durch die Marktkräfte (Marktregulierung) und im Vertrauen in eine Selbstregulierung bzw. in die Zivilgesellschaft. Davon betroffen ist auch das Gesetz als zentrales Steuerungsinstrument des Rechtsstaates. In einer funktional differenzierten, zunehmend enthierarchisierten »Gesellschaft ohne Spitze und ohne Zentrum« (vgl. Luhmann 1981: 22) versagen die imperative Festlegung von Normen und deren hoheitlicher Vollzug zunehmend. Der Staat wird vermehrt zur Kooperation gezwungen, agiert als Mediator oder zurückhaltender Regulator, setzt im Rahmen heterarchisch konstruierter und/oder netzwerkartiger Beziehungen auch informale Instrumente und Anreizmittel ein (allgemein Jarren 1999; zum Rundfunk Jarren/Donges/Künzler et al. 2001), oder versucht den Einsatz reflexiven Rechts, d.h. der staatlich verordneten Selbstregulierung gesellschaftlicher Teilsysteme (vgl. Georg Müller 2006: 29 ff.)

Der Medienbereich ist von diesen Entwicklungen stark betroffen. So ist zu einem erheblichen Teil unklar, inwieweit Medienregelung eine Staatsaufgabe darstellen soll: Im Gegensatz z.B. zu sozialstaatlichen Wohlfahrtszielen oder zur Gewährleistung der alltäglichen Sicherheit gibt es keine evidenten Gemeinwohlinteressen als nationale Regelungsziele, auf welche die Medien zu programmieren wären (vgl. auch Jarren 1999: 155 ff.). Jenseits abstrakter, vager Postulate sind weder ein medienpolitischer Konsens noch eine hinreichende Umsetzungsgewissheit zu erzielen. Ein erheblicher Teil der Medienregelung erfolgt sodann durch die in der Regel medienunspezifischen Normen des Wirtschafts- und Wettbewerbsrechts. Medienregulierung ist daher normalerweise selektiver, sektorieller oder punktueller Natur. Ferner zeichnet sich immer stärker die Tendenz ab, gemeinwohlorientierte Regelungsambitionen durch eine regulierende Aufsichtsfunktion zu ersetzen, in deren

Rahmen und ausgehend von einem primär selbst gesteuerten Mediensystem sich der Staat als Regulator darauf beschränkt, die Medienmärkte
zu überwachen, offen zu halten und – wo ein Marktversagen besteht
oder sich anbahnt (vgl. Czada/Lütz 2003: 16 ff.) – ausgleichend auf die
Medienakteure einzuwirken. In diesem Rahmen lassen sich punktuell
auch Gemeinwohlziele verwirklichen, aber unter angemessener Beachtung einer subsidiären Funktion staatlicher Massnahmen.

Diese zurückhaltende Konzeption der Regelungsmöglichkeiten legen
auch die im Medienbereich zahlreichen normativen Determinanten
nahe. Normhierarchisch bedingte Gestaltungsschranken ergeben sich
schon aus internationalen Rechtsbindungen. Die völkerrechtlichen Garantien der Presse-, Meinungs- und Informationsfreiheit beruhen auf der
Grundvorstellung einer freiheitlichen Medienordnung, was z.B. einen
reinen Staatsrundfunk ausschließt (vgl. das Urteil des Europäischen
Gerichtshofs für Menschenrechte vom 24. November 1992 i.S. Informationsverein Lentia u.a. gegen Österreich, EuGRZ 1994: 549 ff.).
Unter dem GATT sind sodann Presseerzeugnisse grundsätzlich frei
handelbare Güter. Das GATS hat zusätzlich zu einem Liberalisierungs-
druck im Medienbereich (v.a. Rundfunk und Film) geführt, was in
näherer Zukunft gesetzgeberische Gestaltungsansprüche zur Verwirklichung nationaler Ziele zusätzlich beschränken dürfte. Zentrale Regelungsdeterminanten ergeben sich schließlich aus der Verfassung als der
rechtlichen Grundordnung des Staates, welche ihrerseits die völkerrechtlichen Vorgaben einzuhalten hat. Alle diese Normenkomplexe limitieren
den legislatorischen Spielraum hinsichtlich der Ziele, der Instrumente
und der Mittel erheblich. Sie konstituieren im Wesentlichen ein von
Freiheits- und Grundrechtsgarantien bestimmtes Mediensystem, sichern
also gerade dessen autonomes Funktionieren, so dass Regulierung im
Sinne eines intendierten Staatseinflusses zur legitimationsbedürftigen
Ausnahme wird.

2.2   Verzicht auf eine Globalsteuerung

Die beschriebenen Regelungsdeterminanten legen den Verzicht auf den
Versuch einer regulatorischen Globalsteuerung des Mediensystems im
nationalen Rahmen nahe. Schon der Regelungsgegenstand, also mediale
Kommunikation, lässt sich kaum auf einer übergeordneten Ebene normieren oder steuern (vgl. Ulrich Saxer 1998: 33). Die Internationalisierung begrenzt die Regelungsmöglichkeiten zusätzlich; sie verunmöglicht
namentlich die umfassende einzelstaatliche Normierung sich entnationa-
lisierender Mediensysteme. Ferner schließen die verfassungsrechtlichen

Vorgaben eine Verpflichtung des Mediensystems auf allgemeine staatliche oder gesellschaftliche Ziele weitgehend aus.

Zu groß sind indessen vor allem die faktischen Hindernisse in der Form kollidierender Eigengesetzlichkeiten des Mediensystems. So kann sich Medienpolitik und Medienregelung weder gegen die wirtschaftlichen Marktmechanismen noch gegen das Rezipientenverhalten oder die technologische Entwicklung stemmen. Dies gilt auch für demokratiepolitisch motivierte Steuerungsversuche mit dem Zweck, das sich verselbständigende Mediensystem mit rechtlichen Mitteln wieder stärker an die Bedürfnisse des politischen Systems zu koppeln. Dieser Versuch würde sich zudem dem Vorwurf eines Paternalismus zweifelhafter Verfassungskonformität aussetzen. Forderungen wie die Förderung der Anbieter- und Meinungsvielfalt oder die rechtliche Festschreibung eines eigentlichen Leistungsauftrags der Medien – vergleichbar dem Auftrag für die Energiewirtschaft oder den öffentlichen Verkehr – verkennen ferner die weit über das Politische hinausgehenden Leistungen des Mediensystems und können dysfunktionale Auswirkungen haben. Denn Medienangebote und Medieninhalte lassen sich ebenso wenig diktieren wie sich Rezipientengewohnheiten und Marktmechanismen umfassend steuern oder Ausweichstrategien von Medien als Folge einer restriktiven Gesetzgebung bekämpfen lassen. Überdies kann die gesellschaftspolitisch an sich wünschbare Vielfaltsförderung als umfassende, sektorübergreifende Aufgabe angesichts der enormen, auch zielgruppenorientierten Vervielfachung und Ausdifferenzierung des Medienangebotes kaum noch mit einem Marktversagen bzw. einer Unterversorgung mit Medieninhalten begründet werden.

Der Verzicht auf eine Globalsteuerung wird auch durch die Erkenntnisse der Gesetzgebungslehre gedeckt, welche gegenüber einer echten Steuerungsfunktion des Rechts seit längerem skeptisch ist: Gesetzgebung bzw. Regulierung ist – so die illusionslose Feststellung – oft mehr der gesetzgeberische Nachvollzug bereits eingetretener Verhältnisänderungen bzw. eines abgeschlossenen Wertewandels, seltener demgegenüber die prospektive Gestaltung gesellschaftlicher Verhältnisse (vgl. Georg Müller 2006: 12 ff.): Sozialer Wandel lässt sich – so der auch für eine Medienpolitik ernüchternde Befund – nur bedingt durch das Recht verwirklichen. Oft überschätzt der Gesetzgeber sein Gestaltungspotential, was – ganz im Sinne einer zu Taten gedrängten Politik – in einen legislatorischen Symbolismus z.B. in der Form von kaum zu erreichenden Programmen und Zielbestimmungen mündet, dies mit den Folgen entsprechender Umsetzungs- und Vollzugsprobleme, ungenügender

Akzeptanz und mangelhafter Effektivität (vgl. auch Georg Müller 2006: 171 f.).

2.3 Allgemeiner Ordnungsrahmen

Die primäre Aufgabe des Rechts ist die Reduktion von Komplexität durch die normative Ordnung und Stabilisierung menschlichen Verhaltens bzw. die Schaffung eines verbindlichen Ordnungsrahmens (vgl. Georg Müller 2006: 11 f.) – also eine eher statische Funktion. Im Medienbereich ist das Recht vor allem bei der Etablierung zentraler normativer Rahmenbedingungen als Voraussetzung eines möglichst autonom funktionierenden Mediensystems geeignet, dies im Sinne von Grundprinzipien und von demokratisch-rechtsstaatlichen Strukturen. Zu erwähnen sind in diesem Zusammenhang die völker- und verfassungsrechtlichen Garantien von Grundfreiheiten und Grundwerten, Regelungen zur Verteilung knapper medienrelevanter Ressourcen wie z.B. terrestrischer Frequenzen, die Schaffung von Institutionen und Strukturen z.B. im Rundfunkbereich und Regeln zur Offenhaltung der publizistischen und wirtschaftlichen Märkte. Die Festlegung einer solchen, vor allem auf die konstitutionellen Rechte ausgerichteten normativen Grundinfrastruktur ohne eigentlichen Steuerungsanspruch und ohne Medieninhaltsbezug ist Kernfunktion einer rechtsstaatlich-demokratischen Mediennormierung.

Im Grundsatz unbestritten sind sodann Regelungsmöglichkeiten auf einer Meso- und Mikroebene (vgl. Hoffmann-Riem 1998: 162 ff.). Zu denken ist an sektorielle Normierungen wie an die Festlegung der organisatorischen Strukturen des (öffentlichen bzw. öffentlich-rechtlichen) Rundfunks, an eher technische Zugangsregelungen zur Verbreitungsinfrastruktur oder – bei der politischen Kommunikation – an Normen über die Öffentlichkeitsarbeit des Staates zur Befriedigung der Informationsbedürfnisse der Medien und der Öffentlichkeit und zum Schutz der politischen Rechte. In weiten Bereichen genügen indessen punktuelle Normierungen. Die für Medien geltenden rechtlichen Rahmenbedingungen ergeben sich zu einem wesentlichen Teil aus der allgemeinen Rechtsordnung, sind also nicht medienspezifischer Natur. Dies gilt für das Wirtschaftsrecht ebenso wie z. B. für den Persönlichkeits- und Datenschutz, für das Strafrecht oder für das Urheberrecht. Es ist im Einzelfall zu prüfen, ob bzw. inwieweit Sonderregelungen für die Medien überhaupt notwendig sind und welche Regelungsziele damit erreicht werden sollen.

Solche medienspezifische Normen können angesichts verfassungsrechtlicher Vorgaben oder in Berücksichtigung der Besonderheiten medialer Kommunikation erforderlich sein, wie die Freiheit der Medien gewährleistende Sondernormen z.B. im Persönlichkeits-, Datenschutz-, Straf- und Prozessrecht zeigen. Unzweifelhaft regelbar ist sodann auch der Schutz von Rechtsgütern der Öffentlichkeit und Dritter bei der Medienberichterstattung, dies unter Einhaltung der verfassungs- und völkerrechtlichen Grundrechtsgarantien. Hier wird ein Regelungsskeptizismus weit weniger ausgeprägt sein, auch wenn im Einzelfall Sinn und Zweck von Normen umstritten sein mag und sich deren Vollzug an den Eigengesetzlichkeiten des Mediensystems reibt. Nicht zu unterschätzen ist sodann die Funktion des Rechts zur Sicherstellung einer medien- und kommunikationsgerechten Rechtsordnung bis in feine Verästelungen, dies im Sinne einer Grundrechtskonkretisierung auf Gesetzesstufe.

Daraus ergibt sich indessen keine medienrelevante Gesamtordnung, sondern ein höchst heterogenes Geflecht von Rechtsnormen mit völlig unterschiedlichen Regelungszielen in den verschiedensten Rechtsbereichen. Regulatorische Steuerung findet damit vor allem als *fine tuning* statt, dies unter Verabschiedung von gesellschaftlich an sich wünschbaren, übergeordneten Regelungsambitionen.

3. Die Schweiz: Medienregelungen im Zeichen von Zielkonflikten

3.1 Die Schweiz als medienpolitischer Sonderfall?

Die Schweiz tut sich mit den beschriebenen Entwicklungen eher schwer. Dazu trägt auch ein Selbstverständnis als medienpolitischer Sonderfall bei: Föderalismus, direkte Demokratie auf allen Staatsebenen und Mehrsprachigkeit verlangen aus der Sicht des politischen Systems eine möglichst vielfältige und kapillare mediale Versorgung der Bevölkerung (vgl. Donges 2005b), was indessen gerade wegen der Mehrsprachigkeit und des ausgeprägt föderalistischen Staatsaufbaus, welche die an sich schon nicht großen Märkte verkleinern und zugleich die Sprachregionen der benachbarten ausländischen Konkurrenz öffnen, auf zunehmende Schwierigkeiten stösst. Diese Ausgangslage schafft besondere Regelungsbedürfnisse und damit spezifisch nationale Regelungsziele der Medienordnung, welche primär staats- bzw. demokratiepolitisch bedingt sind und stark in den Dienst der Behauptung der nationalen Identität und der Bewahrung der Vitalität des politischen Systems gestellt werden (vgl. Bonfadelli/Meier in diesem Band). Zu den Zielen zählen – wenig überraschend – der Schutz von Demokratie, Föderalismus, Mehrsprachigkeit, nationaler Identität und des gesellschaftlichen Zusammenhalts. Diese Anliegen sollen unter anderem durch Massnahmen zum Schutz der Printmedien gegenüber den elektronischen Medien, durch Regelungen gegen die Medien- und Pressekonzentration und durch eine (indirekte) Presseförderung, durch die Sicherstellung eines starken, gebührenfinanzierten Service public im Bereich des Rundfunks, und durch die Zulassung und Förderung des privaten Rundfunks vor allem auf regionaler und lokaler Ebene erreicht werden (vgl. auch Burkert 2002: 257 ff.).

Diese Regelungsziele differieren nicht grundlegend von den entsprechenden Zielen vergleichbarer Staaten; entsprechend darf der Sonderfall Schweiz nicht überbewertet werden. Die Ziele werden allenfalls vor dem Hintergrund einer spezifischen Ausgangslage mit besonderen Mitteln verfolgt. Auch dies unterscheidet die schweizerische Medienordnung unwesentlich von den Regelungen anderer Staaten. Diese sind häufig von der Ausgestaltung des nationalen politischen Systems geprägt, so dass nationale Sonderfälle international wohl eher die Regel als die Ausnahme bilden. Angesichts der transnationalen Natur der beschriebenen Determinanten, welche rechtliche Regelungen zunehmend erschweren, dürfte das binnenorientierte Denken in Sonderfallkategorien an Bedeutung verlieren und zumindest teilweise eine zunehmende Angleichung der nationalen Mediensysteme stattfinden. Insoweit trägt das Beispiel der Schweiz durchaus paradigmatische Züge für die Schwierigkeit, medienpolitische Ziele zu formulieren und umzusetzen.

Diese Schwierigkeit zeigt sich vor allem in den die Regelungsmöglichkeiten begrenzenden Zielkonflikten. Die Ziele der schweizerischen Medienpolitik sind stark medieninhaltsbezogen, politiknah, binnenzentriert und wirtschaftsfern. Sie implizieren Regelungsambitionen, welche im Rundfunk einem Globalsteuerungsanspruch nahe kommen und geraten daher unweigerlich in Konflikte mit den Mechanismen des wirtschaftlichen und publizistischen Wettbewerbs, denn gerade in der Schweiz lässt sich das Mediennutzungsverhalten angesichts ausgeprägter Ausweichmöglichkeiten auf ausländische Produkte und Programme nur unter Schwierigkeiten steuern. Für die vollständige Verwirklichung der Ziele fehlt angesichts zu kleiner Märkte die ökonomische Basis. Da diese Ziele weder werbe- noch rezipientenfinanziert werden können, wäre eine massive staatliche Finanzierung erforderlich; hierzu sind die Stimmberechtigten indes nicht bereit. Der Spielraum für gesetzliche Regelungen zur Verwirklichung gemeinwohlorientierter Ziele ist in der Schweiz daher gering und die Kluft zwischen Regelungsanspruch und Regelungsmöglichkeiten erheblich.

3.2 Medienverfassung – Das Scheitern einer Gesamtordnung

Einer gesetzgeberischen Makrosteuerung sind in der Schweiz verfassungsrechtliche Grenzen gesetzt. Die Ausgestaltung der Medienordnung wird vor allem durch konstitutionelle Wertentscheidungen bestimmt, in deren Zentrum die Garantie der Kommunikationsgrundrechte – allen voran die Medienfreiheit (Art. 17 BV) – stehen. Die wichtigsten Grundsätze der Medienordnung sind in dieser Bestimmung vorgegeben: Die Entscheidung für die Staatsferne und für die selbst gesteuerte Vielfalt der Medien, für die Freiheit des öffentlichen Diskurses, für die inhaltliche Freiheit von Medien und Medienschaffenden und für einen marketplace of ideas (vgl. Burkert 2002: 257 f.). Zusätzlich hat sich die legislatorische Ausgestaltung der Medienordnung zumindest dem Grundsatz nach auch an der in vielen anderen Staaten nicht existierenden Verfassungsgarantie der Wirtschaftsfreiheit zu orientieren. Die konstitutionelle Gewährleistung der publizistischen Freiheiten wird also durch den Verfassungsschutz einer wirtschaftlichen Betätigungsfreiheit der Medien ergänzt. Dies alles reflektiert die Entscheidung für eine gesellschaftlich, wirtschaftlich und technologisch grundsätzlich offene Medien- und Kommunikationsordnung als Determinante regulatorischer Interventionen.

Die Bundesverfassung enthält sodann weder eine allgemeine medienpolitische noch eine pressespezifische Zuständigkeitsnorm. Grundrechte werden ferner nur zurückhaltend als institutionelle Garantien und damit als Kompetenzgrundlage politischer Eingriffs-, Gestaltungs- und Förderungsmassnahmen verstanden (vgl. Schweizer 2002: 480 ff.). Einzig im Bereich des Rundfunks besteht eine umfassende Bundeszuständigkeit. Versuche, eine medienpolitische Gesamtzuständigkeit konstitutionell zu etablieren, waren bis jetzt erfolglos. Die Vorschläge der Expertenkommission für eine Medien-Gesamtkonzeption (EK-MGK), welche vor über zwanzig Jahren einen breiten Bogen von in die Verfassung aufzunehmender Grundsätze und Massnahmen unterbreitete (vgl. EJPD 1982), führten allein zu einer neuen Verfassungsgrundlage für den Rundfunk; nur wenige Empfehlungen wurden später umgesetzt. Mehr als zwanzig Jahre später scheiterte im Parlament der weniger ambitiöse Versuch zur konstitutionellen Verankerung einer Bundeszuständigkeit für eine demokratiepolitisch motivierte Förderung der Vielfalt und der Unabhängigkeit der Medien (vgl. Staatspolitische Kommission 2003).

Medienpolitik hat damit in der Schweiz weiterhin keine allgemeine Verfassungsgrundlage, sondern nur eine sektoriell auf den Rundfunk bezogene. Dies führt auf Verfassungsstufe zu einer für die Schweiz charakteristischen Zweiteilung der Medienordnung in Printmedien und

Rundfunk, wobei sich dem Bund vorbehaltene Steuerungsmöglichkeiten im Wesentlichen auf den Rundfunk beschränken (Art. 93 BV).

3.3 Rundfunkordnung

Entsprechend ist in der Schweiz Medienpolitik primär Rundfunkpolitik. In der entsprechenden Verfassungsbestimmung (Art. 93 BV) gelangt hierbei ein umfassender Regelungs- und Gestaltungsanspruch des Staates im Sinne einer sektoriellen Gesamtsteuerung des Rundfunks zum Ausdruck. In deren Zentrum steht der verfassungsrechtliche Leistungsauftrag als konstitutionelle Wunschliste an den inhaltlichen Output des Rundfunksystems, der als Programmauftrag den Rundfunk normativ auf gemeinwohlorientierte Ziele im Sinne eines Service public verpflichtet.

Gerechtfertigt wird dies einerseits mit einem regulatorisch zu korrigierenden Marktversagen, da ein ausschließlich über den Markt gesteuertes Rundfunksystem die verfassungsrechtlich verlangten Leistungen nicht erbringen könne (vgl. Dumermuth 2006). Die andere Legitimation besteht in der dem Rundfunk zugeschriebenen, im Vergleich zu den Printmedien ungleich größeren Einflusskraft, Aktualität und Suggestivkraft auf die Meinungsbildung und damit auf den demokratischen Prozess sowie – ganz allgemein – in der wesentlich größeren gesellschaftlichen Bedeutung des Rundfunks (vgl. Dumermuth 2006; sehr kritisch Meili 2006).

Das schweizerische Rundfunkrecht folgt hierbei, sieht man vom Schutz der SRG als nationale Rundfunkgrundversorgerin mit umfassender Servic Public-Verpflichtung ab, keinem klaren Konzept. Es errichtet insbesondere kein eindeutig duales System, weil der Glaube an eine strukturelle Diversifikation in kleinen Märkten fehlt (vgl. Botschaft des Bundesrates 2003: 1594 f.; Dumermuth 2006). Es hat vielmehr einen ausgeprägt kompromisshaften Charakter angesichts partikulärer, die Regelungsmöglichkeiten stark beschränkender Rahmenbedingungen und versucht, unterschiedliche, teilweise konfligierende Ziele im Sinne eines kleinsten gemeinsamen Nenners zu harmonisieren.

Der umfassende, den publizistischen und wirtschaftlichen Wettbewerb einschließende Steuerungsanspruch ist allerdings an rechtliche und wirtschaftliche Grenzen gestoßen: Gestützt auf das Europäische Übereinkommen über das grenzüberschreitende Fernsehen können ausländische Rundfunkveranstalter werbefinanzierte schweizerische Programmfenster anbieten. Zugleich vervielfachte sich dank einer umfassenden Verkabelung das Angebot vor allem ausländischer Programme, welche nach dem Sendestaatsprinzip den spezifisch schweizerischen Restriktionen nicht unterliegen. Dies führte wegen den kleinen einheimischen Märkten zu einer weiteren Schwächung schweizerischer Programme im Vergleich zu den ausländischen, welche relativ mühelos ihr Empfangsgebiet erweitern konnten. Entsprechend sind derzeit etliche private Rundfunkveranstalter im Rahmen des Gebührensplittings – einer schweizerischen Spezialität – auf den geringen, privaten Anbietern vorbehaltenen Anteil an Gebührengeldern angewiesen (ca. 1% der Gebühren).

Die vom Bundesrat angeführten Gründe für eine Totalrevision des Radio- und Fernsehgesetzes, welches in der neuen Fassung voraussichtlich im Jahr 2007 in Kraft treten wird, belegen die Schwierigkeiten bei der Umsetzung eines umfassenden Steuerungsanspruchs: die technologische Entwicklung, die Internationalisierung und die Ökonomisierung (vgl. Botschaft des Bundesrates 2003: 1582 ff.) fordern ihren Tribut und verlangen dessen Rücknahme (vgl. Botschaft des Bundesrates 2003: 1587 f.; allgemein Jarren/Donges/Künzler et al. 2001: 19 ff.). Das neue Gesetz, doppelt so umfangreich wie das alte, wird indessen nicht zu einem strukturellen Umbau führen. Nach wie vor im Zentrum steht die Erhaltung einer starken SRG, welche nunmehr als einzige umfassend auf den Service public und den Verfassungsauftrag verpflichtet wird und sich unverändert mit Rundfunkgebühren und mit Werbung finanzieren kann (vgl. Botschaft des Bundesrates 2003: 1593 f.). Auch die Beibehaltung von Konzessionen mit Leistungsauftrag an Private verbunden mit der Festlegung von Versorgungsgebieten zeigt, dass das bisherige Regime zu einem erheblichen Teil weitergeführt wird. Ein nicht unerheblicher Teil der Neuerungen ist ferner kaum mehr als der Nachvollzug bereits eingetretener Verhältnisänderungen (Aufgabe des Drei-Ebenen-Modells, Verzicht auf die Verpflichtung auf den Service public, reduzierte Programmgrundsätze, formell vereinfachte Zulassung für Private zumindest im Kabelbereich). Schließlich sichert auch die zahlenmäßige Begrenzung der Konzessionen für private Veranstalter die Vorrechte der SRG als nationale, gesetzlich konzessionierte Rundfunkanstalt. Bestehende Strukturen dürften damit weitgehend erhalten bleiben, und der Sonderfall »SRG« setzt sich – vom Gesetzgeber gewollt – fort (vgl. auch Urs Saxer 2006). Die grundsätzliche Öffnung der Rundfunkmärkte beschränkt sich auf die Verbreitung über Kabel und Internet, wobei diese Veranstalter sich ausschließlich über die Werbung finanzieren müssen, was angesichts der kleinen schweizerischen Werbemärkte und der Dominanz der SRG schwierig ist. Zudem wird die formell erleichterte Zulassung durch eine vermehrte Abhängigkeit von den Betreibern der Verbreitungsinfrastruktur (v.a. Kabelnetzbetreiber) erkauft, denen Gebühren zu bezahlen sind und welche immer weniger an ihren Analognetzen und immer mehr an ihren Digitalnetzen interessiert sind. Daher werden es Neueinsteiger schwer haben. Positiv zu bewerten sind demgegenüber die Bestimmungen zur Programmaufbereitung und die darin enthaltenen Bestimmungen zu offenen Schnittstellen und zur Entbündelung, welche auch die Meinungsvielfalt sichern (Art. 63-65 des neuen RTVG).

Es ist bezeichnend, dass sich die wesentliche politische Auseinandersetzung um das neue RTVG in einem merkantilen Feilschen zwischen Befürwortern eines starken Service public und den Vertretern des privaten Rundfunks, zu denen auch die großen Medienhäuser zählen, um die Werbemöglichkeiten sowie das Gebührensplitting erschöpfte. Die Lösung dieses Konflikts, welche in einer verstärkt asymmetrischen Werberegelung zulasten der SRG und einem gesetzlich garantierten, höheren Anteil am Gebührensplitting (4%) besteht, offenbart die binnenorientierte, korporatistische Natur der schweizerischen Medienpolitik, welche an großen Zielen oder Veränderungen nicht interessiert ist. Die Zielkonflikte zwischen Auslandsabwehr, Schutz des einheimischen Service public, Förderung des privaten Rundfunks und Offenheit für künftige technische Entwicklungen sind offensichtlich politisch kaum lösbar. Dies führt zu Regelungen, welche zwar formell liberaler sind, in der Substanz indessen das bisherige Regime zu einem erheblichen Teil perpetuieren. Die Perzeption bzw. die Überbewertung faktischer Regelungsgrenzen mündet in einen gewissen rundfunkpolitischen Immobilismus.

3.4 Erhaltung und Förderung der Medien- bzw. Anbietervielfalt

Die Erhaltung und Förderung der Medienvielfalt zählt zu den traditionellen Zielen der schweizerischen Medienpolitik. Staatliche Massnahmen beziehen sich auf den Schutz der Printmedien gegenüber den elektronischen Medien, auf die Presseförderung, auf die Sicherstellung der Medienvielfalt im Rundfunk und auf die Verhinderung monopolähnlicher Situationen. Ihr Erfolg ist angesichts ökonomischer Zwänge und der Schwierigkeit, Rezipientenpräferenzen zu steuern, teilweise fraglich (kritisch zur Vielfaltsförderung vgl. auch Seufert 2004), denn gerade in der Schweiz mit ihren kleinen Märkten kann eine Vielzahl von Anbieter zu ökonomisch und publizistisch schwachen Medienunternehmungen und zu Programmveranstaltern mit bescheidener Reichweite führen. Eine Anbietervielfalt bewirkt daher keineswegs notwendigerweise auch eine Meinungsvielfalt. Trotzdem bestehen in der Schweiz entsprechende Regelungen auf mehreren Ebenen.

Der Schutz einer vielfältigen Presse gegenüber den elektronischen Medien ist ein Verfassungsauftrag, der unter dem geltenden und dem neuen RTVG in der Form von Restriktionen der Rundfunkwerbung umgesetzt wird. Davon betroffen sind nebst der SRG auch private Veranstalter, welche sich mit zusätzlichen Beschränkungen der Finanzierungsmöglichkeiten konfrontiert sehen. Damit wird ein Zielkonflikt mit der an sich ebenfalls wünschbaren Anbietervielfalt im Rundfunkbereich offensichtlich. Zugleich kann dieser Schutz die Abwanderung von Werbung zum Internet nicht verhindern.

Die Presseförderung erschöpft sich in der Schweiz aus Mangel an einer ausdrücklichen Verfassungsgrundlage in einem bis Ende 2007 befristeten Vorzugstarif für den Posttransport schweizerischer Presseerzeugnisse (vgl. Staatspolitische Kommission 2003: 5373 f.). Diese indirekte Unterstützungsmassnahme von derzeit jährlich 80 Mio. CHF beruht praktisch auf dem Giesskannenprinzip. Mit einer echten, qualitativen Förderung der Angebots- und Meinungsvielfalt hat diese Form eines Staatsbeitrags zur Reduktion unternehmerischer Risiken kaum etwas zu tun. Abgestellt wird auf rein formale, nicht auf (verfassungsrechtlich allerdings problematische) inhaltbezogene bzw. publizistische Kriterien, namentlich auf die Auflage, die Erscheinungshäufigkeit, der Herausgabeort und der Druckort. Mit letzterem mutiert die Presseförderung zur Unterstützung des einheimischen Druckereigewerbes, was mit der Förderung der publizistischen Angebotsvielfalt endgültig nichts mehr zu tun hat und u.a. das GATT und das Freihandelsabkommen zwischen der Schweiz und der EU verletzt (vgl. den Entscheid der REKO/INUM vom 20. 10. 2005 im Beschwerdeverfahren H-2004-174, Verwaltungspraxis der Bundesbehörden (VPB) Nr. 70.18). Es ist derzeit offen, ob und wie die Presseförderung weitergeführt wird.

Im Rundfunkbereich sind die Zielkonflikte bei der Förderung der Medienvielfalt besonders ausgeprägt. Die unter demokratisch-funktionalen Gesichtspunkten wünschbare Anbietervielfalt, welche eine möglichst liberale Rundfunkordnung z.B. im Sinne eines echten dualen Systems verlangte, würde den öffentlichen Rundfunk, d.h. die SRG schwächen und die Auslandsorientierung der Rezipienten verstärken, was wiederum im Gegensatz zu demokratiepolitischen Anliegen steht (vgl. Botschaft des Bundesrates 2003: 1594 f.). Damit sind strukturellen Massnahmen zur Förderung der Angebotsvielfalt zum Vornherein Grenzen gesetzt. An die Stelle des externen Pluralismus tritt zu einem wesentlichen Teil die Verpflichtung zum Binnenpluralismus. Trotzdem kennt auch das Rundfunkrecht Instrumente zur Vielfaltsförderung. So findet eine eigentliche staatliche Angebotsbewirtschaftung im Rahmen der Konzessionspraxis namentlich zur Vergabe der knappen terrestrischen Rundfunkkonzessionen statt, welche zum Ziel hat, die Medienvielfalt zu fördern. Dies führt indes zu kaum lösbaren Konflikten zwischen wirtschaftlichen Erfordernissen, aufgrund derer echte publizistische Zusatzangebote kaum Marktchancen haben, und dem Ehrgeiz, nicht nur eine Anbietervielfalt, sondern auch eine publizistische Bereicherung sicherzustellen. Das neue RTVG sieht ferner zur Sicherstellung der Meinungs- und Angebotsvielfalt Massnahmen gegen die Medienkonzentration vor, falls der Missbrauch einer marktbeherrschenden Stellung die Meinungs- und Angebotsvielfalt gefährdet (Missbrauchskontrolle; Art. 74 f. des neuen RTVG). Diese Massnahmen sind auch auf die SRG anwendbar, obschon bei deren Erlass der Fokus des Gesetzgebers wohl primär bei den privaten Rundfunkveranstaltern und weiteren Unternehmungen wie der Cablecom lag. Allerdings ist die Anwendungsschwelle relativ hoch; ferner sind die Massnahmen nicht sehr einschneidend, und es gelangen vor allem sog. weiche Instrumente zur Anwendung (Verpflichtung zur Zusammenarbeit mit Dritten oder zur internen Selbstregulierung; sehr kritisch zu diesen Normen Nobel/do Canto 2006).

Die rundfunkrechtlichen Medienkonzentrationsbestimmungen ersetzen teilweise die mittlerweile aufgehobenen Sondernormen des Kartellrechts zu Medienfusionen, welche es erlaubten, Medienzusammenschlüsse in den als besonders gefährdet betrachteten regionalen und lokalen Märkten zu verhindern oder mit Auflagen zu versehen. Dies führte allerdings dazu, dass größere, finanzkräftige Medienunternehmungen ihre Marktposition überregional noch ausbauen konnten, während für kleinere Medienunternehmungen im regionalen oder lokalen Bereich ein Zusammenschluss nur noch als Sanierungsfusion möglich war (vgl. Amann 2000). Auch die kartellrechtlichen Sondervorschriften konnten indessen den angesichts kleiner Märkte unvermeidbaren Trend zu Lokal- und Regionalmonopolen nicht brechen. Da dies mit der Entwicklung zur Forumszeitung und damit zum Binnenpluralismus verbunden ist, mindern sich freilich auch die Auswirkungen auf die Meinungsvielfalt. Mit der Aufhebung dieser Sonderbestimmungen erfasst das Kartellrecht noch Zusammenschlüsse zwischen den sechs größten Medienhäusern der Schweiz.

Obschon die Erhaltung der Medienvielfalt das zentrale Anliegen einer vor allem staats- und demokratiepolitisch argumentierenden Medienpolitik darstellt, ist tendenziell eine Rücknahme eines Regelungsanspruchs festzustellen; die einschlägige Gesetzgebung hat zunehmend Symbolcharakter. Zu ausgeprägt sind die wirtschaftlichen Determinanten, welche finanziellen und strukturell wirkenden Massnahmen Grenzen setzen. Es hat denn auch eine gewisse Verlagerung auf Massnahmen stattgefunden, deren Fokus nicht die Förderung der Anbieter- oder Inhaltsvielfalt bildet, sondern die Offenhaltung des Zugangs zu Inhalten und Verbreitungsmöglichkeiten. Dazu zählen z.B. die urheberrechtliche Regelung der Berichterstattung über aktuelle Ereignisse, das rundfunkrechtliche Kurzberichterstattungsrecht bei öffentlichen Ereignissen und das Zugangsrecht zu wesentlichen Ereignissen, ferner die rundfunkrechtlichen Bestimmungen, welche den Zugang zu den Programmen schweizerischer Veranstalter sicherstellen und schließlich auch Bestimmungen zur Vielfaltssicherung im Rahmen der Verbreitung und Aufbereitung von Programmen, welche vor allem die Träger der Verbreitungsinfrastruktur zur Offenhaltung dieser Infrastruktur zwingen (vgl. hierzu Art. 59 ff. und 63 ff. des neuen RTVG).

3.5 Inhaltssteuerung bzw. -regelung

Eine Steuerung des Inhalts bzw. des Inhaltsangebots erscheint noch schwieriger als eine Steuerung der Anbieter- bzw. der Angebotsvielfalt. In der Schweiz wird im Printmedienbereich darauf verzichtet, nicht aber beim Rundfunk. Dort ist die Steuerung bereits im konstitutionellen Leistungsauftrag an den Rundfunk angelegt. Der Steuerungsanspruch ist mit der RTVG-Revision nur teilweise zurückgenommen worden. Der Begriff des Service public bleibt ein rundfunkrechtlicher Zentralbegriff. Er bezieht sich vor allem auf die Inhaltsgestaltung und wird einerseits in den rundfunkrechtlichen Programmgrundsätzen und anderseits im Programmauftrag sowie in den Konzessionen konkretisiert. Trotzdem ist er inhaltlich diffus geblieben. Es ist fraglich, ob er, soweit er sich über die Verpflichtung zur Grundversorgung hinaus auch auf die Inhalte bezieht, überhaupt normativ in einer operativen Weise fassbar ist. Während die Programmgrundsätze Einigermaßen justiziabel sind und deren Einhaltung von der Unabhängigen Beschwerdeinstanz (UBI) als Spezialverwaltungsgericht überwacht werden kann, sind die Programm- bzw. Leistungsaufträge, welche sich ja auf das Gesamtprogrammangebot der einzelnen Programmveranstalter beziehen, auch aus verfassungsrechtlichen Gründen (Staatsunabhängigkeit und Autonomie des Rundfunks) sehr allgemein gehalten. Als Handlungsanleitung und Beurteilungsgrundlage sind sie wenig geeignet, und entsprechend haben sie z.B. nicht verhindern können, dass ein wesentlicher Teil der Radioformate heute als Mainstream gilt. Anlässlich der Revision des RTVG lehnte das Parlament die Schaffung eines vom Bundesrat vorgeschlagenen speziellen Beirates für die SRG zur Überwachung und Überprüfung der Service-public-Verpflichtung ab. Damit bleibt die Steuerungskraft der in den Konzessionen festgelegten Leistungsaufträge weiterhin ungewiss. Es ist zu vermuten, dass für die privaten Veranstalter und teilweise auch für die SRG weniger die Programmgrundsätze und Leistungsaufträge in den Konzessionen, umso mehr aber die wirtschaftlichen Zwänge und die Orientierung an den Rezipienten- und Werbemärkten relevant sind.

Zu den inhaltsbezogenen Normen zählen auch Bestimmungen zum Schutz von Rechtsgütern der Allgemeinheit sowie von Dritten. Ein solcher Rechtsgüterschutz ist, sofern die verfassungsrechtlich begrenzten Eingriffsmöglichkeiten in die Meinungs- und Medienfreiheit eingehalten werden, grundsätzlich zulässig, denn die publizistische Freiheit der Medien findet Grenzen an den Rechten anderer sowie der Allgemeinheit. Beispiel ist der in der Schweiz stark ausgebaute Persönlichkeitsschutz. Dort beziehen sich die meisten veröffentlichten Urteile des Bundesgerichts auf die Medien, obschon – sieht man von den Vorschriften des Gegendarstellungsrechts ab – diese Normen medienunspezifischer Natur sind. Trotzdem konnte der Persönlichkeitsschutz dem allgemeinen Trend zur Personalisierung und Skandalisierung der Medienberichterstattung nicht wirklich Einhalt gebieten. Das Ungenügen der gesetzlichen Regelungen, welche vor über zwanzig Jahren zu einer Verschärfung des Persönlichkeitsschutzes führte, wird heutzutage genau gleich konstatiert. Auch dies belegt die bloss beschränkte Steuerungskraft des Rechts.

4. Würdigung

Das Beispiel der Schweiz zeigt die Grenzen legislatorischer Programmierung der Medien deutlich. Diese Grenzen sind zu einem geringeren Teil normativer Natur. Von primärer Bedeutung ist ein struktureller Wandel in gesellschaftlicher, technologischer und wirtschaftlicher Hinsicht. Dieser verlangt eine Rücknahme von Regelungsansprüchen – eine Tendenz, welche durch den Wandel vom Lenkungs- und Leistungsstaates zum (blossen) Gewährleistungsstaat verstärkt wird. Obschon also moderne Gesellschaften auch und vor allem Mediengesellschaften sind, ist gerade in diesen die Gesellschaft teilkonstituierenden Bereichen auf eine umfassende rechtliche Steuerung (Globalsteuerung) zu verzichten. Sie ist nicht möglich, und ihre demokratiepolitische Basis verliert zunehmend an Überzeugungskraft.

Wesentliche und unverzichtbare Basis einer Medienordnung bilden vielmehr – dies zeigt auch das Beispiel der Schweiz – Normen ohne Steuerungsambitionen im Sinne einer normativen, rechtsstaatlich-demokratischen Grundinfrastruktur als Rahmenbedingung eines sich möglichst autonom entfaltenden publizistischen und wirtschaftlichen Medienwettbewerbs. Hinzu treten medienspezifische Regelungen auf einer Meso- und Mikroebene, welche indessen kein eigentliches System bilden. Dabei verlagert sich der Fokus auf Massnahmen, welche vor allem Zugangsrechte sicherstellen und die medienrelevanten wirtschaftlichen sowie die publizistischen Märkte offen halten. Dies ist die Aufgabe des Staates als eher zurückhaltend agierender Regulator. In der Schweiz wird diese Möglichkeit indes unzureichend wahrgenommen. Insbesondere der Einsatz von Regelungsinstrumenten wie z.B. dem reflexiven Recht oder der Selbstregulierung erfolgt nur ansatzweise. Dafür mag auch der Umstand verantwortlich sein, dass Selbstregulierung demokratisch nicht legitimiert und damit dem Einfluss des Parlaments und – in einer Referendumsdemokratie – der Stimmberechtigten entzogen ist. Indes bleiben dadurch sinnvolle Regelungschancen zu Unrecht ausgeblendet.

Der Rundfunkbereich befindet sich in einer Ausnahmesituation – in der Schweiz und in anderen Ländern. Die Schweiz mag diesbezüglich tatsächlich ein Sonderfall bilden, der ein klar duales System nicht zulässt. Es wird sich zeigen, ob die Erhaltung der bestehenden Strukturen längerfristig wirklich tragfähig ist. Die absehbaren Entwicklungen lassen Zweifel aufkommen.

Literatur

Amann, Matthias (2000): Zeitungsfusionskontrolle. Diss. Zürich.

Botschaft des Bundesrates (2003) zur Totalrevision des Radio- und Fernsehgesetzes vom 18. Dezember 2002. In: Bundesblatt 2003, S. 1569-1778.

Burkert, Herbert (2002): Kommentar zu Art. 17 BV. In: Ehrenzeller, Bernhard/Mastronardi, Philippe/Schweizer, Rainer J./Vallender, Klaus A.: Schweizerische Bundesverfassung. Kommentar. Zürich, Basel, Genf, Lachen 2002, S. 255-269.

Czada, Roland/Lütz, Susanne/Mette, Stefan (Hrsg.) (2003): Regulative Politik. Zähmung von Markt und Technik. Opladen.

Donges, Patrick (2004): Selbstregulierung – ideologisches Schlagwort oder tragfähiges Regulierungskonzept? In: Friedrichsen, Mike/Seufert, Wolfgang (Hrsg.): Effiziente Marktregulierung. Baden-Baden, S. 215-227.

Donges, Patrick (2005a): Medialisierung der Politik – Vorschlag einer Differenzierung. In: Rössler, Patrick/Krotz, Friedrich (Hrsg.): Mythen der Mediengesellschaft. Konstanz, S. 321-339.

Donges, Patrick (2005b): Politische Kommunikation in der Schweiz. Medialisierung eines »Sonderfalls«. In: Donges, Patrick (Hrsg.): Politische Kommunikation in der Schweiz. Bern, Stuttgart, Wien, S. 7-26.

Dumermuth, Martin (2006): Die Revision des Radio- und Fernsehgesetzes und das duale System. In: Zeitschrift für Schweizerisches Recht (ZSR) 125, H. I, S. 229-263.

Eidgenössisches Justiz- und Polizeidepartement (EJPD) (1982): Medien-Gesamtkonzeption. Bericht der Expertenkommission für eine Medien-Gesamtkonzeption. Bern.

Hoffmann-Riem, Wolfgang/Schulz, Wolfgang (1998): Politische Kommunikation – Rechtswissenschaftliche Perspektiven. In: Jarren, Otfried/Sarcinelli, Ulrich/Saxer, Ulrich (Hrsg.): Politische Kommunikation in der demokratischen Gesellschaft. Ein Handbuch. Opladen, Wiesbaden, S. 154-172.

Hoffmann-Riem, Wolfgang (2000): Regulierung der dualen Rundfunkordnung, Baden-Baden.

Jarren, Otfried (1999): Medienregulierung in der Informationsgesellschaft? Über Möglichkeiten zur Ausgestaltung der künftigen Medienordnung. In: Publizistik, H. 2, S. 149-164.

Jarren, Otfried/Donges, Patrick/Künzler, Matthias/Schulz, Wolfgang/Held, Thorsten/Jürgens, Uwe (2001): Der öffentliche Rundfunk im Netzwerk von Politik, Wirtschaft und Gesellschaft. Baden-Baden.

Jarren, Otfried/Weber, Rolf H./Donges, Patrick/Dörr, Bianka/Künzler, Matthias/Puppis, Manuel (2002): Rundfunkregulierung. Leitbilder, Modelle und Erfahrungen im internationalen Vergleich. Eine sozial- und rechtswissenschaftliche Analyse. Zürich.

Jarren, Otfried (2005): Staatliche Kommunikation unter mediengesellschaftlichen Bedingungen. Rahmenbedingungen, Probleme und Anforderungen an die Kommunikation staatlicher Akteure am Beispiel der Schweiz. In: Donges, Patrick (Hrsg.): Politische Kommunikation in der Schweiz. Bern, Stuttgart, Wien, S. 29-56.

Jarren, Otfried/Donges, Patrick (2005): Der öffentliche Rundfunk in der Gesellschaft. Begründung, Wandel und Konflikte um eine Leitidee am Beispiel Schweiz. In: Ridder, Christa Maria/Langenbucher, Wolfgang R./Saxer, Ulrich/Steiniger, Christian (Hrsg.): Bausteine einer Theorie des öffentlichrechtlichen Rundfunks. Festschrift für Marie-Luise Kiefer. Wiesbaden, S. 177-195.

Ludwig, Johannes (2004): Mediale Vielfalt: Ein (Nicht)-Ergebnis von Anbieter- und/oder Nachfrageinteressen, Marktdefiziten und/oder Regulierungsdefiziten? In: Friedrichsen, Mike/Seufert, Wolfgang (Hrsg.): Effiziente Marktregulierung. Baden-Baden, S. 11-28.

Luhmann, Niklas (1981): Politische Theorie im Wohlfahrtsstaat. München.

Meili, Andreas (2006): Gründe und Scheingründe für eine Sonderregelung des Rundfunks: Der Weg zum RTVG aus Sicht des Gesamtmediensystems. In: Zeitschrift für Schweizerisches Recht (ZSR) 125, H. I, S. 263-282.

Müller, Georg (2006): Elemente einer Rechtsetzungslehre. (2. Aufl.), Zürich.

Müller, Jörg Paul (1999): Grundrechte in der Schweiz. Im Rahmen der Bundesverfassung von 1999, der UNO-Pakte und der EMRK. Bern.

Nobel, Peter/do Canto, Philipp (2006): Schutz der Medienvielfalt durch das RTVG. In: Zeitschrift für Schweizerisches Recht (ZSR) 125, H. I, S. 283-308.

Sarcinelli, Ulrich (2005): Politische Kommunikation in Deutschland. Wiesbaden.

Saxer, Ulrich (1998): System, Systemwandel und politische Kommunikation. In: Jarren, Otfried/Sarcinelli, Ulrich/Saxer, Ulrich (Hrsg.): Politische Kommunikation in der demokratischen Gesellschaft. Ein Handbuch. Opladen, Wiesbaden, S. 21-64.

Saxer, Urs (2006): SRG ohne Grenzen? Rundfunkfremde Aktivitäten der SRG unter dem neuen RTVG. In: Zeitschrift für Schweizerisches Recht (ZSR) 125, H. I, S. 309-338.

Schneider, Beate (1998): Mediensystem. In: Jarren, Otfried/Sarcinelli, Ulrich/Saxer, Ulrich (Hrsg.): Politische Kommunikation in der demokratischen Gesellschaft. Ein Handbuch. Opladen, Wiesbaden, S. 422-430.

Schweizer, Rainer J. (2002): Kommentar zu Art. 35 BV. In: Ehrenzeller, Bernhard/Mastronardi, Philippe/Schweizer, Rainer J./Vallender, Klaus A.: Schweizerische Bundesverfassung. Kommentar, Zürich, Basel, Genf, Lachen.

Seufert, Wolfgang (2004): Gibt es eine effiziente Medienregulierung? – Ein erstes Resümee der Kritik an der Konzeption und Praxis der Regulierung des Rundfunks. Baden-Baden, S. 229-237.

Staatspolitische Kommission des Nationalrates (2003): Bericht zur Parlamentarischen Initiative Medien und Demokratie vom 3. Juli 2003. In: Bundesblatt 2003, S. 5357-5380.

Weber, Rolf H. (1995): Medienkonzentration und Meinungspluralismus. Zürich.

Weber, Rolf H. (1999): Regelungs- und Steuerungsmöglichkeiten im Rundfunkrecht. In: Imhof, Kurt/Jarren, Otfried/Blum, Roger (Hrsg.): Steuerungs- und Regelungsprobleme in der Informationsgesellschaft. Opladen, Wiesbaden, S. 297-316.

Weber, Rolf H./Dörr, Bianka S. (2001): Digitale Verbreitung von Rundfunkprogrammen und Meinungsvielfalt. Entwicklungen, Probleme, Lösungen. Zürich.

Weber, Rolf H./Dörr, Bianka S. (2002): Revitalisierung der Selbstregulierung im Medienbereich? In: Aktuelle Juristische Praxis (AJP), H. 3, S. 312-327.

Weber, Rolf H. (2003): Gebührensplitting – Mehr Probleme als Lösungen? In: medialex, H. 2, S. 71-72.

Weber, Rolf. H (2004): Selbstregulierung und Selbstorganisation bei den elektronischen Medien. In: medialex, H. 4, S. 211-217.

Willke, Helmut (1983): Entzauberung des Staates. Überlegungen zu einer gesellschaftlichen Steuerungstheorie. Königstein/Ts.

Willke, Helmut (1997): Supervision des Staates. Frankfurt a.M.

Josef Trappel

Governance-Ansätze in der Medienregulierung

Mit der Leistungsfähigkeit der herkömmlichen Medienregulierung sind viele Betroffene unzufrieden – aus ganz unterschiedlichen Gründen. Auf der einen Seite wird Überregulierung kritisiert. Viele Medienunternehmen betrachten jegliche Form der gesetzlichen oder regulatorischen Beschränkung ihres unternehmerischen Spielraumes als unzulässigen Eingriff in ihre Autonomie. Bei der Verteidigung dieser Autonomie berufen sich Medienunternehmen in der Regel auf die Absicherung der programmlich-inhaltlichen Freiheiten des Journalismus sowie – grundlegend – auf die Meinungsfreiheit. Auf der anderen Seite wird die Unwirksamkeit der Regulierung beklagt. Vor allem kleinere und nicht marktbeherrschende Unternehmen befinden sich gegenüber ihren großen Konkurrenten oft im Nachteil, ohne dass die Medienregulierung einen wirksamen Ausgleich zu schaffen vermag. Auch die publizistische Leistungsfähigkeit und die Rolle der Regulierung sind kritisch zu hinterfragen. Erbringen die Medienunternehmen tatsächlich das beste erreichbare publizistische Ergebnis nach den Anforderungen einer zeitgemäßen Demokratie? Und leistet die Regulierung ihren Beitrag zur Erreichung dieses Ergebnisses? Zweifel an der Angemessenheit der Medienregulierung wurden in der wissenschaftlichen Debatte wiederholt geäussert und Vorschläge für eine Erweiterung des Verständnisses von Medienregulierung unterbreitet (vgl. z.B. Jarren 1999).

Im folgenden Beitrag wird die Frage diskutiert, ob sich Governance-Ansätze für die Medienregulierung nutzbar machen lassen und ob sie gegebenenfalls in der Lage sind, ein besseres Regulierungsergebnis zu erreichen. Um diese Frage zu beantworten, werden zwei in der Literatur beschriebene Media Governance-Ansätze auf ihre Tauglichkeit für die wissenschaftliche Analyse und die politische Praxis diskutiert und im Hinblick auf eine zu den bestehenden Regulierungsformen komplementäre Anwendung weiterentwickelt.

1. Begriff und Anwendungsfelder

Unter Governance ist ganz allgemein der Prozess der Aushandlung und die Form der Ausübung von Macht in der Gesellschaft zu verstehen. Das Konzept beschreibt eine Form des Regierens, die eine große Anzahl von Betroffenen in der Entscheidungsfindung anhört und deren Anliegen nach Massgabe auch berücksichtigt. »Good Governance« bezeichnet
»die Qualität der Zusammenarbeit und Entscheidungsfindung zwischen staatlichen und gesellschaftlichen Gruppen in Angelegenheiten von öffentlichem Interesse« (Hill 2005: 223).

Die Organisation für wirtschaftliche Zusammenarbeit und Entwicklung, OECD, hat *Corporate Governance-Grundsätze* (sowohl für Privat- als auch für Staatsunternehmen) erlassen, die zwar keinen rechtsverbindlichen Charakter haben, aber doch als Richtlinien für die jeweilige »Corporate Governance« herangezogen werden sollen. Darin werden die Rechte der Aktionäre gegenüber dem Unternehmen ebenso festgeschrieben wie die Rolle der Stakeholder, die Transparenz und die Verantwortlichkeiten des Verwaltungsrats. Zu letzterem zählen etwa die Einhaltung von ethischen Normen und die Berücksichtigung der Interessen der Stakeholder. Als Aufgabe des Verwaltungsrats nennt die OECD:
»The board should apply high ethical standards. It should take into account the interests of stakeholders. […] At a minimum, the ethical code should set clear limits on the pursuit of private interests, including dealings in the shares of the company. An overall framework for ethical conduct goes beyond compliance with the law, which should always be a fundamental requirement« (OECD 2004: 60).

Die Transparenzvorschriften in den OECD Richtlinien zielen darauf ab, durch Information eine Risikofrüherkennung zu gewährleisten:
»The corporate governance framework should ensure that timely and accurate disclosure is made on all material matters regarding the corporation, including the financial situation, performance, ownership, and governance of the company« (ebd., 49).

Nach den OECD-Richtlinien besteht »Corporate Governance« also aus der Wahrnehmung von Verantwortung aller Beteiligten, wobei an die die Mitglieder der Geschäftsleitung und des Verwaltungsrates erhöhte Anforderung gestellt werden. Deren Aufgabe besteht nicht nur in der getreuen Geschäftsführung, sondern auch in der Offenlegung von Risiken sowie in der Berücksichtigung von Interessen der Stakeholder.

Im Sinne der im angelsächsischen Raum verbreiteten »Corporate Social Responsibility«-Konzeption tragen Unternehmen nicht nur für die Wirtschaftlichkeit ihres Geschäftsbetriebs Verantwortung, sondern auch für die Gestaltung der vielfältigen Beziehungen des Unternehmens zu seiner Umwelt. Konzerne werden als quasi-öffentliche Institutionen betrachtet, deren Verhalten Auswirkungen auf das wirtschaftliche, aber auch auf das soziale, kulturelle und politische Zusammenleben der Menschen hat (vgl. Thommen 2003: 14). Konzerne sehen sich also mit den Ansprüchen Betroffener aus vielfältigen Lebenszusammenhängen konfrontiert. Die Beziehungen zu diesen Betroffenen sind gestaltungsbedürftig und gestaltungsfähig. Vor allem eine weit gefasste »Corporate Governance« bezieht diese Ansprüche in die Unternehmenspolitik mit ein.

Zum Bedeutungskern des Governance-Konzepts zählen in all diesen Ansätzen in der einen oder anderen Form die Mitwirkung gesellschaftlicher Gruppen und die Berücksichtigung des öffentlichen Interesses bei der Ausübung von Macht. Von Governance-Bemühungen kann immer dann gesprochen werden, wenn politische Entscheidungen im öffentlichen oder allgemeinen Interesse (im Gegensatz zu Partikularinteressen) unter Beteiligung von Betroffenen angestrebt werden. Dies kann die Gesellschaft insgesamt betreffen (»Public Governance«) oder auch nur eine Teilöffentlichkeit wie etwa die Stakeholder eines Unternehmens (»Corporate Governance«). Auch wenn keine allgemein gültige und verbindliche Begriffsdefinition besteht, so sind den unterschiedlichen Governance-Ansätzen die folgenden Anliegen gemeinsam:

- *Mitwirkung gesellschaftlicher Gruppen und partizipative Formen der Entscheidungsfindung:* Der demokratische Begriffskern von Governance bezieht sich auf die Entscheidungsbeteiligung der Entscheidungsbetroffenen. Mit der Anzahl der Mitwirkenden wird die Entscheidungsfindung komplexer, worauf auch Frank Marcinkowski (unter Verweis auf Benz 2004 und Kooimans 2003) aufmerksam macht: »Formelle Politik wird in hohem Maße durch informelles Regieren in institutionalisierten Handlungskontexten ergänzt, in denen eine Vielzahl öffentlicher und privater Akteure zusammen wirken. Die wachsende Komplexität der dadurch entstandenen Regelungsstruktur wird neuerdings als »Governance« bezeichnet« (Marcinkowski 2005: 345). Nach Kooimans (2003) sind an dieser Form des Regierens immer sowohl staatliche als auch private Akteure beteiligt.
- *Berücksichtigung des öffentlichen Interesses:* Governance als spezielle Form des Interessensausgleichs anerkennt nicht nur partikuläre Interessen, sondern stellt diese in einen größeren Zusammenhang. Der Ausgleich soll auch die Interessen jener Gruppen und Akteure einschließen, die über weniger Macht bei der Durchsetzung verfügen.
- *Transparenz:* Während traditionelle Regulierungsformen in der Regel hinter verschlossenen Türen stattfinden, stellt die Transparenz der Entscheidungsfindung ein zentrales Element von Governance-

Ansätzen dar (vgl. Kleinsteuber 2006). Die Qualität der Entscheidungen soll durch die Offenheit des Prozesses gesteigert werden, in dem im Idealfall alle Betroffenen ihre Sicht, ihr Wissen und ihre Kompetenz einbringen können.

– *Rechenschaftspflicht:* Governance hat zentral mit der Wahrnehmung von Verantwortung zu tun. Entscheidungs- und Verantwortungsträger legen ihren Share- und Stakeholdern gegenüber Rechenschaft über ihr Verhalten ab und müssen sich entsprechend für Fehlverhalten verantworten (vgl. Liedekerke 2004). Dies trifft sowohl auf Unternehmen im Rahmen der »Corporate Governance« als auch im Bereich der öffentlichen Governance zu (vgl. Hill 2005).

– *Berichtspflichten:* Im Zusammenhang mit der Rechenschaftspflicht stehen auch die Berichtspflichten bei den meisten Governance-Formen. So enthalten die Geschäftsberichte jener Unternehmen, die nach Governance-Grundsätzen geführt werden, ausführliche Beschreibungen der angestrebten Governance-Ziele und den Grad ihrer Erreichung. Diese Informationen sind dann für alle Stakeholder einsehbar und dienen als Grundlage für die weitere Aushandlung von Zielsetzungen und Massnahmen.

Governance dient in dieser Konzeption auch der Vermeidung von gesellschaftlichen oder unternehmerischen Risiken. Entscheidungen, die von Einzelnen oder kleinen Gruppen getroffen werden, werden als risikoreicher betrachtet als Governance-Entscheidungen, die auf der Erfahrung und dem Wissen von mehr Menschen getroffen werden. Der Preis dieser Form der Risikominimierung kann darin bestehen, dass Entscheidungen nur langsam zustande kommen und (zu) spät getroffen werden.

»Governance ist eben nicht auf schnelle Entscheidung angelegt – wie etwa konventionelles Regieren (Government) einer in Wahlen legitimierten parlamentarischen Mehrheit – sondern zielt auf ganz ›große Koalitionen‹ zwischen Politik, Wirtschaft und Gesellschaft« (Kleinsteuber 2006: 194).

Zusammenfassend ist festzuhalten, dass Governance als Ausweitung des herkömmlichen Regulierungsbegriffs verstanden werden kann. Wurden im herkömmlichen Verfahren Regulierungsentscheidungen von einzelnen dazu legitimierten Personen oder Institutionen getroffen, so erarbeiten in einem Governance-Verfahren die Betroffenen entweder gemeinsam solche Regulierungsentscheidungen oder sie werden von den Entscheidungsverantwortlichen in den Prozess einbezogen. Governance-Verfahren nehmen die Erfahrung und das Wissen der Betroffenen in den Entscheidungsprozess auf. Sie verlangen aber auch Rechenschaft der Verantwortlichen für ihr Verhalten und ihre Entscheidungen.

2. Wissenschaftliche Analyseprobleme von Governance

Governance kann auf drei Ebenen analysiert werden: Zunächst stellt Governance eine Analyseperspektive dar, aus der unterschiedliche Phänomene von Regulierung und Leistung betrachtet werden können. Im Bereich der Massenkommunikation kommen Medien und Journalismus ins Blickfeld *(Theorieebene)*. Zu fragen ist nach der Art und den Folgen der Machtausübung im Bereich der Massenmedien.

Auf der zweiten Ebene ist Governance ein wissenschaftliches Instrument *(Methodenebene)*. Im Bereich der Massenmedien stellen sich Fragen der Mess- und Quantifizierbarkeit und der empirischen Zugänglichkeit der aus der Governance-Perspektive beobachteten Phänomene. Da Governance eng mit Machtausübung zusammenhängt, und Machtverhältnisse generell nicht umfassend quantifizierbar sind, stellt diese Governance Ebene für die Wissenschaft eine große Herausforderung dar. Allerdings sollen Hindernisse bei der empirischen Zugänglichkeit nicht die Beurteilung der Relevanz des Gegenstandes beeinflussen.

Die dritte Ebene von Governance betrifft die Anwendung der Analyseerkenntnisse auf die Praxis *(Anwendungsebene)*. Governance kann als politisches und regulatorisches Instrumentarium betrachtet werden, das auf die Steigerung bestimmter Leistungen von Unternehmen oder Branchen abzielt. Im Bereich der Medien betrifft dies in erster Linie die publizistische Leistungsfähigkeit sowie die soziale und demokratische Verantwortung von Medienunternehmen.

3. Massenmedien als Governance-Anwendungsfeld

An Massenmedien in ihrer Mehrfachbedeutung sowohl als Wirtschaftsunternehmen als auch als Verantwortungsträger für Demokratie und Gesellschaft werden höhere Governance-Anforderung gestellt als an andere Unternehmen.

»[…] given the peculiarities of these companies, the intensity of conflicts of interests that raise within them, the nature of their contents – which generate communication relations among elites – it is necessary to think about more complex models in order to integrate corporate governance and news governance suitably« (Arrese 2005: 111).

Die Zunahme von Medienmacht und Medieneinfluss ruft nach ausgleichenden Kräften:

»There seems to be a growing consensus that increasing ›power‹ of, better, ›influence‹ of the media has to be counterbalanced by greater media transparency and accountability« (Bardoel/d'Haenens 2004: 10f.).

In der kommunikationswissenschaftlichen Debatte lassen sich bisher zwei Governance-Sichtweisen unterscheiden: Auf der einen Seite steht ein umfassendes Governance-Verständnis, das letztlich alle Formen der Einflussnahme auf Medienunternehmen und ihr Verhalten einschließt. Auf der anderen Seite steht ein auf die Verantwortung der Medienunternehmen fokussiertes Governance-Konzept.

3.1 Governance als Einflussnahme auf Medien (McQuail)

Denis McQuail hat in seinem Buch »Media Accountability and Freedom of Publication« (2003) ein weit gefasstes Governance-Verständnis vorgestellt, das letztlich jede Form der Einflussnahme auf und der Steuerung von Massenmedien einschließt. McQuail definiert Media Governance wie folgt:

> »It [governance] covers all means by which the mass media are limited, directed, encouraged, managed, or called to account, ranging from the most binding law to the most resistible pressures and self-chosen disciplines« (McQuail 2003: 91).

Dieses Governance-Verständnis schließt sowohl die Gesetzgebung als auch die Disziplinierung durch die Medienmärkte, sowie alle Versuche der Einflussnahme auf Medienunternehmen von aussen ein. In dieses Verständnis sind auch alle Ansätze einer speziellen »Corporate Governance« von Medienunternehmen einbezogen (vgl. Picard 2005).

Gemäß einer Systematisierung nach Struktur, Verhalten und Leistung (structure, conduct, performance) teilt McQuail die Einflusstypen ein. So ordnet er die Vorschriften über die Beziehungen zwischen dem Staat und den Medien dem Bereich der *Structure Governance* zu, ebenso die Regulierung über die Medien-Eigentümerschaft, die Eigentumskonzentrationsbestimmungen und die Regeln über Zugang zu und Nutzung von Kommunikationsinfrastrukturen. Zur *Conduct Governance* zählen Bestimmungen über die innere Medienfreiheit, Regeln über journalistischen Quellenschutz, Einhaltung der Persönlichkeitsrechte sowie alle anderen Regeln über die Ethik im Journalismus. Zur *Performance Governance* schließlich zählen die Regeln über den Inhalt, die Qualitätssicherung und die Vermeidung unerwünschter Wirkungen durch Massenmedien (vgl. McQuail 2003: 100ff.).

Die unterschiedlichen Einflüsse lassen sich auch nach Herkunft und nach Verbindlichkeitsgrad systematisieren. McQuail unterscheidet die beiden Achsen »formal/informal« und »external/internal«. Zu den *formellen und externen* Governance-Formen zählen alle kodifizierten Normen der klassischen Medienregulierung auf Gesetzes- oder auf Verfassungsstufe. Hinzu kommen die supranationalen Normen auf der Ebene der Europäischen Union. Auch die Regulierungsbehörden, wie sie in vielen europäischen Ländern eingerichtet sind (OFCOM in Großbritannien, Conseil Superieur de l'Audiovisuel in Frankreich, KommAustria in Österreich, ComCom in der Schweiz usw.), gehören zu diesem Governance-Bereich.

Als *formelle und interne* Governance bezeichnet McQuail einerseits alle Regeln von Medienunternehmen, die ihren Ursprung im Management haben, andererseits aber auch Regelungen des heiklen Verhältnisses zwischen den Eigentümern von Medienunternehmen und den Inhalten der Medien.

> »Most relevant in this context are three matters: the degree to which they choose a political influential role in society or are regarded by political actors as so doing; secondly, the degree to which the pursuit of purely commercial objectives interferes with the (chosen or not) political or social role of the media; and, thirdly, the use of actual powers of ownership in relation to publication decisions« (McQuail 2003: 105).

Zu den Managementregeln in dieser Governance-Form zählen auch die Selbstregulierungsmassnahmen vieler Medienunternehmen. Diese Professionalisierungsregeln fördern aber nicht nur die Freiheit und Unabhängigkeit des Journalismus.

> »It has also been remarked that the professionalization of journalism brings with it greater possibilities for control and the likelihood of conformity rather than increased independence« (ebd., 107).

Die Marktkräfte, die Einflussversuche unterschiedlicher Lobbies und die öffentliche Wahrnehmung der Medien zählen zu den *informellen und externen* Governance-Formen. Dieser nicht zu unterschätzende Bereich wird in der Governance-Debatte häufig ausgeblendet, obwohl die Marktdynamik als einer der wesentlichsten Einflussfaktoren auf die Entscheidungsstrukturen in einem Medienunternehmen zu betrachten ist. Auch die Reputation eines Medienunternehmens, die nicht nur durch die publizistische Leistung, sondern auch durch die Wahrnehmung ihrer sozialen Verantwortung bestimmt wird, zählt zu diesem Governance-Bereich.

Die *informelle und interne* Governance-Form schließlich umfasst alle Regeln und Normen, die innerhalb eines Medienunternehmens gelten, ohne dass diese kodifiziert worden sind. Dazu zählen beispielsweise Erwartungen der Chefredaktion oder auch der Verlagsleitung an die Leistungen der Journalistinnen und Journalisten (vgl. ebd., 108).

Dieser weite Begriff, also die Bezeichnung aller Einfluss- und Steuerungselemente von Medienunternehmen auf allen Stufen als Media Governance, kann sich in der Analyse von Einflussfaktoren auf Medien und ihre Leistung als nützlich erweisen. Zu einer Profilierung des Governance-Konzepts hingegen trägt ein so weit gefasster Begriff nicht bei.

3.2   Governance für, in und durch Medien (Meier)

Eine solche Profilierung hat Werner A. Meier vorgenommen. Ausgehend von der Problematik der Medienkonzentration, in der die herkömmliche medienpolitische Regulierungspraxis kaum zur Problemlösung beigetragen hat (vgl. dazu Bonfadelli/Meier/Trappel 2006), entwickelt er ein Governance-Modell, das komplementär zu den bestehenden Instrumenten zum Einsatz kommen soll. Mit Bezug auf das Medieneigentum (»ownership«) unterscheidet er drei Arten von Media Governance (Meier 2006):

– Governance *für* Medien bezieht sich auf alle Regeln und Gesetze zur Ausgestaltung des Medienwesens insgesamt. Solche Regeln haben ihren Ursprung im staatlichen Handeln (Medienpolitik, Mediengesetzgebung), in der Definition von Wettbewerbsverhältnissen zwischen Medienunternehmen und nicht zuletzt in der Akzeptanz der Medien durch die Gesellschaft.

– Governance *in* Medien: Davon sind die Macht-Beziehungen innerhalb eines Medienunternehmens betroffen (ebd., 204). Hausinterne Regeln über die Art des Journalismus zählen ebenso dazu wie Rechercheregeln, Grundsätze der journalistischen Unabhängigkeit innerhalb eines Mediums, Regeln des Binnenpluralismus und das Verhältnis zwischen der kaufmännischen Leitung eines Mediums und der Redaktion (etwa die Trennung zwischen Verlag und Redaktion).

– Governance *durch* Medien bezieht sich auf die Leistungen, die Medien für die Machtverteilung in der Gesellschaft und zur Durchsetzung demokratischer Ziele erbringen (ebd.). Medien nehmen in vielfacher Form Einfluss auf die Gestaltung von gesellschaftlichen Beziehungen, etwa diejenigen von politischen Parteien und Interessensverbänden zueinander und zur breiten Öffentlichkeit. Durch ihre Berichterstattung tragen sie dazu bei, dass die Bevölkerung ihre demokratischen Rechte und Pflichten auf informierter Basis ausüben bzw. erfüllen kann. Governance durch Medien bezeichnet also deren Beitrag zur Herstellung einer demokratischen Öffentlichkeit.

In diesem Governance-Konzept liegt der Schwerpunkt auf den Machtverhältnissen im Bereich der Massenmedien. Wo immer Medien Macht ausüben oder Machtverhältnisse Einfluss auf Medien nehmen – und das ist bei genauerer Betrachtung immer der Fall – kann diese Governance-Konzeption zur Anwendung kommen. Unter Governance-Gesichtspunkten sind also die Objekte der Machtausübung, die Konsequenzen der Machtausübung und schließlich die Art und Weise der Machtausübung zu untersuchen. Werden die beiden Governance-Konzepte in Beziehung zueinander gesetzt, so ergibt sich folgendes Bild:

Abbildung 1: Objekt, Form und Richtung von Media Governance

Governance-Form	Governance-Objekt	Governance-Richtung
extern und formell	Gesetzgebung und Regulierung	Governance für Medien
extern und informell	Nachfrage, Marktkräfte, Werbung	
intern und formell intern und informell	Medienunternehmen und Journalismus: Management, Controlling, Selbstregulierung, Professionalität, Organisationskultur, Normen, Ethik	Governance in Medien
extern und informell	Institutionen, Organisationen, (Zivil)Gesellschaft, Lobby und Pressure Groups, Öffentliche Meinung, Kritik	Governance durch Medien

Quelle: eigene Darstellung in Anlehnung an McQuail (2003) und Meier (2006).

3.3 Governance-Objekte

Analytisch sind vier Governance-*Objekte* zu unterscheiden. Auf der medien-externen und formellen Ebene werden die Gesetzgebung und die ordnungspolitische Regulierung erfasst. Governance für Medien untersucht die Machtverhältnisse bei der Durchsetzung von medienpolitischen Zielen der unterschiedlichen Akteure.

Das zweite Governance-Objekt sind die Nachfrage- und Marktkräfte, die ihrerseits den Medien einen weitgehend verbindlichen Rahmen vorgeben. Besteht nach einem Medienangebot keine hinreichende Nachfrage, die sich in Form von Direktzahlungen, Empfangsgebühren oder Werbeerlösen in Erträge umwandeln lässt, so besteht keine tragfähige wirtschaftliche Basis. Diese externe und informelle Governance-Form stellt den ökonomischen klar vor den publizistischen Imperativ. Berichts- und Rechenschaftspflichten werden von den Eigentümern des Unternehmens eingefordert, das öffentliche Interesse und partizipative Formen der Entscheidungsfindung bleiben ausgeblendet.

Für die Beantwortung von Governance Fragen sind Konsumpräferenzen und das Mediennutzungverhalten ein denkbar grobes Instrument. So können die Mediennutzerinnen und -nutzer zwar eine Negativauswahl treffen, indem sie bestimmte Inhalte nicht rezipieren. Die Wahl kann jedoch nur zwischen den Inhalten erfolgen, die von der Medienorganisation bereitgestellt werden. Eine Auswahl zusätzlicher Themen und Inhalte über das Angebot hinaus kann nicht stattfinden.

Das Publikum kann über Inhalte und Angebote, die es nicht kennt, keine Auskunft geben.

Das dritte Governance-Objekt sind die Medienunternehmen selbst, deren innere Organisation von Governance-Prozessen bestimmt wird. Das vierte Governance-Objekt sind die gesellschaftlichen Institutionen und Organisationen und die Zivilgesellschaft, die durch die Tätigkeit der Medien eine Strukturierung erfahren.

3.4 Zusammenspiel von Objekten, Formen und Richtungen

Das Verhältnis zwischen dem ersten und dem zweiten Governance-Objekt lässt sich als Governance *für* Medien beschreiben. Beide Objekte beeinflussen den äusseren Rahmen und determinieren den wirtschaftlichen und rechtlichen Spielraum der Medien.

Diese Governance *für* Medien hat in der Schweiz mit dem neuen Radio- und Fernsehgesetz (RTVG) eine neue Basis erhalten. Das Gesetz regelt die Veranstaltung von Radio und Fernsehen in der Schweiz, betrifft aber indirekt auch die Interessen der Zeitungs- und Zeitschriftenverleger. Diese erhalten in Zukunft einen substantiell höheren Anteil an den Gebühren, die die Haushalte in der Schweiz für den Empfang von Radio und Fernsehen bezahlen, weil ein großer Teil der privaten Radio- und Fernsehveranstalter von Zeitungsverlegern kontrolliert oder betrieben wird.

Aus einem Blickwinkel Governance *für* Medien interessiert der Prozess der Durchsetzung dieser Interessen. So ist die Frage zu beantworten, ob die Interessen der letzten Endes direkt Betroffenen (in diesem Fall jene Haushalte, die in Zukunft für das Fernsehprogramm privater Veranstalter direkt bezahlen) angemessen berücksichtigt wurden und ob ein öffentliches Interesse an der Teilfinanzierung von privaten Radio- und Fernsehveranstaltern besteht. Nach den auf den einschlägigen Websites der Bundesverwaltung publizierten Ratsprotokollen ist eine solche Beteiligung nicht erkennbar. In den National- und Ständeratskommissionen wurden die organisierten Interessen (etwa SRG SSR, Kabelnetzbetreiber, private Veranstalter) angehört. Die Meinung der nicht organisierten Zivilgesellschaft wurde nicht explizit berücksichtigt. Demgegenüber kann das Transparenzgebot durch die Veröffentlichung der Ratsvoten im Internet als erfüllt betrachtet werden, auch wenn die Lobbyarbeit außerhalb von Kommissionen und Plenarsitzungen weiterhin im Dunkeln bleibt.

Dass ein Regulierungsprozess im Medienbereich nicht zwingend auf die demokratisch legitimierten Mitglieder der Legislative und Vertreter organisierter Brancheninteressen beschränkt bleiben muss, zeigen exem-

plarisch die Erfahrungen im Rahmen des Weltgipfels zur Informationsgesellschaft (WSIS; World Summit on Information Society) in Tunis,
wo im Hinblick auf eine Internet-Regulierung in der Debatte ein Multi-
stakeholder-Prinzip unter Beteiligung von zivilgesellschaftlichen Gruppen praktiziert wurde. Darunter ist zu verstehen,

> »dass die Zivilgesellschaft [...] ein verbrieftes Mitspracherecht für die zukünf-
> tige Entwicklung des Internet erhalten hat – und zwar gleichberechtigt neben
> Regierungen und der Privatwirtschaft« (Kleinwächter 2005).

Im Anschluss an den Weltgipfel wurde die Beteiligung der Zivilgesellschaft durch die Gründung eines »Internet Governance Forums« verste-
tigt (vgl. Kleinwächter 2006).

Governance auf der Ebene der Gesetzgebung und der ordnungspolitischen Regulierung unter Beteiligung der regelungsbetroffenen Mitglieder der Zivilgesellschaft setzt deren Selbstorganisationsfähigkeit voraus,
die im Bereich der Medien bisher schwach ausgeprägt ist. Zweifellos
würde aber die Einführung eines organisierten und geregelten Prozesses
der Mitsprache zivilgesellschaftlicher Akteure deren Fähigkeit zur
Selbstorganisation unterstützen.

Die Governance-Objekte der Medienunternehmen und des Journalismus (Governance *in* Medien) sind gegenüber der Gesetzgebungsebene
leichter fassbar. Unter der Governance-Perspektive sind das Zustande-
kommen und die Anwendung intern formaler und intern informeller
Regeln zu untersuchen, die Auswirkungen auf die Leistung der Massenmedien haben. Dazu zählen die klassischen Instrumente des Redakti-
onsleitbilds, der Redaktionsbesprechung, der Blatt- oder Sendungkritik
ebenso wie die gesamte Organisationskultur des Medienunternehmens.

Zu den formalen kommen die intern informellen Regeln hinzu, die
sich auf die publizistische Leistung auswirken. Dazu zählen alle Formen
von unausgesprochenen Erwartungen an die Journalistinnen und Journalisten seitens der Eigentümer (Aktionäre), der Chefredaktion und der
Kolleginnen und Kollegen, die informellen Anforderung von den kaufmännischen Abteilungen an die Redaktion oder die Aufforderungen an
die Journalistinnen und Journalisten, ihre eigene Arbeit auch unter
Marketinggesichtspunkten zu beurteilen. Eine Liste möglicher Sachverhalte, die unter Governance-Gesichtspunkten zu prüfen wären, hätte
alle Faktoren zu umfassen, die institutionell von der Seite der Redaktion, des Verlages/des Veranstalters, dem Controlling und dem Management Einfluss auf die journalistische Arbeit nehmen. Darüber hinaus
spielen mutmasslich die internen Konkurrenzbeziehungen in multimedial konzentrierten Unternehmen eine Rolle. Werden Zeitungen, Zeitschriften, Radio- und Fernsehprogramme sowie Online-Medien von
demselben Medienhaus hergestellt, so stehen diese Medien untereinan-

der in einem publizistischen Wettbewerb, aber auch in einem Wettbewerb um die Zuteilung von Budgetmitteln für den Aus- oder Abbau von Leistungen und Arbeitsplätzen.

> »As traditionally stand-alone media businesses become segments of corporations with business segments in multiple media – and non-media – lines, their ability to grow and seize market opportunities depends on their ability to compete successfully for that portion of the corporation's total cash flow devoted to operating and capital reinvestment. If they are successful, they may be accorded opportunities for growth that exceed the potential of their segment-only cash flow. If they are unsuccessful, there may be a reduction in their potential as free cash flow is used to support other segments viewed by management as having superior potential for return on investment« (Shaver / Shaver 2005: 47).

In solchen Unternehmen sind unter Governance-Gesichtspunkten vor allem die Entscheidungswege und die Entscheidungsbegründungen zu erfassen und transparent zu machen.

Medienunternehmen trifft nach dem Praxis-Konzept der Media Governance eine Berichtspflicht. Ein solcher Governance-Bericht legt über die Massnahmen Rechenschaft ab, die getroffen werden, um die Unabhängigkeit der Redaktion ebenso sicher zu stellen, wie eine möglichst breite Berücksichtigung der Interessen der Betroffenen, also der Leserinnen und Leser bzw. der Radio-, Fernseh- und Online-Nutzerinnen und -nutzer. Ein Governance-Bericht dient dazu, einen kontinuierlichen Diskurs zwischen den von der Medienberichterstattung Betroffenen (Akteure aus Politik, Wirtschaft, Lebenswelt/Kultur, Zivilgesellschaft) und den Verantwortlichen der Medien unter Einbezug von Journalistinnen und Journalisten in Gang zu bringen (vgl. Trappel/Meier/Schrape/Wölk 2002: 134f.). Im Kern soll der Bericht darüber Auskunft geben, wie das Medienunternehmen und die Medienschaffenden ihre Tätigkeit im öffentlichen Interesse verstehen und interpretieren.

Eine zusätzliche Möglichkeit zur Realisierung von Governance *in* Medien ist die Berichterstattung über die Medien in den Medien selbst. Medienjournalismus sorgt für ein erhöhtes Transparenzniveau und regt die Debatte innerhalb der Branche, aber auch in den an Medien interessierten Kreisen der Zivilgesellschaft an. Ein Abbau von Medienjournalismus ist mit einem Abbau an Governance *in* Medien gleichzusetzen.

Governance *durch* Medien wirkt im Vergleich zu der Governance *für* und *in* Medien in die entgegengesetzte Richtung. Medien nehmen extern und informell Einfluss auf politische Organisationen und Institutionen, sie überformen und kolonisieren gar die politische Logik durch die Medienlogik (vgl. Marcinkowski 2005: 342). Aus der Governance-Perspektive sind diese Prozesse vor allem im Hinblick auf die Herstellung von Transparenz sowie auf die Rechenschafts- und Berichtspflichten relevant. Der durchaus subtile – eben informelle – Einfluss der Medien geht über den politischen Prozess weit hinaus. So sind auch Unternehmen sowie soziale, kulturelle und gesellschaftliche Gruppen dieser Governance *durch* Medien ausgesetzt. Deren Erfolg ist nicht zuletzt von der Berücksichtigung ihrer Anliegen durch Medien und die Art und Weise der Darstellung beeinflusst.

Governance *durch* Medien ist aber kein einseitiger Prozess, der von den Medien zur Gänze gesteuert wird. In Reaktion auf den unterstellten Machtzuwachs der Medien haben sowohl politische Organisationen als auch Unternehmen und gesellschaftliche Gruppen ihre Kommunikationsbemühungen verstärkt und versuchen ihrerseits Einfluss auf die Medien zu nehmen. Das gesamte Wechselspiel und Spannungsverhältnis ist analytisch Teil der Governance *durch* Medien.

In der Gesamtbetrachtung der Governance-Formen und -Richtungen fällt auf, dass die meisten Anliegen empirisch schwer fass- und nachweisbare Sachverhalte betreffen. Belastbare quantifizierende Aussagen über den Grad der Einflussnahme von Lobbies und Pressure Groups sind ebenso wenig möglich, wie der empirisch geführte Nachweis des Einflusses der Werbewirtschaft auf die Berichterstattung. Auch die internen Abläufe, die Machtverhältnisse innerhalb eines Medienhauses und das Ausmass der »Kollegenorientierung« sind empirisch kaum zu fassen. Nur im Einzelgespräch mit Journalistinnen und Journalisten können Evidenzen gesammelt werden, und das auch nur dann, wenn die betreffende Person über ein entsprechendes Problembewusstsein und ein geschärftes Wahrnehmungssensorium verfügt.

4.   Problemfelder und Media Governance-Lösungsansätze

Das Problembewusstsein von Medienunternehmen gegenüber Governance-Fragen ist bisher noch wenig ausgeprägt. Über die generellen Anforderungen an börsenkontierte Unternehmen hinaus legen Medien kaum Rechenschaft über ihre Tätigkeit ab.

> »Public demands for attention to corporate governance have led a number of the leading media companies to create and disseminate guidelines and policies about governance in recent years, but their existence is still not common among media firms« (Picard 2005: 5).

Der Gegenstandsbereich von Media Governance erstreckt sich in erster Linie auf jene Aspekte der Massenkommunikation, die unmittelbar mit Machtverhältnissen und mit der Ausübung von Macht zusammen hängen. Macht spielt bei Massenmedien in einer Vielzahl von Bereichen eine zentrale Rolle. Von der Chefredaktion über das Zusammenspiel zwischen kaufmännischer und redaktioneller Leitung bis hin zu den Entscheidungen über die Zuweisung von wirtschaftlichen Ressourcen – überall stecken Machtverhältnisse den Rahmen für das publizistisch relevante Handeln der Individuen ab. Aus dieser Fülle von (Macht-) Beziehungen werden im Folgenden drei Beispiele herausgegriffen, um exemplarisch die Anwendung der Media Governance-Konzeption auf die Medienpraxis zu demonstrieren.

Medienkonzentration: Seit mehreren Jahrzehnten begleitet das Phänomen der Eigentumskonzentration die Medienentwicklung. Medienkonzerne erweitern ihre Tätigkeit sowohl vertikal als auch horizontal und multimedial und sind weder durch Kartellgesetzgebung noch durch politischen Druck aufzuhalten. Vielmehr behalten stets die wirtschaftlichen und kaufmännischen Überlegungen gegenüber wettbewerblichen und vielfaltsbezogenen Bedenken die Oberhand. Auch wenn mit der Übernahme von Konkurrenzmedien die Vielzahl an Medienangeboten ebenso abnimmt wie die publizistische Vielfalt, so rechtfertigen aus der Sicht der beteiligten Medienkonzerne die erzielbaren Skalenerträge und Verbundvorteile diesen gesellschaftlich durchaus relevanten Verlust. In diese unternehmerischen Entscheidungen sind in der Regel weder die Medienpolitik, noch die Werbewirtschaft involviert, von den Betroffenen – also der Bevölkerung der von der Konzentration erfassten Region – ganz zu schweigen. Ausnahmen, wie etwa die Untersagung der Übernahme von ProSieben Sat.1 durch die Axel Springer AG zu Jahresbeginn 2006 bestätigen die Regel.

Media Governance kann solche Entscheidungen nicht grundsätzlich beeinflussen. Aber sie kann die Folgen insofern thematisieren und bestenfalls mildern, als sie konzentrierten Unternehmen im Zuge eines Aufsichtsverfahrens Governance-Pflichten auferlegt. In regelmäßig öffentlich vorzulegenden Rechenschaftsberichten müsste zum Beispiel ein Medienkonzern für alle eingegliederten publizistischen Medien den Nachweis antreten, dass etwa die Grundsätze der journalistischen Unabhängigkeit und die Trennung von kaufmännischem und redaktionellem Bereich respektiert werden. Die zu beantwortenden Fragen würde ein Aufsichtsorgan spezifisch für den betreffenden Medienkonzern vorgeben und die Antworten prüfen. Parallel zur Erstellung des Management-Berichts hätten auch die Journalistinnen und Journalisten öffentlich zu den Verhältnissen in der Redaktion Stellung zu nehmen, ebenfalls auf der Grundlage eines vorgegebenen Fragenkatalogs.

Media Governance würde also im Bereich der Medienkonzentration je nach Konzentrationsgrad mehr oder weniger umfassende Berichtspflichten bedeuten. Die Ergebnisse wären öffentlich zur Diskussion zu stellen, gegebenenfalls auch in dem betreffenden Medium in geeigneter Form zu veröffentlichen.

Qualität: Im Bereich der journalistischen Qualität im Sinne der Media Governance wurden in den letzten Jahren bereits erhebliche Fortschritte erzielt. Qualitätssicherung stellt schon heute für viele Medienunternehmen im eigenen Interesse einen festen Bestandteil der Routine dar. Intern oder mit Hilfe von externen Beobachtern wird der publizistische Output kritisch durchleuchtet. Bleiben allerdings Machtfragen ausgeklammert, so fehlt ein wesentlicher Bereich der Media Governance. Bedeutsam sind etwa Fragen nach der Zuteilung von Mitteln für die eigenständige journalistische Recherche oder die Frage nach den Entscheidungswegen bei der alltäglichen Selektion des Nachrichtenstoffs. Auch die Rolle und die Erwartungen von Investoren und Aktionären lassen sich im Rahmen von Governance-Regeln diskutieren. So schlägt Soloski für Tageszeitungen vor, wirtschaftliche Anreize für die Verantwortlichen von der Erreichung von Qualitätszielen abhängig zu machen:

> »One way to counter the pressure on newspaper companies to meet the financial expectations of institutional investors is to make journalistic quality a major component in determining executive compensation. Placing journalistic quality on par with financial performance in determining executive compensation is one way to deflect some of the pressure from institutional investors« (Soloski 2005: 75).

Zur Erhöhung der Transparenz sind auch im Bereich der Qualitätssicherung Rechenschaftsberichte vorzulegen, die über eine längeren Zeitraum hinweg als Evidenz für die Entwicklung von journalistischer Kompetenz und Machtverteilung dienen. Regelmäßige Kontaktaufnahme mit dem Publikum, um dessen Ansprüche einzubeziehen, ergänzen Media Governance im Bereich der Qualitätssicherung.

Verhältnis von Werbung und Publizistik: Ein Ausdruck der fortschreitenden Kommerzialisierung der Medien ist die Zunahme der Anzahl jener Medien, die sich mehrheitlich oder zur Gänze über Werbeeinnahmen finanzieren. Die seit 1995 in Europa tätigen kostenlosen Pendlerzeitungen und die parallel dazu in den Markt eingetretenen Online-Medien, deren Nutzung über weite Strecken ebenfalls kostenlos ist, haben den Wettbewerb um die Werbeaufwendungen weiter verschärft. Gleichzeitig sind die Ansprüche der werbungtreibenden Wirtschaft hinsichtlich der Gestaltung, der Platzierung und dem Nachweis der erzielten Reichweiten der Werbebotschaften gestiegen. Steigt der Anteil der Werbefinanzierung an den Gesamterlösen eines Mediums, so nimmt potenziell auch dessen Macht und Einfluss zu. Teilweise oder zur Gänze werbefinanzierte Medien sind daher im Sinne der Media Governance in besonderem Ausmass herausgefordert, den Nachweis über die Unabhängigkeit ihrer journalistischen Tätigkeit von Einflüssen der werbungtreibenden Wirtschaft zu erbringen. Allfällige Einflussversuche sind offen zulegen und für das Publikum transparent zu machen. Auch Sponsoring- und Kostendeckungsbeiträge Dritter für einzelne Sendungen, Berichte oder Beiträge bedürfen der klaren und eindeutigen Deklaration (z.B. Product Placement im Fernsehen). In den Bereich der empirisch schwer fassbaren, aber publizistisch relevanten Tatbestände fällt auch die bewusste oder unbewusste Zurückhaltung bei der Berichterstattung über Werbekunden und deren Verhalten.

Media Governance kann in den drei geschilderten publizistischen Problemzonen zwar deren Ursachen nicht wirksam bekämpfen, aber für größere Transparenz hinsichtlich der Existenz solcher Zonen und des Umgang mit ihnen sorgen. Über die Selbstdeklaration der betroffenen Medienunternehmen und diejenige der Journalistinnen und Journalisten würde eine öffentliche Debatte möglich, an der sich Betroffene ebenso beteiligen können wie Vertreter der Aufsichtsbehörden.

5. Implementations- und Vollzugsprobleme von Media Governance

Die Implementierung von Media Governance in die medienwirtschaftliche Praxis ist mit erheblichen Vollzugsproblemen behaftet. Ungeachtet der erwünschten Folgen von Media Governance, die sich aus einem bewussteren und sorgfältigeren Umgang mit den Betroffenen (Stakeholdern) der Medien und der Hebung von kritischen Sachverhalten über die Wahrnehmungsschwelle ergeben, steht eine solche Initiative zumindest am Beginn vor erheblichen Problemen. Die Erhebung von Evidenzen zu kaum quantifizierbaren und empirisch schwer nachweisbaren Sachverhalten stellt jene vor methodische Probleme, die sich mit dem Vollzug von Media Governance beschäftigen. Dennoch sollte gerade dies nicht dazu führen, sich nicht damit auseinander zu setzen. Vielmehr sind Anstrengungen zu unternehmen, um qualitative empirische Verfahren zu entwickeln, die in der Lage sind, die Anforderungen an Media Governance zu erfüllen.

Darüber hinaus muss die Verankerung von Media Governance als Zusatzinstrument in die ordnungspolitische Rahmenordnung bewältigt werden. Die dazu unerlässliche Bereitschaft und Einsicht der Medienunternehmen kann wesentlich zu Erfolg oder Misserfolg von Media Governance beitragen. Zunehmende Medienkonzentration, die immer mehr Macht in den Händen von immer weniger Unternehmen kumuliert, könnte diesen Akteuren das Verständnis erleichtern, dass mit zunehmender Macht auch die Verantwortung und das Ausmass an Rechenschaftspflicht zunehmen. Ein Media Governance-Rechenschaftsbericht liegt in erster Linie in der Verantwortung der Medienunternehmen, die angehalten sind, ihre Bemühungen um »Good Governance« auf allen Ebenen nachzuweisen. Auf diese Weise wird die Last der Beweisführung umgekehrt: Nicht die Gesellschaft, die Verwaltung oder generell die Politik hat den Medienunternehmen nachzuweisen, dass diese ihre Aufgaben ungenügend erfüllen, sondern die Medienunternehmen zeigen auf, welche Massnahmen sie ergreifen, um eine umfassende Media Governance zu realisieren.

Diese Ziele lassen sich nur schrittweise und durch Überzeugungsarbeit erreichen. Im Fazit ist das Konzept der Media Governance als Antwort auf jene gesellschaftlichen Fragen zu betrachten, die sich mit dem Leistungsvermögen von Medien befassen. Das Konzept zielt auf genau jene Fragen der Machtausübung und der Machtverteilung, denen die traditionelle empirische Sozialforschung aus methodischen Gründen ausweicht. Insofern vermag Media Governance als Konzept und als Methode von Medienpolitik und Kommunikationsforschung eine strukturrelevante und folgenreiche Lücke zu füllen, die bisher wenig thematisiert wurde. Für die Medienpolitik stellt Media Governance ein Zusatzinstrument zur Gewinnung von Erkenntnissen dar, welche Bereiche der Massenkommunikation nähere Beachtung verlangen. Sie kann Einsichten generieren, die politisches Handeln nach sich ziehen. Für die Kommunikationswissenschaft stellt Media Governance einen Schlüssel zum Verständnis von Strukturproblemen von Medien dar. In beiderlei Hinsicht, so die Antwort auf die eingangs gestellten Forschungsfragen, kann Media Governance das bestehende Repertoire ordnungspolitischer Regulierung ergänzen und dazu beitragen, das für die Regulierung erforderliche Verständnis von Strukturen und Prozessen bei Massenmedien zu vertiefen.

Literatur

Arrese, Angel (2005): Corporate Governance and News Governance in Economic and Financial Media. In: Picard, Robert (Hrsg.): Corporate Governance of Media Companies. Jönköping, S. 77-125.

Bardoel, Jo/d'Haenens, Leen (2004): Media Responsibility and Accountability: New Conceptualizations and Practices. In: Communications 29, H. 1, S. 5-25.

Benz, Arthur (2004) (Hrsg.): Governance – Regieren in komplexen Regelsystemen: Eine Einführung. Wiesbaden.

Bonfadelli, Heinz/Meier, Werner A./Trappel, Josef (Hrsg.) (2006): Medienkonzentration Schweiz. Formen, Folgen, Regulierung. Bern, Stuttgart, Wien.

Hill, Hermann (2005): Good Governance – Konzepte und Kontexte. In: Schuppert, Gunnar F. (Hrsg.): Governance-Forschung. Vergewisserung über Stand und Entwicklungslinien. Baden-Baden, S. 220-250.

Jarren, Otfried (1999): Medienregulierung in der Informationsgesellschaft? Über die Möglichkeiten zur Ausgestaltung der zukünftigen Medienordnung. In: Publizistik, H. 2, S. 43-60.

Kleinsteuber, Hans (2006): Was kommt nach der Verrechtlichung? Von der Regulierung zur Governance. In: Klumpp, Dieter/Kubicek, Herbert/Rossnagel, Alexander/Schulz, Wolfgang (Hrsg.): Medien, Ordnung und Innovation. Berlin, Heidelberg, New York, S. 185-199.

Kleinwächter, Wolfgang (2005): Internet Governance 2005: The Deal is Done. In: Telepolis. 16. November.

Kleinwächter, Wolfgang (2006): Ein virtuelles Mekka für Netizens? In: Telepolis. 25. Februar.

Kooimans, Jan (2003): Governing as Governance. London.

Liedekerke, Luc van (2004): Media Ethics: From Corporate Governance to Governance, to Corporate Social Responsibility. In: Communications 29, H. 1, S. 27-42.

Marcinkowski, Frank (2005): Die ‚Medialisierbarkeit' politischer Institutionen. In: Rössler, Patrick/Krotz, Friedrich (Hrsg.): Mythen der Mediengesellschaft – The Media Society and its Myths. Konstanz, S. 341-369.

McQuail, Denis (2003): Media Accountability and Freedom of Publication. Oxford, New York.

Meier, Werner A. (2006): »Media Ownership Governance«: Plattform für einen Risikodialog über Medienmacht. In: Marcinkowski, Frank/Meier, Werner A./Trappel, Josef (Hrsg.): Medien und Demokratie. Europäische Erfahrungen. Bern, Stuttgart, Wien, S. 193-211.

OECD (2004): OECD Principles of Corporate Governance. Paris.

Picard, Robert (Hrsg.) (2005): Corporate Governance of Media Companies. Jönköping.

Picard, Robert (2005): Corporate Governance: Issues and Challenges. In: Picard, Robert (Hrsg.): Corporate Governance of Media Companies. Jönköping. S. 1-10.

Shaver, Dan/Shaver, Mary A. (2005): The Effects of Governance Structures on Reinvestment Strategies of Media Conglomerates. In: Picard, Robert (Hrsg.): Corporate Governance of Media Companies. Jönköping, S. 47-58.

Soloski, John (2005): Taking Stock Redux: Corporate Ownership and Journalism of Publicly Traded Newspaper Companies. In: Picard, Robert (Hrsg.): Corporate Governance of Media Companies. Jönköping, S. 59-76.

Thommen, Jean-Paul (2003): Glaubwürdigkeit und Corporate Governance. Zürich.

Trappel, Josef/Meier, Werner A./Schrape, Klaus/Wölk, Michaela (2002): Die gesellschaftlichen Folgen der Medienkonzentration. Veränderungen in den demokratischen und kulturellen Grundlagen der Gesellschaft. Opladen.

Patrick Donges

Institutionalistische Ansätze in der Medienpolitik

Während der Begriff der Institution in anderen Sozialwissenschaften zu
den Basisbegriffen zählt, führt er in der Publizistik- und Kommunikationswissenschaft eher ein Schattendasein. Nicht verantwortlich für dieses
Manko ist sicherlich Ulrich Saxer, der bereits vor über einem Viertel-
jahrhundert in seiner für das Fach sehr wichtigen Definition des Begriffs
»Medium« darauf hinwies, dass es sich bei Medien eben nicht einfach
um technische Verbreitungskanäle handelt, sondern um »komplexe
institutionalisierte Systeme um organisierte Kommunikationskanäle von
spezifischem Leistungsvermögen« (Saxer 1980: 552). Damit liegt ein
Medienbegriff vor, der sowohl für die Mikroebene der einzelnen Individuen und ihrer Interaktionen (Aspekt des Kommunikationskanals), der
Mesoebene von Organisationen (Aspekt der Organisiertheit und Institutionalisierung von Medien) wie auch für die Makroebene der Gesellschaft insgesamt (Aspekt des Sozialsystems) fruchtbar gemacht werden
kann (vgl. auch Donges 2005). Mit Institutionalisierung meint Saxer
dabei, dass Medien als »Erbringer entsprechender unentbehrlicher Leistungen ins gesellschaftliche Regelungssystem eingefügt« werden (Saxer
1999: 6; vgl. auch Saxer 1998a). Institutionalisierung meint damit sowohl einen Zustand (Medien als Teil des gesellschaftlichen Regelungs-
systems) als auch einen Prozess (Einfügung ins gesellschaftliche Regelungssystem). Auch die Frage nach der Ordnung durch Medienpolitik
berührt beide Dimensionen institutionalistischer Theoriebildung: Medienpolitik wird auf Basis bestehender institutioneller Ordnungen entwickelt und kann analytisch durch diese erklärt werden. Zugleich verändert Medienpolitik das institutionelle Regelungssystem – wenn auch
nicht zwangsläufig den Intentionen der beteiligten Akteure folgend.
   Dieser Verweis auf die Bedeutung und die Rolle von Institutionen
findet sich in verschiedenen politikwissenschaftlichen und soziologischen Ansätzen, die in jüngster Zeit auch auf medienpolitische Fragestellungen angewandt wurden. Innerhalb der politikwissenschaftlichen

Steuerungstheorie etwa führten Befunde zu den Schwierigkeiten eines direkten und hierarchischen Eingriffs in andere gesellschaftliche Teilbereiche zur Entwicklung von Modellen indirekter und prozeduraler Steuerung. Gemeint sind Ansätze wie der *akteurzentrierte Institutionalismus* von Renate Mayntz und Fritz W. Scharpf oder das *Modell der Akteur-Struktur-Dynamiken* von Uwe Schimank, auf das im nächsten Abschnitt ausführlich eingegangen wird (vgl. Mayntz/Scharpf 1995; Schimank 1992). Auch die Diskussion um den aus dem angelsächsischen Raum stammenden Begriff der *Governance* führte zu einer Stärkung der institutionalistischen Perspektive. Governance hebt, in Abgrenzung zu Vorstellungen hierarchischer Steuerung, nicht auf die Intervention oder das Steuerungshandeln staatlicher Akteure ab, sondern auf die »wie auch immer zustande gekommene Regelungsstruktur und ihre Wirkung auf das Handeln der ihr unterworfenen Akteure« (Mayntz 2005: 14; vgl. auch Schuppert 2005: 382). Regelungsstrukturen meint aber nichts anderes als Institutionen im Sinne dauerhafter Regelsysteme.

Der vorliegende Beitrag geht der Frage nach, was aus institutionalistischer Sicht für die Diskussion um Ordnung durch Medienpolitik gelernt werden kann. Der Schwerpunkt dieses Beitrages wird bei dem Modell der Akteur-Struktur-Dynamiken und dem organisationssoziologischen Neo-Institutionalismus liegen – dies deshalb, weil der Ansatz der Institutionenökonomie in diesem Band bereits von Frank Lobigs und die Governance-Perspektive von Josef Trappel diskutiert werden. Zunächst wird der Begriff der Institution anhand des Modells der Akteur-Struktur-Dynamiken präzisiert und anschließend die Relevanz von Institutionen für die Frage nach der »Ordnung durch Medienpolitik« diskutiert. Institutionen und institutionelle Ordnungen sind, so die vertretene These, sowohl die Basis wie auch das Ergebnis von Medienpolitik.

1. Institutionen zwischen Systemen und Akteuren

Das von Uwe Schimank entwickelte Modell der Akteur-Struktur-Dynamiken ist eine überaus nützliche Heuristik, um die verschiedenen Ebenen dessen, was wir vereinfacht »die Medien« nennen, auseinander zuhalten. Kurz gefasst versucht das Modell, gesellschaftliche Strukturierung durch das Zusammenwirken von drei Dimensionen mit unterschiedlichen Handlungsprägungen zu erklären: Teilsystemische Orientierungshorizonte, die hochgradig generalisierte Wollensvorgaben modellieren (Politik strebt Macht an, Ökonomie Profit etc.), institutionelle Ordnungen, die diese allgemeinen Vorgaben spezifizieren und in Sollensvorgaben wie Regeln, Normen und Erwartungen konkretisieren, und schließlich konkrete Akteurkonstellationen, in denen Akteure ihre Handlungsziele umsetzen können oder am Widerstand anderer Akteure scheitern. Die Handlungsprägungen der drei Strukturebenen wirken zusammen, und durch die aus ihnen resultierenden Handlungen kommt es wiederum zu Prozessen der gesellschaftlichen Strukturierung und Differenzierung (zur Anwendung des Modells auf medienpolitische Fragestellungen vgl. auch Wehmeier 2001).

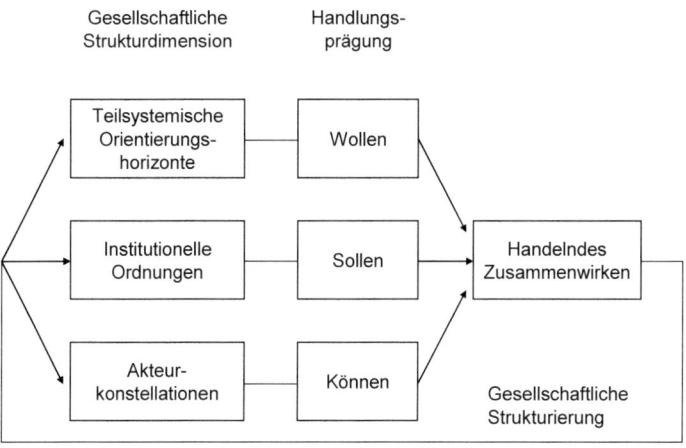

(Quelle: Schimank 2000: 247)

Auf der *Ebene der teilsystemischen Orientierungshorizonte* handelt es sich bei den Medien um ein System, das seit jeher drei unterschiedliche Handlungsorientierungen aufweist: eine publizistische, eine ökonomische und eine politische. Die publizistische Handlungsorientierung, das Streben nach Veröffentlichung und dem Auslösen öffentlicher Resonanz, kann dabei zwar als die dominante Handlungsorientierung angenommen werden, aber nicht als die ausschließliche, wie es in Luhmanns Theorie selbstreferentieller Systeme angelegt ist. Das Handeln von und in Medien zielt auch auf ökonomischen Erfolg und politische Macht ab. Solche allgemeinen Ziele des »Wollens« bezeichnet Schimank auch als reflexive Interessen. Solche auf der Ebene der teilsystemischen Orientierungshorizonte angesiedelten reflexiven Interessen sind für sich genommen noch zu allgemein, um spezifische Präferenzen eines Akteurs zu bestimmen (vgl. Schimank 1992: 170). Denn was heißt das Streben nach öffentlicher Resonanz, ökonomischem Erfolg und politischer Macht? Reflexive Interessen sind konkretisierungsbedürftig und müssen

273

in eine Rangordnung gebracht werden, ehe einzelne Akteure ihre Handlungen an ihnen ausrichten können (vgl. Mayntz/Scharpf 1995: 55).

Diese Konkretisierung und Zuordnung erfolgt auf der *Ebene der institutionellen Ordnungen*, in denen ein Akteur handelt. Institutionelle Ordnungen stehen, wie in der Abbildung gezeigt, »in der Mitte« zwischen gesellschaftlichen Teilbereichen und Akteuren, und sie vermitteln zwischen diesen beiden Dimensionen.

Institutionen werden von Schimank definiert als »operationale Vorgaben dazu, wie Akteure bestimmte Situationen wahrnehmen und beurteilen und wie sie demzufolge dann handeln sollten« (Schimank 1992: 170). Mit dieser Formulierung wird betont, dass Institutionen Handeln nicht nur beschränken, sondern auch stimulieren und ermöglichen. So entwickeln Akteure ihre Wahrnehmungen, Orientierungen und Präferenzen nicht unabhängig von Institutionen, sondern Akteure sind immer institutionell konstituiert. Institutionen modulieren nicht nur das konkrete Handeln von Akteuren, sondern auch die Präferenzen, die sie legitimerweise anstreben können (vgl. Scharpf 2000: 78). Diese Sichtweise nimmt auch der organisationssoziologische Neo-Institutionalismus ein: »Institutions do not just constrain options; they establish the very criteria by which people discover their preferences" (DiMaggio/Powell 1991: 10-11).

Institutionen regulieren und konstituieren das Handeln von Akteuren nicht nur, sie machen es durch die Ausbildung von Handlungsnormen auch erwartbar.

> »Jede institutionelle Regelung vermittelt demjenigen, der ihr unterliegt, was er in einer konkreten Handlungssituation zu tun bzw. zu lassen hat« (Schimank 2000: 245; vgl. auch Schimank 1992: 170).

Zugleich wissen dies aber auch andere. Auf diese Weise schaffen Institutionen nicht nur eine (einseitige) Erwartung an den Akteur, sondern eine wechselseitige Erwartungssicherheit zwischen Akteuren.

Wie aber entstehen Institutionen? Der Neo-Institutionalismus führt die Entstehung von Institutionen zwar auf das Handeln von Akteuren zurück, aber nicht zwingend auf deren Intentionen oder ein »conscious design« (DiMaggio/Powell 1991: 8). Institutionen können nur dann entstehen und sich durchsetzen, wenn sie von Akteuren unterstützt werden, und Prozesse der Institutionalisierung sind damit auch – aber eben: nicht nur – von Akteuren abhängig, die sie unterstützen, bekämpfen oder sonst zu beeinflussen versuchen (vgl. DiMaggio 1988: 13). Dabei ist ein zeitlicher Faktor zu berücksichtigen: Einmal implementiert, gewinnen Institutionen ein Eigenleben und eine Eigendynamik. Sie werden »pfadabhängig« – oder weniger freundlich formuliert: träge – und koppeln sich von den Interessen ihrer »Gründungsakteure« immer mehr ab. Institution sind damit »etwas analytisch Sperriges in der Mitte«: Sie wirken einerseits regulativ auf das Handeln von Akteuren ein, sind aber andererseits durch das Handeln von Akteuren geschaffen und von diesen auch situativ modifizier- oder aushandelbar (vgl. Schimank 2000: 245-246).

Das Handeln von Akteuren wird im Modell der Akteur-Struktur-Dynamiken auf der Dimension konkreter *Akteurkonstellationen* abgebildet. Hier geht es nicht mehr um das normative »Sollen« oder die Präferenzen von Akteuren, sondern um die Frage, welche seiner Präferenzen der einzelne Akteur angesichts anderer Akteure überhaupt durchsetzen kann.

Der an diesem Modell entscheidende Punkt ist schließlich der in der Abbildung dargestellte Rückpfeil: Die drei Dimensionen wirken nicht nur zusammen, sie werden auch aus diesem Zusammenwirken heraus verändert. Neue Formen der Akteurkonstellation führen nach gewisser Zeit auch zu einem Bedarf an veränderten Regeln auf der Ebene institutioneller Ordnungen, und deren Veränderung wiederum kann langfristig zu Verschiebungen auf der Ebene teilsystemischer Orientierungshorizonte führen. Die Kommerzialisierung des Rundfunks etwa ist so darstellbar (vgl. Abschnitt 3).

2. Institutionelle Regeln als Basis von Medienpolitik

Im Unterschied zu Theorien, die Medienpolitik vornehmlich auf Basis der Interessen der beteiligten Akteure erklären, wird in institutionalistischen Ansätzen auf die hohe Erklärungskraft gesellschaftlicher Regelungssysteme verwiesen. Ein Kernargument für diese Sichtweise ist, dass man Akteure und ihre Präferenzen nicht losgelöst von den institutionellen Regelungen betrachten darf, aus denen sie hervorgehen und die ihr Handeln normieren. Akteure im Medienbereich – wie etwa öffentliche oder private Rundfunkanbieter oder Verlage – sind in bestimmten institutionellen Kontexten entstanden. Sie tragen als Organisationen ihre Geschichte in sich und können sich nur partiell von dieser lösen, was als Pfadabhängigkeit bezeichnet wird. Insbesondere legen institutionelle Kontexte weitgehend fest, wie diese Akteure ihre Umwelt beobachten und bewerten, und sie spiegeln die Erwartungen wider, die eine Gesellschaft an solche Akteure richtet (vgl. u.a. DiMaggio/Powell 1991: 10-11).

Die institutionelle Basis von Medienpolitik wird vor allem dann deutlich, wenn man ihre Ordnungsvorstellungen international vergleichend betrachtet. So zeigt etwa Vowe (1999) auf, dass sich medienpolitische Ordnungsvorstellungen grundsätzlich danach unterscheiden, ob sie sich eher am Orientierungspunkt Sicherheit (konservatives Modell), Freiheit (liberales Modell) oder Gleichheit (demokratisches Modell) orientieren. Das konservative Modell tritt demzufolge vor allem in kontinentaleuropäischen Ländern mit etatistischer und korporatistischer Tradition auf (Frankreich, Deutschland, Österreich, Schweiz), das liberale Modell in angelsächsischen Ländern (USA, Kanada, Australien, Großbritannien) und das demokratische Modell vor allem in Skandinavien (vgl. Vowe 1999). Andere Vorschläge zur Differenzierung von Ordnungsmodellen wählen den Zugang über die Form der politischen Steuerung und verweisen einerseits auf die Unterschiede zwischen etatistischen und korporatistischen Politikmodellen sowie (innerhalb der angelsächsischen Länder) auf die Differenzen zwischen dem auf Wettbewerb ausgerichteten US-amerikanischen und das stärker auf informelle Kompromisse ausgerichteten politischem System Großbritanniens hin (vgl. Münch 1996: 258ff.).

Es gibt im Politikfeld Medien also mehrere institutionell erklärbare Pfadabhängigkeiten: Einmal die des Mediensystems, also Regeln darüber, was Medienorganisationen sind, welche Bedeutung sie haben und wie sie legitimerweise handeln sollten, und einmal die des politischen Systems, welche bestimmen, ob und inwieweit politische Akteure in Medienorganisationen eingreifen dürfen. Solche Regeln lassen sich beispielsweise an der Organisation des öffentlichen Rundfunks ablesen. Was öffentlicher Rundfunk ist und wie er organisatorisch ausgestaltet werden soll, unterscheidet sich je nach institutionellem Kontext erheblich. Eine enge Anbindung des öffentlichen Rundfunks an das politische Zentrum wie im etatistischen Frankreich wäre beispielsweise in Großbritannien zwar formal möglich (Parlamentssouveränität), würde aber normativen und kulturellen Vorstellungen über die Rolle des Rundfunks widersprechen. Die Struktur des öffentlichen Rundfunks in der mehrsprachigen und stark förderalistischen Schweiz unterscheidet sich deutlich von der in Österreich, obwohl beide Länder Kleinstaaten sind und als Verhandlungsdemokratien gelten.

Dabei muss noch eine zeitliche Dimension berücksichtigt werden: Wie erwähnt werden Organisationen wie auch institutionelle Regelungsmuster von ihrer Gründungszeit geprägt und tragen ihre Geschichte in sich. Der stark föderale Aufbau des öffentlichen Rundfunks in Deutschland, die Art seiner Finanzierung – solche Strukturen sind das Ergebnis einer bestimmten institutionellen Ordnung, die auch dann in diesen Strukturen weiter existiert, wenn sie sich außerhalb längst verändert und weiter entwickelt hat.

Um auf das skizzierte Modell der Akteur-Struktur-Dynamiken zurückzukommen: Was Medienpolitik ist und welche Ordnungsvorstellungen mit ihr verbunden sind, lässt sich weder allein mit Verweis auf die teilsystemischen Orientierungshorizonte (politische Logik versus Medienlogik), noch allein aus der Konstellation konkreter Akteure und ihrer Interessen erklären. Erst durch institutionelle Regelungssysteme werden solche Handlungsorientierungen konkret, und erst auf Basis institutioneller Ordnungen konstituieren sich Akteure und ihre Präferenzen.

3. Institutionelle Regeln als Ergebnis von Medienpolitik

Institutionalisierung meint wie aufgezeigt sowohl einen Zustand als auch einen Prozess. Medienpolitik basiert auf institutionellen Ordnungen, verändert diese aber auch – wenngleich nur schrittweise und auch nicht immer absichtsvoll. Dies lässt sich besonders deutlich am *Fallbeispiel der Ökonomisierung* oder Kommerzialisierung im Medienbereich aufzeigen. Ökonomisierung oder Kommerzialisierung läst sich mit Saxer definieren als die

> »Verstärkung ökonomischer Einflüsse, in erster Linie der Werbewirtschaft, auf die Strukturen und Funktionen von Mediensystemen und deren Konsequenzen für die Medienproduktion, die Medienmitarbeiter, die Prozesse von Medienkommunikation und deren Rezipienten sowie allgemein in kultureller, wirtschaftlicher, politischer und sozialer Hinsicht« (Saxer 1998b: 19).

Ökonomisierung heißt also nicht, dass Medien als geldabhängige Organisationen auch den Regeln ökonomischen Handelns unterworfen sind. Saxers Definition macht deutlich, dass diese ökonomischen Regeln schon immer vorhanden waren, aber jetzt in einer Weise verstärkt werden, dass sie die Akteure gänzlich durchdringen. Die institutionellen Regeln des Ökonomischen weiten sich immer weiter auf Handlungsfelder aus, die vormals anderen Regelungsstrukturen unterworfen waren. Anders formuliert: Die operationalen Vorgaben für die Situationswahrnehmung der Akteure und ihre Orientierung in Form von Spielregeln oder Regelwerken verschieben sich von der Publizistik weg hin zur Ökonomie. Ökonomisierung schafft neue Akteure, neue Organisationsstrukturen, verändert Präferenzen.

Im Bereich des Rundfunks basiert die Ökonomisierung auf einer politischen Entscheidung: der Aufhebung des Monopols des öffentlichen Rundfunks und der Zulassung privater Rundfunkanbieter. Politik hat damit die Regeln auf der Ebene der institutionellen Ordnungen verändert. Das neue Institutionengefüge ist das Ergebnis einer medienpolitischen Entscheidung.

Zugleich haben sich die Akteurkonstellationen verändert: Neue Akteure drängen in einen Markt, der ihnen vormals nicht zugänglich war. Neue, stärker ökonomisch ausgerichtete Akteure forderten weitere Kommerzialisierungsschritte ein. Andere Akteure, wie etwa die öffentlichen Rundfunkanbieter, richten ihre Strukturen und ihre Handlungen stärker auf die neue Konkurrenzsituation hin aus. Auch im politischen System kann es durch Wahlen und Regierungsbildungen zu einer Veränderung der Akteurkonstellation kommen, die für bestimmte politische Anliegen Möglichkeitsfenster öffnet.

In institutionalistischen Ansätzen wird immer wieder darauf hingewiesen, dass sich neue Institutionen nicht von selbst durchsetzen, sondern auf ressourcenstarke »institutional entrepreneurs« angewiesen sind, die in ihnen einen Vorteil für ihre eigenen Interessen sehen (vgl. Di Maggio 1988). Allerdings waren und sind diese institutional entrepreneurs im Fall der Ökonomisierung des Rundfunks nicht in der Lage, den Prozess der Institutionalisierung vollends zu steuern – sie haben ihn nur angestoßen. Dies vor allem deshalb, weil positive Vorstellungen über die zu realisierende Medienordnung fehlten. Die Zulassung privater Anbieter und die häufig als »Liberalisierung« bezeichnete Stärkung ökonomischer Regelsysteme allein ist noch keine Ordnungsvorstellung, aus der sich konkretere Zielvorgaben ableiten ließen. Es wurde versucht, Regelsysteme außer Kraft zu setzen, ohne das neue Regeln etabliert wurden.

4. Institutionelle Regeln als Mittel der Medienpolitik

Institutionelle Regelsysteme müssen nicht zwingend nur das (mitunter nicht intendierte) Ergebnis politischen Handelns sein, sie können auch ein Mittel der Medienpolitik bilden, sofern die Regeln positiv formuliert werden. »Ordnung durch Medienpolitik« heißt dann, dass Politik einen Beitrag zum Aufbau entsprechender Regelungssysteme leistet.

Hierbei ist zunächst die Unterscheidung bedeutsam, dass sich Medienpolitik entweder auf Leistungen oder auf Regeln beziehen kann (vgl. Donges 2002: 134ff.). Die *Ebene der Leistungen* kann weiter danach unterschieden werden, ob die Erstellung einer bestimmten Leistung angestrebt wird (z.B. eines Rundfunkprogramms), deren Eigenschaften reguliert (z.B. inhaltliche Anforderungen an Rundfunkprogramme), ein Leistungserbringer geschützt (z.B. durch Marktzutrittsbarrieren) oder die erbrachten Leistungen verteilt werden sollen. In der Medien- und hier vor allem in der Rundfunkpolitik sind vor allem die ersten drei Ziele relevant: Durch medienpolitische Entscheidungen werden Akteure wie etwa ein öffentlicher Rundfunkanbieter etabliert, die damit beauftragt werden, Rundfunkprogramme zu erstellen, deren Eigenschaften zugleich in Gesetzen und Verordnungen inhaltlich spezifiziert werden. Die erbrachte Leistung wird dadurch geschützt, dass der öffentliche Rundfunk durch die Gebührenfinanzierung wenigstens teilweise vom ökonomischen Druck der Werbefinanzierung entlastet wird.

Eine solche *leistungsbezogene Form der Medienpolitik* hat insbesondere in zentraleuropäischen Ländern wie Frankreich, Deutschland oder auch der Schweiz Tradition. Hier wird durch organisationspolitische Maßnahmen (z.B. im Bereich des öffentlichen Rundfunks), durch wirtschaftliche Förderungsprogramme (z.B. Presseförderung oder das Gebührensplitting in der Schweiz) sowie durch die Formulierung rechtlicher Anforderungen primär versucht, Einfluss auf die Medieninhalte, deren Umfang und Eigenschaften zu nehmen.

Auf der *Ebene der Regeln* kann Regulierung zum Ziel haben, Regeln für bestimmte Handlungssituationen neu zu erlassen oder bestehende Regeln zu modifizieren. Bei der Modifizierung von Regeln können die Rechte bestimmter Gruppen entweder ausgeweitet oder eingeschränkt werden. Eine solche *regelbezogene Form der Medienpolitik* finden wir eher in angelsächsischen Ländern wie den USA, Großbritannien oder Neuseeland. Regelbezogen heißt, dass sich Medienpolitik hier stärker auf die Regulierung von Verfahren stützt, ohne auf das Ergebnis dieser Verfahren direkt Einfluss zu nehmen. Dabei kann es entweder darum gehen, Verfahren und Prozesse im Medienbereich möglichst marktförmig zu organisieren, wie etwa in den USA oder Neuseeland, oder aber die publizistische Orientierung durch Professionalität abzusichern, wie etwa in Großbritannien.

Der Einsatz von institutionellen Regeln als Mittel der Medienpolitik kann an zwei Beispielen aus Großbritannien und Australien verdeutlicht werden. In Großbritannien wird insbesondere der Public Service der BBC über die Setzung von Verfahrensregeln gestaltet. Rechtsgrundlage der BBC ist eine Vereinbarung zwischen ihr und dem zuständigen Ministerium (Agreement) vom 25. Januar 1996. Dort wird unter Punkt 5 Programmgrundsätze festgehalten:

>»5.1 The Corporation shall do all it can to secure that all programmes broadcast or transmitted by or on behalf of or under licence from the Corporation as part of the Home Services: [..] (c) treat controversial subjects with due accuracy and impartiality, both in the Corporation's news services and in the more general field of programmes dealing with matters of public policy or of political or industrial controversy [...]« (Department of National Heritage 1996)

In Abschnitt 5.3 wird die BBC dann verpflichtet, einen Code auszuarbeiten und gelegentlich zu überprüfen, der nähere Regeln dazu enthält, wie der Anforderung einer angemessenen und unabhängigen Berichterstattung nachgekommen werden kann. Auch muss die BBC über die Performanz ihrer nationalen Programme (Home Services) Rechenschaft in Form eines »Annual Reports« zu Händen des Parlaments sowie »Statements of Promises to Audiences« zu Händen der Gebührenzahler ablegen und vor grundlegenden Veränderungen des Home Services die Öffentlichkeit konsultieren (Department of National Hreitage 1996: 4.1-4.3).

Auch Australien kennt solche Formen der regelbezogenen Medienpolitik: Dort sind Rundfunkanbieter verpflichtet, gemeinsam für den gesamten Sektor einen Code of Practice zu entwickeln, der in allgemeiner Form die Qualität der Programme, den Schutz von Kindern und Jugendlichen sowie das Verbot von sexuellen und gewaltverherrlichenden Darstellungen regelt. Diese Codes of Practices müssen von der Regulierungsbehörde genehmigt werden, wobei das Verfahren öffentlich zu erfolgen hat, um eine breite Debatte über Programmgrundsätze zu ermöglichen. Auch in dieser Form der Co-Regulierung sind also nicht die Leistungen in Form konkreter Programme Ziel der Medienpolitik, sondern es werden die Verfahren reguliert, innerhalb derer sie entstehen. Medienunternehmen werden dabei verpflichtet, selbst Regeln aufzustellen, diese der Öffentlichkeit transparent zu machen und ihre Einhaltung zu überwachen.

Die Beispiele zeigen: Politik hat Gestaltungsmöglichkeiten, in dem sie institutionelle Regelungen als Handlungskontexte für andere Akteure setzt, die in Netzwerken und Verhandlungssystemen miteinander verbunden sind. Solche institutionellen Regelungsinhalte sind etwa die Festlegung von (materiellen) Verhaltens- und (formalen) Verfahrensnormen für bestimmte Situationen, die Gewährung oder Untersagung der Verfügung über finanzielle, rechtliche, personelle, technische und natürliche Ressourcen (vgl. Mayntz/Scharpf 1995: 47-48). Wie bereits erwähnt können im Rahmen solcher institutionellen Arrangements auch Akteure konstituiert werden – etwa zivilgesellschaftliche Akteure (vgl. den Beitrag von Otfried Jarren in diesem Band). Ferner werden im Rahmen institutioneller Verfahrensregelung auch Anlässe für die Interaktion bestimmter Akteure definiert und Arenen geschaffen, in denen spezifizierte Akteure zur Beratung oder Entscheidung über spezifizierte Themen zusammenkommen.

5.   Fazit

Das Fazit dieses Beitrages ist ein Doppeltes: Zum einen wird dafür plädiert, institutionalistische Ansätze auch in der publizistik- und kommunikationswissenschaftlichen Theoriediskussion stärker zu berücksichtigen. Medien sind (auch) Institutionen, und sie werden in einem Prozess der Institutionalisierung in das gesellschaftliche Regelungssystem eingefügt. Prozesse der Institutionalisierung gehen auf das Handeln von Akteuren zurück, Institutionen sind aber nicht zwingend das Resultat intendierten Handelns. Vor allem ist eine zeitliche Dimension zu berücksichtigen: Institutionelle Regelungen sind Verweise auf frühere Praktiken und kulturelle Verständnisse, die gleichwohl unser heutiges Denken und Handeln beeinflussen (vgl. Barley/Tolbert 1997: 99). Wie dies geschieht, welche Dynamiken Institutionen und Handlungen aufweisen, ist auch im institutionalistischen Denken eine offene Frage, die theoretischer Reflexion und empirischer Forschung bedarf. Publizistik- und kommunikationswissenschaftliche Forschung kann hier ihren Beitrag leisten, etwa durch den Verweis darauf, inwieweit Strukturen, Institutionen und Akteure des Medienbereichs das Ergebnis medienpolitischer Entscheidungen sind.

Das zweite Plädoyer des Beitrages richtet sich an die medienpolitische Praxis. Hier sind Verfahren der indirekten oder prozeduralen Regulierung, der Setzung von Regeln oder der Verpflichtung an Akteure, Regeln auszuhandeln, verstärkt als Mittel der Medienpolitik zu prüfen. Eine Medienordnung aus einem Guss gibt es angesichts der technischen und ökonomischen Entwicklungen ebenso wenig (mehr) wie ein »großes Rad«, an dem Medienpolitik drehen kann. Es sind die kleinen Rädchen und Stellschrauben, das mühsame Aushandeln und Austarieren (institutioneller) Regeln, die Medienpolitik in modernen Mediengesellschaften ausmacht.

Literatur

Barley, Stephen R./Tolbert, Pamela S. (1997): Institutionalization and Structuration: Studying the Links between Action and Institution. In: Organization Studies 18, H. 1, S. 93-117.

Department of National Heritage (1996): Copy of the Agreement Dated the 25th Day of January 1996 Between Her Majesty's Secretary of State for National Heritage and the British Broadcasting Corporation.

DiMaggio, Paul J. (1988): Interest and Agency in Institutional Theory. In: Zucker, Lynne G. (Hrsg.): Institutional Patterns and Organizations. Culture and Environment. Cambridge/Mass., S. 3-21.

DiMaggio, Paul J./Powell, Walter W. (1991): Introduction. In: DiMaggio, Paul J./ Powell, Walter W. (Hrsg.): The New Institutionalism in Organizational Analysis. Chicago, London, S. 1-38.

Donges, Patrick (2002): Rundfunkpolitik zwischen Sollen, Wollen und Können. Eine theoretische und komparative Analyse der politischen Steuerung des Rundfunks. Wiesbaden.

Donges, Patrick (2005): Medialisierung der Politik – Vorschlag einer Differenzierung. In: Rössler, Patrick/Krotz, Friedrich (Hrsg.): Mythen der Mediengesellschaft – The Media Society and its Myths. Konstanz, S. 321-339.

Mayntz, Renate (2005): Governance Theory als fortentwickelte Steuerungstheorie? In: Schuppert, Gunnar Folke (Hrsg.): Governance-Forschung. Vergewisserung über Stand und Entwicklungslinien. Baden-Baden, S. 11-20.

Mayntz, Renate/Scharpf, Fritz W. (1995): Der Ansatz des akteurzentrierten Institutionalismus. In: Mayntz, Renate/Scharpf, Fritz W. (Hrsg.): Gesellschaftliche Selbstregelung und politische Steuerung. Frankfurt/M., New York, S. 39-72.

Münch, Richard (1996): Risikopolitik. Frankfurt/M.

Saxer, Ulrich (1980): Grenzen der Publizistikwissenschaft. Wissenschaftswissenschaftliche Reflexionen zur Zeitungs-/Publizistik-/Kommunikationswissenschaft seit 1945. In: Publizistik 25, H. 4, S. 525-543.

Saxer, Ulrich (1998a): Mediengesellschaft: Verständnisse und Mißverständnisse. In: Sarcinelli, Ulrich (Hrsg.): Politikvermittlung und Demokratie in der Mediengesellschaft. Opladen, Wiesbaden, S. 52-73.

Saxer, Ulrich (1998b): Was heisst Kommerzialisierung? In: Zoom K&M, H. 11, S. 10-17.

Saxer, Ulrich (1999): Der Forschungsgegenstand der Medienwissenschaft. In: Leonhard, Joachim-Felix/Ludwig, Hans-Werner/Schwarze, Dietrich/Straßner, Erich (Hrsg.): Medienwissenschaft. Ein Handbuch zur Entwicklung der Medien und Kommunikationsformen. 1. Teilband. Berlin, New York, S. 1-14.

Scharpf, Fritz W. (2000): Interaktionsformen. Akteurzentrierter Institutionalismus in der Politikforschung. Opladen.

Schimank, Uwe (1992): Determinanten politischer Steuerung – akteurtheoretisch betrachtet. Ein Themenkatalog. In: Bußhoff, Heinrich (Hrsg.): Politische Steuerung. Steuerbarkeit und Steuerungsfähigkeit. Ein Beitrag zur Grundlagendiskussion. Baden-Baden, S. 165-191.

Schimank, Uwe (2000): Theorien gesellschaftlicher Differenzierung. (2. Aufl.) Opladen.

Schuppert, Gunnar Folke (2005): Governance im Spiegel der Wissenschaftsdisziplinen. In: Schuppert, Gunnar Folke (Hrsg.): Governance-Forschung. Vergewisserung über Stand und Entwicklungslinien. Baden-Baden, S. 371-469.

Vowe, Gerhard (1999): Medienpolitik zwischen Freiheit, Gleichheit und Sicherheit. In: Publizistik 44, H. 4, S. 395-415.

Wehmeier, Stefan (2001): Ökonomisierung des Fernsehens. Ein Beitrag zur Verbindung von System und Akteur. In: Medien & Kommunikationswissenschaft 49, H. 3, S. 306-324.

Otfried Jarren

Ordnung durch Verantwortungskultur? Governance-Regime im Medienbereich

1. Government und Governance im Medienbereich

Unter *Medienpolitik* wird hier ein zwar eigenständiges, in seinen sozialen, zeitlichen und sachlichen Dimensionen aber offenes Handlungssystem verstanden, das vorrangig durch Kommunikation konstituiert wird und sich auf die Regelung der öffentlichen Kommunikation, im engeren Sinne auf die Massenmedien als Regelungsfeld, bezieht (vgl. Jarren/ Donges 1997: 239; Donges 2002 sowie Vowe 2003). Medienpolitik zielt dabei – zumal in den drei deutschsprachigen Ländern – vorrangig auf die Regulierung der Rahmenbedingungen ab, unter denen Kommunikationsaussagen innerhalb der Medienorganisationen entstehen und wie diese verbreitet werden (Institutionen bzw. Medienorganisationen und publizistische Leistungen).

Medienpolitik versteht sich traditionell als *Government*, denn es geht um die Herstellung von allgemeinverbindlichen Entscheidungen. Da Recht an das Medium der Macht gebunden ist, kann darüber legitim nur der Staat als Akteur verfügen. Insoweit basieren Maßnahmen, die wir dem Government zurechnen können, auf Formen der hierarchischen Über- und Unterordnung zwischen Akteuren. Regulierung im Sinne von Government meint dann das Vorhandensein eines Steuerungsprogramms, das es staatlichen Akteuren ermöglicht, mit Hilfe der ihnen zu Verfügung stehenden Steuerungsressourcen (wie Recht und Geld) intentional und mit dem Ziel der Erreichung von spezifischen Wirkungen in gesellschaftliche Teilsysteme einzugreifen (vgl. Jarren et al. 2002: 104). Staatliche Akteure schaffen (bspw. Markt-)Strukturen und greifen in gesellschaftliche Prozesse vor allem durch Rechtsetzung zur Zielerreichung ein. Die so genannte duale Rundfunkordnung ist ein Beispiel für eine strukturbezogene Gestaltungsmaßnahme (Institutionen bzw. Organisationen); Regelungen bspw. bezüglich der Programmleistungen des Rundfunks oder Werberegeln sind zu den Ausgestaltungsregelungen zu zählen.

Blickt man jedoch empirisch auf das Feld der Medienpolitik jenseits des Rundfunks, so wird deutlich, dass dort vorrangig Regelungsformen vorherrschen, die eher einem Politikverständnis von *Governance* entsprechen (vgl. den Überblick bei Schuppert 2005 sowie den Beitrag von Trappel in diesem Band). Im Unterschied zum Begriff des Government, bei dem eine staatszentrierte und rechtliche Sichtweise vorherrscht, werden unter Governance ganz allgemein »Muster der Interdependenzbewältigung zwischen Akteuren« verstanden (vgl. Lange/Schimank 2004: 19). Governance meint die Regelung von Sachverhalten zwischen unterschiedlichen Akteuren aus verschiedenen Gesellschaftsbereichen. Es wird in der Governance-Perspektive nicht von einem unitarischen Akteur Staat ausgegangen, sondern von einer Vielzahl komplex miteinander verflochtener politischer und gesellschaftlicher Akteure. Die staatszentrierte Perspektive wird aufgegeben. Governance meint das »Gesamt aller nebeneinander bestehenden Formen der kollektiven Regelung gesellschaftlicher Sachverhalte: von der institutionalisierten zivilgesellschaftlichen Selbstregelung über verschiedene Formen des Zusammenwirkens staatlicher und privater Akteure bis hin zu hoheitlichem Handeln staatlicher Akteure« (Mayntz 2005: 15).

Generell finden wir im Mediensektor Regulierungsformen zwischen Government und Governance, wobei bislang zivilgesellschaftliche Akteure – denen eine besondere Bedeutung in Governance-Modellen zukommt – in der Medienpolitik kaum institutionell und prozessual berücksichtigt wurden. Dies erweist sich nun als zu lösendes Problem, weil verbunden mit dem Staats-, Politik- und Medienwandel mehr und mehr auf Governance-Modelle zur Regelung von Problemen, vor allem aber zur Ermöglichung einer *Verantwortungskultur* im Medienbereich, gesetzt werden muss und soll.

2. Government: Delegation von Verantwortung

Der empirische Blick auf die Medienpolitik in den drei deutschsprachigen Ländern Deutschland, Schweiz und Österreich zeigt (vgl. dazu auch Künzler/Schade in diesem Band), dass zwar Formen von Government und zunehmend von Governance angewandt werden, dass jedoch die Governance-Philosophie eher implizit denn explizit verfolgt wird. Es ist die *Staatstradition*, die die Governance-Möglichkeiten *präformiert*. Vor allem aufgrund der relativ starken Stellung staatlicher und zentraler politischer Akteure (so überwiegend aus den politischen Parteien) sowie langer *korporatistischer Politikformen* hat sich in den genannten Ländern eine spezifische Form von Medienpolitik herausgebildet: Wenige politische Akteure aus der staatlich-parteipolitischen sowie gesellschaftlichen Elite interagieren mit Medienmarktakteuren zur Bearbeitung von medienpolitischen Problemen. Andere gesellschaftliche Akteure haben zu diesen Aushandlungsarenen und Entscheidungsprozessen in der Regel keinen – zumindest keinen institutionellen und dauerhaften – Zugang.

Es sind vor allem die durch den Staat definierten so genannten gesellschaftlich relevanten Gruppen, die Mitwirkungs- und Gestaltungsmöglichkeiten beanspruchen können – dies trifft vor allem auf Deutschland und Österreich zu. Aufgrund der korporatistischen und elitistischen Politikstrukturen, zumal in den beiden genannten Staaten, sind vor allem schlecht organisierbare und vetoschwache Interessen und deren Akteure, also die *zivilgesellschaftlichen Akteure*, schwach vertreten. Und für den stark regulierten öffentlichen Rundfunkbereich nehmen die definierten politischen und gesellschaftlichen Gruppen treuhänderisch die Vertretung auch weiterer gesellschaftlicher Interessen in den dafür vorgesehen Gremien wahr und für sich in Anspruch. Dieses Vertretungsprinzip, in Verbindung mit dem Problem der Nichtorganisation von Interessen der Rezipienten von Medienangeboten, hat die Entwicklung einer breiter abgestützten Verantwortungskultur (wie aber auch der Medienkompetenz der Rezipienten) im Mediensektor negativ beeinflusst.

Verantwortung im Medienbereich *erscheint* als an den Staat und wenige gesellschaftliche Gruppen verlässlich *delegiert*. Die Medienorganisationen sehen sich faktisch durch »den Staat« beaufsichtigt und kontrolliert und wehren sich gegenüber diesen Ansprüchen generell. Öffentliche wie private Rundfunkveranstalter beziehen deshalb allenfalls die ihnen »in die Gremien« gesetzten Akteure (Rundfunkräte; gesellschaftliche Gremien bei den Regulierungsbehörden) in Verhandlungen ein. Das hat bspw. zur Folge, dass selbst beim öffentlichen Rundfunk die Publikumsinteressen institutionell faktisch ausgeschlossen sind (vgl. den Beitrag von Hasebrink in diesem Band). Als Folge der begrenzten Mitwirkungsmöglichkeiten kann sich kein Selbstorganisationspotential in der Gesellschaft bilden, und auch der erwünschte Anstieg gesamtgesellschaftlicher Medienkompetenz kann sich so nur äußerst langsam entwickeln, auch deshalb, weil er zur Domäne von Sozialisationsagenturen und gesellschaftlich bereits am »Mediengeschäft« beteiligten Organisationen gemacht wird. Bei allen Medienorganisationen dominiert eine

Abwehrhaltung gegenüber allen Formen von institutionalisierten Ansprüchen.

Insgesamt gesehen hat sich im gesamten Mediensektor eine politische Praxis etabliert, die einerseits *nicht zur Ausbildung einer Verantwortungskultur* auf Seiten der Medienbranche und andererseits auch nicht zur Etablierung zivilgesellschaftlicher Akteure, die diese Verantwortungskultur entschlossen wie wirksam einfordern könnten, geführt hat. Für letzteres Phänomen ist wesentlich, dass die treuhänderische Wahrnehmung von Aufsichts-, Kontroll- wie auch medienkritischen Reflexionsfunktionen an einflussreiche politische wie gesellschaftliche Gruppen delegiert bzw. übertragen wurde. Die Presse ist gegenüber diesen institutionellen gesellschaftlichen Ansprüchen, wie sie sich beim (öffentlichen) Rundfunk ausgebildet haben, zurückhaltend, weil sie dadurch einen mittelbaren Staats- oder zumindest einen parteipolitischen Einfluss fürchtet. Und dass sich auf Seiten der Medienbranche bislang keine ausgewiesene Verantwortungskultur etablieren konnte (Media Governance), kann auch auf die Befürchtungen der Branche vor einem Politik- bzw. Staatseinfluss durch jegliche medienpolitische Beteiligung durch Dritte zurückgeführt werden. So wird der Markt zum alleinigen Bezugspunkt der Argumentation gewählt, obwohl Marktkräfte bspw. durch den Einsatz von Werberessourcen oder PR-Aktivitäten einen zunehmenden Einfluss auf die Medienautonomie gewonnen haben (Ökonomisierung und Kommerzialisierung) und die publizistische Autonomie stärker beeinflussen als staatliche Akteure durch Medienpolitik.

3. Leitideen für eine neue Verantwortungskultur

Leitideen, Governance-Regime und Mechanismen der Ordnungsbildung stehen in einem engen sachlichen Verhältnis zueinander, wie die Erfahrungen aus anderen Regulierungsbereichen zeigen. Zunächst werden zentrale Leitideen, sodann idealtypisch Governance-Regimes und die mit ihnen verbundenen sozialen Basismechanismen zur Herstellung und Gestaltung von sozialen Ordnungen im Bereich der öffentlichen Kommunikation dargestellt und diskutiert.

3.1 Medienpolitische Leitideen

Im Zusammenhang mit Überlegungen von van Cuilenburg/McQuail »towards a new communications policy paradigm« (van Cuilenburg/McQuail 2003: 181) stellt sich die Frage, auf Grundlage welcher Leitideen zukünftig die Medienordnung gestaltet werden soll, was im engeren Sinne die Prinzipien bzw. Ziele von medienpolitischen Maßnahmen, vor allem bezogen auf die Ausgestaltung der öffentlichen Kommunikation (Publizistik) und ihrer Medienorganisationen, sein sollen. Denn unbestritten ist, dass denjenigen Medien, die Anteil an der Ermöglichung öffentlicher Kommunikation innerhalb der Nationalstaaten wie aber auch im Kontext des Europäisierungsprozesses haben, eine zentrale gesellschaftliche Funktion zukommt, nicht nur – aber auch – bezogen auf demokratiepolitische Zielsetzungen. Die Herstellung von Öffentlichkeit und die Wahrnehmung öffentlicher Interessen wird von den publizistischen Medien erwartet, und für die Wahrnehmung dieser als öffentliche Aufgabe angesehene Funktion werden den Medienorganisationen wie -schaffenden Privilegien zuerkannt. Dabei ist es unerheblich, ob wir es mit privat oder öffentlich verfassten Medienorganisationen zu tun haben. *Media as a public trustee* – doch wie lassen sich diese Zielsetzungen unter den sozialen Modernisierungs- und Wandlungstendenzen erreichen? Lassen sich neue Ordnungsformen für die an der öffentlichen Kommunikation wesentlich beteiligten Medien zwischen Staat, Markt und Gesellschaft finden? Wie lassen sich Formen der Verantwortungsteilung etablieren, wenn Medienpolitik mehr und mehr jenseits des (National-)Staates sowie zwischen Markt, Staat und Gesellschaft entwickelt und umgesetzt werden muss?

Ziel aller Maßnahmen bezogen auf die Medien und die von ihnen zu gewährleistende öffentliche Kommunikation ist es, sowohl Formen des *Markt- als auch des Staatsversagens* wenn nicht zu verhindern, so doch Folgen zu vermindern oder zu vermeiden. Dies ist für staatlich-politische Akteure eine paradoxe Anforderung, sollen sie doch eine Medienordnung schaffen, die explizit aus öffentlichkeits- und demokratietheoretischen Begründungen heraus einen hohen Bezug einerseits zum politischen System haben soll, die aber andererseits keine Verpflichtung auf den Staat mit seinen jeweils konkreten Repräsentanten und Akteuren beinhalten darf. Medienpolitik soll also zugleich die konkrete staatlich-politische Macht bzw. den Einfluss bezogen auf Medienstrukturen, -organisationen wie -inhalte begrenzen, aber dennoch für eine *Orientierung der Medien auf die Gesellschaft*, und somit auch auf die Politik und die politischen Prozesse, sorgen. Überdies gilt es zugleich, einen dominanten oder übermäßigen Einfluss anderer gesellschaftlicher Akteure auf die Medien zu verhindern oder zu begrenzen (Eigentums- und Besitzverhältnisse), also den *Autonomiespielraum* der Medien wie des Journalismus dauerhaft abzusichern. Und zugleich ist auch dafür Sorge zu tragen, dass die Medien ihre Autonomie selbstverantwortlich wahrnehmen können und sich zu einer *Good Governance verpflichten*.

Da dies, wie dargelegt, nicht allein von staatlich-politischen Akteuren erreicht werden kann und soll, obliegt es dem politischen System, weiteren gesellschaftlichen Akteuren Mitwirkung an medienpolitischen Arenen und Prozessen zu ermöglichen. Zugleich sind die Medienorganisationen wie aber auch die professionellen publizistischen Berufsgruppen stärker auf entsprechende Dialoge, Aushandlungsprozesse und Formen der Selbstbindung (Ethikregelungen) zu verpflichten. Anzustreben ist eine *breit abgestützte Verantwortungskultur*. Eine Verantwortungskultur im Medienbereich kann – abgesehen von den ohnehin beteiligten politischen Akteuren und Medienorganisationen – nur durch die Beteiligung zahlreicher gesellschaftlicher Akteure, vor allem aber zivilgesellschaftlicher Akteure, an medienpolitisch relevanten Arenen und Prozessen erreicht werden.

Medienpolitische Leitideen zur Konstituierung einer angemessenen *sozialen Ordnung im Bereich der öffentlichen Kommunikation* sollten daher sein:

- ein Höchstmaß an Autonomie der Medien gegenüber Staat und Wirtschaft zu sichern (*Medien- und Kommunikationsfreiheit*)(freedom of communication)
- einen hinreichenden Bezug der Medien auf die Gesellschaft zu ermöglichen, also Responsivität der Medien gegenüber gesellschaftlichen Akteuren und Prozessen einzufordern (Pluralität bei der Berücksichtigung von Themen und Meinungen sowie deren Reflexion) (*Responsivität*) (responsiveness)
- gleichrangige Zugangs- und Nutzungsmöglichkeiten für möglichst alle Gesellschaftsmitglieder zu den Medien (Wahrnehmungs- und Publikationschancen durch/in die Medien) und zu publizistischen Angeboten (Rezeption) zu gewähren (*Zugang*)(access) und
- für die Wahrnehmung von Verantwortung im Rahmen der publizistischen Tätigkeiten zu sorgen und von den Medienorganisationen die Entwicklung und Einhaltung gewisser Regeln und Standards zu verlangen. Dazu gehören die Beteiligung von weiteren Akteuren inner- wie auch außerhalb des Mediensystems wie auch die Beteiligung von Professionsgruppen sowie die Nutzung informeller, situativer Arrangements (*Verantwortungskultur*)(accountability and responsibility).

Die genannten Leitideen sind ohne jeden Zweifel medienpolitische Ziele von hoher demokratiepolitischer Bedeutung, und zur Bearbeitung der damit verbundenen Probleme *bedarf es auch Formen des Government*. Eingriffe in den Markt oder markbezogene Zugangs- oder Kostenregelungen sind allerdings – das sollte durch die obige Darstellung deutlich geworden sein – in besonderer Weise öffentlich begründungspflichtig.

Bereits das Ziel, Medien- und Kommunikationsfreiheit in allen seinen Facetten zu ermöglichen, setzt Offenheit und Responsivität auf Seiten der Medien und den Zugang der Bürgerinnen und Bürger zu verschiedenen Medienanbietern und -angeboten voraus. Die institutionelle Ordnung des Medienmarktes (Marktstruktur) und der Zugang zum Markt (Anbieter) und zu den Angeboten (Rezipienten) ist und bleibt daher eine zentrale politische, ja sie ist und bleibt eine wesentliche staatlich-politische Aufgabe, weil nur der Staat zu entsprechenden Entscheidungen und deren Durchsetzung zur Erhaltung der Medienautonomie berechtigt und legitimiert ist. Eingriffe in die institutionelle Ordnung und in den Markt bedürfen – zumal im Mediensektor – der Begründung und daher eines entsprechenden öffentlichen Diskurses unter Beteiligung aller Interessenten, was auf das Vorhandensein zahlreicher gesellschaftlicher Akteure in medienpolitischen Diskursen verweist. Hier ist nun nicht der Platz, um sich detaillierter mit den drei erstgenannten medienpolitischen Leitideen und deren Umsetzung zu befassen. Im Mittelpunkt der Darstellung steht ausschließlich die vierte Leitidee: Verantwortungskultur.

3.2 Verantwortungskultur als neues medienpolitisches Kernziel

Die *soziale Ordnung im Sinne einer Verantwortungskultur* im Medienbereich kann nicht als gegeben – oder gar als ehern – vorausgesetzt, sondern muss *im Prozess erzeugt* werden. Verantwortung meint die Festlegung von Verantwortungsbereichen und Zuständigkeiten, und diese müssen für möglichst alle Gesellschaftsmitglieder erkennbar und zugänglich sein.

»Verantwortung ist im Sinne von accountability aufgrund von funktionaler Differenzierung, Arbeitsteilung und Vernetzung weder personal noch institutionell sowie in den meisten konstellativen Zusammenhängen überhaupt nicht oder eindeutig zurechenbar, sondern diffundiert. Verantwortung und Verantwortungsübernahme sind in Handlungskomplexe eingebunden […]. Verantwortung verlangt eine verantwortungspraktische Aufmerksamkeit und ein pluralistisches Kontingenzmanagement im dynamischen und problemorientierten Zusammenspiel von Heterarchie, Hierarchie und flexiblen Rechtsinstituten. […] Die funktionale Ausdifferenzierung eigensinniger Subsysteme und die polyzentrische Organisation moderner Gesellschaften führen zur Orientierung an Handlungsfolgen und Nebenwirkungen, um negative externe Effekte zu vermeiden. Der Verantwortungsbegriff umfasst heute alle Zeitdimensionen, hat seine wichtige Erweiterung aber vor allem in Hinblick auf die Zukunft gefunden. Verantwortung als Medium der Steuerung in einer steuerungslosen Zeit ist zu kontextualisieren und grenzüberschreitend im Sinne eines relativen Universalismus zu konzeptualisieren. Dazu gehört in normativer und ethischer Sicht, dass Verantwortung nicht nur auf Nichtschädigungsgeboten, vielmehr auch auf Solidaritäts- und Fürsorgepflichten besteht« (Waschkuhn 2005: 40f).

Dieses Verantwortungskonzept bedingt eine spezifische Form der sozialen Ordnung und damit zugleich Mechanismen, die dazu geeignet sind, Austausch- und Aushandlungsprozesse zu ermöglichen, die die Voraussetzung für die Entstehung einer Verantwortungskultur sind. McQuail (2000, 2003) unterscheidet vier Typen von Verantwortungskultur, nämlich:

– assigned
– contracted
– self-assigned
– denied

Alle vier Typen stehen im engen Zusammenhang mit den Leitbildern wie mit spezifischen Governance-Formen. Während die erste Form rechtliche Grundlagen benötigt (Government, d.h. Gesetzgebung), wird bei der zweiten Form Co-Regulierung (Government und privater Akteur, d.h. politischer Akteur und formelle Regelungen) zugrunde gelegt. Self-assigned sind jene Formen, die professionelle Berufsgruppen, ihre Verbände oder Medienorganisationen aufgrund ihres Interesses an der Wahrnehmung einer öffentlichen Aufgabe festlegen. Schließlich gibt es, und darauf weist McQuail auch hin, ungeeignete Formen (denied), auf die wird hier nicht weiter eingegangen.

Auf die *Notwendigkeit eines Zusammenwirkens aller drei Formen in einem institutionellen Sinne* macht McQuail durch die Formulierung »[...] differences of location of a given responsibility within the whole institutional complex« (McQuail 2003: 195) aufmerksam. Insbesondere bezogen auf die beteiligten Funktions- bzw. Rollenträger bei Medienorganisationen hieße das:

> »Media responsibilty can thus be located on different levels; the media institution as a whole, the ownership, the organization and its management, the professional employee and the individual author or performer« (Bardoel/d`Haenens 2004: 7).

Eine Verantwortungskultur im Medienbereich wird sich folglich nur entwickeln können, wenn konsequent eine *Governance-Philosophie* verfolgt wird. Für den deutschsprachigen Raum gilt dabei die folgende Ausgangssituation:

– *Öffentlicher Rundfunk*: Hier sollten die an so genannten gesellschaftlich relevanten Gruppen übertragenen Aufsichts- und Kontrollfunktionen auf einen größeren Kreis an Beteiligten ausgedehnt werden. Und zwar einerseits durch den Aufbau von unmittelbaren Leistungsbeziehungen zwischen den Gebührenzahlern und den öffentlichen Rundfunkanstalten, und andererseits durch die Beteiligung zivilgesellschaftlicher Akteure. Die im öffentlichen Rundfunk bestehende Verantwortungskultur ist derzeit stark partei- bzw. machtpolitisch und zudem kulturell-elitistisch geprägt. Zwar hat sich die binnenplurale Struktur beim öffentlichen Rundfunk grundsätzlich bewährt, aber diese Form hat auch zu einer Minderberücksichtigung nicht organisierter Interessen geführt und zu einem geringen unmittelbaren Einbezug der Hörer und Zuschauer (der Rezipienten). Zuschauer oder Zuhörer werden zumeist als schutzbedürftige Individuen, aber nicht als Partner oder gar als Inhaber von Rechten gegenüber den (öffentlich-rechtlichen) Medienorganisationen angesehen (vgl. dazu auch Hasebrink in diesem Band). Deshalb sollte der öffentliche Rundfunk regulatorisch zum Einbezug der Gebührenzahler bzw. Rezipienten verpflichtet werden. Hier sind neue Modelle zu entwickeln und zu erproben (vgl. Fukuyama/Furger 2006: 245ff.).

— *Privater Rundfunk*: Hier ist der Bezug zur Gesellschaft allenfalls nur indirekt vorhanden, und zwar über die mit Vertretern gesellschaftlicher Gruppen besetzten Gremien bei Regulierungsbehörden oder über andere – allerdings selten vorkommende – Formen der Beteiligung (bspw. Beiräte), sofern diese durch Lizenz- bzw. Konzessionsentscheid aufgegeben wurden. Der außenplural verfasste Privatrundfunk verfügt durchweg nicht über organisationsinterne Beteiligungsformen. Zugleich sind bei den Organisationen Formen der Qualitätssicherung etc., in denen Interessen von Anspruchsgruppen institutionalisiert verarbeitet werden können, kaum vorhanden.

— *Presse*: Die Aussagen bezogen auf den Privatrundfunk treffen auch für die Presse zu.

— *Beschwerdeinstanzen und Formen der Selbstkontrolle*: Die Anzahl an externen wie internen Ombuds- und sonstige Ansprech- oder Beschwerdestellen variiert innerhalb der drei Länder Deutschland, Österreich und Schweiz deutlich, ist aber insgesamt und mit Blick auf die gesamte Medienlandschaft als eher gering zu bezeichnen. Vor allem fehlt es an medienübergreifenden und allgemein öffentlich bekannten Beschwerdeinstanzen (für Österreich vgl. dazu Latzer et al. 2002). Bezogen auf die Gesellschaft haben sich bei privatwirtschaftlich verfassten Medien allenfalls reaktiv unter dem »Drohpotential« von staatlich-politischen Akteuren – Formen der ethischen Selbstverpflichtung oder Selbstkontrolle ausgebildet (vgl. Puppis et al. 2004). Presseräte oder Jugendschutzeinrichtungen verarbeiten zwar gesellschaftliche Anforderungen, sind aber auf der Ebene der gesamten Branche institutionalisiert. Anforderungen an einzelne Redaktionen oder Medienunternehmen werden somit »wegdelegiert« – zu eben diesen zentralen Instanzen. Selbstkontrolleinrichtungen wie Presseräte weisen aufgrund ihrer Institutionalisierung eine Reihe von Mängeln im Hinblick auf die öffentliche Wirkung oder die Beteiligung gesellschaftlicher Gruppen auf. Professionelle bleiben unter sich, überwiegend sind die Pressräte zudem noch nach der Logik der Sozialpartnerschaft (Journalistengewerkschaftsvertreter und Verlegervertreter) zusammengesetzt – ein nicht mehr zeitgemäßes Organisationsprinzip insbesondere im Hinblick auf das Ziel der Wahrnehmung von professioneller Verantwortung in der modernen Gesellschaft. Sozialpartnerschaftliche Regelungsmodelle sind kaum dazu geeignet, dass sich eine professionelle Berufskultur entwickeln kann, zumal im Sinne einer gesellschaftlichen Verantwortungskultur. So vertreten die in der Medienbranche üblichen Organisationen Standes- und Einkommensinteressen und treten für die Aufrechterhaltung von Privilegien ein.

Partiell entsteht zwar *Verantwortungskultur durch den Markt,* auf dem sich publizistische Produkte zu behaupten haben, aber aufgrund der Besonderheiten der publizistischen Produktion und Rezeption kann nicht allein auf den Reputationsmechanismus gesetzt werden (vgl. dazu Märkt 2005 und die Replik von Heinrich/Lobigs 2005). Es bedarf daher eines umfassenderen Konzepts sowie entsprechender Governance-Regimes zur Erreichung des Ziels Verantwortungskultur. Darin wären zu regeln: Mitwirkungsmöglichkeiten bei Medienorganisationen für interne und externe Akteure; Transparenzvorgaben; Berichts- und Rechenschaftspflichten (vgl. dazu Trappel in diesem Band).

4. Governance-Regime und Mechanismen zur Etablierung einer Verantwortungskultur

4.1 Governance-Regime

Regime meint Lenkung, Verwaltung oder auch Regierung, aber Regime sind der Idee nach »weniger hierarchisch und mehr heterarchisch konstruiert« (Waschkuhn 2005: 8). Bei Regimen handelt es sich also um Formen von Governance, weil sie Interessenvermittlungs- und Aushandlungsprozessen zwischen unterschiedlichen Akteuren dienen. *Regime* sind zwar einerseits Resultate spontaner Ordnungsbildung, aber andererseits *basieren* sie *auf Akteuren und Regeln* – sie weisen spezifische Formen einer Institutionalisierung auf.

> »Es handelt sich um Kooperationsformen und Regelungsbereiche, die als institutionalisierte Sets und Ensembles von Prinzipien, Normen, Regeln und Entscheidungsverfahren in zunehmenden Maße zu grundlegenden und relativ dauerhaften Ausformungen geführt haben« (Waschkuhn 2005: 5).

Regime können – gemäß Waschkuhn – als Verregelungen und Strukturierungen von Problemfeldern und zugleich als das Ergebnis von komplizierten Vermittlungs- und Verhandlungsprozessen begriffen werden.
»Insofern absorbieren Regime Unsicherheit, schaffen neue Maßstäbe und generieren des Weiteren differenzierte Kriterien für Zumessungen und Gewichtungen, sorgen für gewünschte Inklusionen und Exklusionen in Bezug auf issue-geprägte und neu zu gestaltende Handlungsspielräume. [...] Regime sind aufgrund von verbindlichen Regelsetzungen Stabilisatoren von Handlungszusammenhängen, müssen aber in dynamischer Perspektive auch genügend Raum lassen für Spezifizierungen und operative Neuerungen. Es sind dies zugleich Erfolgsbedingungen politischer Innovation« (Waschkuhn 2005: 7).
Regime sind als Regelungsbereiche und Kooperationsformen, als institutionalisierte Sets und Ensembles von Normen, Regeln und Entscheidungsverfahren aufzufassen. Sie stabilisieren somit soziale Ordnungen durch Inklusion und Exklusion und sie ermöglichen die Entwicklung von Maßstäben, Regeln, Werten und Normen und insoweit kommt ihnen ein institutioneller Charakter zu (vgl. dazu auch den Beitrag von Patrick Donges in diesem Band). Es können vier Formen von Governance-Regimen unterschieden werden, auf deren Basis jeweils spezifische soziale Ordnungen erzielt werden können:
– Governance by Government
– Governance without Goverment
– Governance with Goverment
– Governance with Government and Civil Society.
Wie bereits dargestellt und diskutiert, weist das Regime *Governance by Government* eine Reihe von Faktoren auf, die die Ausbildung einer Verantwortungskultur, zumal in einem zivilgesellschaftlichen Sinne, eher behindern als fördern. Nicht zuletzt aufgrund der (noch immer relativ) starken Dominanz staatlich-politischer Akteure haben sich keine weiteren zivilgesellschaftlichen Akteure ausgebildet und hält sich die Medienbranche bezogen auf einen intensiveren Austausch mit Akteuren der Gesellschaft zurück, weil sie Staatseinfluss fürchten muss.

Governance without Government bietet sich im Medienbereich grundsätzlich deshalb nicht an, weil nur durch staatlich-rechtliche Entscheidungen die Marktstrukturen und -bedingungen im Medienbereich legitim durchgesetzt werden können, und zwar bezogen auf öffentlichkeits- und demokratietheoretisch begründete Ziele. Bislang – und darauf wurde bereits verwiesen – war es nur aufgrund des vorhandenen politisch-rechtlichen »Drohpotentials« des Staates möglich, dass sich Formen der Selbstregulierung im Medienbereich ausgebildet haben. Diese Nichtausbildung von Formen der Selbstregulierung wie auch das gering entwickelte Qualitätsmanagement bei den Medien – wohl ursächlich auf die nicht ausgeprägten marktlichen Beziehungen zu den Rezipienten zurückzuführen – weisen auf die Bedeutung staatlich-politischer Akteure hin. Eine allein auf Reputationszuweisung und -entzug zielende Governance-Struktur beinhaltet Risiken hinsichtlich der Qualität der publizistischen Angebote und auch bezogen auf öffentlichkeits- und demokratietheoretische Postulate. Dies kann auch medienökonomische begründet werden (vgl. Heinrich 1996).

Die beiden letztgenannten Governance-Regime stehen in einem engen Verhältnis zueinander: Vor allem Formen der Co-Regulierung – im Sinne einer Verantwortungsteilung zwischen staatlich-politischen Akteuren und Medienorganisationen – bieten sich an, um gesellschaftlichen Ansprüchen an die Medien im Sinne der oben genannten medienpolitischen Leitideen zur Durchsetzung zu verhelfen (*Governance with Government*). Vor allem durch Co-Regulierung entstehen neue Organisationen im Medienbereich, in der Gesellschaft, innerhalb der Medienbranche als auch innerhalb von Medienorganisationen (vgl. Schulz in diesem Band): *Horizontal wie vertikal kommt es zu einer Ausdehnung* bei den an einer Problembearbeitung beteiligten Akteuren. Das lässt sich am deutschen Beispiel des Jugendschutzes im Fernsehbereich empirisch zeigen: Neben der Freiwilligen Selbstkontrolle Fernsehen (FSF) als einem neuen (und von der Medienbranche gegründeten) Akteur, haben sich bei den Regulierungsbehörden aufgrund gesetzlicher Aufgabenzuweisungen neue Kompetenzfelder ausgebildet. Und auch die privaten Rundfunkveranstalter, durch Gesetz zur Etablierung von Jugendschutzbeauftragten verpflichtet, haben innerhalb der Organisationen entsprechende Stellen geschaffen. Diese Stellen agieren sowohl unternehmensintern und bezogen auf die FSF wie aber auch fallweise gegenüber der Öffentlichkeit bezogen auf Jungendschutzfragen und damit wird – zumindest in einem Teilbereich – eine neue Form von Verantwortungskultur institutionalisiert.

Es lässt sich also empirisch zeigen, dass Formen der Co-Regulierung Akteure zum Handeln stimulieren, eben weil Co-Regulierung oder staatlich-politische Maßnahmen drohen oder weil man ihnen zuvorkommen will. So entstehen Formen der Selbstverpflichtung wie der Selbstkontrolle. Das führt häufig dazu, dass neue Gremien oder Organisationen entstehen, die sich dann im Laufe der Zeit durchzusetzen vermögen und an Eigenständigkeit gewinnen. Auch bei allen Unzulänglichkeiten bzw. Defiziten dieser Formen einer reaktiven Institutionalisierung ist anzuerkennen, dass durch diese Institutionalisierung Lernprozesse ausgelöst werden können.

Und schließlich: Durch Formen der Co-Regulierung können – im Sinne des Regimes *Governance with Government and Civil Society* – weitere Akteure etabliert werden. Es können sich neue Akteure (zivilgesellschaftliche Akteure) ausbilden, weil durch spezifische Austausch- und Aushandlungsformen die Gründung neuer Akteure angeregt wird. Dazu wurden wiederholt Vorschläge unterbreitet (bspw. »Stiftung Medientest«). Auf diese Weise kann sich – im Sinne eines Lernprozesses – eine auf breiterer Basis getragene Verantwortungskultur im Mediensektor entwickeln.

> »Involvement of citizens and civil socity can also provide a fourth way to organize social responsibility in the media, next to the primacy of either the market, the state and/or the professional« (Bardoel/d`Haenens 2004: 10).

Die Beteiligung zivilgesellschaftlicher Akteure kann einerseits als ein Gewinn für Formen des Government angesehen werden, weil im Medienbereich entstehende Probleme unmittelbarer und schneller als durch staatlich-rechtliche Entscheide gelöst werden können, so bspw. durch Thematisierung und als Folge der Kritik eine Form von Selbstbindung (bspw. Absetzung oder Änderung einer Fernsehserie). Zudem erhalten politische Akteure durch die Thematisierung von Problemen durch andere Akteure medienpolitische Unterstützung, um ihrerseits tätig zu werden. Andererseits profitiert aber auch die Medienbranche von dieser zivilgesellschaftlichen Beteiligung: Die Wahrnehmung von Verantwortung gegenüber der Gesellschaft rechtfertigt die Zurückweisung von staatlich-politischen Steuerungs- und Eingriffsversuchen. Und zugleich kann durch eine engere Bindung an zivilgesellschaftliche Akteure sowie an die Rezipienten ebenso die Autonomie gegenüber den Einflussversuchen ökonomischer Akteure stärker behauptet werden.

Mit der Institutionalisierung zivilgesellschaftlicher Akteure können zwar Formen des Markt- wie auch des Staatsversagens im Medienbereich nicht verhindert, wohl aber in anderer Weise bearbeitet und kompensiert werden. Das Entstehen und die Ausbildung einer Verantwortungskultur im Medienbereich kann weder angeordnet noch durch Einzelmaßnahmen erreicht werden. Sie setzt die Etablierung einer *sozialen Ordnung* voraus, die *von den Akteuren gewollt* und entwickelt werden muss. Hier kommt den politischen Akteuren eine Initiativfunktion zu. Eine soziale Ordnung im Medienbereich im Sinne von Accountability setzt also zuerst die bewusste Etablierung von Governance-Regimes voraus – und das ist mehr als die bekannte staatlich-politische Medienpolitik (Government). Allerdings bedarf es dazu – wie institutionalistische Ansätze zeigen – ressourcenstarker Institutional Entrepreneurs, wenn neue Organisationen bzw. Institutionen (erfolgreich) durchgesetzt werden sollen (vgl. dazu Donges in diesem Band).

4.2   Mechanismen der Ordnungsbildung

Übergreifendes politisches Ziel ist die Etablierung einer sozialen Ordnung im Sinne der Ausbildung einer Verantwortungskultur im Medienbereich und deren Ausgestaltung durch die Etablierung spezifischer institutioneller Arrangements mit Hilfe unterschiedlicher Governance-Regimes. Schimank (2006) hat jüngst deutlich gemacht, dass die Governance-Perspektive die *Gestaltung einer sozialen Ordnung* durch die in diese soziale Ordnung eingebetteten Akteure in den Blick nehmen muss (vgl. auch Scharpf 2000). Soziale Ordnungen sind erst dann gegeben, wenn sich »alle Beteiligten [...] auf sie einzustellen vermögen und Gleiches den je Anderen unterstellen können« (Schimank 2006: 3). Zu den basalen Mechanismen für die soziale Ordnungsbildung zählt Schimank

- exit
- wechselseitige Beobachtung
- wechselseitige Beeinflussung
- wechselseitiges Verhandeln (vgl. Schimank 2006: 10ff.)

Die Aufstellung enthält – mit Ausnahme der Möglichkeit exit – verschiedene *Mechanismen*, die zu sozialen Ordnungen führen, die sich hinsichtlich ihres Institutionalisierungsgrades unterscheiden. Das soll bezogen auf die Medienordnung kurz diskutiert werden.

Beobachtung erfolgt im Medienbereich in Form der üblichen Konkurrenzperspektive: Mit welchen Programmen, mit welchen Moderationsstilen, mit welchen Werbe- oder Marketingstrategien hat die Konkurrenz Erfolg und somit Vorteile? Durch einseitige Beobachtung wird bereits ein Beitrag zur Interdependenzbewältigung geleistet, weil ein Akteur aufgrund seiner Beobachtung sich an gewissen Formen, Regeln etc. orientiert oder anpasst. Es kann aber auch zu einer wechselseitigen Anpassung durch Beobachtung kommen, um der möglichen Kritik des Konkurrenten über ein bestimmtes Marktverhalten zuvorzukommen: Man orientiert sich aneinander, zunächst ohne dass es dazu spezieller Verhandlungen bedarf. Wechselseitige Beobachtung und Anpassung können nun *punktuell* geschehen oder *dauerhaft* werden. *Punktuelle Anpassungen* können bspw. erfolgen, wenn ein bestimmtes Fernsehformat in der Gesellschaft auf massive Kritik stößt – und deshalb vom Fernsehanbieter nicht mehr ausgestrahlt wird. Das konkrete Format kann dann in der Folge aber auch generell aus dem Programm genommen werden, weil es als problematisch angesehen und nicht mehr gesendet wird (*dauerhafte Anpassung*). Für ein derartiges Verhalten können institutionalistische Erklärungsansätze herangezogen werden: In unsicheren (Markt-)Situationen wird geschaut, wie andere Akteure ein Problem – tatsächlich oder vermeintlich – erfolgreich bewältigt haben, um dann ähnlich zu entscheiden und zu handeln. Dadurch können sich gemeinsam geteilte Vorstellungen im Sinne von Normen und Leitbildern ausbilden.

Wechselseitige Beobachtung ist im Medienbereich ausgeprägt empirisch festzustellen: So nimmt sich vor allem die Presse den Entwicklungen im gesamten elektronischen Medienbereich an und verfolgt sie zumeist kritisch und skeptisch (»Medienseiten«). Publizistische Kulturen im Bereich Print unterscheiden sich von denen bspw. des Rundfunks. Institutionell liegt die Idee der wechselseitigen Beobachtung der dualen Rundfunkordnung zugrunde: Der öffentliche Rundfunk wird dabei als »Qualitätsrundfunk« angesehen und es wird erwartet, dass sich private Anbieter an diesem Maßstab orientieren (»Qualitätswettbewerb«). Unabhängig davon, ob es tatsächlich eine Art Qualitätswettbewerb gibt, ist die mit der dualen Ordnung entstandene Beobachterkonstellation relevant, weil mittels der konkreten Diskussion über Programmleistungen oder -qualität über die Medienordnung fallweise wie auch dauerhaft reflektiert wird. Mit der dualen Ordnung im Rundfunksektor wurde wechselseitige Beobachtung institutionalisiert.

Wechselseitige Beeinflussung geht über die Beobachtung hinaus: Beeinflussen lässt man sich von Vorbildern, durch eine erfolgreiche Praxis eines anderen oder aufgrund des Rates von Experten. Zwar sind grundsätzlich auch einseitige Beeinflussungskonstellationen möglich, doch basieren diese zumeist auf der Ausübung von Macht. Formen des Government wären dazu zu zählen. Wechselseitigkeit setzt in der Regel aber Freiwilligkeit voraus, wenn auch der Grad an Entscheidungsmöglichkeiten eines Akteurs begrenzt sein kann. Schon *punktuelle Handlungsabstimmungen* können es erforderlich machen, sich auf Vorstellungen eines anderen Akteurs einzulassen – bspw. um Schlimmeres zu verhindern. So ist der Verzicht auf Ausstrahlung eines selbst entwickelten Fernsehformats, das zwar nicht kritisiert wurde, aber im Kontext einer öffentlichen Debatte um bestimmte Fernsehformen der Branche in die Diskussion geraten könnte, durch die Entscheidung eines Konkurrenten beeinflusst. Bei einer Beeinflussung können Größen- oder Machtpositionen eine Rolle spielen, müssen es aber nicht. Neben punktuellen Formen sind auch *verstetigte Formen* wechselseitiger Beeinflussung auszumachen. Ein Beispiel dafür ist die Freiwillige Selbstkontrolle Fernsehen (FSF), die für die privaten Rundfunkveranstalter definitiv regelt, wann und für welche Zielgruppe (Jugendschutz) welche Sendungen wie ausgestrahlt werden dürfen (vgl. Vowe 1997). Trotz aller Konkurrenz auf dem Markt überwiegen durch Beteiligung an dieser Organisation und durch die Verpflichtung, deren Voten zu übernehmen, die Vorteile: Es kommt rasch und verbindlich zu einheitlichen Regeln, die für alle gelten und die innerhalb der Branche bleiben, d.h. es gibt im Normalfall keine Beteiligung von Behörden. Damit bringt sich der einzelne Anbieter zwar um Aufmerksamkeitsvorteile im Bereich der Filmausstrahlungen, zugleich aber wird damit auch ein kostspieliger PR-, Werbe- und Marketingwettkampf vermieden. Durch FSF-Entscheide findet eine wechselseitige Beeinflussung statt, ohne dass die Marktakteure direkt mit einander verhandeln (müssen).

Formen des *wechselseitigen Verhandelns* stellen nämlich eine äußerst anspruchsvolle Form der sozialen Ordnung dar, zumal dann, wenn das Ergebnis von Verhandlungen als bindend für alle jetzigen wie auch für alle zukünftigen Beteiligten angesehen werden soll. Schlussendlich bedürfen bestimmte Vereinbarungen deshalb eines politisch-rechtlichen Entscheides in Gestalt von Gesetzen (Government). Aber auch nichtgesetzliche Regelungen wie Verträge oder Satzungen bedürfen im Interesse der beteiligten Akteure mindestens einer Überprüfung durch eine Schiedsstelle und vielfach zudem durch ein Gericht. Verhandeln ist voraussetzungsvoll, setzt Vertrauen ebenso voraus wie Erfahrungen, die zuvor in Prozessen der wechselseitigen Beeinflussung gemacht wurden. Da aber Verhandlungen zumeist unter Konkurrenzbedingungen geführt werden müssen und zugleich auch zahlreiche und unterschiedliche Akteure beteiligt sind, werden verstetigte Formen angestrebt. Sie sind die Voraussetzung für die notwendige kollektive Handlungsfähigkeit, unabhängig davon, ob politische Akteure beteiligt sind oder nicht. *Netzwerke* oder *Polyarchien* sind dann die Formen zur Koordination und Abstimmung zwischen Akteuren. Verbände oder Selbstkontrolleinrichtungen in der Medienbranche sind Beispiele für diesen Typ. Solange es keine verbindlichen rechtlichen Anforderungen zur Mitwirkung gibt, kann – bleiben wir beim Beispiel der FSF – jedes einzelne Fernsehunternehmen aus der FFS austreten. Dies könnte aber Folgen auf der Branchen- und Verbandsebene und sodann möglicherweise auch politisch-rechtliche Folgen haben.

5.　Schlussbemerkung

Die Institutionalisierung von wechselseitiger Beobachtung als eine Voraussetzung für Formen der wechselseitigen Beeinflussung kann als ein zentrales medienpolitisches Ziel im Sinne der Etablierung einer Verantwortungskultur angesehen werden. Zu medienkritischen Formaten und Beiträgen wären Medienorganisationen und Journalisten anzuregen und zu ermutigen. Durch politische Initiative sollten zudem zivilgesellschaftliche Akteure begründet werden, die über die Formen der üblichen *Medienkritik* in und durch die Medien hinaus Medien*beobachtung* leisten.

Dadurch werden Probleme thematisiert, können Lernprozesse ermöglicht und kann Medienkompetenz entwickelt werden. Wechselseitige Beeinflussung kann vor allem durch Formen der Co-Regulierung verstärkt werden, so indem *neue Akteure* auf Seiten der Medienbranche wie auch in der Gesellschaft angeregt werden. Diese neuen Institutionen werden ihrerseits versuchen, eigenständige Einflussfelder zu finden und sich darüber dauerhaft zu legitimieren – und insoweit eigenständig Einfluss auf bestimmte Entwicklungen in der Branche zu nehmen.

Wechselseitiges Verhandeln schließlich kann durch die Etablierung von unterschiedlichen *Diskussions- und Verhandlungsforen* angeregt werden, so auch indem die Medienbranche bspw. dazu aufgefordert wird, medienspezifische Regelungen für ein publizistisches Qualitätsmanagement, für die Etablierung professioneller Berufsstandards etc. zu formulieren und branchenintern als verpflichtend umzusetzen (bspw. Zertifizierungsorganisationen).

Aus institutionalistischer Perspektive gesehen wird sich allerdings nur dann eine Veränderung ergeben können, wenn *ressourcenstarke Akteure diesen Veränderungsprozess einleiten.* Dies weist im Grundsatz auf die anhaltend bedeutende Initiativ-, Moderations- und Gestaltungsfunktion politischer Akteure hin. Zugleich aber wird eine Verantwortungskultur im Medienbereich nur dann entstehen können, wenn im Grundsatz eine Governance-Philosophie der geforderten politischen Initialzündung zugrunde liegt, und dies verweist wiederum auf die Notwendigkeit der Etablierung zivilgesellschaftlicher Akteure. Die Etablierung einer Verantwortungskultur ist das zentrale medienpolitische Ordnungsziel, auch weil sie die Basis für politisch-rechtliche Maßnahmen (Government) ist. Und diese Ordnung als eine normative Struktur wird im Medienbereich nur durch *unterschiedliche* Governance-Regime erreicht werden können.

Literatur

Bardoel, Jo/d`Haenens, Leen (2004): Media Responsibility and Accountability. New Conceptualizations and Practices. In: Communication: The European Journal of Communication Research, H. 1, S. 5-26.

Cuilenburg, Jan van/McQuail, Denis (2003): Media Policy Paradigm Shifts. Towards a New Communications Policy Paradigm. In: European Journal of Communication, H. 2, S. 181-207.

Donges, Patrick (2002): Rundfunkpolitik zwischen Sollen, Wollen und Können. Eine theoretische und komparative Analyse der politischen Steuerung des Rundfunks. Wiesbaden.

Fukuyama, Francis/Furger, Franco (2006): Beyond Bioethics: A Proposal for Modernizing the Regulation of Human Biotechnologies. Washington D.C.

Heinrich, Jürgen (1996): Qualitätswettbewerb und/oder Kostenwettbewerb im Mediensektor? In: Rundfunk und Fernsehen 44, H. 2, S. 165-185.

Heinrich, Jürgen/Lobigs, Frank (2005): Reputation als Motivation! Der institutionenökonomische Reputationsansatz und welche Alternative? – Replik zum Aufsatz von Stephan Märkt. In: Medien & Kommunikationswissenschaft, H. 4, S. 560-566.

Imhof, Kurt/Blum, Roger/Bonfadelli, Heinz/Jarren, Otfried (Hrsg.)(2004): Mediengesellschaft. Strukturen, Merkmale, Entwicklungsdynamiken. Wiesbaden.

Jarren, Otfried/Donges, Patrick (1997): Ende der Massenkommunikation – Ende der Medienpolitik? In: Fünfgeld, Hermann/Mast, Claudia (Hrsg.): Massenkommunikation. Ergebnisse und Perspektiven. Opladen, S. 231-252.

Jarren, Otfried/Donges, Patrick (2000): Medienregulierung durch die Gesellschaft? Eine steuerungstheoretische und komparative Studie mit Schwerpunkt Schweiz. Wiesbaden.

Jarren, Otfried/Donges, Patrick (2001): Medienregulierung als gesellschaftliche Aufgabe? Ein Mehrebenen-Akteur-Modell zur Steuerung der Medienentwicklung aus sozialwissenschaftlicher Perspektive. In: Rossen-Stadtfeld, Helge/Wieland, Joachim (Hrsg.): Steuerung medienvermittelter Kommunikation. Theorie, Praxis, Perspektiven. Baden-Baden, S. 35-50.

Jarren, Otfried/Weber, Rolf H./Donges, Patrick/Dörr, Bianka/Künzler, Matthias/Puppis, Manuel (2002): Rundfunkregulierung. Leitbilder, Modelle und Erfahrungen im internationalen Vergleich. Eine sozial- und rechtswissenschaftliche Analyse. Zürich.

Jarren, Otfried/Donges, Patrick (2004): Staatliche Medienpolitik und die Politik der Massenmedien: Institutionelle und symbolische Steuerung im Mediensystem. In: Lange, Stefan/Schimank, Uwe (Hrsg.): Governance und gesellschaftliche Integration. Wiesbaden, S. 47-64.

Kiefer, Marie-Luise (1999): Das Rundfunkpublikum als Bürger und Kunde. In: Schwarzkopf, Dieter (Hrsg.): Rundfunkpolitik in Deutschland. Wettbewerb und Öffentlichkeit. Band 2. München, S. 701-744.

Lange, Stefan/Schimank, Uwe (2004): Governance und gesellschaftliche Integration. In: Lange, Stefan/Schimank, Uwe (Hrsg.): Governance und gesellschaftliche Integration. Wiesbaden, S. 9-44.

Latzer, Michael/Just, Natascha/Saurwein, Florian/Slominski, Peter (2002): Selbst- und Ko-Regulierung im Mediamatiksektor. Alternative Regulierungsformen zwischen Staat und Markt. Wiesbaden.

Märkt, Stephan (2005): Das Ordnungsproblem im Markt für Qualitätszeitungen und dessen Überwindung. Der spieltheoretisch-ökonomische Ansatz und seine Alternativen. In: Medien & Kommunikationswissenschaft, H. 4, S. 542-559.

Mayntz, Renate (2005): Governance Theory als fortentwickelte Steuerungstheorie? In: Schuppert, Gunnar Folke (Hrsg.): Governance-Forschung. Vergewisserung über Stand und Entwicklungslinien. Baden-Baden, S. 11-20.

McQuail, Denis (2003): Media Accountability and Freedom of Publication. Oxford.

McQuail, Denis (2003): McQuail`s Mass Communication Theory (4. ed.). London.

Puppis, Manuel/Künzler, Matthias/Schade, Edzard/Donges, Patrick/Dörr, Bianka/Ledergerber, Andreas/Vogel, Martina (2004): Selbstregulierung und Selbstorganisation. Unveröffentlichter Schlussbericht zuhanden des Bundesamtes für Kommunikation (BAKOM). Zürich. In: http://www.mediapolicy.unizh.ch/research/bakom3/downloads/selbstregulierung_report.pdf.

Scharpf, Franz W. (2000): Interaktionsformen. Opladen.

Schimank, Uwe (2006): Elementare Mechanismen sozialer Ordnungsbildung. Manuskript.

Schuppert, Gunnar Folke (2005): Governance im Spiegel der Wissenschaftsdisziplinen. In: Schuppert, Gunnar Folke (Hrsg.): Governance-Forschung. Vergewisserung über Stand und Entwicklungslinien. Baden-Baden, S. 371-469.

Vowe, Gerhard (1997): Medienpolitik im Spannungsfeld von staatlicher Steuerung und Selbstregulierung. Das Beispiel der »Freiwilligen Selbstkontrolle Fernsehen«. In: Schatz, Heribert/Jarren, Otfried/Knaup, Bettina (Hrsg.): Machtkonzentration in der Multimediagesellschaft? Beiträge zu einer Neubestimmung des Verhältnisses von politischer und medialer Macht. Opladen, S. 216-243.

Vowe, Gerhard (2003): Medienpolitik – Regulierung der medialen öffentlichen Kommunikation. In: Bentele, Günter/Brosius, Hans-Bernd/Jarren, Otfried (Hrsg.): Öffentliche Kommunikation. Handbuch Kommunikations- und Medienwissenschaft. Wiesbaden, S. 210-227.

Waschkuhn, Arno (2005): Regimebildung und Netzwerke. Berlin.

Willke, Helmut (1983): Entzauberung des Staates. Überlegungen zu einer sozietalen Steuerungstheorie. Königstein/Ts.

Uwe Hasebrink

Mediennutzer als Akteure der Medienpolitik

1.   Einführung und Überblick

Mediennutzer als Akteure der Medienpolitik? Es liegt nahe, einen Beitrag über diese Frage kurz zu halten und diese mit dem Verweis, dass
sich zwar Medienpolitik und Medienanbieter oft auf die Interessen und
Bedürfnisse der Nutzer berufen, dass aber die Mediennutzer keine Akteure sind und keinerlei eigenständige Rolle in der Medienpolitik spielen
(vgl. z.B. Jarren 2002: 178), schlicht zu verneinen. Die im dritten Teil
dieses Bandes diskutierten Ansätze einer »neuen Medienpolitik« weisen
allerdings darauf hin, dass sich an dieser Einschätzung etwas ändern
könnte. Aktuell für den Medienbereich diskutierte neue Regulierungsformen, etwa Modelle der regulierten Selbstregulierung (vgl. z. B. Schulz
in diesem Band) oder die aktive Einbeziehung verschiedener gesellschaftlicher Akteursgruppen in politische Entscheidungsprozesse, etwa
in Form von öffentlichen Anhörungen und Mediationsverfahren, setzen
voraus, dass sich auch die Nutzerseite hinreichend Gehör verschaffen
kann (vgl. dazu auch Bardoel/d'Haenens 2004). Motivation genug, sich
vom ersten Anschein einer wenig erquicklichen Fragestellung nicht
abschrecken zu lassen und sich genauer damit auseinander zu setzen, in
welcher Weise die Nutzer der Medien in der Medienpolitik auftreten.

   Unter dem Stichwort Medienpolitik werden meist Maßnahmen verstanden, die sich auf die Massenkommunikation und dabei insbesondere
auf den Rundfunk beziehen. Zu den Charakteristika der Massenkommunikation gehört es, dass die Rollen zwischen Sendern und Empfängern eindeutig verteilt sind und dass die Empfänger insgesamt ein
schwer fassbares Phänomen darstellen, das Maletzke (1963) als disperses
Publikum beschrieb. Auch wenn der Begriff der Massenkommunikation
mittlerweile angesichts zunehmend individualisierter Angebote und
Nutzungsformen sowie angesichts der durch technische Konvergenz
zerfließenden Grenzen zwischen Individual- und Massenkommunika-

tion nur noch mit Vorbehalten benutzt und oft durch den Begriff Öffentliche Kommunikation ersetzt wird, ändert sich nichts daran, dass jegliche Form der Massenkommunikation oder öffentlichen Kommunikation mit dem Problem verbunden ist, dass ein zentraler Bestandteil des Kommunikationsprozesses mehr oder weniger unbekannt bleibt. Da sich auf einer so prekären Grundlage nicht kommunizieren lässt, sind immer wieder mit großem Aufwand Versuche unternommen worden, die Empfänger »dingfest« zu machen und so unter die den jeweiligen institutionellen Interessen entsprechende Kontrolle zu bringen (vgl. Ang 1991, Ettema/Whitney 1994, Kiefer 1999). Den für die Medienveranstalter – und zum Teil auch für die Medienpolitik – entscheidenden dieser Versuche stellt die in industrialisiertem Maßstab betriebene Publikumsforschung dar. Daneben haben aber auch andere Konstruktionen des Medienpublikums eine gewichtige Rolle in medienpolitischen Zusammenhängen gewonnen. Im Folgenden sollen verschiedene dieser Konzeptionen skizziert und im Hinblick auf ihre Bedeutung in der Medienpolitik diskutiert werden.

Webster und Phalen (1994) unterscheiden im Hinblick auf die Rolle der Mediennutzer in der Medienpolitik drei Konzeptionen: Opfer (victim), Konsument (consumer) und Ware (commodity). Die *Opfer-Konzeption* basiert auf der Vorstellung, dass die Medien starke Wirkungen auf die Nutzer ausüben, weshalb die Nutzer vor den Medien geschützt werden müssen. Das Publikum wird nach dieser Konzeption als »Objekt staatlicher Fürsorge [...], als Gesamtheit der Staatsbürger verstanden, in der es schutzwürdige Interessen und schutzbedürftige Gruppen gibt« (Kiefer 1999: 702f.). Die *Konsumenten-Konzeption* betrachtet die Mediennutzer als Marktteilnehmer, die sich bei ihrer Mediennutzung an rationalen Selektionsentscheidungen mit dem Ziel der individuellen Bedürfnisbefriedigung orientieren. Die Konzeption des *Publikums als Ware* fokussiert auf die messbare Medialeistung, auf den Wert, den die Werbewirtschaft für ein Publikum einer bestimmten Größe und Zusammensetzung zu zahlen bereit ist.

Für die hier interessierenden Überlegungen über die Rolle der Mediennutzer für die Medienpolitik erscheint die von Webster und Phalen vorgenommene Gegenüberstellung von Nutzern als Opfern einerseits und den beiden anderen Konzeptionen andererseits als fruchtbar; hingegen ist die Unterscheidung zwischen Nutzern als Konsumenten und als Ware weniger relevant; beide Konzeptionen basieren auf dem konkreten individuellen Nutzungsverhalten. Wichtiger erscheint demgegenüber eine Konzeption, die bei Webster und Phalen nicht vorkommt: die der Mediennutzer als Bürger. Im Rahmen einer Bestandsaufnahme der

Instrumente zur Sicherung von Zuschauerinteressen hat Hasebrink (1995, vgl. auch Herzog u.a. 2006) darauf hingewiesen, dass sich im Hinblick auf die Mediennutzer analytisch mindestens drei verschiedene Interessenebenen unterscheiden lassen:

1. Die Nutzer als *Konsumenten* haben ein Interesse an Medienangeboten, die ihren individuellen Bedürfnissen und Präferenzen entsprechen; diese Ebene entspricht der Konsumenten-Konzeption im obigen Ansatz, schließt aber die dort getrennt aufgeführte Rolle als Ware mit ein.

2. Die Nutzer treten den Medien aber auch als *Inhaber von Rechten bzw. als schutzbedürftige Individuen* gegenüber. So gilt es etwa ihre Rechte zu schützen, wenn sie zum Objekt der Berichterstattung werden (z.B. Recht auf Gegendarstellung). Weiter ist zu berücksichtigen, dass die Nutzer nicht durch das Medienangebot in ihren religiösen und moralischen Gefühlen und Werten verletzt werden. Insbesondere Kinder und Jugendliche dürfen nicht in ihrer Entwicklung beeinträchtigt werden. Der enge Bezug zwischen dieser Ebene, die der oben genannten Opfer-Konzeption entspricht, und medienpolitischen Zielsetzungen und Regelungen liegt auf der Hand.

3. Die Zuschauer als *Bürger, als Mitglieder einer demokratischen Gesellschaft,* haben ein Interesse an öffentlicher Kommunikation, die die Grundlagen für die freie und individuelle Meinungsbildung bereitstellt, für alle Mitglieder der Gesellschaft zugangsoffen ist und Partizipationsmöglichkeiten bereithält. Diese Ebene hat in der Unterteilung von Webster und Phalen keine Entsprechung, scheint aber für die Auseinandersetzung mit der Rolle der Mediennutzer in der Medienpolitik von besonderer Bedeutung zu sein.

Die beiden letztgenannten Interessenebenen lassen sich nicht mit der Publikumsforschung abdecken; sie stehen vielmehr in einem Spannungsverhältnis mit der Ebene der Konsumenteninteressen: Mediennutzern ist der Umstand, dass sie gern Angebote nutzen, die sie aus normativer Perspektive nicht für qualitätsvoll halten, durchaus vertraut. Damit auch diese, von der Publikumsforschung nicht erfassten Interessen in der Medienpolitik hörbar werden, bedarf es der öffentlichen Thematisierung, indem wahrgenommene Probleme der Medienentwicklung und der damit verbundenen Grundlagen für die Meinungsbildung und die öffentliche Kommunikation benannt und zum Gegenstand der öffentlichen Debatte werden. Publikumsaktivität in diesem Sinne besteht also nicht in der interessegesteuerten Auswahl und Interpretation bestimmter Angebote, sondern in einer Vertretung der eigenen Interessen, in zivilgesellschaftlichem Engagement.

Damit kann zur Erweiterung des Publikumsbegriffs auf die deliberative Demokratietheorie zurückgegriffen werden, der zufolge die kritische Beobachtung von Medienangeboten möglichst alle Gesellschaftssegmente einschließen sollte (Inklusion) (vgl. dazu Eilders u.a. 2006). Dabei ist, folgt man dem Habermas'schen Diskursmodell, den so genannten Peripherie-Akteuren eine herausgehobene Rolle zuzuweisen. Diese schwach institutionalisierten und mit wenig Macht ausgestatteten Akteure gelten als besonders problemsensibel und diskursfähig (vgl. Habermas 1990 und 1992). Die Gesamtheit der Regierten oder hier der Mediennutzer sollte also Einfluss auf die Entscheidungen der Regierenden bzw. der Medienanbieter nehmen. Da nun aber eine dauerhafte, direkte Teilhabe Aller in modernen Massengesellschaften nicht möglich ist, ist Deliberation, also die öffentliche Debatte von Politikentscheidungen der übliche Partizipationsmodus in repräsentativen Demokratien. Inklusion ist hier durch den prinzipiell offenen Zugang zu dieser Debatte für alle Gesellschaftsmitglieder gewährleistet (vgl. Gerhards/Neidhardt 1991 und Neidhardt 1994). Übertragen auf die Situation der Mediennutzer und ihre Beteiligung an medienpolitischen Diskursen ist also danach zu fragen, welche Formen der Beteiligung von Mediennutzern vorliegen oder denkbar sind, um möglichst allen Nutzern den Zugang zur öffentlichen Verständigung über medienpolitische Probleme und deren Lösungen zu ermöglichen.

Die verschiedenen Beteiligungsformen für Mediennutzer unterscheiden sich auf verschiedenen Ebenen und sind daher nur schwer zu systematisieren. Gemeinsames Merkmal einer ersten Gruppe ist es, dass die Mediennutzer jeweils als Objekt der Konstruktionsleistungen von Medienanbietern oder Medienpolitik in den Blick kommen, die ihren Gegenstand nach ihren Vorstellungen formen. Dabei werden jeweils unterschiedliche Teilaspekte des Handelns der Mediennutzer herausgehoben, auf die die Nutzer reduziert werden, so etwa das konkrete Nutzungsverhalten, Urteile über Medien-Qualitäten oder die Verankerung in einer konkreten Lebenswelt. Ein weiteres wesentliches Unterscheidungsmerkmal ist die Verortung zwischen den Polen Individuum und Gesellschaft. Basis von Beobachtungen zur Mediennutzung ist zwar in der Regel das Handeln konkreter Personen. Beschreibungen auf dieser Mikroebene sind aber in der Regel sowohl für Medienanbieter als auch für Medienpolitik nicht weiterführend: Die Anbieter wollen mit ihren Angeboten möglichst viele Menschen erreichen – ihre Bezugsgröße ist das Aggregat »Publikum«; die Medienpolitik legt als Bezugsgröße in der Regel die Gesellschaft oder gesellschaftlich relevante Gruppen zugrunde. Die folgenden Beteiligungsformen von Mediennutzern unterscheiden sich daher auch darin, wie sie den Schritt von der Mikro- zur Makro-ebene umsetzen.

Anhand der genannten Merkmale lassen sich in groben Zügen folgende Ansätze für die Beteiligung von Mediennutzern unterscheiden:

- Aggregierte Beobachtung individuellen Nutzungsverhaltens (Kapitel 2): Mediennutzer werden als Konsumenten von Medienangeboten angesehen, die ihre individuellen Interessen und Bedürfnisse durch ihre Mediennutzung zum Ausdruck bringen. Die Summe aller individuellen Nutzungshandlungen wird als Abbild der Interessen der Mediennutzer angesehen.
- Aggregierte Beobachtung gesellschaftsbezogener Einstellungen (Kapitel 3): Mediennutzer werden als Träger von Einstellungen im Hinblick auf die Kommunikationsverhältnisse in der Gesellschaft und die Qualitäten von Medienangeboten angesehen. Die Verteilung dieser Einstellungen wird als Abbild der in der Gesellschaft vorhandenen Interessen angesehen.
- Gewährleistung individueller Einspruchs- und Beschwerderechte (Kapitel 4): Mediennutzer werden als Träger verbriefter Rechte konzipiert, die sich gegen subjektiv wahrgenommene Verletzungen dieser Rechte zur Wehr setzen können.
- Vertretung durch gesellschaftlich relevante Gruppen (Kapitel 5): Mediennutzer werden als Mitglieder verschiedener gesellschaftlich relevanter Gruppen angesehen. Indem Vertretern dieser Gruppen Mitsprache bei der Gestaltung der Kommunikationsordnung eingeräumt wird, gilt die Gesamtheit oder zumindest der Großteil der Mediennutzer als repräsentiert.
- Einrichtung von öffentlichen Foren zur Diskussion kommunikationsbezogener Fragestellungen (Kapitel 6): Mediennutzer werden als Bürger angesehen, die sich in die öffentliche Diskussion gesellschaftlich relevanter Fragen einbringen.

Den bisher genannten Ansätzen ist gemeinsam, dass die Mediennutzer nicht in engerem Sinne als Akteure betrachtet werden. Es sind nicht die Mediennutzer selbst, die hier initiativ werden und agieren; vielmehr werden mit Hilfe der Forschung, durch Einräumung bestimmter Rechte und Beteiligungsmöglichkeiten oder durch die gesetzlich geregelte Repräsentation durch Vertreter gesellschaftlich relevanter Gruppen Hilfskonstruktionen geschaffen, die einen Ersatz für die »Stimme der Mediennutzer« schaffen sollen. Davon weicht lediglich eine letzte Konzeption ab, die hier sehr weit gefasst wird und als einzige den Mediennutzern den Status eines zivilgesellschaftlichen Akteurs zuweist:

– Selbst-initiierte Organisationen zur Vertretung von Nutzerinteressen (Kapitel 7): Mediennutzer organisieren sich, um gegenüber den Medien und der Medienpolitik mit einer gewichtigen Stimme auftreten zu können und ihre Positionen in die Angebotsplanung und die Gestaltung der politischen Rahmenbedingungen einzubringen.

Im Folgenden sollen die genannten Ansätze, die Stimme der Mediennutzer in der Medienpolitik hörbar zu machen, im Detail vorgestellt und im Hinblick auf ihre Rolle in der Medienpolitik diskutiert werden. Empirische Grundlage bildet insbesondere eine europaweit angelegte Studie zu den Mechanismen zur Sicherung der Interessen und Bedürfnisse von Mediennutzern (vgl. dazu zusammenfassend Baldi/Hasebrink 2006 sowie Eilders u.a. 2006 und Herzog u.a. 2006). In der Diskussion der einzelnen Modelle sollen sie an den oben formulierten Kriterien für zivilgesellschaftliche Beteiligung gemessen werden, um so Anhaltspunkte darüber zu erhalten, inwieweit die Allgemeinheit der Mediennutzer tatsächlich als Akteur einbezogen wird.

2. Mediennutzer als Konsumenten: Publika als Aggregate individueller Nutzungsentscheidungen

Die wichtigste Konzeption von Mediennutzern ist die Konstruktion von Publika durch die moderne Publikumsforschung. Zur Kompensation der oben genannten strukturellen Unsicherheit hinsichtlich der Empfänger der Massenkommunikation haben die Medienanbieter – »desperately seeking the audience« (Ang 1991) – ein ausgefeiltes System von Messverfahren entwickelt, mit Hilfe dessen sie der Werbewirtschaft exakt vermessene Publika liefern können (vgl. die oben genannte Konzeption der Nutzer als Ware; Webster/Phalen 1994). Kein Aspekt menschlichen Verhaltens wird mit so großen Stichproben so detailliert und sekundengenau erfasst und ausgewertet wie die Fernsehnutzung; im Bereich der Onlinenutzung existieren zwar bisher noch keine so fest gefügten Standards, aufgrund der automatischen Erfassbarkeit von Online-Aktivitäten wird aber Tag für Tag eine Unmenge an Nutzungsdaten gesammelt. Im Hörfunk- und Printbereich muten die Verhältnisse demgegenüber, trotz der zumindest in der Schweiz bereits eingesetzten Radiometer-Systeme, etwas geruhsamer an, die Logik der Konstruktion von Publika ist aber dieselbe: Auf der Grundlage von methodischen Konventionen, ausgehandelt zwischen Medien- und Werbewirtschaft, werden individuelle Kontakte mit Medienangeboten erfasst, quantitativ vermessen und aggregiert. Vertraute Kennwerte des Nutzungsverhaltens wie die mittlere tägliche Sehdauer, die Tagesreichweite eines bestimmten

Hörfunkprogramms, der Marktanteil einer konkreten Fernsehsendung oder der Zuschaueranteil eines Programms im Laufe eines Jahres stellen enorm praktische Zusammenfassungen einer unüberschaubaren Fülle einzelner Nutzungssituationen dar. Die strukturelle Unsicherheit der Anbieter wird durch die Publikumsforschung reduziert, indem ein quantifizierbarer Nutzermarkt konstruiert wird.

Die Ergebnisse dieser Forschung haben für die Medienmärkte eine so große Bedeutung gewonnen, dass sie auch weit über den eigentlichen Verwendungszweck hinaus, nämlich primär eine abrechenbare Währung für den Verkauf von Werberaum und sekundär Rückmeldung über die Akzeptanz für verschiedene Medienangebote zu liefern, als gültige Beschreibung des Mediennutzungsverhaltens und der Mediennutzer angesehen werden. Marktanteile und Reichweiten sind ständiger Gegenstand der Medienberichterstattung, regelmäßig werden der allgemeinen Öffentlichkeit Hitlisten der erfolgreichsten Sendungen präsentiert, Angebote mit niedrigen Marktanteilen werden nicht nur bei den betreffenden Anbietern, sondern auch in der Öffentlichkeit und der Medienpolitik als Problemfälle wahrgenommen. Die Dominanz der entsprechenden Konzeption von Mediennutzern hat sich nicht zuletzt darin niedergeschlagen, dass die entsprechenden Messungen seit der 1997 erfolgten Novellierung des Rundfunkstaatsvertrages in Deutschland eine maßgebliche Grundlage für die Konzentrationskontrolle darstellen und so auch eine konkrete medienpolitische Bedeutung erhalten: Erreichen die einem Anbieter zuzurechnenden Kanäle einen Zuschaueranteil von 30%, wird dies als Indikator für vorherrschende Meinungsmacht angesehen. Diese Bedeutung der betreffenden Konzeption von Mediennutzung gibt Anlass, sich eingehender mit den Prinzipien auseinander zu setzen, die dieser Art der Konstruktion des »Akteurs Mediennutzer« zugrunde liegen; der Übersichtlichkeit halber soll an dieser Stelle beispielhaft die Fernsehnutzung in Deutschland behandelt werden.

Zu diesen Prinzipien gehört zunächst die Definition der Grundgesamtheit. So bezieht sich die Publikumsforschung nicht auf die Gesamtbevölkerung, sondern lediglich auf Deutsche und EU-Ausländer. Auch die Definition der erfassten Nutzungssituationen stellt eine Einschränkung dar: In die Messungen fließen nur Nutzungssituationen ein, die sich in Privathaushalten ergeben; Fernsehnutzung in Seniorenheimen, Krankenhäusern, Hotelzimmern, in Restaurants oder an anderen öffentlichen Plätzen wird nicht erfasst.

Während die genannten Prinzipien zur Konsequenz haben, dass die Fernsehnutzung ganzer Bevölkerungsgruppen sowie in ganz bestimmten Situationen von vornherein nicht berücksichtigt wird, haben die bei der

Messung und Auswertung angewendeten Prinzipien vor allem zur Folge, dass qualitative Unterschiede in der Fernsehnutzung weitgehend ausgeschaltet werden. Das Messverfahren behandelt jede beobachtbare Nutzungssekunde oder -minute als gleichwertig. Ganz gleich, in welcher Nutzungssituation welche Person welche Art von Angebot rezipiert, wird die betreffende Nutzungssequenz allein im Hinblick auf ihre Dauer registriert. Eine Minute »Tagesschau«-Nutzung entspricht einer Minute bei der »Sportschau«, eine Minute bei MTV-Videoclips entspricht einer Minute bei einem Spielfilm, eine Minute mitternächtliches Hin- und Herschalten vor dem Schlafengehen entspricht einer Minute Mitraten bei »Wer wird Millionär?«. Die Fernsehzuschauerforschung wirft die ganze Fülle unterschiedlicher Verwendungsweisen des Fernsehens in einen Topf, der dann als Gesamtnutzungsmarkt betrachtet wird, als der Kuchen, von dem sich die Anbieter mehr oder weniger große Stücke abschneiden.

Ein Umstand dieser Konstruktion ist vor allem hinsichtlich der Verwendung dieser Daten für die Konzentrationskontrolle von Bedeutung. Die Zuschaueranteile, die die einzelnen Anbieter erzielen, werden auf der Basis des Gesamtmarkts ermittelt. Das bedeutet aufgrund der zielgruppenorientierten Strategien, dass Anbieter, die insgesamt deutlich unter der festgelegten Grenze von 30% bleiben, in ihrer jeweiligen Zielgruppe – z.B. bei der als werberelevant erachteten Gruppe der 14- bis 49-Jährigen – durchaus mehr als 30% erreichen können; dies ist im Falle der beiden großen Anbietergruppen in Deutschland auch tatsächlich der Fall (vgl. dazu Hasebrink 2001: 12).

Ein weiteres, im Hinblick auf die Konzentrationskontrolle, also im Zusammenhang mit der Medienpolitik relevantes Problem ergibt sich daraus, dass die gemessenen Zuschaueranteile vor allem von den Vielsehern beeinflusst werden, weniger dagegen von den Wenigsehern. Ein Beispiel mag dies verdeutlichen: Zuschauer 1 sieht vier Stunden täglich fern, davon eineinhalb Stunden Sender A und zweieinhalb Stunden Sender B; Zuschauer 2 sieht 45 Minuten fern, die er ausschließlich mit Sender A verbringt. Das Messverfahren der Zuschauerforschung addiert die Werte auf, Sender A erhält also einen Wert von zweieinviertel Stunden, Sender B von zweieinhalb. Sender B ist also aufgrund der sehr viel höheren Fernsehnutzung von Zuschauer 1 insgesamt gesehen der einflussreichere Sender, obwohl Sender A bei einem der beiden Zuschauer sogar eine hundertprozentige Einflussmöglichkeit hat. Sicherlich ist dieses Beispiel konstruiert, es soll aber auf die Tatsache hinweisen, dass die Verwendung der Publikumsdaten in einem medienpolitischen Zusammenhang auch mit Konsequenzen verbunden ist, die etwa aus einer demokratietheoretischen Perspektive problematisch erscheinen – so der Umstand, dass die Nutzung eines Zuschauers, der mehr fernsieht, systematisch mehr Gewicht hat als die Nutzung eines anderen Zuschauers, der weniger fernsieht.

Zusammenfassend ist festzuhalten, dass die Perspektive auf das Publikum, die der hier skizzierten Forschung zugrunde liegt, von Mediennutzern als Konsumenten ausgeht. Von Interesse ist das individuelle Konsumverhalten, in diesem Fall operationalisiert über konkrete Kontakte mit Medienangeboten. Angebote, die besonders viele Kontakte erzielen, werden, so die weitere Interpretation, offenbar besonders geschätzt, Angebote, die weniger Kontakte erzielen, werden demnach offenbar weniger geschätzt. Die so konstruierte »Stimme der Mediennutzer« basiert also auf individuellem Nutzungsverhalten, Urteile über die Qualitäten verschiedener Angebote oder über gesellschaftlich wünschbare oder problematische Inhalte werden systematisch ausgeblendet. Diese Stimme gibt im täglichen Mediengeschäft eindeutig den Ton an, und auch die Medienpolitik schenkt ihr, etwa im Bereich der Konzentrationskontrolle, Gehör. Gleichwohl, die Stimme ist extrem verfremdet, entscheidende Frequenzen sind herausgefiltert, insbesondere die alltäglichen Bezüge der Mediennutzung sowie die eigenen Urteile der Mediennutzer über die Medienentwicklung bleiben ungehört.

3. Mediennutzer als Beurteiler von Medienqualitäten und Medienentwicklung

Eine zweite Konzeption von Mediennutzern setzt an die Stelle des reinen Nutzungsverhaltens Aussagen über die Einstellungen und Urteile der Nutzer. Auch diese Konzeption wird in der Regel wissenschaftlich konstruiert, indem Menschen nach ihren Urteilen über Medienangebote oder bestimmte medienpolitisch relevante Vorgänge befragt werden. Entsprechende direkte Befragungen werden – wie auch in anderen Politikfeldern – häufig durchgeführt. Dabei ist allerdings, wie unten erläutert werden soll, die genaue Perspektive der Untersuchung ausschlaggebend.

In der öffentlichen Debatte um die Qualität von Medien spielen die Nutzerinnen und Nutzer bzw. die Publika bekanntlich eine wenig rühmliche Rolle (vgl. dazu Herzog et al. 2006). Eine Position geht – unter Verweis auf die Beobachtung, dass massenattraktive Angebote als wenig qualitätsvoll gelten – davon aus, dass der Qualitätsdiskurs gerade nicht von den Nutzern geprägt werden dürfe; aus dieser Sicht ist Quotenorientierung gleichzusetzen mit Qualitätsverlust. Eine andere

Position verweist im Gegenteil darauf, dass durch die intensive Publikumsforschung der Anbieter die Bedürfnisse der Nutzerinnen und Nutzer angemessen erfasst würden und dass es keinen besseren Indikator für Qualität gebe als hohe Reichweiten. Gemeinsam ist diesen Positionen, dass den Nutzerinnen und Nutzern keinerlei direkte Mitsprache und Beteiligung an der Auseinandersetzung über Medien-Qualitäten und über medienpolitische Richtungsentscheidungen zugestanden wird. Die Art und Weise, wie die Nutzerinnen und Nutzer von der Publikumsforschung zu Publika geformt werden, führt von vornherein zu einer eingeschränkten Perspektive: Sie werden als Konsumenten von Medienangeboten wahrgenommen, ihre Äußerungsmöglichkeiten bestehen lediglich in der Basisunterscheidung Nutzung oder Nicht-Nutzung.

Darüber geht die hier darzustellende Perspektive, die sich für die Hintergründe des Nutzungsverhaltens und direkte Qualitätsurteile der Nutzer interessiert, deutlich hinaus. Die für diese Perspektive maßgebliche theoretische Orientierung ist die des Uses-and-Gratifications-Ansatzes, dem zufolge es bei der Mediennutzung um die Maximierung des individuellen Nutzens geht. Vorliegende Ansätze zur Erfassung von Medien-Qualitäten aus Rezipientenperspektive (z. B. Greenberg/Busselle 1992/1994 und Gunter 1997) sind theoretisch und methodisch eng an diesem Ansatz orientiert, es geht letztlich um die Identifikation von Gratifikationsdimensionen, die bei der Nutzung bestimmter Medienangebote eine Rolle spielen. Auch in den nutzerbezogenen Anteilen der übergreifenden Qualitätsmodelle von McQuail (1992/1997) und Schatz/Schulz (1992) werden die Nutzer lediglich im Hinblick auf den Aspekt der individuellen Bedürfnisbefriedigung berücksichtigt; dem werden dann die Kriterien gegenübergestellt, die aus normativen, etwa demokratietheoretisch begründeten Erwägungen abgeleitet werden, wobei auf das Spannungsverhältnis zwischen den so konzipierten Qualitätsvorstellungen hingewiesen wird.

Diese Form, Mediennutzer als Umsetzer ihrer individuellen Interessen und Bedürfnisse zu konzipieren, räumt den Nutzern zwar bereits mehr Mitsprache ein, als dies bei den bloßen Nutzungsmessungen der Fall ist – immerhin können sie begründen, weshalb sie bestimmte Sendungen nutzen – es bleibt aber bei einer individualistischen Perspektive, aus der heraus die einzelnen Nutzer nur an ihre individuelle Bedürfnisbefriedigung denken. Weitgehend unberücksichtigt bleibt hingegen, inwieweit sich die Nutzer auch ein Urteil über die beiden anderen der oben genannten Interessenebenen bilden, inwieweit sie die Medienentwicklung im Hinblick auf die Schutzbedürfnisse der Nutzer sowie im

Hinblick auf ihr Bürgerinteresse an leistungsfähiger und vielfältiger öffentlicher Kommunikation beurteilen.

Eine solche Perspektive wird bisher lediglich in Ausnahmefällen umgesetzt. So führt der finnische öffentlich-rechtliche Sender YLE seit 1997 regelmäßig repräsentative Befragungen durch, die auch die Einstellungen der Zuschauer zu Public Service-Funktionen, zu einzelnen Programmbereichen (wie etwa zu Bildungsfernsehen, Kinderprogrammen, Minderheitenprogrammen) oder zu ihrer Wahrnehmung der Vielfalt des Informationsangebots erfassen. Explizit werden die Befragten dabei aufgefordert, nicht nur ihre Interessen als Konsumenten zu vertreten, sondern auch ihre Bürgerinteressen zu artikulieren.[1]

Eine besondere Tradition haben Befragungen dieser Art auch in Großbritannien (vgl. Gunter/McLaughlin 1992). Dort gewinnen sie derzeit eine zusätzliche Bedeutung, weil im Zuge des »Public Value«-Konzepts der BBC regelmäßig Befragungen durchgeführt werden, in denen die Nutzer gebeten werden zu beurteilen, wie viel ihnen die Angebote der BBC im Hinblick auf ihre persönliche Nutzung sowie im Hinblick auf ihre gesellschaftliche Funktion Wert sind (vgl. BBC 2004).

Im Hinblick auf die potenziellen zivilgesellschaftlichen Funktionen dieses Vorgehens ist einerseits festzuhalten, dass die Nutzer hier explizit als Bürger angesprochen werden, die nicht nur ihre individuellen Nutzungspräferenzen sondern auch gesellschaftliche Aufgaben im Blick haben; damit sind die entsprechenden Befunde für die Medienpolitik relevanter als die das reine individuelle Nutzungsverhalten betreffende. Andererseits ist festzuhalten, dass die Ergebnisse der betreffenden Befragungen in den genannten Fällen öffentlich gemacht werden und so in den Diskurs über Leistungen des öffentlich-rechtlichen Rundfunks einfließen können. Gleichwohl erscheint diese Form der Beteiligung in Bezug auf die damit verbundene Problemsensibilität eher begrenzt, da eine standardisierte Befragung kaum Einzelsichtweisen berücksichtigen kann und von vornherein mögliche andere, nicht abgefragte Problembereiche ausklammert.

---

1 Im Jahresbericht 2004 findet sich ein Beispiel für eine solche Fragestellung: »YLE broadcasts radio and television programmes on a public service basis. These programmes are funded from television fees. How important do you regard the following programmes or functions to YLE's operations as a public service broadcaster in general terms? You may not be interested in some programmes yourself, but you might still like YLE to broadcast them« (YLE 2005: 38).

4. Mediennutzer als Inhaber von Rechten gegenüber Medienanbietern

Neben den beiden zuvor genannten Perspektiven, die die Nutzung bzw. die Einstellungen der Nutzer in den Vordergrund rücken, können die Mediennutzer auch in ihrer Rolle als Inhaber von Rechten bzw. als schutzbedürftige Individuen betrachtet werden. Schutzziele wie der Persönlichkeitsschutz, das Recht auf Gegendarstellung oder der Jugendschutz stellen einen Kernbestand medienpolitischer Zielsetzungen und Regelungsbemühungen dar. Die Nutzer sind insofern als die »Nutznießer« der entsprechenden Medienpolitik anzusehen – sie nehmen dies allerdings oft kaum wahr. Auch die Autofahrer empfinden im Allgemeinen die Regeln der Straßenverkehrsordnung als Einschränkung ihrer individuellen Freiheit, mehr schlecht als recht und nicht zuletzt aufgrund der mit Regelverstößen potenziell einhergehenden Strafen sind sie bereit, sich an die entsprechenden Regeln zu halten. Diese allgemeine Grundhaltung kippt immer dann in den empörten Ruf nach schärferen Regeln um, wenn andere Verkehrsteilnehmer mit ihrem Verhalten Schaden anrichten. Im Vergleich zum Beispiel des Straßenverkehrs, bei dem doch immerhin die allermeisten Teilnehmer zumindest die Grundregeln kennen und sie, im Rahmen individueller Toleranzmargen, auch einhalten, ist die Situation im Bereich der Medienpolitik deutlich verschärft. Viele Mediennutzer – und übrigens auch viele Mitarbeiter von Medienunternehmen – wissen allenfalls rudimentär über geltende medienpolitische Regelungen Bescheid. Die Regeln, die ihrem Schutz dienen sollen, sind ihnen weitgehend gleichgültig, sie wissen oft nicht einmal, dass es sie gibt.

Die in diesem Zusammenhang entscheidende Beteiligungsform für die Mediennutzer sind Beschwerdemöglichkeiten, die in vielen europäischen Ländern auch rechtlich abgesichert sind (vgl. Baldi/Hasebrink 2006). Diese können danach unterschieden werden, ob es feste Verfahrensregeln gibt – etwa im Hinblick darauf, ob und in welchem Zeitraum ein Anspruch auf eine Reaktion seitens des Medienanbieters besteht – und an wen sich die Beschwerdeführer wenden können: Dies können die Sender selbst sein, die Regulierungsbehörden oder von der Medienwirtschaft eingerichtete Selbstkontrolleinrichtungen, z. B. ein Presserat. Eine besondere Ausprägung stellt das Modell des Ombudsmanns dar, wie es z. B. in Schweden existiert. Dieser fungiert als unabhängiger Anwalt und Moderator, der Beschwerden weitergibt und versucht, eine Klärung herbeizuführen; die Ergebnisse der Verfahren werden veröffentlicht.

Beschwerdemöglichkeiten bei den Sendern gibt es fast überall in Europa, sie beziehen sich allerdings zumeist eng auf konkrete Einzelsendungen. Vorteil des Verfahrens ist, dass einzelne Nutzer, die sich in ihren Interessen verletzt fühlen, einen formalisierten Weg einschlagen können, dem Sender ihre Beschwerde zur Kenntnis zu geben und überdies in der Regel ein Recht auf Antwort haben. Nachteil der meisten über die Sender ablaufenden Beschwerdeverfahren ist, dass sie in der Regel nicht veröffentlicht werden und somit auch keinen Anlass für eine öffentliche Verständigung über das betreffende Problem darstellen können. Ein anschauliches Beispiel dafür, wie viel Transparenz im Hinblick auf eine solche Beschwerdestelle hergestellt werden kann, bietet der Estonian Press Council[2], auf dessen Website im Detail aufgelistet ist, zu welchen Themen Beschwerden eingegangen sind und in welchem Bearbeitungsstatus sie sich gerade befinden bzw. wie die Entscheidung über die Beschwerde ausgefallen ist.

Grundsätzlich ist bei dieser Form der Vertretung von Zuschauerinteressen zwar eine hohe Problemsensibilität gegeben, die aber selten den Weg in die Öffentlichkeit findet und damit auf die Artikulation von Einzelinteressen beschränkt bleibt – ein Umstand, der mit dazu beitragen mag, dass diejenigen, die diese Artikulationsformen nutzen, aus Senderperspektive oft als individuelle Querulanten angesehen werden. Als Basisrecht für die Nutzer sind geregelte Beschwerdemöglichkeiten sicherlich unverzichtbar. Werden diese ergänzt um Regelungen, die die Öffentlichkeit und Transparenz der Beschwerdeverfahren gewährleisten, können sie auch einen maßgeblichen Beitrag zur zivilgesellschaftlichen Kontrolle und Diskussion leisten und damit zu einem größeren Gewicht der Nutzer in medienpolitischen Zusammenhängen beitragen.

5. Mediennutzer als Mitglieder gesellschaftlich relevanter Gruppen

Angesichts des dispersen Charakters der Medienpublika steht der Versuch, die Nutzer auch als Bürger in medienpolitische Diskurse einzubeziehen, vor erheblichen Schwierigkeiten. Eine Hilfskonstruktion basiert auf der Annahme, dass alle Nutzer der einen oder anderen gesellschaftlich relevanten Gruppe angehören. Daraus wird gefolgert, dass die Rückbindung der Medien an die Nutzer bzw. an die Gesellschaft dadurch gewährleistet werden kann, dass die gesellschaftlich relevanten Gruppen in den Kontrollgremien der Public Service-Anbieter bzw. in

---

2 Vgl. http://www.asn.org.ee/english/in_general.html.

den Regulierungsbehörden repräsentiert sind; dies ist z.B. in Deutschland, der Schweiz, Österreich und den Niederlanden der Fall. Durch die Mitwirkung in den Gremien können die Vertreter die Perspektiven der von ihnen repräsentierten Gruppen im Hinblick auf Schutzbedürfnisse wie auch auf allgemeine Bürgerinteressen zum Ausdruck bringen und versuchen, diese in der Programmarbeit des Senders oder den Aufsichtsentscheidungen der Regulierungsbehörde wirksam werden zu lassen.

Problematisiert wird im Hinblick auf das Gremienmodell allerdings die Doppelrolle, die die Mitglieder senderinterner Gremien einnehmen, indem sie einerseits als Interessenvertreter Mitspracherechte gegenüber dem Sender ausüben und andererseits gegenüber der allgemeinen Öffentlichkeit den Sender vertreten. Im Zeichen zunehmender Konkurrenz kann sich die Haltung der Vertreter daher durchaus dahin verschieben, dass in erster Linie der Sender gegenüber der Konkurrenz und der Medienpolitik verteidigt wird. Zudem erweist sich die Rückbindung der jeweiligen Gremienvertreter an ihre jeweilige »Basis« als sehr schwach; viele Menschen wissen gar nicht, dass sie bzw. ihre Gruppe in den Gremien vertreten sind und dass damit die Public Service-Veranstalter und die Regulierungsbehörden im Dienste der Allgemeinheit stehen. Im Vergleich mit anderen Ländern wird außerdem der Gedanke nahegelegt, dass die Existenz von Gremienmodellen eher zur Verminderung sonstiger Nutzeraktivitäten führt: Wo diese Modelle existieren, zeigen die Veranstalter die Tendenz, unter Verweis auf die bestehende Vertretung in den Gremien jegliche zusätzliche Nutzerinitiative als nicht legitim zurückzuweisen.

In den Gremien der betroffenen Sender ist somit zwar ein gewisses Maß an Mitsprache und Kontrolle verschiedener Bevölkerungsgruppen möglich, dies wird aber begrenzt durch die in der Regel dominante Rolle des Managements und die Wettbewerbssituation des Senders. Die für eine erhöhte Problemsensibilität notwendige Nähe zur Lebenswelt der Bevölkerung ist hier in Abhängigkeit von den Strukturen der entsendenden Interessengruppen zu sehen. Vorliegende empirische Untersuchungen zur Arbeit der Gremien (vgl. Brosius et al. 2000; Kepplinger/Hartmann 1989; Mitchell/Blumler 1994) deuten allerdings klar darauf hin, dass es sich bei den entsandten Vertretern der gesellschaftlich relevanten Gruppen in den meisten Fällen um Multifunktionäre handelt, die kaum mehr eine direkte Verbindung zu den lebensweltlichen Bezügen ihrer Klientel haben. Insofern sehen sich die pluralistisch zusammengesetzten Gremien ähnlichen Problemen gegenüber wie die Parlamente und die Politik allgemein, die sich aufgrund der von weiten Bevölkerungsgruppen empfundenen Distanz zwischen Politik und lebensweltlichen Herausforderungen mit wachsender Politikverdrossenheit auseinander zu setzen haben. In Ansätzen kann dieses Problem reduziert werden, wenn einige Gremienvertreter in allgemeiner Wahl vom Publikum gewählt werden, wie dies etwa in Österreich der Fall ist. Auch wenn der Einfluss der gewählten Vertreter gering bleiben mag, so stellt bereits die durch die entsprechenden Wahlaufrufe hergestellte Öffentlichkeit einen Anlass dar, dass sich die Gesellschaft über ihre prinzipiellen Mitwirkungsmöglichkeiten an strukturellen Entscheidungen im Medienbereich bewusst werden kann.

Als weiteres Problem erweist sich bei vielen Gremien, dass sie in nur ganz eingeschränktem Maße öffentlich agieren. Hier sind zwar erhebliche Unterschiede zwischen verschiedenen Gremien feststellbar – einige tagen grundsätzlich öffentlich, andere niemals. Insgesamt aber leisten sie nur höchst selten einen aktiven Beitrag zur öffentlichen Thematisierung von Nutzerinteressen. Grund dafür dürfte überwiegend die genannte Einbindung in die Struktur des betreffenden Veranstalters sein, die es mit sich bringt, gegenüber der Öffentlichkeit die Perspektive eben dieses Veranstalters zu vertreten.

6. Mediennutzer als Teilnehmer an medienpolitischen Diskursen

Die bisher behandelten Beteiligungsformen bieten den Mediennutzern durch die verwendeten Forschungsstrategien oder durch konkrete Verfahrens- oder Repräsentationsregeln nur enge Spielräume, im Rahmen derer sie sich allenfalls indirekt in medienpolitische Diskurse einbringen können. Demgegenüber ist in einigen Ländern zu beobachten, dass den Nutzern Kommunikationsplattformen zur Verfügung gestellt werden, die die Teilnahme an medienpolitischen Diskussionen ermöglichen. Entsprechende Angebote von Sendern beziehen sich dabei in erster Linie auf die jeweils eigenen Programme und bieten somit Möglichkeiten zur Artikulation von Konsumenteninteressen. Die Kommunikationsangebote der Aufsichtsbehörden können dagegen sowohl auf die Konsumenteninteressen (z.B. Qualität der Programme) als auch auf Bürgerinteressen und Fragen des Zuschauerschutzes ausgerichtet sein.

Eine jüngst in Nordrhein-Westfalen eingeführte Initiative, um eine öffentliche Diskussion zu Medienthemen anzuregen, ist die von der Landesanstalt für Medien (LfM) organisierte Medienversammlung, zu der Zuschauer, Akteure der Medienbranche, Medienwissenschaftler und Medienpolitiker eingeladen werden. Diskutiert wurden bisher die Themen »Digitaler Rundfunk«, »Digitales terrestrisches Fernsehen in

NRW« sowie »Neue Programmformate im Fernsehen«. Ergänzt wird diese bisher halbjährliche Diskussionsmöglichkeit durch ein Internetforum auf einer eigenen Website.[3]

Als Beispiel für Kommunikationsmöglichkeiten, die die Medien selbst schaffen, um die Zuschauer an der medienpolitischen bzw. programmpolitischen Diskussion zu beteiligen, ist die von der BBC eingerichtete Internet-Plattform iCan[4] zu nennen, auf der Nutzer Informationen über aktuelle Medienentwicklungen erhalten, an Diskussionsforen teilnehmen, Kontakte herstellen oder auch Kampagnen zu konkreten Problemen starten können, z.B. zu einzelnen Sendungen oder Sendeplätzen, aber auch zu grundlegenden politischen Fragen.

Diese Form der Zuschauerbeteiligung zielt darauf ab, die Wahrnehmung und Artikulation von medienbezogenen Problemen als den beiden zentralen Funktionen zivilgesellschaftlicher Kontrolle zu fördern. Das Potenzial zur Problemwahrnehmung ist bei der Medienversammlung allerdings begrenzt durch die Vorgabe der Diskussionsthemen durch die LfM, während das Internetforum der BBC grundsätzlich offen für alle Themen ist. Der Nachteil der meisten dieser Kommunikationsplattformen ist die mangelnde Verbindlichkeit der dort ablaufenden Diskussionen; nur wenn diese sehr große Öffentlichkeiten erreichen, bestehen Chancen, dass sie ihre Adressaten auch erreichen. Auch in dieser Hinsicht ist die Plattform der BBC interessant: Indem dort explizit die Option eingeräumt wird, »Kampagnen« zu starten, wird immerhin dazu ermutigt, für das eigene Anliegen um weitere Unterstützung zu werben, um dieses dann mit entsprechend größerem Gewicht gegenüber dem Sender vertreten und so eventuell auch durchsetzen zu können.

7. Mediennutzer als zivilgesellschaftliche Akteure

Zuschauerorganisationen und andere Organisationen wie z. B. Bürgerinitiativen, die sich Zuschauerinteressen widmen, stellen den klassischen Fall zivilgesellschaftlicher Beteiligung dar. Auf sie treffen alle vier Kennzeichen zivilgesellschaftlicher Beteiligung zu: Es handelt sich um *Assoziationen*, die *gemeinnützige Ziele* im Bereich der Medienpolitik verfolgen, wie bspw. die Stärkung des Jugendschutzes oder die Unterstützung des öffentlich-rechtlichen Rundfunks. Da es sich um Vereinigungen von Zuschauern handelt, die ihre Interessen vertreten, sind sie offen für die

---

3 Vgl. http://www.medienversammlung.de.

4 Vgl. http://www.bbc.co.uk/dna/ican/.

Beteiligung breiter Schichten der Bevölkerung und weisen eine besondere *Problemsensibilität* auf. Diese manifestiert sich meist in speziellen Formen der Kommunikation mit den Zuschauern, wie etwa in Seminaren oder Diskussionsveranstaltungen. Die Organisationen bedienen sich der *Öffentlichkeit*, um in medienpolitischen Diskussionen ihre Positionen einzubringen. Durch entsprechende Organisationen können Mediennutzer also auch im engeren Sinne als Akteure der Medienpolitik auftreten.

In verschiedenen europäischen Ländern gibt es eine Reihe von Zuschauerorganisationen, die zum Teil sehr aktiv und auch einflussreich sind, während in anderen Ländern keine Zuschauerorganisationen existieren oder diese wenig bis gar keinen Einfluss haben. In ihrer thematischen Ausrichtung lassen sich mehrere medienpolitische Aspekte unterscheiden: Einige Organisationen vertreten in erster Linie Eltern- und Kinderinteressen, andere haben sich die Sicherung des Pluralismus oder des Public Service-Rundfunks auf die Fahnen geschrieben, während sich wieder andere auf Fragen der Berücksichtigung von Gender-, Minderheiten- oder religiösen Interessen konzentrieren. Schließlich gibt es auch einige Organisationen, die allgemein medienpolitische Ziele verfolgen.

Herausragendes Beispiel für eine einflussreiche Zuschauerorganisation, die sich allgemein mit der Vertretung von Nutzerinteressen beschäftigt, ist die britische »Voice of the Listeners and Viewers« (VLV). Entstanden 1983 aus einer Einzelinitiative gegen die Umwandlung eines BBC-Radioprogramms in ein Informations-Spartenprogramm, ist die Non-Profit-Organisation heute als wichtiger Akteur in der medienpolitischen Diskussion präsent. Sie verfolgt zwei Hauptziele: die Vermittlung von Informationen an die Zuschauer und Hörer über die aktuelle Medienentwicklung und Medienpolitik sowie die Vertretung von Zuschauerinteressen bei Sendern, in der Politik und allgemein in der Öffentlichkeit. Dazu dienen regelmäßige Konferenzen, Seminare und Vorträge sowie verschiedene Publikationen, Besuche bei Sendern und die Vergabe von Preisen für qualitätsvolle Programme.[5] Sehr wichtig für die Mittlertätigkeit zwischen Publikum, Staat und Sendern erscheinen auch die umfangreichen Netzwerke, die VLV sowohl zu verschiedenen nichtstaatlichen Institutionen als auch zu Wissenschaftlern, Politikern und Regulierungsbehörden pflegt. VLV ist auch auf europäischer Ebene die treibende Kraft für den Zusammenschluss mehrerer Zuschauerorganisationen namens »European Alliance of Viewers' and Listeners' Associations« (EURALVA) und organisiert in diesem Rahmen jährliche Konferenzen zu aktuellen europäischen medienpolitischen Themen.

---

5 Vgl. http://www.vlv.org.uk/vlvaboutuspg.html.

Auch in Dänemark existieren zwei sehr erfolgreiche Zuschauerorganisationen, der Arbejdernes Radio og Fjernsynsforbund (ARF) und Kirke & Medier (KLF). Die inhaltliche Ausrichtung (Sicherstellung der demokratischen Funktionen des Rundfunks) und die Aktivitäten (Veranstaltungen, Publikationen, Lobbying und Netzwerkbildung) von ARF und KLF sind ähnlich wie bei VLV, wobei KLF auf christliche Themen und Werte fokussiert. Als besonders effektiv im Hinblick auf die Rückbindung an die Nutzerinteressen und die damit verbundene Problemsensibilität erscheinen beide Organisationen durch ihre lokal organisierte Struktur; diese besteht beim ARF aus ca. 150 lokalen Clubs, in denen die ca. 33.000 Mitglieder organisiert sind; KLF hat ca. 40.000 Mitglieder.

Viele aktive und mitgliederstarke Zuschauerorganisationen in Europa vertreten insbesondere die Interessen von Familien und Kindern, z. B. der Gezinsbond (Familienbund) in Flandern und die Ligue des Familles in Wallonien, Familie & Medier in Norwegen, MOIGE in Italien oder Telespectadors Associats de Catalunya in Spanien. In Spanien ist die Szene der Zuschauerorganisationen sogar so ausdifferenziert, dass sich verschiedene von ihnen zusammengeschlossen haben und eine Programmzeitschrift anbieten. Eine Art von Institutionalisierung der Problemsensibilität im Hinblick auf das Fernsehangebot hat die italienische Elternorganisation MOIGE geschaffen, indem sie ihre Monitoring-Aktivitäten durch eine kostenlose Telefon-Hotline ergänzt, über die die Zuschauer Verstöße gegen rechtliche Regelungen melden oder auch nur ihren Unmut über bestimmte Fernsehprogramme äußern können.

Nutzerorganisationen sind, zusammenfassend betrachtet, sicher die am weitesten reichende Form des zivilgesellschaftlichen Engagements im Bereich der Medienentwicklung und Medienpolitik. Allerdings unterscheiden sich die bisherigen Organisationen sehr stark hinsichtlich der öffentlichen Resonanz und Wirksamkeit ihrer Tätigkeit. Bemerkenswert erscheinen zum einen die zum Teil sehr großen Mitgliederzahlen und die stark ausdifferenzierten Strukturen einiger Nutzerorganisationen, die teilweise auf regionalen oder lokalen Clubs aufbauen, zum anderen die Fülle der Aktivitäten, die diese entwickeln und die von Netzwerkbildung und Lobbying über Forschungsprojekte, Preise und Fortbildungsveranstaltungen bis zu verschiedenen Formen der Öffentlichkeitsarbeit und eigenen Programmzeitschriften reichen. Andererseits sind in vielen europäischen Ländern, gerade auch in Mittel- und Osteuropa, überhaupt keine entsprechenden Initiativen zu beobachten; auch im deutschsprachigen Raum haben Nutzerorganisationen bisher kaum eine maßgebliche Rolle spielen können.

8.   Fazit

Die strukturelle Unsicherheit hinsichtlich der Empfänger von medial vermittelter öffentlicher Kommunikation ist unvermeidlich. Das disperse Publikum kann nur als hoch abstrakte Konstruktion gefasst werden. Auf solche Konstruktionen sind insbesondere die Medienanbieter angewiesen, da sie die notwendige Basis für ihr Geschäft bzw., im Falle öffentlich-rechtlicher Veranstalter, für die Erfüllung ihres Auftrags darstellen. Die Konstruktionsprinzipien orientieren sich entsprechend an den Interessen der Medienwirtschaft. Insofern kann den Mediennutzern in der Medienpolitik von vornherein nur in eingeschränktem Sinne ein Akteursstatus zukommen. Soweit in der Medienpolitik die Nutzerperspektive berücksichtigt wird, basiert diese nicht auf dem, was die Nutzer »wollen«, sondern auf den Prämissen, die Medienwirtschaft und Medienpolitik bei der Konstruktion von Publika zugrunde legen, also auf dem, was die jeweiligen Institutionen wollen, was das Publikum sein möge.

Die aktuell anstehenden Fragen der Medien- und Kommunikationspolitik erfordern aber in zunehmendem Maße eine systematische Einbeziehung dieser überwiegend schweigsamen, ab und an vielstimmig-widersprüchlich hörbar werdenden Akteure. In dem Maße, wie angesichts pluraler Gesellschaften staatlich vorgegebene Zielkriterien für die Gestaltung des Kommunikationssystems ihre Verbindlichkeit verlieren und sich die digitalisierten und globalisierten Kommunikationsströme hoheitlichen Steuerungsformen entziehen, wächst die Einsicht, dass Medien- und Kommunikationspolitik ohne systematische Rückbindung an die Gesellschaft nicht mehr möglich ist (vgl. Bardoels/d'Haenens 2004). Es wird somit zu einem eigenen Ziel von Medienpolitik, die Stimme der Mediennutzer zu stärken, die Mediennutzer stärker als bisher als zivilgesellschaftlichen Akteur zu etablieren.

Für diese Zielsetzung ergeben sich förderliche und hinderliche Rahmenbedingungen. Als hinderlich erweist sich bisher in weiten Teilen die Medienberichterstattung. Der öffentlichen Thematisierung medienpolitischer Problemstellungen kommt im Hinblick auf die Meinungs- und Willensbildung sowie die Ermutigung zu zivilgesellschaftlichem Engagement offensichtlich eine entscheidende Rolle zu. Wie Untersuchungen der Medienberichterstattung allerdings zeigen, informieren »die Medien in eigener Sache entweder gar nicht, parteilich oder selektiv« (Jarren 2002: 179); eine verlässliche Basis für einen breiten öffentlichen Diskurs über medienpolitische Fragen wird auf diese Weise nicht geschaffen (vgl. auch Weiß 2005). Konsequenz dieser Befunde ist unter anderem die Forderung, dass im Medienbereich zusätzliche Beobachtungssysteme erforderlich sind, die die notwendigen Informationen über die Medienentwicklung öffentlich verfügbar machen.

Als eher förderlich für eine breitere Partizipation in medienpolitischen Fragen erweisen sich die neuen Kommunikationsdienste. Auch ohne die aus der Anfangsphase der Internetentwicklung stammenden Mythen einer allgemeinen Partizipation aller an der öffentlichen Kommunikation zu bemühen (vgl. Schweiger 2003), wird doch durch die mit den neuen Diensten verbundene zunehmende Individualisierung von Medienangeboten sowie durch die verstärkte Bedeutung von den Nutzern selbst generierten Inhalten das Gewicht der Nutzer erhöht. Die Stimme der Nutzer wird bereits hörbarer. Medienpolitik sollte auf der Grundlage der hier diskutierten Formen von Nutzerbeteiligung mit dazu beitragen, dass diese Stimme weiter an Kraft gewinnt.

Literatur

Ang, Ien (1991): Desperately Seeking the Audience. London.

Baldi, Paolo/Hasebrink, Uwe (Hrsg.) (2006): Broadcasters and Citizens in Europe. Trends in Media Accountability and Viewers Participation. Bristol.

Bardoel, Jo/d'Haenens, Leen (2004): Media Meet Citizens. Beyond Market Mechanisms and Government Regulations. In: European Journal of Communication 19, S. 165-194.

BBC (2004): Building Public Value. Renewing the BBC for a Digital World. In: http://www.bbc.co.uk/thefuture/bpv/prologue.shtml (4.10.2006).

Brosius, Hans-Bernd/Rössler, Patrick/Schulte zur Hausen, Claudia (2000): Zur Qualität der Medienkontrolle: Ergebnisse einer Befragung deutscher Rundfunk- und Medienräte. In: Publizistik 45, S. 417-441.

Eilders, Christiane/Hasebrink, Uwe/Herzog, Anja (2006): Das aktive Publikum. Institutionalisierung zivilgesellschaftlicher Kontrolle des Fernsehens auf europäischer Ebene. In: Langenbucher, Wolfgang R./ Latzer, Michael (Hrsg.): Europäische Öffentlichkeit und medialer Wandel. Wiesbaden, S. 330-351.

Ettema, James S./Whitney, D. Charles (Hrsg.): Audience Making. How the Media Create the Audience. London: Sage, S. 19-37.

Greenberg, Bradley S./Busselle, Rick (1994): Audience Dimensions of Quality in Situation Comedies and Action Programs. In: Tsuchiya, Ken/Obara, Masaharu (Hrsg.): Studies of Broadcasting 30, S. 17-48.

Greenberg, Bradley S./Busselle, Rick (1992): Television Quality from the Audience Perspective. In: Studies of Broadcasting 28, S. 157-194.

Gunter, Barrie/McLaughlin, Carmel (1992): Television: The Public's View. London.

Gunter, Barry (1997): An Audience-based Approach to Assessing Programme Quality. In: Winterhoff-Spurk, Peter/ van der Voort, Tom (Hrsg.): New Horizons in Media Psychology. Research Cooperation and Projects in Europe. Opladen, S. 11-34.

Habermas, Jürgen (1990): Strukturwandel der Öffentlichkeit. Untersuchungen zu einer Kategorie der bürgerlichen Gesellschaft. Frankfurt.

Habermas, Jürgen (1992): Drei normative Modelle der Demokratie: Zum Begriff deliberativer Politik. In: Münkler, Herfried (Hrsg.): Die Chancen der Freiheit. Grundprobleme der Demokratie. München, S. 11-24.

Hasebrink, Uwe (1995): Länderbericht Deutschland. In: Mitchell, Jeremy/Blumler, Jay G. (Hrsg.): Fernsehen und Zuschauerinteressen. Untersuchungen zur Verantwortlichkeit europäischer Fernsehsender. Baden-Baden, S. 25-46.

Hasebrink, Uwe (2001): Das Zuschaueranteilsmodell. Herausforderungen durch Pay-TV und Online-Medien. Kommunikationswissenschaftliches Gutachten für die Kommission zur Ermittlung der Konzentration im Medienbereich (KEK). Potsdam.

Herzog, Anja/Hasebrink, Uwe/Eilders, Christiane (2006): Medien-Qualitäten aus der Sicht des Publikums. Europas Mediennutzer zwischen Konsum, Kritik und Partizipation. In: Weischenberg, Siegfried/Loosen, Wiebke/Beuthner, Michael (Hrsg.): Medien-Qualitäten. Öffentliche Kommunikation zwischen ökonomischem Kalkül und Sozialverantwortung. Konstanz, S. 399-414.

Jarren, Otfried (1997): Macht und Ohnmacht der Medienkritik oder: Können Schwache Stärke erlangen? In: Weßler, Hartmut/Matzen, Christiane/Jarren, Otfried/Hasebrink, Uwe (Hrsg.): Perspektiven der Medienkritik. Die gesellschaftliche Auseinandersetzung mit öffentlicher Kommunikation in der Mediengesellschaft. Opladen, S. 307-328.

Jarren, Otfried (2002): Medienpolitische Kommunikation. In: Neverla, Irene/ Grittmann, Elke/Pater, Monika (Hrsg.): Grundlagentexte zur Journalistik. Konstanz, S. 163-180.

Kepplinger, Hans Mathias/Hartmann, Thomas (1989): Stachel oder Feigenblatt? Rundfunk- und Fernsehräte in der Bundesrepublik Deutschland. Eine empirische Untersuchung. Frankfurt.

Kiefer, Marie-Luise (1999): Das Rundfunkpublikum als Bürger und als Kunde. In: Schwarzkopf, Dietrich (Hrsg.): Rundfunkpolitik in Deutschland. Wettbewerb und Öffentlichkeit. München, S. 701-744.

Maletzke, Gerhard (1963): Psychologie der Massenkommunikation. Hamburg.

McQuail, Denis (1992): Media Performance. Mass Communication and the Public Interest. London et al.

McQuail, Denis (1997): Accountability of Media to Society. Principles and Means. In European Journal of Communication 12, H. 4, S. 511-529.

Mitchell, Jeremy/Blumler, Jay G. (Hrsg.) (1994): Television and the Viewers Interest. Explorations in the Responsiveness of European Broadcasters. London.

Schatz, Heribert/Schulz, Winfried (1992): Qualität von Fernsehprogrammen. Kriterien und Methoden zur Beurteilung von Programmqualität im dualen Fernsehsystem. In: Media Perspektiven 11, S. 690-712.

Schweiger, Wolfgang (2003): Mythen der Internetnutzung: Ursachen und Folgen. In: Hasebrink, Uwe/Mikos, Lothar/Prommer, Elizabeth (Hrsg.): Mediennutzung in konvergierenden Medienumgebungen. München (Reihe Rezeptionsforschung; Bd. 1), S. 89-114.

Webster, James G./Phalen, Patricia F. (1994): Victim, Consumer, or Commodity? Audience Models in Communication Policy. In: Ettema, James S./Whitney, D. Charles (Hrsg.): Audience Making. How the Media Create the Audience. London, S. 19-37.

Weiß, Ralph (2005): Zur Kritik der Medienkritik. Wie Zeitungen das Fernsehen beobachten. Berlin (Schriftenreihe Medienforschung der LfM; 48).

YLE (2005): YLE Audience Report 2004. Helsinki. In: http://www.yle.fi/fbc/annual.html (4. Oktober 2006).

Teil IV:
Ordnung durch neue medienpolitische Akteure?
Die Perspektive von Regulierungsbehörden

Norbert Schneider

Ordnung durch neue medienpolitische Akteure?
Die Perspektive einer Regulierungsbehörde

1.

Wie tief greifend und im Ergebnis umwälzend die Veränderungen in der deutschen Medienlandschaft derzeit sind, zeigt ein Blick zurück in die Anfangszeit des dualen Rundfunksystems in Deutschland. Als in der Folge des Niedersachsenurteils des Bundesverfassungsgerichts privater Rundfunk ab 1984 möglich wurde, gab es gerade einmal drei öffentlich-rechtliche Fernsehprogramme. Sie wurden überwiegend terrestrisch empfangen. Und noch in den frühen 1990er Jahren gab es nicht sehr viel mehr private Programme, die für ihre Reichweite ebenfalls auf terrestrische Frequenzen angewiesen waren. Die Lage war übersichtlich. Das Bemühen um ein vielfältiges Programm erforderte eine Programmkenntnis, die ein einzelner Mensch durchaus noch haben konnte, wenn er nur genügend Zeit fürs Schauen aufgewandt hat.

Die Regulierung konnte sich zunächst voll auf die Vergabe von Lizenzen für neue Veranstalter konzentrieren. Sie waren der Angelpunkt des Systems, auch deshalb, weil sie es waren, die die Vielfalt des Angebots steuern konnten.

Auswahlentscheidungen unter dem Aspekt der Vielfalt wurden der Aufsicht erst abverlangt, als das Kabel als der attraktive neue Verbreitungsweg Mitte der 1990er Jahre voll genutzt wurde.

Zur Verhinderung vorherrschender Meinungsmacht erschien das Prinzip der gebrochenen Kapitalmacht zunächst als das Mittel der Wahl. Jeder Veranstalter musste mindestens drei Gesellschafter haben, so dass im Effekt keiner der drei mehr Anteile an der Gesellschaft als 49,9% haben konnte.

Die Programmkontrolle beschränkte der Gesetzgeber von Anfang an auf die besonderen Bereiche Jugendschutz und Werbung. Die allgemeinen Programmgrundsätze, die in den Rundfunkgesetzen aufgeführt waren, blieben so allgemein und unbestimmt, dass eine Aufsicht über ihre Beachtung so gut wie unmöglich war.

Aus diesen Hinweisen wird ein Grunddatum sichtbar, das die ersten beiden Dekaden des dualen Systems beherrschte. Die Gesetzgebung und in ihrer Folge die Aufsicht über den Privatfunk bezogen sich auf das Paradigma, das sich seit Mitte der fünfziger Jahre für das Massenmedium Rundfunk durchgesetzt hatte, vermutlich auch seiner scheinbar schönen Klarheit und Einfachheit wegen. Rundfunk – das ist ein Prozess von und zwischen Sender und Empfänger. Dabei spielt der Sender schon deshalb die dominierende Rolle, weil der Empfänger sich einer Regulierung naturgemäß weitgehend entzieht.

Im Sinne dieses Modells entwickelte sich das Rundfunkrecht überwiegend und durchaus konsequent als die Fixierung der Spielräume und der Grenzen des Rundfunkveranstalters, konzentriert um einen klaren Begriff von Rundfunk und unbeschadet der Frage, ob man von öffentlich-rechtlichem oder von privaten Rundfunk sprach.

Nur drei Mal in den nun über zwei Dekaden kam es zu einer substantiellen Änderung in der Systematik des Medienrechts. Dies geschah das erste Mal, als sich Mitte der 1990er Jahre herausstellte, dass die Vorkehrungen gegen vorherrschende Meinungsmacht die wirtschaftlichen Entwicklungen der deutschen Veranstalter zum Erliegen brachten. Damals einigten sich die Länder (»Das Wunder von Bad Neuenahr«) auf ein neues Maß, mit dem Medienkonzentration zu messen sei. Dieses Maß wurde auf einen Marktanteil von 30% Höchstgrenze pro Veranstalter(-familie) festgelegt, was ein Stück über den Zahlen lag, die zum Zeitpunkt dieses Beschlusses empirisch gemessen wurden. Zugleich beschlossen die Länder, die Überwachung dieser neuen Grenze einer eigenen, standortneutralen Kommission, der Kommission zur Ermittlung der Konzentration im Medienbereich (KEK), zu übertragen, die als Organ der Landesmedienanstalten tätig werden sollte.

Die zweite Veränderung bestand in einer vorsichtigen Ergänzung der Bestimmungen für analog verbreiteten Rundfunk durch eine Art von digitaler Öffnung (RÄStV § 53). Dies geschah im Jahr 1996, um für neue Entwicklungen nicht völlig ungerüstet zu sein.

Und die dritte große Veränderung resultierte aus einer Verabredung von Bund und Ländern, den Jugendschutz im Fernsehen und im Internet in eine Hand zu legen. Zu diesem Zweck wurde ein eigener Staatsvertrag geschlossen, dessen Bestimmungen seit April 2003 von der Kommission für Jugendmedienschutz (KJM) umgesetzt werden.

Doch die Zeit der Übersichtlichkeit ist längst zu Ende. Ein Kabelnutzer hat heute Zugriff auf zwischen 30 und 37 analog verbreitete Programme. Ohne großen technischen Aufwand kann man inzwischen über einen direkt abstrahlenden Satelliten weit über hundert Programme empfangen. Die seit einigen Jahren nach und nach digitalisierte Terrestrik (DVB-T) führt in Ballungsräumen zu einem Angebot von bis zu 24 Programmen.

2.

Doch alle diese Ausweitungen von Sendern und für Empfänger haben an der Grundstruktur der Aufsicht nichts geändert. Sie ist nach wie vor bis auf den Jugendschutz föderal organisiert. Sie ist nach wie vor veranstalterzentriert. Und sie ist in ihren Grundprinzipien an den Möglichkeiten der analogen Welt ausgerichtet. Zugleich stößt sie in ihrem konkreten Handeln immer mehr an Grenzen.

Diese Grenzen stehen jedoch nicht nur für im Vergleich mit der ersten Stunde unvergleichbare Quantitäten. Mit dem Internet als Objekt der Aufsicht wurde zum ersten Mal, wenn auch nur sehr allmählich, erkennbar, dass neue Quantitäten ebenso wie neue Technologien auch eine neue Qualität geschaffen haben. Die ihrerseits muss zu neuen Strukturen der Aufsicht führen, wenn es denn überhaupt so etwas wie Regulierung des Netzes geben sollte – oder dürfte. Erst mit der Verbreitung des Internet verbreitete sich, sehr viel langsamer als das Internet selbst, die Erkenntnis, dass die beiden Basisfaktoren dieser Entwicklung, der leistungsstarke Rechner und die Digitalisierung des Signals, ein neues Paradigma für ein weltweites Kommunikationssystem etablieren würden.

Natürlich gab es auch sonst viele Zeichen für einen Wandel. Doch diese Zeichen wurden zunächst nicht erkannt. Vielmehr wurde auf die vielen Szenarien verwiesen, die es seit Mitte der 1990er Jahre gab und von denen kaum eines real das Licht der Welt erblickt hat. Die Skeptiker erinnerten, wenn von Neuigkeiten mit angeschlossenem Handlungsbedarf auf dem digitalen Feld die Rede war, gerne an die Geschichte von DAB, einer Radiotechnologie, die in Deutschland auch noch nach über zehn Jahren auf ihre Marktreife wartet.

Der Gesetzgeber, ohnehin und aus gutem Grund vorsichtig, wenn es um die Normierung von im Fluss befindlichen Entwicklungen geht, sah keine Veranlassung, an seinem Grundmodell eines Veranstaltergesetzes etwas Wesentliches zu verändern.

Erst als zunächst sporadisch, dann immer häufiger, neue Akteure auf-
tauchten, die in der Medienbranche bisher niemand kannte, Finanzinvestoren und Finanzdienstleister globalen Zuschnitts – erstmals gut
sichtbar beim Verkauf des Kabels durch die Deutsche Telekom – wurde
deutlich, dass nicht mehr dies oder jenes sich änderte, sondern dass eine
längere Latenzzeit zu Ende ging. Doch auch dann erzeugten die zahlreichen Ankündigungen einer schönen neuen Medienwelt, wie sie seit
Jahren die Foren der Branche belebten, noch immer nur den Effekt, den
diejenigen erzielen, die auch dann Feuer schreien, wenn es gar nicht
brennt.

Seit es nun wirklich brennt, ist keiner so recht darauf vorbereitet.
Nicht der Gesetzgeber, nicht der Regulierer und auch nicht die Veranstalter, die bisher die Szene beherrscht haben. Nur langsam realisieren
die verschiedenen Akteure, dass sich die Medienlandschaft jenseits reiße-
rischer Ankündigungen tatsächlich in einem Umfang im Umbruch
befindet, wie dies noch vor Jahresfrist, das Ende der Dotcom-Blase noch
immer fest im Auge, niemand prognostiziert hätte. Nur langsam setzt
sich die schon ältere Erkenntnis durch, dass es sich in alledem um eine
digitale Revolution handelt (Manuel Castells).

3.

Die Hauptfaktoren des Wandels, mit denen eine Latenzzeit zu Ende
geht, die man auf etwa 50 Jahre ansetzen kann, sind qualitative Fortschritte in der Digitalisierung und der Umstand, dass die Medien, die
Transportwege so gut wie Inhalte und vor allem auch die Konsumenten,
in ihrer gesamtwirtschaftlichen Bedeutung massiv zugenommen haben.
Sie sind auf dem Wege, die klassischen Leitindustrien abzulösen.

Diese Rolle als Leitindustrie, in die die Medien mehr und mehr hi-
neinwachsen, hat sie auch mehr und mehr zum Objekt der Begierde
derer werden lassen, die sich bisher lieber mit Branchen wie Auto, Stahl
oder Pharmazie abgegeben haben.

Diese Finanzinvestoren brachten und bringen freilich nicht nur große
Mengen frischen Geldes. Sie übertragen auch die Ziele, die Kriterien
und die Rhythmen, die ihrem Handeln zugrunde liegen, auf die Medienlandschaft. Ein Beispiel sind die vergleichsweise kurzen Abstände
zwischen dem Kauf und dem Verkauf von Objekten und dem »squee-
zing« des Objekts zwischen beiden Daten. Für Wachstum an Kompetenzen bleibt da kaum Zeit. Für Personalführung ebenso wenig. Zwar
waren Medien neben ihrer kulturellen Natur immer schon Wirtschafts-
güter. Doch ihr Weg auf die Agenda der Börsen macht sie nun vollends

zu einem Wirtschaftsgut unter vielen, renditegeprägt wie ehedem Auto, Stahl oder Pharmazeutika.

Orte des Wandels sind derzeit etwa die Verbreitungsplattformen, also das »Segment«, in dem bisher eine hohe Stabilität und eine große Übersichtlichkeit herrschten. Die Telcoms sehen sich genötigt, die negativen Auswirkungen der Digitalisierung auf ihre klassischen Angebote, vor allem auf das Kerngeschäft der Telephonie, durch das Auflegen neuer Geschäftsmodelle auszugleichen, die sich im Zuge der Digitalisierung ergeben haben (z.B. über DSL). Dabei spielt das Fernsehen zunehmend die Rolle des Türöffners für konvergente Angebote wie etwa Triple Play. Die Kabelnetzbetreiber, in der Vergangenheit Transportfirmen für Rundfunksignale und von beeindruckender Unbeweglichkeit, entdecken die Endkundenbeziehung als Basisgröße für die Berechnung des Firmenwertes und seines Wachstumspotenzials. Die Satellitenbetreiber sehen sich genötigt, vergleichbare Geschäftsmodelle wie die Kabelnetzbetreiber und die Telcoms anzukündigen, um im Wettbewerb der Plattformen präsent zu bleiben. Neue Verbindungen von Marktteilnehmern, die sich bisher nichts zu sagen hatten, werden plötzlich denkbar und sind demnächst machbar.

Wie auch immer sich dieser Digitalisierungsschub praktisch auswirken wird – die Einsicht ist unabweisbar, dass das klassische Sender-Empfänger-Modell und die sich darauf beziehende Gesetzgebung auf Dauer mit diesen Entwicklungen nicht mehr Schritt halten kann. Für manche ist diese Einsicht identisch mit dem Ausrufen des Endes aller Regulierung. Diese Auffassung übersieht, dass auch ein massiver Wandel in ökonomischer und technologischer Hinsicht die Ziele der Regulierung keineswegs erledigt oder, was stets in solchen Phasen des Wandels ein Argument ist, vom Kartellrecht gleich mit umgesetzt werden könnte. Neue Fakten und Faktoren auf dem Feld der Medien verlangen keinen Kahlschlag, sondern ganz im Gegenteil nichts anderes als einen neuen Regulierungsrahmen. Um ihn zu profilieren wird es darauf ankommen, diejenigen neuralgischen Punkte des sich derzeit herausbildenden neuen Kommunikationssystems zu benennen, an denen sich unter den neuen Bedingungen heraus kristallisiert, was man immer schon Medienmacht genannt hat und auch künftig so nennen muss. Weder die Digitalisierung noch die Ökonomisierung bzw. Kommerzialisierung der Kommunikation beseitigen Medienmacht und ihren möglichen Missbrauch. Sie verschieben die Orte nur, an denen sich diese Macht einnistet.

Wichtig wird sein, auch in diesem erstmals in Umrissen sichtbaren, in seiner technologischen Struktur übrigens erstmals unsichtbaren, neuen System die Nadelöhre herauszufinden und zu beseitigen, die einen chancengleichen Zugang für Produzenten und auch für Rezipienten behelligen oder sogar unterbinden könnten.

Wichtig wird sein zu klären, wie Vielfalt im Angebot auch dann hergestellt werden kann, wenn sie nicht mehr nur durch das Handeln von Rundfunkveranstaltern gesteuert werden kann, was diese wiederum über Jahrzehnte zur Schlüsselfigur allen Regulierens gemacht hat. Wie kann Vielfalt außerhalb, jenseits eines Sender-Empfänger-Modells gesichert werden? Auch wenn sich viel Latentes plötzlich offen zeigt, ist noch nicht gesagt, dass es auch Bestand haben wird. Umso wichtiger ist es, die alten Vorstellungen, wie man die Umsetzung von Artikel 5 des Grundgesetzes schafft, zu modernisieren, zu »digitalisieren«. Der Umstieg von analog zu digital ist bei aller Bewegung, die derzeit entstanden ist, ein so tiefer Einschnitt, dass genau bedacht sein will, wie eine Gesellschaft und ihre dafür vorgesehenen Einrichtungen angemessen darauf reagieren können.

Wichtig wird in diesem Sinne vor allem sein, die Netzstruktur lesbar zu machen und die Punkte zu identifizieren, an denen sich der Zugang zu einem System entscheidet. Die Frage nach vorherrschender Meinungsmacht wird sich weniger im Kontext der Vielfaltsicherung als im Kontext des diskriminierungsfreien Zugangs stellen.

4.

Die neuen Aufgaben stellen sich für den regional-lokalen Regulierer nicht mehr nur im nationalen, sondern im globalen Kontext der Entwicklung. Die transnationalen medialen Verflechtungen haben einen Grad erreicht, der, ähnlich wie man es von den großen Börsen kennt, alles mit allem verbindet und dabei die Orte der Problem*erzeugung* und der Problem*lösung* nicht nur weit auseinander legen kann, sondern auch nicht mehr leicht lokalisierbar macht. Auch die Adressierung von Problemen und Beschwerden wird zunehmend zum Problem. Rentenfonds haben kein Gesicht.

Die Herausforderung der Regulierung durch die fortschreitende Globalisierung der Medien, ihrer Inhalte wie ihrer Ökonomie, bedeutet freilich nicht nur, wie viele meinen, ein größeres Spielfeld. Es fehlt, um es zu bespielen, in fast jeder Hinsicht an Kenntnissen über dieses Feld, wie es an Zielen und Instrumenten fehlt – Defizite, die sich noch dadurch verschärfen, dass der Prozess der Globalisierung bei den meisten Regulierern Abwehrreflexe hervorruft, Unverträglichkeiten annonciert. Eingespannt in die Alternative von »Netz und Ich« (Manuel Castells), von fern und nah, von global und lokal, fühlen sich bisher lokal-regionale Regulierer naturgemäß eher dem Lokalen verpflichtet. Das ist solange zu akzeptieren, als sich eine solche Haltung des Umstandes bewusst ist, dass es autonome Lokalität nicht (mehr) gibt, und dass globale Prozesse die Lokalität, das Mediengeschehen im Nahraum fortgesetzt mitbestimmen.

Was sich auf der globalen Ebene jedoch verglichen mit dem bisher gegebenen Rahmen der Regulierung als das größte Defizit erweist, ist der Mangel an staatlicher Stützung, die bisher ihre Wirksamkeit nie verfehlt hat. Der transnationale Bereich zeigt für die Medienaufsicht, anders als etwa für Fragen der Gesundheit, der Ernährung oder des Handels, noch keine Möglichkeiten oder gar Institutionen, die unveränderten Ziele der Regulierung, die Sicherung eines fairen Zugangs zu den Medien, eine Form von Mediengerechtigkeit, und die Vielfalt des Angebots durchzusetzen. Es fehlt die Sanktion, die nur durch den Staat oder interstaatliche Institutionen gewährleistet werden kann. Der Staat ist in seinem Radius beschränkt und zudem in seiner Funktion eher regressiv. Die Konzerne dagegen, mit denen er sich im Wesentlichen auseinanderzusetzen hätte, verfügen über Budgets und über politische Macht, die längst in die Nähe staatlicher Etats und staatlicher Macht reichen. Man wird diese Konzerne auf längere Sicht auch nur dann regulatorisch erreichen können, wenn Medienrecht und Telekommunikationsrecht aus einer Hand umgesetzt werden. Der Einfluss, den die Verbreitung des Signals auf das Signal nimmt, erzwingt eine solche Konvergenz, am Ende auch die der Institutionen.

Die Forderung, man möge doch die Landesmedienanstalten abschaffen, ihre große Zeit sei vorbei, wirkt angesichts dieser offenen Fragen einigermaßen absurd. Die Bemerkung, es gebe nichts mehr zu lizenzieren, die Welt sei hinlänglich geordnet, verkennt, dass die Lizenz schon seit einiger Zeit nicht mehr ist als eine Bahnsteigkarte. Sie entscheidet nicht darüber, ob man im Zug auch mitfahren wird. Im Übrigen gibt es nach wie vor jedes Jahr ein halbes Hundert neuer Lizenzen. Der Aufwand ist derselbe, ob er für digitale oder analoge Sender erbracht werden muss. Richtig ist allerdings auch: Gerade solche Einrichtungen, die mit Zukunftsentwicklungen zu tun haben, müssen sich fortgesetzt anpassen. Die Landesmedienanstalten müssen nicht abgeschafft, sie müssen in die Lage versetzt werden, sich verändern zu können, und zwar während sie sich mit den veränderten Objekten von Regulierung schon befassen.

Das macht den Spagat deutlich, der die Medienaufsicht in Deutschland derzeit in Spannung versetzt: Auf der einen Seite steht ein *Relaunch* der lokal-regionalen Aktivitäten an, einschließlich der organisatorisch-institutionellen Neuerungen; eine Strukturreform, die länderübergreifendes Handeln nicht nur auf die Basis der Vernunft, sondern eines Gesetzes stellt, das vernünftiges Handeln absichert und einen klaren Akzent auf das noch immer eher unterentwickelte Überregionale setzt. Zugleich ist ein Paradigmenwechsel für die Legitimation und den Vollzug von Medienaufsicht *im globalen Horizont* in Sicht, auf den sich die regional agierenden Regulierer einstellen müssen und für den sie neue Gefäße, neue Instrumente und Verfahren, auch neue Kommunikationsformen entwickeln müssen.

5.

Blickt man an der Schwelle in einen neuen Raum von Regulierung noch einmal zurück und fragt sich, was die Politik insgesamt in den letzten beiden Dekaden für die Entwicklung der Medien geleistet hat, für die Qualität der Infrastruktur wie für die Voraussetzungen, unter denen Programmqualität entstehen kann, dann wird man ihr, nach anfänglicher Zuwendung, ein mittlerweile stark abnehmendes Engagement attestieren müssen.

Ein Grund dafür dürfte gewesen sein, dass die Möglichkeiten des Gestaltens sich spätestens seit Einführung des Marktanteilsmodells in Deutschland spürbar reduziert haben. Fast hat man aus heutiger Sicht den Eindruck, die Politik habe sich einen Dauerkonflikt vom Halse schaffen wollen, indem sie die Gründe des Konflikts, nämlich die Dominanz des Kapitals über die Publizistik, einfach für nicht existent erklärte. Sie wollte kein Dauerproblem und schon gar nicht eines, das ihr die »eigene« Regulierung in regelmäßigen Abständen hätte präsentieren müssen, immer verbunden mit der Aufforderung, gesetzlich zu klären, was den Konzernen nicht gefallen konnte – denselben Konzernen, die dabei waren, die Arbeitsplatzbeschaffer schlechthin zu werden, nach dem Auto, nach Kohle und Stahl.

Die damit anwachsende Macht der Konzerne war einerseits gewollt, um die wirtschaftlichen Entwicklungen zu fördern. Der Weg der Medienindustrie zu einer neuen Leitindustrie durfte nicht schwer gemacht werden. Aber andererseits entstand genau dadurch das Problem, da die Konzerne sich von regulatorischen Prinzipien nicht mehr leiten lassen wollten. Die Politik hat dieses Paradox nie richtig formuliert, geschweige denn sich daran gemacht, es aufzulösen. Faktisch hat sie sich in das ergeben, was sie als unvermeidlich empfand.

Man kann die ungefähr gleichzeitig einsetzenden Bemühungen um Medienkompetenz – und ihre Festschreibung als eine Aufgabe der Landesmedienanstalten in den Gesetzen – als eine Art von kompensatorischer Anstrengung sehen, eine im letzten nicht mehr steuerbare Medienwirtschaft durch eine entsprechende Medienbildungspolitik auszubalancieren.

Für alle, die es mit einer fortschreitenden Deregulierung halten, ist der Rückzug des Staates aus der Regulierung naturgemäß eine positive Botschaft. Doch abgesehen davon, dass die Verfechter einer konsequenten Deregulierung sich an ihre Postulate immer dann nicht mehr erinnern, wenn sie selbst ohne regulatorische Interventionen Schaden nehmen würden, ist eine staatliche Zurückhaltung allenfalls für eine Übergangszeit zu rechtfertigen. Manuel Castells stellt zu Anfang seines dreibändigen Werkes über die Informationsgesellschaft fest:

>>Es bleibt für ein Verständnis der Beziehung zwischen Technologie und Gesellschaft festzuhalten, dass die Rolle des Staates ein entscheidender Faktor im gesamten Prozess ist; sei es, dass er ihn aufhält, ihn entfesselt oder die technologische Innovation anführt. Denn der Staat organisiert die sozialen und kulturellen Kräfte, die in einem bestimmten Raum und einer bestimmten Zeit vorherrschen und gibt ihnen Form.<<

Diese Position wird sich nach einer Phase des Übergangs auf Dauer als unersetzbar erweisen, solange eine wenigstens in Grenzen unabhängige Publizistik und ein halbwegs freier Zugang für jedermann zu den Massenmedien möglich und Artikel 5 Grundgesetz in Wirkung bleiben soll.

Alfred Grinschgl

Ordnung durch neue medienpolitische Akteure am Beispiel der österreichischen Rundfunkregulierung

In Österreich wurden Wettbewerb und damit ein dualer Rundfunkmarkt, der neben dem öffentlich-rechtlichen Rundfunkanbieter ORF
auch private Rundfunkveranstalter zuließ, erst relativ spät eingeführt:
Das erste Regionalradiogesetz wurde im Juli 1993 im Parlament beschlossen, zu einem Privatfernsehgesetz kam es erst mit 1. August 2001
über Vorschlag der von der ÖVP geführten Koalition mit der FPÖ.
Mittlerweile ist Österreich längst auf »internationalem/europäischem
Stand« im Hinblick auf Vielfalt, Wettbewerb und Qualität bei den elektronischen Medien.

Bis es jedoch zum ersten Regionalradiogesetz des Jahres 1993 kam,
waren Jahre der Diskussion auf politischer Ebene und insbesondere
Jahre der Rechtsstreitigkeiten auf österreichischer und mehr noch auf
europäischer Ebene vorausgegangen. In verschiedenen Verfahren wurde
immer wieder Artikel 10 der Europäischen Menschenrechtskonvention
(»Freiheit der Meinungsäußerung«) aufgegriffen, worin jedermann der
Anspruch auf freie Meinungsäußerung sowie auch das Recht zur Mitteilung von Nachrichten eröffnet wird – wobei es Sache der Staaten bleiben sollte, für die jeweiligen Antragsteller ein Genehmigungsverfahren
vorzusehen.

1.   »Lasst tausend bunte Blumen blühen«

Derartige Verfahren ließen einen klaren Auftrag an den österreichischen
Gesetzgeber und die heimische Bundesregierung – es war damals eine
von den Sozialdemokraten geführte Koalitionsregierung von SPÖ und
ÖVP – ins Haus stehen. Doch die damalige Bundesregierung entschied
sich für das erste Regionalradiogesetz wohl eher unter dem Motto: ein
kleines Türchen für regionale (auf ein Bundesland bezogene) Rund-

funkveranstalter aufzumachen und dem großen und mächtigen ORF, der sich aus Werbung und Gebührenerlösen finanzierte, weiterhin auf der nationalen Ebene ein sicheres Spiel zu belassen. Dazu passte auch die Idee, als nächste Phase noch kleinere, lokale (das Gebiet bestimmter Gemeinden versorgende) Radioveranstalter, nicht jedoch einen bundesweiten privaten Rundfunkveranstalter zuzulassen.

So war es das Ziel der ursprünglichen medienpolitischen Akteure, der damaligen Bundesregierung, nur notgedrungen und aufgrund rechtlicher, vor den zuständigen Gerichten erstrittener Erfolge ein Privatradio einzuführen – und wohl weniger unter der Maßgabe Medienvielfalt und Wettbewerb im Bereich der elektronischen Medien zu ermöglichen.

Dieser Zugang zur »Medienöffnung« hatte in Verbindung mit den ebenfalls aus dem Jahr 1993 stammenden Zulassungs- und Genehmigungsvoraussetzungen – die nicht nur der Unlust der politischen Instanzen nach mehr Wettbewerb entsprangen – auch die Konsequenz, dass die ersten Jahre der Hörfunkveranstaltung in Österreich alles andere als ergiebig waren. Wesentliche Voraussetzungen für eine schleppende Radiozulassung der ersten Jahre waren u.a. die Folgenden:
– Zeitungsinhaber – und das waren stets die wichtigsten Interessenten für Privatradio – durften in ganz Österreich nur eine Beteiligung über 26% an einem Hörfunkunternehmen besitzen, in zwei weiteren Versorgungsgebieten gar nur mehr 10%.
– Bei mehreren Antragstellern um eine bestimmte Lizenz hatte die seinerzeitige Regionalradiobehörde den Versuch zu unternehmen, aus den verschiedenen Antragstellern eine Veranstaltergemeinschaft zu bilden.
– Schließlich waren die Radiobetreiber sehr auf sich allein gestellt, sie durften nur maximal 25% Programmanteil von anderen Rundfunkveranstaltern übernehmen.

So kam es schließlich zur ersten wirklichen Rundfunkreform in Österreich im Jahre 2001: Die neue Regierung unter Führung der Volkspartei hatte dem Parlament vier Mediengesetze vorgelegt, die allesamt in Richtung Vielfalt und erhöhten Wettbewerb wirken sollten. Mit 1. April 2001 wurde das KommAustria-Gesetz mit der Einrichtung einer Rundfunkregulierung und das neue Privatradiogesetz in Kraft gesetzt, am 1. August kamen erstmalig für Österreich ein Privatfernsehgesetz und ein geändertes ORF-Gesetz hinzu.

2. 2001: Zeit für ein modernes Regulierungssystem

Mit der Einrichtung einer Rundfunkregulierung wurden einige wesentliche Punkte neu und zeitgemäß geregelt: Anstelle der bisherigen Kommission wurde der Behördenleiter der KommAustria zuständig für die
behördlichen Entscheidungen (eine monokratische Behörde), er wird in
seiner Arbeit durch die Geschäftsstelle der KommAustria, die Rundfunk
und Telekom Regulierungs GmbH (RTR-GmbH), unterstützt. Die
Behörde KommAustria ist zwar nicht weisungsfrei, gegen ihre Entscheidungen kann jedoch jeder Antragsteller berufen. Berufungsinstanz ist
dann der weisungsfreie Bundeskommunikationssenat, eine Letztent-
scheidung liegt schließlich bei den Gerichtshöfen des öffentlichen
Rechts. Eine Besonderheit der Regulierung liegt auch darin, dass die
rechtliche Rundfunkzulassung im gleichen Akt wie die Zulassung der
fernmelderechtlichen Übertragungskapazitäten vergeben wird (früher
kam die rechtliche Zulassung vom Bundeskanzleramt, die Frequenzen
ressortierten ins Verkehrsministerium).

Die Ziele des KommAustria-Gesetzes beschreiben in § 2 ganz klar
und deutlich die eigentlichen Überlegungen der Rundfunkregulierung:
Der Marktzutritt neuer Anbieter soll gefördert werden, es geht um die
Sicherung von Meinungsvielfalt und die Qualität der Rundfunkprogramme, technische und ökonomische Konzepte für einen dualen
Rundfunkmarkt sollen entwickelt werden. Soll also letztlich heißen, dass
mehr Wettbewerb und eine erhöhte Vielfalt im Interesse der Hörer und
Seher zu den Grundaufträgen dieses Gesetzes zählen. Ein weiteres Ziel
der Regulierung des Jahres 2001 war ein in die Zukunft gerichtetes:
Eine konvergente Einrichtung, die Gesellschaft für Rundfunk *und* Telekom, sollte Rundfunk und Telekomdienste der Zukunft einheitlich
erfassen, studieren und beurteilen. Bei aktuellen Angeboten wie UMTS-
TV, DVB-H oder IPTV ein wohl unschätzbarer Vorteil!

Im nunmehrigen Privatradiogesetz des Jahres 2001 wurden einige der
ursprünglichen Ansätze deutlich verändert: Es ging nicht mehr darum,
viele verschiedene Radiogesellschaften, in denen sich kein Gesellschafter
durchsetzen konnte, aufrecht zu erhalten. Vielmehr wurde auf klare
Entscheidungen in den Radiobetrieben und die wirtschaftliche Notwendigkeit nach Zusammenarbeit größter Wert gelegt. Die Beteiligungslimits (26% und weitere 2 mal 10%-Beteiligungen) wurden beseitigt,
fortan konnte sich jeder Zeitungsinhaber in ganz Österreich auch mit
100% an einem Radio beteiligen, ein Medienverbund darf sich in ganz
Österreich einmal und in der Hälfte von Österreich ein zweites Mal
engagieren. Die Möglichkeiten der Zusammenarbeit zwischen den Sendern wurde ebenso deutlich verbessert, wie dann auch im Zuge einer

Novelle mit 1. August 2004 die erstmalige Schaffung einer bundeswei-ten Radiozulassung (die erhielt kurz danach auch das Hörfunkunter-nehmen KroneHit) geschaffen ermöglicht wurde.

Anstelle der seinerzeitigen Beteiligungslimits kam es durch die Re-form des Jahres 2001 auch zu einem verstärkten Einsatz der Auswahl-grundsätze nach dem Privatradiogesetz, PrR-G § 6 (1), worin eine Zu-lassung nun jener Antragsteller bekommen soll, der den Zielsetzungen des Gesetzes am besten entspricht, der insbesondere eine bessere Gewähr für eine größere Meinungsvielfalt bietet, von dem ein eigenständiges, auf die Interessen im Verbreitungsgebiet Bedacht nehmendes Programman-gebot zu erwarten ist und von dem weiter zu erwarten ist, dass das Pro-gramm den größeren Umfang an eigen gestalteten Beiträgen aufweisen wird.

Das Jahr 2001 brachte schließlich auch das erste Privatfernsehgesetz (PrTV-G), welches zuvor insofern heftig umstritten war, als seitens des ORF dagegen vorgebracht wurde, eine Einführung von terrestrisch ver-breiteten Digitalfernsehen würde in Österreich nicht möglich sein, da man die jetzt für das analoge Privatfernsehen vorgesehenen Frequenzen unbedingt für die digitalen Übertragungskapazitäten benötige. Letztlich war beides möglich: die Frequenzen für die analoge Verbreitung von Privatfernsehen *und* die erforderlichen Frequenzen für die Einführung des Digitalen Antennenfernsehens, welches im Jahr 2006 seinen Betrieb aufnimmt.

3. 2003: Endlich – Start für terrestrisches Privatfernsehen in Österreich

Ende Jänner 2002 hat die Regulierungsbehörde – rund 20 Jahre nach der erstmaligen Aufnahme des Sendebetriebs durch RTLplus in der benachbarten Bundesrepublik Deutschland – die analoge Privatfernseh-zulassung an den Sender ATV (früher: ATVplus), an dem insbesondere der Münchner Medienmanager Herbert Kloiber maßgeblich beteiligt ist, vergeben. Der Sender ist dann tatsächlich knapp eineinhalb Jahre später, im Juni 2003, on air gegangen.

Aus heutiger Sicht lässt sich zu diesen neuen und privaten Rundfunk-veranstaltern folgendes Zwischenresumee ziehen: Etwas mehr als 10 Jahre nach dem Auftreten der ersten Regionalradiosender ist ein wirklich dualer Rundfunkmarkt klar erkennbar, aber bei weitem noch nicht abschließend verwirklicht. Unter allen Hörern (Altersgruppe 10+) kommen die privaten Radioveranstalter auf gerade 20% des gesamten Konsums (die vier ORF-Programme kommen auf 80%), in der Gruppe der (werberelevanten) jüngeren Hörer (14-49 Jahre) ist das Verhältnis etwa 1 zu 3 (ein Viertel hört Privatradio). Im Hinblick auf die Werbung ist die Lage etwas »freundlicher« zu Gunsten der Privaten: Rund ein Drittel der gemeldeten Werbeeinnahmen entfallen auf die Privatradios, insgesamt – unter Einschluss der nicht an Focus Media Research gemeldeten Umsätze – dürften es wohl eher 40% sein. Die Hauptursache ist hier wohl in der späten und ursprünglich halbherzigen Einführung der privaten Radios zu sehen. Drei österreichweite Formate des ORF und die durch viele Jahre hindurch eingeführten Bundesländerradios des Österreichischen Rundfunks haben sich nun einmal in den Herzen vieler Österreicher eingenistet.

Das österreichweite Privatfernsehen ATV hat sich nach dreijährigem Bestand auch kontinuierlich nach vorne gearbeitet. Da ja österreichisches Privatfernsehen nicht nur mit den Programmen des ORF konkurriert, sondern mit der gesamten deutschsprachigen Liga der Fernsehstationen im Wettbewerb steht, ist es durchaus beachtlich, dass ATV regelmäßig unter den 10 relevanten Stationen, natürlich deutlich hinter ORF 1 und ORF 2 sowie den großen deutschen Sendern wie RTL, Sat1, ProSieben und RTL 2, zu liegen kommt. Besonders gut steigt ATV unter den jüngeren Sehern und in bestimmten Tageszeitsegmenten aus. Bemerkenswert ist, dass ATV insbesondere mit eigen produzierten Sendungen regelmäßig beim heimischen TV-Publikum punkten kann.

Ein wesentlicher Punkt der Auseinandersetzung zwischen den privaten Rundfunkstationen, insbesondere Fernsehen, und dem ORF lag immer in der Frage der Einhaltung der werberechtlichen Bestimmungen, die den Anstalten in den jeweiligen Gesetzen auferlegt waren. Es gab zwar die Möglichkeit einer »Konkurrentenklage«, dass eben jeder mediale Konkurrent eine Klage einbringen konnte, wenn ein »Konkurrent« das Gesetz – und damit eine werberechtliche Bestimmung – nicht einhielt. Doch wie sich herausstellte, klagte fast keiner: Die Privatstationen hatten auch andere Aufgaben, wie etwa die Mietzahlungen für Sendermieten mit dem ORF zu regeln. Auch der Verband der Österreichischen Zeitungen hatte einmal eine schärfere, dann eine weniger scharfe Phase der Auseinandersetzung mit dem ORF durchzumachen.

4. Regelmäßige Werbebeobachtung seit August 2004

So wurde mit 1. August 2004 das KommAustria-Gesetz noch in einem weiteren Punkt – unter heftigstem Widerstand des ORF – verändert: Seit damals zählt es zu den Aufgaben der KommAustria, die Beobachtung der Einhaltung der werberechtlichen Bestimmungen des ORF, seiner Tochtergesellschaften und natürlich auch der privaten Rundfunkveranstalter vorzunehmen. Im KommAustria-Gesetz § 2 (1) heißt es nunmehr:

> »Zur Erfüllung dieser Aufgabe hat die KommAustria in regelmäßigen, zumindest aber monatlichen Abständen bei *allen* Rundfunkveranstaltern Auswertungen von Sendungen, die Werbung beinhalten, durchzuführen und die Ergebnisse dieser Auswertungen binnen vier Wochen gerechnet vom Zeitpunkt der Ausstrahlung der Sendung in geeigneter Weise zu veröffentlichen.«

Des Weiteren hat die KommAustria jene Ergebnisse, bei denen sie eine Verletzung der werberechtlichen Bestimmungen vermutet, dem ORF oder dem privaten Rundfunkveranstalter binnen einer Frist von zwei Wochen zur Stellungnahme zu übermitteln. Unter Berücksichtigung der eingelangten Stellungnahme hat die KommAustria danach »bei begründetem Verdacht einer Verletzung dieser Bestimmungen« diese im Falle des ORF beim dafür zuständigen Bundeskommunikationssenat anzuzeigen bzw. im Falle eines privaten Rundfunkveranstalters diese Verletzung von Amts wegen weiterzuverfolgen.

Der anfänglich sichtbare Widerstand des ORF, aber auch der privaten Rundfunkveranstalter, ist deutlich abgeflaut. Monat für Monat werden Programmstellen der Veranstalter untersucht, meistens kommt es auch zu keiner Beanstandung der KommAustria. Beim ORF kam immer wieder seine Unzufriedenheit mit den werberechtlichen Beschränkungen zu Tage, wie nicht erlaubtes »Product Placement«, Überschreitungen in der Einschränkung der Bewerbung von Printprodukten oder auch der gesamten werblichen Sendezeiten. Bei den privaten Rundfunkveranstaltern waren es häufig auch Unachtsamkeiten wie die mangelnde Trennung von Programm und Werbung.

Jedenfalls hat auch diese Maßnahme ihre Früchte gebracht, bevor neuerdings über die Zulassung oder das Verbot von Werbesendungen diskutiert wird, kann einmal sichergestellt werden, dass die aktuell geltenden Bestimmungen einzuhalten sind – ohne wenn und aber!

Meine These zur bisherigen Entwicklung der privaten Rundfunkmedien und zur Errichtung eines dualen Rundfunkmarktes in Österreich: Wir Österreicher sind insbesondere durch die Rundfunk-Gesetze des Jahres 2001 auf dem richtigen Weg, aber doch noch ein gutes Stück vom Ziel entfernt. Neue Chancen liegen sicher in neuen technologischen Verbreitungswegen, wie dem digitalen Rundfunk, aber auch in der Frage nach Fördermodellen, die seitens Privatfernsehen und Privatradio in letzter Zeit immer häufiger auf der Tagesordnung stehen.

5. Ruf nach Förderung privater Rundfunkveranstalter wird immer lauter

An dieser Stelle sei auch noch ein Wort zu den Freien, alternativen Radios und zu »Community TV« in Österreich erwähnt: Es herrscht in Österreich nicht das (gesetzliche) Prinzip der drei Säulen, wie in einigen anderen Ländern, vor. Neben dem öffentlich-rechtlichen Rundfunk und den kommerziellen Rundfunkveranstaltern gibt es keine dritte Kategorie von »Freien Rundfunkveranstaltern«. Wohl aber sind die Freien Radios seit Jahren auch Bestandteil der österreichischen Radioszene: Insgesamt wurden zwölf »Freie Radios« zugelassen, in jedem der neun Bundesländer zumindest eines. Und Wien hat außerdem seit Ende des Jahres 2005 auch ein »Community TV« mit dem Sendernamen »okto«, das im Kabelnetz der UPC Telekabel verbreitet wird.

Die »Freien Radios« legen ihrerseits freilich Wert auf ihre Besonderheit und haben beispielsweise auch einen eigenen Verband, den Verband der Freien Radios, gegründet. In finanzieller Hinsicht werden die »Freien Radios« üblicherweise projektbezogen von den Gemeinden und den Bundesländern unterstützt. Auch »okto« erhält von der Gemeinde Wien eine jährliche Förderung von 980.000 Euro, zumindest für die Jahre 2004-2006. Darüber hinaus besteht bei ihnen auch die Möglichkeit, Sendeteile finanziell zu unterstützen.

Es ist dennoch kein Wunder, dass der Vorschlag auf finanzielle Förderung der privaten Rundfunkanstalten nicht nur von den »kommerziellen« Stationen, sondern gerade auch von den »Freien« aufgetaucht ist. So haben die »Freien« kürzlich den Vorschlag unterbreitet, eine Förderung aus den Rundfunkgebühren (aus jenem Teil, der nicht als Programmentgelt an den ORF geht; lediglich zwei Drittel der Rundfunkgebühren gehen in Österreich an den ORF, ein Drittel geht an den Bund und an die Länder) in Höhe von sechs (!) Millionen Euro zu kriegen. Daraus sollten deren regelmäßigen Grundkosten sowie die Anmietung von Sendeanlagen refundieren.

Wenn auch dieser Vorschlag etwas hoch gegriffen erscheint, könnte es dennoch in absehbarer Zeit zu einer Förderschiene für private Rundfunkstationen, unter Einschluss der Freien, kommen. Österreich hat ja im medialen Raum verschiedene Fördermöglichkeiten, so gibt es ein Presseförderungsgesetz des Bundes, welches für sämtliche Tageszeitungen, in geringerer Form auch für Wochenzeitungen, Fördermöglichkeiten vorsieht, ebenso auch für Ausbildungseinrichtungen oder Auslandskorrespondenten dieser Zeitungen. In verschiedenen Bundesländern gab es früher auch Fördermöglichkeiten für Zeitungen. Schließlich wird auch der ORF mit seiner Doppelfinanzierung aus Gebühren und Werbung immer wieder ins Treffen geführt.

Wenn es nun zu einer Fördermöglichkeit kommen sollte – was selbst innerhalb der Regierungspartei ÖVP nicht unumstritten ist – dann dürfte es angesichts des Beihilfenrechts der Europäischen Kommission wohl eher um eine Content-Förderung als um eine Infrastruktur-Förderung (Verbreitungskosten für die Sendeanlagen) gehen. Ansatzpunkte könnten die Berichterstattung für lokale und regionale Räume im Sinne der Meinungsvielfalt, Serviceinformationen für den Verkehr oder aber Förderungen für Ausbildungseinrichtungen bringen.

6. 2006: Start des Megaprojekts »Digitales Antennenfernsehen«

Während Fragen der Förderungsproblematik noch Fragen an die medienpolitische Zukunft sind, beginnt im Jahr 2006 die Digitalisierung des terrestrischen Rundfunks in Österreich (vom Satelliten wird in Österreich rund die Hälfte aller Haushalte fernsehmäßig versorgt, davon hat wiederum fast die Hälfte einen digitalen Sat-Anschluss; ca. 39% verfügen über einen Kabel-Anschluss, wovon wiederum rund 5% digitalisiert sind). Im Feber des Jahres 2006 erhielt die Österreichische Rundfunksender GmbH & CO KG (ORS) die Zulassung zur Errichtung eines Multiplex-Netzwerkes mit zwei Bedeckungen für ganz Österreich, wovon die erste Bedeckung im Herbst dieses Jahres ihren Betrieb mit den drei Programmen ORF 1 und ORF 2 sowie dem privaten TV-Programm ATV aufnehmen wird (technische Reichweite: 70% der Bevölkerung). Geplant ist eine mehrmonatige Simulcast-Phase, die analogen und terrestrisch verbreiteten Fernsehprogramme sollen nach derzeitiger Planung mit 1. Feber 2007 in Vorarlberg und danach in allen östlich davon gelegenen Regionen abgeschaltet werden, zuletzt in Wien am 1. Mai 2007.

Dabei ist davon auszugehen, dass es nicht nur um jene 11% der TV-Haushalte geht, die ihre Fernsehprogramme exklusiv von der Hausantenne empfangen, sondern wohl auch um jene Haushalte, die zusätzlich zum analogen Satelliten-Empfang ihre Österreich-Programme ebenfalls über Antenne erhalten, da weder die Fernsehprogramme des ORF noch von ATV analog und unverschlüsselt vom Satelliten kommen.

Zur Erleichterung des geplanten Umstiegs hat die Österreichische Bundesregierung dem Nationalrat eine Gesetzesänderung im KommAustria-Gesetz auf Einführung eines Digitalisierungsfonds vorgelegt und beschließen lassen. Dieser Fonds ist seit 1. Jänner 2004 in Kraft und wurde mittlerweile auch der Europäischen Kommission in Brüssel zur Notifizierung vorgelegt und im März 2005 genehmigt. Dieser Digitalisierungsfonds verfügt über jährliche Mittel von 6.75 Millionen Euro und wird von der RTR-GmbH nach schriftlicher Stellungnahme durch die Regulierungsbehörde KommAustria vergeben.

In den Jahren 2004-2006 standen insbesondere Testbetriebe von Digitalfernsehen in den verschiedensten Bereichen – von interaktiven Anwendungen bis zum Einsatz mit Video on Demand – in einem größeren Kabelnetzwerk im Raum Linz auf der Tagesordnung. Nun geht es um den tatsächlichen Einsatz von Digitalfernsehen für den Endverbraucher, den Fernsehkonsumenten. Diesbezüglich hat der Digitalisierungsfonds die Möglichkeit, Endverbraucher in der Beschaffung von für den Einsatz von Digitalfernsehen erforderlichen Geräten zu unterstützen, wie z.B. MHP-fähige Set Top-Boxen oder digitale Fernsehgeräte.

Der erste Plan der RTR-GmbH zur Unterstützung der Fernsehkonsumenten geht nun in zwei Richtungen:

– Unter den 70% der im ersten Schritt digitalisierten Haushalte erhalten alle Rundfunkgebührenzahler einen Gutschein, der sie zum Bezug einer MHP-fähigen Set Top-Box mit 40 Euro Rabatt berechtigt, sofern sie unter den ersten 100.000 Beziehern während der ersten beiden Monate sind. Diese Maßnahme dient der nachhaltigen Preisreduktion der MHP-fähigen Set Top-Boxen, um eben Digitalfernsehen rascher und kostengünstiger einzuführen.

– Ein weiteres Hauptinteresse gilt den einkommensschwächeren TV-Haushalten, sprich jenen Haushalten, die auf Grund ihres Einkommens von der Bezahlung der monatlichen Rundfunkgebühr befreit sind (derzeit maximales Einkommen von 772,80 Euro pro Person und Monat). Nun ist es nicht so einfach, aus der gesamten Anzahl der von den Rundfunkgebühren befreiten Haushalte jene herauszurechnen, die über einen terrestrischen Empfang verfügen und von der Umschaltung von analog auf digital wirklich betroffen sein werden. Die Marktforschung hat nämlich ergeben, dass auch unter diesen Haushalten die unterschiedlichen Empfangsplattformen in ähnlicher Form wie bei den Gebührenzahlern (Sat/Kabel und Terrestrik) vertreten sind. So haben wir seitens der RTR-GmbH damit zu rechnen, dass auch unter den von den Rundfunkgebühren befreiten Haushalten 100.000 bis 150.000 von einem derartigen 40 Euro-Gutschein Gebrauch machen werden.

Auf diese Art und Weise wird die RTR-GmbH (und damit die Republik Österreich) zwischen acht und zehn Millionen Euro für die Digitalisierung der TV-Konsumenten auszugeben haben, zuzüglich weitere Bewerbungskosten. Gleichzeitig muss jedoch klar sein, dass weitere Beträge für die Digitalisierung der Kabelnetze und auch der Satelliten-Kommunikation noch auszugeben sein werden, nicht zuletzt deswegen, weil das Notifizierungsansuchen Österreichs an die Europäische Kommission insbesondere auf Plattformneutralität lautete, damit keine Verbreitungsplattform einen ungerechtfertigten Wettbewerbsvorteil aus einer Fördermaßnahme ziehen sollte. So finden laufend auch Gespräche mit der Berufsgruppe Kabelfernsehen der Wirtschaftskammer Österreich statt, um Kabelfernsehen in gleicher Form wie die terrestrische Plattform fördern zu können.

Da Österreich ein kleines Land mit nur einer geringen Anzahl an heimischen TV-Programmen ist, erscheint die Digitalisierung als schwierigeres, zumindest anderes Unterfangen als in Deutschland, Großbritannien oder Italien, wo es vorrangig um eine Erhöhung der Anzahl der angebotenen Programme geht. Österreich hat von Anfang an wesentlich stärker auf die Interaktivität und auch auf die öffentliche Förderbarkeit der Digitalisierung gesetzt. Im ersten Halbjahr 2007 soll die zweite Bedeckung des terrestrischen Digitalfernsehens vergeben werden, die zu einem Teil auch DVB-H enthalten soll (diese grundsätzliche Zulassung hat die ORS bereits, sie muss jedoch der KommAustria einen Vorschlag für die Auswahl der Programme unterbreiten, um danach einen »detaillierten« Bescheid zu erhalten). Letztlich zählt Österreich zu jenen Ländern Europas, die ihr analoges, terrestrisches Fernsehen im Mittelfeld, nämlich im Jahr 2010 einstellen werden und dann eine digitale terrestrische Versorgung von rund 95% (wie auch heute im analogen Bereich) in der ersten Bedeckung aufweisen wird. Spätestens 2010 können dann natürlich weitere Bedeckungen – nach der kompletten analogen Abschaltung – digital ausgeschrieben werden.

7. Neue Herausforderungen durch die Konvergenz von Rundfunk- und Telekom-Diensten

Freilich bringt auch die Digitalisierung neue rechtliche und gesetzliche Probleme für Österreich. Auch in unserem Land werden IPTV, Fernsehen via UMTS und demnächst auch DVB-H angeboten. Drei unterschiedliche Verbreitungswege, einmal Rundfunk, das nächste Mal wieder nicht – und alles könnte letztlich für den Konsumenten wieder das Gleiche bedeuten – nämlich den Empfang eines Programms, für das wir heute nur die Bezeichnung Rundfunk haben. Hier sind die einschlägigen Juristen Österreichs derzeit dabei, die medienrechtlichen Gesetzesregulative auch so zu adaptieren, dass letztlich der Rundfunk ein etwas weiterer Begriff wird. Nur nach den bisherigen Kriterien zu sortieren, dass Rundfunk »one to many« und Telekom »one to one« sei, könnte für den Endkonsumenten letztlich etwas mager sein, wenn er etwa über IPTV das Programm von ORF 2 genauso erhält, wie er es über die (Rundfunkfrequenz) DVB-H oder über (die Telekomverbindung) UMTS empfangen würde.

Teil V:
Ordnung durch Medienpolitik
als Herausforderung für Theorie und Praxis

Martin Dumermuth

Rundfunkregulierung –
Alte und neue Herausforderungen

1. Einleitung[1]

Die große Bedeutung der Medien insbesondere für die politische Meinungsbildung ist früh erkannt worden und wird heute kaum bestritten. Nicht zuletzt aus diesem Grunde sind die Medien seit jeher Gegenstand politischer Debatten. Die Diskussionen werden dabei oft von ganz unterschiedlichen Positionen geprägt, die von Hoffnungen auf Demokratisierungsgewinne bis hin zu Ängsten vor Manipulation und Demagogie reichen. Medienpolitik ist ferner geprägt durch die Dialektik von Vereinnahmung und Distanz: Medienpolitik tritt einerseits regelmäßig mit einem Gestaltungsanspruch auf, der stets auch die Gefahr einer Indienstnahme der Medien durch staatliche Akteure birgt. Sie soll andererseits – jedenfalls nach einem demokratischen Verständnis – zugleich Staats- und Politikferne garantieren, die für einen freien Diskurs nötig sind.

Diese Spannungsfelder prägen auch die medienpolitischen Debatten in der Schweiz. Die folgenden Ausführungen skizzieren zunächst die Entwicklung der schweizerischen Rundfunkpolitik. Dabei soll insbesondere gezeigt werden, wie sich in der Schweiz die funktionale Ausdifferenzierung des Mediensystems manifestiert und wie diese Veränderungen politisch bzw. regulatorisch bewältigt werden. In einem zweiten Teil wird der Frage nachgegangen, ob die Entschärfung von technisch verursachten Knappheitsbedingungen zu einem Legitimitätsverlust von Regulierung führt oder ob allenfalls Knappheit nur verlagert wird und neue medienpolitische Herausforderungen begründet.

---

1 Der vorliegende Artikel gibt die persönliche Meinung des Autors wieder.

2. Die schweizerische Rundfunklandschaft bis Ende der 1960er Jahre

2.1 Service public unter Monopolbedingungen

Während langer Zeit wird die schweizerische Rundfunkordnung fast ausschließlich durch den Service-public-Gedanken geprägt, der sich erklärtermaßen am britischen Modell des Public Service orientiert (vgl. Schade 2000: 46ff.; Jarren u.a. 2001: 35ff.; Schade 1997: 27). Einziger Akteur in der schweizerischen Rundfunklandschaft ist die SRG (Schweizerische Rundspruchgesellschaft; ab 1960: Schweizerische Radio- und Fernsehgesellschaft); Gesuche für die Veranstaltung kommerzieller Rundfunkprogramme werden dagegen konsequent abgelehnt.

Die SRG ist nicht in erster Linie als Ergebnis staatlicher Gestaltung entstanden, sondern stellt den Endpunkt einer Entwicklung dar, die Anfang der 1920er Jahre durch private Initiativen in Gang gesetzt worden ist (vgl. Bundesrat 1953: 18f.). Noch heute ist die SRG formal betrachtet als privatrechtlicher Verein organisiert (vgl. Durrer 1994: 57ff.), der durch einen öffentlich-rechtlichen Leistungsauftrag in die Pflicht genommen und zu über 70% aus Empfangsgebühren, d.h. öffentlichen Geldern, finanziert wird. Vor diesem Hintergrund kann die SRG als öffentliches Unternehmen mit privatrechtlicher Organisation (vgl. Schürmann 1985: 104) bezeichnet werden. Trotz ihrer privatrechtlichen Natur obliegen ihr die gleichen Aufgaben wie dem öffentlich-rechtlichen Rundfunk anderer Länder. Auch in der Art der Erfüllung dieser Aufgaben bestehen kaum Unterschiede gegenüber einem öffentlich-rechtlichen Rundfunksystem, so dass der Sache nach im Wesentlichen Übereinstimmung mit einem solchen System besteht (vgl. Hesse 1989: 150).

2.2 Die Nähe der SRG zum Staat

Charakteristisch für die Entwicklung der (schweizerischen) Medien bis etwa in die 1960er Jahre ist ihre Politiknähe. Bei der Presse äußert sich diese Nähe zur Politik als enge Verschränkung mit den politischen Parteien. Die Zeitungen sind Parteiblätter, und aus dem Konzert der liberalen, radikalen, konservativen, demokratischen und sozialistischen Stimmen ergibt sich der öffentliche Diskurs (vgl. Blum 1996: 203).

Ein solcher Außenpluralismus ist im Rundfunkbereich wegen den technischen Restriktionen lange nicht möglich und letztlich politisch auch nicht erwünscht (vgl. Schneider 2006: 84). Aus diesem Grunde findet die Politiknähe der SRG in erster Linie als Nähe zum Staat ihren Niederschlag. So wird beispielsweise die SRG – auf verfassungsrechtlich gesehen prekärer Basis (vgl. Huber 1967: 14ff.; Bundesrat 1953: 29ff.) – schon früh in der Konzession verpflichtet, in ihren Programmen »im Rahmen der Landesinteressen« ideale Ziele zu verfolgen (§ 9 Abs. 1 Konzession 1931; vgl. dazu Schade 2000: 265), bzw. es wird gefordert, die Programme müssten »den Interessen des Landes dienen« (Art. 12 Abs. 1 Konzession 1953). Auch bei der Wahl der leitenden Gremien ist zu diesem Zeitpunkt ein erheblicher Staatseinfluss auszumachen: Die Konzessionsbehörde wählt acht Mitglieder des fünfzehnköpfigen Zentralvorstandes (§ 17 Abs. 1 Konzession 1931). Die Staatsnähe manifestiert sich schließlich auch in der Ausgestaltung der technischen Modalitäten: Die Konzession von 1931 legt fest, dass Sender, Verstärker und Übertragungsleitungen zwischen den Studios und den Sendern zum Tätigkeitsbereich der staatlichen PTT-Betriebe gehören und auch die technischen Einrichtungen der Studios von der PTT-Verwaltung zu beschaffen sind. Dass ein Regiebetrieb des Staates auf diese Weise die Studioeinrichtungen beschafft und besitzt, ist eine für Westeuropa einmalige Konstellation (vgl. Müller 2006: 188).

Wie in den meisten anderen europäischen Staaten fungiert das Radio in der ersten Hälfte des 20. Jahrhunderts als Mittel zur Bewältigung von Krisen und zur Stabilisierung der bürgerlichen Gesellschaft. Kontroverse kultur- und klassenkämpferische Diskussionen sind in diesem Medium nicht erwünscht (vgl. Schneider 2001: 36). Im Gegenteil: das Radio hat als Sprachrohr der Regierung zu dienen. Der Bundesrat lässt »die Programmleitung wissen, es möchten auch Mitglieder der Landesregierung am Rundspruch zu Worte kommen, namentlich bei der Behandlung von Abstimmungsvorlagen« (vgl. Bundesrat 1953: 25).

Eine besondere Ausprägung erfährt die Nähe der SRG zum Staat während des zweiten Weltkrieges. Die SRG-Konzession wird außer Kraft gesetzt, der »Rundspruchdienst« ist für die Zeit des Krieges der PTT-Verwaltung angegliedert und seine Sendungen stehen in diesem Zeitraum unter staatlicher Kontrolle (vgl. Bundesrat 1953: 25; Birch 1944: 84ff.; Reymond 2000: 96ff.). Das Radio wird auf diesem Wege zu einem eigentlichen Träger der »Geistigen Landesverteidigung« (vgl. Bundesrat 1938: 1005ff.; Reymond 2000: 102ff.; Schade 2000: 269ff.).

Die Staatsnähe der SRG beschränkt sich allerdings nicht auf die Einflussnahme des Bundes auf Organisation und Sendebetrieb des Rundfunkunternehmens. Auch im umgekehrten Sinne steht die SRG dem Bund insofern nahe, als sie selbst quasistaatliche Funktionen übernimmt. Lange werden etwa die Antworten des Bundesrates auf parlamentarische Vorstöße mit rundfunkpolitischer Stossrichtung oft in der SRG ausgearbeitet oder zumindest vorbereitet (vgl. Walpen 2003: 112).

3.   Veränderungen der Medienlandschaft Ende der 1960er Jahre

3.1   Technologischer Wandel

Bis Ende der 1960er Jahre bleibt das durch die SRG dominierte Rundfunksystem relativ stabil (vgl. Schneider 2001: 36). Danach beginnt allerdings das Vertrauen in die bestehende Ordnung zu schwinden (vgl. Schneider 2006: 90), das Monopol der SRG gerät unter Druck und die Gestaltung der Medienlandschaft wird zunehmend zum Gegenstand politischer Debatten.

Zu dieser Entwicklung tragen verschiedene Faktoren bei. Zunächst spielen technologische Veränderungen eine Rolle. So eröffnet die Ultrakurzwelle (UKW) im Radiobereich neue Verbreitungsmöglichkeiten (vgl. Ehnimb-Bertini 2000: 167ff.), obwohl deren Einführung in der Schweiz beim Publikum anfänglich nur auf beschränkte Resonanz stößt (vgl. Müller 2006: 194f., 198) und erst nach erheblichen Marketinganstrengungen von Erfolg gekrönt ist (vgl. Müller 2006: 219f.). Für das Fernsehen sind vor allem die allmählich aufkommende Satellitenverbreitung (vgl. Stuiber 1998: 85ff.; Geschäftsprüfungskommission des Nationalrates 1982; Bundesrat 1982) sowie die in der Schweiz besonders ausgeprägte Erschließung mit Kabelnetzen (vgl. Bundesrat 1973: 1256f.; Bundesrat 1981: 899f.) bedeutsam.

Diese technologischen Neuerungen mildern die Frequenzknappheit und die damit verbundenen verbreitungstechnischen Restriktionen, ohne sie jedoch völlig aufzuheben. Dadurch bieten sich neue politische Optionen, die bisher aus technischen Gründen gar nicht realisierbar gewesen wären. Neue Technologien haben zum Teil geradezu die Funktion, die bestehende Ordnung aufzubrechen. So wird beispielsweise die Verkabelung der Bundesrepublik Deutschland in den 1980er Jahren in der Absicht vorangetrieben, die Chancen für einen erfolgreichen Marktzutritt kommerzieller Fernsehveranstalter zu vergrößern und das öffentlich-rechtliche Monopol zu sprengen (vgl. Holznagel 1996: 20ff.; Schwarzkopf 1999: 34ff., 38ff.; Reimers 1999: 574ff.).

3.2   Wandel des journalistischen Rollenverständnis

Im gleichen Zeitraum verändern sich die Position der Medien in der Gesellschaft und insbesondere ihr Verhältnis zum politischen sowie zum ökonomischen System. Dieser Wandel manifestiert sich auch in einer Veränderung der journalistischen Praxis einerseits und einer zunehmenden Politisierung des Rundfunks andererseits.

Das enorme Wachstum der SRG öffnet vielen jungen Medienschaffenden, welche durch die gesellschaftlichen Ereignisse Ende der 1960er Jahre geprägt sind und ein neues journalistisches Selbstverständnis mitbringen, ein Tätigkeitsfeld (vgl. Valloton 2006: 66; dazu Kunczik/Zipfel 2001: 174 ; Saxer 1979: 192, 195). Damit ist ein journalistischer Berufswandel verbunden, der sich stark durch Gesellschaftskritik leiten lässt und bewusst subjektive Elemente in die Berichterstattung einbaut (vgl. dazu Saxer 1979: 16ff.). Maßgebend werden vermehrt die Leitbilder des »anwaltschaftlichen Journalismus« oder des »Investigierjournalismus« (Saxer 1979: 18). Überspitzt formuliert kann von einer Ablösung eines paternalistischen durch einen kritischen Journalismus gesprochen werden (vgl. Donsbach 2005: 417). Die Paradoxie, in welcher die SRG steckt, nämlich unparteiisch zu sein und sich doch für Demokratie und Menschenrechte einzusetzen (vgl. Saxer 1979: 29) bzw. als Medium ihre Funktion als »Public Watchdog« (vgl. Urteil des EGMR vom 26.11.1991, Observer and Guardian v. The United Kingdom, Rz. 59, EuGRZ 1995, S. 20) wahrzunehmen und gesellschaftliche Missstände zu kritisieren (vgl. Saxer 1979: 37), wird durch die Programmschaffenden neu aufgelöst. Das Ergebnis tritt mit den Erwartungen der Umwelt – insbesondere der Politik und des Publikums – in Konflikt (vgl. Saxer 1979: 193).

3.3 Ausdifferenzierung des Mediensystems und zunehmende Ökonomisierung

Diese Veränderungen gehen einher mit einer zunehmenden Autonomisierung (vgl. Saxer 1979: 14) der Medien, welche nach systemtheoretischer Lesart als Ausdifferenzierung eines autonomen Mediensystems verstanden werden kann (vgl. Mai 2005: 255ff.; Gerhards 1994: 85ff.; Luhmann 1997: 1014f., 1102f.).

Im Rahmen des fortschreitenden Prozesses funktionaler Differenzierung konstituiert sich das Mediensystem als Subsystem der Gesellschaft (vgl. Marcinkowski 1993: 232), entkoppelt sich von traditionellen Institutionen wie Kirchen, Gewerkschaften, Parteien (vgl. Jarren 1996: 86) und grenzt sich namentlich vom politischen Subsystem der Politik ab (vgl. Imhof 2003a: 403). Die Autonomisierung des Mediensystems bedeutet aber auch aus systemtheoretischer Sicht nicht, dass Medien und Politik als gegenseitig abgeschottete Systeme unabhängig voneinander existierten. Funktionale Differenzierung schafft ja nicht Unabhängigkeit, sondern – im Gegenteil – Interdependenz durch Verzicht auf Redundanzen (vgl. Luhmann 1990: 97; Luhmann 1994: 323). Trotz operativer Geschlossenheit bleiben die Systeme kognitiv offen und die

Anpassung eines Systems an seine Umweltbedingungen erfolgt über »strukturelle Kopplungen« (vgl. Simsa 2002: 149ff.; Brodocz 2003: 80ff.), welche die kognitiven Prozesse eines Systems zwar irritieren, nicht aber determinieren können (vgl. Luhmann 2000: 373). Über strukturelle Kopplungen wird auch die Beziehung zwischen den Systemen von Politik und Medien vermittelt (vgl. Luhmann 1996: 124f.; Luhmann 2000: 311f.), wobei sich diese Vermittlungsprozesse in Richtung und Intensität wandeln. Heute ist tendenziell eine Zunahme der Irritation des politischen Systems durch die Medien feststellbar (vgl. Imhof 2003a: 406f.), die etwa als »Kolonisierung der Politik durch das Mediensystem« bezeichnet wird (vgl. Meyer 2003: 265).

Dem Zugewinn an Autonomie der Medien im Verhältnis zum politischen System steht ihre zunehmende Ausrichtung auf das System der Wirtschaft gegenüber (vgl. Jarren 2001: 13). Die Tendenz zur Ökonomisierung (vgl. Heinrich 2001: 159ff.; Meier/Jarren 2001: 145 ff.) unterwirft die Medien immer stärker der Marktlogik (vgl. Imhof 2006: 200) und wird zuweilen als Entdifferenzierung von Medien und Ökonomie gesehen (vgl. Heinrich 1999: 249ff.). In Anlehnung an die Habilitationsschrift von Jürgen Habermas (vgl. Habermas 1990) werden die Ausdifferenzierung des Mediensystems vom politischen System, die Koppelung der Medien an die Marktlogik und die entsprechenden Folgen auch als »zweite Stufe des Strukturwandels der Öffentlichkeit« (vgl. Münch 1996: 704) oder als »neuer Strukturwandel der Öffentlichkeit« (vgl. Imhof 2003a: 402ff.) bezeichnet (vgl. auch Habermas 2006: 9).

Dieser Strukturwandel wird zunächst bei den Printmedien manifest. Die Vernetzung zwischen Zeitungen und politischen Parteien löst sich im Rahmen eines länger dauernden Prozesses, der Ende der 1960er Jahre beginnt (vgl. Gruner 1977: 234ff.) und sich bis in die 1990er Jahre hineinzieht (vgl. Blum 2005: 124). Die Parteipresse gehört heute weitgehend der Vergangenheit an. Anstelle des Kampfes um politische Einschätzungen und Meinungen ist ein nach ökonomischer Logik geführter Konkurrenzkampf um Leseranteile und Werbeeinnahmen getreten (vgl. Ladner 2005: 57). Erich Gruner beklagt schon im Jahre 1977, der Begriff »politische Zeitung« werde zu einem »Widerspruch in sich selbst« (Gruner 1977: 237).

Auch die bei der SRG unter Kapitel 3.2 beschriebenen Veränderungen können als Teil einer Ausdifferenzierung der Medien gegenüber dem politischen System begriffen werden. Für die Existenz eines solchen Ausdifferenzierungsprozesses spricht die Politisierung von Radio und Fernsehen in den 1970er Jahren (vgl. Valloton 2006: 65ff.), die sich in härteren gesellschaftlich-politischen Diskussionen über Rolle und Funktion der elektronischen Massenmedien – insbesondere des Fernsehens – und in einer enormen Zunahme an parlamentarischen Vorstößen zu diesem Themenkreis (vgl. Saxer 1979: 61f., 71f.) niederschlägt. Politisierung meint hier gerade nicht einen stärkeren Einfluss des politischen Systems auf die SRG. Im Gegenteil: Die zunehmende Thematisierung der SRG im Rahmen von politischen Debatten kann als eine Reaktion des politischen Systems interpretiert werden, das – letztlich erfolglos – dem Autonomiestreben der SRG als Hauptakteur des elektronischen Mediensystems entgegentritt (vgl. Saxer 1979: 19). Entbrannt ist ein eigentlicher Kampf um die politische Kontrolle der SRG (vgl. Schneider 2006: 94ff.).

Trotz der überwiegenden Gebührenfinanzierung, die gerade darauf ausgerichtet ist, den öffentlichen Rundfunk von Marktzwängen zu entlasten (vgl. Dumermuth 2006: 240, 252), müssen sich auch öffentliche Veranstalter der Ökonomisierung stellen und sich zugleich ein Stück weit von den traditionellen Institutionen und dem tradierten politisch-kulturellen Selbstverständnis lösen (vgl. Jarren 1996: 87). Zu einer stärkeren Orientierung an Marktverhältnissen wird die SRG in erster Linie durch die Öffnung des schweizerischen Radiomarktes für private Veranstalter sowie die Dualisierung der Fernsehsysteme in den Nachbarländern gezwungen. Die Ausrichtung auf den Markt betrifft einmal diejenigen Bereiche, die der eigentlichen Veranstaltung von Rundfunkprogrammen vor- oder nachgelagert sind. Zu denken ist zum Beispiel an den Beschaffungsmarkt, d.h. den Erwerb von Film- oder Sportrechten, Fremdproduktionen oder Sendeformaten, sowie an den Markt für Produktionsfaktoren wie Personal, technische Ausstattung oder Verbreitungskapazitäten (vgl. Dumermuth 2006: 252; Hoffmann-Riem 2006: 100). Der Marktdruck als Wettbewerb um Publikumsaufmerksamkeit lässt aber auch die eigentlichen Programme nicht unberührt (vgl. Meier et al. 1993: 156ff.). Die SRG versucht, Markt und Auftrag zu »versöhnen«, indem sie den gesetzlichen Auftrag möglichst aus einer unternehmerischen Perspektive interpretiert und umsetzt (vgl. Meier 2000: 581). Wo aber publizistische Aufträge uminterpretiert oder zugunsten von ökonomischen Gesichtspunkten verkürzt werden, besteht die Tendenz zur Entdifferenzierung zwischen Medien und Ökonomie (vgl. Rossen-Stadtfeld 2002: 488).

4.　Politische Gestaltung der Medienlandschaft

4.1　Planung als Versuch zur Bewältigung von erhöhter Komplexität

Die geschilderten Entwicklungen, die in Aussicht gestellten technologischen Möglichkeiten sowie die neuen wirtschaftlichen Tätigkeitsfelder destabilisieren in den 1970er Jahren die Rundfunkordnung und entziehen ihr weitgehend die bis zu diesem Zeitpunkt herrschende gesellschaftliche und politische Akzeptanz. Die zunehmende Komplexität schafft Unsicherheit und hinterlässt eine gewisse Orientierungslosigkeit (vgl. Schneider 2006: 94).

Zunehmende Komplexität und Ungewissheit sind zu dieser Zeit nicht nur für den Mediensektor kennzeichnend. Sie charakterisieren viele Politikbereiche in der »hochentwickelten, durch funktionale Differenzierung möglichkeitsreichen und leistungsfähigen Gesellschaft« (Luhmann 1983: 42) und steigern den Selektions- und Entscheidungsdruck massiv. Man kann vom allmählichen Entstehen einer eigentlichen »Entscheidungsgesellschaft« (Schimank 2005) sprechen. Auf die veränderten Anforderungen reagiert der Staat mit einem neuen Instrumentarium: der Globalsteuerung und Planung (vgl. Grimm 1991: 343; auch Lange 2003: 56ff.). Planen als »Festlegen von Entscheidungsprämissen für künftige Entscheidungen« (Luhmann 1983a: 67) kann sich als Gesamtplanung auf die Summe aller Politikbereiche beziehen oder als Sachplanung auf einen Teilaspekt der geplanten Politik beschränken (vgl. Lendi 1982: 531). Der Einsatz von Planungsinstrumenten strebt letztlich nach einer »Verwissenschaftlichung der Politik« (Ronge/Schmieg 1973: 11; Geis 2005: 41) mit dem Ziel, einen Zugewinn an Rationalität zu erreichen (vgl. Scharpf 1979: 22f.).

Die Planung ist zu dieser Zeit ein zentraler Topos in Partei- und Regierungsprogrammen (vgl. Ronge 1994: 56), sie wird zum Synonym für vernünftige Politik schlechthin (vgl. Wiesenthal 2006: 22) und man kann von einer eigentlichen Planungsbegeisterung (vgl. Scharpf 1971: 5) oder gar Planungseuphorie (vgl. Scharpf 1979: 21) sprechen. Hinter dem auftretenden »Planungsschub« (Ronge/Schmieg 1971: 7) steht die Überzeugung, dass Modernisierung gestaltet werden könne und müsse und dass allein der Staat die Fähigkeiten besitze, diese Gestaltung vorzunehmen (vgl. Braun 2001: 105). Vor diesem Hintergrund wird der Staat immer mehr zum Garanten öffentlicher Wohlfahrt und zur zentralen Steuerungsinstanz (vgl. Mayntz 2004: 67).

4.2   Die Medien-Gesamtkonzeption (MGK)

In der Schweiz schlägt sich die Planungseuphorie in Versuchen nieder, Ziele und Maßnahmen der Politik konzeptionell, d.h. umfassend und längerfristig zu gestalten. So genannte Gesamtkonzeptionen haben in den 1970er Jahren Konjunktur (vgl. Saxer 1993: 5; Kopp 1980: 152). So werden etwa Anstrengungen unternommen, um eine Gesamtverkehrs- und eine Gesamtenergiekonzeption zu erarbeiten (vgl. Linder et al. 1979: 17).

Auch im Bereich der Medienpolitik werden Rufe nach Grundsatzdebatten und nach staatlicher Planung laut (vgl. Schneider 2006: 92, 94) und der Bundesrat spricht von einer Gesamtkonzeption, welche nicht nur Radio und Fernsehen, sondern alle Medien in Betracht zu ziehen habe (vgl. Bundesrat 1973: 1280). Nach einem Grundsatzbeschluss des Bundesrates setzt das Eidgenössische Justiz- und Polizeidepartement (EJPD) am 23. August 1978 eine Expertenkommission unter dem Präsidium von Hans W. Kopp für die Erarbeitung einer Medien-Gesamtkonzeption (MGK) ein. Die Kommission hat in einem ersten Schritt den Ist-Zustand und die Entwicklungstendenzen im Bereich der Kommunikation und der Medien zu erfassen und zu analysieren. Darauf aufbauend sollen hernach eine Konzeption vorgeschlagen und Möglichkeiten zu deren Realisierung ausgearbeitet werden (vgl. EJPD 1982: XXIX, 629ff.; Müller 1980: 31ff.).

Von der MGK verspricht man sich ein »Hauptinstrument einer aus den Zusammenhängen heraus durchdachten und gestalteten, darum überzeugenden – in hohem Grad gerechten und zweckmäßigen – staatlichen Medienpolitik« (Kopp 1980: 152; Kopp 1983: 52). Es handelt sich um ein politisches Großunternehmen (vgl. Saxer 1999: 365), welches eine Basis für eine systematische und umfassende Medienpolitik liefern soll. Erwartet werden letztlich ein großes Programm für eine Gesamtplanung und eine rechtliche Regelung des schweizerischen Mediensystems gemäß einem bestimmten Zielplan (vgl. Saxer 1986: 322).

Diese Ansprüche vermag die MGK, die im Jahre 1982 in Form eines umfangreichen Berichts (vgl. EJPD 1982) publiziert wird, allerdings kaum einzulösen. Gemessen an den hochgesteckten Erwartungen muss das Großunternehmen wohl als gescheitert betrachtet werden (vgl. Saxer 1999: 365f.). Damit reiht sich die MGK ein in die Geschichte von Medienpolitik, die nach Ulrich Saxer einen »Friedhof gescheiterter Gesamtkonzeptionen« (Saxer 1998: 69) darstellt. Das Misslingen hängt zunächst mit den jeder Medienpolitik innewohnenden spezifischen Erschwernissen zusammen: Da ist einmal das so genannte »Kontroll- oder Funktionsparadoxon« (Saxer 2005: 29). Gemeint ist der Versuch

einer »Quadratur des Zirkels« (Ebsen 1997: 1048), d. h. durch staatliche
Gestaltung ein Mediensystem zu gewährleisten, das sich gerade durch
Staatsfreiheit auszeichnet (vgl. Saxer 1993: 6). Hinzu kommt, dass sich
dynamische Kommunikationsprozesse regulatorisch ohnehin nur schwer
erfassen lassen (vgl. Saxer 1998: 69; Saxer 2005: 84; Saxer 1996: 21).

Der Misserfolg ist aber auch darauf zurückzuführen, dass das Großprojekt kaum je über den nötigen medienpolitischen Rückhalt verfügt
hat (vgl. Saxer 1986: 322; Saxer 1999: 366). Ferner ist zu berücksichtigen, dass zum Zeitpunkt der Publikation die Planungseuphorie
bereits weitgehend verflogen ist und einer Skepsis gegen staatliche Konzeptionen Platz gemacht hat (vgl. Schneider 2006: 122; Scharpf 1979
21; Lange/Braun 2000: 21f.). Die Grenzen einer um Zukunftswirksam-
keit bemühten Planung sind rasch offenkundig geworden (vgl. Ron-
ge/Schmieg 1973). Sie liegen nicht zuletzt in der Qualität der zukunfts-
relevanten Informationen und in den legitimatorischen Kosten von
langfristig bindenden Beschlüssen (vgl. Wiesenthal 2006: 23). Die Pla-
nungsbemühungen scheitern letztlich an der Komplexität ihres Gegenstandes (vgl. Scharpf 1973: 73ff.). Wenn solche Planungs- und Steue-
rungssysteme die Überkomplexität von ganzen Mediensystemen im
Sinne bestimmter Zielvorstellungen reduzieren sollten, müssten sie in
Anwendung des Gesetzes der erforderlichen Vielfalt (Law of Requisite
Variety; Ashby 1974: 298ff.) selber derart komplex sein, dass ihre Funk-
tionstüchtigkeit von vornherein stark gefährdet wäre (vgl. Saxer
1989a: 85; Saxer 1999: 367).

Schon während der laufenden Arbeiten zeichnet sich in der Kommission eine gewisse Skepsis hinsichtlich der Frage ab, ob die MGK je als
Einheit umgesetzt werden könne (vgl. Saxer 1993: 6). Eingewendet wird
etwa, die MGK habe zu verschiedenartige Bestandteile, als dass sie als
Ganzes zu einem bestimmten Zeitpunkt zu verwirklichen wäre (vgl.
EJPD 1982: LXI). Auch der Kommissionspräsident gibt sich zurückhaltend und hält es letztlich nicht für entscheidend, ob die MGK in die
tägliche Praxis übernommen wird. Er betrachtet die Anstrengung in
erster Linie als »Übung in Sinngebung« (Kopp 1980: 166).

Dass die MGK als Großprojekt mit einem gesamtplanerischen Anspruch scheitert, bedeutet indessen nicht, dass sie völlig wirkungslos
bliebe. Einzelne Teile der Konzeption werden durch die Politik aufgenommen und zumindest punktuell auch verwirklicht (vgl. Saxer
1999: 365). So ist beispielsweise der später gefasste Entscheid des Bundesrates, Versuche für die Einführung lokalen Hörfunks durchzuführen
und sie von wissenschaftlicher Forschung begleiten zu lassen, bereits in
der MGK als Empfehlung angelegt (vgl. EJPD 1982: 641f.). Insgesamt

dient die MGK eher als eine Art »Steinbruch«, aus dem einzelne Elemente heraus gebrochen und realisiert werden, obwohl ein solches Vorgehen der Idee einer Gesamtkonzeption gerade widerspricht (vgl. Saxer 1993: 7f.).

4.3 Die Verordnung über lokale Rundfunkversuche (RVO)

Beim Erlass der Verordnung über lokale Rundfunkversuche vom 7. Juni 1982 (RVO) steht der Bundesrat unter Zugzwang. Private Veranstalter, die aus dem grenznahen Ausland gezielt schweizerische Regionen mit Hörfunksendungen versorgen, haben weite Kreise der Bevölkerung und der Wirtschaft mobilisiert (vgl. Schneider 2006: 108ff.), welche in der Folge die Einführung des (privaten) lokalen Rundfunks fordern (vgl. Riehl 1989: 75f.). Die Versuche sind ursprünglich auf fünf Jahre begrenzt, die Versuchsdauer wird aber zweimal verlängert und die Versuchserlaubnisse werden später nahtlos durch Konzessionen abgelöst, die sich auf das neue Radio- und Fernsehgesetz stützen. Während der Versuchsphase ändert der Bundesrat auf Druck der Veranstalter mehrmals die Rahmenbedingungen und modifiziert so letztlich die Versuchsanordnung während des laufenden Versuchs (zur Entwicklung vgl. Stolz 1985; 1988). Die Anpassungen betreffen die Versorgungsgebiete und umfassen eine Verbesserung der Werbemöglichkeiten (Saxer 1989: 33f.); sie erfolgen aber weniger in Anwendung einer konsistenten Strategie als im pragmatischen Bestreben, möglichst vielen Lokalradios das wirtschaftliche Überleben zu ermöglichen (vgl. Saxer 1989: 34).

Angelegt werden die Lokalradioversuche als »Feldexperiment zur Erprobung von lokalem Hörfunk« (Saxer 1989a: 90). Schon bald zeigt sich aber, dass die Rückholbarkeit des Gesamtversuchs unwahrscheinlich geworden ist (vgl. Saxer 1986: 323; Schneider 2006: 126) und die Versuchsperiode zu einer Einführungsphase mutiert (vgl. Saxer 1989: 127). Dieses Ergebnis bestätigt eine rundfunkpolitische Erfahrung, wonach sich einmal geschaffene Strukturen in der Regel nicht mehr rückgängig machen oder maßgeblich verändern lassen und Regulierung nur dann erfolgreich sein kann, wenn sie am Beginn einer Entwicklung ansetzt (vgl. Hoffmann-Riem 2003a: 43; BVerfGE 57, 259 <323>, 95, 163 <173>). Gerade dies ist aber oft nicht möglich, weil diejenige Information häufig nicht rechtzeitig zur Verfügung steht, welche für eine sachgerechte Regulierung nötig wäre.

Die Präjudizierung der Entwicklung im Radiobereich durch Versuche ist vor allem auch darum problematisch, weil sich die Versuchsverordnung weder auf eine hinreichende verfassungsrechtliche Grundlage noch auf ein Gesetz stützen kann (vgl. Rostan 1983: 133ff.). Die Annahme des Verfassungsartikels über Radio und Fernsehen in der Volksabstimmung vom 2. Dezember 1984 vermag zwar nachträglich den Mangel einer Rechtsetzungskompetenz des Bundes zu beheben, ändert aber nichts an der Tatsache, dass eine formelle gesetzliche Grundlage fehlt (vgl. Saladin/Mesmer 1984: 51f.).

4.4   Das Radio- und Fernsehgesetz vom 21. Juni 1991 (RTVG 91)

Fast zehn Jahre nach Beginn der richtungweisenden Versuchsphase mit lokalen Hörfunkprogrammen verabschiedet das Parlament am 21. Juni 1991 einen Erlass, der den Bereich von Radio und Fernsehen erstmals auf Gesetzesstufe regelt. Im Einzelnen bringt zwar das Gesetz einige Neuerungen, in den Grundzügen wird aber nachträglich legalisiert, was sich im Rahmen des SRG-Konzessionsregimes und auf der Basis der lokalen Rundfunkversuche herausgebildet hat (vgl. Schneider 2006: 126).

Das Gesetz von 1991 geht den in der Versuchsverordnung von 1982 vorgezeichneten Weg weiter und öffnet den Markt nicht nur auf der lokalen Ebene, sondern ermöglicht grundsätzlich auch private Veranstalter, die sich sprachregional, national oder international ausrichten. Sprachregionale oder nationale Veranstalter dürfen allerdings nur konzessioniert werden, sofern dadurch »die Möglichkeiten der SRG sowie der lokalen und regionalen Veranstalter, ihre konzessionsgemäßen Leistungen zu erbringen, nicht wesentlich beeinträchtigt werden« (Art. 31 Abs. 1 lit. b RTVG 91).

Dem Radio- und Fernsehgesetz von 1991 liegt ein staatlicher Anspruch auf umfassende Gestaltung der Rundfunkordnung zugrunde (vgl. Bundesrat 2002: 1576; Dumermuth 2001: 42ff.). Verpflichtet wird nicht nur die SRG, als Service-public-Veranstalterin qualifizierte Leistungen zu erbringen, sondern das Gesetz überträgt dem System von Radio und Fernsehen insgesamt einen Auftrag (vgl. Dumermuth 1996: 22). Der zuständigen Behörde obliegt es, die gesamte Rundfunklandschaft aktiv im Sinne dieses Leistungsauftrages zu ordnen. Als Gestaltungsinstrument dient in erster Linie die Konzession, die nur an Vorhaben erteilt werden kann, welche einen Beitrag zur Erfüllung des allgemeinen Leistungsauftrages von Radio und Fernsehen erbringen (vgl. Art. 11 Abs. 1 lit. a RTVG 91; Dumermuth 1996: 67f.). Staatliche Steuerungsmaßnahmen treffen somit nicht nur die SRG als Service-public-Veranstalterin, sondern erstrecken sich auf alle Veranstalter; und alle Arten von Rundfunkprogrammen haben Leistungspflichten zu erfüllen (vgl. Jarren/Donges 2000: 100).

Rasch verlieren allerdings die regulativen Vorgaben des Gesetzes an Wirksamkeit. Namentlich die positiven Anforderungen an die Programme sind kaum zu operationalisieren und durchzusetzen (vgl. Jarren/Donges 2000: 100; Bundesrat 2002: 1587). Dies gilt insbesondere dann, wenn programmliche Verpflichtungen den ökonomischen Interessen kommerziell ausgerichteter Veranstalter widersprechen (vgl. Hoffmann-Riem 1990: 30f.; Hoffmann-Riem 1996: 95). Die Entwicklung zeigt eine ähnliche Ausrichtung wie in der BRD, wo Marcinkowski diagnostiziert:

> »Die ›Wirklichkeit‹ des Programmrechts wirkt nicht einmal mehr als regulative Leitidee, sondern allenfalls noch als Kontrastmittel, vor dessen Hintergrund sich die Verfehlungen der Programmrealität umso deutlicher abzeichnen« (Marcinkowski 1993: 207).

Die Konzessionierungspraxis passt sich dieser Entwicklung an und senkt kontinuierlich die Anforderungen an die Beiträge der Konzessionäre zur Erfüllung des Leistungsauftrages. Dies gilt jedenfalls für Projekte, welche keine knappen Frequenzen in Anspruch nehmen, sondern ausschließlich über Satellit oder Kabel verbreitet werden. Dieser Trend schlägt sich auch in einem Grundsatzpapier des Bundesrates aus dem Jahre 1998 nieder, das eine »pragmatisch positive Haltung« bei der Beurteilung von Konzessionsgesuchen für die Veranstaltung von sprachregionalen oder nationalen Fernsehprogrammen in Aussicht stellt (vgl. Bundesrat 1998: 119, 120). Dahinter steht nicht zuletzt die Einsicht, dass angesichts der Internationalisierung der Rundfunkverbreitung (vgl. Bundesrat 2002: 1584) und der damit verbundenen hohen Präsenz von ausländischen (Fernseh)Programmen eine umfassende Gestaltung der schweizerischen Rundfunklandschaft ohnehin nicht möglich sei (vgl. Bundesrat 2002: 1587). Die Auslandorientierung des Publikums hat heute in der Schweiz ein Maß erreicht, das in Europa einmalig ist (vgl. Hasebrink/Herzog 2004: 151; Jarren/Donges 2000: 92; Blum 2003: 366).

4.5 Das neue Radio- und Fernsehgesetz vom 24. März 2006 (RTVG 06)

Das vom Parlament verabschiedete neue Radio- und Fernsehgesetz berücksichtigt diese Erfahrungen und verzichtet darauf, alle Veranstalter zu verpflichten, zur Erfüllung des Leistungsauftrages beizutragen. Besondere inhaltliche Leistungen muss nur erbringen, wer Gelder aus dem Ertrag der Empfangsgebühren bezieht oder wer zu Vorzugsbedingungen Zugang zu knappen Frequenzen erhält. Werden Programme angeboten, ohne diese Vorteile in Anspruch zu nehmen, kann die Sendetätigkeit ohne Konzession und ohne besonderen Leistungsauftrag aufgenommen werden.

Zurückhaltend bleibt das Gesetz auch bei der Umschreibung des Geltungsbereichs. Geregelt wird nur der konventionelle Programmrundfunk, der unabhängig von der eingesetzten Verbreitungstechnologie unter das Gesetz fällt (Art. 1 RTVG 06). Der Gesetzgeber hat darauf verzichtet, weitere fernmeldetechnisch übertragene Dienste mit massenkommunikativen Elementen und einer gewissen Bedeutung für die Meinungsbildung dem Rundfunkrecht zu unterstellen. Dahinter steht zunächst die Überzeugung, dass Programmrundfunk auch in Zukunft eine wichtige Rolle spielen wird. Hinzu kommt eine gewisse gesetzgeberische Selbstbeschränkung: Bereiche, die sich wegen der Ungewissheit ihrer Entwicklung heute einer sachgerechten Regulierung entziehen, sollen nicht voreilig in eine – allenfalls innovationshemmende – Ordnung gezwängt werden. Die Frage, ob möglicherweise mittel- oder langfristig auch für andere Phänomene fernmeldetechnischer Verbreitung spezifische medienrechtliche Regeln zu schaffen sind, bleibt dabei explizit offen, bis mehr Erfahrungen vorliegen und allenfalls spezifischer Regelungsbedarf ausgewiesen ist (vgl. Bundesrat 2002: 1597f.).

5. Ende der Knappheit – Ende der Medienpolitik?

Seit jeher gelten für den Rundfunk andere Regeln als beispielsweise für die gedruckte Presse (vgl. Vowe 2003: 218ff.). Dafür verantwortlich sind zunächst sachliche Unterschiede auf der technischen Ebene, so etwa die Nutzung von in beschränktem Maße vorhandenen und hoheitlich verwalteten Frequenzen. Die unterschiedlichen Institutionalisierungen von Medien innerhalb verschiedener Regulierungskonzepte können allerdings nicht ausschließlich mit technischen Gegebenheiten erklärt werden (vgl. Künzler 2003: 98). Soziale Faktoren spielen eine ebenso wichtige Rolle und konkrete historische Konstellationen sind oft dafür entscheidend (vgl. Ladeur 2003: 105ff.), dass sich bestimmte Regulierungsleitbilder etablieren, die in die Zukunft hinein wirksam bleiben und eine Art »Pfadabhängigkeit« (Jarren 2002: 12ff.; Künzler 2003: 99) generieren.

Die Frequenzknappheit stellt – ob als Rechtfertigungsgrund (vgl. Teeter/Loving 2004: 710) oder bloß als Anknüpfungspunkt (vgl. Hoffmann-Riem 2001a: 12; Hoffmann-Riem 2000: 89ff.) für die Rundfunkregulierung – eine Konstante in der Diskussion um Medienregulierung dar. Historisch gesehen ging es zunächst darum, Ordnung im Äther herzustellen und einen möglichst störungsfreien Empfang von Rundfunkprogrammen zu sichern. »With everybody on the air, nobody could be heard« formuliert der amerikanische Supreme Court prägnant

(319 U.S. 190 <212> [1943]). Schon bald wurde aber erkannt, dass derjenige, welcher eine knappe Frequenz nutzen kann, über einen privilegierten Kommunikationskanal mit Massenwirkung verfügt. Diese Erkenntnis führte zur Forderung, die genutzten Frequenzen im öffentlichen Interesse zu nutzen; und zur Formulierung von inhaltlichen Leistungsaufträgen (vgl. Teeter/Loving 2004: 710; Urteil des BGr. vom 17.10.1980 [Temps présent], ZBl 1982, S. 222, E. 2d; Hoffmann-Riem 2001: 14).

Auch heute stehen Verbreitungskanäle nicht unbeschränkt zur Verfügung. Die Digitalisierung eröffnet aber neue Distributionswege und ermöglicht eine effizientere Frequenznutzung, was die ursprüngliche Frequenzknappheit erheblich entschärft (vgl. Engel 1996: 12ff.). Gerade in Bereichen, wo die Mediennutzung nicht primär mobil erfolgt, schaffen die leitungsgebundene und die satellitengestützte Verbreitung ganz neue Möglichkeiten, die einen Trend in Richtung »open state« (vgl. Holznagel 1999: 63), d.h. zu einem Zustand ohne Kapazitätsengpässe erkennen lassen.

Diese Entwicklung dient in der Regulierungsdiskussion zuweilen als Ausgangspunkt, um einen Rückzug der rundfunkspezifischen Regulierung zu fordern und die Regelung des Rundfunks der Ordnung für den Pressebereich anzugleichen (vgl. Scholz 1995: 357ff.). Argumentiert wird, sobald die technischen Voraussetzungen für einen freien Zugang zum Rundfunkmarkt gegeben seien, bedürfe »das Individualrecht Rundfunkfreiheit keiner ‚Umhegung’ durch staatliches Organisationsrecht mehr« (Bremer 1995: 347). Medienrecht wird auf ein »Medienordnungsrecht« reduziert, das vor allem auf die Steuerungskraft des Marktes setzt und die Märkte in erster Linie mit Hilfe des Kartellrechts offen zu halten versucht (vgl. Engel 1996: 21f.). Die Rundfunklandschaft soll sich somit primär nach ökonomischen Kriterien entwickeln und die Protagonisten dieser Betrachtungsweise sehen in der Kommerzialisierung der Medien geradezu einen »politischen Vorteil« (Engel 1994: 188). Insgesamt ist nicht zu übersehen, dass sich seit den 1990er Jahren eine ökonomische Betrachtungsweise immer mehr durchsetzt (vgl. Hoffmann-Riem 1990: 58ff.). Auch die Wettbewerbsdirektion der Europäischen Union verfolgt letztlich ein ordnungspolitisches Paradigma, das einer Deregulierung der europäischen Fernsehmärkte zugeneigt ist (vgl. Meier 2006: 275).

Es gibt gute Gründe zur Annahme, dass ein über den Markt gesteuertes Rundfunksystem die im Interesse von Demokratie und Kultur gesellschaftlich erwarteten und in der Schweiz verfassungsrechtlich geforderten (Art. 93 Abs. 2 BV) Leistungen nicht erbringt. Diese Auffassung ist andernorts eingehend begründet worden (vgl. Dumermuth 2006: 234ff. mit Hinweisen; vgl. auch Hoffmann-Riem 2000: 118ff.) und wird hier nicht weiter in ihrer ganzen Breite diskutiert. Im Folgenden soll aber der Frage nachgegangen werden, ob die dem Deregulierungspostulat zugrunde liegende These vom Ende der Knappheit zutrifft oder ob sie das Ergebnis einer technologisch-reduktionistischen Betrachtungsweise darstellt.

6. Neue Medien – neue Knappheiten?

6.1 Aufmerksamkeit als knappes Gut

Die Menge der durch Medien vermittelten Informationen wächst. Zurückzuführen ist diese Steigerung zunächst auf die quantitative Zunahme von Kommunikationskanälen. Dies gilt einmal für die traditionellen elektronischen Medien: So haben beispielsweise Satelliten, Kabelverbreitung und die Digitalisierung dazu geführt, dass die Zahl der empfangbaren Fernsehprogramme stark angestiegen ist. Ein eigentlicher Quantensprung ist darüber hinaus durch die Ausbreitung des Internets eingetreten. Zugenommen haben aber nicht nur die Zahl der Übertragungskanäle, sondern auch die in ihnen transportierten Inhalte. Neue Produktionstechniken und beschleunigte Datenverarbeitung sorgen dafür, dass die Menge der pro Zeiteinheit produzierten Informationen stetig zunimmt.

Mit der wachsenden Menge von Informationen werden die Kapazitäten ihrer Rezeption zunehmend zu einem knappen Gut (vgl. Rötzer 1996: 89). Unter den Bedingungen der Internetkommunikation hat sich der früher auf der Anbieterseite feststellbare Engpass auf die Nutzerseite verlagert (vgl. Hoffmann-Riem 2003b: 218; Balkin 1990: 408f.). Je mehr Informationstechnik uns umgibt und je mehr Informationen produziert werden, desto schwieriger wird es, diese aufzunehmen und zu verarbeiten. Dieses Phänomen wird etwa als »Paradox der Informationstechnik« (Noam 1996: 28) bezeichnet. Ein illustratives Beispiel sind Erhebungen im Zusammenhang mit Weblogs: Gegenwärtig verdoppelt sich alle 200 Tage die Zahl der Blogger und weltweit werden täglich nahezu 175'000 Weblogs neu eingerichtet (vgl. Seifert 2006; siehe auch Sunstein 2006: 181ff.). Die Resonanz bei den Nutzern bleibt dagegen vergleichsweise gering: In der BRD geben nur 7% der Onliner an, schon einmal ein Weblog besucht zu haben, obwohl der Begriff »Weblog« in der Fragestellung relativ weit definiert worden ist (vgl. Fisch/Gscheidle 2006: 435f.).

Der Einzelne reagiert auf diese Informationsflut durch Auswahl und Verdrängung. In Zeiten des Internets geht es gerade nicht darum, alle Informationen zu verarbeiten, sondern – im Gegenteil – Informationsangebote erfolgreich zu übersehen, zu ignorieren oder zu vergessen (vgl. Schmidt 2000: 277). Dies hat Konsequenzen für den Absender einer Information: Aus seiner Sicht erleichtert die Zunahme der Transportkanäle zwar die Veröffentlichung einer Botschaft, bedeutet aber zugleich, dass deren Einspeisung in ein Medium noch nicht zwingend auch die Rezeption durch die Adressaten sichert. Zugang zu einem Medium ist nicht gleichbedeutend mit einem Zugang zu einem Publikum (vgl. Napoli/Sybblis 2006: 31). Die Information muss zuerst beachtet werden, damit sie auch wahrgenommen wird (vgl. Rötzer 1999: 41). Was nicht in die Aufmerksamkeit fällt oder gefallen ist, gibt es nicht, weil es weder wahrgenommen noch erinnert oder bewusst wird (vgl. Rötzer 1999: 52).

Vor diesem Hintergrund wird die Aufmerksamkeit zum zentralen Gut für erfolgreiche Kommunikation. Sie wird quasi zum »Meta-Medium«, das anderen Medien erst zu ihrer Wirksamkeit verhilft und das den Austausch zwischen Menschen ermöglicht und in Gang hält (vgl. Rötzer 1996: 83). In einer mitteilungsreichen Zeit ist es die Aufmerksamkeit, die knapp und daher begehrt ist (vgl. Theis-Berglmair 2000: 314). Oder: »The only factor becoming scarce in a world of abundance is human attention« (Kelly 1998: 59; Theis-Berglmair 2000: 323; Sunstein 2001: 18). Dies gilt zunächst (medien)ökonomisch (vgl. dazu Zerdick et al. 2001: 36ff.) und wird etwa durch Aussagen wie »Aufmerksamkeit ist das mediale Geld« (Rötzer 1996: 92; vgl. auch Franck 1998: 49ff., 72ff.; Schmidt 2000: 261f.) ausgedrückt.

Die Verknappung macht die Aufmerksamkeit teuer und die Verfügung über ökonomische Ressourcen ist mit einem Lautsprechereffekt verbunden (vgl. Peters 1994: 54). Wenn der ständig wachsende Reichtum an Informationen eine entsprechend zunehmende Armut an Aufmerksamkeit erzeugt (vgl. Shapiro/Varian 1999: 6), muss Geld in Marketingtechniken investiert werden, um Aufmerksamkeit künstlich zu erzeugen (vgl. Vesting 2001a: 279). Die technische Realisierung von Online-Angeboten ist zwar relativ billig zu haben, es bedarf aber kostenaufwendiger Begleitmaßnahmen, um zugleich die Beachtung durch das Publikum zu sichern. Diesem Zweck können auch traditionelle Medien dienen (vgl. Hagen 1998: 116), sei es, dass Medienhäuser ihre Reputation dazu einsetzen, eigene Online-Auftritte zu lancieren, oder dass Dritte in traditionellen Medien teure Werbekampagnen für ihre Internet-Angebote platzieren. Diese Verteuerung des knappen Guts Aufmerksamkeit lässt die ökonomischen Vorteile des Internets als eines aus Absendersicht billigen Informationskanals teilweise dahinfallen, weil die Knappheit nicht aufgehoben, sondern nur verlagert wird (vgl. Balkin 2004: 6f.).

6.2 Knappheit der Aufmerksamkeit aus demokratiefunktionaler Sicht

6.2.1 Deliberative Demokratie als Orientierungspunkt

Knappheit eines Gutes allein ist für sich noch nicht Anlass für Regulierung oder staatliche Intervention. Im Gegenteil: Die Knappheit der Güter ist wesentlich für das Wirtschaften schlechthin (vgl. Stiglitz 1999: 12, 28). Dies gilt aus wirtschaftlicher Sicht auch für das Gut Aufmerksamkeit insofern, als beispielsweise Kommunikation im Rahmen des Marketings darauf aus sein muss, die Aufmerksamkeit potentieller Konsumenten und Kundinnen zu wecken und auf die eigenen Produkte oder Dienstleistungen zu lenken.

Zu fragen ist allerdings, wie sich die Knappheit von Aufmerksamkeit auf den demokratischen Meinungs- und Willensbildungsprozess auswirkt. Dabei soll Demokratie nicht auf ein Entscheidverfahren reduziert werden, das die individuellen Präferenzen strategisch Handelnder aggregiert und sich in einem Mehrheitsentscheid erschöpft (vgl. Gutmann/Thompson 2004: 13ff.; Schaal/Heidenreich 2006: 191). Vertreten wird hier ein anspruchsvollerer Demokratiebegriff, der das Prozesshafte von Meinungs- und Willensbildung in den Mittelpunkt rückt (vgl. Habermas 1992: 361) und die Optik für die einem Entscheid vorausgehende Debatte, d.h. für die Phase der Deliberation (zum Begriff der Deliberation vgl. Imhof 2003: 25ff.; Lösch 2005: 151ff.; Gutmann/Thompson 2004) als »Vorlauf von Dezision« (Leggewie 2006: 23) öffnet. Ganz entscheidend sind dabei die Kommunikationsbedingungen, unter denen sich der politische Prozess abspielt (vgl. Habermas 1996: 285). Der Gedanke der Volkssouveränität, welcher der Demokratie zugrunde liegt, wird hier prozedural gefasst (vgl. Habermas 1989: 7ff.) und kommt »in der Zirkulation vernünftig strukturierter Beratungen und Entscheidungen zur Geltung« (Habermas 1992: 170; Habermas 1990: 43f.).

Die Bezugnahme auf den Begriff der Volks*souveränität* soll allerdings nicht suggerieren, das politische System fungiere als allzuständige Zentralinstanz, über die sich die Gesellschaft steuern lasse (so noch Deutsch 1969: 287ff.). Die deliberative Politik ist als System weder Spitze noch Zentrum oder gar strukturprägendes Modell der Gesellschaft, sondern ein Handlungssystem neben anderen (vgl. Habermas 1992: 366). Es kann nicht *direkt* auf andere gesellschaftliche Subsysteme einwirken (vgl. Luhmann 2000: 312; Habermas 1992: 465f.), selbst wenn es – etwa wie auch die Wirtschaft – das Gesicht unserer Gesellschaft stärker prägt als andere (vgl. Luhmann 2000: 61).

Der Verweis auf die diskursive Struktur politischer Prozesse soll auch nicht vorschnell mit naiven Hoffnungen auf realen Konsens im Rahmen von politischen Deliberationsprozessen verbunden werden. Rationale Diskurse haben einen unwahrscheinlichen Charakter und heben sich »wie Inseln aus dem Meer der alltäglichen Praxis« heraus (Habermas 1991: 162). Speziell öffentliche Kontroversen, die in Massenmedien ausgetragen werden, haben oft wenig gemeinsam mit Dialogen, in denen die Sprecher aufeinander eingehen und sich durch die Stichhaltigkeit der Argumente leiten lassen. Solche Auseinandersetzungen weisen regelmäßig insofern eine triadische oder trialogische Kommunikationsstruktur auf, als die Kontrahenten in erster Linie ein Publikum ansprechen und um dessen Zustimmung werben (vgl. Peters 2001: 666; Schultz 2006: 106ff.). Auf der medialen Bühne handeln die Akteure vor den Augen des Publikums (vgl. Rucht 1994: 164) und suchen nicht in erster Linie Einigung – im Gegenteil: Inszeniert wird Konkurrenz (vgl. Schultz 2006: 77ff.) mit Rücksicht darauf, dass sie »beobachtet wird von Beobachtern, deren Mitwirken als Publikum unterstellt wird« (Luhmann 2000: 292). Vor diesem Hintergrund wird das Gespräch der Anwesenden zu einem Mittel, um mit einem nicht anwesenden Publikum kommunizieren zu können (vgl. Schultz 2006: 109). Die Akteure in der Arena sind sich bewusst, dass über ihren Erfolg oder Misserfolg letztlich auf der Galerie entschieden wird (vgl. Gerhards/Neidhardt 1991: 58). Eine derart strukturierte Öffentlichkeit wirkt tendenziell problematisierend und dissensvermehrend. Öffentliche Diskurse führen deshalb wohl eher zu Verschiebungen des Meinungsspektrums denn zu dessen Verengung (vgl. Peters 2002: 33). Gleichwohl können solche Prozesse Elemente von Konsens in einem sehr allgemeinen Sinn enthalten: Bestimmte Ideen und Überzeugungen sedimentieren sich gewissermaßen als weithin akzeptiert, ohne dass eine Einigung explizit deklariert werden müsste. Es handelt sich eher um einen graduellen Wandel des kulturellen Repertoires, der auch als längerfristiger Innovations- oder Lernprozess begriffen werden kann (vgl. Peters 2001: 667f.; Schultz 2006: 109). Schließlich tragen Diskurse – selbst wenn sie stark strategisch geprägt sind und in Kompromisse und Mehrheitsbeschlüsse münden – dazu bei, dass Argumente vorgebracht werden müssen, die kritisierbar sind und sich der Prüfung durch andere aussetzen (Schultz 2006: 75).

6.2.2   Gefahr der Erosion deliberativer Prozesse

Die mit dem neuen Strukturwandel der Öffentlichkeit einhergehende Verknappung des Faktors Aufmerksamkeit (vgl. Kamber/Imhof 2005: 134) und der verschärfte Wettbewerb um Beachtung bleiben für die demokratische Willensbildung nicht ohne Folgen. Die Politik hat es immer schwerer, sich in der Öffentlichkeit Gehör zu verschaffen und im Wettbewerb um dieses knappe Gut zum Erfolg zu kommen. Kommunikation muss angeheizt werden, wenn gesellschaftlich etwas bewegt werden soll, und politische Akteure müssen zuerst die Aufmerksamkeit des Publikums für ihre Themen gewinnen, bevor eigentliche Überzeugungskommunikation möglich wird (vgl. Gerhards 1998: 271). Ohne eine strategische Nutzung von öffentlicher Aufmerksamkeit lässt sich heute nichts mehr ausrichten (vgl. Münch 1991: 17). Dies zwingt dazu, ständig in der Öffentlichkeit präsent zu sein und macht Kommunikation »zum zentralen strategischen Spiel«, das über Erfolg und Misserfolg entscheidet (vgl. Münch 1995: 83). Bei dieser Sachlage ist es nicht erstaunlich, dass Deliberation tendenziell erodiert (vgl. Imhof 2006: 204) und für den politischen Erfolg immer weniger das überzeugendere Argument, sondern der bessere Zugang zur Publikumsaufmerksamkeit entscheidend ist (vgl. Münch 1991: 96), der in der Anwendung von symbolischer Politik (vgl. Sarcinelli 1989: 292ff.; Sarcinelli 2005: 124ff.), durch Skandalisierung (vgl. Imhof 2000: 55ff.) oder Schaffung von Prominenz (vgl. Peters 1994: 191ff.; Wilke 1996: 99ff.) gesucht und hergestellt wird.

6.2.3   Demokratie braucht Irritation

Deliberative Verfahren sowie langfristige Innovations- und Lernprozesse sind permanent auf Irritation, Widerspruch sowie Einspeisung neuer Themen und Standpunkte in den gesellschaftlichen Diskurs angewiesen (vgl. Sunstein 2003). So wie biologische Diversität und Variation eine Voraussetzung für die Evolution lebender Systeme bilden, so stellen kulturelle Vielfalt und Differenz eine Voraussetzung für die Sicherung der laufenden Selbsterneuerung der Gesellschaft dar (vgl. Vesting 2001: 296). Demokratie lebt auch von der Begegnung mit Neuem, Ungewohntem, mit fremden Denkstilen und Weltperspektiven (vgl. Müller 2002: 97). Es geht letztlich darum, im Rahmen von deliberativen Prozessen dezentral vorhandene Ideen, Erfahrungen und Wissen für die Gesellschaft fruchtbar zu machen und auf diesem Wege das Potential der »intelligence of democracy« (Charles E. Lindblom zit. nach Willke 2003: 545) zu realisieren.

Deliberative Demokratie lebt von einem Diskurs, der auch für Minderheiten offen ist und irritierende oder störende Argumentationen nicht ausschließt. Dieser Überzeugung folgt auch die konstante Praxis des Europäischen Gerichtshofs für Menschenrechte, wonach die Meinungsäußerungsfreiheit nicht nur anwendbar ist auf

»›information‹ or ›ideas‹ that are favourably received or regarded as inoffensive or as a matter of indifference, but also to those that offend, shock or disturb the State or any sector of the population. Such are the demands of that pluralism, tolerance and broadmindedness without which there is no ›democratic society‹« (Urteil des EGMR vom 7.12.1976 i.S. Handyside v. the United Kingdom, Ziff. 49).

Schon oft hat das unnachgiebige Mahnen einer zunächst kleinen Minderheit die öffentliche Meinung aufgerüttelt, erstarrte Diskurse deblockiert und neue Lösungen für gesellschaftliche Probleme mehrheitsfähig gemacht (vgl. Müller 1999: 73).

Vor diesem Hintergrund ist es notwendig, dass auch periphere Stimmen und Minderheitspositionen reale Chancen haben, beim Publikum Aufmerksamkeit zu erlangen und ihre Themen auf die öffentliche Agenda zu setzen. Zu fordern ist ein Minimum an Gleichheit (vgl. Peters 1994: 51ff.; Dahl 1998: 62ff.; Dahl 2006) bei der Verteilung von Artikulationschancen (vgl. Schultz 2006: 36) und beim Zugang zu aufmerksamkeitsvermittelnden Kanälen. Das Gleichheitspostulat ist dabei nicht zwingend als personenbezogenes Gleichheits- und Partizipationsideal zu konzipieren, sondern in erster Linie aus praktischen Gründen mit Blick auf öffentliche Diskurse abzuschwächen oder zu modifizieren (vgl. Peters 2001: 676f.) in Richtung Offenheit oder Chancengleichheit für Themen, Perspektiven, Interpretationen, Ideen und Argumente (vgl. Peters 2002: 28; Schultz 2006: 59).

7. Exkurs: Gewährleistung von Aufmerksamkeit bei der Nutzung des öffentlichen Grundes

7.1 Zugang zu Aufmerksamkeit auf öffentlichem Grund

Die Frage, wie einzelne Stimmen im Interesse demokratischer Deliberation Aufmerksamkeit erlangen können, ist nicht neu und stellt sich auch in anderem Zusammenhang. Ihr kommt etwa im Rahmen der Rechtsprechung über die Ausübung von Grundrechten auf öffentlichem Grund zentrale Bedeutung zu. So erkennt das deutsche Bundesverfassungsgericht, dass

»in einer Gesellschaft, in welcher der direkte Zugang zu den Medien und die Chance, sich durch sie zu äußern, auf wenige beschränkt ist, [...] dem Einzelnen neben seiner organisierten Mitwirkung in Parteien und Verbänden im

Allgemeinen nur eine kollektive Einflussnahme durch Inanspruchnahme der Versammlungsfreiheit für Demonstrationen« (BVerfGE 63, 315 <346>; 104, 92 <104>; Urteil des BVerfG vom 12.7.2001 [1 BvQ 28/01], Ziff. 16) verbleibt. Die ungehinderte Ausübung dieses Grundrechts liegt nach Ansicht des Gerichts auch deshalb im

»Gemeinwohlinteresse, weil sich im Kräfteparallelogramm der politischen Willensbildung im Allgemeinen erst dann eine relativ richtige Resultante herausbilden kann, wenn alle Vektoren einigermaßen kräftig entwickelt sind« (BVerfGE 63, 315 <346>).

Im Zentrum der Ausübung von Kommunikationsgrundrechten auf öffentlichem Grund steht die Appellfunktion, d.h. das Ziel, die Öffentlichkeit auf ein Anliegen aufmerksam zu machen (vgl. Müller 1999a: 333; Hangartner/Kley-Struller 1995: 102; Rhinow 1971: 33f.). So hat beispielsweise das Bundesgericht bei der Beurteilung eines Gesuchs für die Durchführung eines Straßentheaters gegen den Vietnamkrieg anerkannt, dass ein solcher Anlass nicht nur bewusste Theaterzuschauer, sondern auch zufällige Passanten ansprechen und bei ihnen eine politische Appellwirkung erzielen soll (vgl. BGE 100 Ia 392 <396>). Die Irritation und die Überraschung Unbeteiligter sind also gerade legitimes Ziel einer politischen Manifestation (vgl. Note 2005: 1317; Sunstein 2003: 102; Sunstein 2001: 30ff.). Dabei ist in Kauf zu nehmen, dass Dritte – um auch sie auf das Anliegen aufmerksam zu machen – bis zu einem gewissen Maße gestört oder behindert werden (vgl. BVerfGE 69, 315 <353>; Sunstein 2001: 27). Das Bedürfnis nach Publizität und Aufmerksamkeit ist ferner bei der Beurteilung der anlässlich einer Demonstration eingesetzten Mittel zu berücksichtigen. Da ein größeres Publikum im Freien regelmäßig nur mit Hilfe von Lautsprecheranlagen erreicht werden kann, ist jedenfalls ein generelles Verbot, solche Anlagen einzusetzen, nicht zulässig (vgl. BGE 107 Ia 64 <69 f.>; Hoffmann-Riem 2002: 295).

Im Zusammenhang mit Demonstrationen haben die Meinungs- und Versammlungsfreiheit nach der bundesgerichtlichen Rechtsprechung nicht nur eine defensive Funktion, sondern sie weisen ein »gewisses Leistungselement« auf, das über ein reines Abwehrrecht hinausgeht (vgl. BGE 127 I 164 <169>; Urteil des BGr. vom 4.9.2006 [1P.396/2006; Brunnen], E. 3; Wyss 2002: 396f.). Die Grundrechte verpflichten zunächst den Staat, für Manifestationen im Rahmen bestimmter Grenzen öffentlichen Grund zur Verfügung zu stellen. Das Bundesgericht hält in konstanter Praxis fest, dass »grundsätzlich ein bedingter Anspruch [besteht], für Kundgebungen mit Appellwirkung öffentlichen Grund zu benützen« (BGE 127 I 164 <171>). Dadurch entsteht zwar nicht ein Recht der Organisatoren einer Demonstration auf die Nutzung eines bestimmten Platzes. Wenn aber der gewünschte Ort – beispielsweise aus verkehrstechnischen Gründen – nicht zur Verfügung gestellt werden kann, ist Ersatz in Form eines geeigneten, verhältnismäßig zentral gelegenen Platzes anzubieten und dem Publizitätsbedürfnis angemessen Rechnung zu tragen (vgl. BGE 100 Ia 392 <405>; BGE 127 I 164 <169>; Urteil des BGr. vom 4.9.2006 [1P.396/2006; Brunnen], E. 3). Die staatlichen Pflichten gehen noch weiter: Die hier relevanten Grundrechte enthalten eine eigentliche Schutzpflicht (vgl. Schefer 2004: 445ff.), wonach der Staat geeignete Maßnahmen zu ergreifen hat – etwa in Form von Polizeischutz – damit öffentliche Kundgebungen tatsächlich stattfinden können und nicht durch gegnerische Kreise gestört oder verhindert werden (vgl. BGE 127 I 164 <169>; Urteil des BGr. vom 4.9.2006 [1P.396/2006; Brunnen], E. 3).

Auch aus dem deutschen Grundgesetz (vgl. BVerfGE 69, 315 <343f.> zu Art. 8 GG; Hoffmann-Riem 2002: 280ff.) und der Europäischen Menschenrechtskonvention (vgl. Urteil des EGMR vom 21.6.1988 i.S. Plattform »Ärzte für das Leben« v. Österreich, Ziff. 32ff.; Villiger 1999: 415; Hoffmann-Riem 2002; Hangartner/Kley-Struller 1995: 108f.) lassen sich im Zusammenhang mit Manifestationen auf öffentlichem Grund Ansprüche ableiten, die über eine rein abwehrrechtliche Schutzkonzeption hinausgehen. Schließlich wird selbst im amerikanischen Verfassungsrecht, das – jedenfalls in der Interpretation des Supreme Court – tendenziell einem individualistisch-abwehrrechtlichen Verständnis der Meinungsäußerungsfreiheit folgt (vgl. Napoli 2001: 44ff.), anerkannt, dass der Staat bei der Überlassung öffentlichen Grundes für Manifestationen und bei deren Schutz grundrechtliche Leistungspflichten erfüllt (vgl. Sunstein 1995: 28; Sunstein 2003: 103; Zatz 1998: 161).

7.2 Verlagerung der Diskussionsforen

Die grundrechtlichen Ansprüche auf Nutzung des öffentlichen Grunds zur Durchführung von Manifestationen sind aus der Überzeugung entstanden, dass Straßen und Plätze ein wichtiges Forum darstellen, um für politische Anliegen die Aufmerksamkeit weiter Bevölkerungskreise zu erreichen (vgl. Saxer 1988: 124). Diese Unmittelbarkeit des Publikumskontakts wird heute zwar teilweise durch medienvermittelte Berichterstattung ergänzt oder gar abgelöst. Trotzdem bleiben für Demonstrationen Plätze wichtig, die eine große Zahl von Publikumskontakten ermöglichen.

Orte, an denen sich viele Menschen aufhalten und sich entsprechende Aufmerksamkeit herstellen lässt, befinden sich nicht zwingend auf öffentlichem Grund. Zunehmend kommen Einkaufszentren, Bahnhöfen oder Flughäfen Funktionen zu, welche früher beispielsweise Marktplätze wahrgenommen haben. Zu fragen ist in diesem Zusammenhang, ob bzw. unter welchen Umständen sich der Anspruch auf die Durchführung von Manifestationen auch auf entsprechenden privaten Grund erstrecken kann. Das Bundesgericht hält fest, dass für die hier interessierende Fragestellung die Eigentumsverhältnisse in zivilrechtlichem Sinne oftmals nicht entscheidend sein können. Ausschlaggebend sind für das Gericht vielmehr die Widmung und die sich daraus ergebende Nutzung von Straßen und Plätzen. Soweit solche Orte dem Gemeingebrauch gewidmet sind, führt dies zu einer Öffnung für die Allgemeinheit und bedeutet, dass auch hier ein bedingter Anspruch auf Nutzung für Kundgebungen entsteht (vgl. BGE 127 I 164 <178f.>; Schefer 2005: 131f.).

Im Gemeingebrauch stehen etwa Straßenbahnhaltestellen (vgl. Schmid/Uhlmann 2001: 343) oder Bahnhöfe und Flugplätze (vgl. Jaag 1992: 147ff.) mit der Folge, dass auch dort ein bedingter Anspruch auf Kundgebungen anerkannt werden muss. In einem konkreten Fall hat der Europäische Gerichtshof für Menschenrechte die Forderung zwar abgelehnt, den Eingangsbereich eines Einkaufszentrums für das Verteilen von Flugblättern nutzen zu können. Das Gericht hat aber Bereitschaft gezeigt, die Nutzung solcher Bereiche dann grundrechtlich zu schützen, wenn sonst von den Kommunikationsgrundrechten nicht wirksam Gebrauch gemacht werden könnte (vgl. Urteil des EGMR vom 6.5.2003 i.S. Appleby v. Großbritannien, Ziff. 47; Schefer 2005: 132).

Die Frage, inwiefern sich die Berechtigung zur Durchführung von öffentlichen Kundgebungen den sich wandelnden Kommunikationsgewohnheiten anzupassen hat, wird auch in der Rechtsprechung des amerikanischen Supreme Court thematisiert. Als »Public Forum«, d.h. als öffentlicher Grund, auf dem ein bedingter Anspruch auf Veranstaltung von Manifestationen anerkannt wird und Restriktionen der Grundrechtsausübung nur unter strengsten Voraussetzungen erlaubt sind, gelten öffentliche Straßen und Plätze, die traditionellerweise auch für öffentliche Kommunikation bestimmt sind (vgl. 307 U.S. 496 <515f.> [1939]; Sullivan/Gunther 2003: 243ff.; Napoli/Sybblis 2006: 6f.; Schefer 1997: 41f.). Nicht als Public Forum hat das Gericht im Fall International Society for Krishna Consciousness v. Lee (vgl. Sullivan/Gunther 2003: 297ff.; Stone et al. 2003: 312ff.) dagegen Flughafenterminals betrachtet, weil sie erst in neuerer Zeit entstanden und somit nicht seit alters her öffentlicher Kommunikation zugänglich seien (vgl. 505 U.S. 672 <680ff.> [1992]). Der Entscheid, der Gruppierung die Ausübung religiöser Rituale auf dem Flughafengelände zu verbieten, ist deshalb als verfassungsmäßig taxiert worden. Justice Kennedy hat das Urteil in einer Concurring Opinion kritisiert mit der Argumentation, die statische Sicht der Gerichtsmehrheit verschließe sich jeder Veränderung der Kommunikationsverhältnisse (vgl. 505 U.S. 672 <693ff.> [1992]; so auch Sunstein 1995: 103). Obwohl das Gericht im konkreten Fall nicht von einem Public Forum ausgegangen ist, hat es das noch weiter gehende Verbot, Flugblätter zu verteilen, nicht geschützt, weil dafür aus verfassungsrechtlicher Sicht keine vertretbaren Gründe sprechen würden (vgl. 505 U.S. 672 <690> [1992]).

Nicht einheitlich äußert sich der Supreme Court zur Nutzung von Einkaufszentren für öffentliche Kundgebungen (vgl. Sullivan/Gunther 2003: 307f.; Tabbara 2003: 183ff.). Ausschlaggebend ist für das Gericht zunächst, ob sich die Anliegen der Kundgebungen direkt auf das betroffene Einkaufszentrum beziehen – etwa weil die dortigen Arbeitsverhältnisse kritisiert werden (vgl. 407 U.S. 551 <562> [1972]; Tabbara 2003: 185). Diese Argumentation wird allerdings später wegen mangelnder Inhaltsneutralität aufgegeben (vgl. 424 U.S. 507 <520f.> [1976]; Tabbara 2003: 185). Ins Gewicht fällt ferner, ob – ähnlich wie im EGMR-Fall Appleby – auch ohne Zugang zum Einkaufszentrum die Aufmerksamkeit der Öffentlichkeit erreicht werden könnte (vgl. 407 U.S. 551 <566f.> [1972]; Napoli/Sybblis 2006: 9ff.; Zatz 1998: 222ff.).

8. Gewährleistung von Kommunikationschancen als Aufgabe der Medienregulierung

8.1 Medien und Cyberspace als Public Forum?

Die demokratische Öffentlichkeit ist unter den heutigen Bedingungen der Mediengesellschaft (vgl. Imhof et al. 2004) nur als medial hergestellte denkbar (vgl. Grimm 2001: 31). Auf diese Veränderungen weist Justice Kennedy im Fall Denver Area Educational Telecommunications Consortium v. FCC in einem viel beachteten Minderheitsvotum hin:

> »Minds are not changed in streets and parks as they once were. To an increasing degree, the more significant interchanges of ideas and shaping of public consciousness occur in mass and electronic media. [...] The extent of public entitlement to participate in those means of communication may be changed as technologies change« (518 U.S. 727 <802f.> [1996]).

Angesichts der weit fortgeschrittenen Medialisierungsprozesse in den verschiedenen gesellschaftlichen Teilbereichen (vgl. Krotz 2001) – insbesondere auch im Bereich der Politik (vgl. Donges 2005: 321ff.; Sarcinelli 1998) – stellt sich die Frage, inwieweit die bei der Nutzung öffentlichen Grundes entwickelten Grundsätze auch für die Medienregulierung wegleitend oder doch zumindest hilfreich sein können (vgl. Sunstein 1995: 103; Zatz 1998).

8.2 Ansätze bei der traditionellen Rundfunkregulierung

8.2.1 Vielfaltsgebot und »Recht auf Antenne«

Dem traditionellen Rundfunkrecht ist die Frage, wie die unterschiedlichen Ansichten und Meinungen Zugang zu den Medien erhalten können, nicht fremd. Während der lange herrschenden Frequenzknappheit und der damit verbundenen beschränkten Zahl an Verbreitungskanälen kann dieses Problem allerdings nicht in erster Linie durch Zugangsrechte Einzelner gelöst werden. Unter Bedingungen der Kanalknappheit erschöpft sich der individuelle Anspruch auf Meinungsäußerung weitgehend in der objektivrechtlichen Forderung nach Vielfalt der Meinungs- und Informationsvermittlung (vgl. Müller 1983: 14). Der demokratiefunktional konzipierte Radio- und Fernsehartikel der Bundesverfassung (vgl. Art. 93 BV; Bundesrat 1981: 925; Dumermuth 2006: 231) formuliert in Absatz 2 denn auch eine Vielfaltsverpflichtung, die nicht nur einseitige gesellschaftliche Einflussnahmen auf den Kommunikationsprozess abwehren soll (negative Vielfaltssicherung), sondern darüber hinaus in ihrer positiven Dimension darauf abzielt, die Plurarität von Themen und Meinungen darzustellen bzw. zu Wort kommen zu lassen (vgl. Müller 1999a: 271; Schulz et al. 2002: 55f.). Das bedeutet, dass unter Umständen eine gewisse Bevorzugung von Minderheitspositionen in Kauf zu nehmen ist, wenn sie in Radio und Fernsehen eine reale Chance erhalten sollen, sich Gehör zu verschaffen (vgl. Bundesrat 1981: 944; Müller 1993: 202f.).

Ein einklagbarer Anspruch Einzelner auf Zugang zu bestimmten Radio- und Fernsehsendungen besteht dem Grundsatze nach nicht (vgl. Peduzzi 2004: 397f.), kann sich aber ausnahmsweise bei Vorliegen besonderer Voraussetzungen ergeben. So sind etwa bei der Zulassung von Parteien im Vorfeld von Wahlen sachliche Kriterien anzuwenden und Diskriminierungen zu vermeiden: Ein Problem kann sich im Lichte von Art. 10 und 14 EMRK dann stellen,

> »si un groupe est exclu des émissions, alors que d'autres y sont admis, plus particulièrement si, en période d'élection ou de votation, un parti est privé de toute possibilité d'émission alors que d'autres partis de même importance se voient accorder un temps d'antenne« (BGE 119 Ib 241 <249>; siehe auch Urteil des BVerfG vom 30.8.2002 [1 BvR 1332/02]).

8.2.2 Must-Carry-Rules

Eine Möglichkeit, auch Programmen den Zugang zu Kabelnetzen zu sichern, die bei einer marktgesteuerten Kanalzuteilung aus ökonomischen Gründen kaum ins Netz aufgenommen würden, sind so genannte »Must-Carry-Rules« (vgl. Europäische Audiovisuelle Informationsstelle 2005). Auf diese Weise kann der Weg zum Publikum beispielsweise kleinen lokalen Veranstaltern geöffnet werden (vgl. Wagner 1996: 67), die kaum in der Lage wären, sich im Wettbewerb um Verbreitungskapazität zu behaupten. So wird es möglich, auch einem Anbieter zu potentieller Aufmerksamkeit zu verhelfen, der sich nicht kommerziellen Mainstream-Programmen verschrieben hat, sondern aktiv zur Vielfalt der Stimmen in der Demokratie beiträgt. Sowohl das RTVG von 1991 als auch das neue Gesetz aus dem Jahre 2006 sehen entsprechende Bestimmungen vor. Programme, die durch Leistungsaufträge verpflichtet werden und somit besondere Leistungen im Sinne des Radio- und Fernsehartikels in der Verfassung erbringen, müssen durch die Kabelnetze verbreitet bzw. weiterverbreitet werden (vgl. Art. 42 RTVG 91 bzw. Art. 59 RTVG 06). Ferner können Veranstalter, deren Programme in besonderem Maße zur Erfüllung des verfassungsrechtlichen Auftrags beitragen, bei der Aufsichtsbehörde eine Aufschaltverpflichtung erwirken (vgl. Art. 47 RTVG 91 bzw. Art. 60 RTVG 06). In beiden Fällen hat die Übertragung der Programme durch den Kabelnetzbetreiber unentgeltlich zu erfolgen.

Die Auferlegung von Must-Carry-Rules wurde im amerikanischen Supreme Court in den zwei »Turner Broadcasting«-Urteilen (vgl. 512 U.S. 622 [1994]; 520 U.S. 180 [1997]; Geller 1995) intensiv diskutiert und schließlich mit knappen Mehrheitsverhältnissen als verfassungsmäßig eingestuft (vgl. Tabbara 2003: 257ff.). Während die Gerichtsmehrheit die Verpflichtung, lokale Fernsehprogramme in die örtlichen Kabelnetze einzuspeisen, in erster Linie als Mittel zum wirtschaftlichen Schutz der entsprechenden lokalen TV-Stationen verstand (vgl. Teeter/ Loving 2004: 742f.), argumentierte Justice Breyer in seinem Minderheitsvotum explizit unter dem Gesichtswinkel deliberativer Demokratie:

> »The statute's basic noneconomic purpose is to prevent too precipitous a decline in the quality and quantity of programming choice for an ever-shrinking non-cable-subscribing segment of the public. [...] This purpose reflects, what has long been a basic tenet of national communications policy, namely, that the widest possible dissemination of information from diverse and antagonistic sources is essential to the welfare of the public. [...] That policy, in turn, seeks to facilitate the public discussion and informed deliberation, which, as Justice Brandeis pointed out many years ago, democratic government presup-

poses and the First Amendment seeks to achieve.« (520 U.S. 180 <226f.> [1997]).

8.3 Neue Herausforderungen für das Medienrecht

8.3.1 Neue Konstellationen beim digitalen Fernsehen

Die erwähnten Beispiele entstammen dem traditionellen Rundfunkrecht und sind für Verhältnisse entwickelt worden, welche durch Knappheit an Verbreitungskanälen gekennzeichnet waren. Die Vergrößerung der Verbreitungskapazitäten und die damit verbundene Entschärfung der technischen Knappheitsverhältnisse lassen beispielsweise die Wirksamkeit einer Must-Carry-Rule nicht unberührt. Während bei einer geringen Zahl an verbreiteten Programmen der schlichte Zugang zum Kabelnetz ausreicht, um das Publikum zu erreichen, ist dies bei einer Zunahme der transportierten Angebote nicht mehr der Fall. Die Erfahrung zeigt, dass mit steigender Zahl wählbarer Kanäle die Zuschauerinnen und Zuschauer anteilsmäßig immer weniger Angebote auch tatsächlich nutzen, d.h. das Publikum bezieht unter Vielkanalbedingungen bei weitem nicht alle verfügbaren Programme in seinen Konsum ein (vgl. Beisch/Engel 2006: 374; Hasebrink 2001: 36).

Je größer die Zahl der empfangbaren Programme ist, desto schwieriger wird es für das Publikum, eine Übersicht zu gewinnen und sich in der Angebotsvielfalt zu orientieren. Diese Schwierigkeiten öffnen Dritten Möglichkeiten, das Selektionsverhalten des Publikums zu beeinflussen. Das beginnt zunächst mit der Zuordnung der Angebote zu den einzelnen Kabelkanälen: Programme mit tieferen Kanalnummern haben in der Regel bei der Auswahl durch das Publikum Vorteile. Bei der Fülle verfügbarer Programminhalte digitalen Fernsehens ist es den Zuschauerinnen und Zuschauern endgültig nicht mehr möglich, sich ohne Hilfe in der Vielzahl der Angebote zu orientieren. Unterstützung bieten so genannte Navigatoren oder Elektronische Programmführer (Electronic Programme Guide, EPG; vgl. dazu Leopoldt 2002; Thierfelder 1999: 144ff.), die durch Veranstalter, Verbreiter – d.h. auch Kabelnetzbetreiber – oder unabhängige Dritte betrieben werden können. Die elektronischen Benutzerführungssysteme können – ähnlich wie eine Programmzeitschrift – eine bloße Übersicht über die angebotenen Inhalte vermitteln, sie können die verfügbaren Programme aber auch in menüartiger Aufbereitung nach den verschiedensten Kriterien hierarchisch ordnen und beispielsweise auch Hintergrundinformationen zu den angebotenen Inhalten liefern. Dass solche Navigationssysteme erhebliches Manipulationspotential bergen, liegt auf der Hand. Wer beispielsweise selbst Programme vermarktet und zugleich einen EPG betreibt, hat ein gewisses

Interesse, die eigenen Programme prominenter zu platzieren als die Angebote der Konkurrenz (vgl. Machill et al. 2003: 23; Hoffmann-Riem 2000: 141f.).

Der Argumentationsgang zeigt: Auch im Kabel verlagern sich die Hindernisse auf der Suche nach Aufmerksamkeit. Am Anfang reicht es – allenfalls mit Hilfe einer Must-Carry-Rule – die technische Hürde des physischen Zugangs zum Kabelnetz zu überspringen. Bei zunehmenden Transportkapazitäten treten neue Intermediäre in Aktion, die zwar durch Strukturierungs- und Selektionsleistungen das Publikum entlasten, zugleich aber neue Gatekeeper-Positionen aufbauen, welche die Angebote auf dem Weg zum Publikum passieren müssen.

8.3.2 Informationsüberfluss und Unübersichtlichkeit im Internet

Vermittler bleiben nötig

Aus technischer Sicht ist mit dem Siegeszug des Internets ein weiterer Entwicklungsschritt in Richtung Zugangsoffenheit und Beseitigung von Verbreitungsengpässen verbunden. Jeder hat – zumindest potentiell – die Möglichkeit zu kommunizieren und seine Meinungen und Anliegen an die Allgemeinheit zu richten. Auch auf der Empfängerseite sind technische Barrieren gefallen: Auf die im Netz verfügbaren Informationen kann technisch direkt zugegriffen werden. In der Realität haben sich allerdings Thesen, wonach unter Bedingungen des Internets ein direkter Zugriff auf Informationen die Regel und das Publikum auf journalistische Aufbereitungsleistungen nicht mehr angewiesen sei, bis heute nicht bestätigt. Die unübersehbare Menge an Daten führt im Gegenteil zu Unübersichtlichkeit und eine gezielte und effektive Nutzung ist ohne Zuhilfenahme erschließender und strukturierender Elemente kaum möglich (vgl. Kubicek/Stefan 2001: 230). Die Mehrzahl der Bürger und Bürgerinnen hat weder Interesse noch Zeit, sich mit diesen zahllos stattfindenden Kommunikationsprozessen auseinanderzusetzen (vgl. Donges/Jarren 1999: 85ff.). Nutzer und Nutzerinnen sind mehr denn je auf professionelle Vermittlung angewiesen (vgl. Schulz et al. 2002: 65). Noch immer ist es primär Sache der traditionellen Massenmedien, die Komplexität des potentiell Darstellbaren durch spezifische Regeln, Routinen, Programme und Codes zu reduzieren, Themen gesellschaftlich bekannt zu machen und so Informationen einem unspezifischen Publikum für Anschlusskommunikation zur Verfügung zu stellen (vgl. Münch/Schmidt 2005: 208f.; Donges/Jarren 1999: 93).

Neben die bisherige Aufbereitung der Datenfülle durch traditionelle Massenmedien treten vermehrt elektronische Suchhilfen, welche die im Internet vorhandenen Dokumente nach bestimmten Kriterien durchsuchen und entsprechend der Anfrage auflisten. Auch wenn solche Suchmaschinen eine ähnlich strukturierende Funktion wahrnehmen wie der traditionelle Journalismus, darf nicht übersehen werden, dass sie als Meta-Angebote keine »journalistisch-reflexive Leistung im engeren Sinn« darstellen (vgl. Machill et al. 2003: 29f.). Die Suchmaschinen beeinflussen aber den traditionellen Journalismus insofern, als Journalisten und Journalistinnen vermehrt auf Online-Recherche setzen und dabei Suchmaschinen verwenden (vgl. Neuberger 2005: 4f.). In diesem Zusammenhang ist etwa von »Googleisierung« des Journalismus die Rede (vgl. Neuberger 2005a: 9; Seifert 2005: 73).

Insbesondere die Suchmaschine als Vermittlungsagent

Die Suchmaschinen übernehmen im Internet eine Gatekeeper-Funktion, lenken die Aufmerksamkeit der Nutzer und Nutzerinnen und üben auf diese Weise eine Art Filtermacht aus (vgl. Machill et al. 2003: 18; Hoffmann-Riem 2003: 71f.; Balkin 2004: 7). Die hohe Nutzung solcher Suchmaschinen (vgl. Machill et al. 2003: 135ff.; Shapiro/Varian 1999: 6; Schulz et al. 2002: 60f.) ist ein Beleg für das Bedürfnis nach Orientierung (vgl. van Eimeren/Frees 2006: 407), unterstreicht deren Stellenwert als Orientierungshilfen und weist auf die spezifischen Vermittlungsprobleme im Internet hin (vgl. Neuberger 2005: 2).

Der großen Bedeutung der Suchmaschinen steht ein eigentümliches Defizit an Wissen gegenüber: Die Suchmaschine gehört zu den am meisten genutzten Einrichtungen der Wissensgesellschaft; es handelt sich aber zugleich um ein Instrument, dessen Funktion für den Nutzer und die Nutzerin weitgehend intransparent geblieben ist (vgl. Machill/Schneider 2005: 11; Ladeur 2003: 124). Dies hängt damit zusammen, dass kaum nachvollziehbar ist, wie die Suchergebnisse zustande kommen. Es ist weithin unbekannt, wie die Einträge einer Suchmaschinendatenbank entstehen, welche Algorithmen verwendet werden und ob es die Möglichkeit bezahlter Einträge gibt (vgl. Machill et al. 2003: 28). Der den Suchresultaten zugrunde liegende Auswahlprozess ist auch nicht überprüfbar, d.h. Suchmaschinen erstellen keine so genannten Inspektionsgüter (vgl. Machill et al. 2003: 30; Kiefer 2001: 139), sondern Vertrauensgüter (Schulz et al. 2005: 37), deren Qualität für den durchschnittlichen Konsumenten nur schwer abschätzbar ist (vgl. Kiefer 2001: 139). Insofern besteht eine Ähnlichkeit zum Journalismus. Auch journalistische Auswahlentscheidungen kann der Rezipient zumeist nicht selbst überprüfen, sondern er muss Eigenwahrnehmung und Eigenbewertung durch Vertrauen ersetzen (vgl. Kohring 2002: 90). Während aber etablierte Medien Vertrauenskapital in Form von Reputation (vgl. Kiefer 2001: 337f.; Heinrich/Lobigs 2003: 250ff.) aufgebaut haben, befindet sich das Internet nach wie vor im Prozess der Institutionalisierung, in dem sich ein »rohes« technisches Medium zu einem institutionellen Medium wandelt (vgl. Neuberger 2004: 44), und der Aufbau von vertrauensbildenden Prozessen ist nicht einfach (vgl. Schulz et al. 2002: 188).

Der Mangel an Transparenz ist vor allem deshalb problematisch, weil den Auswahlprozessen der Suchmaschinen für die Vermittlung von Aufmerksamkeit große Bedeutung zukommt. Das hängt einmal damit zusammen, dass jeder Auswahlakt bloß einen Bruchteil des tatsächlich verfügbaren Informationsangebots erfasst (vgl. Schulz et al. 2005: 22), d.h. den Rest ausblendet. Innerhalb der erfassten Informationen ist ferner die Reihenfolge der Darstellung ganz entscheidend, da die meisten Nutzer und Nutzerinnen nur die erste Seite eines Abfrageergebnisses zur Kenntnis nehmen, das eine Suchmaschine liefert (vgl. Machill et al. 2003: 255). Die Suchmaschine kontrolliert bildlich gesprochen »den Zugang zur öffentlichen Arena [ihrer] ersten Ergebnislistenseite« (Schulz et al. 2005: 31).

Es ist offensichtlich, dass diese Selektionsprozesse ein großes Manipulationspotential in sich tragen. Verfälschungen sind einmal bei der Suchmaschine selbst möglich, etwa beim Ranking der dargestellten Resultate (vgl. Meckel 2005: 20; Schulz et al. 2005: 15f.) – sei es auf Bezahlung hin oder aus anderen Gründen. Eine Irreführung der Nutzer können aber auch Dritte bewirken, die mit Hilfe von Optimierungsverfahren die Chancen verbessern wollen, dass ihre eigenen Websites bei einer Suchanfrage attraktive Positionen erhalten (vgl. Neuberger 2005: 9).

8.4 Das Prinzip kommunikativer Chancengerechtigkeit

8.4.1 Vielfaltsgebot als Ausgangspunkt

Das traditionelle Rundfunkrecht sichert die für eine deliberative Demokratie notwendige Vielfalt, indem es die in beschränkter Zahl vorhandenen Rundfunkveranstalter verpflichtet, Themen und Ansichten möglichst breit zu berücksichtigen. Kann das Publikum ohnehin nur auf eine bestimmte Anzahl von Programmen zurückgreifen, führen Vielfaltsanforderungen an diese Angebote automatisch dazu, dass Nutzer und Nutzerinnen zu verschiedenen Themen und Meinungen real Zugang haben und umgekehrt sich die unterschiedlichen Stimmen auch Gehör verschaffen können (vgl. Schulz et al. 2002: 60).

Die Vervielfachung vorhandener Kommunikationskanäle sowie die Verlagerung von Knappheiten von der Anbieterseite hin zur Aufmerksamkeit der Rezipienten und Rezipientinnen führen nun allerdings zu neuen Konstellationen. Unter den veränderten Bedingungen reichen Aufforderungen zu positiver Vielfalt, die sich an ausgewählte Akteure richten, nicht aus, um den Anliegen eines demokratischen Diskurses hinreichend Rechnung zu tragen. Es bestätigt sich, dass Schutzkonzepte aus dem Bereich traditioneller Medien nicht unbesehen auf neue Formen öffentlicher Kommunikation übertragen werden können (vgl. Schulz et al. 2005: 32).

8.4.2 Offenheit und Transparenz

Zu fordern ist zunächst Offenheit beim Zugang zu den verschiedenartigen Vermittlern, welche die Aufmerksamkeitslenkung und letztlich auch die Verteilung von Aufmerksamkeitschancen beeinflussen (vgl. Schulz et al. 2002: 70ff.). Darüber hinaus ist hinsichtlich der eingesetzten Auswahlmechanismen und -prozesse Transparenz nötig (vgl. Ladeur 2003: 118). Gemeint ist, dass etwa Kriterien und Strategien der Zugangssteuerung sowie der Bewertung von Nutzerpräferenzen offen gelegt werden (vgl. Hoffmann-Riem 2003: 81) oder dass transparent gemacht wird, wo Auswahlprozesse durch finanzielle Leistungen Dritter beeinflusst werden (vgl. Meckel 2005: 20f.).

Bei der Gewährleistung von Offenheit geht es einmal darum, die Märkte offen zu halten (vgl. Engel 1996: 139; Bullinger/Mestmäcker 1997: 164ff.) und etwa Diskriminierungen bei der Passage von Gatekeeper-Positionen zu verhindern. Eine staatliche Offenheitspflege, die den Zugang primär mit Hilfe von Normen gegen Wettbewerbsbeschränkungen sichern will (vgl. Bullinger/Mestmäcker 1997: 48), ist zwar notwendig, aber aus demokratiefunktionaler Sicht nicht hinreichend (vgl. Vesting 2000: 119; Hoffmann-Riem 2000: 100). Publizistische Chancengerechtigkeit ist mehr als Gleichheit im Sinne eines wirtschaftlichen Diskriminierungsverbots, wie sie im Wettbewerbsrecht (vgl. Thierfelder 1999: 23f.) oder – sektorspezifisch – im Telekommunikationsrecht garantiert wird (vgl. Hoffmann-Riem/Eifert 2003: 512). Der chancengleiche Zugang nach publizistischer Lesart ist nicht bereits erreicht, wenn formal gleiche Bedingungen herrschen; der Zugang muss faktisch möglich sein (vgl. Hege 1995: 30; Thierfelder 1999: 88f.).

Der Grundsatz der Chancengleichheit oder der Chancengerechtigkeit muss daher umfassender verstanden werden und insbesondere auf die Schaffung von Rahmenbedingungen zielen, die allen kommunikativen Inhalten, die an die Allgemeinheit gerichtet sind, zumindest prinzipiell die gleichen Chancen öffnen, zu dieser zu gelangen und dort rezipiert zu werden (vgl. Hoffmann-Riem 2000: 101). Notwendig sind dazu unter

Umständen auch Privilegierungen (vgl. Hoffmann-Riem 1995: 199ff.; Schulz et al. 2002: 57; Schulz 1998: 182f.), wenn bei reiner Marktsteuerung ein hinreichender Zugang nicht gewährleistet werden kann, d.h. eine »positive Diskriminierung« von Anbietern, die mit Blick auf die verfassungsmäßigen Ziele besondere Bedeutung haben (vgl. Schulz/Kühlers 2000: 65). Eine solche bevorzugte Behandlung kann sich etwa bei der Ausgestaltung von Entgelten für die Benützung von Netzen niederschlagen.

8.4.3 Umdeutungen des Vielfaltsgebots: Zugangsregulierung statt Inhaltsregulierung

Die Perspektive einer positiven Vielfaltssicherung wird – zumindest in gewissen Bereichen – abgelöst durch eine Lesart, die kommunikative Chancengerechtigkeit ins Zentrum der Überlegungen stellt (vgl. Schulz et al. 2002: 57, 73; Hoffmann-Riem 1995: 199ff.). Das Vielfaltsziel überschneidet sich zwar weitgehend, aber nicht in vollem Umfang mit der kommunikativen Chancengerechtigkeit (vgl. Hoffmann-Riem 2000: 100).

Der abstrakte Zielwert positiver Vielfalt hat zwar aus demokratiefunktionaler Sicht nach wie vor eine große Bedeutung, ihm kann heute aber nicht mehr in erster Linie durch veranstalterbezogene Vorgaben Rechnung getragen werden (vgl. Schulz et al. 2002: 57). Es zeichnet sich ein eigentlicher Paradigmenwechsel ab, der tendenziell von einer inhalts- und organisationsbezogenen Regulierung hin zu einer Zugangsregulierung führt (vgl. Hoffmann-Riem/Eifert 2003: 503ff.).

Zugangsfragen können sich im Rahmen der Gewährleistung kommunikativer Chancengerechtigkeit auf verschiedenen Ebenen stellen und an unterschiedlichen Schnittstellen aktuell werden. Zu denken ist etwa an den Zugang (vgl. Schulz/Jürgens 2002: 136f.)

– von Inhaltediensteanbietern zu Netzen und Telekommunikationsdiensten (z.B. terrestrische und Kabelverbreitung);
– von Kommunikationsinhalte-Anbietern zu Inhaltediensteanbietern (z.B. Recht auf Antenne);
– von Inhaltediensteanbietern zu Kommunikationsinhalte-Anbietern (z.B. Kurzberichterstattungsrechte);
– von Inhaltediensteanbietern zu Zusatzdienstleistungen (z.B. Navigatoren, Suchmaschinen).

Der paradigmatische Wandel in Richtung Zugangsregulierung bedeutet allerdings nicht, dass die Verpflichtung einzelner Veranstalter auf Vielfalt überhaupt keinen Stellenwert mehr hätte. Gerade im Bereich öffentlicher Veranstalter darf die Forderung nach programmbezogener inhaltlicher Vielfalt nicht aufgegeben werden. Veränderungen ergeben sich dort eher auf der Operationalisierungsebene und bei der Beantwortung der Frage, wie das Vielfaltspostulat in der Praxis durchgesetzt werden kann. Dies kann bei dieser Gelegenheit nicht vertieft werden; ein Hinweis auf prozedural ausgestaltete Ansätze muss hier genügen (vgl. Vesting 1997: 280ff.).

8.4.4 Auffangen von Defiziten durch kompensatorische Strukturen

Die zunehmende Datenfülle schafft Unübersichtlichkeit. Die Vermittlungsagenten vermögen zwar ordnend einzugreifen und verhelfen zu Orientierung. Die wenig transparenten Auswahlmechanismen lassen aber vor allem dort Defizite bestehen, wo nicht ersichtlich wird, inwiefern Selektionsprozesse nicht nach publizistischen, sondern nach kommerziellen Gesichtspunkten ablaufen.

Vor diesem Hintergrund ist zu fragen, ob nicht dort, wo Selektionsleistungen mit Manipulationsrisiken erbracht werden, neben die nach kommerziellen Kriterien betriebenen Vermittlungseinrichtungen gemeinwohlorientierte Alternativen zu stellen wären (vgl. Hoffmann-Riem 2006: 103). Geschaffen würde dadurch ein produktiver Wettbewerb zwischen unterschiedlichen Strukturen, die je verschiedenen Imperativen folgen. Auf diese Weise würde die Idee der strukturellen Diversifikation (vgl. Hoffmann-Riem 1990: 38ff.; Hoffmann-Riem 2000: 67ff.), wie sie im Zusammenhang mit dem dualen Rundfunksystem dienstbar gemacht wird, auch in anderen Bereichen ihre nutzbringende Wirkung entfalten (vgl. Hoffmann-Riem 2001: 11ff.). Die Fragestellung müsste vertieft werden, denn auch hier gilt, dass Schutzkonzepte aus dem Bereich traditioneller Medien nicht unbesehen auf neue Formen öffentlicher Kommunikation übertragen werden sollten (vgl. Schulz et al. 2005: 32).

Denkbar wäre auch die Schaffung einer öffentlichen Organisation, die nicht selbst als Produzentin von Inhalten aufträte oder solche vermitteln würde, sondern auf die Beobachtung der Kommunikationsmuster im Internet und ihre Irritation im Interesse einer Offenhaltung für Innovationen angelegt wäre (vgl. Ladeur 2003: 127).

Zu prüfen ist, inwiefern bei der Beseitigung von Unübersichtlichkeit und der Verhinderung von Manipulation zumindest teilweise auf heute schon bestehende Strukturen zurückgegriffen werden kann. So könnte der öffentlich-rechtliche Rundfunk beispielsweise als eine Art Informations-Hub (vgl. Schulz 2003: 98) fungieren und seine Angebote zum »Kristallisationspunkt in der unüberschaubaren Angebotswelt der neuen Medien werden« lassen (Hamm/Hart 2001: 19; Lucht 2006: 326f.).

Dadurch spielte er auch im Bereich der neuen Medien seine Rolle als »nicht-kommerzielles Widerlager einer Informationsmarktordnung« (Trute 1998: 235). Diese Gesichtspunkte sind jedenfalls auch zu berücksichtigen, wenn der Frage nachgegangen wird, inwieweit sich der öffentliche Rundfunk mit eigenen Angeboten ins Internet vorwagen darf.

9. Schluss

Deliberative Demokratie ist auf permanente Irritation durch Themen- und Meinungsvielfalt angewiesen. Die Knappheit von Verbreitungskanälen wird zwar im Zuge der technologischen Entwicklung entschärft. Das führt allerdings nicht zu einem Verschwinden von Engpässen, sondern verlagert sie von der Anbieterseite hin in Richtung Rezeption. Traditionelle Konzepte der Medienregulierung reichen nicht aus, um auch unter digitalen Vielkanalbedingungen und angesichts des Überflusses an Informationen und der damit verbundenen Unübersichtlichkeit den demokratischen Anliegen hinreichend Rechnung zu tragen. Inhaltlich ansetzende Vielfaltsmodelle sind umzudeuten oder zumindest zu ergänzen durch das Prinzip kommunikativer Chancengerechtigkeit, das in erster Linie auf Zugangsoffenheit setzt. Noch nicht beantwortet ist damit allerdings die Frage, wie dieses Konzept in der Praxis umgesetzt werden kann. Ob regulatorische Maßnahmen zur Sicherung kommunikativer Vielfalt und kommunikativer Chancengerechtigkeit nötig sind, muss unter Berücksichtigung der konkreten Ausprägung von Themenoffenheit und Diskurschancen geprüft werden. Zu diskutieren ist ferner, inwiefern auf traditionelle staatlich-hoheitliche Interventionsformen zurückgegriffen werden kann bzw. inwieweit neue Regulierungsformen zur Anwendung kommen sollen, bei denen staatliche und private Akteure in einem netzwerkartigen Geflecht zusammenwirken und die etwa unter dem Stichwort »Governance« (vgl. dazu etwa Benz 2004; Schuppert 2005) thematisiert werden.

Literatur

Ashby, W. Ross (1974): Einführung in die Kybernetik. Frankfurt a.M.

Balkin, Jack M. (1990): Some Realism about Pluralism. Legal Realist Approaches to the First Amendment. In: Duke Law Journal, S. 375-430.

Balkin, Jack M. (2004): Digital Speech and Democratic Culture: A Theory of Freedom of Expression for the Information Society. In: New York University Law Review 79, S. 1-55.

Beisch, Natalie/Engel, Bernhard (2006): Wie viele Programme nutzen die Fernsehzuschauer? In: Media Perspektiven, S. 374-379.

Benz, Arthur (Hrsg.) (2004): Governance – Regieren in komplexen Regelsystemen. Wiesbaden.

Birch, Oskar (1944): Grundlagen des Rechts der schweizerischen Radiosendestationen. Lachen.

Blum, Roger (1996): Berlusconis Modell – Parallelen in der Schweiz? In: Imhof, Kurt/Schulz, Peter (Hrsg.): Politisches Raisonnement in der Informationsgesellschaft. Zürich, S. 201-211.

Blum, Roger (2003): Medienstrukturen der Schweiz. In: Bentele, Günter/Brosius, Hans-Bernd/Jarren, Otfried (Hrsg.): Öffentliche Kommunikation. Wiesbaden, S. 366-381.

Blum, Roger (2005): Politischer Journalismus in der Schweiz. In: Donges, Patrick (Hrsg.): Politische Kommunikation in der Schweiz. Bern, Stuttgart, Wien, S. 115-130.

Borchers, Detlef (2003): Worte waschen. Wer bestimmt, was Google findet? In: Neue Zürcher Zeitung vom 11. April.

Braun, Dietmar (2001): Diskurse zur staatlichen Steuerung. Übersicht und Bilanz. In: Burth, Hans-Peter/Görlitz, Axel (Hrsg.): Politische Steuerung in Theorie und Praxis. Baden-Baden, S. 101-131.

Bremer, Eckhard (1995): Freiheit durch Organisation? – »Ausgestaltung« der Rundfunkfreiheit als Problem von Grundrechtsinterpretation, Grundrechtstheorie und Ordnungstheorie. In: Mestmäcker, Ernst-Joachim (Hrsg.): Kommunikation ohne Monopole II. Baden-Baden, S. 311-348.

Brodocz, André (2003): Das politische System und seine strukturellen Kopplungen. In: Hellmann, Kai-Uwe/Fischer, Karsten/Bluhm, Harald (Hrsg.): Das System der Politik. Niklas Luhmanns politische Theorie. Wiesbaden, S. 80-94.

Bullinger, Martin/Mestmäcker, Ernst-Joachim (1997): Multimediadienste. Baden-Baden.

Bundesrat (1938): Botschaft des Bundesrates an die Bundesversammlung über die Organisation und die Aufgaben der schweizerischen Kulturwahrung und Kulturwerbung vom 9. Dezember 1938. In: BBl, Band II, S. 985-1035.

Bundesrat (1953): Bericht des Bundesrates an die Bundesversammlung über die Ordnung des schweizerischen Rundspruchdienstes vom 13. Januar 1953. In: BBl, Band I, S. 17-38.

Bundesrat (1973): Botschaft des Bundesrates an die Bundesversammlung betreffend einen Verfassungsartikel über Radio und Fernsehen vom 21. November 1973. In: BBl, Band II, S. 1231-1323.

Bundesrat (1981): Botschaft über den Radio- und Fernsehartikel vom 1. Juni 1981. In: BBl, Band II, S. 885-959.

Bundesrat (1982): Probleme des Satellitenrundfunks. Stellungnahme vom 3. November 1982 zum Bericht der Geschäftsprüfungskommission des Nationalrates. In: BBl III, S. 795-801.

Bundesrat (1998): Grundsätze für die Konzessionierungspraxis des Bundesrates bei Radio und Fernsehen. Aussprachepapier des Bundesrates vom 25. Februar 1998. In: Medialex, S. 116-122.

Bundesrat (2003): Botschaft zur Totalrevision des Bundesgesetzes über Radio und Fernsehen vom 18. Dezember 2002. In: BBl, S. 1569-1778.

Dahl, Robert A. (1998): On Democracy. New Haven.

Dahl, Robert A. (2006): On Political Equality. New Haven.

Deutsch, Karl W. (1969): Politische Kybernetik. Freiburg.

Donges, Patrick (2005): Medialisierung der Politik – Vorschlag einer Differenzierung. In: Rössler, Patrick/Krotz, Friedrich (Hrsg.): Mythen der Mediengesellschaft – The Media Society and its Myths. Konstanz, S. 321-339.

Donges, Patrick/Jarren, Otfried (1999): Politische Öffentlichkeit durch Netzkommunikation?. In Kamps, Klaus (Hrsg.): Elektronische Demokratie? Opladen, S. 85-108.

Donsbach, Wolfgang (2005): Rollenselbstverständnis. In: Weischenberg, Siegfried/ Kleinsteuber, Hans J./Pörksen, Bernhard (Hrsg.): Handbuch Journalismus und Medien. Konstanz, S. 415-420.

Dumermuth, Martin (1996): Rundfunkrecht. In: Weber, Rolf H. (Hrsg.): Schweizerisches Bundesverwaltungsrecht, Informations- und Kommunikationsrecht. Basel.

Dumermuth, Martin (2001): Medienregulierung und öffentlicher Rundfunk. Unter Berücksichtigung der schweizerischen Verhältnisse. In: Abele, Hanns/Fünfgeld, Hermann/Riva, Antonio (Hrsg.): Werte und Wert des öffentlich-rechtlichen Rundfunks in der digitalen Zukunft. Potsdam, S. 41-100.

Dumermuth, Martin (2006): Die Revision des Radio- und Fernsehgesetzes und das duale System. In: ZSR, 125. Jg., Band I, S. 229-262.

Durrer, Beat (1994): Die Strukturreform der Schweizerischen Radio- und Fernsehgesellschaft SRG. In: Media Perspektiven, S. 57-62.

Ebsen, Ingwer (1997): Öffentlich-rechtliche Rahmenbedingungen einer Informationsordnung. In: Deutsches Verwaltungsblatt, S. 1039-1052.

Ehnimb-Bertini, Sonia (2000): Jahre des Wachstums: Die SRG vor neuen Herausforderungen 1950-1958. In: Drack, Markus T. (Hrsg.): Radio und Fernsehen in der Schweiz. Geschichte der Schweizerischen Rundspruchgesellschaft SRG bis 1958. Baden, S. 153-194.

EJPD (Hrsg.) (1982): Bericht der Expertenkommission für eine Medien-Gesamtkonzeption. Bern.

Engel, Christoph (1994): Rundfunk in Freiheit. In: Archiv für Presserecht, S. 185-191.

Engel, Christoph (1996): Medienordnungsrecht. Baden-Baden.

Europäische Audiovisuelle Informationsstelle (Hrsg.) (2005): Haben oder nicht haben. Must-Carry-Regeln. Strassburg.

Fisch, Martin/Gscheidle, Christoph (2006): Onliner 2006. Zwischen Breitband und Web 2.0 – Ausstattung und Nutzungsinnovation. In: Media Perspektiven, S. 431-440.

Franck, Georg (1998): Ökonomie der Aufmerksamkeit. München.

Geis, Anna (2005): Wissen, Nichtwissen, Entscheiden: Grenzen der Verwissenschaftlichung von Politik. In: Geis, Anna/Strecker, David (Hrsg.): Blockaden staatlicher Politik. Frankfurt a.M., S. 40-53.

Geller, Henry (1995): Turner Broadcasting, the First Amendment, and the New Electronic Delivery Systems. In: Michigan Telecommunications and Technology Law Review 1, S. 1-27.

Gerhards, Jürgen (1994): Politische Öffentlichkeit – Ein system- und akteurtheoretischer Bestimmungsversuch. In: Neidhardt, Friedhelm (Hrsg.): Öffentlichkeit, öffentliche Meinung, soziale Bewegungen. In: Kölner Zeitschrift für Soziologie und Sozialpsychologie. Sonderheft 34, S. 77-105.

Gerhards, Jürgen (1998): Öffentlichkeit. In: Jarren, Otfried/Sarcinelli, Ulrich/Saxer, Ulrich (Hrsg.): Politische Kommunikation in der demokratischen Gesellschaft. Opladen, S. 268-274.

Gerhards, Jürgen/Neidhardt, Friedhelm (1991): Strukturen und Funktionen moderner Öffentlichkeit: Fragestellungen und Ansätze, In: Müller-Doohm, Stefan/ Neumann-Braun, Klaus (Hrsg.): Öffentlichkeit Kultur Massenkommunikation. Beiträge zur Medien- und Kommunikationssoziologie. Oldenburg, S. 31-89.

Geschäftsprüfungskommission des Nationalrates (1982): Probleme des Satellitenrundfunks. Bericht vom 26. August 1982. In: BBl III, S. 777-794.

Grimm, Dieter (1991): Die Gegenwartsprobleme der Verfassungspolitik und der Beitrag der Politikwissenschaft. In: Grimm, Peter (Hrsg.): Die Zukunft der Verfassung. Frankfurt a.M., S. 336-371.

Grimm, Dieter (2001): Steuerung medienvermittelter Kommunikation – Verfassungsrechtliche Grundlagen. In: Rossen-Stadtfeld, Helge/Wieland, Joachim (Hrsg.): Steuerung medienvermittelter Kommunikation. Baden-Baden, S. 25-33.

Gruner, Erich (1977): Die Parteien in der Schweiz. (2. Aufl.) Bern.

Gutmann, Amy/Thompson, Dennis (2004): Why Deliberative Democracy? Princeton.

Habermas, Jürgen (1989): Ist der Herzschlag der Revolution zum Stillstand gekommen? In: Forum für Philosophie Bad Homburg (Hrsg.): Die Ideen von 1789. Frankfurt a.M., S. 7-36.

Habermas, Jürgen (1990): Strukturwandel der Öffentlichkeit. Mit einem Vorwort ergänzte Neuauflage. Frankfurt a.M. (zuerst 1962).

Habermas, Jürgen (1991): Erläuterungen zur Diskursethik. Frankfurt a.M.

Habermas, Jürgen (1992): Faktizität und Geltung. Frankfurt a.M.

Habermas, Jürgen (1996): Drei normative Modelle der Demokratie. In: Habermas, Jürgen (Hrsg.): Die Einbeziehung des Anderen. Frankfurt a.M., S. 277-292.

Habermas, Jürgen (2006): Ein avantgardistischer Spürsinn für Relevanzen. In: Information Philosophie 3, S. 7-12.

Hagen, Lutz M. (1998): Online-Nutzung und Nutzung von Massenmedien. In Rössler, Patrick (Hrsg.): Online-Kommunikation. Opladen, S. 105-122.

Hamm, Ingrid/Hart, Thomas (Hrsg.) (2001): Kommunikationsordnung 2010. Gütersloh.

Hangartner, Yvo/Kley-Struller, Andreas (1995): Demonstrationsfreiheit und Rechte Dritter. In ZBl, S. 101-116.

Hasebrink, Uwe (2001): Fernsehen in neuen Medienumgebungen. Berlin.

Hasebrink, Uwe/Herzog, Anja (2004): Mediennutzung im internationalen Vergleich. In: Hans-Bredow-Institut (Hrsg.): Internationales Handbuch Medien 2004/2005. Baden-Baden, S. 136-158.

Heinrich, Jürgen (1999): Ökonomik der Steuerungs- und Regelungsmöglichkeiten des Mediensystems – Rezipientenorientierung der Kontrolle. In: Imhof, Kurt/ Jarren, Otfried/Blum, Roger (Hrsg.): Steuerungs- und Regelungsprobleme in der Informationsgesellschaft. Opladen, S. 249-259.

Heinrich, Jürgen (2001): Ökonomisierung aus wirtschaftswissenschaftlicher Perspektive. In: Medien & Kommunikationswissenschaft, S. 159-166.

Hesse, Konrad (1989): Die neue Ordnung des Rundfunks in der Schweiz und der Bundesrepublik Deutschland. In: Haller, Walter et al. (Hrsg.): Festschrift für Ulrich Häfelin. Zürich, S. 149-165.

Hoffmann-Riem, Wolfgang (1990): Erosionen des Rundfunkrechts. München.

Hoffmann-Riem, Wolfgang (1995): Kommunikations- und Medienfreiheit. In: Benda, Ernst/Maihofer, Werner/Vogel, Hans-Joachim (Hrsg.): Handbuch des Verfassungsrechts der Bundesrepublik Deutschland. (2. Aufl.) Berlin, S. 191-262.

Hoffmann-Riem, Wolfgang (1996): Strukturenelemente von Rundfunkaufsicht in westlichen Industriestaaten. In: Prinz, Matthias/Peters, Butz (Hrsg.): Medienrecht im Wandel. Baden-Baden, S. 69-98.

Hoffmann-Riem, Wolfgang (2000): Regulierung der dualen Rundfunkordnung. Baden-Baden.

Hoffmann-Riem, Wolfgang (2001): Steuerung medienvermittelter Kommunikation. In: Rossen-Stadtfeld, Helge/Wieland, Joachim (Hrsg.): Steuerung medienvermittelter Kommunikation. Baden-Baden, S. 11-23.

Hoffmann-Riem, Wolfgang (2001a): Von der dualen Rundfunkordnung zur dienstespezifisch diversifizierten Informationsordnung. In: Kops, Manfred/ Schulz, Wolfgang/Held, Thorsten (Hrsg.): Von der dualen Rundfunkordnung zur dienstespezifisch diversifizierten Informationsordnung? Baden-Baden, S. 9-18.

Hoffmann-Riem, Wolfgang (2002): Kommunikationsfreiheiten. Baden-Baden.

Hoffmann-Riem, Wolfgang (2003): Gesetzliche Gewährleistung der Freiheit der Kommunikation im Internet?. In: Ladeur, Karl-Heinz (Hrsg.), Innovationsoffene Regulierung des Internet. Baden-Baden, S. 53-82.

Hoffmann-Riem, Wolfgang (2003a): Kann und soll der öffentliche Rundfunk eine Staatsaufgabe sein? In: Donges, Patrick/Puppis, Manuel (Hrsg.): Die Zukunft des öffentlichen Rundfunks. Köln, S. 29-51.

Hoffmann-Riem, Wolfgang (2003b): Mediendemokratie als rechtliche Herausforderung. In: Der Staat, S. 193-223.

Hoffmann-Riem, Wolfgang (2006): Rundfunk als Public Service. In: Medien & Kommunikationswissenschaft, S. 95-105.

Hoffmann-Riem, Wolfgang/Eifert, Martin (2003): Telekommunikations- und Medienrecht als Technikrecht. In: Schulte, Martin (Hrsg.): Handbuch des Technikrechts, Berlin, S. 489-524.

Holznagel, Bernd (1996): Rundfunkrecht in Europa. Tübingen.

Holznagel, Bernd (1999): Der spezifische Funktionsauftrag des Zweiten Deutschen Fernsehens. ZDF-Schriftenreihe 55. Mainz.

Huber, Hans (1967): Gutachten über Radio und Fernsehen zuhanden des EVED vom 4. September 1967.

Imhof, Kurt (2000): Öffentlichkeit und Skandal. In: Neumann-Braun, Klaus/ Müller-Doohm, Stefan (Hrsg.): Medien- und Kommunikationssoziologie. Weinheim, S. 55-68.

Imhof, Kurt (2003): Der normative Horizont der Freiheit - »Deliberation« und »Öffentlichkeit«: zwei zentrale Begriffe der Kommunikationswissenschaft. In: Langenbucher, Wolfgang R. (Hrsg.): Die Kommunikationsfreiheit der Gesellschaft. In: Publizistik, Sonderheft 4. Wiesbaden, S. 25-57.

Imhof, Kurt (2003a): Politik im »neuen« Strukturwandel der Öffentlichkeit. In: Nassehi, Armin/Schroer, Markus (Hrsg.): Der Begriff des Politischen. Baden-Baden, S. 401-417.

Imhof, Kurt (2006): Mediengesellschaft und Medialisierung. In: Medien & Kommunikationswissenschaft, S. 191-215.

Imhof, Kurt/Blum, Roger/Bonfadelli, Heinz/Jarren, Otfried (Hrsg.) (2004): Mediengesellschaft. Wiesbaden.

Jaag, Tobias (1992): Gemeingebrauch und Sondernutzung öffentlicher Sachen. In: ZBl, S. 145-168.

Jarren, Otfried (1996): Auf dem Weg in die »Mediengesellschaft«?. In: Imhof, Kurt/ Schulz, Peter (Hrsg.): Politisches Raisonnement in der Informationsgesellschaft. Zürich, S. 79-96.

Jarren, Otfried (2001): »Mediengesellschaft« – Risiken für die politische Kommunikation. In: Aus Politik und Zeitgeschichte. B 41-42, S. 10-19.

Jarren, Otfried (2002): Medienregulierung zwischen Pfadabhängigkeit und Innovationsmöglichkeit. In: Medienwissenschaft Schweiz 1, S. 12-24.

Jarren, Otfried/Donges, Patrick (2000): Medienregulierung durch die Gesellschaft? Opladen.

Jarren, Otfried/Donges, Patrick/Künzler, Matthias/Schulz, Wolfgang/Held, Thorsten/Jürgens, Uwe (2001): Der öffentliche Rundfunk im Netzwerk von Politik, Wirtschaft und Gesellschaft. Baden-Baden.

Kamber, Esther/Imhof, Kurt (2005): Der neue Kampf um Aufmerksamkeit. In: Donges, Patrick (Hrsg.): Politische Kommunikation in der Schweiz. Bern, Stuttgart, Wien, S. 133-155.

Kelly, Kevin (1998): New Rules for the New Economy. New York.

Kiefer, Marie Luise (2001): Medienökonomik. München.

Kim, Tae (1998): »Free Speech« in Cyberspace. Auf: http://cyber.law.harvard.edu/ fallsem98/final_papers/Kim.html (20.11.2006).

Kohring, Matthias (2002): Fakten ins Töpfchen, Fiktionen ins Kröpfchen?. In: Baum, Achim/Schmidt, Siegfried J. (Hrsg.): Fakten und Fiktionen. Konstanz, S. 90-100.

Kopp, Hans W. (1980): Die Schweiz auf dem Weg zu einer Medien-Gesamtkonzeption. In: Studienkreis für Presserecht und Pressefreiheit (Hrsg.): Presserecht und Pressefreiheit. München, S. 151-167.

Kopp, Hans W. (1983): Réflexions à propos d'une conception globale des médias. In: Bois, Philippe (Hrsg.): Aspects du droit des médias I. Fribourg, S. 51-60.

Krotz, Friedrich (2001): Die Mediatisierung kommunikativen Handelns. Wiesbaden.

Kubicek, Herbert/Welling, Stefan (2001): Internet für alle durch institutionelle Förderung. In: Kops, Manfred/Schulz, Wolfgang/Held, Thorsten (Hrsg.): Von der dualen Rundfunkordnung zur dienstespezifisch diversifizierten Informationsordnung? Baden-Baden, S. 217-248.

Kunczik, Michael/Zipfel, Astrid (2001): Publizistik. Köln.

Künzler, Matthias (2003): Leitbilder des öffentlichen Rundfunks: Plädoyer für einen neuen Forschungsansatz. In: Donges, Patrick/Puppis, Manuel (Hrsg.): Die Zukunft des öffentlichen Rundfunks. Köln, S. 94-110.

Ladeur, Karl-Heinz (2003): »Offenheitspflege« im Internet – eine neue Funktion für die objektivrechtliche Dimension der »Medienfreiheit«? In: Ladeur, Karl-Heinz (Hrsg.): Innovationsoffene Regulierung des Internet. Baden-Baden, S. 101-130.

Ladner, Andreas (2005): Die Parteien in der politischen Kommunikation. In: Donges, Patrick (Hrsg.): Politische Kommunikation in der Schweiz. Bern, Stuttgart, Wien, S. 57-74.

Lange, Stefan (2003): Niklas Luhmanns Theorie der Politik. Wiesbaden.

Lange, Stefan/Braun, Dietmar (2000): Politische Steuerung zwischen System und Akteur. Opladen.

Leggewie, Claus (2006): Deliberative Politik – Modebegriff oder neuer Regierungsstil?. In: Kamps, Klaus/Nieland, Jörg-Uwe (Hrsg.): Regieren und Kommunikation. Köln, S. 21-53.

Lendi, Martin (1982): Gesamtplanung und Sachplanungen. In: Müller, Georg et al. (Hrsg.): Staatsorganisation und Staatsfunktionen im Wandel. Basel, S. 531-547.

Leopoldt, Swaantje (2002): Navigatoren. Zugangsregulierung bei elektronischen Programmführern im digitalen Fernsehen. Baden-Baden.

Linder, Wolf/Hotz, Beat/Werder, Hans (1979): Planung in der schweizerischen Demokratie. Bern.

Lösch, Bettina (2005): Deliberative Politik. Münster.

Lucht, Jens (2006): Der öffentlich-rechtliche Rundfunk: ein Auslaufmodell? Wiesbaden.

Luhmann, Niklas (1983): Komplexität und Demokratie. In: Luhmann, Niklas (Hrsg.): Politische Planung, (3. Aufl.) Opladen, S. 35-45.

Luhmann, Niklas (1983a): Politische Planung. In: Luhmann, Niklas (Hrsg.): Politische Planung, (3. Aufl.) Opladen, S. 66-89.

Luhmann, Niklas (1990): Ökologische Kommunikation. Opladen.

Luhmann, Niklas (1994): Die Wirtschaft der Gesellschaft. Frankfurt a.M.

Luhmann, Niklas (1996): Die Realität der Massenmedien. (2. Aufl.) Opladen.

Luhmann, Niklas (1997): Die Gesellschaft der Gesellschaft. Frankfurt a.M.

Luhmann, Niklas (2000): Die Politik der Gesellschaft. Frankfurt a.M.

Machill, Marcel/Neuberger, Christoph/Schweiger, Wolfgang/Wirth, Werner (2003): Wegweiser im Netz: Qualität und Nutzung von Suchmaschinen. In: Machill, Marcel/Welp, Carsten (Hrsg.): Wegweiser im Netz. Gütersloh, S. 13-490.

Machill, Marcel/Schneider, Norbert (2005): Einleitung. In: Machill, Marcel/Schneider, Norbert (Hrsg.): Suchmaschinen: Neue Herausforderungen für die Medienpolitik. Berlin, S. 9-14.

Mai, Manfred (2005): Medien als soziales System. In: Jäckel, Michael (Hrsg.): Mediensoziologie. Wiesbaden, S. 255-271.

Marcinkowski, Frank (1993): Publizistik als autopoietisches System. Opladen.

Mayntz, Renate (2004): Governance im modernen Staat. In: Benz, Arthur (Hrsg.): Governance – Regieren in komplexen Regelsystemen. Wiesbaden, S. 65-76.

Meckel, Miriam (2005): Das »magische Dreieck«. Auf der Suche nach Information und Verantwortung im Internet. In: Machill, Marcel/Schneider, Norbert (Hrsg.): Suchmaschinen: Neue Herausforderungen für die Medienpolitik. Berlin, S. 17-25.

Meier, Henk Erik (2006): Die Regulierungskrise des öffentlich-rechtlichen Rundfunks. In: Medien & Kommunikationswissenschaft, S. 258-287.

Meier, Werner A. (2000): Das Rundfunksystem der Schweiz. In: Hans-Bredow-Institut (Hrsg.): Internationales Handbuch für Hörfunk und Fernsehen 2000/2001. Baden-Baden, S. 572-583.

Meier, Werner A./Bonfadelli, Heinz/Schanne, Michael (1993): Medienlandschaft Schweiz im Umbruch. Basel.

Meier, Werner A./Jarren, Otfried (2001): Ökonomisierung und Kommerzialisierung von Medien und Mediensystem. In: Medien & Kommunikationswissenschaft, S. 145-158.

Meyer, Thomas (2003): Politik und Medien. In: Nassehi; Armin/Schroer, Markus (Hrsg.): Der Begriff des Politischen. Baden-Baden, S. 263-279.

Müller, Jörg Paul (1980): Grundrechtliche Aspekte der Medien-Gesamtkonzeption. In: ZSR I, S. 31-45.

Müller, Jörg Paul (1983): Gibt es eine Medienfreiheit? In: recht, S. 9-15.

Müller, Jörg Paul (1993): Demokratische Gerechtigkeit. München.

Müller, Jörg Paul (1999): Der politische Mensch – menschliche Politik. Basel.

Müller, Jörg Paul (1999a): Grundrechte in der Schweiz. Bern.

Müller, Jörg Paul (2002): Die demokratische Verfassung. Zürich.

Müller, Rudolf (2006): Technik zwischen Programm, Kultur und Politik. In: Mäusli, Theo/Steigmeier, Andreas (Hrsg.): Radio und Fernsehen in der Schweiz. Geschichte der Schweizerischen Radio- und Fernsehgesellschaft SRG 1958-1983. Baden, S. 187-237.

Münch, Richard (1991): Dialektik der Kommunikationsgesellschaft. Frankfurt a.M.

Münch, Richard (1995): Dynamik der Kommunikationsgesellschaft. Frankfurt a.M.

Münch, Richard (1996): Mediale Ereignisproduktion: Strukturwandel der politischen Macht. In: Hradil, Stefan (Hrsg.): Differenz und Integration. Frankfurt a.M., S. 696-709.

Münch, Richard/Schmidt, Jan (2005): Medien und sozialer Wandel. In: Jäckel, Michael (Hrsg.): Mediensoziologie. Wiesbaden, S. 201-218.

Napoli, Philip M. (2001): Foundations of Communications Policy. Cresskill.

Napoli, Philip M./Sybblis, Sheea T. (2006): Access to Audiences as a First Amendment Right: Its Relevance and Implications for Electronic Media Policy. New York. Auf: http://law.bepress.com/expresso/eps/1423 (20.11.2006).

Neuberger, Christoph (2004): Qualität im Onlinejournalismus. In: Beck, Klaus/Schweiger, Wolfgang/Wirth, Werner (Hrsg.): Gute Seiten – schlechte Seiten. Qualität in der Onlinekommunikation. München, S. 32-57.

Neuberger, Christoph (2005): Angebot und Nutzung von Internet-Suchmaschinen. In: Media Perspektiven, S. 2-13.

Neuberger, Christoph (2005a): Funktionen, Probleme und Regulierung von Suchmaschinen im Internet. In: International Review of Information Ethics 1, S. 3-17.

Noam, Eli M. (1996): Cyber-TV. Gütersloh.

Note (2005): The Impermeable Life: Unsolicited Communications in the Marketplace of Ideas. In: Harvard Law Review 118, S. 1314-1338.

Peduzzi, Roberto (2004): Meinungs- und Medienfreiheit in der Schweiz. Zürich.

Peters, Bernhard (1994): Der Sinn von Öffentlichkeit. In: Neidhardt, Friedhelm (Hrsg.): Öffentlichkeit, öffentliche Meinung, soziale Bewegungen. In: Kölner Zeitschrift für Soziologie und Sozialpsychologie, Sonderheft 34, S. 42-76.

Peters, Bernhard (2001): Deliberative Öffentlichkeit. In: Wingert, Lutz/Günther, Klaus (Hrsg.): Die Öffentlichkeit der Vernunft und die Vernunft der Öffentlichkeit. Frankfurt a.M., S. 655-677.

Peters, Bernhard (2002): Die Leistungsfähigkeit heutiger Öffentlichkeiten – einige theoretische Kontroversen. In: Imhof, Kurt/Jarren, Otfried/Blum, Roger (Hrsg.): Integration und Medien. Wiesbaden, S. 23-35.

Peters, Birgit (1994): »Öffentlichkeitselite« – Bedingungen und Bedeutungen von Prominenz. In: Neidhardt, Friedhelm (Hrsg.): Öffentlichkeit, öffentliche Meinung, soziale Bewegungen. In: Kölner Zeitschrift für Soziologie und Sozialpsychologie, Sonderheft 34, S. 191-213.

Reimers, Ulrich (1999): Rundfunkpolitik und Technik. In: Schwarzkopf, Dietrich (Hrsg.): Rundfunkpolitik in Deutschland. München, S. 550-613.

Reymond, Marc (2000): Das Radio im Zeichen der Geistigen Landesverteidigung 1937-1942. In: Drack, Markus T. (Hrsg.): Radio und Fernsehen in der Schweiz. Geschichte der Schweizerischen Rundspruchgesellschaft SRG bis 1958. Baden, S. 93-114.

Rhinow, René A. (1971): Die bundesgerichtliche Praxis zur Demonstrationsfreiheit. Teil 1. In: ZBl, S. 33-38.

Riehl, Frédéric (1989): Radios locales et régionales. In: Morand, Charles–Albert (Hrsg.): Le droit des médias audiovisuels. Basel, S. 65-73.

Ronge, Volker (1994): Politische Steuerung – innerhalb und außerhalb der Systemtheorie. In: Dammann, Klaus/Grunow, Dieter/Japp, Klaus P. (Hrsg.): Die Verwaltung des politischen Systems. Opladen, S. 53-64.

Ronge, Volker/Schmieg, Günther (1971): Einleitung. In: Ronge, Volker/Schmieg, Günther (Hrsg.): Politische Planung in Theorie und Praxis. München, S. 7-25.

Ronge, Volker/Schmieg, Günther (1973): Restriktionen politischer Planung. Frankfurt a.M.

Rossen-Stadtfeld, Helge (2002): Verfassungsrechtliche Perspektiven des dualen Rundfunksystems. In: Medien & Kommunikationswissenschaft, S. 481-497.

Rostan, Blaise (1983): Bases constitutionnelles et légales de l'ordonnance sur les essais locaux de radiodiffusion. In: Bois Philippe (Hrsg.): Aspects du droit des médias I. Fribourg, S. 133-159.

Rötzer, Florian (1996): Aufmerksamkeit – der Rohstoff der Informationsgesellschaft. In: Bollmann, Stefan/Heibach Christiane (Hrsg.): Kursbuch Internet. Mannheim, S. 83-97.

Rötzer, Florian (1999): Aufmerksamkeit als Medium der Öffentlichkeit. In: Maresch, Rudolf/Werber, Niels (Hrsg.): Kommunikation, Medien, Macht. Frankfurt a.M., S. 35-58.

Rucht, Dieter (1994): Politische Öffentlichkeit und Massenkommunikation. In: Jarren, Otfried (Hrsg.): Medienwandel – Gesellschaftswandel? Berlin, S. 161-177.

Saladin, Peter/Mesmer, Stefan (1984): Rechtliche Grundlagen neuer Medien in der Schweiz (Landesbericht Schweiz). In: Bullinger, Martin (Hrsg.): Rechtsfragen der elektronischen Textkommunikation. München, S. 32-82.

Sarcinelli, Ulrich (1989): Symbolische Politik und politische Kultur – Das Kommunikationsritual als politische Wirklichkeit. In: Politische Vierteljahresschrift, S. 292-309.

Sarcinelli, Ulrich (2005): Politische Kommunikation in Deutschland. Wiesbaden.

Sarcinelli, Ulrich (Hrsg.) (1998): Politikvermittlung und Demokratie in der Mediengesellschaft. Opladen.

Saxer, Ulrich (1979): Fernsehen unter Anklage. Zürich.

Saxer, Ulrich (1986): Strukturen und Resultate der schweizerischen Lokalradio-Begleitforschung. In: Media Perspektiven, S. 322-334.

Saxer, Ulrich (1989): Lokalradios in der Schweiz – Schlussbericht über die Ergebnisse der nationalen Begleitforschung zu den lokalen Rundfunkversuchen 1983-1988. Zürich.

Saxer, Ulrich (1989a): Medienkommunikation und geplanter Gesellschaftswandel. In: Kölner Zeitschrift für Soziologie und Sozialpsychologie, Sonderheft 30, S. 85-96.

Saxer, Ulrich (1993): Die Medien-Gesamtkonzeption als Steinbruch?. In: ZOOM Kommunikation & Medien, Nr. 1, S. 5-9.

Saxer, Ulrich (1996): Medientransformationen – Bilanz nach einem Jahrzehnt dualen Rundfunks in Deutschland. In: Hömberg, Walter/Pürer, Heinz (Hrsg.): Medien-Transformation. Konstanz, S. 19-44.

Saxer, Ulrich (1998): Mediengesellschaft: Verständnisse und Missverständnisse. In: Sarcinelli, Ulrich (Hrsg.): Politikvermittlung und Demokratie in der Mediengesellschaft. Opladen, S. 52-73.

Saxer, Ulrich (1999): Warnung vor großen medienpolitischen Windmaschinen. In: Imhof, Kurt/Jarren, Otfried/Blum, Roger (Hrsg.): Steuerungs- und Regelungsprobleme in der Informationsgesellschaft. Opladen, S. 361-376.

Saxer, Ulrich (2005): Bauvorhaben, Bausteine und Rohbau einer Theorie des öffentlich-rechtlichen Rundfunks. In: Ridder, Christa-Maria et al. (Hrsg.): Bausteine einer Theorie des öffentlich-rechtlichen Rundfunks. Wiesbaden, S. 13-38.

Saxer, Ulrich (2005a): Medienpolitik zwischen Selbständigkeit und Überfremdung. In: Haas, Hannes/Langenbucher, Wolfgang R. (Hrsg.): Medien- und Kommunikationspolitik, (2. Aufl.) Wien, S. 72-86.

Saxer, Urs (1988): Die Grundrechte und die Benutzung öffentlicher Straßen. Zürich.

Schaal, Gary S./Heidenreich, Felix (2006): Einführung in die Politischen Theorien der Moderne, Opladen.

Schade, Edzard (1997): Gründerzeiten. In: ZOOM Kommunikation & Medien, Nr. 9, S. 24-29.

Schade, Edzard (2000): Herrenlose Radiowellen. Die schweizerische Radiopolitik bis 1939 im internationalen Vergleich. Baden.

Scharpf, Fritz W. (1971): Planung als politischer Prozess. In: Die Verwaltung, S. 1-30.

Scharpf, Fritz W. (1973): Komplexität als Schranke der Politischen Planung. In: Scharpf, Fritz W. (Hrsg.): Planung als politischer Prozess. Frankfurt a.M., S. 73-113.

Scharpf, Fritz W. (1979): Nachtrag zu einer Diskussion. In: Lendi, Martin/Linder, Wolf (Hrsg.): Politische Planung in Theorie und Praxis. Bern, S. 21-30.

Schefer, Markus (1997): Konkretisierung von Grundrechten durch den U.S.-Supreme Court. Berlin.

Schefer, Markus (2004): Gefährdung von Grundrechten. In: Sutter-Somm, Thomas/Hafner, Felix/Schmid, Gerhard/Seelmann, Kurt (Hrsg.): Risiko und Recht. Basel, S. 441-480.

Schefer, Markus (2005): Grundrechte in der Schweiz. Ergänzungsband zur 3. Auflage des gleichnamigen Werks von Jörg Paul Müller. Bern.

Schimank, Uwe (2005): Die Entscheidungsgesellschaft. Wiesbaden.

Schmidt, Siegfried J.(2000): Kalte Faszination. Weilerswist.

Schneider, Thomas (2001): Geschichte eines rundfunkpolitischen Paradigmawechsels: Von der politischen Kontrolle zur Marktorientierung. In: Medienheft Dossier 16, S. 32-51. Auf: http://www.medienheft.ch/dossier/bibliothek/d16_SchneiderThomas.pdf (14.7.2006).

Schneider, Thomas (2006): Vom SRG-«Monopol» zum marktorientierten Rundfunk. In: Mäusli, Theo/Steigmeier, Andreas (Hrsg.): Radio und Fernsehen in der Schweiz. Geschichte der Schweizerischen Radio- und Fernsehgesellschaft SRG 1958-1983. Baden, S. 83-131.

Scholz, Rupert (1995): Zukunft von Rundfunk und Fernsehen: Freiheit der Nachfrage oder reglementiertes Angebot?. In: Archiv für Presserecht, S. 357-362.

Schultz, Tanjev (2006): Geschwätz oder Diskurs? Die Rationalität politischer Talkshows im Fernsehen. Köln.

Schulz, Wolfgang (1998): Gewährleistung kommunikativer Chancengleichheit als Freiheitsverwirklichung. Baden-Baden.

Schulz, Wolfgang (2003): Aufmerksamkeit für die »res publica« im Zeitalter der Vernetzung: Vom Leitbild der integrativen Gesamtöffentlichkeit zur Koordination situativer Themenöffentlichkeiten. In: Ladeur, Karl-Heinz (Hrsg.): Innovationsoffene Regulierung des Internet. Baden-Baden, S. 83-100.

Schulz, Wolfgang/Held, Thorsten/Kops, Manfred (2002): Perspektiven der Gewährleistung freier öffentlicher Kommunikation. Baden-Baden.

Schulz, Wolfgang/Held, Thorsten/Laudien, Arne (2005): Suchmaschinen als Gatekeeper in der öffentlichen Kommunikation. Berlin.

Schulz, Wolfgang/Jürgens, Uwe (2002): Die Regulierung von Inhaltediensten in Zeiten der Konvergenz. Berlin.

Schulz, Wolfgang/Kühlers, Doris (2000): Konzepte der Zugangsregulierung für digitales Fernsehen. Berlin.

Schuppert, Gunnar Folke (Hrsg.) (2005): Governance-Forschung. Baden-Baden.

Schürmann, Leo (1985): Medienrecht. Bern.

Schwarzkopf, Dietrich (1999): Die »Medienwende« 1983. In: Schwarzkopf, Dietrich (Hrsg.): Rundfunkpolitik in Deutschland. München, S. 29-49.

Seifert, Heribert (2005): Mehr Recycling als Recherchen. Zum Zustand des investigativen Journalismus. In: Neue Zürcher Zeitung vom 9. Mai.

Seifert, Heribert (2006): Sprachrohre einer egalitären (Medien-)Öffentlichkeit. In: Neue Zürcher Zeitung vom 15. September 2006.

Shapiro, Carl/Varian, Hal R. (1999): Information Rules. Boston.

Simsa, Ruth (2002): Strukturelle Kopplung: Die Antwort der Theorie auf die Geschlossenheit sozialer Systeme und ihre Bedeutung für die Politik. In: Hellmann, Kai-Uwe/Schmalz-Bruns, Rainer (Hrsg.): Theorie der Politik – Niklas Luhmanns politische Soziologie. Frankfurt a.M., S. 149-170.

Stiglitz, Josef E. (1999): Volkswirtschaftslehre. (2. Aufl.) München.

Stolz, Frank (1985): Die Entwicklung des lokalen Hörfunks in der Schweiz. Teil 1. In: ZUM, S. 136-144.

Stolz, Frank (1988): Die Entwicklung des lokalen Hörfunks in der Schweiz. Teil 2. In: ZUM, S. 445-451.

Stone, Geoffrey R./Seidman, Louis Michael/Sunstein, Cass R./Tushnet, Mark V. (2003): The First Amendment. 2nd Ed. New York.

Stuiber, Heinz-Werner (1998): Medien in Deutschland. Band 2. Rundfunk. Konstanz.

Sullivan, Kathleen M./Gunther, Gerald (2003): First Amendment Law. (2nd Ed.) New York.

Sunstein, Cass R. (1995): Democracy and the Problem of Free Speech. New York.

Sunstein, Cass R. (2001): Republic.com. Princeton.

Sunstein, Cass R. (2003): Why Societies Need Dissent. Cambridge.

Sunstein, Cass R. (2006): Infotopia. Oxford.

Tabbara, Tarik (2003): Kommunikations- und Medienfreiheit in den USA. Baden-Baden.

Teeter, Dwight L./Loving, Bill (2004): Law of Mass Communications. (11. Aufl.) New York.

Theis-Berglmair, Anna Maria (2000): Aufmerksamkeit und Geld, schenken und zahlen. In: Publizistik, S. 310-329.

Thierfelder, Jörg (1999): Zugangsfragen digitaler Fernsehverbreitung. München.

Trute, Hans-Heinrich (1998): Öffentlich-rechtliche Rahmenbedingungen einer Informationsordnung. In: VVDStRL 57, S. 216-273.

Valloton, François (2006): Anastasie ou Cassandre? Le rôle de la radio et de la télévision dans la société suisse. In: Mäusli, Theo/Steigmeier, Andreas (Hrsg.): Radio und Fernsehen in der Schweiz. Geschichte der Schweizerischen Radio- und Fernsehgesellschaft SRG 1958-1983. Baden, S. 37-82.

van Eimeren, Birgit/Frees, Beate (2006): Schnelle Zugänge, neue Anwendungen, neue Nutzer? ARD/ZDF-Online-Studie 2006. In: Media Perspektiven, S. 402-415.

Vesting, Thomas (1997): Prozedurales Rundfunkrecht. Baden-Baden.

Vesting, Thomas (2000): Zwischen Gewährleistungsstaat und Minimalstaat. In: Hoffmann-Riem, Wolfgang/Schmidt-Assmann, Eberhard (Hrsg.): Verwaltungsrecht in der Informationsgesellschaft. Baden-Baden, S. 101-131.

Vesting, Thomas (2001), Das Rundfunkrecht vor den Herausforderungen der Logik der Vernetzung. In: Medien & Kommunikationswissenschaft, S. 287-305.

Vesting, Thomas (2001a): Das Internet als Herausforderung des »dualen Rundfunksystems«. In: Kops, Manfred/Schulz, Wolfgang/Held, Thorsten (Hrsg.): Von der dualen Rundfunkordnung zur dienstespezifisch diversifizierten Informationsordnung? Baden-Baden, S. 275-306.

Villiger, Mark E. (1999): Handbuch der Europäischen Menschenrechtskonvention (EMRK). (2. Aufl.) Zürich.

Vowe, Gerhard (2003): Medienpolitik – Regulierung der medialen öffentlichen Kommunikation. In: Bentele, Günter/Brosius, Hans-Bernd/Jarren, Otfried (Hrsg.): Öffentliche Kommunikation. Wiesbaden, S. 210-227.

Wagner, Christoph (1996): Rechtsfragen digitalen Kabelfernsehens. Berlin.

Walpen, Armin (2003): Ein Lehrstück in Polit-Taktik. In: Schweizer Fernsehen. Zum Fernseh'n drängt, am Fernseh'n hängt doch alles. 50 Jahre Schweizer Fernsehen. Baden, S. 111-120.

Wiesenthal, Helmut (2006): Gesellschaftssteuerung und gesellschaftliche Selbststeuerung. Wiesbaden.

Wilke, Jürgen (1996): Status und Medienprominenz. In: Imhof, Kurt/Schulz, Peter (Hrsg.): Politisches Raisonnement in der Informationsgesellschaft. Zürich, S. 99-105.

Willke, Helmut (2003): Politik und Demokratie. In: Nassehi, Armin/Schroer, Markus (Hrsg.): Der Begriff des Politischen. Baden-Baden, S. 537-553.

Wyss, Martin Philipp (2002): Appell und Abschreckung. Verfassungsrechtliche Beobachtungen zur Versammlungsfreiheit. In: ZBI, S. 393-410.

Zatz, Noah D. (1998): Sidewalks in Cyberspace: Making Space for Public Forums in the Electronic Environment. In: Harvard Journal of Law & Technology 12, S. 149-240.

Zerdick, Axel et al. (2001): Die Internet-Ökonomie. (3. Aufl.) Berlin.

Otfried Jarren / Patrick Donges

Ordnung durch Medienpolitik?
Eine (Zwischen-)Bilanz medienpolitischer Theorie und Praxis

1. Ordnung durch und Ordnung in der Medienpolitik

Die wissenschaftliche Sicht auf Medienpolitik war schon immer mit der normativen Vorstellung verbunden, dass durch sie eine gewisse Ordnung im Medienbereich herzustellen sei und hergestellt werden kann. Der Begriff der Ordnung war bereits konstitutiv für unser Verständnis davon, was Medienpolitik eigentlich ist. So definierte beispielsweise Kepplinger (1994) Medienpolitik als »jenes Handeln, das auf eine Ordnung für die Massenmedien zielt« (Kepplinger 1994: 116). Und Wilhelm (1994) erhob aus rechtswissenschaftlicher Perspektive Ordnung nicht nur zum Ziel, sondern gleich zur Charakteristik von Medienpolitik als die »geordnete Summe der Maßnahmen, die darauf hinzielen, den Massenmedien jenen Raum an Freiheit und Unabhängigkeit vom Staat, von anderen gesellschaftlichen Machtgebilden oder von privaten Monopolen zu sichern, dessen sie bedürfen, um ihre publizistischen Funktionen angemessen und ungehindert erfüllen zu können« (Wilhelm 1994: 229). Etwas einschränkender formulierte Saxer im gleichen Jahr das Wesen der Kommunikationspolitik als ein

> »je nach Gesellschaftstyp unterschiedlich elaborierter Ordnungs- und Gestaltungszusammenhang […] zum Zwecke der von unterschiedlichen Wertvorstellungen und Interessen geleiteten Optimierung von Kommunikation, vor allem der öffentlichen« (Saxer 1994: 20).

Medien- oder Kommunikationspolitik ist, so lernen wir immerhin bei ihm, nicht per se »ordentlich« und zielt auf eine »gute Ordnung« im Medienbereich ab.

Dieser Eindruck wird nach der Lektüre der Beiträge dieses Bandes noch verstärkt. Es fällt auf, wie wenig gesellschaftliche und wissenschaftliche Ansprüche und die ordnungsbildende und gestaltende Kraft von (Medien-)Politik mit der empirisch beobachtbaren Realität in Übereinstimmung gebracht werden können. Dies zeigt sich exemplarisch an dem in einigen Beiträgen erwähnten Problemfeld der *zunehmenden Medienkonzentration*. Diese wird, aus demokratietheoretischen Gründen, zu Recht, als problematisch angesehen und der Verzicht auf politische Maßnahmen kritisiert. Erklärt wird der Politikverzicht entweder mit der hohen Komplexität des Regelungsbereiches (bspw. die Bestimmung sowie die Abgrenzung von publizistischen Märkten), oder es wird vermutet, dass politische Akteure um des eigenen kurzfristigen machtpolitischen Vorteils willen nicht gestalten wollen, weil sie Medienmogule, Redaktionen und Journalisten nicht verärgern möchten. Beide Erklärungen verfügen über eine gewisse Plausibilität. Politik kann und soll gestalten, aber im Medienbereich, und darüber herrscht Übereinstimmung, sollen und dürfen sich nicht die jeweils Mächtigen zu noch mehr Macht verhelfen.

Medienpolitik als nationalstaatliches Handeln ist unbestreitbar, nicht nur zur Bekämpfung von Medienkonzentration, nötig, birgt aber zugleich auch Risiken politischer Vermachtung als Folge von Entscheidungen. *Politische Mehrebenensysteme* mindern, so bestätigen empirische Erfahrungen, diese Risiken. Schon bei einem nationalstaatlichen Föderalismus in der Medienordnung sind die Akteure zu Verhandlungen gezwungen, es kann nicht »durchregiert« werden. Vertikale Mehrebenensysteme, jenseits aller damit verbundenen normativen Probleme (Demokratiedefizite; Dominanz von Formen der Exekutivpolitik), erfordern oder erzwingen Verhandlungen zwischen Akteuren, »kosten« Zeit und führen zumeist zu Kompromisslösungen – Einzelinteressen werden dadurch gebrochen.

Insoweit können beispielsweise auch die Verfahren der EU-Kommission gegen einzelne Mitgliedstaaten in Medienwettbewerbsfragen oder bezüglich der Finanzierung – und somit bezüglich der Rolle und Funktion des öffentlichen Rundfunks – als Impulse zum (medien-)politischen Diskurs und Lernen begriffen werden. Vor allem die Europäisierung und partielle Internationalisierung (erweiterte Mehrebenensysteme) zwingen dazu, über (neue) Medienordnungen nachzudenken. Dieser Denkprozess kann sich und wird sich nicht nur auf die zwischenstaatlichen oder *gesamteuropäischen Regelungen* im Sinne von Harmonisierungen beziehen, sondern er bietet auch die Gelegenheit, über die Funktion des Mediensystems und die Leistungen von Medien unter gewandelten gesellschaftlichen Bedingungen nachzudenken. Eine sich politisierende EU wird sich eine Medienordnung geben müssen, und in diesem Kontext werden sich auch die nationalen Ordnungen wandeln (Europäisierungs- und Transnationalisierungsprozesse).

Etwas anderes kommt hinzu: Mit dem im Entstehen begriffenen europäischen Mehrebenensystem wird zugleich ein Politikwandel ausgelöst, der sich auch auf die Formen der Staatlichkeit auswirkt. Dies lässt sich am *Wandel des Leitbildes von Staatlichkeit* ablesen: Vom »starken« zum »moderierenden« Staat, von Formen des Government zu Formen von Governance, von Formen herrschaftlicher Regulierung zu Formen regulierter Selbst- oder Co-Regulierung. Durch Co-Regulierung wird zudem auf etwas aufmerksam gemacht, was insbesondere für das Politikfeld der Medienpolitik Alltag ist, aber konzeptionell noch nicht vollständig entfaltet wurde: Die systematische Einbeziehung weiterer gesellschaftlicher Akteure – ökonomischer wie auch zivilgesellschaftlicher – in medienpolitische Prozesse und Entscheidungsgremien. Deren expliziter Einbezug in Verhandlungsarenen und Entscheidungsgremien kann dazu beitragen, Teile des medienpolitischen Dilemmas aufgrund der bis anhin traditionell ausgeprägten Staatsdominanz zu lösen.

2. Die Institutionalisierung von Medienmärkten als (national-)staatliche Aufgabe

Wenn das Gegenteil von Ordnung Unordnung oder gar Chaos ist, so wollen wir das ja in der Regel vermeiden. Individuen wie andere Akteure streben, um handeln zu können, zumindest relative soziale Gewissheiten in Form von allgemein als bekannt und akzeptiert geltenden Regeln und Normen und deren Einhaltung im Rahmen eines bestimmten Kollektives an. Anders formuliert: Wir streben *soziale Ordnungen* an und wollen diese auf Dauer gestellt wissen. Dies gilt insbesondere dann, wenn Tauschprozesse beabsichtigt sind, also vor allem ökonomische Transaktionen. Benötigt werden Regeln und Normen insbesondere dann, wenn diese Transaktionen zwischen Unbekannten erfolgen, der ökonomische Preis hoch ist oder wenn eine Seite erhebliche Vorleistungen zu erbringen hat. Hier gilt es, soziale wie ökonomische Ansprüche im Versagensfall geltend machen und durchsetzen zu können. Zwar können zwischen den Tauschpartnern direkte Vereinbarungen getroffen werden, doch ist dies in modernen, arbeitsteilig und tendenziell international ausgelegten sozialen Systemen immer weniger der Fall. Eine soziale Ordnung muss bekannt sein, sie muss zudem von allen Beteiligten auch anerkannt sein, und sie bedarf gewisser Formen der Absicherung. Dies geschieht vor allem über das Recht, über das vorrangig der (National-)Staat mit seinen politischen Akteuren verfügt.

Erst durch die Politik und das Recht werden *Märkte* institutionalisiert, und die in ihnen geltenden Regeln und Normen werden durch entsprechende *institutionelle Vorkehrungen und Organisationen* wie Aufsichts-, Wettbewerbs- oder Regulierungsbehörden im weiteren Prozess ausgestaltet. In wirtschaftsliberal verfassten demokratischen politischen Systemen steht die Ermöglichung des privaten Handelns im Mittelpunkt, so dass die vom Staat geschaffene Ordnung – mit Ausnahme der engeren Staatstätigkeit (wie bspw. Verteidigung, innere Sicherheit, Bildung) – letztlich keine staatlich dominierte Ordnung sein soll, sondern eine das private Handeln *ermöglichende Funktion* hat. Der Staat soll durch rahmensetzende Maßnahmen privates Handeln ermöglichen, zugleich aber auch die mit diesem Handeln verbundenen Risiken der Privaten untereinander regeln und negative Folgen dieser Handlungen bezogen auf die Gemeinschaft (externe Effekte) vermeiden. Allerdings können staatliche Akteure jederzeit in den so etablierten privaten Bereich intervenieren, so durch die Übernahme von Aufgaben, die vormals von Privaten wahrgenommenen wurden. Diese können staatlichen Akteuren oder neu vom Staat gegründeten nicht-staatlichen Organisationen übertragen werden. Letztlich kann der Staat auch ganze gesellschaftliche Bereiche verstaatlichen wie aber auch entstaatlichen (Privatisierung) oder neue Regeln aufstellen (Deregulierung – Reregulierung). Der Staat kann sich in den meisten Märkten – und darauf kommt es hier an – grundsätzlich an die Stelle Privater setzen und Marktstrukturen grundlegend wie partiell wandeln. Dies gilt auch in liberalen und demokratisch verfassten politischen Systemen, wenn es hierfür politische Mehrheiten und Zustimmung gibt. Insoweit sind *Märkte immer politisch institutionalisiert* und daraus ergeben sich grundsätzlich die Interventionsmöglichkeiten für staatliche, politische wie gesellschaftliche Akteure.

3. Staatsferne und Politiknähe als medienpolitisches Ziel

Auch Medienmärkte sind politisch institutionalisiert, aber im Unterschied zu anderen Märkten ist es hier dem demokratischen Staat grundsätzlich untersagt, bestimmte Informations- und Kommunikationsaufgaben selbst, also durch staatliche oder durch staatsnahe Organisationen, zu übernehmen. Dies ist das zentrale Ergebnis der Durchsetzung der *Pressefreiheit als einem fundamentalen Prinzip* im modernen Verfassungsstaat. Die Presse stand traditionell für diese Freiheit ein und verstand sich daher als eine politische – und eben nicht nur als eine ökonomische – Institution. Sie bezieht sich in ihrer publizistischen Leistung auf das politische System, vor allem durch den Bezug auf politische Kommunikationsprozesse.

Das Prinzip der Pressefreiheit, das die Gewerbefreiheit für Medienunternehmen einschließt, ist später auf alle Organisationen, die an der Her- und Bereitstellung von Angeboten der öffentlichen Kommunikation beteiligt sind, übertragen worden. Selbst der *öffentliche Rundfunk*, der noch relativ stark vom (National-)Staat rechtlich, ökonomisch und organisatorisch beeinflusst wird, ist zur Erfüllung seiner publizistischen Kernfunktion staatsfrei. Er ist aber explizit – und das kann auf seine Institutionalisierungsphase und den damit verbundenen Leitideen zurückgeführt werden – auf die Politik verpflichtet worden. Zur Erreichung dieser Politiknähe bei gleichzeitiger Sicherung der Staatsferne wurden in den drei deutschsprachigen Ländern nach dem Zweiten Weltkrieg unterschiedliche Modelle gefunden, und das Ziel wurde, je nach Lesart und historischem Zeitpunkt, unterschiedlich realisiert. Immerhin aber wurde mit dem öffentlichen Rundfunk eine Organisationsform staatlich ermöglicht, die explizit als politische Institution etabliert wurde. Im Unterschied zur Presse, die in der politischen Kommunikation frei ist, ist der öffentliche Rundfunk zur politischen Kommunikation wie auch zu bestimmten Repräsentations- und Ausgewogenheitsleistungen bezüglich politischer Positionen verpflichtet.

Die *Presse* hat sich »ihre« Freiheit vom Staat erstritten und war über längere Zeit mit politischen Organisationen verbunden. Dadurch wurde sie zum Bestandteil einer politischen – nicht einer staatlichen! – Ordnung, zu der sie sich (in Form der Tages- und Wochenpresse) bekannte und zu weiten Teilen immer noch bekennt. So betont die Presse u. a. auch ihre politische Informations-, Kritik- und Kontrollfunktion und ihre gesellschaftliche Integrationsfunktion. Aus ihrer expliziten politischen Orientierung und ihrer Gesellschaftsverbundenheit, leitet sie ihren Anspruch auf Autonomie vom Staat sowie auf staatliche Privilegien ab (geringere Steuersätze; Privilegien für Redaktionen und Journalisten).

4. Medienordnung(en) als Ergebnis evolutionärer, pfadabhängiger Prozesse

Die Form der Institutionalisierung des *(öffentlichen) Rundfunks* unter Staatseinfluss war allein aus spezifischen historischen Gründen möglich (sozial, ökonomisch und politisch instabile Umbruchzeiten vor und nach den beiden Weltkriegen in Europa). Die Schaffung des *privaten Rundfunks* erfolgte – über 60 Jahre nach der Etablierung eines staatlichen und gut 40 Jahre nach Gründung des öffentlichen Rundfunks –

dann in einer gewissen *Pfadabhängigkeit*. Auch dem privaten Rundfunk wurde und wird ein öffentlicher Auftrag zugewiesen, der private Rundfunkbetrieb erfordert nach wie vor eine staatliche Lizenz und erfolgt auf einer gesetzlichen Basis mit allgemeinen – auch politischen – Anforderungen an diese Unternehmen.[1] Das im Unterschied zur Presse, die keinerlei staatliche Vorgaben mehr kennt, die ihren publizistisch-politischen Auftrag aufgrund ihrer Institutionalisierungsgeschichte allerdings wahrnimmt.

Die *Medienordnungen* in modernen Demokratien *basieren auf politischen Institutionen*: Die privatwirtschaftlich verfasste Presse ist durch ihre anhaltenden Beiträge zur politischen Kommunikation genuiner Bestandteil der politisch-demokratischen Ordnung wie der politischen Kultur der Nationalstaaten geworden. Der öffentlich verfasste Rundfunk kann im Gegensatz zur Presse aufgrund seiner explizit staatlichen Institutionalisierung als staatsnäher angesehen werden, weshalb er zu gewissen Beiträgen in der politischen Kommunikation verpflichtet ist und sich insoweit als ein besonderer Vermittler in der politischen Kultur etabliert hat. Erst der privatwirtschaftlich organisierte Rundfunk – und das gilt auch für Anbieter im Onlinebereich – bezieht sich kommunikativ auf unterschiedliche Gruppen der Gesellschaft. Er stellt auch Bezüge in der politischen Kommunikation her, wenn auch in Abhängigkeit zu seiner marktlichen Ausrichtung, ohne darauf durch rechtliche Vorgaben oder staatlich verordnete organisatorische Maßnahmen verpflichtet zu sein. Private Medien sind aber durch allgemeine Gesetze *auf gesellschaftliche Ziele* in allgemeiner Form *verpflichtet* worden.

Diese normative Erwartung erlaubt Individuen wie gesellschaftlichen Akteuren in medienkritischen Diskursen Anforderungen an Journalisten, Redaktionen und Medienunternehmen zu formulieren. So kann mittelbar auf Journalismus und Medien eingewirkt werden. Beim öffentlichen Rundfunk hingegen haben Vertreter gesellschaftlicher Gruppen Sitz und Stimme in den organisationsinternen Aufsichts-, Wahl- und Kontrollgremien und können so – vor allem indirekt – auf die (politische) Programmleistung einwirken.

Die so beschriebene *heutige »Medienordnung«* ist somit *nicht das Ergebnis einer planvollen oder konzeptionellen staatlichen (Ordnungs-) Politik, sondern von längeren evolutionären Prozessen*. Diese fanden allerdings stets unter Einfluss staatlicher wie weiterer gesellschaftlicher Akteure

---

1   Dies gilt für die Schweiz mit dem Inkrafttreten des neuen Radio- und Fernsehgesetzes (RTVG) (wahrscheinlich 2007) dann nicht mehr: Der Konzessions- bzw. Lizenzzwang wird aufgehoben. Nur Rundfunkanbieter, die Gebührengelder erhalten wollen, bedürfen einer Konzession.

statt. Sowohl die Presse, die an der Konstituierung der Nationalstaaten einen eigenen Anteil hatte, wie auch der öffentliche Rundfunk, der auf die politische Kultur verpflichtet wurde, entwickelten sich in einem spezifischen politisch-staatlichen Rahmen. Und diese Ordnung weist – wie der vergleichende Blick auf die Entwicklung in den drei Ländern Deutschland, Österreich und Schweiz zeigt – eine *Pfadabhängigkeit* auf, so indem aufgrund der bereits bestehenden institutionellen Ordnung und den daraus resultierenden Akteurkonstellationen nur spezifische Entwicklungspfade genommen werden konnten. So ist beispielsweise zu erklären, dass in einer ersten Phase des Privatrundfunks die Verlage bzw. Verleger in diesem Bereich dominierten: Sie waren an der Aushandlung der rechtlichen und ökonomischen Rahmenbedingungen für diesen Markt als zentrale medienpolitische Akteure maßgeblich beteiligt. Und so ist auch zu erklären, weshalb der Onlinebereich, in dem es keine »geborenen« Akteure gab, sich zunächst frei von den publizistischen Akteuren (aus dem Presse- wie dem Rundfunkbereich) entwickeln konnte. Und auch wenn heute dort publizistische Organisationen mit-wirken, verfügen sie über keine dominante oder zentrale Verhandlungs-position. Im Ergebnis wurde deshalb eine eigene rechtliche Regelung für den Onlinebereich benötigt, die – und das ist neu – keine publizisti-schen Ziele und Pflichten mehr betont, wie es in Presse- und Rund-funkgesetzen noch der Fall ist. Und das, obwohl der Onlinekommuni-kation in vielen Facetten eine publizistische Funktion zuerkannt werden muss. Die Nichtregelung von in publizistischer Hinsicht relevanten Bereichen kann nicht allein auf die Komplexität dieses neuen Mediums oder auf die potentielle Internationalität von möglichen Regelungen zurückgeführt werden, sondern auf die unterschiedliche Form der Insti-tutionalisierung, die andere Akteurkonstellationen zur Folge hat.

Insoweit könnte *von verschiedenen und nebeneinander existierenden Medienordnungen* gesprochen werden. Institutionalistisch betrachtet weisen die Bereiche der Presse, des Rundfunks und der Onlinemedien aber eine Vielzahl an Gemeinsamkeiten auf. So ist empirisch zu beo-bachten, dass es sich (noch) um eine Branche handelt: Zum einen fin-den sich vielfältige ökonomische, publizistische wie technisch induzierte Verflechtungen und Austauschbeziehungen zwischen den Bereichen (Beispiel: Zulieferung von Nachrichten aus Medienredaktionen an On-lineanbieter aus dem Konsumgüterbereich). Zum anderen gibt es ähnli-che Regeln wie professionelle journalistische Standards, die auf das Vor-handensein und den Austausch von Professionsangehörigen zurückzu-führen sind. Noch existiert auch eine einheitliche Verbandsstruktur sowohl auf der Arbeitgeber- wie auf der Arbeitnehmerseite, wenngleich gewisse Fragmentierungstendenzen nicht zu übersehen sind. Es bleibt abzuwarten, ob und inwieweit die Differenzierung des Medienbereichs in Presse, Rundfunk und Online zukünftig auch zu anderen sozialen Praxen, Regeln und Normen – und damit zu Neuinstitutionalisierungen – führt.

5. Medienpolitik als Governance

Aus dem Dargestellten lässt sich zusammenfassend festhalten: Medienmärkte sind politisch institutionalisiert, aber der Grad an politischer Orientierung ist bei den Medien aufgrund der Bedingungen, die zum jeweiligen Institutionalisierungszeitpunkt galten, unterschiedlich hoch (Wirksamkeit unterschiedlicher »Leitbilder«). Auch wurden die jeweiligen (Teil-)Ordnungen nur partiell durch den Staat und politische Akteure bestimmt bzw. maßgeblich beeinflusst, denn sie waren und sind von den jeweils vorfindbaren institutionellen Rahmenbedingungen und aus diesen resultierenden Akteurkonstellationen abhängig. Abgesehen vom historisch begründeten Sonderfall, nämlich der Etablierung des öffentlichen Rundfunks, handelt es sich bei Medienpolitik also nicht um eine bewusste staatliche Ordnungspolitik, sondern um *Aushandlungsprozesse zwischen Akteuren in einem institutionell geprägten Rahmen,* wenngleich unter staatlicher bzw. politischer Mitwirkung und/oder Moderation. Insoweit erfolgte und erfolgt wohl auch zukünftig die Ordnungsbildung pfadabhängig.

Eine solche Sichtweise auf die Frage nach der Ordnung (oder: den Ordnungen) durch Medienpolitik legt eine *Governance-Perspektive* nahe. Zentral für die Perspektive des Governance ist, dass hier nicht von einem unitaristischen Akteur Staat, sondern von einer Vielzahl komplex verflochtener staatlicher Akteure ausgegangen wird. Diese Akteure beobachten sich wechselseitig, beeinflussen sich auch, in dem Erwartungen über das Handeln des anderen aufgebaut werden, die schließlich in Verhandlungen koordiniert werden. Ordnung ist damit Form und Ergebnis institutionalisierter Strukturen wechselseitiger Beobachtung, Beeinflussung und Verhandelns (vgl. hierzu Lange/Schimank 2004). Im Zentrum des Governance-Ansatzes stehen die institutionellen Regelungsstrukturen, nicht der Steuerungsakteur und seine Möglichkeiten. Gefragt wird, wie sich solche Regelungsstrukturen verändern, wie sie auch durch Politik beeinflusst werden können und welche Schlussfolgerungen sich daraus für die Akteure ergeben.

Die Governance-Perspektive berücksichtigt stärker als die staatszentrierte Sichtweise des Government, dass an der Ausgestaltung der Medienordnung neben staatlichen und politischen, zahlreiche andere Akteure mitwirken: Akteure des ökonomischen Systems, des intermediären Systems, sowie Akteure außerhalb des nationalstaatlichen Rahmens wie etwa auf der Ebene der EU und der WTO. Medienpolitik war immer schon relativ stark von Formen des Governance geprägt, wenn auch das Verständnis ein anderes war. So wurden und werden vorrangig ökonomische Akteure und allenfalls Vertreter von politischen Eliten an medienpolitischen Entscheidungen beteiligt, Vertreter zivilgesellschaftlicher Akteure aber weniger stark einbezogen. Ein *Leitbild von Medienpolitik als Governance ist erst noch zu formulieren* und in die politische Praxis umzusetzen, und dazu bedarf es staatlicher Akteure und Entscheidungen. Der Wandel von Government zu Governance stellt also eine Transformation von Staatlichkeit dar, kein »Ende der Politik«.

Die Governance-Perspektive wird bislang nur vereinzelt auf den Bereich der Medienpolitik bezogen. Die Debatte darüber, ob und was mit dem Begriff des Governance analytisch gegenüber alternativen Begriffen wie Entscheidung, Regulierung, Steuerung etc. gewonnen werden kann, steht noch am Anfang (vgl. dazu die Beiträge in Donges 2007). Der Begriff Governance und die mit ihm verbundene institutionalistische Perspektive weisen darauf hin, dass es auch bei der Bearbeitung medienpolitischer Probleme weniger um effiziente Lösungen als vielmehr darum geht, die Legitimität für einmal gewählte »Pfade« und etablierte Organisationen zu erhöhen. Muster der Problembearbeitung verselbständigen sich, und auch »erfolgreich scheiternde Organisationen«, die nur noch symbolisch agieren, können erfolgreich überleben, wenn sie legitimierend wirken.

Ordnung durch Medienpolitik heißt aus der Perspektive des Governance-Ansatzes, institutionalisierte Regelungsstrukturen in dem Sinne zu »ordnen«, dass Vielfalt und Wettbewerb im Medienbereich möglich wird. Ordnung kann dabei nicht durch einen zentralen Akteur hergestellt werden, sondern entsteht auf Basis einer bereits bestehenden institutionellen Ordnung, aus Beobachtungs-, Beeinflussungs- und Verhandlungsstrukturen. Politische und staatliche Akteure sind somit nicht machtlos, sondern mit wirksamen Ressourcen in diese Strukturen eingebunden und können diese auch verändern – so indem sie Akteure begründen und Prozesse zur Diskussion sowie zur Bearbeitung von gesellschaftlich relevanten Problemen im Medienbereich initiieren. »Ordnung durch Medienpolitik« wird auch weiterhin die Aufgabe politischer wie staatlicher Akteure sein, denn auch in der Governance-Perspektive bedarf es letztlich des Staates mit seinem Drohpotential, um Formen von Ordnung im Mediensektor auf Dauer zu stellen und abzusichern.

Literatur

Donges, Patrick (Hrsg.) (2007): Von der Medienpolitik zur Media Governance? Köln.

Kepplinger, Hans Mathias (1994): Kommunikationspolitik. In: Noelle-Neumann, Elisabeth/Schulz, Winfried/Wilke, Jürgen (Hrsg.): Fischer Lexikon Publizistik Massenkommunikation. (Neuausgabe) Frankfurt/M., S. 116-139.

Lange, Stefan/Schimank, Uwe (2004): Governance und gesellschaftliche Integration. In: Lange, Stefan/Schimank, Uwe (Hrsg.): Governance und gesellschaftliche Integration. Wiesbaden, S. 9-44.

Saxer, Ulrich (1994): Konstituenten wissenschaftlicher Kommunikationspolitik. In: Bentele, Günter/Hesse, Kurt R. (Hrsg.): Publizistik in der Gesellschaft. Festschrift für Manfred Rühl. Konstanz, S. 15-50.

Wilhelm, Bernhard (1994): Medienpolitik. In: Schiwy, Peter/Schütz, Walter J. (Hrsg.): Medienrecht. Stichwörter für die Praxis. (3., erw. Aufl.) Neuwied, Kriftel, Berlin, S. 228-234.

Autoren

Bonfadelli, Heinz, Prof. Dr., Professor am IPMZ – Institut für Publizistikwissenschaft und Medienforschung der Universität Zürich. Arbeitsschwerpunkte: Mediennutzung und Medienwirkung, Kinder, Jugendliche und Medien, Online-Kommunikation, Wissenschafts-, Umwelt- und Risikokommunikation.

Donges, Patrick, Dr., Oberassistent am IPMZ – Institut für Publizistikwissenschaft und Medienforschung der Universität Zürich. Arbeitsschwerpunkte: Politische Kommunikation, Medienregulierung, Mediensysteme und -strukturen in vergleichender Perspektive, Medien- und Gesellschaftstheorien.

Dörr, Dieter, Prof. Dr., Inhaber des Lehrstuhls für Öffentliches Recht, Völker- und Europarecht, Medienrecht der Johannes Gutenberg-Universität Mainz, Direktor des Mainzer Medieninstituts, Vorsitzender der Kommission zur Ermittlung der Konzentration im Medienbereich (KEK) Arbeitsschwerpunkte: Medienrecht.

Dumermuth, Martin, Dr., Direktor des Bundesamtes für Kommunikation (BAKOM), Lehrbeauftragter an der Universität Bern.

Grinschgl, Alfred, Dr., Geschäftsführer bei der Rundfunk und Telekom Regulierungs-GmbH in Wien.

Hasebrink, Uwe, Prof. Dr., Professor für Empirische Kommunikationswissenschaft an der Universität Hamburg, Direktor des Hans-Bredow-Instituts für Medienforschung. Arbeitsschwerpunkte: Mediennutzung, Medieninhalte, Medienpolitik.

Heinrich, Jürgen, Prof. Dr., emeritierter Professor für Journalistik der Universität Dortmund. Arbeitsschwerpunkte: Allgemeine Volkswirtschaft, Wirtschaftsjournalismus und Medienökonomie.

Jarren, Otfried, Prof. Dr., Professor und Leiter des IPMZ – Institut für Publizistikwissenschaft und Medienforschung der Universität Zürich. Arbeitsschwerpunkte: Medienpolitik, Politische Kommunikation, Medien und gesellschaftlicher Wandel, Mediensystem und Medienstrukturen.

Künzler, Matthias, lic.phil., Assistent am IPMZ – Institut für Publizistikwissenschaft und Medienforschung der Universität Zürich. Arbeitsschwerpunkte: Mediensysteme in komparativer Perspektive, Mediensystem Schweiz, Medienpolitik.

Langenbucher, Wolfgang R., Univ.-Prof. Dr., emeritierter Professor am Institut für Publizistik- und Kommunikationswissenschaft der Universität Wien, bis 2006 Mitherausgeber der Zeitschrift »Publizistik – Vierteljahreshefte für Kommunikationsforschung«. Arbeitsschwerpunkte: Journalismusforschung, Telekommunikations- und Medienpolitik.

Latzer, Michael, Univ.-Doz., Mag. Dr., Universitätsdozent für Kommunikationsökonomie und -politik an der Universität Wien, Mitarbeiter am Institut für Technikfolgen-Abschätzung der Österreichischen Akademie der Wissenschaften. Arbeitsschwerpunkte: Informationsgesellschaft, Kommunikationspolitik und -ökonomie.

Lobigs, Frank, Dr., Oberassistent am IPMZ – Institut für Publizistikwissenschaft und Medienforschung der Universität Zürich. Arbeitsschwerpunkte: Medienökonomie, Medienmanagement, Medienregulierungstheorie.

Meier, Werner A., Dr., Privatdozent für Publizistikwissenschaft und Wissenschaftlicher Mitarbeiter am IPMZ – Institut für Publizistikwissenschaft und Medienforschung der Universität Zürich. Arbeitsschwerpunkte: Mediensoziologie, Medienpolitik, Politische Ökonomie von Medien und Informationsgesellschaften.

Puppis, Manuel, lic. phil., Assistent am IPMZ – Institut für Publizistikwissenschaft und Medienforschung der Universität Zürich. Arbeitsschwerpunkte: Medienpolitik und Medienregulierung, politische Kommunikation, qualitative Methoden.

Saxer, Ulrich, Prof. Dr., emeritierter Professor der Publizistik des IPMZ – Institut für Publizistikwissenschaft und Medienforschung der Universität Zürich. Stiftungspräsident der Ulrich Saxer-Stiftung zur Förderung von Publizistik- und Kommunikationswissenschaftler/innen.

Saxer, Urs, Dr., Privatdozent für Völkerrecht, Staatsrecht, Verwaltungsrecht und Medienrecht der Universität Zürich, Partner des Rechtsanwaltsbüros Steinbrüchel Hüssy in Zürich. Arbeitsschwerpunkte: Rundfunkrecht, Staats- und Justizkommunikation, Recht der Internationalen Organisationen, Rechtsfragen der Außenpolitik.

Schade, Edzard, Dr., Wissenschaftlicher Mitarbeiter am IPMZ – Institut für Publizistikwissenschaft und Medienforschung der Universität Zürich. Arbeitsschwerpunkte: Vergleichende Kommunikations- und Mediengeschichte, Programmentwicklung elektronischer Medien, Medienpolitik.

Schneider, Norbert, Prof. Dr., Direktor der Landesanstalt für Medien Nordrhein-Westfalen (LfM) in Düsseldorf, Vorsitzender der Gemeinsamen Stelle Programm, Werbung, Medienkompetenz.

Schulz, Wolfgang, Dr., Direktor des Hans-Bredow-Instituts für Medienforschung der Universität Hamburg. Arbeitsschwerpunkte: Medienregulierung, Rechte neuer Kommunikationsmedien und Rechtsgrundlagen journalistischer Arbeit.

Trappel, Josef, Dr., Leiter der Geschäftsstelle IPMZ transfer am IPMZ – Institut für Publizistikwissenschaft und Medienforschung der Universität Zürich. Arbeitsschwerpunkte: Medienpolitik, Medienökonomie, neue Kommunikationstechnologien, Online-Medien.

Vowe, Gerhard, Prof. Dr., Inhaber des Lehrstuhls I für Kommunikations- und Medienwissenschaft an der Heinrich-Heine-Universität Düsseldorf. Arbeitsschwerpunkte: Politische Kommunikation, Kommunikationspolitik.

Weber, Rolf H., Prof. Dr., Inhaber des Lehrstuhls für Privat-, Wirtschafts- und Europarecht der Universität Zürich, Arbeitsschwerpunkte: Vertrags- und Gesellschaftsrecht, Banken-, Medien-, Wettbewerbs- und Europarecht.

Martin Hambückers
Arrivederci Berlusconi
Medienpolitische Verflechtungen in
Italien seit 1945
2006, 354 Seiten, broschiert
ISBN 978-3-89669-572-7

Siegfried Weischenberg,
Maja Malik, Armin Scholl
Die Souffleure der Mediengesellschaft
Report über die Journalisten in Deutschland
2006, 316 Seiten, broschiert
ISBN 978-3-89669-586-4